Nahezu täglich bringen uns die Medien neue Hiobsbotschaften: steigende Kriminalität, Vogelgrippe oder Elektrosmog. Wird unser Leben nicht immer gefährlicher, unsicherer, risikoreicher? Ortwin Renn, international anerkannter Risikoforscher, sagt: nein. Die durchschnittliche Lebenserwartung steigt beständig, in vielerlei Hinsicht geht es uns immer besser. Wie fürchten uns, so Renn, vor »falschen« Gefahren, verschließen aber die Augen vor Risiken, die uns und unsere Nachwelt erheblich bedrohen. Renn zeigt, welches diese sind, warum wir sie unterschätzen und wie wir im Sinne der Nachhaltigkeit verantwortungsvoll damit umgehen können.

Prof. Dr. Dr. hc. Ortwin Renn lehrt Umwelt- und Techniksoziologie an der Universität Stuttgart und ist Direktor des Zentrums für Interdisziplinäre Risiko- und Innovationsforschung an der Universität Stuttgart (ZIRIUS). Renn arbeitete als Wissenschaftler und Hochschullehrer in Deutschland, den USA und der Schweiz. Von 2006 bis 2012 leitete er den Nachhaltigkeitsbeirat des Landes Baden-Württemberg und war Mitglied in der von Bundeskanzlerin Angela Merkel berufenen Ethikkommission »Zukunft der Energieversorgung«. Seit 2013 gehört er dem wissenschaftlichen Beraterstab von EU-Kommissionspräsident José Manuel Barroso an und bekleidet das Präsidentenamt der Internationalen Gesellschaft für Risikoanalyse. Renn erhielt viele Auszeichnungen, darunter den Ehrendoktor der ETH Zürich. Mit anderen Autoren zusammen veröffentlichte er u. a.: »Leitbild Nachhaltigkeit« und »Risiko: Über den gesellschaftlichen Umgang mit Unsicherheit«.

Klaus Wiegandt ist Stifter und Vorstand des »Forums für Verantwortung«.
Unsere Adressen im Internet: www.fischerverlage.de
www.hochschule.fischerverlage.de
www.forum-fuer-verantwortung.de

Ortwin Renn

Das Risikoparadox

**Warum wir
uns vor
dem Falschen
fürchten**

Herausgegeben von
Klaus Wiegandt

FISCHER Taschenbuch

2. Auflage: April 2014

Originalausgabe
Erschienen bei FISCHER Taschenbuch
Frankfurt am Main, Februar 2014

© S. Fischer Verlag GmbH, Frankfurt am Main 2014
Satz: Dörlemann, Lemförde
Druck und Bindung: CPI books GmbH, Leck
Printed in Germany
ISBN 978-3-596-19811-5

Für River, Tristan
und alle Enkelkinder dieser Welt

Inhalt

Vorwort des Herausgebers

Handeln – aus Einsicht und Verantwortung

In den Jahren 2007 bis 2009 habe ich im Fischer Taschenbuch Verlag 13 Bände zu Kernthemen der Nachhaltigkeit herausgegeben, in denen Wissenschaftlerinnen und Wissenschaftler in einer für die Zivilgesellschaft verständlichen Sprache Forschungsstand und Handlungsoptionen darlegen. Inzwischen ist das Verständnis für die Notwendigkeit von Nachhaltigkeit in der Zivilgesellschaft so weit vorangeschritten, dass mit zunehmender Intensität über eine gesellschaftliche Transformation in Richtung Nachhaltigkeit diskutiert wird. Dabei rückt der aufgeklärte und mündige Bürger in den Blickpunkt, der sich den von der Wissenschaft aufgezeigten Forschungsstand aneignet, die entsprechenden Handlungsoptionen vergleicht, eine Risikoabwägung vornimmt, um dann auf dieser Basis und aufgrund eigener Werte und Präferenzen Entscheidungen zu treffen.

Ortwin Renn hat mit dem vorliegenden Buch eine hervorragende Grundlage für diese Entscheidungsprozesse jedes einzelnen Bürgers geschaffen. Dem Leser wird ein Bild der unter- wie auch der überschätzten Risiken unserer Gesellschaft vor Augen geführt und ein Ratgeber für ein risikobewusstes, kompetentes und risikomündiges Urteilen und Handeln an die Hand gegeben. Der Autor beschreibt nicht nur die genannten Risiken, er erläutert auch die psychologischen und soziologischen Gründe, warum Menschen in ihren Urteilen oft zu Unter- oder Überbewertungen von Risiken kommen. In

vier Kapiteln werden dem Leser zum Teil verblüffende Erkenntnisse aus einer Fülle von wissenschaftlichen Disziplinen
vorgestellt. Während im ersten Abschnitt Risiken und Bedrohungen aufgezeigt werden, die wesentlich dramatischer
erscheinen, als sie de facto sind, werden im zweiten Abschnitt
Gründe für unzureichende Risikoeinschätzungen aufgeführt.
Der dritte Abschnitt beschäftigt sich mit den oft unterschätzten Risiken. Dafür werden systemische Eigenschaften zusammen mit ihrem Bedrohungspotential für die Gesellschaft dargelegt. Im vierten Abschnitt rückt die Nachhaltigkeit in den
Mittelpunkt, und Ortwin Renn zeigt, wie eine kluge Risiko-
politik auch zu den Zielen einer nachhaltigen Entwicklung
beitragen kann. Er schärft in diesem Kapitel den Blick auf die
Tragekapazität der Erde; er zeigt, warum der Resilienz Vorzug
vor Effizienz zu geben ist und warum der sozialen Gerechtigkeit Vorrang vor optimaler Ressourcengerechtigkeit gebührt;
zudem stellt er ein neues Modell der Governance sowie Auswege aus der Allmendefalle vor.

Gleichzeitig benennt der Autor auch notwendige Reformen
und Veränderungen, die für einen erfolgreichen Diskurs in
unserer Gesellschaft in Richtung einer nachhaltigen Entwicklung erforderlich sind. Besondere Aufmerksamkeit verdient
in diesem Kontext der Vorschlag eines analytisch-deliberativen Diskurses als Ergänzung der repräsentativen Demokratie
mit den vier Partnern Politik, Wissenschaft, Zivilgesellschaft
und Wirtschaft. Dabei ist nicht der Konsens das höchste Ziel
dieses Diskurses, sondern die intensive und transparente Partizipation wesentlicher Teile unserer Gesellschaft.

Dieses grundlegende und zugleich politische Buch gehört in
die Hände aller Multiplikatoren unserer Gesellschaft. Es bietet trotz seines Umfangs eine spannende wie aufschlussreiche
Lektüre.

Eine persönliche Bilanz

An dieser Stelle erscheint es mir sinnvoll, gut sechs Jahre nach der Veröffentlichung des ersten Bandes zur Nachhaltigkeit eine persönliche Bilanz meiner Stiftungsaktivitäten und des Standes des gesellschaftlichen Nachhaltigkeits-Diskurses zu ziehen. Meine Perspektive hierauf ist die eines ehemaligen Managers der Wirtschaft, der sich über ein Jahrzehnt lang auch mit der wissenschaftlichen Seite der Nachhaltigkeit intensiv auseinandergesetzt hat. Wie sieht diese Bilanz heute aus?

In meiner ursprünglich 13-bändigen Buchreihe sind die zentralen Zukunftsfelder benannt und aufgearbeitet, in denen wir vor großen Herausforderungen stehen. Sie wurde um die beiden Hörbücher »Die Erde hat Fieber« und »Die Erde am Limit« ergänzt, in denen die Autoren – moderiert von Gábor Paál vom SWR – die Themen ihrer Bücher vorstellen. Im Jahr 2009 habe ich zwölf Bücher als englische Ausgabe (»The Sustainability Project«[1]) im Verlag Haus Publishing, London, herausgebracht.

Meine Stiftung Forum für Verantwortung, die ASKO EUROPA-STIFTUNG und die Europäische Akademie Otzenhausen (Saarland) setzen sich auf Basis dieser Bücher im Rahmen der 2006 gemeinsam gestarteten Bildungsinitiative »Mut zur Nachhaltigkeit«[2] dafür ein, die Zivilgesellschaft für nachhaltige Entwicklung zu sensibilisieren und zu mobilisieren.

Das Wuppertal Institut für Klima, Umwelt, Energie hat im Auftrag von »Mut zur Nachhaltigkeit« didaktische Module begleitend zur Buchreihe erarbeitet, die in Seminaren und

---

1 http://www.hauspublishing.com/page/10
2 www.mut-zur-nachhaltigkeit.de

Workshops in der Aus- und Weiterbildung eingesetzt werden können. Außerdem sind mit unserer Unterstützung zwei Forschungsstudien erarbeitet worden: Im Jahr 2010 »Die ökologischen und ökonomischen Wirkungen eines nachhaltigeren Konsums in Deutschland« unter der Leitung von Professor Dr. Bernd Meyer (Osnabrück) und im Jahr 2011 »Richtung Nachhaltigkeit – Indikatoren, Ziele und Empfehlungen für Deutschland« unter der Leitung von Professor Dr. Hans Diefenbacher (Heidelberg).

Insbesondere an der Europäischen Akademie Otzenhausen[3] haben seither zahlreiche Seminare für interessierte Zielgruppen – von teils international besetzten Workshops für Schüler und Studenten über Lehrerfortbildungen bis hin zu Schulungen für Unternehmen – stattgefunden. So haben wir beispielsweise gemeinsam mit tatkräftigen Partnern (vor allem der Hessischen Landeszentrale für politische Bildung, dem Staatlichen Schulamt Darmstadt-Dieburg und dem Zentrum Bildung für nachhaltige Entwicklung des Saarlandes am Landesinstitut für Pädagogik und Medien) eine Lehrerfortbildungsreihe konzipiert und von 2008 bis 2013 jährlich sehr erfolgreich umgesetzt.

Ein wesentliches Ziel der Arbeit meiner Stiftung liegt darin, den wissenschaftlichen Dialog über Themen zur nachhaltigen Entwicklung zu fördern und die Öffentlichkeit daran teilhaben zu lassen. Die Kolloquien, die ich von 2002 bis 2012 in Otzenhausen mit international führenden Forschern ausgerichtet habe, haben sich folglich immer konkreter der Frage gewidmet, wie der Übergang in eine nachhaltige Entwicklung gelingen kann. Die Sammelbände »Evolution und Kultur des Menschen«, »Perspektiven einer nachhaltigen Entwicklung«,

---

3 www.eao-otzenhausen.de

»Dimensionen der Zeit« und »Wege aus der Wachstumsgesellschaft« sind u.a. daraus hervorgegangen und in den
Jahren 2010 bis 2013 ebenfalls im Fischer Taschenbuch Verlag erschienen.[4]

Seit 2012 organisieren wir jährlich Kolloquien für Dok-
toranden und Masterstudierende, um den interdisziplinären
Diskurs über Wege in eine nachhaltige Entwicklung beim
wissenschaftlichen Nachwuchs anzuregen bzw. zu intensi-
vieren. Im Sinne eines breiten Diskurses unterstützen wir
auch die Virtuelle Akademie Nachhaltigkeit an der Universität Bremen[5], die allen Hochschulen und interessierten Privat-
personen offen steht, sowie die Arbeit von FUTURZWEI
Stiftung Zukunftsfähigkeit, die Geschichten des Gelingens
auf dem Weg in Richtung Nachhaltigkeit sammelt und publiziert, und zwar auf der Website[6] und in dem FUTURZWEI
Zukunftsalmanach 2013 (Fischer Taschenbuch Verlag).

Eine wesentliche Voraussetzung für einen erfolgreichen öffentlichen Diskurs über Nachhaltigkeit ist eine entsprechend
fundierte Berichterstattung und Analyse der Sachverhalte in
den Medien. Daher liegt ein weiterer Schwerpunkt unserer
Aktivitäten auf der Fortbildung von Journalistinnen und Journalisten. Dies setzen wir in jüngster Zeit durch Seminaran-
gebote, aber auch durch Unterstützung des Zertifikatsstu-
diengangs Nachhaltigkeit und Journalismus an der Leuphana
Universität Lüneburg[7] sowie eines journalistischen Fachpor-
tals an der Hochschule Darmstadt[8] um. Darüber hinaus habe
ich mich in zunehmendem Maße durch intensive Vortrags-

---

4 www.forum-fuer-verantwortung.de
5 www.va-bne.de
6 http://futurzwei.org
7 www.leuphana.de/zertifikat-nachhaltigkeit-journalismus-berufsbegleitend.html
8 http://ikum.h-da.de/projekte/journalismus/journalistisches_fachportal_forum_
   futura/

tätigkeit an Hochschulen, bei Unternehmen und in vielen
öffentlichen Veranstaltungen engagiert. Seit 2009 bin ich im
Deutschen Nationalkomitee für die UN-Dekade »Bildung für
nachhaltige Entwicklung« tätig.

Im Jahr 2011 habe ich den Förderkreis »Nachhaltige Entwicklung« für meine Stiftung gegründet. Seine Mitglieder be-
kennen sich in unserer Gesellschaft als Botschafter für eine
nachhaltige Entwicklung und fördern gleichzeitig die Aktivitäten der Stiftung finanziell. Ich würde mich sehr freuen, wenn
sich für diesen Kreis weitere engagierte Mitstreiter fänden.

Seit 2013 verleihen wir gemeinsam mit dem Magazin ZEIT
WISSEN den ZEIT WISSEN-Preis Mut zur Nachhaltigkeit[9].
Damit zeichnen wir in den Kategorien »Wissen« und »Handeln« Personen, Institutionen oder Unternehmen aus, die sich
in herausragender Weise als Pioniere des Wandels in Richtung Nachhaltigkeit hervortun. Ich hoffe, dass die sehr öf-
fentlichkeitswirksame Auszeichnung dazu beiträgt, dass diese
Pioniere viele Nachahmer finden.

Zusammen mit Harald Welzer entwickele ich unsere Buchreihe nun unter dem Motto »Entwürfe für eine Welt mit Zukunft« weiter. Anfang 2013 ist zunächst der Band »Zwei Grad
mehr in Deutschland« erschienen, der ebenso wie »Wege aus
der Wachstumsgesellschaft« konkrete Zukunftsszenarien beschreibt.

Nach dieser persönlichen Bilanz meiner Stiftungsaktivitäten möchte ich nun einen zusammenfassenden Blick auf
den gesellschaftlichen Nachhaltigkeits-Diskurs in diesen Jahren werfen.

Insbesondere seit dem Jahr 2007 haben die Medien immer
häufiger über die Folgen des weltweit rücksichtslosen Um-

---

9 www.mut-zur-nachhaltigkeit.zeit.de/

gangs mit den großen Ökosystemen der Erde und den nicht-
erneuerbaren Ressourcen berichtet. Der Klimawandel ist in
aller Munde, und die Botschaft scheint in der Gesellschaft
angekommen zu sein. Unternehmen verkleiden Dächer und
Fassaden mit Sonnenkollektoren, trimmen ihre Betriebe auf
Energie-, Wasser- und Ressourceneffizienz, bauen Abteilun-
gen für Corporate Social Responsibility aus und veröffent-
lichen umfangreiche Nachhaltigkeitsberichte. Selbst die Finanzwelt hat das Thema entdeckt. Es gibt inzwischen den
Dow Jones Sustainability Index, den Sustainability Award
sowie Nachhaltigkeits- und Klimafonds. Und die Politik in
Deutschland hat unter weltweiter Beachtung die Energiewende in Richtung erneuerbarer Energien eingeleitet.

Dies alles vermittelt den Menschen das Gefühl, es würde
genug getan, und dies beruhigt das ökologische Gewissen. Die
Wirklichkeit sieht aber anders aus. Die vielen Aktivitäten gehen zwar in die richtige Richtung, bleiben aber an der Oberfläche und bewirken nicht die dringend notwendige Kurskorrektur. Es ist im Gegenteil sogar so, dass wir uns trotz aller
Anstrengungen jeden Tag vom Ziel einer nachhaltigen Entwicklung weiter weg entfernen: Alle wesentlichen Entwicklungen auf dem Globus laufen in die falsche Richtung. Die
folgende Auflistung verdeutlicht dabei auch, dass nachhaltige
Entwicklung weit mehr umfasst als die Lösung des Klima-
und Energieproblems:

- Die CO_2-Emissionen sind von 22 Mrd. Tonnen (1992) auf
  34 Mrd. im Jahr 2012 gestiegen, dabei sollten sie laut
  Kyoto-Protokoll von 1997 bis 2012 auf 21 Mrd. Tonnen reduziert werden.
- Trotz aller Effizienzgewinne steigt global der Ressourcen-
  und Energieverbrauch weiter an. Hauptursache ist der

sogenannte Reboundeffekt: d.h. Einsparungen werden
durch vermehrte Nutzung und höheren Konsum mehr als
kompensiert.

- Regenwälder werden weiter abgeholzt und abgebrannt, um
  Flächen für Futtermittel oder Palmöl zu gewinnen.

- Wasser wird in vielen Regionen knapp, sowohl das Trinkwasser als auch das sogenannte grüne Wasser, das zur
  künstlichen Bewässerung in der Landwirtschaft genutzt
  wird.

- Die Kluft zwischen Arm und Reich wird trotz eines Welt-
  wirtschaftswachstums von fünf Prozent in den letzten zehn
  Jahren immer größer, sowohl zwischen als auch innerhalb
  von Gesellschaften.

- Der Verlust von Biodiversität setzt sich unvermindert fort.

- Die Weltbevölkerung wächst pro Jahr noch immer um rund
  80 Millionen Menschen und wird nach Schätzungen der
  UNO bis zum Jahre 2050 auf 9 bis 10 Milliarden Menschen
  steigen.

- Und last but not least: Das Weltfinanzsystem bleibt infolge
  des Drucks der USA und Großbritanniens in wesentlichen
  Teilen dereguliert.

Vor diesem Hintergrund muss sich die Weltgemeinschaft ver-
gegenwärtigen, dass infolge der völlig legitimen wirtschaftlichen Aufholjagd der Schwellen- und Entwicklungsländer in
den nächsten 20 bis 30 Jahren weitere drei Milliarden Menschen alle Anstrengungen unternehmen werden, in den sogenannten Mittelstand der Verbraucher aufzusteigen. Aber
nicht nur der Konsumbereich wird die Weltrohstoff- und
Energiemärkte und in deren Folge die Ökosysteme der Erde
drastisch belasten. Dirk Messner vom Deutschen Institut
für Entwicklungspolitik weist darauf hin, dass im gleichen

Zeitraum die Investitionen in die Infrastruktur Asiens eine Größenordnung erreichen, die dem Zweieinhalbfachen der entsprechenden Investitionen in Europa seit dem Beginn der industriellen Revolution entsprechen wird.

Ein *business as usual* führt noch in diesem Jahrhundert zu ökonomischen, sozialen und ökologischen Verwerfungen, deren Auswirkungen unübersehbar und bereits von unseren Enkelkindern zu tragen wären. Insbesondere ein ungebremster Klimawandel stellt in diesem Jahrhundert die wohl größte Bedrohung für die menschenwürdige Zukunft eines großen Teils der Weltbevölkerung dar. Daher haben sowohl Nicholas Stern im Auftrag der britischen Regierung als auch McKinsey in ihren Gutachten darauf hingewiesen, dass zur Absicherung des »Zwei-Grad-Ziels« bei der durchschnittlichen Erderwärmung bis zum Ende dieses Jahrhunderts die Weltgemeinschaft sofort jährlich zwischen 700 Milliarden und einer Billion US-Dollar investieren müsse. Wird dies versäumt, würden die Klimafolgekosten später jährlich ein Vielfaches dessen betragen.

Wertvolle Zeit hat man weiter im Kampf gegen den Klimawandel ungenutzt verstreichen lassen. Um ohne drastischen materiellen Wohlstandsverlust dennoch das Zwei-Grad-Ziel zu erreichen, müssen Maßnahmenprogramme in Angriff genommen werden, die der industriellen Wirtschaft Zeit für eine längerfristige Anpassung verschaffen und gleichzeitig Meilensteine in Richtung Klimaschutz setzen. Diese von der Wissenschaft seit Jahren geforderten Programme sind bezogen auf äquivalente Maßnahmen in der Industrie relativ zeitnah und wesentlich kostengünstiger zu verwirklichen:

So bringt ein Stopp des Abholzens und Abbrennens der Regenwälder eine jährliche Reduzierung der globalen CO_2-Emissionen von etwa drei Milliarden Tonnen. Zu diesem Ergebnis sind zwei unabhängige Wissenschaftsinstitute gekommen, wie 2012 in *Science* und *Nature Climate Change* veröffentlicht wurde.

Ein Nachrüsten oder die Substitution alter Kohlekraftwerke in den Schwellen- und Entwicklungsländern durch eine State-oft-the-art-Technik brächte eine ähnlich große Einsparung von jährlich etwa drei Milliarden Tonnen CO_2-Emissionen. Im Vergleich zu dem Wirkungsgrad der alten Kohlekraftwerke, der zwischen 27 % und 30 % liegt, kommen neue Werke auf über 40 %. Wenn es gelänge, einige Kohlekraftwerke durch moderne Gaskraftwerke (Wirkungsgrad 59 %) und zumindest einen kleinen Teil ihrer Leistung durch den Einsatz von erneuerbaren Energien zu ersetzen, dann wäre die Gesamteinsparung von CO_2-Emissionen noch wesentlich größer.

Ein Gutachten des IPCC (Intergovernmental Panel of Climate Change) von 2001 kommt zum Ergebnis, dass ein forciertes weltweites Wald-Aufforstungsprogramm auf einer Fläche von etwa 500 Mio. Hektar im Wesentlichen auf den Böden der abgeholzten Regenwälder sowie in den Steppen und Savannen der südlichen Hemisphäre im Endstadium jährlich etwa fünf Milliarden Tonnen CO_2 binden würde.

Darüber hinaus liegen erhebliche CO_2-Einsparungspotentiale sowohl in der Wärmedämmung (in Deutschland werden diesem Bereich knapp 40 % der CO_2-Emissionen zugeordnet) als auch im Ausbau des ökologischen Landbaus zu Lasten der industriellen Landwirtschaft.

Allen diesen Maßnahmen ist darüber hinaus gemein, dass keine Arbeitsplätze verloren gehen, sondern im Gegenteil zusätzliche Arbeitsplätze geschaffen werden.

Natürlich erfordern diese Maßnahmenprogramme erhebliche finanzielle Mittel. Nachhaltigkeit ist nicht umsonst zu haben, insbesondere den Klimawandel in erträglichen Grenzen zu halten, bringt Kosten im Bereich der geschätzten 700 bis 1000 Milliarden US $ jährlich. Das klingt astronomisch hoch, relativiert sich jedoch schnell mit Blick auf die globalen Größenordnungen gegenwärtiger Aufwendungen in Bereichen wie Verteidigung, Werbung, staatlicher Subventionen und last but not least bei den Stützungsmaßnahmen zur Rettung der Finanzwelt.

Alle Herausforderungen sind letztlich nur dann zu bewältigen, wenn die Menschen in den Zivilgesellschaften die wesentlichen Zusammenhänge verstehen und ihre vielfältigen Handlungsoptionen beruflicher wie privater Art für einen tiefgreifenden gesellschaftlichen Wandel einsetzen. Wir als Zivilgesellschaft müssen entscheiden, in welcher Welt von morgen wir leben wollen. Zum Handeln steht noch ein Zeitfenster zur Verfügung. Es gibt inzwischen gesellschaftliche Akteure und Projekte, die Mut machen und zeigen, dass die notwendige Kurskorrektur möglich ist. Den »Mut zur Nachhaltigkeit« kann man nicht delegieren. Er ist von jedem Einzelnen aufzubringen!

Seeheim-Jugenheim, August 2013   Klaus Wiegandt

Einleitung:

Was können Sie von diesem Buch erwarten?

»Der Tod steckte in der Mikrobe«, »Blitze immer gefährlicher: Mann auf Zebrastreifen erschlagen«, »21 Tote
bei McDonald's«, »BSE – der lautlose Killer«, »Streit mit
Tankwart: 1. Toter wegen hoher Benzinpreise!«, »Super-Gau
in Fukushima«, »Wann hört das Morden endlich auf?«,
»Gefahren lauern überall«, »EHEC-Pandemie: Kommt die
Pest wieder nach Europa?«

Diese wenigen Überschriften aus deutschen Boulevard-Zei-
tungen zeichnen uns eine Welt, in der es tagtäglich zu Unfällen und Katastrophen kommt, in der wir von Gefahren geradezu umzingelt sind und in der die Risiken für uns und die
Menschen, denen wir uns nahe fühlen, immer bedrohlicher
werden. So nimmt es nicht wunder, dass in aktuellen Umfragen die überwiegende Mehrheit der deutschen Bevölkerung
der Meinung ist, dass unser Leben immer gefährlicher und
risikoreicher wird. Abbildung 1 gibt eine aktuelle Umfrage
aus dem Jahre 2013 wieder; im Auftrag der Wochenzeitschrift
DIE ZEIT befragte Infratest 1000 repräsentativ ausgewählte
Bürgerinnen und Bürger aus Deutschland, wie sie die Risiken
für Leben und Umwelt beurteilen.[1]* Danach stimmen 91 %

---

*   Siehe Hinweis zu den Anmerkungen auf Seite 605.

der Befragten voll oder eher der Aussage zu, dass die Umwelt
durch den Menschen immer mehr verschmutzt werde. Rund
zwei Drittel glauben, dass die Risiken durch ungesunde Ernährung ständig steigen. Genau so viele sind davon überzeugt,
dass die Kriminalität immer mehr zunimmt. Und knapp die
Hälfte gibt an, dass es uns Deutschen wirtschaftlich schlechter
gehe als früher. Auch für die Zukunft sieht die deutsche Bevölkerung nur düstere Wolken aufziehen. Gefragt, welche Risiken
in der Zukunft ansteigen werden, äußern sich die meisten
Deutschen in einer Umfrage aus dem Jahre 2012 überwiegend
pessimistisch.[2] Neben einer Reihe sozialer, gesundheitlicher
und wirtschaftlicher Risiken gehören Nahrungsmittelskandale
mit 50 %, Gewaltverbrechen mit 44 %, Terroranschläge mit
ebenfalls 44 % und radioaktive Verstrahlung mit 32 % Zustimmung zu den Risiken, die uns nach Ansicht unserer Mitbürgerinnen und Mitbürger in Zukunft verstärkt bedrohen werden.

Ist es nicht so, dass wir immer häufiger in den Medien einen
neuen Lebensmittelskandal oder eine neue »Umweltsauerei«
vorgeführt bekommen, dass immer mehr Menschen durch die
moderne Technik bedroht und durch Umweltbelastungen in
ihrer Gesundheit gefährdet werden? Haben wir uns nicht
schon daran gewöhnt, dass jede Woche ein neuer Schadstoff
entdeckt und die Folgen für Leben und Gesundheit von Industrie und Behörden verharmlost werden? Vergiften wir uns
nicht schleichend mit immer neuen Chemikalien, die von
einer profitsüchtigen Industrie in Lebensmittel und Konsum-
artikel ohne Wissen, geschweige denn Zustimmung der Ver-
braucherinnen und Verbraucher eingebracht werden? Sind
unsere Großstädte nicht inzwischen eine Spielwiese krimineller Banden und drogensüchtiger Junkies geworden, die Spa-
ziergänger überfallen und in der S-Bahn nachts die Fahrgäste
brutal ausrauben?

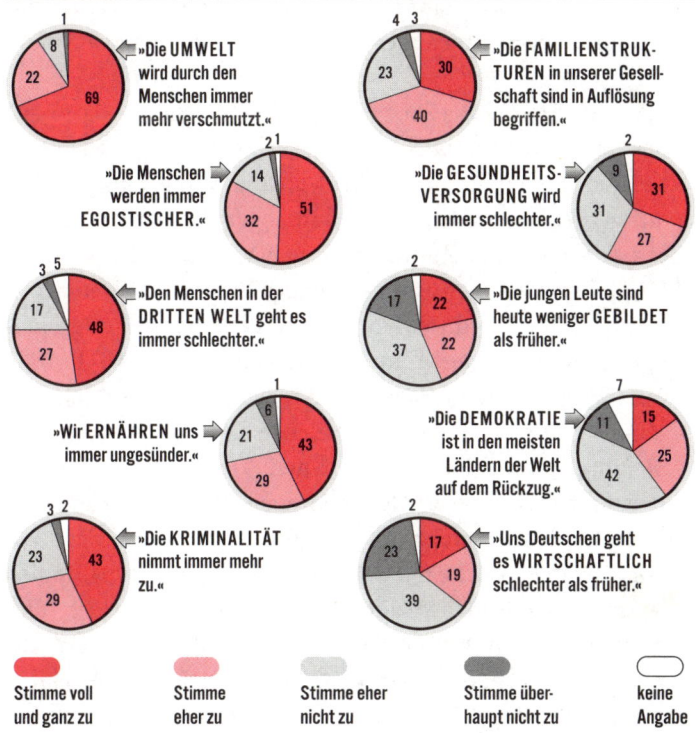

Abb. 1 Repräsentative Umfrage von TNS Infratest unter 1000 Bundesbürgern für die ZEIT. Umfragezeitraum: 19./20. Februar 2013. Quelle: DIE ZEIT, Nr. 13 (21. 3. 2013, S. 37).

Die Antwort auf all diese Fragen ist bestechend einfach. Sie lautet: *Nein*. Ehe nun eine Welle der Empörung ausbricht und Sie als Leserin oder Leser dieses Buch schnell aus der Hand legen, sei es mir erlaubt, auf nur eine einfache Tatsache hinzuweisen, die alle diese Hiobsbotschaften in Frage stellt. Die durchschnittliche Lebenserwartung in Deutschland (und dies gilt im Übrigen für nahezu alle Länder dieser Welt) ist seit Jahrzehnten beständig angestiegen und steigt auch weiterhin.

»Aus der Sterbetafel 2007 / 2009 lässt sich ablesen, dass nach den aktuellen Sterblichkeitsverhältnissen statistisch gesehen jeder zweite Mann in Deutschland wenigstens 80 Jahre alt werden und jede zweite Frau sogar ihren 85. Geburtstag erleben kann. Zumindest das 60. Lebensjahr erreichen 89,2 % der Männer und 94,1 % der Frauen. Im Deutschen Reich betrug die durchschnittliche Lebenserwartung eines neugeborenen Jungen in der Berichtsperiode 1871 / 1881 nur 35 Jahre und 7 Monate, ein neugeborenes Mädchen konnte mit einer durchschnittlichen Lebenserwartung von 38 Jahren und 5 Monaten rechnen. Demnach hat sich die Lebenserwartung der Neugeborenen in den vergangenen etwa 130 Jahren mehr als verdoppelt. Dazu trug zunächst vor allem der Rückgang der Kindersterblichkeit bei. In den letzten Jahrzehnten ist auch die Sterblichkeit Älterer stark gesunken. Nach der Sterbetafel 2007 / 2009 beläuft sich die noch verbleibende (fernere) Lebenserwartung von 60-jährigen Männern auf weitere 21 Jahre. 60-jährige Frauen können statistisch gesehen mit weiteren 24 Jahren und 10 Monaten rechnen.«[3]

Wenn also unser Leben immer gefährlicher, unsicherer und risikoreicher geworden wäre, wie kann es dann sein, dass wir immer älter werden und dass immer weniger Menschen vor Ende ihrer biologischen Lebensspanne sterben? Wie ich später noch ausführlich im Teil 1 dieses Buches aufzeigen werde, ist auch die Qualität des Lebens und der allgemeine Gesundheitszustand der Bevölkerung nicht schlechter geworden. Im Gegenteil: Was Gesundheit, Sicherheit und Lebensbedingungen anbelangt, sagen uns alle Indikatoren, dass es uns Deutschen im Schnitt besser geht – und dies Jahr für Jahr. Um Missverständnisse auszuschließen, wir reden hier über Durchschnittswerte. Für denjenigen, der einen Unfall erlebt hat oder mit einer aktuellen Krebserkrankung kämpft, ist der Durchschnittswert irrelevant. Aber für die Gesamtschau ist es wichtig zu wissen, wohin der Trend geht und wie es um die Risiken für eine Gesellschaft aussieht. Denn nur so können wir unsere begrenzten Ressourcen an Zeit und Geld auf die Bereiche lenken, die im besonderen Maße unsere ganze Aufmerksamkeit verdienen. Wenn wir marginale Risiken mit großem Aufwand an Zeit und Geld bekämpfen und die großen Risiken, die für uns alle eine besondere Bedrohung darstellen, aus den Augen verlieren, dann handeln wir verantwortungslos, sofern wir über diese relativen Bedrohungen Bescheid wissen. Und wir handeln fahrlässig, wenn wir das nicht wissen, aber hätten wissen können[4].

Und damit sind wir beim zentralen Anliegen dieses Buches. Es geht mir keinesfalls darum, den Lesern und Leserinnen plastisch vor Augen zu führen, wie irrational oder unwissend sie sind, wenn sie sich mit Risiken beschäftigen oder sich vor echten oder vermeintlichen Bedrohungen schützen wollen. Es ist vielmehr meine Absicht, der Gesellschaft aus Sicht eines Risikoforschers, der sich seit drei Jahrzehnten mit diesen Fragen intensiv auseinandergesetzt hat, einen Spiegel zur Selbstreflexion vorzuhalten: Ich möchte darstellen und erklären, warum wir uns alle vor Gefahren und Risiken fürchten, die nach bester wissenschaftlicher Erkenntnis wenig Schaden anrichten, und warum wir unsere Augen vor den Risiken verschließen bzw. sie in unserem Verhalten weitgehend ignorieren, die uns erheblich bedrohen[5].

Dieser Frage gehe ich in vier Abschnitten des Buches nach. In Teil I werde ich versuchen, die Risiken und Bedrohungen aufzuzeigen, die uns wesentlich dramatischer erscheinen als sie sind. Das Mittel dazu ist die Statistik. Statistische Aussagen sind oft in Verruf geraten: Man könne mit angeblich objektiven statistischen Zahlen die Menschen an der Nase herumführen und manipulieren. Das stimmt auch. Ich werde aber aufzeigen, warum die Statistik hier wichtig und im Rahmen des Möglichen auch objektiv ist.[6] In Teil II geht es dann um die Frage des Warums. Hier werde ich überwiegend Studien aus der Wahrnehmungspsychologie und der Urteilsbildung heranziehen, aber auch Ergebnisse der Modernisierungs- und Medienforschung einbeziehen. Mir geht es im zweiten Kapitel vor allem darum, dass sich jeder Leser und jede Leserin in dem beschriebenen Meinungs- und Urteilsbildungsprozess subjektiv wiedererkennen und die Mechanismen begreifen kann, die für eine fehlgeleitete oder verzerrte Wahrnehmung verantwortlich sind.

In den beiden ersten Teilen orientiere ich mich an dem Leitbild des »risikomündigen« Bürgers, ein sperriger, aber treffender Begriff, der von der Ad-hoc-Kommission der Bundesregierung »Neuordnung der Verfahren und Strukturen zur Risikobewertung und Standardsetzung im gesundheitlichen Umweltschutz der Bundesrepublik Deutschland« geprägt wurde.[7] Mit dem Begriff der Risikomündigkeit ist gemeint, dass jeder Bürger und jede Bürgerin auf der Basis der eigenen Werte und Präferenzen Risiken beurteilen soll und kann. Um diese Urteile aber auf eine faktisch solide Basis zu stellen und Enttäuschungen aufgrund falscher Erwartungen zu vermeiden, ist es erforderlich, dass jede Person die faktischen Voraussetzungen und Folgen des eigenen Urteils weiß, bevor sie sich festlegt. Das kann man am Beispiel von Ernährungsgewohnheiten, wie etwa dem Essen von fetthaltigen Kartoffelchips, gut erläutern. Ob jemand Abend für Abend Kartoffelchips isst oder nicht, ist eine Frage persönlicher Risiko- und Nutzenabwägung. Nur sollte sich diese Person auch der gesundheitlichen Risiken für sich bewusst sein und keiner Illusion nachgehen (etwa, dass Kartoffelchips besonders gut für die eigene Figur seien). Wenn jemand unter Einbezug des bestverfügbaren Wissens über die gesundheitlichen Folgen kalorienreichen und fetten Essens Kartoffelchips in großen Mengen zu sich nimmt, hat er in einer freiheitlichen Gesellschaft das Recht, dies auch zu tun. Der Staat hätte allenfalls die Verpflichtung einzugreifen, wenn durch Sucht eine individuelle Entscheidung nicht mehr möglich wäre. Bei Kartoffelchips ist anders als etwa beim Alkoholismus eine im medizinischen Sinne verstandene Suchterkrankung nicht gegeben.

Risikomündigkeit bedeutet also, dass jeder Bürger und jede Bürgerin Risiken selber beurteilen kann und soll. Das darf kein paternalistischer, d.h. die Menschen gängelnder Staat oder eine andere wohlmeinende Instanz vorschreiben. Mit diesem Bekenntnis zur Risikomündigkeit ist aber auch die Verpflichtung für die Expertinnen und Experten verbunden, über die Höhe und Folgen der Risiken entsprechend aufzuklären und vor allem den Menschen nachvollziehbar zu machen, welche Mechanismen und Faktoren dafür verantwortlich sind, dass wir alle (die meisten Experten sind da mit einbezogen) bestimmte Risiken überbewerten und andere verharmlosen oder vernachlässigen. Diese Wissensbasis zu erstellen und zu stärken, dafür sind die ersten beiden Teile des Buches gedacht.

Teil III des Buches widmet sich den Gefahren, die aus meiner Sicht gesellschaftlich unterbewertet sind, also nicht die Aufmerksamkeit erhalten, die sie eigentlich wegen ihres Bedrohungspotentials verdienen. Darunter fallen vor allem Risiken, die uns nicht auf einen Schlag bedrohen, sondern eher schleichend sind, und die vor allem die Lebensbedingungen

für uns und unsere Nachwelt sukzessive verschlechtern. Ich
habe sie als »systemische Risiken« gekennzeichnet. Evolutiv
sind wir mental darauf vorbereitet, schnell und effektiv bei
Katastrophen zu reagieren. Weniger gut sind wir darin, langsam eskalierende Gefahren zu erkennen und ihnen rechtzeitig, bevor es zur Katastrophe kommen könnte, zu begegnen.
Um welche Gefahren es sich hierbei handelt, darüber gibt
Teil III Auskunft.

Der vierte und letzte Teil widmet sich dann der Frage, wie
wir in Zukunft besser auf die großen und zentralen Gefahren
und Bedrohungen eingehen können und wie wir in unserem
eigenen Verhalten, aber auch kollektiv, also in unserer Rolle
als Staatsbürgerinnen und Staatsbürger, mehr Risikomündigkeit ausüben können. Das Hauptstichwort hier ist »nachhaltige Entwicklung«. Dieser Terminus ist inzwischen in aller
Munde, und manche können ihn wegen seiner Beliebigkeit in
der Auslegung nicht mehr hören. Ich werde aber versuchen,
diesen Begriff in Relation zu Risiko und Risikomündigkeit
mit einer veränderten Perspektive zu belegen. Es kommt mir
darauf an zu vermitteln, wie uns der Begriff der nachhaltigen
Entwicklung eine Orientierung geben kann, verantwortungs-
voller mit Risiken umzugehen.

Jeder der vier Teile endet mit einem Fazit, in dem alle Argumente noch einmal kurz zusammengefasst, die wichtigsten
Schlussfolgerungen erläutert sowie Handlungsmöglichkeiten
aufgezeigt werden. Jedes Fazit ist so geschrieben, dass es für
sich alleine gelesen werden kann, weil es die wesentlichen
Punkte der Argumentationskette und die zentralen Botschaften des jeweiligen Teils wiedergibt. Der eilige Leser oder die
eilige Leserin kann sich also, wenn es ihr oder ihm auf die De-
tails und die genaue Ableitung der gewonnenen Erkenntnisse
nicht ankommt, mit dem Fazit eines jeden Teils begnügen.

Ich beziehe mich in meinen Analysen und Schlussfolgerungen überwiegend auf die Lebenssituation in der Bundesrepublik Deutschland. Wenn ich in Nigeria oder China wohnen und die dortigen Lebensverhältnisse beschreiben sollte, würde dieses Buch anders ausfallen. Natürlich kommt auch die globale Situation zur Sprache; ich hielte es für unzulässig, nicht auch auf den Export von Risiken aus Deutschland in andere Länder einzugehen. Es wäre ja durchaus möglich, dass wir unsere hohe Lebenserwartung und unseren hohen Sicherheitsstandard durch die Erhöhung von Risiken in anderen Regionen der Welt »erkaufen«. In der Sprache der Nachhaltigkeit heißt das: Wir können nur auf Kosten der Nicht-Nachhaltigkeit unserer Handelspartner selber nachhaltig wirtschaften und leben. Dass dies nur begrenzt zutrifft, werde ich später zeigen. Diese globale Perspektive ist aber wichtig, um die Bedrohungen für Deutschland und die anderen Länder besser begreifen zu können.

Das Grundanliegen dieses Buches ist also Aufklärung, nicht Belehrung oder Überredung. Ich will mit meinen Darstellungen und Argumenten überzeugen, zum Nachdenken und zur Selbsterkenntnis anregen und Diskussionen auslösen. Das Buch ist nicht für meine Fachkollegen und -kolleginnen geschrieben, sondern für alle, die sich für dieses Thema interessieren und sich risikomündig verhalten wollen. Diese Zielsetzung setzt voraus, dass ich manche wissenschaftlichen Erkenntnisse vereinfache und Komplexität so weit wie möglich reduziere. Dennoch habe ich mich darum bemüht, den Stand des Wissens so wahrheitsgetreu und zutreffend wie möglich wiederzugeben und selbstredend dort, wo ich Studien anderer heranziehe, diese ordnungsgemäß und vollständig zu zitieren.[8] Um aber dennoch die notwendige Tiefe und Differenzierung zu gewährleisten, habe ich einen ausführlichen

Anhang mit Anmerkungen verfasst, in dem nicht nur weiter-
führende Literatur zu den in dem Buch angesprochenen Disziplinen (wie Toxikologie, Epidemiologie, Ökologie, Psychologie, Soziologie, Ökonomie, Politikwissenschaft und andere
mehr) aufgeführt ist, sondern auch Vertiefungen zu einzelnen
Fachthemen angeschnitten werden. Damit dieses Buch nicht
zu umfangreich wird, hat sich der Fischer Taschenbuch Verlag
entschlossen, diesen Anhang komplett ins Internet zu verle-
gen. Sie können ihn dort unter http://www.fischerverlage.de/
buch/9783596198115 aufrufen, in Ruhe lesen oder auch aus-
drucken. Auch manch einen Exkurs, der in diesem Buch nicht
mehr Platz gefunden hat, habe ich im elektronisch gespeicherten Anhang untergebracht. So kann jede Leserin und jeder
Leser selbst entscheiden, wie intensiv sie oder er sich in jedes
der angeschnittenen Themen einlesen will.

Noch eine letzte Vorbemerkung: Bei diesem Thema kann es
keine »wertfreie« Wissenschaft geben, denn schon das Konzept Risiko impliziert, dass Menschen Handlungsmöglichkeiten zur Gestaltung der Zukunft haben. Man kann Risiken
im Voraus vermeiden oder begrenzen. Wie sehr man diese
Möglichkeiten nutzt und wo man Prioritäten setzt, ist eine
Wertentscheidung, die nicht von der Wissenschaft getroffen
werden kann. Trotz dieses wertenden Charakters, die diesem
Thema innewohnt, habe ich mich um Ausgewogenheit und
Objektivität bemüht und dort, wo Werturteile einfließen,
diese auch explizit kenntlich gemacht. Ob mir dies alles gelungen ist, können die professionellen Kritiker und die Leser
besser beurteilen als ich.

Stuttgart, August 2013   Ortwin Renn

Teil I   Was bedroht uns?

1   BSE – der Killer?

Vom Hubschrauber aus gesehen sieht es aus wie nach einem Inferno: Überall brennen Scheiterhaufen, auf denen sauber aufeinandergereiht Rinder- oder Schafskadaver unter hoher Hitze auf offenem Feld verbrannt werden. Dunkler Rauch steigt zum Himmel empor. Tierschützer laufen Sturm, Veterinärmediziner wiegeln ab. Wer das Risiko von Seuchen in den Griff bekommen will, darf nicht zimperlich sein, so die offizielle britische Tonart. Erst die Vernichtung schaffe Sicherheit. Gleichzeitig laufen im Sender BBC erschreckende Bilder eines Todeskampfes: Die 15-jährige Marilyn leidet an der neuartigen Creutzfeldt-Jakob-Erkrankung (vCJK). Sie ist bis zum Skelett abgemagert und wartet auf den unausweichlich bevorstehenden Tod. Auf der einen Seite kollektive Entrüstung über ein landwirtschaftliches System, das Tiermehl an vegetarische Kühe verfüttert und die dabei auftretenden Risiken offenkundig unterschätzt hat, auf der anderen Seite die Statistiker, die alles in Relation setzen: In den letzten 25 Jahren sind ungefähr so viele Menschen an der neuartigen Creutzfeldt-Jakob-Erkrankung in Europa gestorben wie am unachtsamen Trinken von parfümiertem Lampenöl.[1] In Deutschland starben seit 1990 fünf Menschen an einer Vergiftung durch Lampenöl, meist Kinder, die die bunten duftenden Flüssigkeiten für Saft hielten – und kein Einziger an vCJK.[2]

Während beim BSE-Skandal Minister ihren Hut nehmen mussten, die wirtschaftlichen Verluste in die Milliarden Euro gingen, die Verbraucher völlig verunsichert reagierten und das Vertrauen in die politische Risikoregulierung dramatisch sank, konnte die für den zweiten Fall damals zuständige Behörde, das Bundesinstitut für gesundheitlichen Verbraucherschutz und Veterinärmedizin (BgVV)[3], erst nach mehrjährigen Anstrengungen bei der EU einen Warnhinweis und später ein Verbot für den Verkauf von parfümiertem Lampenöl durchsetzen. Inzwischen ist in Europa und auch in Deutschland der Verkauf von parfümiertem Lampenöl an Endverbraucher verboten. Nicht parfümiertes Lampenöl wird aber weiterhin angeboten, es enthält nicht einmal einen Warnhinweis.

Sucharit Bhakdi, Leiter des Instituts für Medizinische Mikrobiologie und Hygiene an der Universität Mainz, konstatiert in der Zeitschrift *Bild der Wissenschaft*:

»Um ein vCJK-Opfer zu vermeiden, gebe man in Deutschland mindestens eine Milliarde Euro aus – so viel kosten die Desinfektions- und Sterilisationsmaßnahmen bei Operationen, BSE-Tests von Rindern und die Einhaltung strikter Vorschriften in Landwirtschaft, Pharmaindustrie und bei Blutspenden. Andererseits fehle es an Geld für Laboruntersuchungen, mit denen die Erreger etwa von Lungen- und Hirnhautentzündungen bei Krankenhauspatienten identifiziert werden können. Hier ließen sich durch den Einsatz relativ geringer Finanzmittel weitaus mehr Menschen retten als mit den Maßnahmen zur Bekämpfung von BSE.«[4]

Ob BSE, Maul- und Klauenseuche, Klimawandel oder Bioterrorismus – die Öffentlichkeit wird einem Wechselbad von Dramatisierungen und Verharmlosungen ausgesetzt. Die Folge dieses heillosen Durcheinanders ist schlichtweg Verunsicherung. Nach Fukushima, BSE und Noroviren in Erdbeeren suchen die meisten Menschen nach Orientierung im Wirrwarr widersprechender Einschätzungen, sensationslüsterner Berichterstattung und hilfloser Reaktionen aus Wirtschaft und Politik: Wie hoch sind die Risiken der modernen Welt wirklich? Was steht auf der Haben- und was auf der Sollseite?

2 Stärken und Tücken der Statistik

Wenn wir uns der Frage nach der Höhe von Risiken und dem Bedrohungspotential von gefährlichen Stoffen oder Handlungen zuwenden, ist zunächst einmal die Statistik im Sinne des Zählens von Ereignissen oder Handlungsfolgen gefragt. Auf den ersten Blick erscheint es ein einfaches und wenig verfängliches Unterfangen zu sein, Todes- oder Krankheitsfälle zu zählen und dann zu vergleichen. Aber so, wie es auf den ersten Blick erscheint, ist es nicht.[1]

Zunächst einmal ist das Zählen selbst mit Fehlern oder Dunkelziffern versehen. So vermuten viele Toxikologen, dass die Zahl der durch das Trinken von Lampenöl erkrankten Kinder und Erwachsenen wesentlich höher ausfällt, als es in der Statistik ausgewiesen ist. Viele Ärzte haben zum Beispiel die Ursache der Erkrankung nicht richtig diagnostiziert, manche Eltern schämen sich, dass sie das Lampenöl offen haben stehen lassen, und erzählen dem Arzt eine erfundene Geschichte, oder sie halten andere Ursachen (etwa BSE) für den eigentlichen Auslöser und überzeugen den Arzt davon, dass er dies auch so weiterleitet. Für viele Erkrankungen gibt es gar keine Meldepflicht, so dass die Statistiker hier auf Stichproben oder Expertenschätzungen angewiesen sind. Das Zählen selbst ist

also nicht das Problem, sondern die Fälle vollständig, wahrheitsgetreu und exakt zu erfassen.[2]

Das zweite Problem ist semantischer Art. Wer kennt nicht
den Unterschied zwischen einem halb leeren und einem halb
vollen Glas? Beides ist faktisch das Gleiche, aber das eine suggeriert »wenig« und das andere »viel«. Je nach eigener Couleur kann man sich diesen Effekt zunutze machen: So kann
der eine durchaus mit Recht behaupten: Jede zweite Ehe in
Deutschland zerbricht (und suggeriert dabei vielleicht, dass
die Institution Ehe wohl ausgedient hat). Ein zweiter kann mit
dem gleichen Recht behaupten: Jede zweite Ehegemeinschaft
in Deutschland hält lebenslang (das unterstreicht die Bestän-
digkeit dieser Institution). Erst im Zeitvergleich wird deutlich,
wie diese Zahlen zu interpretieren sind. In den fünfziger Jahren wurde eine von acht Ehen geschieden; heute ist es eine
von zweien.[3] Damit wird deutlich, dass der Trend heute in
Richtung zeitgebundene Partnerschaft läuft.

Semantische Effekte sind aber noch viel subtiler als hier mit
diesem Beispiel angedeutet. Psychologen konnten nachweisen, dass schon die Wendung »4 von 10 Menschen gerettet«
versus der Wendung »6 von 10 Menschen konnten nicht gerettet werden« erhebliche Unterschiede in der Beurteilung
dieses Falles bei den meisten Menschen auslöst.[4] Diese sogenannten Framing-Effekte haben einen großen Einfluss auf die
Wahrnehmung und Bewertung von Risiken.[5] So klingt etwa
die Angabe, das Risiko einer Magenblutung habe sich um
100 % durch die Einnahme eines bestimmten Arzneimittels,
sagen wir einer Aspirin-Kapsel, erhöht, als extrem problematisch und furchteinflößend. Es suggeriert: Dieses Arzneimittel sollte schnellstmöglich vom Markt entfernt werden. Wenn
ich aber sage: Von 10 000 Patienten, die diese Kapsel eingenommen haben, treten jetzt bei zwei Personen Magenblutun-

gen auf, dann wird jeder schlussfolgern, dass dieses Risiko minimal sei. Noch deutlicher wird dies, wenn ich das Verhältnis umdrehe und sage: Vor der Tabletteneinnahme haben 9999 von 10000 keinerlei Beschwerden mit Magenbluten gehabt, nach der Einnahme waren es 9998 von 10000 Menschen. Wie leicht zu erkennen ist, sind die Aussagen faktisch alle identisch. Aber je nachdem, wie ich sie in Worte fasse, erwecke ich einen anderen Eindruck.[6] Um diesem Framing-Effekt entgegenzuwirken, werde ich in den folgenden Kapiteln selten mit Prozentzahlen operieren und wenn, dann nur mit gleichzeitiger Angabe der Absolutzahlen. Im Übrigen werde ich auf mögliche Framing-Effekte hinweisen, wenn ich den Eindruck habe, dass hier eine Fehldeutung oder eine Einflussnahme in eine bestimmte Richtung naheliegt.

Verwandt mit den Framing-Effekten ist die Angabe des Referenzrahmens. In der Statistik werden üblicherweise die gezählten Werte in Beziehung zu einem anderen Wert gesetzt: etwa Todesfälle pro Jahr, Todesfälle pro 10000 betroffene Menschen, Todesfälle pro 10000 Einwohner, Todesfälle pro gefahrene Kilometer und so weiter. Durch die geschickte Wahl der Bezugsgröße oder des Referenzfalles kann ich ebenfalls Schlussfolgerungen suggerieren und Menschen in ihrem Urteil einseitig beeinflussen. Ein plastisches Beispiel dafür stammt von den amerikanischen Risikoforschern Evans, Frick und Schwing.[7] Sie verglichen den Personentransport mit Hilfe von Flugzeugen oder Personenkraftwagen. Jeder weiß, dass die Risiken des Straßenverkehrs größer sind als die des Flugverkehrs. Dies ist auch völlig korrekt, wenn wir den Schaden auf die zurückgelegten Kilometer beziehen. Wenn wir den Schaden jedoch auf die Zeit beziehen, die wir in dem einen oder anderen Verkehrsmittel verbracht haben, dann ist das Fliegen (zumindest als der Artikel 1989 geschrieben wurde) risikoreicher. Je nach Wahl der Bezugsgröße kommen wir also zu einem anderen Ergebnis. Welche Bezugsgröße ist nun die richtige? Das kommt auf den Kontext an. Im Normalfall geht es beim Transport um die Beförderung einer Person von A nach B, d. h. der Zweck der Reise ist es, eine bestimmte Distanz zu überwinden. Folglich ist hier nur der Bezugsmaßstab »Unfallhäufigkeit pro Kilometer« sinnvoll. Wenn aber z. B. jemand die Wahl zwischen einem Beruf als Pilot oder Fernfahrer oder – um ein realistischeres Beispiel zu bemühen – als Versicherungsagent die Wahl zwischen einem ortsnahen oder ortsfernen Bezirk hat, wobei in beiden Fällen die gleiche Transportzeit im Pkw oder Flugzeug anfällt, dann ist beim Vergleich der jeweiligen Handlungsoptionen die Bezugsgröße »Unfälle pro Zeiteinheit« angemessener. Es kommt also auf den Zusammenhang (hier der Vergleich zwischen Verkehrsmittelwahl pro Zeiteinheit oder pro geleisteten Kilometer) an, wie man den Ermessensspielraum füllt. Die Entscheidung der Bezugsgröße in unserem Beispiel lässt sich unabhängig davon treffen, ob man lieber fliegt oder Auto fährt.

Der Nobelpreisträger Daniel Kahneman gibt in seinem Bestseller »Thinking, Fast and Slow« ein weiteres Beispiel für die Bedeutung der richtigen Referenzwahl.[8] In den USA ist es üblich, die Effizienz des Benzinverbrauchs in »Meilen per Gallone« zu messen. In Deutschland wird dagegen die Effizienz mit dem umgekehrten Maß, nämlich Gallone bzw. Liter pro Kilometer oder 100 Kilometer angegeben. Hat das eine Bedeutung? Und ob! Kahneman erläutert dies am folgenden (fiktiven) Fall:

»Adam wechselt von einem Benzinfresser mit einem Durchschnitt von 12 Meilen per Gallone zu einem etwas weniger durstigen Fahrzeug mit einem Durchschnitt von

14 Meilen per Gallone. Beth wechselt von einem schon relativ ökologisch getrimmten Fahrzeug von 30 Meilen per Gallone zu einem noch sparsameren Modell von 40 Meilen pro Gallone.

Auf den ersten Blick sieht es so aus, als ob Beth den größeren Beitrag zum Spritsparen leisten würde. Wenn man aber genau nachrechnet, sieht es anders aus: Wenn beide 10 000 Meilen gefahren sind, hat Adam seinen Verbrauch von 833 Gallonen auf 714 reduziert, d. h. er hat 119 Gallonen eingespart. Bei Beth hat sich der Verbrauch von 333 Gallonen auf 250 reduziert, d. h. sie hat 83 Gallonen gespart. Also ist Adam der Sieger beim Wettkampf um die höchste Effizienz beim Energieverbrauch. Dieser Rückschluss ist natürlich widersinnig und würde gerade diejenigen begünstigen, die von einem sehr hohen Niveau nur marginal nach unten abweichen. Wenn man hier das andere Maß verwendet (Verbrauch an Liter oder Gallonen pro 100 km), dreht sich der Spieß um und Beth gewinnt den Effizienztest gegenüber Adam. Somit ist nur die Referenzgröße ›Verbrauch pro gefahrene Distanz‹ ein sinnvolles Maß für die Effizienz beim Benzinverbrauch, aber nicht das Maß ›gefahrene Distanz pro Einheit Verbrauch‹.«

Im Teil 2 werden wir auf diesen Effekt und auf viele andere Faktoren der Urteilsbildung zurückkommen. Für die Diskussion um statistische Effekte ist es hier nur wichtig zu behalten, dass die Referenzgröße problemgerecht ausgewählt wird. Darauf habe ich dann auch besonders bei den späteren Risikovergleichen in Teil 1 und 3 geachtet.

Ein drittes und besonders schwieriges Problem bei der Statistik betrifft die Frage von kausalen Verbindungen zwischen Auslöser und Wirkung. Meistens will man ja nicht nur wis-

sen, wie viele Menschen einen Schaden erlitten haben oder
wie viele Schadensfälle pro Bezugseinheit gemessen wurden,
sondern auch, woher diese Schäden kommen. Sicher ist es
wichtig, zu erfahren, wie viele Menschen in Deutschland an
Krebserkrankungen sterben, und diese Zahl in Relation zu
setzen zu früheren Zeiten oder zu Krebserkrankungen insgesamt. Wenn ich aber auf das Risiko, an Krebs zu erkranken,
Einfluss nehmen will, muss ich wissen, was oder wer diesen
Krebs ausgelöst hat. Dem Krebs sieht man das leider nicht an,
so dass wir hier auf zum Teil sehr komplexe Verfahren der Risikoabschätzung auf der Basis der sogenannten inferentiellen
Statistik und entsprechender Daten aus Toxikologie und Epidemiologie angewiesen sind.[9] Die Frage lautet zum Beispiel:
Wie viele der Krebserkrankungen sind auf Rauchen, auf Alkohol, auf Umweltverschmutzung oder auf falsche Ernährung
zurückzuführen? Und: Wie hängt die Wahrscheinlichkeit, an
Krebs zu erkranken, von der Dosis des Auslösers (Zahl der Zigaretten, Menge an Alkohol, Konzentration von Luftschadstoffen) ab?

Bei der Beurteilung von Ursachen für mögliche oder einge-
tretene Schäden spielen drei Komponenten eine entscheidende Rolle: die *Komplexität* der Sachverhalte, die *Unsicherheit* über das Eintreten vermuteter Folgen und die *Ambiguität*
bei der Bewertung dieser Folgen durch einen selbst und die
anderen.[10]

Diese drei Komponenten üben einen direkten Einfluss darauf aus, wie zuverlässig wir Risiken abschätzen und bewerten
können. Zunächst zur *Komplexität*: Komplexität ist etwas anderes als Kompliziertheit. »Komplex« bedeutet, dass zwischen
Ursache und Wirkung viele andere Einflussfaktoren, sogenannte intervenierende Variable, wirksam sind, die diese Beziehung entweder verstärken oder abschwächen, so dass wir

aus der beobachteten Wirkung nicht ohne weiteres rück-
schließen können, welche Ursache(n) dafür verantwortlich ist
(sind). Im Gegensatz zur Kompliziertheit sind auch die Ursachen durch eine Vielzahl von Rückkopplungsschleifen miteinander verknüpft. Komplexe Verhältnisse sind bei Gesund-
heits- und Lebensrisiken in besonderem Maße gegeben. Einem
Darmkrebs sehen wir nicht an, woher er kommt. Wir sind
auf Modellrechnungen angewiesen, die nur hypothetische
Gültigkeit beanspruchen können. Vielfach sind diese Modelle
auch unter Fachleuten umstritten. Dass Risiken unter Fachleuten kontrovers diskutiert und eingeschätzt werden, bereitet Probleme bei der Auswahl und der Interpretation der statistischen Daten. Und dieses Problem wird uns auch in den
folgenden Teilen immer wieder begegnen. Eindeutige Sachverhalte zu kommunizieren ist nicht besonders schwierig, bei
umstrittenen oder wenig klaren Kausalverhältnissen ist dagegen jede Kommunikation ein Spiel mit dem Feuer der Speku-
lation.

Das zweite wesentliche Element jeder wissenschaftlichen
Risikoabschätzung betrifft den Grad der *Unsicherheit*. Alle
unsere Untersuchungen zu Risikoursachen und -folgen beruhen darauf, dass es nur selten deterministische, d.h. fest-
gelegte Ursache-Wirkungsketten in der Natur der Gesund-
heitsgefährdungen gibt. Gleiche oder ähnliche Expositionen
(wörtlich bedeutet Exposition: einer Gefahr ausgesetzt zu
sein) können bei unterschiedlichen Individuen zu einer Vielzahl von höchst unterschiedlichen Reaktionen führen. Das
kennt jeder aus der eigenen Lebenserfahrung beim Trinken
von Alkohol: Die einen fangen schon nach dem ersten Glas
Bier an, die Welt anders zu sehen und sich unsicher zu bewegen; andere dagegen sind auch noch nach dem 5. Glas recht
standfest, und man merkt ihnen kaum etwas an.[11] Ein anderes

Beispiel ist die therapeutische Bestrahlung von Krebszellen, etwa bei Patientinnen mit Brustkrebs. Obwohl die Dosis in den meisten Fällen identisch ist, reagieren die betroffenen Patientinnen sehr unterschiedlich. Einige merken fast gar nichts, während andere große Beschwerden haben. Die Variationsbreite der Wirkungen bei unterschiedlichen Individuen ist aber nur eine Seite der Unsicherheitsproblematik; auf der anderen Seite wissen wir, dass auf der molekularen Ebene Zufallsstreuungen einen großen Einfluss ausüben und es nur Wahrscheinlichkeitsangaben darüber gibt, ob ein bestimmter Auslöser auch die negativen Auswirkungen verursacht, die man experimentell (meist mit wesentlich höheren Dosen) nachgewiesen hat.[12] Wir sind also in vielen Bereichen der Gesundheitsrisiken auf die Erfassung sogenannter stochastischer Beziehungen, d.h. zufälligen Schwankungen angewiesen. Nur mit einer bestimmten Wahrscheinlichkeit können wir Schäden prognostizieren. Dies ist vor allem in der Entstehungsgeschichte von Krebserkrankungen der Fall: Schon ein einziges Molekül kann theoretisch einen Krebs auslösen, muss es aber nicht. Bezogen auf die Vermittlung von Risikoabschätzungen stellt uns die Stochastik vor große Herausforderungen: Jeder kennt zumindest einen oder eine Übergewichtige, die über 90 Jahre zählt und sich bester Gesundheit erfreut. Oder man verweist auf den 90-jährigen Großvater, der bis ans Lebensende seine Zigaretten geraucht hat. Damit hat man natürlich eine wunderbare Entschuldigung, warum man selber raucht oder übergewichtig ist. Wahrscheinlichkeiten zu vermitteln ist schwierig, aber ich hoffe, ich kann den mit dieser Materie wenig vertrauten Lesern und Leserinnen im Folgenden dazu einige Hilfestellungen anbieten.

Es kommt die dritte Komponente hinzu, der Bereich der *Ambiguität*. Damit ist gemeint, dass ein und dasselbe Verhalten oder ein und dieselbe Aussage von verschiedenen Gruppen völlig unterschiedlich bewertet wird. Ambiguität unterscheidet sich deutlich von Unsicherheit, auch wenn beide Begriffe immer wieder durcheinandergeworfen werden. Nehmen Sie als Beispiel gentechnisch veränderte Lebensmittel.[13] Es gibt wenige Experten, die behaupten, man würde durch den Genuss dieser Lebensmittel ernsthaft krank. Es besteht auch wenig Unsicherheit über die Gesundheitsfolgen der Ernährung mit gentechnisch modifizierten Pflanzen. Es herrscht aber ein erbitterter Streit darüber, ob gentechnisch veränderte Lebensmittel notwendig seien, ob sie ein soziales Bedürfnis decken, ob sie die Hybris des Menschen, alles nach eigenem Gutdünken zu gestalten, anstacheln würden, ob Genfood ins eigene Lebensbild bzw. ins eigene Weltbild passe, kurzum, ob man solche Lebensmittel aus grundsätzlichen lebensweltlichen oder ethischen Gründen ablehnen müsse. Über diese Fragen streiten sich in der Tat die Geister, und zwar sehr stark. Über Ambiguitäten zu schreiben und diese zu kommentieren, stellt eine besondere Herausforderung dar, weil jede Seite in einem solchen Streit die Wahrheit wie selbstverständlich auf der eigenen Seite »gepachtet« sieht und jede ausgewogene Berichterstattung, wenn diese denn möglich ist, mit größtem Misstrauen betrachtet. In Ambiguitätskonflikten gibt es in der Regel nur die polare Unterscheidung in *wir und die anderen*. Und die anderen sind selbstverständlich unsere Feinde.

Diese Vorbemerkungen sind notwendig, um auf die besonderen Probleme und Missverständnisse bei der Übermittlung von statistischen Daten und wissenschaftlichen Risikoanalysen hinzuweisen. Die Wissenschaft gibt uns erstens nur selten eindeutige Ergebnisse in der Zuordnung zwischen dem Auslöser eines Risikos und den Folgen. Zweitens müssen wir mit der Unsicherheit rechnen, dass die vermuteten Wirkungen streuen und wir nur Wahrscheinlichkeitsaussagen (und auch die nur mit gewisser Vorsicht) machen können. Drittens gibt es unterschiedliche gesellschaftliche Bewertungen des gleichen Sachverhaltes, sowohl was die einzelnen Risiken anbetrifft als auch deren Wirkung auf Gesundheit und Lebensgefühl.

So sehr ich mich bemühen werde, in den folgenden Kapiteln die Zuverlässigkeit der Daten mit zu kommunizieren, die für die Fragestellung relevante Referenzgröße anzugeben und die Komplexität, Unsicherheit und Ambiguität der kausalen Beziehungen aufzuzeigen, so wird es mir doch nicht möglich sein, dies alles in einem sterilen wertfreien Rahmen ohne jede subjektive Färbung und ohne selektive Auswahl von Fakten und Beziehungen durchzuführen. Es wird auch bei meinen Fachkollegen und -kolleginnen bei einigen Fragen unterschiedliche und kontroverse Bewertungen und Akzentsetzungen geben. Die Grundaussagen, um die es geht, sind bei der überwiegenden Anzahl der Risiko-Experten wenig umstritten, aber das eine oder das andere Detail wird Widerspruch hervorrufen. Und das ist auch so gewollt. Denn wer Risikomündigkeit als Ziel setzt, will Diskussionen anregen und eine kritische Reflexion auf den Weg bringen. Wenn dieses Buch dazu einen Beitrag leistet, hat es seinen Zweck erfüllt.

3 Wir werden immer älter

Schon in der Einleitung haben wir uns kurz mit der Lebenserwartung der Menschen in Deutschland und der Welt auseinandergesetzt. Mit der Lebenserwartung verbinden wir die

Anzahl der Lebensjahre, auf die beispielsweise ein Kind, das heute geboren wird, vertrauen darf, bis es stirbt. Natürlich wird das Kind nicht genau nach, sagen wir mal, 83,4 Jahren sterben. Die Zahl gibt einen Durchschnittswert wieder, der sich ergibt, wenn wir aus einer theoretisch unbegrenzten Zahl von Kindern, die heute geboren werden, die mittlere Lebenserwartung auswählen. Diese Zahl können wir nicht nur für Neugeborene, sondern für jede beliebige Altersangabe machen. Besonders wichtig ist dabei die Streuung: Es kann ja sein, dass der Mittelwert dadurch zustande kommt, dass ungefähr alle dieses Alter erreichen oder aber dass viele Menschen wesentlich früher sterben und viele andere Menschen wesentlich älter werden. Eine hohe Streuung ist dann zu erwarten, wenn der Durchschnittswert relativ weit vom biologischen Lebensalter abweicht.[1] In Deutschland ist das nicht der Fall. Wie Abbildung 2 und 3 für Frauen und Männer eindeutig zeigen, liegt die Lebenserwartung für Neugeborene in Deutschland heute bei Frauen in der Größenordnung von 88,3 Jahren und bei Männern bei 83,1 Jahren. In beiden Fällen liegen wir schon im Korridor der biologisch gegebenen Endphase des menschlichen Lebens (nach heutigem Stand der medizinischen Forschung).

Der Anstieg der Lebenserwartung in den letzten 150 Jahren ist dramatisch.[2] Bis rund 1850 hat sich an der durchschnittlichen Lebenserwartung der Menschen nur wenig geändert. Dann setzt ein rasanter Prozess der Steigerung der durchschnittlichen Lebenserwartung ein. Daran sind vier Faktoren maßgeblich beteiligt: bessere Hygiene, regelmäßige und ausgewogene Ernährung, höheres Bildungsniveau und medizinische Fortschritte in der Behandlung von Krankheiten.[3] Wichtig ist auch zu erwähnen, dass die Lebenserwartung in Deutschland Jahr für Jahr steigt. Die häufig geäu-

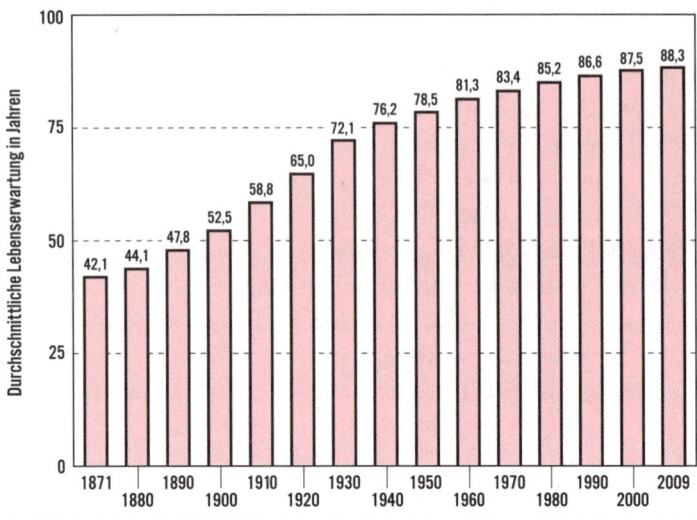

Abb. 2 Durchschnittliche Lebenserwartung von Frauen in Deutschland bei der Geburt nach Jahrgängen von 1871 bis 2009.
Quelle: Statista 2013.[4]

ßerte Sorge, wir hätten jetzt den Zenit überschritten und die Lebenserwartung würde wieder sinken, ist also nicht berechtigt. Allerdings wird die Kurve zunehmend flacher. Das bedeutet, dass wir in Zukunft mit stagnierenden Zahlen rechnen müssen. Dies ist auch aus biologischen Gründen zu erwarten, denn wenn wir den Trend von 1950 bis heute einfach um 100 Jahre verlängern würden, dann lägen wir bei über 110 Jahren Lebenserwartung im Jahre 2110, was auch bei optimistischer Sicht unserer biologischen Grenzen wenig wahrscheinlich wäre. Die Zahlen weisen also zweifelsfrei nach, dass für den Durchschnittsbürger in Deutschland das Leben sicherer und risikoärmer geworden ist, zumindest was

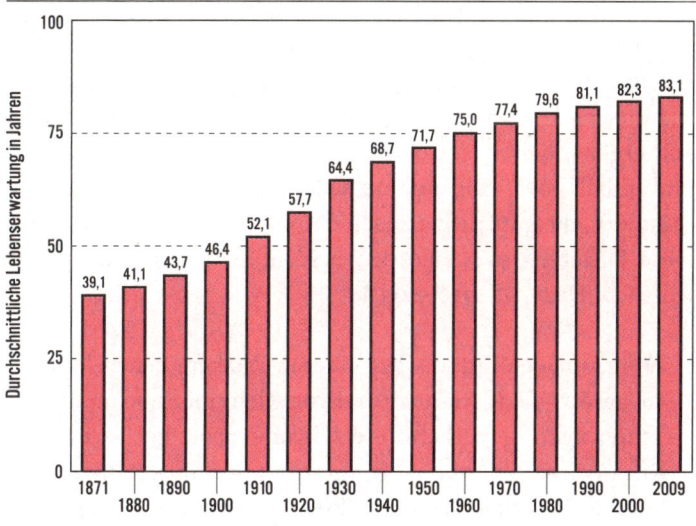

Abb. 3 Durchschnittliche Lebenserwartung von Männern in Deutschland bei der Geburt nach Jahrgängen von 1871 bis 2009. Quelle: Statista 2013.[5]

das Todesrisiko betrifft. Auf die anderen Risiken werde ich später noch eingehen.

Erklärungsbedürftig ist der Unterschied zwischen Männern und Frauen: Immerhin haben Frauen in Deutschland eine rund 5 Jahre längere Lebenserwartung als Männer. Mein Kollege Dr. Michael Zwick von der Universität Stuttgart bietet inzwischen für seine Studierenden schon ein Seminar mit dem unheilvollen Titel »Risiko Mann« an. Auch hier gibt es nicht nur einen Grund für die gemessene Diskrepanz. Einige Biologen und Verhaltensforscher halten Frauen grundsätzlich für widerstandsfähiger als Männer, da diese Spanne, wenn auch wesentlich weniger dramatisch, schon in der vorindus-

triellen Zeit zu beobachten war und daher relativ unabhängig
von gesellschaftlichen und historischen Verhältnissen zu sein
scheint.[6] Soziologen und Psychologen machen dagegen die bei
Männern stärker ausgeprägte Berufsbelastung und den damit
einhergehenden Stress, den verstärkten Konsum von Alkohol
und Tabak sowie die höhere Unfallhäufigkeit bei jüngeren
Männern, die natürlich auf den Durchschnittswert drückt, für
diese Differenz zwischen den beiden Geschlechtern verantwortlich. Dazu Michael Zwick:[7]

> »Worin liegen nun die besonderen Risiken, denen Männer
> ausgesetzt sind? Männer und vor allem männliche Jugend-
> liche zeigen in Verkehr, Freizeit und Sport ein besonderes
> Risikoverhalten und verunglücken weitaus häufiger als
> Frauen: Von den durch Unfälle mit Transportmitteln Ver-
> storbenen waren in Deutschland 2001 73 % Männer und
> 27 % Frauen. Männer dominieren mit 89 % bei den unter
> Alkoholeinfluss stehenden Autofahrern, die in Unfällen
> ums Leben kommen. Bei durch Verletzungen, Vergiftun-
> gen und äußeren Einwirkungen Getöteten beträgt das
> Verhältnis 63 % zu 37 %. Männliche Jugendliche, Heran-
> wachsende und Erwachsene dominieren die Kriminalitäts-
> statistik sowohl auf der Tatverdächtigen-, der Verurteilten-
> als auch auf der Opferseite. Durch tätliche Angriffe kamen
> in Deutschland im Jahr 2000 mehr Männer als Frauen ums
> Leben. Männer führen die Suchtstatistik an – im Jahr 2000
> wurden achteinhalbmal mehr Männer wegen Verstoßes ge-
> gen das Betäubungsmittelgesetz verurteilt als Frauen, sie
> dominieren auch bei Tabak- und Alkoholkonsum. Männer
> scheinen über ihre Verhältnisse zu leben: Sie tendieren of-
> fensichtlich dazu, nicht auf ihren Körper und seine Signale
> zu achten. Sie suchen seltener und erst in späteren Krank-

heitsstadien den Arzt auf. Männer dominieren vor allem
bei solchen Todesarten, deren Grunderkrankungen als Ant-
wort des Körpers auf fortwährende Überforderung, Domi-
nanzverhalten und mangelnde Rücksichtnahme auf den
Körper und dessen Warnsignale gedeutet werden können:
Bei Krankheiten des Kreislaufsystems, die einen tödlichen
Ausgang nehmen, liegen sie um den Faktor 2,9 vor den
Frauen, bei Herzinfarkten sogar um das 4,1-Fache und bei
Schlaganfällen um das 2,3-Fache.«

Wie ich später zeigen werde, sind die Männer auch bei den
Suiziden (Selbsttötungen) häufiger vertreten als Frauen. Somit wird deutlich, dass vor allem Rollenzuschreibungen von
Männern gegenüber Frauen und die mit diesen Zuschreibungen verbundenen Verhaltensmuster einen Großteil, wenn
nicht sogar den Löwenanteil, an der Diskrepanz in der Lebenserwartung von Männern und Frauen erklären.

Aus deutscher Sicht ist von Interesse, dass sich die niedri-
gere Lebenserwartung in Ostdeutschland nach der Wiedervereinigung relativ zügig an den westdeutschen Standard
angepasst hat. »Betrug der Unterschied 1990 – dem Jahr der
Wiedervereinigung – für Männer 3,5 Jahre und für Frauen
2,8 Jahre, waren es 1997 – als das Statistische Bundesamt die
getrennte Darstellung beendete – nur noch 2,0 Jahre für Männer und 1,0 Jahre für Frauen. In den neuen Bundesländern ist
also innerhalb von nur sieben Jahren die Lebenserwartung bei
Frauen und Männern um 3,2 Jahre gestiegen.«[8] Diese Erfolgsgeschichte ist vor allem darauf zurückzuführen, dass die Todesfälle durch Herz-Kreislauf-Erkrankungen vorwiegend bei
Männern drastisch reduziert werden konnten.

Bislang haben wir den Blickpunkt allein auf Deutschland
gerichtet. Sind wir hier ein Hort der Seligen, die immer äl-

ter werden und immer risikoärmer leben, während die übrige
Welt, vor allem die noch in der Entwicklung befindlichen Län-
der, diesen Erfolg nicht mit uns teilen? Oder noch schlimmer:
Ist unsere gute Bilanz nur auf Kosten entsprechend negativer
Ausschläge bei den sich entwickelnden Ländern, vor allem in
Afrika und Südamerika, ermöglicht worden? Leben wir gut
vom Elend der anderen?

Ein Blick in die internationale Statistik der WHO und der
UN zeigt, dass diese Vermutung für Lebens- und Gesundheitsrisiken nicht zutrifft. In Teil 3 werden wir aber diese
Aussage relativieren, weil nämlich die materiellen Lebensbedingungen und die Verteilung von Entwicklungschancen sehr
wohl in einem negativen Verhältnis zu unserem Wohlstand
stehen. Doch für Gesundheits- und Lebensrisiken ist der
Trend zu einer immer höheren oder zumindest stabilen Lebenserwartung über die letzten zwei Jahrzehnte weltweit mit
wenigen Ausnahmen zu beobachten. Tabelle 1 vermittelt eine
Übersicht über die weltweite Entwicklung der Lebenserwartung zwischen 1990 und 2009.

Die Tabelle gibt darüber Auskunft, dass auf der Basis von
Daten aus 193 Ländern sowohl in der Mitte als auch am unteren und am oberen Ende der Liste eine Bewegung zur höheren
Lebenserwartung festzustellen ist. Auch in den Ländern mit
dem geringsten Einkommen stieg die Lebenserwartung von
36 (1990) auf 47 (2009) Jahre.[9] Dennoch zeigt die Statistik
auch, dass in den armen Ländern heute mehr Frauen zwischen
15 und 60 sterben als 1990 und dass es noch einige, wenn auch
wenige Länder in der Welt gibt, die eine durchschnittliche Lebenserwartung von unter 50 Jahren haben. Dazu kommt, dass
in den Ländern mit der geringsten Lebenserwartung mehr als
50 % aller Menschen ihren 60. Geburtstag nicht erleben werden. Der Anstieg gegenüber 1990 ist aber bei allen Indika-

Durchschnitt der Länder mit	1990	2009
Minimaler Lebenserwartung	36	47
Mittlerer Lebenserwartung (Median)	68	72
Maximaler Lebenserwartung	79	83
Anzahl der Personen pro 10 000, die zwischen dem 15. und 60. Lebensjahr sterben; männlich (weiblich in Klammern):		
Länder mit der höchsten Lebenserwartung	800 (400)	570 (410)
Median	2570 (1480)	2170 (1190)
Länder mit der geringsten Lebenserwartung	9200 (4670)	6910 (5740)

Tab. 1 Trendentwicklung der Lebenserwartung weltweit zwischen 1990 und 2009. Quelle: WHO (2012).[10]

toren beachtlich: Im Jahre 1990 gab es noch Länder, deren Lebenserwartung dem Niveau von Deutschland um 1870 entsprach (36 Jahre).

Sieht man sich die 21 von 193 Ländern an, bei denen trotz dieses generellen Trends die Lebenserwartung gefallen ist, dann sind es zum einen Staaten in Afrika, die besonders unter Bürgerkrieg, AIDS und fehlender Infrastruktur leiden (wie Botswana, Malawi, Zentralafrikanische Republik oder Namibia), und zum anderen Staaten im ehemaligen sowjetischen Einflussbereich. Dort hat vor allem die Ungleichheit der Lebensbedingungen zugenommen, die Zahl der Unfälle hat sich stark erhöht und neue Lebensstilrisiken (vor allem unter jungen Männern) sind hinzugekommen.[11] Aber auch hier konnten die meisten ehemals kommunistischen Länder Osteuropas inzwischen den Trend umkehren. Russland, Ukraine und Weißrussland sind nach der neuesten Statistik die noch einzig verbliebenen Länder aus dieser Gruppe, bei denen die Lebenserwartung weiter sinkt, wenn auch nur noch geringfügig.

Es gibt allerdings einen Ausreißer aus diesem generellen Trend. Das sind Südafrika und die in dem Staatsgebiet eingeschlossenen Republiken Lesotho und Swasiland. Hier ist die Lebenserwartung drastisch gesunken. In Swasiland von 61 auf 49 Jahre, in Lesotho von 60 auf 48 und in Südafrika von 63 auf 55 Jahre. Ich will die Ursachen für diese negative Entwicklung hier nicht weiter verfolgen, aber die Tatsache, dass die Lebenserwartung auch signifikant sinken kann, sollte uns daran erinnern, dass der Trend zu höherer Lebenserwartung nicht automatisch erfolgt, sondern stetige Anstrengungen im Bereich Lebensführung, Gesundheitsvorsorge und Unfallschutz erfordert.

Zurück nach Deutschland: Der Trend zu immer höheren Rekorden bei der Lebenserwartung hält bei uns unvermindert an. Deutschland ist dabei keineswegs der Spitzenreiter in der Welt, aber es bewegt sich seit Jahren in der 10 %-Spitzengruppe (2010 lagen wir weltweit auf Platz 18, Norwegen hatte den Spitzenplatz inne). Diese Tatsache alleine sollte schon Anlass genug sein, an dem Eindruck einer ständig riskanteren Welt Zweifel zu haben. Gleichzeitig sind wir aber noch weit von dem Ziel entfernt, jedem Menschen in Deutschland ein Leben im Rahmen der genetisch vorgeprägten Lebensspanne zu garantieren. Nach wie vor sterben 990 Männer von 10 000 zwischen dem 15. und 60. Lebensjahr (1990 waren es 1570) und 530 Frauen (1990 waren es 770). Warum das so ist, werden die nächsten Kapitel aufzeigen.

4 Todesursachen: Zwei dominieren das Bild

Stand im vorigen Kapitel die Entwicklung der Sterberaten in Deutschland und der Welt im Vordergrund, geht es jetzt um die konkreten Ursachen, warum Menschen in Deutschland sterben. Vor allem interessiert uns die Frage, welche Ursachen bei Frauen und Männern vor dem 65. Lebensjahr einen vorzeitigen Tod ausgelöst haben. Daraus können wir später schließen, welche Risiken besonders hoch und welche eher niedrig sind.

Abbildung 4 vermittelt uns zunächst einen allgemeinen Eindruck über die Todesursachen in Deutschland. Bei Männern und Frauen stehen Krankheiten des Kreislaufsystems an erster Stelle (vor allem Bluthochdruck). Rund 51,6 % der Frauen und 38,9 % der Männer sterben daran (Referenzwert ist hier das Jahr 2010). Danach folgen Krebserkrankungen mit einem Anteil von 25,6 % bei den Frauen und 31,6 % bei den Männern. Dann kommt lange nichts mehr. Die restlichen Todesursachen liegen alle unter 10 % bei Männern wie bei Frauen. An der Spitze dieser Gruppe steht der Herzinfarkt, gefolgt von Krankheiten des Atmungs- sowie des Verdauungssystems und schließlich Vergiftungen und Unfälle am unteren Ende der Skala.[1]

Der Toxikologe Prof. Herbert Bender hat die medizinischen Kategorien in uns bekannte Krankheitsbilder überführt und die Angaben aus der offiziellen Sterbestatistik in ein anderes Ordnungsschema gebracht, das intuitiv besser verständlich ist als die offizielle Statistik, die sich an den Krankheitskategorien der ICD (International Classification of Diseases) ausrichtet. Seine Zusammenfassung ist in Tabelle 2 wiedergegeben. Es bleibt auch in diesem Schema bei den beiden Spitzenreitern Herz-Kreislauf-Erkrankungen und Krebs, gefolgt von den Krankheiten des Verdauungssystems und der unteren Atemwege.

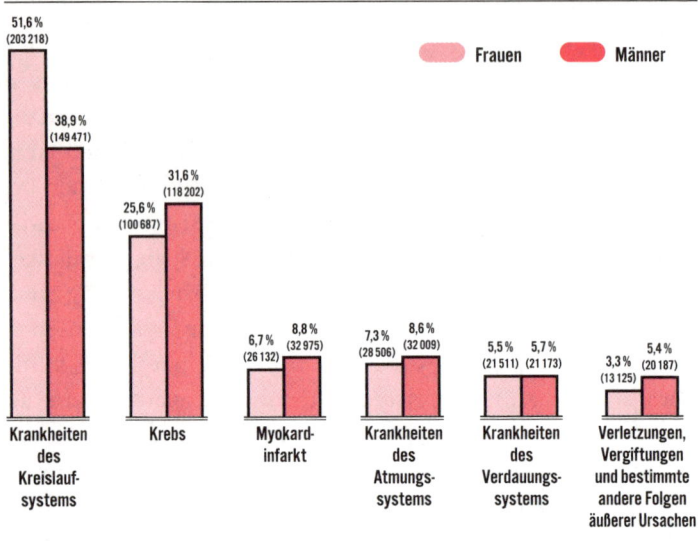

Abb. 4 Anzahl der Sterbefälle in Deutschland nach Todesursachen im Jahr 2010. Quelle: Statista 2013.[2]

Die aufgeführten Zahlen ähneln, wie nicht anders zu erwarten, den offiziellen Statistiken von Abbildung 4 (Basis ist hier allerdings das Jahr 2008). Dann aber führt Bender als gesonderte Kategorie die Grippe und die Infektionskrankheiten in seiner Liste auf, die in der offiziellen Statistik in anderen Kategorien verborgen sind. Auch taucht bei ihm die Kategorie Überernährung (Übergewicht) auf, die nach seinen Berechnungen für rund 1561 Todesfälle pro Jahr (hier 2008) verantwortlich ist. Zur besseren Vergleichbarkeit habe ich noch die prozentualen Anteile und die Verhältniszahl Tode pro 100 000 Fälle mit in die Tabelle aufgenommen. Dann lassen sich die Zahlen besser mit den anderen Statistiken vergleichen.

Krankheiten (nach Bender)	absolut	relativ	pro 100 000
Herz-Kreislauf-Erkrankungen	358 684	43,4 %	437
Krebs	211 665	25,6 %	258
Krankheiten des Verdauungssystems	42 163	5,1 %	51
Untere Atemwege	25 792	3,1 %	31
Grippe	21 883	2,6 %	27
Diabetes	21 871	2,6 %	27
Nervenkrankheiten	18 264	2,2 %	22
Krankheiten des Urogenitalsystems	16 624	2,0 %	20
Psychische und Verhaltensstörungen mit Todesfolge	15 460	1,9 %	19
Infektionskrankheiten Davon: Bakterien 8 134 Hepatitis 950 HIV 461 Salmonellen 76	13 890	1,7 %	17
Unfallverletzungen	12 652	1,5 %	15
Suizide	9 402	1,1 %	12
Lungenerkrankungen, exogene Ursachen	5 190	0,6 %	6
Überernährung (Übergewicht)	1 561	0,2 %	2
Erbkrankheiten	1 451	0,2 %	2

Tab. 2 Todesursachen in Deutschland 2008 (nach Bender 2010). Quelle: Bender. H. (2010).[3]

Viele dieser Erkrankungen mit Todesfolge treten erst im späten Alter auf. Das gilt vor allem für Herz-Kreislauf-Erkrankungen. Um die Risiken des täglichen Lebens besser identifizieren zu können, ist ein Blick auf die Statistik der vorzeitigen Todesursachen für Menschen unter 65 Jahren besonders aufschlussreich. Hier können wir davon ausgehen, dass die Todesursachen nicht überwiegend altersbedingt sind. Tabelle 3 gibt hier einen Überblick.

Todesursache	Gestorbene jünger als 65 Jahre pro 100 000 (Jahr 2008)	
	Weiblich	Männlich
1. Krebs	59,2	77,1
2. Kreislauferkrankungen	20,0	56,1
3. Verletzungen / Vergiftungen	9,7	30,6
3a Unfälle	4,5	14,6
3b Suizide	3,8	12,5
4. Krankheiten des Verdauungssystems	8,9	19,5
5. Abnorme klinische Befunde	5,2	14,1
6. Psychische Störungen	2,4	8,6

Tab. 3 Todesursachen für Menschen unter 65 Jahren in Deutschland (2008). Quelle: Robert-Koch-Institut (2012).[4]

Gegenüber Abbildung 4 wird auf den ersten Blick deutlich, dass sich die beiden Spitzenreiter vertauscht haben. Für Menschen unter 65 Jahren ist der Krebs Todesursache Nr. 1. Bei den Männern folgen Kreislauferkrankungen und an dritter Stelle Verletzungen und Vergiftungen, wobei hier Unfälle und Suizide den Löwenanteil einnehmen. Bei den Frauen sind die Todesursachen etwas breiter gestreut. Anders als bei den Männern sind Unfälle, Suizide und psychische Störungen seltener die ausschlaggebende Todesursache.

Was die Statistiken nicht zum Ausdruck bringen, ist der dramatische Rückgang der Infektionskrankheiten als Todesursache. Der britische Arzt William Black hat im Jahre 1788 eine Sterbetafel für London veröffentlicht.[5] Krampfanfälle stehen dort an erster Stelle (28,3 %), gefolgt von Mageninfektionen (16,6 %), Fieberanfälle (14,7 %) und Pocken (8,7 %).

Wenn man davon ausgeht, dass die meisten Verkrampfungen
Folgen von Infektionen sind, dann starben rund zwei Drittel der Menschen damals in London durch Infektionskrankheiten. Das hat sich heute drastisch geändert. Nur in den
ärmsten Ländern der Welt sind die Infektionskrankheiten mit
einem Anteil von rund 42 % an den Todesfällen weiterhin
eine ernsthafte Bedrohung der Gesundheit. Wie Abbildung 5
zeigt, sinkt die Todesrate durch Infektionskrankheiten mit
dem Einkommen der Länder dramatisch. Für die reichen Länder wie Deutschland liegt die Rate bei 31 je 10 000 Einwohner
(über die ganze Lebensphase). Die nichtübertragbaren Krankheiten wie Kreislauferkrankungen und Krebs machen dagegen inzwischen in allen Regionen (abgesehen von den ärmsten Ländern dieser Welt) den Löwenanteil der Todesursachen
aus. Und in dieser Kategorie gibt es zwischen den Ländern
nur wenige Unterschiede. Abbildung 5 zeigt auch auf, dass die
Zahl der Unfälle und Verletzungen vom Reichtum des Landes
abhängt. Obwohl die armen Länder weniger PKWs, weniger
technische Anlagen und weniger maschinell bestimmte Arbeitsplätze haben, ist die Zahl der durch Unfälle und Verletzungen getöteten Menschen dort im Schnitt dreimal so hoch
wie bei uns.

Zurück nach Deutschland: Den relativen Anteil der Infektionskrankheiten an der Sterblichkeit in Deutschland kann man
gut an den Zahlen des Robert-Koch-Instituts ablesen. Wenn
man von dem Norovirus einmal absieht, sind im Jahre 2010
insgesamt 4299 Menschen in Deutschland an durch Lebensmittel übertragene Infektionen erkrankt. Gestorben sind 2010
daran lediglich 3.[6] Im Jahre 2011 waren es dann 54 (plus zwei
Norovirus-Infektionen mit tödlichem Ausgang im Zusammenhang mit Lebensmitteleinnahme).[7] Insgesamt starben im
Jahre 2011 rund 40 Personen an dem Norovirus. Dieser Erre-

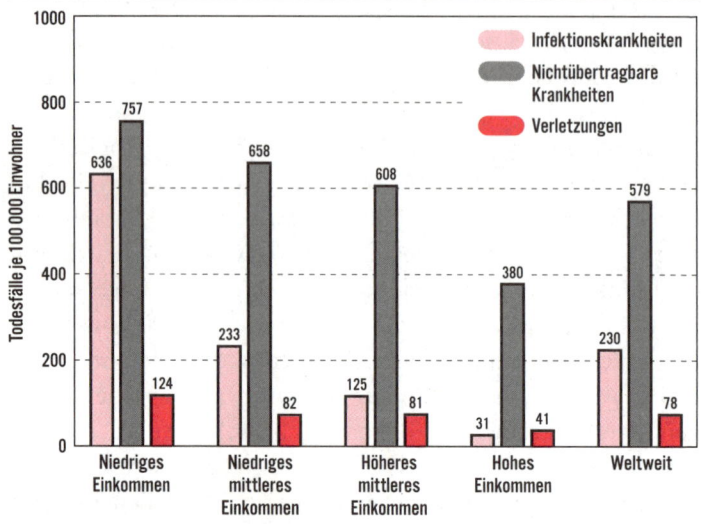

Abb. 5 Todesfälle aufgrund von Krankheiten und Verletzungen nach Länder-Einkommensgruppen im Jahr 2008 je 100 000 Einwohner. Quelle: Statista 2013.[8]

ger dominiert nicht nur die Todesfälle, sondern vor allem auch die Zahl der Erkrankungen (Inzidenzen) in den letzten Jahren. Rund ein Drittel aller neuartigen Infektionen in Deutschland sind in den Jahren 2010 und 2011 auf den Norovirus zurückzuführen (siehe Abbildung 6).

Bei den meldepflichtigen Infektionskrankheiten meldet das Robert-Koch-Institut insgesamt 25 Todesfälle für das Jahr 2010 (bei rund 11 086 erkrankten Menschen).[9] Bei den nicht-meldepflichtigen Infektionskrankheiten sticht vor allem das Grippevirus (Influenza) hervor. Nimmt man hier die von den Ärzten ausgefüllten Totenscheine als Maßstab, dann schwanken die Zahlen zwischen 364 (1998) und 46 (2010). Da aber die

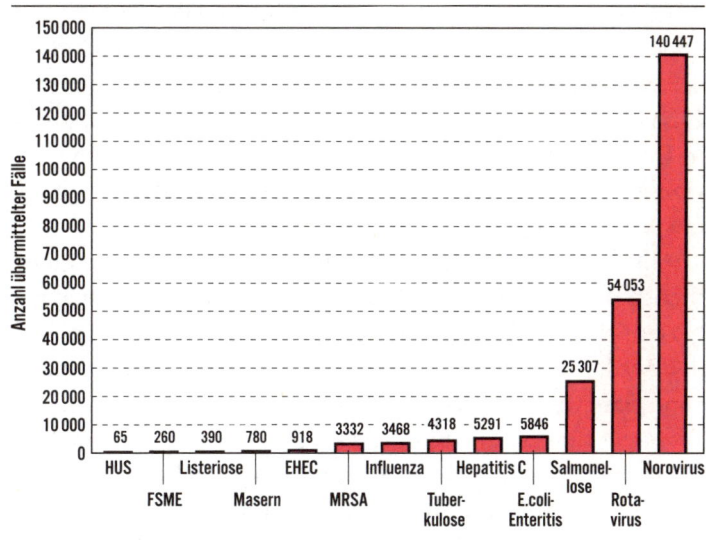

Abb. 6 Übermittelte Fälle ausgewählter meldepflichtiger Infektionskrankheiten in Deutschland im Jahr 2010. Quelle: Statista 2013.[10]

meisten Menschen, die eine Grippe erleiden, an anderen Symptomen sterben, rechnet das Robert-Koch-Institut die Zahl der durch Influenza getöteten Menschen nach der Methode der sogenannten Übersterblichkeit oder Exzessmortalität. Alle Todesfälle, die in der Grippesaison über das statistisch zu erwartende Maß der Todesfälle hinausgehen, werden auf das Konto der Influenza geschoben. Auf dieser Basis kommt man je nach Jahr zwischen 81 (2000/2001) und beachtliche 31012 (1995/96) tödlich verlaufende Grippeerkrankungen. Die Schätzungen reichen also von 0,01 Todesfällen pro 10000 Einwohner in der Saison 2000/01 bis zu 3,8 Todesfällen pro 10000 Einwohner in der Saison 1995/96.[11] Ob diese Methode der Übersterblichkeit die Zahl der Grippetoten überschätzt, ist in der Literatur umstritten. Aber selbst unter der Annahme, dass diese Schätzungen stimmen, bleibt der Gesamtanteil der Infektionskrankheiten an der Sterbestatistik in Deutschland gering. Infektionen, die jahrhundertelang als Geißel der Menschheit gefürchtet wurden, stellen heute bei uns kaum mehr ein bedrohliches Risiko dar.

Allerdings sind hier drei Ausnahmen, die in der allgemeinen Statistik häufig untergehen, zu nennen. Die erste Ausnahme bezieht sich auf die Hepatitis, die es selten in die Schlagzeilen der Medien bringt. An ihr sterben pro Jahr in Deutschland rund 950 Menschen (siehe Tabelle 2). Prof. Claus Niederau, Professor für Gastroenterologie am St. Josef-Hospital in Oberhausen, schätzt die Zahl sogar auf 1500 pro Jahr.[12] Wie so oft kann Hepatitis in Zusammenhang mit anderen Krankheiten tödlich verlaufen, etwa in Verbindung mit AIDS. Daher kann man Todesfälle der einen oder anderen Krankheit zurechnen. Unabhängig davon, wie man die Todesrate durch Hepatitis genau bestimmt, sterben im Schnitt auch bei optimistischer Betrachtung doppelt so viele Menschen an Hepatitis wie an AIDS. Damit sind wir bei der zweiten Ausnahme, dem HI-Virus. Insgesamt haben sich in Deutschland seit Beginn der Epidemie rund 94 000 Menschen an HIV infiziert. Im Verlauf der beiden letzten Jahrzehnte sind rund 27 000 Menschen in Deutschland an den Folgen von AIDS gestorben. Jedes Jahr kommen 2889 Neuerkrankungen dazu, seit kurzen wieder mit steigender Tendenz. Auch andere Geschlechtskrankheiten wie Syphilis sind erneut im Vormarsch. Im Jahre 2012 wurden 3696 neue Syphilis-Fälle in Deutschland registriert, also mehr als neue AIDS-Erkrankungen. Syphilis verläuft allerdings sehr selten tödlich, wenn es medizinisch korrekt behandelt wird. Solche Geschlechtskrankheiten (dazu gehört auch im Wesentlichen die Hepatitis, weil sie überwiegend durch sexuellen Verkehr übertragen wird) sind durch gezielte Vorsichtsmaßnahmen zu einem großen Teil vermeidbar. Hier kann jeder und jede durch persönliche Schutzmaßnahmen das Infektionsrisiko erheblich verringern.

Eine dritte Ausnahme ist der spezielle Fall von Infektionskrankheiten in Krankenhäusern: Etwa 10 000–20 000 Patienten sterben nach Expertenschätzung in Deutschland jedes Jahr durch Krankenhauskeime an Infektionen. Im Jahr 2006 traten in Deutschland ca. 400 000–600 000 nosokomiale, das heißt erst durch den Krankenhausaufenthalt ausgelöste Infektionserkrankungen auf. Bei geschätzten 10 000–15 000 Patienten waren sie die primäre Todesursache.[13]

Halten wir fest: Die Hauptursache für einen frühzeitigen Tod ist in Deutschland der Krebs. Dann folgen Herz-Kreislauf-Erkrankungen, vor allem hoher Blutdruck und die damit verbundenen Risiken für Infarkt und Schlaganfall. Die ehemals dominierenden Infektionskrankheiten spielen zunehmend eine geringere Rolle. Unter den Infektionskrankheiten tritt die Grippe (die normale Grippe, nicht die neuartigen Influenza-Epidemien wie die Schweinegrippe) besonders hervor. Das kann aber an der Berechnungsmethode liegen, weil hier schlichtweg die Zahl der gestorbenen Personen, die über dem erwarteten Wert liegt, dieser Krankheit in Zeiten von Grippeepidemien zugeschrieben werden *(access mortality)*. Alle anderen Todesursachen liegen prozentual unter 10 %. Eine wichtige Ausnahme betrifft Verletzungen, Unfälle und Vergiftungen bei Männern. Hier ist das Risiko sicherlich noch weiter reduzierbar, um zumindest in die Nähe des Durchschnittswertes für Frauen zu kommen.

5   Krebs – die Volkskrankheit

Krebserkrankungen werden zu Recht als Geißel der Moderne bezeichnet. Allerdings zeigt die Geschichte der Medizin, dass Krebserkrankungen auch schon in früheren Zeiten aufgetreten sind, aber im Vergleich zu den dominierenden Infektionskrankheiten kaum ins Gewicht fielen. Die meisten Menschen sind an anderen Ursachen, vor allem an Infektionskrankheiten gestorben, bevor der Krebs eine Chance hatte, sich bei ihnen zu entwickeln. Hält man das Alter konstant (rechnet also die altersbedingten Krebserkrankungen heraus) und zieht die durch Rauchen verursachten Lungenkrebsfälle ab, ist der Anteil der Krebserkrankungen über die letzten Jahrzehnte nur maßvoll angestiegen und ist seit einigen Jahren sogar leicht rückgängig.[1] Dennoch ist und bleibt der Krebs die häufigste Ursache für vorzeitige Todesfälle in unserer Gesellschaft, wenn man die Alterskrankheiten ab 65 Jahren einmal ausschließt. Krebserkrankungen sind bösartige Tumore, die darauf zurückzuführen sind, dass sich Zellen unbegrenzt vermehren und dieses Zellwachstum auch auf andere Zellen und Organe übergreift. Wenn das Zellwachstum nicht gestoppt wird, endet der Krebs fast immer tödlich.

In der populären Literatur zu Krebserkrankungen wird häufig auf die Analogie zum unbegrenzten Wachstum kapitalistischer Wirtschafts- und Gesellschaftssysteme hingewiesen. Der folgende Ausschnitt aus einem Interview mit Denis Meadows, dem Hauptautor der Studie »Grenzen des Wachstums«, ist ein beredtes Zeugnis dafür.[2]

Meadows: Man kann unsere heutige Situation so vergleichen: Nehmen Sie an, Sie haben Krebs. Und dieser Krebs verursacht Fieber, Kopfweh und andere starke Schmerzen.

Aber die sind nicht das wahre Problem, sondern der Krebs. Wir jedoch versuchen, die Symptome zu behandeln. Niemand glaubt, dass so Krebs besiegt wird. Auch Phänomene wie Klimawandel oder Hunger sind bloß die Symptome einer Erkrankung unserer Erde, die unweigerlich zum Ende des Wachstums führen.

FORMAT: Krebs als Metapher für unkontrolliertes Wachstum?

Meadows: Klar. Gesunde Zellen hören an einem bestimmten Punkt auf zu wachsen. Krebszellen wuchern weiter, bis sie den Organismus töten. Bevölkerungs- oder Wirtschaftswachstum verhalten sich genauso. Es gibt eben nur zwei Möglichkeiten, das Wachstum der Menschheit zu verringern: Reduktion der Geburtenrate oder Ausweitung der Todesrate. Welche würden Sie bevorzugen?

Obwohl die Analogie zwischen Krebs und Wirtschaftswachstum naheliegt, gibt es nur wenige Anhaltspunkte dafür, dass hier eine Verbindung zwischen gesellschaftlichen Zuständen und biologischen Prozessen besteht. Diesem Eindruck widerspricht auch die Tatsache, dass Krebserkrankungen in allen Völkern und zu allen Zeiten nachgewiesen werden konnten. Auslöser für Krebserkrankungen sind zum einen genetische Dispositionen (bestimmte Erbanlagen erhöhen die Wahrscheinlichkeit, dass es zu unbegrenztem Zellwachstum kommt), und zum anderen äußere Faktoren wie Chemikalien, Schadstoffe, ungesunde Lebensgewohnheiten und Stress.[3]
Ebenso häufig liest man in den populären Zeitschriften, der Krebs sei eine Folge psychologischer Spannungen und Stressbelastungen. Die wissenschaftlichen Stimmen dazu sind aber

sehr verhalten: In der Tat können Stress und seelische Belastungen das Immunsystem negativ beeinflussen, aber eine
direkte Verbindung zwischen psychischer Verfassung und
Krebserkrankung konnte bislang nicht nachgewiesen werden.[4]
Hoher Stress und Belastungen sind für den gesamten Organismus wenig förderlich, und dies gilt auch für die Entstehung von Krebserkrankungen. Aber dass diese seelischen
Zustände eine besonders wirksame Auslösungsfunktion für
Krebs innehätten, lässt sich aufgrund der bisherigen Untersuchungen nicht belegen. Diese Nachricht ist auch für die Menschen entlastend, die bei sich die Schuld für eine aufgetretene Krebserkrankung sehen oder die befürchten, dass sie die
Krankheit bei anderen mit ausgelöst hätten, weil sie sich dafür
verantwortlich fühlen, deren Stress oder psychische Belastungen mit verursacht zu haben.

Somit sind wir bei der Analyse der Ursachen für Krebserkrankungen wieder auf die klassischen Auslöser aus Genetik
und Umwelt verwiesen. Vor allem geht es um die Frage nach
der Dosis eines krebserzeugenden Stoffes bzw. eines anderen
Auslösers (im Folgenden verwenden wir dafür das allgemeine
Wort *Agens*), ab der man mit erhöhter Krebswahrscheinlich-
keit rechnen muss. Und damit sind wir wieder bei den drei
Grundkomponenten des Risikos: Komplexität, Unsicherheit
und Ambiguität. Die moderne Wissenschaft geht davon aus,
dass die Auslöser für Krebserkrankungen nicht determinis-
tisch, sondern nur stochastisch auf die menschliche Gesundheit einwirken.[5] Was bedeutet das? Bei deterministischen Verhältnissen kann man genau angeben, welche Dosis welche
Wirkung auf den Organismus ausübt. Ich kann zum Beispiel
genau bestimmen, ab welcher Dosis das Gift Zyankali für den
Menschen tödlich wirkt (diese Information ist vor allem für
Krimiautoren von Bedeutung). Bei stochastischen Verhältnis-

sen kann man dies nicht tun. Hier kann man nur eine Wahrscheinlichkeitsverteilung angeben, die hilft, die mit einer bestimmten Dosis einhergehende Wahrscheinlichkeit einer Krebserkrankung abzuschätzen. Selbst diese Wahrscheinlichkeitsschätzung ist mit einem sogenannten Fehlerintervall versehen, d. h. ich kann nur die Spanne der Wahrscheinlichkeiten angeben, in der mit 95- oder 99 %iger Sicherheit eine Krebserkrankung zu erwarten ist. Eine typische Aussage könnte also lauten: Bei einer Dosis von x ist mit 95 % Wahrscheinlichkeit eine Erhöhung der Wahrscheinlichkeit von 8–12 % für eine Neubildung eines Tumors Y im Vergleich zur spontanen Tumorinzidenz zu erwarten. Das klingt alles sehr kompliziert, aber ich werde im Folgenden versuchen, die Merkmale der Stochastik anschaulicher zu illustrieren.

Die Grundregeln der Stochastik lassen sich gut in Analogie zu dem Brettspiel Scrabble mit den vielen Buchstabenkärtchen verdeutlichen. Stellen Sie sich 30 Kärtchen vor, auf denen ein Buchstabe des deutschen Alphabets aufgedruckt ist.[6] Auf der ersten Karte steht etwa der Buchstabe T, auf der zweiten B und so weiter. Sie werfen diese Kärtchen in die Luft und nehmen zufällig fünf heraus. Wenn diese fünf Kärtchen nebeneinander gelegt das Wort »Krebs« ergeben, dann ist mit einer Krebserkrankung zu rechnen. Wenn aber irgendeine andere (sinnlose) Buchstabenkombination dabei herauskommt, wie etwa GHLJÖ, passiert gar nichts.[7] Die Dosis eines krebserzeugenden Stoffes ist dann vergleichbar mit der Zahl der Ziehungen. Je höher die Dosis, desto häufiger wird das Kartenspiel neu gemischt und erneut eine Auswahl von fünf Karten zufällig gezogen. Es ist klar, dass die Wahrscheinlichkeit, die fünf Buchstaben für das Wort Krebs zu erhalten, sich mit jeder neuen Ziehung entsprechend erhöht. Dennoch kann es sein, dass schon bei der ersten Ziehung jemand das Wort Krebs legt, während ein anderer Spieler selbst nach 5000-maligem Ziehen immer noch sinnlose Buchstabenkombinationen erhält.

Diese Unbestimmtheit bei der Analyse der Wirkung von stochastisch wirkenden krebserzeugenden Stoffen macht es der Wissenschaft und erst recht den staatlichen Regulierungsbehörden schwer, die genauen Ursachen für eine Krebserkrankung zu bestimmen und entsprechende Vorsorge zu treffen. Selbst wenn jemand 30 Zigaretten am Tag geraucht hat, in Analogie zu unserem Kartenspiel also mehrere 1000 Mal am Tag mit den tödlichen Karten gespielt hat, kann es durchaus sein, dass ein später auftretender Lungenkrebs von einer ganz anderen Ursache herrührt, weil zufällig bei einer Exposition gegenüber einem anderen krebserzeugenden Stoff die tödliche Kombination »Krebs« gezogen worden ist. Das macht auch die Aufklärung über gesundheitliche Auswirkungen von Krebserkrankungen so mühsam und führt schnell zu Missverständnissen, weil es immer unzählige Ursachen für individuelle Krebserkrankungen gibt und niemand mit Gewissheit die eine »wahre« Ursache für individuelle Krankheitsfälle bestimmen kann. Die Wissenschaft ist nur in der Lage, Wahrscheinlichkeitsaussagen über die möglichen Ursachen in der Gesamtwirkung auf große Kollektive zu machen. Das ist für die Risikobetrachtung in einer Gesellschaft sehr wichtig, aber für den einzelnen, betroffenen Menschen höchst unbefriedigend.

In den nächsten Abschnitten will ich für diejenigen, die genauer wissen wollen, wie wissenschaftliche Risikountersuchungen vorgenommen werden, die grundlegenden Vorgehensweisen der Toxikologie und Epidemiologie näher erläutern und der Frage nach der Akzeptabilität von Krebsrisiken nachgehen. Wer diesen Stoff zu trocken findet, kann das nächste Kapitel auch überschlagen und gleich mit dem Kapitel »Ursachen für Krebserkrankungen« fortfahren.

6 Die Logik der Risikoanalysen: Was ist ein akzeptables Risiko?

Wie gehen Risikoforscher vor, um die Wahrscheinlichkeit für eine Krebserkrankung zu bestimmen und mögliche Auslöser zu identifizieren und in ihrer Dosis-Wirkungsbeziehung zu charakterisieren? Wie kann man aus den Ergebnissen der Risikoanalyse Grenzwerte festlegen und Schwellen des noch akzeptablen Risikos bestimmen? Diesen beiden Fragen widmet sich dieses Kapitel.

Zunächst braucht man eine Vermutung über einen Wirkungszusammenhang zwischen einem Auslöser und der Krankheit. Da es im Prinzip eine unendliche Auswahl an möglichen Auslösern gibt, sind in der Wissenschaft Verfahren zur Früherkennung von auffälligen Krankheitsherden üblich, um beispielsweise gezielte Muster von Krebserkrankungen in einer Region oder in einer sozialen Gruppe näher zu untersuchen. Ebenso werden neue Stoffe oder physikalische Auslöser wie Strahlenbelastung auf ihre krebserzeugende Wirkung hin analysiert. Hat man einen bestimmten Auslöser als möglichen Verursacher einer Krebserkrankung identifiziert, ist es Aufgabe der naturwissenschaftlichen Risikoforschung, die Höhe des Risikos in Abhängigkeit von der Dosis für die jeweilige Zielgruppe (z. B. erwachsener Mann, Kinder, ältere Menschen, Vorerkrankte) zu bestimmen. Dabei gibt es zwei Verfahren, um zu einer Dosis-Wirkungsbeziehung zu kommen: die auf Tierexperimenten oder Zellkulturen beruhenden toxikologischen Untersuchungen oder epidemiologische Verfahren des Vergleiches von Bevölkerungsgruppen, die dem vermuteten Auslöser ausgesetzt sind, und solchen, die es nicht sind. Die Frage ist dabei: Ab welcher Dosis ist die befürchtete negative Gesundheitsfolge zu erwarten?[1]

Versuche am Menschen verbieten sich in der Wissenschaft

aus ethischen Gründen. Stattdessen greifen Risikoforscher bei
der Ermittlung von Krebsrisiken vorrangig auf Tierversuche
zurück. Bei diesen toxikologischen Experimenten werden bevorzugt Ratten und Mäuse dem möglicherweise krebserzeugenden Stoff oder physikalischen Auslöser ausgesetzt. Diese
Auslöser werden in der Fachsprache »Agens« genannt. Dabei
wird die Dosis, die auf die Ratten einwirkt, so hoch angesetzt,
dass ein Effekt oberhalb der natürlichen Schwankungsbreite
gemessen werden kann. Von diesen hohen Dosen muss man
dann auf die wesentlich niedriger liegenden Konzentrationen
im Alltag zurückschließen.[2] Immer wieder taucht die Frage
auf, warum die Versuchstiere nicht gleich der realistischen
Dosis ausgesetzt werden, mit denen Menschen im Alltag (am
Arbeitsplatz, zu Hause, in Innenstädten) konfrontiert sind.
Aus statistischen Gründen würde man dazu Unmengen an
Versuchstieren benötigen, um zu aussagekräftigen Ergebnissen zu kommen. Dieses verbietet sich sowohl aus Tierschutz-
als auch Praktikabilitätsgründen. Erschwerend kommt hinzu,
dass die natürliche Streuung von Krebserkrankungen bei den
Versuchstieren (wie in der menschlichen Bevölkerung) ganz
erheblich schwankt, d. h. bei niedrigen Dosen kann man nicht
entscheiden, ob ein leichter Anstieg der Erkrankungen auf
einer zufälligen Streuung (das sogenannte Hintergrundrauschen) oder auf der Wirkung des Agens beruht.[3]

Deshalb werden die Dosen zunächst relativ hoch angesetzt
(in verschiedenen Intervallen), um dann mit den aufgrund
der hohen Dosen erzielten eindeutigen Ergebnissen auf die
bei niedrigen Dosen zu erwartenden geringeren Wirkungen
rückzuschließen (ebenfalls in verschiedenen Intervallen). Dabei ist die Art des vermuteten Zusammenhangs entscheidend:
Je nach gewählter Kurvenform ist das abgeschätzte Risiko,
bei niedrigen Dosen zu erkranken, geringer oder höher. Ab-

Übermittelte Fälle ausgewählter meldepflichtiger Infektionskrankheiten in Deutschland im Jahr 2010

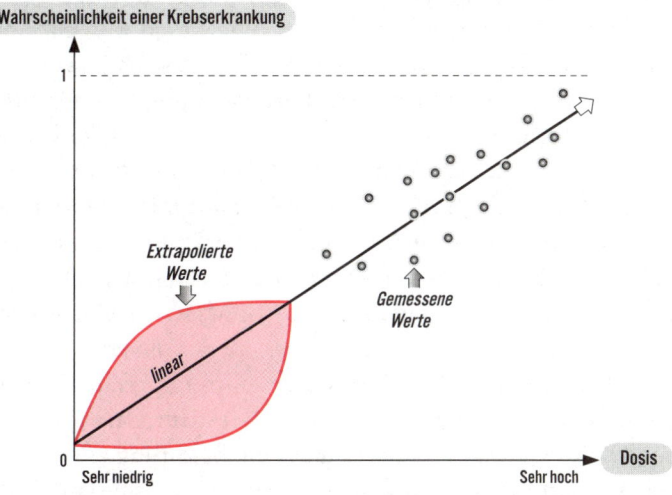

Abb. 7 Idealisierte Form eines Dosis-Wirkungsdiagramms.
Quelle: eigene Darstellung.

bildung 7 zeigt eine typische Dosis-Wirkungskurve. Bei hohen Dosen ist die Wirkung eindeutig experimentell zu bestimmen. Für niedrige Dosen muss dagegen die Dosis-Wirkungskurve nach unten verlängert (extrapoliert) werden. Dabei sind verschiedene Kurvenverläufe möglich, wie in Abbildung 7 gezeichnet. Welche Kurve die richtige ist, lässt sich nicht mit Genauigkeit sagen. Je nach theoretischer Vorstellung und Annahmen über die Aufnahme des Stoffes in den Organismus sind unterschiedliche Kurvenverläufe plausibel.[4]

Die internationale Fachwelt hat sich bei den meisten krebserzeugenden Stoffen (genauer gesagt: gentoxischen) darauf geeinigt, eine sogenannte lineare Extrapolation (gerader Strich) als Grundlage für die Risikobewertung zu nehmen. Dies gilt auch in Zweifelsfällen, d. h., wenn ein nicht-linearer Dosis-Wirkungsverlauf nicht eindeutig nachgewiesen werden kann. Dies ist eine konservative Annahme, d. h. das Risiko wird dabei eher über- als unterschätzt.[5] Ebenso nimmt die internationale Fachwelt an, dass die meisten dieser linearen Funktionsverläufe bei null beginnen. Das bedeutet: Jede noch so kleine Konzentration des Stoffes kann, wenn auch mit einer sehr geringen Wahrscheinlichkeit, eine Krebserkrankung auslösen. Anders als bei primär akut wirkenden Stoffen, wie etwa Zyankali, das jedem aus Kinofilmen bekannt ist, wo eine Schwellendosis überschritten werden muss, ab der die gewünschten bzw. befürchteten Wirkungen erst eintreten, geht man bei gentoxischen karzinogenen Stoffen davon aus, dass jede noch so kleine Exposition (das bedeutet eine Belastung eines Menschen durch diesen Stoff) eine negative Wirkung, also eine Krebserkrankung, auslösen kann.

Die zweite Möglichkeit, die Wirkung von krebserzeugenden Stoffen zu bestimmen, bedient sich der Methoden der Epidemiologie.[6] In der Epidemiologie werden Bevölkerungsgruppen, die einem potentiell krebserzeugenden Agens ausgesetzt sind (etwa Formaldehyd), mit anderen Bevölkerungsgruppen verglichen, die diesem Agens nicht ausgesetzt sind. Findet man dann bei den exponierten Bevölkerungsteilen eine statistisch signifikant erhöhte Krebsrate, dann liegt die Vermutung nahe, dass dieser Krebs von dem entsprechenden Agens ausgelöst worden ist.

Allerdings hat dieses Verfahren zwei Pferdefüße. Zum einen wird man nie eine Bevölkerungsgruppe finden, die mit einer anderen Bevölkerungsgruppe in allen Punkten identisch ist, außer dass sie dem vermuteten krebserzeugenden Agens ausgesetzt ist. So berichten beispielsweise die Risikoforscher Granger Morgan et al. von einem Fall, bei dem ein epidemiologisches Gutachten den statistischen Nachweis erbracht hat, dass Menschen in der Nähe von Hochspannungsmasten häufiger an Krebs erkranken als Menschen, die nicht in der Nähe dieser Masten leben. Bei genauerem Hinsehen stellte sich aber heraus, dass die meisten Menschen, die in der Nähe von Hochspannungsmasten leben, den unteren Einkommensschichten angehören und schlechtere Lebensbedingungen aufwiesen als die Vergleichspopulationen.[7] Wenn man diesen Einkommenseffekt statistisch herausrechnete, verschwand die numerische Beziehung zwischen der Nähe zu Hochspannungsmasten und der häufigeren Krebserkrankungen. Dies bedeutet, dass man bei epidemiologischen Untersuchungen öfter auf Resultate stößt, die nicht auf den zu beobachtenden Agens, sondern vielmehr auf eine noch unbekannte Drittgröße zurückzuführen ist.

Korrelationen, d. h. statistische Zusammenhänge zwischen zwei Größen, sagen noch wenig über die Kausalität einer Beziehung aus.[8] Ein beliebtes Beispiel, das ich auch gerne in meinen Vorlesungen verwende, ist die Verbindung von Störchen und Geburten.[9] In den Regionen, in denen sehr häufig Störche nisten, ist auch die Zahl der Geburten höher als in den Orten, in denen es keine Störche gibt. Diese Beziehung ist sogar statistisch signifikant, d. h. nicht alleine aus Zufallsschwankungen zu erklären. Natürlich ist auch hier eine Drittvariable verantwortlich für den Effekt. In ländlichen Gebieten finden wir sowohl mehr Störche als auch eine höhere Geburtenrate. Insofern sind bei epidemiologischen Untersuchungen immer Zweifel darüber angebracht, ob die gefundene Beziehung dem vermuteten Auslöser zugerechnet werden kann oder ob hier eine ganz andere Beziehung mit einer Drittvariablen besteht.

Eine weitere Problematik epidemiologischer Untersuchungen liegt in der geringen Konzentration von Schadstoffen im Alltagsleben. Diese geringen Konzentrationen führen dazu, dass der gemessene Effekt im statistischen Hintergrundrauschen häufig untergeht.[10] Rein zufällig schwankt die Zahl der Krebserkrankungen von einem Jahr zum nächsten um mehrere Prozentwerte.[11] Wenn sich also ein krebsauslösender Stoff nur bei einer geringen Anzahl aus einer großen Population auswirkt, dann ist nicht zu entscheiden, ob der Effekt aufgrund des Zufallsrauschens oder aufgrund der Belastung durch die Exposition eingetreten ist. Dies ist vor allem dann ein Problem, wenn sehr viele Menschen dieser möglichen Gefährdung ausgesetzt sind, aber die zu erwartenden Effekte als sehr unwahrscheinlich eingestuft werden. Eine sehr hohe Zahl von Menschen multipliziert mit einer geringen Wahrscheinlichkeit führt zu einer beachtlich hohen Zahl von betroffenen Personen.

Würde man beispielsweise die rund 300 Millionen Einwohner Europas mit einer Wahrscheinlichkeit von 0,01 % einer tödlichen Krebserkrankung multiplizieren, dann würden wir immerhin noch 30 000 zusätzliche Krebstote in Europa haben.[12] Allerdings wäre es aus statistischen Gründen so gut wie ausgeschlossen, diesen Effekt nachzuweisen, weil jedes Jahr in Europa die Schwankungen in den Krebserkrankungen weit über die Spanne von 30 000 pro Jahr hinausreichen.

Dies kann an einem aktuellen Beispiel verdeutlicht werden. Immer wieder kommt es zu Meldungen, dass elektromagnetische Strahlung, die von Handymasten ausgeht, zu erhöhten Krebsraten führen würde. Hier haben wir genau das Problem, das wir eben skizziert haben. Millionen von Menschen sind diesen elektromagnetischen Feldern ausgesetzt, die Wissenschaft erwartet aufgrund toxikologischer Untersuchungen aber keine

Effekte, die über das Hintergrundrauschen hinausgehen. Dazu die Zusammenfassung einer neueren Studie, die vom bayerischen Umweltministerium in Auftrag gegeben wurde:[13]

»Die enorm große Schwankungsbreite der Krebsrate in Gemeinden, denen keine nennenswerte Mobilfunkstrahlung attestiert werden kann, zählt zu den verblüffendsten Resultaten der Krebsregister-Studie. Dies, so sagen die Wissenschaftler, relativiert Berichte über vermeintliche oder tatsächliche lokale Krebshäufungen im Umkreis von Mobilfunk-Basisstationen. Tatsächlich weist der von der Studie gefundene SIR-Wert[14] in unbelasteten Gemeinden für Männer eine Schwankungsbreite von 0 bis 2,3 auf, für Frauen von 0 bis 2,75. Dies bedeutet, dass es Gemeinden gibt, in denen bis zu 2,75-mal mehr Frauen an Krebs erkranken als im bayerischen Landesmittel – wobei in diesen Gemeinden jedoch *keine* Mobilfunk-Basisstation steht. Gegenüber dieser großen Streuung des SIR-Wertes bei unbelasteten Gemeinden nimmt sich die Streuung des SIR-Wertes bei den untersuchten belasteten Gemeinden mit maximal ± 0,5 Abweichung vom Referenzwert 1 eher klein aus. Aus Sicht der Wissenschaftler des Krebsregisters bedeutet dies: Ein Anstieg der SIR-Krebsrate im Umkreis einer Mobilfunk-Basisstation ist nicht der Station anzulasten, solange der Wert innerhalb der Schwankungsbreite von unbelasteten Gemeinden bleibt. Im Klartext: Wenn [...] die Verdopplung der Krebsrate im Umkreis eines Mobilfunksenders beobachtet wird, so ist dies statistisch nicht weiter auffällig!«

Sowohl aus toxikologischen wie aus epidemiologischen Untersuchungen lassen sich also keine eindeutigen Risikoabschätzungen ableiten. Vor allem bei niedrigen Dosen sind wir entweder auf Extrapolation oder auf häufig ambivalente Interpretationen epidemiologischer Daten angewiesen. Dies macht es sehr schwierig, Grenzwerte für die akzeptablen Dosen von krebserzeugenden Stoffen festzulegen.

Wenn aber jede Exposition theoretisch zu einem Schaden führen kann, dann gibt es nur zwei Möglichkeiten, mit einem solchen Risiko umzugehen. Entweder man kann dieses Agens ganz vermeiden, es etwa verbieten oder durch ein anderes, harmloseres ersetzen. Oder aber man muss eine Wahrscheinlichkeit angeben, bis zu deren Höhe man bereit ist, einen mit dieser Wahrscheinlichkeitsangabe verbundenen Schaden noch zu tolerieren. Die erste Option ist immer zu bevorzugen, leider gibt es aber in der Realität so viele krebserzeugende Agenzien, dass man diese Möglichkeit oft nicht hat, es sei denn, man wolle auf den Nutzen ganz verzichten.

Dazu ein Beispiel: Wenn man mit dem Flugzeug in den Urlaub fliegt, setzt man sich einer etwa 40 % höheren ionisierenden Hintergrundstrahlung aus, als wenn man mit dem Auto oder dem Zug fahren würde.[15] Ionisierende Strahlung kann ähnlich wie karzinogene Stoffe eine Krebserkrankung auslösen. Schon eine minimale Steigerung der Strahlungsdosis erhöht bei einer angenommenen linearen Dosis-Wirkungsbeziehung die Wahrscheinlichkeit einer Krebserkrankung. Tatsächlich lässt sich bei Piloten und Flugpersonal auch das höhere Krebsrisiko nachweisen, allerdings ist dieser Effekt wegen ansonsten positiver Indikatoren der Lebensführung (Piloten halten sich besonders fit) eher gering.[16] Für Flugtouristen erhöht sich das Krebsrisiko nur marginal, und zwar um 0,002 % (bei einer Reise in die USA und zurück). Jeder muss also selbst entscheiden: Nehme ich die Wahrscheinlichkeit, mein Lebenskrebsrisiko minimal zu erhöhen, in Kauf, gegenüber dem Nutzen, bequem und schnell am Zielort zu sein?

Entscheidungen über die Akzeptabilität von Krebsrisiken können zunächst einmal von den Individuen selbst getroffen werden. Zweifelsohne ist Rauchen eine der Hauptursachen für Lungenkrebs.[17] Hier muss ich mich entscheiden: Will ich dieses Risiko in Kauf nehmen oder nicht? Sofern ich niemand anderen mit meinem Rauchen belästige (Passivrauchen), kann ich diese Entscheidung selbständig treffen. Bei vielen anderen Stoffen kann ich diese Wahl aber nicht treffen. Ob beispielsweise eine bestimmte Konzentration von Luftschadstoffen in Innenstädten oder am Arbeitsplatz akzeptabel ist oder nicht, ist vom Einzelnen nicht zu beeinflussen. Hier sind kollektive Regelungen notwendig, an denen in Deutschland beispielsweise beim Arbeitsschutz die Vertreter der Sozialpartner Arbeitgeber und Arbeitnehmer konstitutiv mitwirken und bei Krebsrisiken für die Allgemeinheit die Regulierungsbehörden gefragt sind. Wie aber lassen sich auf der Basis der toxikologischen Untersuchungen solche kollektiv bindenden Akzeptanzwerte festlegen?

Toxikologische und in begrenztem Maße auch epidemiologische Untersuchungen erlauben eine Abschätzung darüber, wie hoch die rechnerische Wahrscheinlichkeit ist, dass ein Individuum in Abhängigkeit von der Dosis betroffen sein könnte, mehr aber auch nicht.[18] Oder anders ausgedrückt: Man kann einen Schätzwert angeben, wie viele Menschen von angenommenen 100 000 Personen, die dem Schadstoff ausgesetzt sein könnten, im Schnitt an Krebs erkranken können. Bei aller mathematischen Eleganz der Risikomodelle darf nicht übersehen werden, dass Wahrscheinlichkeitsaussagen keine Prognose über das Schicksal einzelner Menschen oder das Eintreffen einzelner Ereignisse erlauben. In der Regel sind

Aussagen weder über die zeitliche noch über die örtliche Verteilung von Ereignissen mit Hilfe der Wahrscheinlichkeitstheorie möglich. Wie kann man dann die Risiken kollektiv, d. h. für alle verbindlich, bewerten und eine noch tolerierbare Schwelle des Risikos festlegen?

Sofern Nutzen und Risiko bei der gleichen Person ohne Ausstrahlung auf andere Personen anfallen, ist die Antwort leicht. Das soll die Person selber bestimmen. Dafür ist sie ja in unserem Sprachgebrauch »risikomündig« und braucht nur die klaren Informationen, welches Risiko sie eingeht. Treten aber bei Risiken Auswirkungen auf Dritte (externe Effekte) auf, oder kann der Einzelne die Höhe des Risikos aus eigener Kraft nicht steuern, dann sind kollektive Urteile notwendig, die in einer demokratischen Gesellschaft öffentlich legitimiert werden müssen. Regulierungsbehörden müssen Kriterien dafür angeben, nach welchen Maßstäben die Akzeptabilität von Risiken eingestuft und bewertet werden soll.[19] Da die uns hier interessierenden Risiken bereits schädliche Wirkungen bei einer Exposition größer als null aufweisen können, ist der Gesetzgeber gezwungen, entweder solche Aktivitäten gänzlich zu untersagen (was angesichts des damit verbundenen Nutzens oft nicht möglich ist) oder aber Wahrscheinlichkeiten anzugeben, bis zu deren Grenze Verluste an Leben und Gesundheit noch toleriert werden können. Die Höhe der gerade noch tolerierten Schadenswahrscheinlichkeiten wird dabei selten abstrakt, sondern in einem bilanzierenden Gesamturteil zwischen Risiko und dem durch die Aktivität ausgelösten gesellschaftlichen Nutzen, den Kosten für eine weitere Reduktion des Risikos und den Begleitumständen der Risikoübernahme festgelegt.[20] Dass solche Festlegungen mit größeren Konflikten verbunden sind, versteht sich dabei von selbst.

Ist es etwa einem Menschen zuzumuten, dass er oder sie

einem Agens mit einem Krebsrisiko von 1 zu 100 ausgesetzt ist? Das würde bedeuten, dass eine(r) von hundert im Verlauf seines Lebens aufgrund der Tatsache, dass er oder sie diesem Stoff in einer bestimmten Konzentration ausgesetzt ist, an Krebs erkranken und möglicherweise vorzeitig sterben wird. Wie ist es bei 1 zu 1000 oder bei 1 zu einer Million? Auf diese Frage kann es keine wissenschaftliche Antwort geben. *Diese Akzeptanzschwellen müssen politisch bestimmt werden.* Das bedeutet nicht, dass solche Grenzziehungen beliebig sind. Im Gegenteil, gerade weil es hier keine eindeutig richtige oder falsche Antwort geben kann, ist es umso wichtiger, dass solche Urteile schlüssig, pragmatisch und problemadäquat gefällt werden. Dazu eignet sich nach Meinung vieler Experten die Anwendung eines sogenannten Ampelmodells, das den Bewertungsvorgang erleichtern und besser strukturieren kann.[21] Dieses Ampelmodell, das bereits in einigen Ländern, wie z. B. den Niederlanden, der Schweiz und Großbritannien, praktiziert und auch in Deutschland in anderen Regelungsbereichen zugrunde gelegt wird, beruht auf drei Bewertungskategorien: Akzeptanzbereich, Toleranzbereich und nicht mehr tolerabler Bereich (siehe Abb. 8).

Der *grüne* Akzeptanzbereich ist dabei durch eine sehr kleine Wahrscheinlichkeit einer Krebserkrankung gekennzeichnet. Hier gibt es schnell einen Konsens unter allen Betroffenen, dass ein solches geringfügiges Risiko als Teil ihres allgemeinen Lebensrisikos akzeptabel ist. Natürlich muss mit der Aktivität auch ein gesellschaftlicher Nutzen verbunden sein, sonst sind auch diese Risiken nicht zu tolerieren. Der *gelbe* Toleranzbereich und der *rote* inakzeptable Bereich sind hingegen problematisch, weil dort Risiken entweder über die Akzeptanzschwelle hinausragen oder aber bei der gegebenen Datenlage noch so große Unsicherheit herrscht,

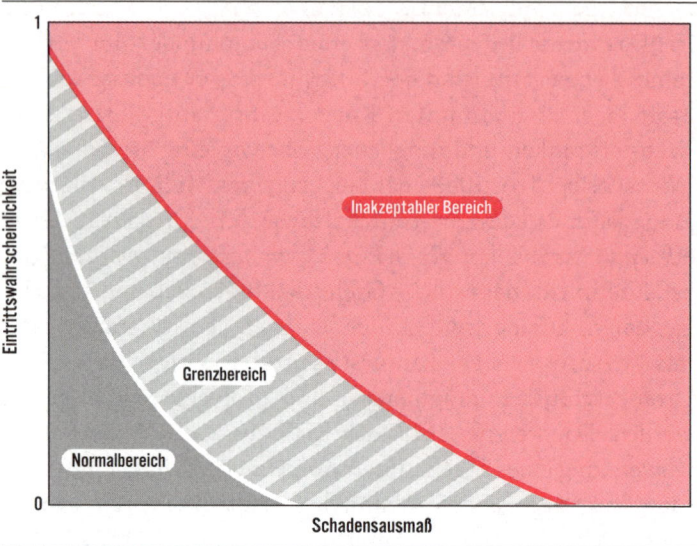

Abb. 8 Das Ampelmodell der Risikobewertung. Quelle: WBGU 1999.[22]

dass keine verlässliche Risikoabschätzung vorgenommen werden kann.

Der *gelbe* Bereich signalisiert dabei einen Handlungsbedarf, bei dem ein Risiko herrscht, das gerade noch toleriert werden kann, man aber alles daransetzen muss, dieses Risiko durch geeignete Maßnahmen weiter zu reduzieren. Der *rote* Bereich zeigt die Zone mit hoher Gefährdung an, in der Risiken als nicht mehr tolerabel gelten. Hier sind die Risiken so weitreichend, dass es auch bei hohem Nutzen nur unter Beachtung eindeutiger Beschränkungen zulässig ist, dieses Risiko einzugehen. Es sind alle Maßnahmen nach dem bestmöglichen Stand der Technik zu ergreifen, um das Risiko möglichst kurzfristig zumindest unter die Toleranzschwelle abzusenken.

Die Linie zwischen dem grünen und gelben Bereich wird als Akzeptanzschwelle (Risiken unterhalb der Akzeptanzlinie sind bei positiver Risiko-Nutzen-Bilanz zu akzeptieren), die Linie zwischen gelbem und rotem Bereich wird als Toleranzschwelle bezeichnet. Die Risiken unterhalb der Toleranzlinie sind nach dem jetzigen Stand der Rückhaltetechnik noch gerade tolerierbar, je nach Wissenszuwachs und technischem Fortschritt sind aber zunehmend strengere Maßnahmen zu ergreifen, um das Risiko in den *grünen* Bereich zu bewegen. Alle Risiken im *roten* Bereich müssen dringend reduziert und, wenn das nicht geht, auch verboten werden. Das Ampelmodell vereinfacht den Bewertungsprozess, setzt aber voraus, dass mit Hilfe wertsetzender Verfahren diese Grenzlinien substantiell festgelegt werden. Durch die zweifache Grenzziehung lässt sich ein Zwischenbereich definieren, der einen Übergang zwischen eindeutig erlaubt und nur vorübergehend und kurzfristig zulässig einführt. In diesem Zwischenbereich sind beispielsweise einige Schadstoffe eingeordnet, die in bestimmten beruflichen Zusammenhängen kaum vermeidbar sind. Dies erhöht den Gestaltungsraum für flexible und angepasste Bewertungsverfahren. Zugleich schafft der Zwischenraum mehr Möglichkeiten einer differenzierten Vorgehensweise und ist dabei im Grundmodell einfach genug, um pragmatisch und nachvollziehbar Bewertungen vornehmen zu können.

Was bedeuten diese Ausführungen für die Bewertung von Gefahrenquellen, die eine lebensbedrohende Krankheit auslösen können? Da bei Krebserkrankungen auch bei kleinster Exposition die Wahrscheinlichkeit einer tödlich verlaufenden Krankheit gegeben ist, mutet der Gesetzgeber der Gesellschaft ein tolerierbares Maß an »hinzunehmenden« Todesfällen zu. Wo dieses Maß liegt, kann keine Wissenschaft und

keine Statistik festlegen. Dies ist einzig und allein eine Wertentscheidung, die in einer Demokratie nach legitimen und demokratischen Grundsätzen getroffen werden muss. Dazu ist
auf der einen Seite volle Transparenz über diese Festlegungen
und deren Folgen gefordert, auf der anderen Seite eine nachvollziehbare Kosten- und Nutzenbilanz der jeweiligen Aktivität, von der dieses Risiko ausgeht. Wie ich im letzten (vierten)
Teil noch ausführen werde, sind solche Risikoentscheidungen
für eine Gesellschaft so zentral, dass neben den repräsentativen politischen Gremien auch eine direkte Mitwirkung der
betroffenen Bevölkerung über die Frage der Akzeptabilität
von Risiken sinnvoll und zielführend ist.

Die Unvermeidbarkeit möglicher Schäden, die dann zu
erwarten sind, wenn man einmal einem krebserzeugenden
Agens ausgesetzt ist, macht es umso dringender, die Ursachen
für eine Exposition zu kennen. Wodurch werden diese Krebserkrankungen ausgelöst, und durch welche Verhaltensweisen
und durch welche Aktivitäten wird die Wahrscheinlichkeit
einer Krebserkrankung erhöht? Denn wenn wir umfassende
und verlässliche Informationen darüber haben, welche Aktivitäten und Handlungen Krebs auslösen können, können wir
unsere Anstrengungen vorrangig auf die Prävention ausrichten und weniger Gewicht auf die Festlegung von Grenzwerten
legen, die immer eine gewisse Zahl von Opfern bei stochastischen Risiken voraussetzen. Dieser Frage nach den verursachenden Faktoren von Krebserkrankungen geht das folgende
Kapitel nach.

7 Wer und was ist schuld? Ursachen für Krebserkrankungen

Welche Ursachen für die Entstehung einer Krebserkrankung kommen denn in Frage? Im Grundsatz sind es vier Ursachenkomplexe, die eine Krebserkrankung auslösen können: *die genetischen Eigenschaften, die Umwelteinflüsse, die eigenen Lebensverhältnisse und das individuelle Verhalten.* Welche dieser vier Faktoren sind nun für unser Leben oder besser gesagt für ein vorzeitiges Todesrisiko bestimmend? Diese Frage bewegt die Krebsforscher schon seit vielen Jahrzehnten. Kaum eine andere Frage ist auch politisch so aufgeladen wie die Frage nach dem Verhältnis von externen und internen Bedingungen und Ursachen für das Entstehen von Krebserkrankungen.

Die wohl am meisten Aufsehen erregende Arbeit ist eine Studie der beiden amerikanischen Risikoforscher Richard Doll und Richard Peto aus dem Jahre 1981.[1] In dieser Studie wird auf der Basis von vielen Einzelstudien der Versuch unternommen, die relative Bedeutung verschiedener Ursachenkomplexe auf die Krebsentstehung durch statistische Verfahren zu bestimmen. Das Ergebnis ist sicherlich für viele überraschend: Rund 70 % aller Krebserkrankungen werden durch verhaltensbedingte Faktoren ausgelöst. Darunter sind vor allem die Probleme einer ungesunden Ernährungsweise, des Rauchens und in begrenzterem Maße des Alkohols zu nennen. Die restlichen 30 % verteilen sich dann auf die anderen Ursachen, vor allem auf Umwelteinflüsse und negative Lebensverhältnisse.[2]

Die genetischen Dispositionen werden heute eher als Zeichen einer organspezifischen Verwundbarkeit eines Organismus (Prädisposition) angesehen, die dann zum Zuge kommen, wenn durch externe Auslöser eine besondere Stresssituation

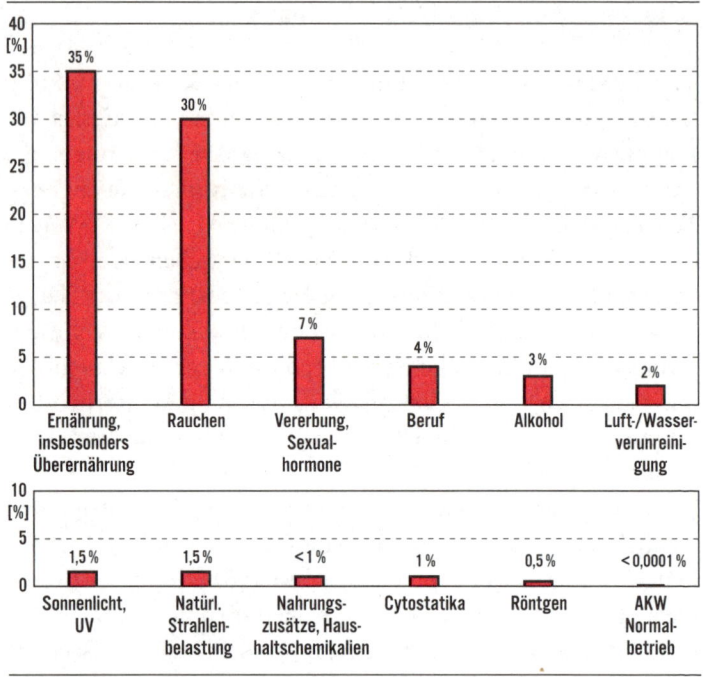

Abb. 9 Ursachen tödlicher Krebserkrankungen. Quelle: Bender. H. 2010.[3]

im Organismus entsteht. Das bedeutet, dass jeder Organismus bestimmte Schwachstellen für die Entstehung eines bösartigen Tumors besitzt; der Tumor aber nur dann zum Ausbruch kommt, wenn durch externe Einflüsse eine entsprechende Initialzündung erfolgt (den Alterskrebs haben wir hier bewusst ausgeblendet). Darüber hinaus gibt es aber auch genetische Vorbedingungen, die dazu führen, dass bestimmte Tumore mit einer höheren Wahrscheinlichkeit gegenüber der Normalbevölkerung auftreten (etwa beim Brustkrebs).

Abbildung 9 gibt einen graphischen Überblick über die Ursachen tödlicher Krebserkrankungen. Dieses Bild hat Professor Herbert Bender nach den Daten von Doll und Peto zusammengestellt. Danach fallen rund 35 % aller Krebserkrankungen unter die Rubrik »ungesundes Ernährungsverhalten«, weitere 30 % unter die Rubrik »Rauchen« und weitere 3 % unter »Alkohol«. Für die durch Vererbung ausgelösten Krebserkrankungen vermittelt das Bild eine Rate von 7 %, für Krebs durch Exposition im Berufsleben 4 %, für allgemeine Umweltbelastungen von Luft und Wasser 2 %, durch UV-Strahlung 1,5 %, durch natürliche Strahlungsbelastung 1,5 % und durch Nahrungsmittelzusätze und Haushaltschemikalien weniger als ein Prozent. Die für die Krebsbehandlung eingesetzten Cytostatika (Chemotherapie) machen ebenfalls rund ein Prozent der tödlichen Krebserkrankungen aus.

Diese Zahlen decken sich mit den statistischen Auswertungen des amerikanischen Instituts für Gesundheitsmessung und -bewertung (Institute for Health Metrics and Evaluation). Abbildung 10 vermittelt einen Überblick über die häufigsten Todesrisiken in Deutschland für das Jahr 2010, die dieses Institut aus einer Vielzahl von Quellen zusammengestellt hat. In dieser Statistik sind die vorzeitigen Todesfälle nach der Rangfolge der auslösenden Risiken aufgeführt, so wie es auch Herbert Bender in seiner Übersicht vorgenommen hat. Allerdings wurden hier alle Lebensrisiken mit aufgenommen, nicht nur die Risiken für eine tödliche Krebserkrankung.

Nach dieser Erhebung stehen mit fast 26 % der frühzeitigen Todesfälle ernährungsbedingte Risiken (260 Todesfälle von 100 000 pro Jahr) an erster Stelle, gefolgt von Bluthochdruck, Rauchen, Übergewicht (in dieser Statistik nochmals von Ernährungsrisiken getrennt erfasst), hohem Cholesterin-

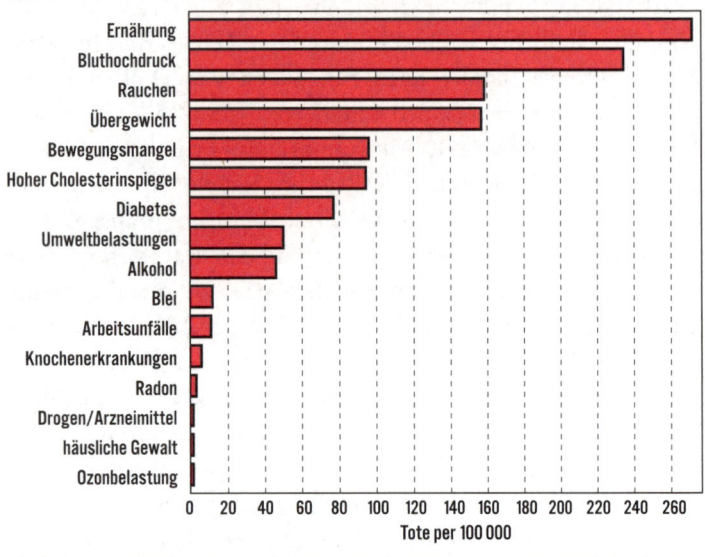

Abb. 10 Todesfälle per 100 000 in Deutschland.
Quelle: Institute for Health Metrics and Evaluation 2013.[4]

spiegel und Diabetes.[5] Der Alkoholkonsum steht für 4,3 % der
tödlichen Erkrankungen. Die Gesamtzahl für Umweltbelastungen aus dem Außenbereich *(ambient pollution)* wird hier
mit 52 pro 100 000 Todesfälle berechnet, das entspricht etwa
einem Prozentwert von 4,9 %. Dieses Bild stimmt also mit
den Bewertungen von Bender weitgehend überein.

Aufschlussreich ist auch die Einordnung der statistischen
Risiken in Abhängigkeit von Aktivitäten und Handlungen.[6]
Dann zeichnet sich zum Beispiel ab, dass tägliches Sonnen-
baden mit einem besonders hohen Risiko für eine Krebs-
erkrankung, hier Hautkrebs, verbunden ist, gefolgt von einer
Packung Zigaretten rauchen pro Tag. Auch die natürliche

Strahlenbelastung in besonders belasteten Gebieten, in denen aus dem Untergrund Radon auftritt und in die Häuser eindringt, gilt als wesentlicher Risikofaktor. Dagegen sind die Risiken von Umweltbelastungen und Chemikalien in Lebensmitteln um Größenordnungen niedriger. Die Zahlen zeigt Tabelle 4.

Krebsverursachende Situation	Lebenszeitrisiko der Erkrankung 1:10 000
Jeden Tag Sonnenbaden	3300
Eine Packung Zigaretten am Tag	800
Radongehalt in belasteten Häusern	100
Natürliche Hintergrundstrahlung	10
Passivrauchen (Leben mit Raucher)	7
Innenraumbelastung (Altbau)	2
Luftverschmutzung Großstadt (USA)	2
Chemikalien im Trinkwasser	0,1
Chemikalien in Lebensmitteln	0,1

Tab. 4 Lebenszeitrisiken von Krebserkrankung in Abhängigkeit von Handlungen und Lebensumständen (Daten aus den USA). Quelle: Eigene Berechnungen nach Proske (2004).[7]

Zu einer ähnlichen Einschätzung kommen auch die Autoren Walter Krämer und Gerald Mackenthun. Sie fassen die Ergebnisse wie folgt zusammen:[8]

»Die mit Abstand größten Krebsgefahren, die jeweils rund 30 % aller Krebserkrankungen und Krebstodesfälle verursachen, sind das Rauchen und das Essen. Schätzungsweise 90 % aller Lungenkrebsfälle sind auf aktives oder passives Rauchen zurückzuführen. Auch über 50 % der Tumore der

Mundhöhle, der Speiseröhre und des Kehlkopfes entstehen durch die Rauchgewohnheiten der Erkrankten. Weniger im Rampenlicht der Medien, aber an Bedeutung vielleicht sogar noch größer, sind die Tumore, die durch unvernünftiges Essen entstehen – Magenkrebs und Darmkrebs vorzugsweise. Damit meint »unvernünftiges Essen« nicht die möglichen Schadstoffe und Pestizide, die wir vielleicht mit der Nahrung zu uns nehmen, sondern diejenigen Gefahren der Ernährung, denen auch die Kunden von Biobauern unterliegen: zu vieles und zu fettes Essen. Eine epidemiologische Untersuchung nach der anderen bestätigt: Sobald die Menschen üppiger, vor allem fleisch- und fettreich essen, nehmen Krebskrankheiten insgesamt zu, und zwar völlig unabhängig davon, ob die Butter oder Schnitzel ökologisch korrekt oder unter Einsatz chemischer und biologischer Hilfsmittel entstanden sind.«

Die Dominanz von Ernährung und Rauchen als Auslöser von Krebserkrankungen, die im Wesentlichen auf den Originaldaten von Doll und Peto beruht, ist in der Literatur zum Teil umstritten.[9] Vor allem die durch Umweltverschmutzung ausgelösten Erkrankungen werden von anderen Autoren als wesentlich dramatischer gewertet.[10] Die Environmental Protection Agency geht von etwa 5–7 % der Krebserkrankungen in den USA aus, und Schätzungen durch Umweltschutzorganisationen gehen sogar bis zu einem Wert von 30 %.[11] Diese Werte sind, wie oben mehrfach dargestellt, immer mit hohen Unsicherheiten und in diesem Falle auch mit hoher Ambiguität versehen. Je nach politischer Grundeinstellung und eigenem Interesse fallen sie höher oder niedriger aus. Wenn wir die Extremwerte, die von bestimmten Gruppierungen gerne aus Eigeninteresse in die Diskussion eingebracht werden, au-

ßer Acht lassen, so kommen wir im Schnitt auf etwa 5–10 %
der durch Umwelteinflüsse ausgelösten Krebserkrankungen.[12]

Das ist immer noch wesentlich niedriger als die gefühl-
te Bedrohung durch Umwelteinflüsse. Der Sozialforscher
Frank M. Ruff hat 1988 in Berlin rund 180 repräsentativ aus-
gesuchte Probanden zum Thema Umweltbelastung und ge-
sundheitliches Risiko befragt. Von diesen gaben 87, d. h. etwas
weniger als die Hälfte, an, selbst konkret unter gesundheitlichen Beeinträchtigungen zu leiden, die sie der Umweltbelastung zuschrieben.[13] Dazu kommentiert die Arbeitsgruppe
Umwelt und Gesundheit:[14]

> »Skeptiker, die sich um ›Objektivität‹ bemühen, werden
> einwenden, es liege hier eine projektive Neigung vor, er-
> lebte Beschwerden, die auf anderen Ursachen beruhen, der
> Umwelt zuzuschreiben. Dieses Argument ist nicht von der
> Hand zu weisen, andererseits aber auch schwer zu über-
> prüfen. Für die Lebenswelt der Betroffenen sind solche In-
> terpretationen ohne Bedeutung. Denn um Ulrich Beck zu
> zitieren: ›Die ökologischen und gesundheitlichen Folgen
> mögen so hypothetisch, so berechtigt, so verharmlost oder
> so dramatisiert sein, wie sie wollen … Wenn Menschen
> Risiken als real erleben, sind sie real.‹«

Auf die Relevanz der Wahrnehmungen für die erlebte Realität werden wir im zweiten Teil des Buches zurückkommen.

Wenden wir uns jetzt der letzten Ursachenkette zu: den Lebensverhältnissen. Hier spielen vor allem die Ressourcen eine
wichtige Rolle, über die eine Person verfügt. Interessant ist,
dass Krebs häufiger bei niedrigen Einkommensschichten zu
finden ist als bei höheren und einkommensstärkeren Schichten.[15] Das liegt vor allem an unterschiedlichen Ernährungs-

gewohnheiten und auch an häufig schlechteren Wohnum-
gebungen und stärkeren seelischen Belastungen. Der Soziologe
Aaron Wildavsky hatte deshalb provokativ einen seiner Auf-
sätze mit dem Titel versehen: »Richer ist Safer«.[16] Dort weist
er diesen Zusammenhang zwischen Einkommen, längerer Lebenserwartung und geringeren Lebensrisiken eindrucksvoll
nach.

Welche Schlüsse können wir aus dieser Überlegung zu
den Ursachen von Krebserkrankungen ziehen? Auf der Basis
der unsicheren, aber doch deutlich konturierten Ergebnisse
der statistischen Analyse kann man schließen, dass jeder Einzelne und jede Einzelne von uns viele Handlungsmöglichkeiten hat, um sich durch eigenes Verhalten vor vorzeitigen
Krebserkrankungen zu schützen. Wer nicht raucht, wenig
oder gar keinen Alkohol zu sich nimmt und bei der Ernährung
auf viel Obst, Gemüse und weniger Fleischkonsum achtet und
vor allem im Rahmen des Normgewichtes bleibt, hat für sich
die beste Lebensversicherung gegen Krebs abgeschlossen. Die
Stochastik der krebserzeugenden Wirkungen sorgt allerdings
dafür, dass keine noch so gesunde Lebensweise die Möglichkeit einer frühzeitigen Krebserkrankung ausschließen kann.
Immer wieder werden einzelne Menschen an Krebs erkranken, die alle die guten Ratschläge beherzigen, die zu einer
erfolgreichen Krebsprophylaxe gehören. Bei Krebs sind nur
statistische Rückschlüsse erlaubt.

Im Durchschnitt kann jeder Bürger und jede Bürgerin in
der Bundesrepublik Deutschland allein durch entsprechende
Verhaltensänderungen und -anpassungen das Krebsrisiko um
mindestens 40 %, wenn nicht sogar 60–70 %, verringern,
ohne dass er oder sie an den äußeren Umwelt- und Lebensbedingungen etwas ändern muss. Natürlich heißt das nicht, man
solle die anderen externen Ursachen einfach tolerieren. Im

Gegenteil. Dort, wo externe Belastungen reduzierbar sind, sollte dies auch mit Nachdruck angegangen werden, zumal diese Risiken unfreiwillig übernommen, also uns von anderen zugemutet werden. An den genetischen Vorbedingungen können wir ohnehin (noch) wenig ändern (bestenfalls vorsorgend eingreifen), so dass wir zuerst bei den durch uns beeinflussbaren Risiken ansetzen sollen.

8 Sonderfall Lebensmittel

Von besonderer Relevanz ist die Belastung der Menschen durch ungesunde Nahrungsaufnahme. Immerhin sind nach den Annahmen der führenden Toxikologen rund ein Drittel aller Krebserkrankungen durch ungesunde Ernährung zustande gekommen. Dabei sind es im Wesentlichen zwei zentrale Risikofaktoren, die hier das Gesamtrisiko bestimmen: natürliche Erreger wie Viren, Bakterien und Pilze sowie Übergewicht.[1] Genau dies sind aber nicht die Risiken, vor denen sich die meisten Menschen besonders fürchten. Wenn man Menschen in Europa und vor allem in Deutschland befragt, was denn bei den Lebensmitteln besonders krebserzeugend bzw. ungesund sei, stehen an vorderer Stelle die Konservierungsmittel, die Pestizidrückstände und andere Chemikalien, die in Lebensmitteln und Trinkwasser nichts zu suchen hätten.[2] In einer im Sommer 2013 durchgeführten Umfrage durch den Schweizer Rundfunk nannten auf die Frage, welche Risiken einen am meisten beträfen, 32 % der Befragten Pestizide in Nahrungsmitteln noch vor Autounfällen (12 %) und Krankheiten (18 %). Abbildung 11 vermittelt einen eindrucksvollen Überblick über die wahrgenommenen Gefahren, die Menschen in Europa mit Lebensmitteln verbinden.

Die Spitzenposition bei den Ängsten um Lebensmittelsicherheit nimmt auch in Europa die Sorge um Pestizidrückstände ein. In Deutschland sind rund 75 % der Menschen
darüber beunruhigt, ungefähr gleich viele fürchten sich vor
Antibiotika- oder Hormonrückständen in Fleisch. Eine breite
Mehrheit sorgt sich um Schadstoffe wie Quecksilber oder
Dioxin in Lebensmitteln, um geklonte Lebensmittel (die übrigens in Europa noch gar nicht zugelassen sind), um Konservierungsmittel und Zusatzstoffe. Über 70 % der Deutschen
fühlen sich durch gentechnisch veränderte Lebensmittel
beunruhigt. Dagegen nennen nur 37 % das Risiko der Ge-
wichtszunahme, rund 44 % das Risiko einer ungesunden und
unausgewogenen Ernährung. Lebensmittelvergiftungen durch
Bakterien und Erreger wird immerhin von der Hälfte der
Deutschen als beunruhigendes Risiko erkannt.[3] Auch wenn
man nach den Risiken fragt, die unsere Gesellschaft im besonderen Ausmaß heimsuchen und auch in Zukunft als weiter
ansteigend wahrgenommen werden, stehen Lebensmittelskandale ganz vorne auf der Liste.[4]

Diese Einschätzung durch die Bevölkerung steht im Gegensatz zu nahezu allen wissenschaftlichen Ergebnissen von
epidemiologischen und toxikologischen Untersuchungen. Die
meisten Gifte, die wir durch unsere Nahrung aufnehmen,
sind natürlichen Ursprungs.[5] Dies liegt vor allem daran, dass
viele Pflanzen sich gegen Fressfeinde wehren, indem sie entsprechende Abwehrstoffe erzeugen. Bei vielen Pilzen ist dies
zu einer selbstverständlichen Einsicht der Bevölkerung geworden. Aber auch viele andere Pflanzen enthalten Giftstoffe,
die durchaus krebserzeugende Wirkungen haben. Dagegen

Abb. 11 Besorgnis in Bezug auf Risiken im Lebensmittelbereich.
Quelle: EFSA 2010.[6]

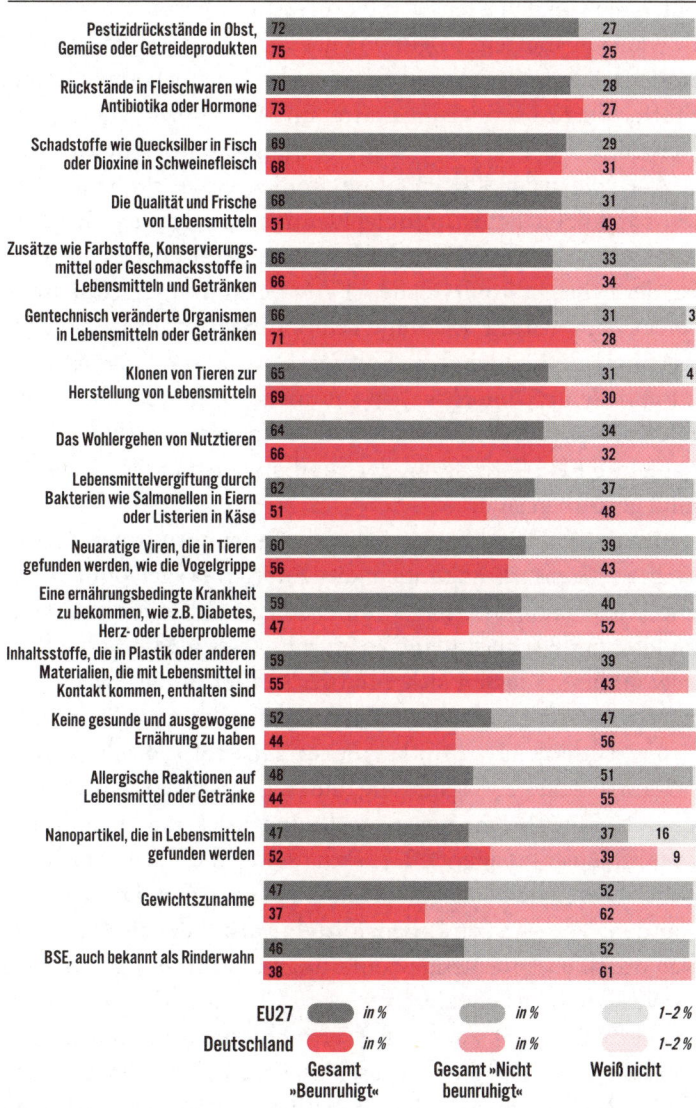

	EU27			
	in %	in %	1–2 %	
Deutschland	in %	in %	1–2 %	
	Gesamt »Beunruhigt«	Gesamt »Nicht beunruhigt«	Weiß nicht	

fallen die von den Menschen verursachten Verunreinigungen
in Nahrungsmitteln so gut wie gar nicht ins Gewicht. In den
statistischen Übersichten kommen alle künstlich eingefügten
Stoffe, wie Konservierungsmittel und Pestizidrückstände, auf
weniger als 0,1 % der gesamten Krebsfälle in Deutschland.[7]
    Auch die in den letzten Jahren immer wieder für Schlagzei-
len sorgenden Lebensmittelepidemien sind statistisch gesehen wenig relevant. Natürlich ist es sinnvoll und notwendig,
bei der Lebensmittelhygiene scharfe Bestimmungen durchzusetzen, um Verunreinigungen durch sogenannte Pathogene,
das sind alle biologischen Erreger, so weit wie möglich auszuschließen. Dennoch gehen die meisten dieser Lebensmittelepidemien relativ harmlos aus. Ausnahme war hier die so
genannte EHEC-Krise, an der rund 60 Personen in Deutschland gestorben sind.[8]
    Damit verbleibt bei den durch Nahrungsmitteln verur-
sachten Krebserkrankungen die Rubrik: Essgewohnheiten.
Die Risikofaktoren sind schnell benannt. Es sind: zu viel,
zu fett, zu fleischlastig und zu einseitig essen. Mit diesen Essgewohnheiten lassen sich rund 75 % aller durch Ernährung
hervorgerufenen Krebserkrankungen erklären, die natürlichen Pathogene und pflanzlichen Giftstoffe machen dann
nochmals rund 23 % aus, alle anderen Ursachen, einschließlich der künstlichen Zusatzstoffe und Rückstände, kommen
zusammen auf magere 2 %. Auch hier ist die Erkenntnis wieder vorherrschend, dass jede und jeder es in der Hand hat, die
mit dem Verzehr von Lebensmitteln verbundenen Krebsrisiken durch entsprechende Änderungen in ihrem bzw. seinem
Essverhalten zu reduzieren.
    Die Diskrepanz zwischen Wahrnehmung von Lebensmit-
telrisiken und der durch wissenschaftliche Forschung ermittelten Risiken hat auch den Statistiker und Wissenschaftspu-

blizisten Walter Krämer intensiv beschäftigt. In seinem Buch
»Die Angst der Woche« schreibt er:[9]

> »Die Verbraucher essen weiter unbekümmert und in gro-
> ßen Mengen natürliche Gifte aller Art und geraten in Pa-
> nik, wenn von künstlichen Pestiziden oder Zusatzstoffen
> die Rede ist. Nach einer Umfrage von Greenpeace aus dem
> Jahre 2007 wollen 71 % aller Bundesbürger, dass überhaupt
> keine Rückstände künstlicher Pestizide in Obst und Ge-
> müse enthalten sind, und nur 2,1 % sahen in den Rückstän-
> den von Pflanzenschutzmitteln kein Problem. ... Kein
> Wunder, denn auch zu den modernen Massenmedien ist
> die Übermacht der natürlichen über die künstlichen Pflan-
> zengifte noch nicht durchgedrungen; hier dominieren wei-
> terhin Meldungen wie: ›Neuer Schock! So werden unsere
> Kartoffeln vergiftet!‹ So überschreibt etwa eine große Fern-
> sehprogrammzeitschrift einen typisch reißerischen Bericht
> über Pestizide in der beliebten deutschen Knollennahrung.
> ›Jede Knolle fünfmal chemisch behandelt. Wer soll das noch
> essen?‹ Und so geht es weiter.«

Walter Krämer gehört zu den schärfsten Kritikern, wenn es
um die in der Öffentlichkeit vorgenommenen Bewertungen
von Lebensrisiken geht. Allerdings ist es auch nicht unbedingt
angemessen, die Risiken allein nach dem Grad ihrer Wirkungen auf Leben und Gesundheit zu beurteilen und danach die
Prioritäten für das Risikomanagement auszurichten. Es macht
sicherlich einen Unterschied, ob jemand ein Risiko für sich
als akzeptabel ausgewählt hat oder ob man dieses Risiko einer
fremden Person ohne deren Zustimmung zugemutet hat.
Gleichfalls ist es nicht von der Hand zu weisen, dass Risiken,
die nur eingegangen werden, um für sich einen Vorteil zu ha-

ben, während andere den möglichen Schaden erleiden müssen, kritischer zu bewerten sind als Risiken, bei denen Schaden und Nutzen bei der gleichen Person anfällt. Kurzum: Bei der Bewertung von Lebensrisiken sind nicht nur die zu erwartenden Opfer pro Zeiteinheit als Maßstab zu nehmen, sondern auch andere kontextbezogene Kriterien, wie Freiwilligkeit, Verteilungsgerechtigkeit (faire Risiko- und Nutzenverteilung) und Aufwand zur Risikoreduktion. Das macht die Risikobewertung komplizierter, aber eine einfache und simple Lösung gibt es vor allem bei stochastischen Risiken nicht.

Insofern möchte ich dieses Kapitel abschließen mit einer nachdenklichen Betrachtung von Umweltrisiken durch die Arbeitsgruppe »Umwelt und Gesundheit« der Bundesministerien für Gesundheit und Umwelt:[10]

Es wird auch weiterhin angesichts widerstreitender Auffassungen und Einstellungen überaus schwierig sein, diesen Konsens (über die Bewertung von unterschiedlichen Risikotypen, d.V.) zu erzielen. Hier steht u.a. zur Diskussion, ob und mit welcher Gewichtung die Risiken durch Gefahren aus der Umwelt im Vergleich mit anderen Lebensrisiken bewertet werden sollen. Zum einen stellt sich die Frage, ob grundsätzlich vermeidbaren Gefahren durch anthropogene Umweltbelastungen (technische Risiken) ein anderer Stellenwert zukommt als unvermeidbaren Gefahren des Lebens, wie z.B. Blitzschlag oder Naturkatastrophen. Zum anderen besteht das Problem, dass freiwillig eingegangene Risiken, z.B. durch das Rauchen – obwohl sie objektiv betrachtet viel größer sind –, vom Einzelnen als weniger bedrohlich angesehen werden oder zumindest trotz der unterschiedlichen Gefahrenlage leichter toleriert werden als anthropogene Umweltrisiken, denen er unfreiwillig und ohne die Möglichkeit der Einflussnahme ausgesetzt ist. Die Folge ist, dass an die Reduzierung oder Beseitigung solcher unfreiwillig hinzunehmender Umweltrisiken in der Regel von der Öffentlichkeit ein wesentlich strengerer Maßstab angelegt wird. Angesichts dieser Problematik ist die Frage zu diskutieren, ob evtl. auf die Festlegung eines in Zahlen angegebenen akzeptablen Risikos verzichtet werden könnte, wenn auf der Grundlage einer allgemein akzeptierten Abschätzung der Risiken gesundheitlicher Umweltgefahren eine Rangfolge der bestehenden Probleme erarbeitet werden könnte und Einigkeit darüber bestünde, dass die zur Verfügung stehenden Mittel und Kapazitäten entsprechend einer solchen Prioritätenliste eingesetzt werden.

9 Natur versus Chemie: Vergiftungen

Kaum ein Thema löst so viel emotionale Spannung aus wie die Gegenüberstellung von chemischen und natürlichen Risiken. Tagtäglich überflutet uns die Werbung für gesunde Nahrungs- oder Arzneimittel, die angeblich rein natürlichen Ursprungs sind. Mit dieser Assoziation zur Natürlichkeit wird suggeriert, dass die Natur als Hort von Wohlbefinden und Harmonie uns nur mit harmlosen und gesundheitsverträglichen Stoffen versorgt. Dagegen sind die synthetisch zusammengestellten Stoffe aus den Giftküchen der chemischen Industrie, vor allem die Konservierungsmittel, Pestizide, Herbizide und Zusatzstoffe in Lebensmitteln und Konsumgütern, reines Teufelswerk. Hinter dieser Auffassung steht ein idyllisches Bild der Natur, das wir aus den Parkanlagen in unseren Städten, unseren Naturschutzgebieten und den hochkultivierten Landschaften in Deutschland kennen und schätzen

gelernt haben. Bilder von gefälligen Parkanlagen, in denen
friedlich Schwäne schwimmen und Vögel zwitschern, vermitteln den Besuchern den Eindruck eines friedvollen und har-
monischen Zusammenlebens zwischen Mensch und der umgebenden Natur. Dieses sogenannte romantische Naturbild ist
erst seit wenigen Jahrhunderten für das Verhältnis der Menschen zu der sie umgebenden Natur typisch.[1]

In den Frühzeiten menschlicher Entwicklung war die natürliche Umgebung feindliches Terrain, das vor allem Gefahren
barg und das man mit allen Mitteln kultivieren musste, um ein
humanes Leben für die dort lebenden Menschen zu ermöglichen. Erst im Laufe der Zeit wurde die natürliche Umgebung
zunehmend in nach menschlichen Maßstäben und Bedürfnis-
sen gestaltete Kulturlandschaften transformiert, die wir heute
als natürliche Umgebung schätzen.[2] Die Bedrohungen durch
die »wilde« Natur sind in unseren Breiten bis auf wenige Ausnahmen verschwunden. Wilde Tiere, die Menschen gefährlich werden können, sind in unseren Naturlandschaften nicht
mehr anzutreffen. Giftige Pflanzen sind nur noch selten bei
uns zu finden. Andere Gefahren werden durch entsprechende
Gestaltungsformen der Parkanlagen und durch gezielte Kommunikationsangebote auf ein Minimum reduziert.

Was hat dies alles mit der Frage der Vergiftungen zu tun?
Wenn wir Menschen fragen, welche Stoffe sie für besonders
besorgniserregend halten, so werden vor allem synthetische
Stoffe, die von der chemischen Industrie hergestellt werden,
genannt.[3] Das Gegensatzpaar künstlich-natürlich ist aber irreführend. Alle Stoffe, die in der Natur vorkommen, sind mit
chemischen Formeln beschreibbar. Viele von ihnen lassen sich
synthetisieren, d. h. durch andere Stoffe und den entsprechenden katalytischen Prozessen im Labor und im industriellen
Maßstab herstellen. Sie unterscheiden sich dann aber in keiner

Weise von ihren natürlichen Ursprüngen. Die meisten Stoffe, die wir im Haushalt und für Arzneimittel nutzen, sind Stoffe, die auch in der Natur vorkommen.[4] Die Unterscheidung liegt im Wesentlichen darin, dass Naturstoffe selten in Reinform vorliegen, sondern meistens in Kombination mit anderen Stoffen in Pflanzen, Tieren oder der unbelebten Natur vorhanden sind. Das kann in einigen Fällen für die menschliche Gesundheit von Vorteil sein, wenn zum Beispiel mit krebserzeugenden Stoffen gleichzeitig sogenannte Antioxidantien mit in dem Gemisch vorhanden sind. In der Regel will man aber die Stoffe in Reinform haben, vor allem wenn es sich um gezielte Dienstleistungen handelt, die mithilfe des Stoffes erfüllt werden sollen. Als Zwecke kommen Arzneimittel für die Gesundung, Reinigungsmittel für eine effektive Säuberung sowie Klebstoffe und Lösemittel für Haushalt und Industrie in Frage.

Wie stark dieses Gegensatzpaar von natürlich und künstlich in unser Alltagsbewusstsein verankert ist, habe ich selber erlebt, als ich zu Beginn des sogenannten Acrylamid-Skandals das Bundesinstitut für Risikobewertung in Berlin beraten habe, wie man über dieses Risiko mit der Öffentlichkeit effektiver kommunizieren solle. Zur Erinnerung: Der Stoff Acrylamid gilt als krebserzeugend.[5] Man kannte ihn vor allem aus der Abwasserbehandlung und bei der Papierherstellung, und er kommt auch in Lacken und flüssigen Deckfarben vor, die beispielsweise bei Tunnelbohrungen eingesetzt werden. Die Überraschung der Fachwelt war groß, als 2002 in einer schwedischen Untersuchung dieser Stoff in Lebensmitteln wie Kartoffelchips, Knäckebrot und Pommes Frites nachgewiesen wurde.[6] Nach Auskunft der schwedischen Toxikologen war nicht auszuschließen, dass Acrylamid für rund 30 000 zusätzliche Krebsfälle in Schweden verantwortlich war. Nach dieser schockierenden Nachricht war das Bundesinstitut für Risiko-

bewertung in Berlin gefragt. Die damalige kommissarische
Leiterin Professor Ursula Gundert-Remy hatte zu einer Pressekonferenz geladen, um dort die Maßnahmen bekannt zu geben, die aus ihrer Sicht notwendig waren, um die Verbraucher
vor erhöhten Acrylamid-Konzentrationen zu schützen. Ich
war bei dieser Pressekonferenz zugegen. Der Raum für die
Pressekonferenz reichte kaum aus, um alle Journalisten auf-
zunehmen. Nachdem Frau Gundert-Remy ihre Vorschläge
vorgestellt hatte, stand ein Journalist auf und fragte: »Ist
Acrylamid ein natürlicher Stoff oder ist er von der Nahrungs-
mittelindustrie als Zusatzstoff in die entsprechenden Nahrungsmittel eingebracht worden?« Frau Gundert-Remy antwortete daraufhin: »Dieser Stoff ist völlig natürlich, und er
kann entstehen, wenn Stärke in einem Lebensmittel höheren Temperaturen ausgesetzt ist.« Nachdem sie dieses gesagt
hatte, verließen rund 50 % aller anwesenden Journalisten den
Raum. Beim Herausgehen brummte einer von ihnen missver-
gnügt: »Das hätte sie doch gleich sagen können. Daraus kann
ich keine Story machen!«

Das Risiko von Acrylamid ist immer das gleiche, unabhängig davon, ob es künstlich zugesetzt oder natürlich entstanden
ist. Zum damaligen Zeitpunkt bestand große Sorge, dass diese
Substanz für viele zusätzliche Krebserkrankungen verantwortlich sei. Erst später hat sich herausgestellt, dass Acrylamid
häufig in Verbindung zu Antioxidantien (den entsprechenden
Abwehrstoffen) auftritt, also das Krebsrisiko geringer ist als
ursprünglich angenommen.[7] Aber es ist keinesfalls gleich null!
Interessant ist jedenfalls, dass für eine Großzahl der Journalisten dieses Thema erledigt war, sobald die Bedrohung als »natürlich« eingestuft werden konnte. »Natürlich« bedeutet nun
mal in der Wahrnehmung der meisten Menschen »gutartig«.
Dazu kommt noch, dass mit den synthetisierten Mitteln, die

wir im Alltag benutzen, die Schuld für das Risiko auf dritte Personen abgewälzt werden kann. Es ist immer wichtig, die Schuldigen für eine Beeinträchtigung der eigenen Gesundheit zu finden. Die Natur und ihre Stoffe für eine Krankheit oder ein Risiko verantwortlich zu machen ist wenig befriedigend. Dagegen eignen sich die angeblichen Profiteure der chemischen Industrie und anderer profitsüchtiger Kreise vortrefflich dazu, als Sündenbock für gesundheitliche Schäden herzuhalten. Damit soll nicht zum Ausdruck kommen, dass Profitgier und Gewinnsucht nicht angeprangert werden sollen (dort wo sie wirklich auftreten) und dass diese Untugenden für viele Risiken verantwortlich sind, aber die psychologische Entlastungsfunktion durch Schuldübertragung an Dritte ist ein allzu glatter Mechanismus, um von den wahren Ursachen abzulenken. Wie sieht es denn nun mit den wahren Ursachen für die Vergiftungen in Deutschland aus?

Wie schon erwähnt, spielen Vergiftungen in Deutschland eine nicht unbeachtliche Rolle in der Todesstatistik. Die Frage ist nur, welche Ursachen für diese Vergiftungen in Frage kommen. Leider ist das nicht einfach zu beantworten. Das liegt vor allem daran, dass in Deutschland für Vergiftungen unterschiedliche Behörden zuständig sind und eine Unzahl von Statistiken, die sich zum großen Teil widersprechen, im Umlauf sind, die alle auf unterschiedliche Aspekte von Vergiftungen bezogen sind. Wenn wir wieder bei den Todesfällen bleiben, so haben wir ungefähr 6000 tödliche Vergiftungsfälle im Jahr in Deutschland.[8] Ähnlich wie bei den anderen Krankheiten, wird auch hier die genaue Krankheitsursache durch den internationalen Schlüssel ICD (die momentan gültige Fassung ist die ICD10) erfasst. Da diese Liste sehr viele unterschiedliche Einträge enthält, habe ich nur einige bedeutsame Ursachen herausgegriffen und sie in Tabelle 5 zusammenge-

Vergiftungen durch Arzneimittel, Drogen und biologisch wirksame Substanzen		42 085
Vergiftungen durch vorwiegend nicht medizinische Substanzen		34 917
davon akute Alkoholvergiftung		9 741
Rauchentwicklung (Kohlenmonoxid)[9]		5 142
verunreinigte Nahrungsmittel		1 740
darunter Schimmel und andere Pilzvergiftungen	62	
Rückstände von Pestiziden und Herbiziden	198	
infektiöse Darmerkrankungen davon:		249 009
bakterielle Vergiftungen	30 670	
Durchfall und durchfallartige Erkrankungen	134 815	
Virenerkrankungen	67 150	
Salmonellen	14 094	

Tab. 5 Vergiftungen 2008: Auswahl aus der ICD-Statistik für Deutschland (Zahl der in Krankenhäusern behandelten Vergiftungsfälle). Quelle: Möbus, A. (2009).[10]

fasst.[11] In dieser Tabelle habe ich – anders als bei den anderen Statistiken – nicht die Todesfälle genommen, sondern die Zahl der Patienten, die wegen Vergiftungen in Krankenhäuser eingeliefert wurden. Diese Zahlen sind wesentlich zuverlässiger als die Zahlen über Todesfälle, die von Statistik zu Statistik außerordentlich stark schwanken.

Ein Blick auf diese Tabelle genügt, um zu verdeutlichen, dass die überwiegende Zahl der Vergiftungen durch Bakterien und Viren ausgelöst wird, vor allem bei Durchfall und durchfallartigen Erkrankungen. Inzwischen sind unsere medizinischen Behandlungsmethoden so wirkungsvoll geworden, dass die meisten dieser Vergiftungen keinen tödlichen Verlauf mehr nehmen. Dazu kommen die durch das eigene Verhalten verursachten oder mitverursachten Vergiftungsfälle.

Hier sind vor allem zu nennen: übermäßiger Alkoholkonsum, übermäßiger Tablettenkonsum, die Einnahme illegaler Drogen, Suizide durch Vergiftungen (etwa Kohlenmonoxid und Überdosis Schlafmittel) und Passivrauchen. Im engeren Sinne chemische Stoffe sind nur bei zwei Kategorien der Vergiftungen ausschlaggebend: zum einen die im Haushalt verwendeten Lösungs- und Reinigungsmittel (in diese Kategorie fällt auch das am Anfang besprochene Lampenöl) und zum anderen die Einnahme von Arzneimitteln, die aufgrund von Unachtsamkeit oder von nicht beabsichtigten Nebenwirkungen zu Vergiftungen und Todesfällen führen können. Bei den Lösungs- und Reinigungsmitteln sind vor allem Kinder betroffen, bei den tödlich unerwünschten Nebenwirkungen von Arzneimitteln überwiegend ältere Menschen.

Die in der öffentlichen Diskussion vorherrschenden Chemikalien wie Dioxin, PCBs, Phthalate, Bisphenol A und andere mehr sind, was ihre gesundheitlichen Schäden betrifft, in der Statistik nicht aufzuspüren.[12] Das bedeutet keineswegs, dass wir es hier mit harmlosen Chemikalien zu tun haben, aber, wie bei allen Risiken, ist bei diesen Chemikalien entweder die Exposition zu gering (das bedeutet, dass nur ganz wenige Menschen diesen Stoffen direkt ausgesetzt sind) oder aber die Konzentration dieser Stoffe ist zu niedrig, um die entsprechenden Vergiftungserscheinungen oder ein erhöhtes Auftreten von Krebserkrankungen auszulösen.[13] Kurzum: Auch hier stoßen wir wieder auf das Grundproblem, dass genau die Stoffe, die in der öffentlichen Diskussion einen breiten Stellenwert einnehmen, in der Gesamtstatistik der Todesursachen kaum ins Gewicht fallen, während andere wesentlich gefährlichere Bedrohungen wenig Niederschlag in der öffentlichen Diskussion gefunden haben.

10 Herz-Kreislauf-Erkrankungen: eine Erfolgsgeschichte

Diese Diskrepanz zwischen Statistik und Wahrnehmung, die wir auch in den folgenden Kapiteln über Unfälle und Katastrophen wiederfinden werden, ist bei der dominanten Todesursache in Deutschland, den Herz-Kreislauf-Erkrankungen, nicht zu beobachten. Hier fallen öffentliche Wahrnehmung und die wissenschaftliche Risikobetrachtung weitgehend zusammen.[1] Die meisten Menschen wissen, dass die Gefahren für Herz und Kreislauf vorwiegend durch hohen Blutdruck ausgelöst werden. Hoher Blutdruck kann vielfache Ursachen haben: Meist kommen genetische mit verhaltensbedingten Einflussfaktoren zusammen:[2] einerseits von vererbten Veranlagungen zu Bluthochdruck, Cholesterinverarbeitung, Diabetes und anderen Stoffwechselstörungen, andererseits durch Ernährungsverhalten, durch Mangel an sportlichen Aktivitäten und den immer wieder auftretenden Gewohnheiten wie Rauchen und übermäßiges Trinken. Gerade in den 50er und 60er Jahren des letzten Jahrhunderts haben alle westlichen Staaten einen Anstieg der Herz-Kreislauf-Erkrankungen bei Männern zwischen 40 und 50 Jahren erlebt.[3] Dahinter stand ein sozialer Wandel in der Arbeitswelt. Männer wechselten zunehmend von manuell kräftezehrenden Arbeitstätigkeiten hin zu sitzenden Bürotätigkeiten, wobei sie aber ihre Ernährungs- (fettreiches Essen) und Freizeitgewohnheiten (wenig Sport und Bewegung) beibehielten. Dies hat deutlich zu einer Delle nach oben in der Todesstatistik geführt. Als diese Tatsache richtig erkannt wurde, haben die betroffenen Gesellschaften relativ schnell und effektiv reagiert. Heute ist diese Delle in der Todesstatistik vollständig verschwunden.

Die Zahl der Herz-Kreislauf-Erkrankungen vor dem 65. Lebensjahr ist also dramatisch gesunken. Offenkundig war hier das Präventionsprogramm effektiv. Den meisten Menschen ist im Verlauf der Zeit bewusst geworden, wie sie durch ihr eigenes Verhalten, aber auch durch entsprechende Lebens- und Arbeitsgestaltung das Risiko für Herz-Kreislaufleiden vermindern konnten. Die Erfolgsgeschichte mit den Herz-Kreislauf-Erkrankungen dient hier auch als ein überzeugendes Beispiel dafür, dass medizinische Erkenntnisse und psychische Wahrnehmungsprozesse durchaus parallel laufen können und dann auch in Verbindung mit wirksameren Therapien real zu messbaren Verbesserungen im Gesundheitszustand einer Gesellschaft führen. Dies allein ist schon ein wichtiger Grund dafür, dass medizinische und wissenschaftliche Aufklärung über Lebensrisiken keine Besserwisserei oder verkappter Paternalismus bedeutet, sondern vielmehr jedem Individuum bessere Chancen eröffnet, das eigene Leben in Gesundheit und Sicherheit zu verbringen.

11 Todesfälle durch Unfälle drastisch gesunken

Wie aus der Statistik zur Lebenserwartung in Deutschland hervorgeht, ist ein Großteil der Todesfälle, vor allem bei Männern, auf Unfälle und Suizide zurückzuführen. Anders als bei den Krebserkrankungen, lassen sich Todesfälle in dieser Kategorie relativ eindeutig bestimmen. Allerdings ist auch hier Vorsicht geboten, wenn es um nicht meldepflichtige Unfälle oder um Suizide geht. Die Dunkelziffer ist hoch. Und nicht alle Ereignisse werden statistisch erfasst. Dennoch kann man davon ausgehen, dass die in der Statistik wiedergegebenen Zahlen in etwa die wahren Verhältnisse widerspiegeln.

In der amtlichen Unfallstatistik werden die Unfälle nach sechs Kategorien erfasst: Unfälle am Arbeitsplatz, im Verkehr,

Lebensbereich	Unfallverletzte	Tödliche Unfälle
Arbeit	1,14 Mio.	525
Verkehr	0,37 Mio.	3834
Schule	1,38 Mio.	12
Hausbereich	2,73 Mio.	7533
Freizeit	2,63 Mio.	7238
Sonstige	n. b.	1101

Tab. 6 Unfalltote und Unfallverletzte 2010 in Deutschland.
Quelle: Bundesanstalt für Arbeitsschutz und Arbeitsmedizin (2010).[1]

in der Schule, im Hausbereich, während der Freizeit und sonstige Unfallursachen. Tabelle 6 gibt für das Jahr 2010 einen Überblick über die Zahl der Unfallverletzten und der tödlichen Unfälle in jeder dieser fünf Kategorien.

Aus der Tabelle wird deutlich, dass sich die meisten Unfälle im häuslichen Umfeld und bei Freizeitaktivitäten ereignen. Dies reflektiert auf der einen Seite die Verlagerung vom Arbeitsgeschehen auf mehr Freizeitaktivitäten, die mit der Verringerung der wöchentlichen Arbeitszeiten verbunden ist. Auf der anderen Seite macht es aber auch deutlich, dass die Schutzmaßnahmen am Arbeitsplatz und im Verkehr deutlich stärker greifen. Die Zahl der Unfälle ist dort im Laufe der Zeit überproportional zurückgegangen. Dies kann man vor allem an den Zeitreihen erkennen, die einen Überblick über die Entwicklung der Unfälle und der Todesfälle über die letzten Jahrzehnte vermitteln. Besonders dramatisch ist dieser Rückgang bei der Zahl der meldepflichtigen sowie der tödlichen Arbeitsunfälle, aber ähnlich hohe Erfolgszahlen finden wir auch im Verkehrssektor.

Bleiben wir bei den Arbeitsunfällen: Im Jahre 1960 kamen noch 4893 Beschäftigte während ihrer Arbeitstätigkeit ums

Leben.[2] Heute sind es, wie oben aus der Statistik zu ersehen ist, nur noch 525. Das bedeutet einen Rückgang um fast 90 % innerhalb der letzten 50 Jahre. Dazu muss man noch mit einrechnen, dass vor 1989 nur die alten Bundesländer einbezogen waren, ab 1990 auch die neuen. Trotz dieses Zuwachses an Arbeitskräften ist der Trend zu immer weniger tödlichen Arbeitsunfällen ungebrochen. Auch die Zahl der meldepflichtigen Arbeitsunfälle je 1000 Vollarbeiter ging von 109 im Jahre 1960 auf 28 im Jahre 2005 zurück.[3] Selbst wenn wir die verringerte Arbeitszeit mit in den Vergleich einbeziehen, ist heute das Leben zu Hause und in der Freizeit (relativ gesehen) gefährlicher als das Leben am Arbeitsplatz. Bezogen auf jeweils eine Arbeitsstunde oder eine Stunde zu Hause ist die Wahrscheinlichkeit, einen schweren oder sogar tödlichen Unfall zu erleiden, am Arbeitsplatz um rund ein Drittel geringer als während eines Aufenthalts im eigenen Heim oder während der Freizeit.[4] Wenn wir die Zahl der Arbeitsunfälle im internationalen Vergleich sehen, spielt Deutschland eindeutig in der ersten Liga des Arbeitsschutzes mit. Wir können also mit Recht behaupten, dass die Sicherheit am Arbeitsplatz inzwischen ein so hohes Niveau erreicht hat, dass die mit der beruflichen Tätigkeit verbundenen Risiken weitgehend beherrscht sind. Allerdings gibt es innerhalb der verschiedenen Tätigkeitsbereiche größere Schwankungen (an der Spitze der Unfälle steht der Bausektor), die darauf hindeuten, dass wir noch nicht das Ende der Fahnenstange erreicht haben.[5]

Auch bei den Verkehrsunfällen können wir einen dramatische Rückgang der durch Unfälle getöteten Verkehrsteilnehmer beobachten. Kamen im Jahre 1972 noch 20 895 Menschen im Straßenverkehr ums Leben, so waren es im Jahre 2010 nur noch 3648.[6] Das bedeutet einen Rückgang um mehr als 80 %!

Für das Jahr 2011 ist die Zahl wieder leicht angestiegen, und zwar auf 4009 tödlich verunglückte Menschen in Deutschland. Für das Jahr 2012 liegen noch keine verlässlichen Daten zum Zeitpunkt der Drucklegung vor, die Zahl der Verkehrstoten hat sich aber wieder der Zahl des Jahres 2010 angenähert. Die aktuellen Schätzungen liegen bei 3500 bis 3700 tödlichen Verkehrsunfällen für das Jahr 2012.[7] Auch die Zahl der Verletzten im Straßenverkehr ist im Verlaufe der letzten drei Jahrzehnte ständig gesunken. Hatten sich im Jahre 1972 noch 576757 Personen bei Unfällen im Straßenverkehr verletzt, so waren es 2010 lediglich 371220 und 2011 dann 392365. Da die Bürger in Deutschland pro Kopf immer größere Strecken zurücklegen, ist der Rückgang der Unfallhäufigkeit und -schwere noch eindrucksvoller, wenn man als Bezugsgröße die tödlich verlaufenden Unfälle pro Kilometer gefahrene Strecke wählt. Unter dieser Perspektive sank die Zahl der tödlich Verunglückten pro 1 Milliarde km im Jahre 1955 von 197,7 auf 5,2 im Jahre 2010.[8] Das bedeutet einen Rückgang um 97 %! In absoluten Zahlen, aber erst recht relativ zur Fahrleistung gesehen, ist der Straßenverkehr im Verlaufe der letzten Jahrzehnte wesentlich sicherer geworden.

Kommen wir zu den Heim- und Freizeitunfällen. Diese machen inzwischen den Hauptanteil der tödlichen Unfälle in Deutschland aus. Das liegt natürlich zum einen daran, dass wir inzwischen die meiste Zeit unseres Lebens zu Hause und im Rahmen von Freizeitaktivitäten verbringen. Von daher ist es nicht verwunderlich, dass wir hier auch die meisten Unfälle erleben. Jeder kennt ja inzwischen den oft ironisch gemeinten Satz, Schlafen sei die unsicherste Aktivität des Menschen. Denn mehr als 60 % aller Menschen in Deutschland sterben im Bett. Auch hier sieht man wieder, dass statistische Zahlen sehr schnell zu unsinnigen Schlussfolgerungen führen, wenn

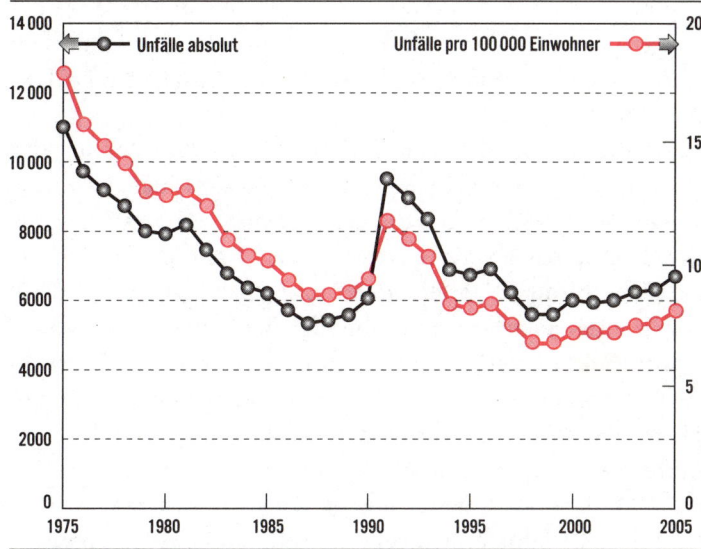

Abb. 12 Tödliche Unfälle im häuslichen Bereich in Deutschland.
Quelle: BAUA 2007.[9]

man sie nicht angemessen in den Kontext einbezieht und die richtige Bezugsgröße wählt.

Abbildung 12 zeigt die Entwicklung der tödlichen Unfälle im häuslichen Bereich in Deutschland. Das Bild vermittelt einen ähnlichen Eindruck wie bei den Zeitreihen zu den Verkehrsunfällen und den Arbeitsunfällen. Die Zahl der tödlichen Unfälle ist von etwa 11 000 Fällen im Jahre 1975 auf etwas über 8000 Fälle im Jahre 2005 und dann bis zum Jahre 2011 auf 7533 Fälle gesunken.[10] Allerdings ergeben sich seit dem Jahre 2000 immer wieder Schwankungen nach oben und unten. Der Trend ist also seit zehn Jahren nicht mehr so stabil wie zuvor. Abbildung 12 zeigt deutlich den Knick, den die Wiedervereinigung in der Statistik hinterlassen hat. Auch in

den neuen Bundesländern ist es innerhalb weniger Jahre gelungen, die Zahl der Unfälle weiter zu reduzieren und dem
Gesamttrend zu immer weniger tödlichen Ausgängen bei Unfällen im Haus zu folgen.

Ähnliche Zeitvergleiche lassen sich für den Bereich der
Freizeitunfälle nachzeichnen. Allerdings sind hier die Rück-
gänge der tödlichen Unfälle sehr gering.[11] Nimmt man als
Vergleichsmaßstab nicht die tödlichen Unfälle, sondern die
Gesamtzahl aller Unfallverletzungen, so zeigt die Statistik
sogar eine leichte Steigerung der Unfallverletzungen in
Heim und Freizeit an, vor allem in der Freizeit. Verletzten
sich im Jahre 1992 noch 590 von 10 000 Einwohnern im
Heim und bei Freizeitaktivitäten, so stieg diese Zahl bis zum
Jahre 2000 auf 650 pro 10 000 Einwohner.[12] Sieht man sich
die Unfallanalysen näher an, so ereignen sich die meisten
Unfälle im Wohnbereich gefolgt von Sportstätten. Überwiegend handelt es sich dabei um Stürze. Interessanterweise sind
es nicht die 65-Jährigen und Älteren, die am häufigsten im
eigenen Heim und bei Freizeitaktivitäten verunglücken, sondern vielmehr die 15- bis 24-Jährigen, und dort vor allem die
jungen Männer.

Bei den Kindern sind inzwischen Unfälle zur dominanten
Todesursache geworden, vor den Infektionskrankheiten oder
Krebserkrankungen, und dies trotz eines ständigen Rückgangs
der tödlichen Unfälle auch bei Kindern und Jugendlichen.[13]
Hier zeigt sich wiederum, dass sich die relativen Anteile im
Verlauf der Zeit stark verändert haben. Fielen Unfälle als
Todesursache bei Kindern zu Zeiten unserer Großeltern und
Urgroßeltern gegenüber den Infektionskrankheiten überhaupt
nicht ins Gewicht, obwohl absolut viel mehr Kinder betroffen
waren als heute, so sind Kinder gegenwärtig am stärksten
durch Unfälle in ihrem Leben bedroht. Und dies ist so, obwohl

die Zahl der tödlichen Unfälle ständig sinkt (aber nicht so dramatisch wie die Zahlen bei den tödlichen Infektionskrankheiten sinken). Wenn ein Kind heute in Deutschland stirbt, ist es wahrscheinlich auf einen Unfall oder eine unbeabsichtigte Vergiftung zurückzuführen, da die üblichen Kinderkrankheiten in der Todesstatistik in Deutschland kaum mehr eine Rolle spielen.

12 Suizid und Homozid: ein gutes Beispiel für Über- und Unterschätzung

Wie aus der statistischen Übersicht zu den Todesursachen zu erkennen war, spielt der Suizid in der Sterbestatistik der Bundesrepublik Deutschland eine signifikante Rolle. Dagegen tauchen Mord und Totschlag in der Statistik der häufigen Todesursachen nicht auf. Dabei werden Gewaltverbrechen in Deutschland als besonders bedrohlich empfunden. Rund ein Viertel aller bundesdeutschen Bürgerinnen und Bürger hat große oder etwas Angst, Opfer eines Gewaltverbrechens zu werden.[1] Die Wahrscheinlichkeit dafür ist aber äußerst gering. Jährlich werden in Deutschland rund 2,7 Personen Opfer eines Mordes oder eines Totschlages pro 100 000 Menschen (Bezugsjahr 2010).[2] Diese Rate ist in Bremen mit 5,0 am höchsten und in Nordrhein-Westfalen mit 2,0 am niedrigsten.[3] In den USA liegt diese Rate übrigens bei 10,2, das ist doppelt so hoch wie etwa in Bremen.[4] Übersetzt auf ganz Deutschland bedeutet das rund 2218 Fälle, darunter 814 Morde (wieder auf Basis von 2010). Bei Mord und Totschlag muss zudem mit beachtet werden, dass über drei Viertel der Opfer den Täter (oder, wenn auch seltener, die Täterin) kannten. Knapp ein Drittel aller Tötungsdelikte erfolgt in der eigenen Familie oder unter Verwandten (30,6 %).[5] Insofern ist das Ri-

siko für die meisten Menschen, die von ihren unmittelbaren
Angehörigen nichts zu befürchten haben, nochmals geringer
als im ohnehin schon geringen Gesamtdurchschnitt.

Dagegen liegt die Rate für Suizide fünf- bis sechsmal höher
als bei Homoziden, nämlich bei 11,43 pro 100 000 im Jahre
2007.[6] Das sind 10 021 Personen im Jahre 2010.[7] Tag für Tag
scheiden in Deutschland rund 27 Menschen pro Tag freiwillig aus dem Leben. Nur darüber wird in den Medien selten
berichtet, während Gewaltverbrechen immer wieder zum be-
liebten Thema medialer Berichterstattung werden.[8] Eine kürzlich veröffentlichte Studie aus Großbritannien zeigt deutlich,
dass bei Verbrechen die relative Häufigkeit für die wahrgenommene Bedrohung eine untergeordnete Rolle spielt. Die
Studie zeigt ein klares Ungleichgewicht zwischen der Wahrnehmung und der tatsächlichen Kriminalität. Während die
meisten Briten glaubten, die Zahl der Verbrechen ginge ständig nach oben, ist diese Zahl dort in Wahrheit in den letzten
zehn Jahren beständig gesunken. Dazu die Kriminologin Glo-
ria Laycock, eine der Autorinnen der Studie: »Bei der Aufklärung muss man auch die Medien in die Pflicht nehmen,
die mit der Art ihrer Berichterstattung dazu beitragen, dass
die Angst vor Verbrechen so weit verbreitet ist.«[9]

Ist es aber nicht so, dass in Deutschland die Zahl der
Schwerverbrechen zugenommen hat? Lesen wir denn nicht
andauernd davon, dass die Zahl der rücksichtslosen Verbre-
cher ständig zunehme? Abbildung 13 vermittelt einen Eindruck der Anzahl der Mordopfer in Deutschland von 1987
bis 2011. Im Kontrast dazu vermittelt Abbildung 14 den
Überblick über die Entwicklung bei den Selbsttötungen. Abbildung 14 erweitert dabei die Zeitspanne: in der Zeitreihe
sind die Suizide pro 100 000 Einwohner in Deutschland von
1895–2007 abgebildet.

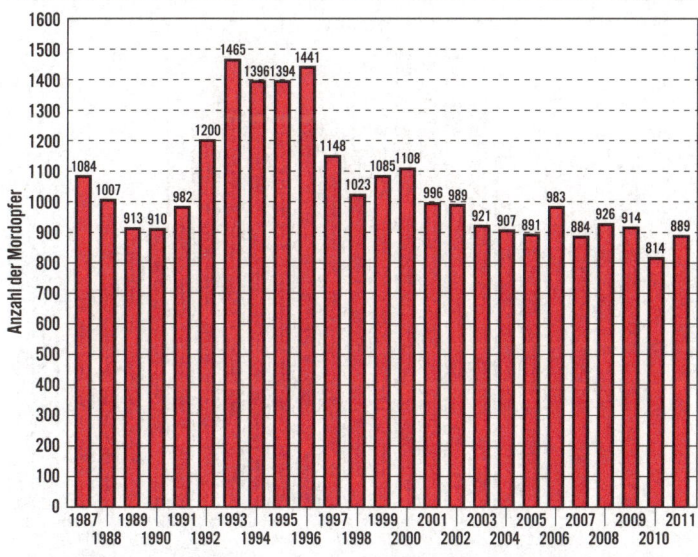

Abb. 13 Anzahl der Mordopfer in Deutschland von 1987 bis 2011.
Quelle: Statista 2011.[10]

Im Zeitvergleich von 1987–2011 schwankt die Zahl der Mordopfer erheblich, dennoch ist insgesamt von einem Rückgang auszugehen. In den neunziger Jahren erlebten wir mit rund 1400 Mordopfern pro Jahr die höchste Rate, während sie heute bei rund 850 pro Jahr stagniert. Ähnlich gute Zahlen gab es aber bereits Ende der achtziger Jahre. Auch für Gewaltverbrechen insgesamt lässt sich dieser Trend bestätigen.[11]

Bei den Selbstmorden (hier ist zu beachten, dass die Zahlen auf 100 000 Einwohner normiert wurden), zeigt sich ebenfalls seit den neunziger Jahren des letzten Jahrhunderts ein stetiger Rückgang.[12] Erst in den Jahren 2009 bis 2011 zeigt sich wieder ein leichter Anstieg. Höhepunkte der Suizide waren aber die

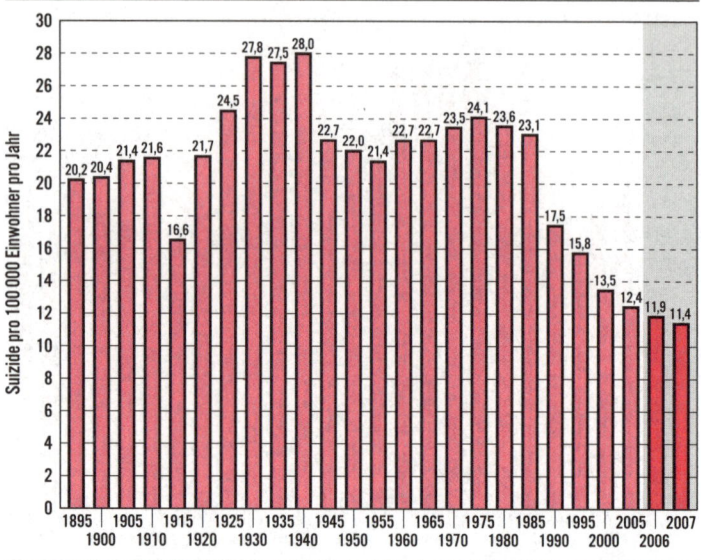

Abb. 14 Selbstmorde pro 100 000 Einwohner in Deutschland von 1895 bis 2007. Quelle: Statista 2009.[13]

Jahre 1930–39 sowie die achtziger Jahre. Während die Ursachen für die Suizide ab dem Jahr 1929 relativ eindeutig den wirtschaftlichen und politischen Verhältnissen zuzurechnen sind, ist die Frage, warum gerade in den 1980er Jahren die Zahl der Selbsttötungen stark zugenommen hat, nicht einfach zu beantworten. Als Ursachen kämen in Frage: Eine zunehmende Ernüchterung über Lebenschancen und weitere Wachstumsaussichten nach dem beständigen Wirtschaftswachstum seit Ende des Zweiten Weltkrieges, die sich anbahnende Diskussion um die Grenzen des Wachstums und die Probleme des Umweltschutzes, die mangelnde Umsetzung der Reformen aus den späten 1960er und 1970er Jahren sowie die Zuspitzung des Kalten Krieges im Rahmen der Nachrüstungsbeschlüsse. Auch psychologische Auslöser wie der Hang zur »neuen Innerlichkeit« mögen hier mitgewirkt haben. Eine wichtige Rolle spielte auch die zunehmend effektive Prophylaxe, um Selbsttötungen zu verhindern. Schon Mitte der 1970er Jahre setzte eine neue Welle der Verhütung und Verhinderung von Selbsttötungen in Deutschland ein, die aber erst in den 1990er Jahren wirklich effektiv umgesetzt wurde.[14] Was auch immer die Ursache gewesen sein mag, die Zahl der Selbsttötungen ist von dem Hoch in den 1980er Jahren auf rund die Hälfte gesunken. Damit liegt sie immer noch weit höher als die Rate für Mord und Totschlag, aber der Trend ist auch hier mittel- und langfristig rückläufig. Dennoch ist der Suizid weiterhin eine wichtige Größe bei der Frage nach den Lebensrisiken in Deutschland. Bei den Personen zwischen 15 und 65 Jahren ist die Selbsttötung die dominante Todesursache vor allen anderen nicht-krankheitsbedingten Todesursachen, also noch vor den Haushalts-, Freizeit- und Verkehrsunfällen.

Wenn wir den Blick über Deutschland ausweiten und uns die Situation weltweit ansehen, dann liegen wir in beiden Feldern, den Suiziden und den Tötungsdelikten, am unteren Ende der Skala. Bei den Morden liegt Honduras mit fast 61 Morden pro 100 000 Einwohner / Jahr an der Spitze der Weltgemeinschaft (gefolgt von Jamaika und Venezuela). Die USA liegen etwa in der Mitte, und mit unseren 0,80 pro 100 000 sind wir ein vergleichsweise verbrechensarmes Land.[15] Ähnliches gilt für die Selbsttötung. Hier gibt es ein bizarres Bild, wenn man den Blick auf die gesamte Weltkarte legt.[16] Weltweit führt Litauen die Liste der meisten Suizide an: Hier liegt die Rate bei 61 Selbsttötungen bei den Männern bezogen wiederum auf 100 000 Einwohner, gefolgt von

Russland, Weißrussland und Sri Lanka. Bei den Frauen ist mit 22,1 pro 100 000 das asiatische Land Südkorea Spitzenreiter. Mit einer Durchschnittsrate von 11,4 liegen wir auch hier weit unterhalb des Weltdurchschnitts und sogar noch um fast 40 % unter dem Niveau unseres direkten Nachbarn Frankreich.

13   Die zahmen Tiger:
Naturkatastrophen und technische Großunfälle

Noch nicht behandelt hatten wir das Risiko, Opfer einer natürlichen oder technisch ausgelösten Katastrophe zu werden. Noch im Jahre 2011 stand die Angst vor Naturkatastrophen mit 60 % der Nennungen auf Platz 2 der Liste der besonders kritischen Risiken in Deutschland. Im Jahre 2012 ist diese Zahl auf 52 % zurückgegangen und belegt damit nur noch den vierten Platz.[1] Aber rund 62 % der Deutschen sind fest davon überzeugt, dass Naturkatastrophen in Zukunft zunehmen und die deutsche Bevölkerung verstärkt heimsuchen werden.[2] Rund 30 % halten Naturgefahren für ein großes Risiko in Deutschland.[3] Auch bei den technischen Unfällen mit großen Folgewirkungen sind die Deutschen besonders kritisch. Dabei steht die Angst vor radioaktiver Verstrahlung mit 32 % an erster Stelle, gefolgt von Terroranschlägen und militärischen Auseinandersetzungen. Verkehrsunfälle werden dagegen nur von 24 % als großes Risiko für die Menschen in Deutschland angesehen.

Wie sieht es denn mit diesen katastrophalen Auswirkungen in der Realität aus? Wenn wir uns zunächst den Naturkatastrophen zuwenden, dann ist die Sorge der Deutschen um die negativen Bedrohungen durch Naturkatastrophen höchst be-

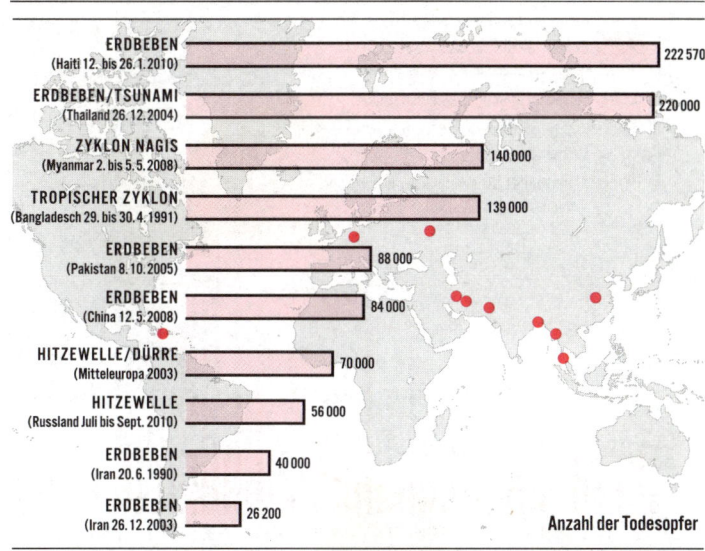

Abb. 15 Die zehn größten Naturkatastrophen nach Anzahl der Todesopfer in den Jahren 1980 bis 2012. Quelle: Statista 2013.[4]

rechtigt, sofern man den Blickwinkel auf die Gefährdungen im globalen Maßstab legt.[5] Abbildung 15 gibt einen Überblick über die zehn größten Naturkatastrophen nach Anzahl der Todesopfer in den Jahren 1980 bis 2011.

Die Naturkatastrophe mit der höchsten Anzahl an Todesopfern war das Erdbeben von Haiti im Jahre 2010, dicht gefolgt vom Erdbeben und dem Tsunami in Thailand und Südostasien im Jahre 2004.[6] Im weiteren Verlauf der Liste überwiegen die Eintragungen für Erdbeben, Dürre und Sturmereignisse als Ursachen für Todesfälle. Der Tsunami in Fukushima taucht in den ersten zehn schlimmsten Naturkatastrophen noch gar nicht auf, mit rund 20 000 getöteten Personen folgte er erst an

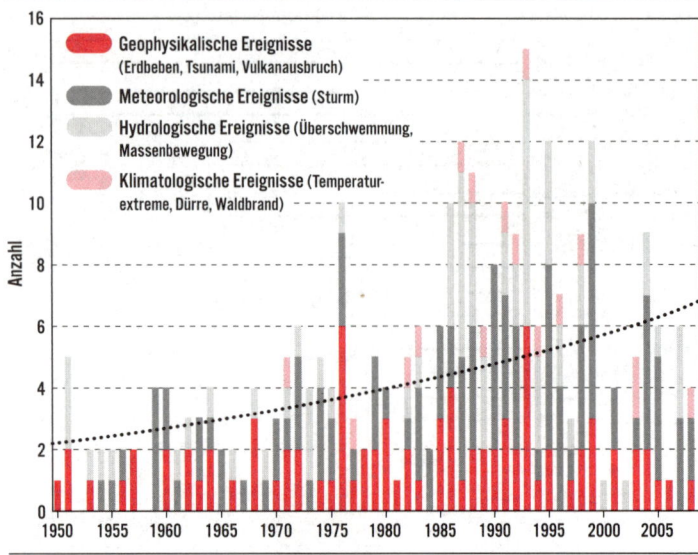

Abb. 16 Naturkatastrophen 1950–2009: Anzahl der Ereignisse.
Quelle: Munich Re 2013.[7]

16. Stelle. Nach Angaben der Münchner Rückversicherung
haben sowohl die Anzahl der Ereignisse großer Naturkatastrophen als auch das Ausmaß der Schadenssummen in den
letzten Jahrzehnten deutlich zugenommen, und die Tendenz
ist steigend (vgl. Abb. 16 und 17). Dazu registriert die Münchner Rückversicherung die Schadensereignisse »Großer Naturkatastrophen« seit 1950 in der NatCat-Datenbank mit zurzeit
mehr als 285 Schadensereignissen. Ein Naturereignis wird als
»Große Naturkatastrophe« in die Datenbank aufgenommen,
wenn das Ausmaß des Schadens in einer Region überregionale
oder internationale Hilfe erfordert, die Zahl der Todesopfer in
die Tausende, die Zahl der Obdachlosen in die Hunderttau-

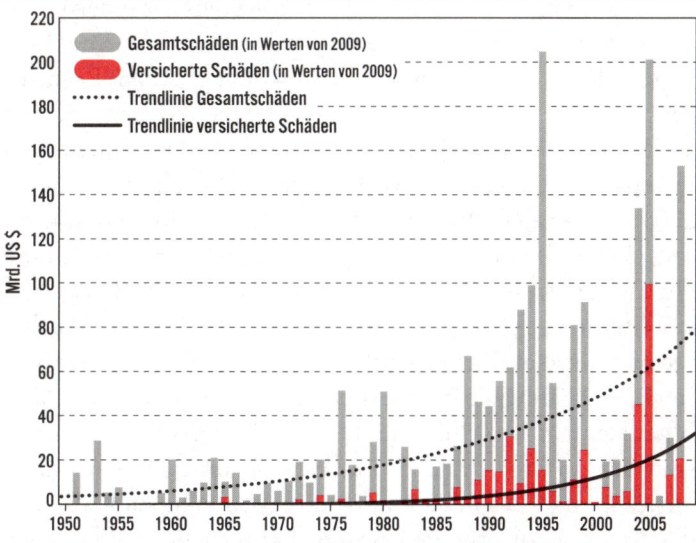

Abb. 17 Große Naturkatastrophen 1950–2009: Gesamtschäden und versicherte Schäden im Trend. Quelle: Munich Re 2013.[8]

sende geht und/oder es zu erheblichen wirtschaftlichen Schäden gekommen ist.[9]

Besonders dramatisch ist die zeitliche Entwicklung der volkswirtschaftlichen Schäden, die mit Naturkatastrophen verbunden sind (Abbildung 17). Nach Berechnungen der Münchener Rückversicherung verdoppeln sich diese Schäden seit 1950 alle zehn Jahre. Zum einen erleben wir immer heftigere Naturkatastrophen, zum anderen wächst die Verwundbarkeit der Zivilisation gegenüber diesen katastrophalen Ereignissen.

Wenn wir dagegen nach Deutschland sehen, ändert sich das Bild dramatisch. Naturkatastrophen in Deutschland sind

weitaus weniger »katastrophal« als in anderen Ländern, und
sie fordern nur wenige Todesopfer. Doch es gibt eine Ausnahme: Was für viele überraschend sein mag, ist die Tatsache,
dass Hitze- und Kältewellen bei weitem die Statistik der
Todesopfer durch natürliche Ereignisse in Deutschland und
Europa dominieren. Allein bei der Hitzewelle im August
2003 sind knapp 10 000 Menschen vorzeitig in Deutschland
ums Leben gekommen. Ähnlich wie bei der Berechnung
der Todesfälle durch Grippeepidemien sind diese Zahlen mit
der Methode der sogenannten Überschuss-Sterblichkeit berechnet worden. Das bedeutet, dass alle Todesfälle, die während der Hitzewelle über das statistisch zu erwartende Maß
hinausgingen, ursächlich der Hitzewelle zugerechnet worden
sind. Da im Jahr 2004, also dem Folgejahr nach der Hitzewelle, weniger Menschen zu Tode gekommen sind, als nach
der Statistik zu erwarten waren, hat die Hitzewelle vielen
Menschen das Leben gekostet, die bereits sehr betagt waren
und daher dem Hitzestress nicht gewachsen waren. Trotz dieser einschränkenden Bemerkungen ist es sehr beachtenswert,
dass von allen Naturkatastrophen in Deutschland es gerade
die medial kaum beachteten Hitze- und Kältewellen waren,
die mehr als 90 % aller Todesopfer gefordert haben. Diese
Tatsache kommt in der öffentlichen Diskussion so gut wie gar
nicht vor.

Auch wenn wir die Naturkatastrophen in Deutschland nach
den Schäden berechnen, die sie für die Volkswirtschaft hervorgerufen haben, dann liegen wir ebenfalls am unteren Ende
der Skala in der Weltübersicht. Den höchsten Schaden für die
Volkswirtschaft in Deutschland brachte das Elbhochwasser im
August 2001 mit rund 11 Milliarden US $ Schadenssumme.
Die Stürme im Januar 2007 haben einen Schaden von 5,5 Milliarden US $ hervorgerufen. Alle anderen Ereignisse liegen

unter der Grenze von 2 Milliarden US $.[10] Dagegen kommen
wir in Amerika zu Gesamtschäden von über 67 Milliarden
US $ und in Asien auf über 275 Milliarden US $ allein für das
Jahr 2011.[11] Dies bedeutet, dass Naturkatastrophen in Deutschland nur einen relativ geringen Einfluss auf das Gesamtrisiko
der Menschen hierzulande haben, selbst wenn man die Schäden pro Kopf der Bevölkerung rechnet. Nicht verschwiegen
werden soll allerdings die Tatsache, dass wir auch in Deutschland zukünftig mit im Ausmaß intensiveren und wahrscheinlich auch häufigeren Naturkatastrophen aufgrund des Klimawandels rechnen müssen. Auf dieses Thema werde ich noch
im dritten Teil näher eingehen.

Wie sieht es denn nun bei den technischen Katastrophen
aus? Ist es nicht so, dass technische Katastrophen ein hohes Risiko für die deutsche Bevölkerung darstellen? Wenn man sich
auch hier wiederum die statistischen Zahlen näher betrachtet,
dann gibt es in Deutschland keine technische Katastrophe seit
rund 30 Jahren, durch die eine große Anzahl von Menschen
ums Leben gekommen ist, wenn man von Verkehrsunfällen
absieht.[12] Die Anzahl der Todesopfer durch technische Katastrophen im Zeitraum von 1900–2012 wird dominiert durch
Industrieunfälle aus den Jahren vor 1945.[13] Dabei war der
Dammbruch der Möhnetalsperre im Jahre 1943 mit 1200 Opfern einer der besonders herausragenden Unfälle.[14] Nach dem
Krieg gab es größere Unfälle mit Todesfolge überwiegend bei
Flugzeugabstürzen, Zugunglücken und Massenkarambolagen.
In den Jahren zwischen 1960 und 1970 häuften sich zudem
Unfälle in Bergwerken.[15] Insgesamt kamen in diesem Jahr-
zehnt 577 Bergleute ums Leben.[16] Zu den schwersten Un-
glücken in dieser Zeit gehört die Bergwerkskatastrophe am
7. Februar 1962 in der Zeche »Luisenthal« im saarländischen
Völklingen, wo bei einer Kohlenstaubexplosion 299 Bergleute

ums Leben kamen. Danach gehen die Bergwerksunfälle stark zurück. Von 2000 bis 2010 ereignet sich in deutschen Bergwerken kein Unfall mehr mit mehr als fünf Toten.[17] Bei den Chemieunfällen treten vor allem die Kesselgasexplosion im Jahre 1948 bei der BASF mit 207 Todesopfern, der Chemieunfall im Jahre 1968 in Bitterfeld (mit 42 Toten) und die Vergiftung des Rheins im Jahre 1986 bei Schweizerhalle (keine Toten, aber eine hohe Umweltbelastung) ins Blickfeld. Auch hier gibt es aus der jüngeren Zeit keine Belege mehr für größere Unfälle mit Todesfolgen für Anwohner, die in der Nähe der Anlage leben.[18] Auch größere Brände oder Brandkatastrophen sind in Deutschland höchst selten.[19] Bei einem Brand kommen im Schnitt in Deutschland pro Jahr 0,7 Menschen pro 100 000 Einwohner ums Leben.[20] Auch hier bewegen wir uns wieder am unteren Rande der Todesstatistik. Allerdings gibt es gerade bei Brandereignissen in der eigenen Wohnung einfache und preiswerte Maßnahmen, um das Risiko mit sehr geringem Aufwand erheblich zu reduzieren. Vor allem Rauchmelder im Haus können dafür sorgen, dass man vor einem Brand rechtzeitig gewarnt wird und sich in Sicherheit bringen kann.

Selbst bei den wirtschaftlichen Schäden durch technische Katastrophen in Deutschland ist die Zahl der Schäden relativ gering. Die Versicherungswirtschaft rechnet mit knapp 300 Millionen US $ pro Jahr an wirtschaftlichen Schäden, die durch technische Unfälle ausgelöst werden.[21] Natürlich ist dies nur die eine Seite der Medaille. Denn Risiken haben ja immer zwei Komponenten: die Größe des Schadens und die Wahrscheinlichkeit, dass dieser Schaden eintrifft. Bei sehr seltenen Ereignissen, wie beispielsweise einem Unfall in einem Kernkraftwerk, kann es viele Jahrzehnte lang keine Probleme geben. Wenn aber dann der Super-GAU, das ist der Unfall, der über den noch zu beherrschenden größt-anzunehmenden Unfall hinausragt, eintritt (wie etwa in Fukushima), dann sind schnell tausende Menschen betroffen.[22] Dann ändert sich schnell das positive Risikobild, wenn der wenig wahrscheinliche, aber dann besonders katastrophale Unfall eintritt. Für diesen Zweck werden, ähnlich wie ich dies für die Krebsrisiken schon beschrieben habe, Risikostudien auf der Basis von Wahrscheinlichkeitsberechnungen (in der Fachsprache: *probabilistic risk assessment*) erstellt, die mit Hilfe von Methoden wie Ereignis- oder Fehlerbäumen die Wahrscheinlichkeiten für eine Kette von Schadensabläufen und deren Folgen berechnen.[23] Für viele technische Systeme, vor allem bei kerntechnischen Anlagen, sind diese Risikoberechnungen zwischen den Fachleuten umstritten.[24] Dennoch liegen sie alle, gleichgültig wie pessimistisch oder optimistisch sie auch ausfallen, weit unterhalb der Erwartungswerte, die wir bei den anderen Todesursachen in Deutschland vorgefunden haben. Beispielsweise schwanken die Zahlen für statistisch errechnete Todesfälle pro Jahr durch kerntechnische Anlagen in Deutschland zwischen 0,02 und 2,4 pro 100 000 Einwohner.[25] Für andere technische Anlagen, wie etwa Staudämme, Chemieanlagen oder Erdgaslagerstätten, liegen die entsprechenden Risikozahlen im gleichen Korridor. Dennoch ist es durchaus angebracht, bei großtechnischen Risiken nicht nur die durchschnittlich zu erwartenden Verlustraten, sondern auch das damit verbundene Katastrophenpotential mit zu bewerten. Aus dieser Sichtweise heraus ist es vernünftig, Techniken mit hohem Katastrophenpotential zu ersetzen, wenn risikoärmere Alternativen verfügbar sind.[26]

14   Der Blick über die Grenzen

Im letzten Kapitel dieses ersten Teils möchte ich vor dem Fazit noch zwei Ausblicke über die Grenzen dessen hinaus wagen, was ich bislang behandelt habe. Zum einen geht es um die Morbidität (Krankheiten, die nicht zum Tode führen) und zum anderen um die geographische Ausweitung der Risikodiagnostik über Deutschland hinaus.

14.1   Was macht uns krank?

Zunächst möchte ich auf Krankheiten und chronische Belastungen zu sprechen kommen. Ich habe mich deshalb in diesem ersten Teil auf Todesfälle konzentriert, weil in diesem Bereich statistisch gesehen die Befunde in der Regel eindeutiger dokumentiert und einfacher zu interpretieren sind. Wenn wir nun das Augenmerk auf die nicht lebensbedrohenden Krankheiten lenken, dann wird das statistische Bild wesentlich schwammiger. Das liegt zum einen daran, dass sich die Arten, Zahlen und Definitionen von Krankheiten im Verlauf der Zeit andauernd ändern, so dass hier Zeitreihen häufig wenig zielführend sind. Krankheiten verschwinden oder werden plötzlich neu zugeordnet, und bislang unbekannte Krankheiten kommen dazu. Zum andern ist die Zahl der Krankheiten nicht nur von dem objektiven Gesundheitszustand des jeweils betroffenen Individuums geprägt, sondern auch und in zunehmendem Maße von der subjektiven Befindlichkeit der Menschen, die sich krank fühlen oder sich beim Arzt krankmelden.

Interessanterweise nimmt die Zahl der statistisch erfassten Krankheitsfälle dann sprunghaft zu, wenn diese Krankheit in den internationalen Katalog der ICD aufgenommen wird. Dabei werden auch immer mehr Krankheiten erfasst, die rein medizinisch schwer nachweisbar, aber von den Betroffenen als Belastung oder Beeinträchtigung empfunden werden.[1]

In den Jahren 2001–2003 haben mein Kollege C. Rohloff von dem Beratungsunternehmen IFOK (Bensheim) und ich im Auftrage der Münchener Rückversicherung solche Krankheiten näher unter die Lupe genommen und sie daraufhin untersucht, inwieweit sie von äußeren Bedingungen und sozialen Prozessen abhängig sind. Schon der Titel unserer Untersuchung »Soziale Konstruktion von Personenschäden« weist darauf hin, dass diese Krankheiten in einem bestimmten kulturellen Umfeld entstehen und sich dann weltweit ausgebreitet haben.[2] Darunter fallen zum Beispiel Krankheiten wie: Burnout, Multiple-Chemical Syndrom, Chronic-Fatigue-Syndrom (Dauermüdigkeit) oder das Krankheitsbild des Post-Traumatischen Stress-Disorder (PTSD).

An PTSD lässt sich das Problem der Zuordnung von Krankheiten gut veranschaulichen. PTSD wurde 1980 in das Diagnose-Manual DSM-III der American Psychiatric Association aufgenommen und ist seither als eigenständig zu behandelnde Krankheit anerkannt.[3] Auch ist diese Krankheit in der schon mehrfach erwähnten ICD-10 vertreten. Mit Blick auf die ICD-10 weist PTSD inhaltliche Parallelen zu andern ähnlich schwer zu fassenden Symptomen auf, wie die »akute Belastungsreaktion (ICD-10 F43.0)«, die »Anpassungsstörung (ICD-10 F43.2)« und die »andauernde Persönlichkeitsänderung nach Extrembelastungen (›Persönlichkeitswandel, Verfolgtensyndrom‹)«.[4] Seit der Anerkennung von PTSD erleben wir eine stetige Zunahme dieser Krankheit in den statistischen Zeitreihen. Inzwischen soll fast jeder 5. in Deutschland davon betroffen sein, und jeder 15. Deutsche benötigt ärztliche Hilfe. Bezogen auf die Bevölkerung der Bundesrepublik wä-

ren das rund 5,4 Mio. Menschen! Wohlgemerkt: Vor 1980 gab
es diese Krankheit offiziell noch gar nicht.

»Forscher weltweit haben herausgefunden, dass bis zu
75 % der Bevölkerung im Laufe ihres Lebens eine trau-
matische Erfahrung machen. 25 % davon entwickeln eine
Trauma-Folgeerkrankung. Verkehrsunfälle, der Verlust einer nahen Bezugsperson, Kriege oder Gewalt sind häufig
traumatisierende Erlebnisse, auf die Menschen mit Angst,
Hilflosigkeit und Entsetzen reagieren. Die Verarbeitung
braucht viel Zeit, und nur ein Drittel der Betroffenen ist in
der Lage, das Trauma aus eigener Kraft zu überwinden.«[5]

Wie wir in unserem Bericht für die Münchener Rückversicherung ausgeführt haben, ist diese sozial neu definierte Krankheit inzwischen zu einem erheblichen Kostenfaktor für die
Versicherungsgesellschaften geworden. Einen besonders kras-
sen Fall beschreibt der amerikanische Versicherungsexperte
Scott McDonald.[6] Eine Frau hatte ihren Arbeitgeber verklagt,
weil Arbeitskollegen ihr gegenüber sexuell anzügliche Witze
gemacht und auch sexuell aufgeheizte Wörter benutzt hätten.
Laut Aussage der Frau sei es aber nie zu irgendwelchen tät-
lichen Übergriffen gekommen. Daraufhin bescheinigte ihr der
Arzt, an PTSD zu leiden. Das Gericht folgte der Klage der
Frau, und der Arbeitgeber musste insgesamt 1,2 Millionen
Dollar Schadenersatz leisten (im Endeffekt zahlte die Versi-
cherung). Solche horrenden Entschädigungssummen sind nur
in den USA möglich, aber der Fall zeigt, wie eine zweifellos
inakzeptable Situation genutzt, wenn nicht sogar ausgenutzt
werden kann, um über den Umweg Krankheit an große Entschädigungssummen zu kommen.[7]
Dieses Extrembeispiel soll nur als Beleg dafür dienen, dass

die einfache Frage, ob die Krankheiten und Belastungen in unserer Gesellschaft zunehmen, stagnieren oder abnehmen, nicht einfach zu beantworten ist. Ich will hier ungern spekulieren.

Fakt ist aber, dass die traditionellen Krankheiten, denen wir auch in der Sterbestatistik überwiegend begegnet sind, im Zeitverlauf von 1950 bis heute zurückgegangen sind, allerdings nur unter der Voraussetzung, dass wir den demographischen Wandel herausrechnen.[8] Tut man das nicht, dann sind erhebliche Zunahmen bei den altersbedingten Krankheiten zu verzeichnen, die auch in Zukunft noch ansteigen werden.[9] An erster Stelle ist die altersbedingte Demenz, gefolgt von anderen Alterskrankheiten wie Parkinson und Alzheimer, zu nennen. Über die Alterskrankheiten hinaus sind auch einige Krebserkrankungen überproportional gestiegen. Darunter fallen vor allem Hautkrebs (verstärktes Sonnenbaden), Lungenkrebs (Rauchen)[10] und Brustkrebs (Ursache ist hier nicht ganz klar).[11] Der Blick über die Grenze der Todesstatistik hinaus führt also nicht zu grundsätzlich anderen Einsichten und Schlussfolgerungen, als wir sie bei der Betrachtung der Todesursachen gewonnen haben.

14.2 Deutschland: Insel der Seligen?

Ein zweiter Blick über die Grenzen betrifft die Ausdehnung des Raumes auf die übrige Welt, die wir bislang nur immer kursorisch mit betrachtet haben. Tabelle 7 gibt einen Überblick über die zehn Hauptursachen für Todesfälle in Abhängigkeit von dem Reichtum und dem Entwicklungsstand der jeweiligen Länder. Hier werden arme Länder, Länder mit mittlerem Einkommensniveau und reiche Länder miteinander verglichen. Auf den ersten Blick fällt auf, dass die beiden

Länder mit sehr geringem Volkseinkommen		
Krankheit	Tote in Mio.	in % der Todesfälle
Infektionen der Atemorgane	1,05	11,3
Durchfallerkrankungen	0,76	8,20
HIV / AIDS	0,72	7,80
Herz-Kreislauf-Versagen	0,57	6,10
Malaria	0,48	5,20
Schlaganfall / Infarkt	0,45	4,90
Tuberkulose	0,40	4,30
Untergewicht bei Geburt	0,30	3,20
Sauerstoffmangel bei Geburt	0,27	2,90
Infektionen nach Geburt	0,24	2,60
Länder mit mittlerem Volkseinkommen		
Krankheit	Tote in Mio.	in % der Todesfälle
Herz-Kreislauf-Versagen	5,27	13,7
Schlaganfall / Infarkt	4,91	12,8
Chronische Lungenerkrankungen	2,79	7,20
Infektionen der Atemwege	2,07	5,40
Durchfallerkrankungen	1,68	4,40
HIV / AIDS	1,03	2,70
Verkehrsunfälle	0,94	2,40
Tuberkulose	0,93	2,40
Diabetes	0,30	3,20
Bluthochdruck	0,83	2,20
Länder mit hohem Volkseinkommen		
Krankheit	Tote in Mio.	in % der Todesfälle
Herz-Kreislauf-Versagen	1,42	15,6
Schlaganfall / Infarkt	0,79	8,70
Lungenkrebs, Bronchialkrebs	0,54	5,90
Alzheimer und Demenz	0,37	4,10
Infektionen der Atemwege	0,35	3,80

Länder mit hohem Volkseinkommen		
Chronische Lungenerkrankungen	0,32	3,50
Magen- und Darmkrebs	0,30	3,30
Diabetes	0,24	2,60
Bluthochdruck	0,21	2,30
Brustkrebs	0,17	1,90

Tab. 7 Die zehn häufigsten Todesursachen nach Länderkategorien (sehr geringes, mittleres, hohes Volkseinkommen). Quelle: WHO 2011.[12]

Hauptursachen für die Sterblichkeit in Deutschland auch für die Länder in der mittleren Kategorie gelten, aber nicht für die ärmsten Länder. In diesen beherrschen weiterhin Infektionskrankheiten, vor allem Atemwegserkrankungen und Durchfall, das Bild. Herz-Kreislauf-Erkrankungen stehen hier erst an vierter Stelle in der Liste der Todesursachen. Wie Abbildung 5 zeigt, gilt dies nur für die ärmsten Länder, nicht für die Länder mit der geringsten Lebenserwartung. Neben den übertragbaren und nicht übertragbaren Krankheiten finden sich noch in der mittleren und der oberen Kategorie die Verkehrsunfälle unter den ersten zehn wichtigsten Todesursachen. Risiken durch andere Unfälle, Bürgerkrieg, Technik-, Umwelt- und Naturkatastrophen kommen in keiner der drei Einkommenskategorien unter die ersten zehn. Das deckt sich weitgehend mit den Erkenntnissen, die wir aus der Betrachtung der deutschen Situation gezogen haben.

Allerdings verdecken die medizinischen Begriffe in der Tabelle die dahinterliegenden Treiber. So lässt sich aus anderen Veröffentlichungen der WHO schließen, dass gerade in den Ländern mit einem mittleren Wohlstandsniveau die Gesundheitsrisiken durch Umweltverschmutzung am stärksten steigen und hier dem Trend, den wir bei den hochentwickelten

Ländern festgestellt haben, entgegenlaufen. Die WHO rechnet damit, dass diese Risiken bis zum Jahre 2050 vor allem in Afrika und Asien hohe Gesundheitsschäden mit sich bringen werden.[13]

Insgesamt gesehen ändert der Blick über die Grenzen wenig an den Erkenntnissen, die wir aus der bisherigen Analyse haben gewinnen können. Ein direkter Bezug unseres Verhaltens auf die Risiken der anderen Länder (etwa Export von risikoreicher Technologie, Ausfuhr von gefährlichen Abfällen, etc.) ist statistisch gesehen wenig relevant. Allenfalls sorgt der immense Wettbewerbsdruck dafür, dass weltweit die Standards für eine ausreichende Sicherheit am Arbeitsplatz nicht eingehalten werden, ähnliches gilt auch für Pestizide und Herbizide in der Landwirtschaft.[14] Wenn man von diesen, in Teil 3 nochmals aufgegriffenen, Ungleichgewichten einmal absieht, ändern auch die kurzen Ausflüge in die Krankheitsstatistik und die weltweite Verteilung der Krankheiten nichts an unserer grundlegenden Einsicht: Viele Risiken werden in Deutschland überschätzt, vor allem diejenigen, die der Einzelne nicht selbst steuern kann und die mit einem hohen Sensationspotential verbunden sind. Dagegen werden andere Risiken, an die man sich im Verlauf der Zeit besonders gewöhnt hat und die wenig spektakuläre Folgen in der Öffentlichkeit haben, überwiegend unterschätzt.

15   Fazit: Was bringt uns um?

Am Anfang dieses ersten Teiles stand die Frage: »Wie hoch sind die Risiken der modernen Welt nun wirklich? Was steht auf der Haben- und was auf der Sollseite?« Auf diese Frage können wir zwar keine endgültige und auch keine sichere

Antwort geben, aber wir haben jetzt einige Orientierungs-
marken, die uns eine Antwort erleichtern. Der Ausflug in die
Statistik und in die Epidemiologie hat uns gezeigt, dass unsere
Gesellschaft immer sicherer lebt und jeder von uns mit einer
höheren durchschnittlichen Lebenserwartung rechnen kann
als jede Generation vor uns. Das bedeutet nicht, dass alle
Menschen unserer Gesellschaft ihr genetisch prädisponiertes
biologisches Alter erreichen werden, aber es sind so viele wie
noch nie zuvor in der Geschichte der Menschheit. Zudem weisen alle Anzeichen darauf hin, dass wir im Verlaufe unseres Lebens weniger bedrohliche und chronische Erkrankungen erleiden werden als unsere Vorfahren. Dies gilt aber nur,
wenn wir die zunehmende Alterung unserer Gesellschaft ausblenden (d. h. die Altersstruktur konstant halten) und die mit
zunehmendem Alter einhergehenden Krankheiten, vor allem
Demenz-Erkrankungen, außen vor lassen. Schließlich werden
wir immer seltener Opfer eines Unfalls, einer Vergiftung oder
eines anderen plötzlichen Ereignisses, das uns schweren Schaden zufügen könnte.

15.1 Die vier dominanten Auslöser für frühzeitige Todesfälle

Im Prinzip sind es vier Ursachen, die für einen frühzeitigen
Tod verantwortlich sind: die genetischen Dispositionen, die
Umwelteinflüsse, die eigenen Lebensverhältnisse und das individuelle Verhalten. Welche dieser vier Faktoren sind nun
für unser Leben bestimmend? Wie wir aus den statistischen
Angaben, die wir in diesem ersten Teil haben Revue passieren
lassen, ablesen können, sind diese vier Elemente nicht scharf
voneinander zu trennen. Es gibt viele Synergien zwischen
diesen Einflussfaktoren, und alle vier gemeinsam oder in un-

terschiedlicher Kombination sind für die Zahl der vorzeitigen Todesfälle verantwortlich. Allerdings wird deutlich, dass in der jüngsten Entwicklung die durch das eigene Verhalten hervorgerufenen Schadensfälle immer mehr Zentralität gewinnen. Die Infektionskrankheiten, die früher den Großteil der Menschen dahinrafften, sind aus dem modernen Leben weitgehend verschwunden. Es kommt zwar immer mal wieder zu Epidemien, wie die Schweinegrippe oder der Ausbruch des Norovirus oder des EHEC-Erregers. Doch dank moderner Behandlungsmethoden sterben nur wenige Menschen an diesen Krankheiten. Aber es gibt einige Ausnahmen: Zum einen sterben 10 000 bis 15 000 Menschen jedes Jahr an Infektionskrankheiten in Krankenhäusern, rund 950 Personen an Hepatitis und 461 am HI-Virus (AIDS). Allein an AIDS sind in Deutschland mehr als 27 000 Menschen seit Ausbruch der Krankheit gestorben. Die gute Nachricht ist: Die Zahl der AIDS-Opfer ist in Deutschland im Verlauf der letzten 20 Jahre ständig zurückgegangen. Die schlechte Nachricht: Sie steigt in den letzten drei Jahren wieder leicht an. Dies ist ein Zeichen dafür, dass weniger Vorsichts- und Vorsorgemaßnahmen von den potentiell Betroffenen getroffen werden. Auch hier spielen also Verhaltensmomente wieder eine wichtige Rolle. An der Gesamtbilanz der Sterbestatistik ändert auch der HI-Virus wenig: Mit 14 Todesfällen pro 100 000 Einwohnern pro Jahr sind die Infektionskrankheiten insgesamt nur eine untergeordnete Größe, wenn es um die Ursachen für die vorzeitige Sterblichkeit in Deutschland geht.[1] Von zentraler Bedeutung sind dagegen Krebserkrankungen und Herz-Kreislauf-Erkrankungen. Diese Erkrankungen sind sicherlich zum Teil genetisch vorprogrammiert, aber sie können durch das eigene Verhalten verstärkt, ausgelöst oder eben auch verzögert werden.

Bleiben wir beim eigenen Verhalten. Vor allem die vier Grundprobleme: Rauchen, übermäßiges Trinken, falsche Ernährung und mangelnde Bewegung sind für einen Großteil der vorzeitigen Todesfälle verantwortlich.[2] Die statistische Zahl, wie viele Todesfälle auf diese vier verhaltensbedingten Einflussfaktoren zurückzuführen sind, lässt sich nicht exakt bestimmen. Die in den vorherigen Kapiteln vorgestellten statistischen und epidemiologischen Daten legen aber den Verdacht nahe, dass bis zu zwei Drittel aller frühzeitigen Todesfälle auf diese vier Faktoren zurückgeführt werden können. Das restliche Drittel teilen sich dann Umwelteinflüsse und Lebensverhältnisse. Mit Umwelteinflüssen sind alle Schadstoffe in Wasser, Luft und Boden gemeint, die vom Menschen über die Atmung, Nahrungsmittelzufuhr und Hautkontakt aufgenommen werden. Zweifelsohne gibt es eine Reihe von negativen Umwelteinflüssen, die bis zum Tode von Menschen führen können. Die vorliegenden wissenschaftlichen Untersuchungen schwanken zwischen 5 % und 30 % bei der Zuordnung von Umwelteinflüssen auf gesundheitsschädigende oder sogar tödliche Auswirkungen.[3] Die meisten Untersuchungen gehen aber von einem Anteil von 5 % bis 10 % umweltbedingter Todesfälle in Deutschland aus.[4] Ähnliches lässt sich auch für die Lebensverhältnisse aussagen. Offenkundig werden ärmere Menschen weniger alt und leiden häufiger unter Krankheiten als reichere Menschen.[5] Das gilt sowohl für Deutschland, aber erst recht für den Rest der Welt. Armut ist jedoch nur eine Sammelkategorie für alle Einflüsse, die auf Mangel an Ressourcen (Geld, gesunde Lebensmittel, gesundes Wohnumfeld, etc.) zurückzuführen sind. Alle diese Ursachen zusammengenommen tragen zu rund einem Drittel an den Todesfällen in der Sterbestatistik in Deutschland bei.

Bei der Interpretation der statistischen Werte ist jedoch

wieder Vorsicht angebracht. Da wir alle im Durchschnitt immer älter werden, sinkt der effektive Zugewinn eines gesundheitsbewussten Lebensstils von Jahr zu Jahr. Dieser scheinbar paradoxe Befund ist leicht aufzulösen. Wir sind schon so nahe an dem Korridor der biologischen Lebensspanne des Menschen angelangt, dass ein bewusst gesundheitsförderndes Leben die eigene durchschnittliche Lebenserwartung nur noch wenig erhöht. Die maximale Verbesserung der Lebenserwartung durch einen gesunden Lebensstil beträgt je nach Studie zwischen 4,4 und 4,8 Jahre.[6] In Schwarzafrika beträgt sie dagegen 16,1 Jahre, weil hier der durchschnittliche Wert der Lebenserwartung für alle viel niedriger ausfällt.[7] Insofern ist es aussagekräftiger, den Stellenwert gesunden Verhaltens für die Vermeidung von frühzeitigen Todesfällen zu betrachten. Danach können wir rund 60–70 % aller frühzeitigen Todesfälle aufgrund von Erkrankungen durch unser Verhalten mitbestimmen.

15.2 Krankheiten nicht stigmatisieren

Die Tatsache, dass rund zwei Drittel aller vorzeitigen Todesfälle durch das eigene Verhalten verursacht oder zumindest mit verursacht wird, löst leicht Unbehagen aus. Die Amerikaner sagen: »Blame the victims!« Nichts läge mir ferner, als die Menschen, die von einer Krebserkrankung oder von einem schweren Herzinfarkt betroffen sind, auch noch für ihr schweres Leiden verantwortlich zu machen. Wenn wir von dem eigenen Verhalten als Ursache ausgehen, sind Kategorien wie Schuld oder Vorwürfe über den Lebenswandel völlig fehl am Platz. Vielmehr geht es mir um die positive Seite dieser Erkenntnis, dass wir nämlich durch unser eigenes Verhalten mehr als jede Generation vor uns das gesundheitliche Schicksal in unserem eigenen Lebensverlauf mitbestimmen können. Wir sind dem Schicksal oder dem Zufall hier nicht völlig ausgeliefert. Anders als bei den Infektionskrankheiten, wo persönliche Vorsorge nur in sehr begrenztem Maße früher möglich gewesen ist, können wir durch bewusste Entscheidungen in unserem Lebenswandel das Risiko, vorzeitig zu Tode zu kommen, in starkem Maße mit beeinflussen.

Doch Vorsicht: Selbst wenn jemand nicht raucht, nicht übermäßig trinkt, wenn er sich gesund ernährt, nicht übergewichtig ist und sich viel bewegt, kann es durchaus sein, dass er an Krebs erkrankt oder einen Herzinfarkt erleidet. Niemand kann mit Sicherheit die Ursache für eine individuelle Erkrankung ausfindig machen. Diese Erkenntnis ist aus zweierlei Gründen sehr wichtig: Zum einen sagt sie uns, dass wir uns trotz aller Fortschritte in Wissenschaft, Medizin und Epidemiologie schwertun, die auftretenden Krankheiten eines jeden Individuums konkreten Ursachen zuzuordnen. Wir können bestenfalls Wahrscheinlichkeiten über (mögliche) Zusammenhänge zwischen verursachenden Faktoren und den dadurch ausgelösten Krankheiten für ein Kollektiv ausrechnen. Zum Zweiten ist bei dem Ausbruch der Krankheit jede Überlegung über das eigene Verschulden wenig hilfreich, weil es die Krankheit nicht wieder rückgängig macht. Wenn dann auch noch stille oder explizite Vorwürfe von Angehörigen und Freunden hinzukommen, dann wirkt das sogar noch krankheitsfördernd. Eine mögliche Genesung einer Krankheit hängt deutlich davon ab, dass man in seinem sozialen Umfeld geborgen ist und sich getragen fühlt. Vorwürfe sind hier das Letzte, was hilft. Aus diesem Grunde ist die Betonung auf verhaltensbedingte Einflüsse nur im Sinne der Prävention zu verstehen. Wir haben es in der Hand, die Wahrscheinlichkeit

einer frühzeitigen Erkrankung zu verringern und unsere Lebensverhältnisse so einzurichten, dass wir die uns biologisch
vergönnte Lebensspanne auch mit hoher Wahrscheinlichkeit
erleben werden.

15.3 Technische Risiken: Wie bedrohlich sind ihre Auswirkungen?

Die in der öffentlichen Debatte so intensiv diskutierten Risikoquellen Kernenergie, Gentechnik, Nanotechnologien, Müllverbrennungsanlagen und andere Großtechnologien tauchen
als Ursachen für Todesfälle in der Statistik nicht oder nur am
ganz unteren Ende der Skala auf. Im Normalbetrieb und bei
sachgerechter Nutzung sind die durch diese Technologien
verursachten Belastungen so gering, dass sie in der Sterbestatistik schlichtweg untergehen. Allerdings muss dabei immer hinzugefügt werden, dass einige dieser Technologien mit
einem hohen Katastrophenpotential verbunden sind. Das bedeutet, es gibt eine realistische, wenn auch wenig wahrscheinliche, Chance einer durch sie ausgelösten großen Katastrophe.
Das ist vor allem beim Einsatz der Kernenergie der Fall, bei
der zusätzlich die Problematik der Endlagerung radioaktiver
Abfälle anfällt. Aus diesen beiden Gründen und weil inzwischen risikoärmere neue Energieformen verfügbar sind, ist
der Ausstieg Deutschlands aus der Kernenergie durchaus
sinnvoll. Allerdings erreichen die durch Strahlung von kern-
technischen Anlagen ausgelösten Risiken bei weitem nicht
die Größenordnung, die wir bei anderen uns tagtäglich begeg-
nenden Risiken offenkundig ohne größeres Nachdenken in
Kauf nehmen. Natürlich sind Risiken nicht einfach 1:1 vergleichbar, es geht auch um den Nutzen, um andere negative

oder positive Nebeneffekte und um den Aufwand, wenn man den gewünschten Nutzen durch nutzengleiche Alternativen sicherstellt (etwa Windkraftanlagen statt eines Kernkraftwerkes). Dennoch tun wir gut daran, bei allen Entscheidungen über neue Technologien Risiko und Nutzen im Vergleich zum Gesamtrisikotableau abzuwägen, damit wir sehen, welche zusätzlichen Risiken wir mit der neuen Technologie eingehen, ob es Alternativen mit geringeren Risiken gibt und inwieweit der erwartete Nutzen mit dem zu erwartenden Risiko im Verhältnis steht.

Bei aller gesunden Vorsicht über noch unbekannte Nebenwirkungen technischer Anlagen sollten wir aber nicht übersehen, dass die bisherige Bilanz der Technik in Deutschland seit mehr als 50 Jahren eine fortwährende Erfolgsgeschichte ist, was Sicherheit, Gesundheit und Lebensrisiken anbelangt. Durch nicht intendierte Nebenwirkungen von technischen Geräten, Anlagen oder Produkten sterben in Deutschland pro Jahr nur sehr wenige Menschen. Die genaue Zahl ist nicht ermittelbar: Von den 7553 Unfällen im Haus sind wahrscheinlich 10 % und von den 525 tödlichen Unfällen am Arbeitsplatz sind wahrscheinlich 30 % auf technisch induzierte Unfälle zurückzuführen, d. h. wir bewegen uns in einem Korridor von rund 1000 Todesfällen pro Jahr. Das entspricht einem Risiko von rund 1,2 zu erwartenden Todesfällen pro 100 000 Menschen pro Jahr.[8] Darin sind schon die häuslichen Unfälle mit Elektrizität und andere technische Kleinunfälle mit einbezogen.

Damit sind wir auch schon bei einer weiteren, häufig überbewerteten Kategorie: den Unfällen. Sie gelten im öffentlichen Bewusstsein als zunehmende Bedrohung, aber die Statistik spricht hier eine andere Sprache. In allen Unfallkategorien haben wir in den letzten 30 Jahren einen dramatischen Rückgang der tödlichen Unfälle erlebt. Besonders eindrucks-

voll ist dies bei den Risiken am Arbeitsplatz. Dort ging die
Zahl der am Arbeitsplatz getöteten Arbeitskräfte von rund
5000 auf unter 600 innerhalb von knapp 150 Jahren zurück.
Menschen am Arbeitsplatz sind in der Regel geringeren Lebensrisiken ausgesetzt als Menschen, die zu Hause weilen
oder Freizeitaktivitäten ausüben. Das gilt auch, wenn man
diese Zahlen zeitlich normiert (also auf tödliche Unfälle pro
Stunde Arbeitszeit versus tödliche Unfälle pro Stunde Freizeit
bezieht, wobei die reine Schlafzeit abgerechnet wurde). Aber
selbst häusliche Unfälle, vor allem Stürze, sind zurückgegangen, obwohl die Bevölkerung in Deutschland immer älter und
damit auch gegenüber Haushaltsunfällen verwundbarer geworden ist. Auch bei den Freizeitunfällen ist über das letzte
Jahrzehnt ein leichter Rückgang bei den tödlichen Unfällen
(aber nicht bei den Verletzungen) zu verzeichnen, und dies
trotz mehr Freizeit und trotz des Hangs zu riskanteren Sport-
und Freizeitaktivitäten. Bei den Verkehrsunfällen liegt ebenfalls eine beachtliche Reduzierung der tödlichen Unfälle vor.
Wenn auch nicht so dramatisch wie bei den Arbeitsunfällen,
sank die Zahl der Toten von über 20 000 auf unter 5000 in vier
Jahrzehnten. Allerdings erleben wir zurzeit keinen weiteren
Rückgang mehr. Das muss nicht so sein, wie uns das Beispiel
Schweden lehrt. Dort geht die Zahl der tödlichen Verkehrsunfälle auch weiterhin stark zurück.

Zu der Kategorie der Unfälle gehören auch Mord und Totschlag. Wenn wir die von anderen Menschen ausgehenden
Bedrohungen mit einbeziehen, bleibt es bei dem generellen
Trend. Auch hier gehen entgegen der Vermutung der meisten
Bundesbürger die Zahlen für Gewaltverbrechen in Deutschland zurück. Die Wahrscheinlichkeit, beispielsweise Opfer
eines Gewaltverbrechens zu werden, ist in Deutschland ohnehin im internationalen Vergleich relativ gering und wird Jahr

für Jahr geringer. Mord und Totschlag sind in unserer Gesellschaft sehr seltene Ereignisse, und die meisten werden zudem noch im Kreis der Familie und Verwandten begangen. Die Angst etwa, abends alleine spazieren zu gehen und dann überfallen zu werden, ist rein statistisch gesehen kaum begründbar. Nichtsdestotrotz macht es natürlich Sinn, sich auch gegen unwahrscheinliche Ereignisse vorzubereiten, zumal wenn der Eigenschutz mit geringem Aufwand zu leisten ist.

Letzter Punkt bei den nicht krankheitsbedingten Todesfällen betrifft den Suizid. Auch dort ist die Zahl der Betroffenen zurückgegangen, aber nicht so dramatisch wie bei den Erkrankungen oder den Unfällen. Insofern ist heute der Suizid unter allen nicht-krankheitsbedingten Todesursachen die Nummer eins in der Todesstatistik. Mehr Menschen sterben in Deutschland durch Suizid als etwa durch Haushaltsunfälle, Sportunfälle, Arbeitsunfälle oder sonstige Ereignisse. Übertroffen wird der Suizid nur von der Zahl der Vergiftungen. Ein Teil der Vergiftungen stammt aus natürlichen Quellen (etwa Bakterien), einige aus verdorbenen Lebensmitteln und nur wenige ereignen sich durch Chemikalien.

15.4 Umwelteinflüsse geringer als angenommen

Wie sieht es mit dem Risiko durch Umweltbelastungen aus? Sind nicht die meisten unserer schweren Erkrankungen auf chemische Belastungen von Luft, Wasser und Lebensmitteln zurückzuführen? Eine Antwort auf diese Fragen ist nicht so einfach zu geben wie bei den Unfällen. Im Bereich Umwelt und Gesundheit ist die Sensibilität der Menschen besonders hoch. Vor allem Lebensmittelskandale stehen ganz oben auf der Liste der Ängste und Befürchtungen der Bevölkerung.

Wie berechtigt sind diese Ängste? Was die Umweltbelastungen von Wasser, Luft und Boden betrifft, zeigen die Statistiken relativ deutlich, dass in den Ländern mit mittleren Einkommen die höchsten gesundheitlichen Schäden zu erwarten
sind.[9] Diese Länder befinden sich gerade in der Phase der Modernisierung. Sie legen zurzeit mehr Wert auf eine schnelle
Industrialisierung und rapide Entwicklung als auf die Wahrung einer hohen Umweltqualität. In den hochentwickelten
Ländern, wie Deutschland, sind Zahl und Intensität der durch
Umweltbelastung in ihrer Gesundheit beeinträchtigten Menschen dagegen zurückgegangen. Diese Entwicklung ist allerdings häufig in der Presse und in populären Abhandlungen
nicht zu lesen. Diesen Rückgang können wir zweifelsohne aus
den statistischen Daten belegen. Was wir nicht wissen, ist der
genaue Anteil der Umweltbelastungen an der Sterbe- und
Krankheitsrate in Deutschland. Wie hoch genau diese Umweltbelastung ist und welche Opfer sie von der Bevölkerung
erfordert, können wir also nicht mit Bestimmtheit berechnen.
Realistische Schätzungen gehen von einer Spannweite von
5–10 % aus, was schon einen hohen Synergieeffekt mit verhaltensbedingten Auslösern voraussetzt.[10]

Aus diesem Grunde sind die Zahlen um den Einfluss der
Umweltfaktoren auch stets von politischen und ideologischen
Debatten geprägt. Es ist weder böser Wille noch die Einflussnahme finsterer Interessengruppen, noch die mangelnde Zahlungsbereitschaft für die Forschung der Grund dafür, dass
diese Frage prinzipiell nicht zu entscheiden ist. Unsicherheit
und Mehrdeutigkeit der wissenschaftlichen Ergebnisse führen dazu, dass verschiedene Interpretationen möglich und
damit auch der Gefahr der politischen Instrumentalisierung
unterworfen sind. Für eine valide Klassifizierung und Orientierung der Untersuchungsergebnisse zum Zwecke der Bera-

tung und Aufklärung ist es daher sinnvoll, Behauptungen über Risiken nach drei Kategorien zu charakterisieren:

I. die Grenze zwischen absurd und möglich
II. die Grenze zwischen möglich und wahrscheinlich
III. die Grenze zwischen wahrscheinlich und sicher.

Viele Behauptungen über Ursachen für vorzeitige Todesfälle sind nach all dem, was wir wissenschaftlich wissen, als absurd einzustufen. Dazu gehören zum Beispiel die Wirkung von sogenannten Erdstrahlen, die Belastungen durch Konservierungsstoffe in Lebensmitteln, die Emissionen von Wasserdampf aus Kühltürmen, die Vergiftung durch zugelassene Lebensmittel, auch diejenigen, die genetisch modifiziert sind. Dagegen sind einige Befürchtungen, etwa über die gesundheitliche Belastung durch elektromagnetische Felder, möglich, aber wenig wahrscheinlich. Diese Belastungen anzuprangern ist bei den Medien besonders beliebt, weil niemand die Möglichkeit des Risikos abstreiten, aber das Ausmaß des denkbaren Schadens phantastische Dimensionen annehmen kann. Es gibt dann eine große Zahl von potentiell Betroffenen, was wiederum der Lust nach sensationellen Enthüllungen entgegenkommt. Es ist in der Tat so, dass Katastrophen in der Regel umso weniger wahrscheinlich sind, je größer ihr Ausmaß im Sinne der Maximalzahl an Toten, Verletzten und Sachschäden ausfällt. Aus diesem Grunde ist es auch für die Medien besonders attraktiv, auf sehr unwahrscheinliche Ereignisse zu setzen, weil sie damit dem Bedürfnis nach sensationellen Geschichten Rechnung tragen können. Dagegen werden die sehr wahrscheinlichen, aber in ihrem Umfang meist geringeren Risiken unterschätzt, einerseits weil wir uns inzwischen daran gewöhnt haben und andererseits weil sie keinen Neuigkeitswert mehr besitzen. Wer will schon eine Geschichte über die Wirkungen des Schimmelpilzes lesen?

Bei aller Unsicherheit über die gesundheitlichen Wirkungen von Umwelteinflüssen stellen eine Reihe von Chemikalien in der Konzentration, in der wir ihnen tagtäglich ausgesetzt sind, mögliche, aber wenig wahrscheinliche Auslöser von schweren Erkrankungen oder sogar Todesfällen dar. Das gilt auch für sogenannte Cocktails, also den kombinierten Wirkungen vieler Schadstoffe, denen wir gemeinsam ausgesetzt sind.[11] Woher nehmen wir diese Sicherheit? Bei den Kategorien der Sterbestatistik, die auf eine Umweltbelastung hinweisen, wie Vergiftungen oder bestimmte Krebserkrankungen, sind die Zahlen besonders niedrig und in jedem Falle rückläufig. Bei den Kategorien, bei denen sowohl Umwelteinflüsse als auch Verhaltensweisen einen wichtigen Einfluss ausüben können, sind häufig die verhaltensbedingten Auslöser, vor allem das Rauchen, übermäßiges Trinken und starkes Übergewicht, wesentlich stärker beteiligt als die Umweltfaktoren. Das kann man einfach daran sehen, dass bei Vergleichsgruppen, die nicht rauchen oder nicht übergewichtig sind, die Inzidenzraten drastisch zurückgehen, selbst wenn diese Personen den gleichen Umweltbelastungen ausgesetzt sind. Alle diese Indizien sprechen dafür, dass Umwelteinflüsse weniger Schaden auf die menschliche Gesundheit ausüben, als die meisten von uns vermuten.

15.5 Wie gefährlich sind unsere Lebensmittel?

Nirgendwo wird diese Diskrepanz deutlicher als bei den Risiken der Lebensmittel. Wenn wir Umfragen Glauben schenken, dann stehen Lebensmittelskandale heute an der Spitze der Ängste und Befürchtungen der deutschen Bevölkerung. Mehr als 70 % sind der festen Überzeugung, dass die Risiken durch Lebensmittel in Zukunft noch zunehmen werden.[12] Da wir bei der Nahrungsaufnahme Lebensmittel im wahrsten Sinne des Wortes inkorporieren, ist hier auch mit einer hohen Sensibilität für gesundheitliche Gefahren zu rechnen. Die öffentliche Aufmerksamkeit für echte oder vermeintliche Lebensmittelskandale ist entsprechend ausgeprägt. Wenn wir uns allerdings die Daten der offiziellen Statistik ansehen, sind Vergiftungen durch Lebensmittel in Deutschland selten. Zwar gibt es immer wieder Infektionen und Vergiftungen durch Bakterien, Pilze oder Viren in Lebensmitteln. Davon ist durchaus eine große Zahl von Menschen betroffen. Aber wenn wir die schweren Fälle und vor allem die Todesfälle betrachten, dann liegen wir insgesamt bei unter 0,1 Fällen pro 100 000 pro Jahr (es sind 56 absolut), also noch weit unterhalb der Schwelle für die Kategorie der Unfälle, bei denen wir bereits einen dramatischen Rückgang feststellen konnten.[13]

Nahezu alle Todesfälle durch Lebensmittel werden durch sogenannte Pathogene ausgelöst. Pathogene sind natürliche Erreger wie Bakterien, Pilze, Viren oder die erst vor kurzem entdeckten Prionen als Auslöser für BSE und die damit verbundenen Erkrankungen.[14] Dagegen lassen sich die Risiken durch Rückstände von Pestiziden und andere Chemikalien, die von den meisten Menschen als eine viel schwerere Bedrohung wahrgenommen werden, statistisch so gut wie gar nicht nachweisen. Die Risikowerte für Pestizidrückstände, Konservierungsmittel oder andere chemische Zusätze liegen bei rund 0,002 pro 100 000 Personen pro Jahr (statistischer Erwartungswert), also um den Faktor 50 niedriger als bei den pathogenen Lebensmittelrisiken.[15] Bis heute liegen keine nachgewiesenen Fälle für individuelle Vergiftungen durch solche

Rückstände vor, sofern es nicht durch Unfälle, Suizide oder
aus Vorsatz zu einer Überhöhung der Dosis gekommen ist. In
der zugelassenen Dosis sind diese Rückstände harmlos, was
die Sicherheit der Lebensmittel betrifft. Insgesamt gesehen
sind Lebensmittel in Deutschland also so sicher und risikoarm
wie noch nie in der Geschichte.

Das bedeutet wiederum nicht, dass unsere Lebensmittel
besonders gesund seien oder uns keine Risiken durch eine
falsche Ernährungsweise drohen würden. Man muss hier zwischen Lebensmittelsicherheit und Lebensmittelqualität scharf
trennen. Für mangelnde Lebensmittelqualität in einer Vielzahl angebotener Produkte (zu viel Zucker, zu viel Fett,
zu viele Kohlenhydrate, etc.) gibt es eine Reihe von klaren
Anzeichen, deren Wirksamkeit wiederum vom Kauf- und
Essverhalten des Einzelnen abhängt. Dabei spielt auch die
Verfügbarkeit von Ressourcen eine wichtige Rolle (manche
können sich eine gesunde Ernährung kaum leisten), aber bedeutsamer sind wohl die eigenen Vorlieben und Schwächen.
Das größte Risiko, das mit Lebensmitteln verbunden ist, betrifft das Übergewicht durch zu viel und zu schweres Essen.
Durch Übergewicht sterben in Deutschland rund 1561 Personen pro Jahr.[16] Alle anderen Lebensmittelrisiken liegen um
rund das 25-Fache unter dem Risiko des Übergewichts, selbst
wenn man alle pathogenen Risiken durch Erreger wie EHEC
mit einbezieht, die immer wieder für Schlagzeilen sorgen.[17]

15.6 Wir leben immer risikoärmer

Die Vorstellung, dass unsere Welt, vor allem unsere Lebensumstände hier in Deutschland, immer riskanter und gefährlicher werden, lässt sich durch die wissenschaftliche Analyse

und die statistische Überprüfung der Daten nicht bestätigen. Gerade die Risikobereiche, in denen die meisten Menschen besonders hohe Sensibilität ausgebildet haben und ein entsprechendes Gefahrenpotential assoziieren, sind in der Statistik der schweren Erkrankungen und Todesfälle unterrepräsentiert. Dagegen zeigen die Untersuchungen auf, dass sich die Zahl der durch das eigene Verhalten beeinflussbaren Krankheiten im Verlaufe des letzten Jahrhunderts stark erhöht hat. Das ist vor allem auf den Rückgang der Infektionskrankheiten und die Erhöhung des relativen Anteils der zivilisationsbedingten Krankheiten zurückzuführen. Im Klartext: wir fürchten uns häufig vor den Risiken, die uns nur wenig bedrohen, und sind häufig achtlos gegenüber den Risiken, die nicht nur einen großen Tribut von unserer Gesundheit fordern, sondern die auch noch zusätzlich durch unsere eigenen Handlungen und Verhaltensweisen in ihrer Wirksamkeit beeinflussbar wären. Diese zu ignorieren ist deshalb doppelt problematisch.

Im zweiten Teil werde ich versuchen, die psychologischen und soziologischen Gründe für diese Diskrepanz zwischen Wahrnehmung und Realität aufzuspüren. Es geht dabei nicht darum, das menschliche Entscheidungsvermögen als irrational abzukanzeln oder oberlehrerhaft die Urteilsfähigkeit von Menschen in Frage zu stellen. Vielmehr möchte ich die Mechanismen und Prozesse aufzeigen, die unser Urteilsvermögen weitgehend bestimmen und manchmal auch trüben. Das Ziel ist und bleibt die Risikomündigkeit. Erst wenn wir lernen, wie wir selber Risiken verarbeiten und Rückschlüsse aus den Informationen über Risiken ziehen, haben wir das Rüstzeug dafür, auch in Zukunft angemessener und effektiver mit Risiken des täglichen Lebens umzugehen.

Teil II Warum fürchten wir uns vor dem Falschen?

1 Die Konfrontation

Langsam füllte sich der Plenarsaal im ersten Stock der Bayerischen Akademie der Wissenschaften in München. Das Thema lautet: »Mobilfunk. Fakten, Nutzen, Ängste«. Auf dem Podium sitzen namhafte Experten aus den Bereichen Physik, Medizin und Sozialpsychologie. Die ersten Vorträge beginnen, und die Experten bemühen sich redlich, die physikalischen Grundlagen der nicht-ionisierenden Strahlung zu erläutern, die möglichen Gesundheitseffekte aufzuzeigen und die international vereinbarten Grenzwerte zu veranschaulichen. Darüber hinaus erläutert Professor Dieter Frey, sozialpsychologischer Experte der Ludwig-Maximilians-Universität München (LMU), warum gerade die elektromagnetische Strahlung bei den Menschen so viele Ängste auslöst.

Wie so oft haben die vortragenden Experten ihre Redezeit überzogen, und es bleibt nur noch eine relativ kurze Zeit für die im Programm vorgesehene Podiumsdiskussion. Gerade hat die Referentin Dr. Evi Vogel vom Bayerischen Staatsministerium für Umwelt, Gesundheit und Verbraucherschutz das Wort ergriffen, da kommt Unruhe im Saal auf. Eine Frau im mittleren Alter steht auf und ruft laut in den Saal: »Nun hört doch endlich mit dem Geschwafel auf!« Der Sitzungsleiter unterbricht und fragt höflich nach, welches Anliegen sie denn vorzubringen habe. Obwohl die Ausweitung der Po-

diumsdiskussion für Publikumsfragen noch ausstehe, würde
er angesichts der schon fortgeschrittenen Zeit eine Ausnahme
machen und bereits zu diesem Zeitpunkt Zwischenfragen zulassen. Sogleich steht die Frau erneut auf, bedankt sich kurz
für die Flexibilität des Gesprächsleiters und fährt dann fort:
»Ich bin Mutter eines zwölfjährigen Sohnes, und der hat Leukämie! Direkt vor unserem Haus steht ein Handymast, der
Tag und Nacht auf unsere Familie einstrahlt. Seitdem der
Mast da steht, haben wir keine Ruhe mehr. Mein Mann und
ich haben ständig Kopfschmerzen, und die Kinder fühlen sich
andauernd krank. Seit wenigen Monaten weiß ich, dass mein
Ältester an Leukämie erkrankt ist. Kein Mensch kann mir
weismachen, dass diese angeblich so harmlose Strahlung keinen Effekt auf unsere Gesundheit hat. Was ich am eigenen
Leib erlebt habe, das habe ich erlebt, und dafür brauche ich
keine hochtrabenden Ausführungen von angeblichen Experten. Wenn ihr die gesamte Bevölkerung hinters Licht führen
wollt, dann macht nur weiter so!«

Erstarrtes Schweigen im Publikum, hilflose Blicke des Mo-
derators, betretenes Schweigen der sonst so redseligen Podi-
umsteilnehmer. Erst nach einem langen Zögern nahm einer
der Experten das Wort auf und erwiderte: »Es tut uns natürlich auch leid, dass ihr Sohn an Leukämie erkrankt ist. Aber
woher wollen Sie wissen, dass diese Leukämie von den Handystrahlen bzw. dem Handymast in Ihrer Umgebung ausgeht?
Dies ist nach alldem, was wir wissen, im höchsten Maße unwahrscheinlich.« Die angesprochene Frau wurde über diese
Antwort noch wütender. Sie rief laut in den Saal hinein: »Sie
mit Ihren Wahrscheinlichkeiten! Das hilft meinem Kind auch
nicht weiter. Ich weiß nur: Seitdem dieser Handymast in
unserer Umgebung steht, ist für uns und für unsere ganze Familie die Hölle ausgebrochen. Alles andere ist dummes Ge-

schwätz!« Der Diskussionsleiter ermahnte das Publikum, doch bitte sachlich zu bleiben und nicht emotional zu diskutieren. Daraufhin verließ die Frau unter lautem Protest den Raum.

Diese Geschichte einer nicht gelungenen Kommunikation zwischen Experten und Zuhörern ist leider sehr typisch für die vielen Versuche, zwischen den intuitiven Eindrücken der Menschen und den Einsichten der Experten zu vermitteln. Solche Szenen kommen gerade bei der Kommunikation über gesundheitliche Risiken gehäuft vor.[1] Die meisten Menschen nehmen Risiken anders wahr als die überwiegende Zahl der Expertinnen und Experten, die sie mithilfe ihrer Modelle und Berechnungen charakterisieren. Schon im ersten Teil dieses Buches habe ich mehrfach auf diese Diskrepanz hingewiesen. In diesem zweiten Teil geht es mir nun darum, die psychologischen, sozialpsychologischen und soziologischen Gründe dafür aufzuzeigen, die dafür verantwortlich sind, dass eine solch große Diskrepanz besteht und wie diese zu erklären ist.

Dabei ist mir eines besonders wichtig: Es geht mir weder darum, die Wahrnehmungen der Menschen zu verunglimpfen oder sie in das Reich von Irrationalität oder Ignoranz abzuschieben,[2] noch geht es mir darum, im Sinne der heute grassierenden postmodernen Beliebigkeit jede noch so abstruse Wahrnehmung als »bedenkenswert« zu ehren und ihr den gleichen Wahrheitswert zuzubilligen wie die minutiös ausgearbeiteten Risikoanalysen der Experten. Diese Gratwanderung ist nicht ganz leicht, da wir deutlich zwischen zwei Polen differenzieren müssen: Da sind zum einen die Wahrheiten der Innenwelt, die sich aus dem Reich der Wahrnehmungen und Deutungsmuster speisen und sich von dort aus kollektiv ausbreiten, und zum anderen die Wahrheiten der Außenwelt, die wir auf der Basis systematischer Forschungsmethoden

über den Zustand und die Zusammenhänge in unserer
Umwelt erschließen. Um diese beiden Formen der Wahrheit
besser einordnen und verstehen zu können, werde ich im Folgenden zunächst auf das Phänomen Wahrnehmung und konstruierte Realität eingehen, bevor ich dann die spezifischen
Wahrnehmungsmuster von Gesundheits- und Lebensrisiken
im Einzelnen beschreibe.

2   Schlüsselkonzept: soziale konstruierte Wirklichkeit(en)

Wenn wir im Alltag den Begriff »Wahrnehmung« benutzen,
dann gehen wir implizit von einer Vorstellung aus, dass es in
der uns umgebenden Außenwelt Gegenstände, Personen oder
Handlungen gibt, die wir mit unseren Sinnesorganen beobachten und erfassen können.[1] Nach diesem intuitiv einsich-
tigen Modell gibt es eine externe Realität, die uns Signale
sendet, die wir mithilfe unserer Augen, Ohren und anderen
Sinnesorganen aufnehmen und entsprechend den realen Gegebenheiten zu deuten wissen. In der Fachsprache wird dies
häufig als Isomorphie (Gleichartigkeit) zwischen Realität und
Wahrnehmung bezeichnet.[2]

   Diese, auf den ersten Blick überzeugende, Vorstellung über
unsere Wahrnehmung ist aber bei näherem Hinsehen sehr
fragwürdig.[3] Dies kann man anschaulich an einem Gemälde
des belgischen Malers René Magritte verdeutlichen. Auf dem
Ölgemälde ist eine Tabakspfeife äußerst realitätsnah abgebildet. Die Bildunterschrift lautet aber nicht, wie man vermuten
würde, »die Tabakspfeife«, sondern im Gegenteil sie lautet:
»Dies ist keine Pfeife«.

   Natürlich stellt das Bild eindeutig eine Pfeife dar, aber es *ist*
keine Pfeife. Es ist ein Abbild einer Pfeife. Was wir mit unseren

Augen wahrnehmen, ist nichts anderes als ein Gemisch aus Ölfarben, die in uns den Eindruck einer Pfeife hinterlassen. Um es noch präziser zu beschreiben, unser Auge sieht nichts anderes als Lichtreflexionen von Gegenständen, von denen aus die für unser Auge sichtbaren Lichtwellen gebrochen werden. Unsere Netzhaut im Auge rekonstruiert aus diesen Lichtreflexen Eindrücke von Konturen und Farben.[4] Und das ist alles! Ob der Baum ein Baum, der Tisch ein Tisch, das Haus ein Haus oder die Person X die Person X darstellt, ist nicht aus den Lichtreflexen, die wir in der Netzhaut des Auges repräsentiert sehen, zu erschließen. Erst durch unsere Erziehung (Sozialisation) lernen wir, Mustern aus bestimmten Konturen und Farben Bedeutungen zuzuweisen.[5] Wenn wir beispielsweise anders ausgeprägte Sinnesorgane hätten, die in der Lage wären, Moleküle in ihren Konturen wahrzunehmen, dann würde sich für uns die Außenwelt völlig anders präsentieren, und wir würden demzufolge den von uns wahrgenommenen Konturen und Farben auch andere Bedeutungen zuschreiben.

Dass wir den von uns wahrgenommenen Sinneseindrücken aus der Außenwelt Bedeutungen zuschreiben, ist von großer Relevanz für unser Verständnis von Wahrheit und Realität.[6] Denn anders als das intuitive Konzept von Wahrnehmungen nahelegt, werden Bedeutungen erst durch die Sprache und damit durch die Kultur vermittelt.[7] Die beiden Soziologen Peter Berger und Thomas Luckmann haben diese Erkenntnis auf die einfache Formel gebracht: Durch die Einrichtung dieser Ordnung verwirklicht die Sprache eine Welt in doppeltem Sinne: Sie begreift sie und erzeugt sie.[8] Demgemäß kann es auch keine »objektive« Erkenntnis der äußeren Wirklichkeit geben. Was immer wir als Wirklichkeit wahrnehmen, ist ein Koppelprodukt der durch unsere Sinnesorgane aufgenommenen Reize und der mit diesen Reizen verbundenen Bedeutungen, die wir alle im Verlaufe der sogenannten Enkulturation, also des langsamen Einfindens und Einlebens in unsere Kultur, erlernt haben und weiterhin lernen.[9] Dieser Lernprozess ist ein höchst komplexer Vorgang. Denn unsere Sprache wäre völlig überfordert, wenn wir für jeden möglichen Gegenstand (also jede Kombination von Konturen und Farben) einen eigenen Begriff vorsehen würden. Unsere Sprache erlaubt von daher die Konstruktion von Zusammenhängen zwischen begrifflichen Repräsentationen, also Typisierungen. Diese ordnen ähnliche Gegenstände zu einem Sammelbegriff, und diesen wieder zu einem noch umfassenderen Oberbegriff.[10] So umfasst etwa der Begriff »Haus« eine ganze Palette von höchst unterschiedlich aussehenden dreidimensionalen Gebilden, die eine große Bandbreite an Formen, Größen, Farben, Dachkonstruktionen und Fassadengestaltungen aufweisen können. Interessanterweise können Kinder bereits ab dem dritten Lebensjahr mit einer sehr geringen Fehlerquote diese höchst unterschiedlichen Formen als eine zusammenhängende Einheit wahrnehmen, diese zu dem Typus Haus zusammenfassen und sie von ähnlichen Gegenständen (wie Scheunen, Lagerhallen oder Wohnwagen) unterscheiden.[11]

Dieses Unterscheidungsvermögen ist eines der wichtigsten Werkzeuge der Menschen für die Lebensbewältigung, die sie sich im Rahmen der Enkulturation, also des Hineinwachsens in die eigene Kultur, angeeignet haben. Die Veranlagung dazu ist genetisch vorgegeben. Schon die griechischen Philosophen haben sich über dieses Abstraktionsvermögen gewundert. Platons berühmtes Höhlenbeispiel, in dem die Begriffe als eigenständige Einheiten ihren Schatten auf die Höhlenwand werfen, um für uns Menschen das Vermögen zur Typenbildung vor dem Hintergrund idealisierter Ideen zu ermöglichen, ist ein beredtes Beispiel für den Versuch, dieses Phänomen bildhaft zu begreifen.[12] Die moderne Gehirnforschung hat uns gezeigt, dass mit dem Spracherwerb auch das Abstraktionsvermögen ausgeprägt und geschult wird.[13] Wie keine andere Spezies können wir mit Hilfe der Sprache komplexe Sinneseindrücke auf bestimmte Sinnzusammenhänge reduzieren und auf der Basis von intentionalen Kriterien (etwa Zweckbestimmung) Sammelbegriffe für relativ unterschiedliche Kombinationen von Konturen und Farben erstellen.

Im Rahmen der Philosophie des Wissens (Epistemologie) gibt es eine lebhafte Debatte darüber, inwieweit die von unserer Kultur vorgenommenen Deutungen der Phänomene der Außenwelt mit den (wie auch immer definierten) objektiv vorgegebenen Strukturen der Außenwelt übereinstimmen.[14] Einen stichhaltigen Nachweis für eine solche Strukturähnlichkeit zwischen Wahrnehmung und Realität kann es nicht geben, weil ja auch diese Beweise wiederum auf kulturelle Deutungen zurückgreifen müssen. Entsprechend bewegen wir uns in einer unendlichen Schleife (Regress), weil wir immer Deutungen mit Deutungen erklären müssen. Dennoch gibt es viele Hinweise darauf, dass unsere Wahrnehmungen nicht völlig losgelöst von den extern vorgegebenen Strukturen der Außenwelt sind. Zentrale Begriffe für diese Hoffnung auf eine Angleichung zwischen den Repräsentationen der Außenwelt in unserem Inneren und den vorgegebenen Strukturen der Außenwelt sind »Intervention« und »Erfahrung«.[15] Durch unser Handeln intervenieren wir nämlich in die Außenwelt, und aus den Signalen, die wir als Reaktion auf unsere Interventionen erhalten, können wir etwas über diese Außenwelt erschließen. Wenn wir beispielsweise auf einer glatten Straße spazieren gehen, dies aber nicht wahrnehmen, dann kann es leicht sein, dass wir ins Rutschen kommen. Aus der unmittelbaren Erfahrung dieser Konsequenz können wir dann schlussfolgern, dass die Straße glatt gewesen sein muss, da wir sonst kaum ausgerutscht wären. Oder ein noch anschaulicheres Beispiel: Wenn jemand nachts über eine stockdunkle Wiese läuft und fest davon überzeugt ist, dass auf dieser Wiese keine Bäume stehen, und er läuft frontal gegen einen Baum, dann wird er sein Bild von der Wiese aus schmerzhafter Erfahrung schnell korrigieren und in seine mentale Repräsentation der Wiese zumindest einen Baum einfügen.

Dieser Lernprozess findet zum einen in jedem Individuum statt, zum anderen aber ist es als ein andauernder kultureller Evolutionsprozess zu verstehen.[16] Dieser führt dazu, dass wir zu immer komplexeren Strukturen der Außenwelt vorstoßen und mithilfe von Intervention und Erfahrung neue Signale sammeln und verarbeiten, die zu einer für unsere Zwecke geeigneteren Repräsentation der Außenwelt beitragen. Dabei kann es immer wieder zu Fehldeutungen kommen, wie wir dies im Verlauf der Geschichte der Naturwissenschaften vielfach erlebt haben.[17] Aber im Schnitt hat sich unser Wissen über die Außenwelt aufgrund unseres Lern- und Experimentiervermögens ständig verbessert. So konnten wir auch die biologisch vorgegebenen Grenzen unserer Sinnesorgane durch die Konstruktion von neuen Wahrnehmungsinstrumenten erweitern, zum Beispiel durch das Mikroskop, durch den Geigerzähler (ionisierende Strahlung) oder die Kleinwinkelstreuung (als Instrument zur Erkennung von Molekülanordnungen). Auch diese Instrumente nehmen nichts anderes wahr als physikalische Signale, die wir mit Bedeutungen belegen müssen. Immer wieder zeigt sich dabei, dass wir Widersprüche zwischen den Bedeutungszuweisungen erleben, die häufig zum Anlass genommen werden, alte Einsichten zu verwerfen und ganz neue Deutungsmuster zu entwerfen (hier spricht man häufig von neuen Paradigmen).[18]

2.1 Evolutionsvorteil: kausales Denken

Bislang haben wir nur über die Gegenstände und Handlungen gesprochen, die wir direkt mit unseren Sinnesorganen als Signale wahrnehmen und dann mit kulturellen Bedeutungen versehen können. Für unser Leben als Kulturwesen sind aber die sogenannten relationalen Begriffe oder Konzepte von ebenso großer Bedeutung.[19] Relationen bringen einzelne Bedeutungen in einen als sinnvoll gedeuteten Zusammenhang. Wenn wir etwa das Wort »Großvater« benutzen, dann geht jeder davon aus, dass es so etwas wie eine Familie gibt, bei der es Beziehungen zwischen dem Großvater, Vater und Enkel gibt.[20] Bedeutungen legen also nicht nur fest, welchen Begriff wir für einen bestimmten Typ von Realität verwenden, sondern weisen auch auf Verbindungen zu anderen Phänomenen hin, die wiederum mit Begriffen zum Ausdruck gebracht werden können. Für den uns interessierenden Bereich der Wahrnehmung von Gesundheitsrisiken und Lebensrisiken sind dabei kausale Verknüpfungen von besonders hohem Interesse. Denn wie das Eingangsbeispiel über die elektromagnetische Strahlung verdeutlicht hat, nehmen die Experten andere kausale Zuordnungen vor als die Frau, die aus eigener Erfahrung Schaden erlebt und diesen Schaden dem Auslöser »elektromagnetische Strahlung« zugeordnet hat. Die Zuordnung von Ursachen zu Folgen ist ein basales Element unseres Denkens und Handelns. Soweit wir wissen, verfügen alle Sprachen dieser Welt über Worte, die auf kausale Zusammenhänge hinweisen.[21] In der deutschen Sprache sind das die Konjunktionen »weil«, »da« oder »immer wenn …, dann«. Viele Anthropologen sind der Ansicht, dass die Erfolgsgeschichte des Menschen in der natürlichen Evolution weitgehend darauf beruht, dass die Gattung Mensch zum kausalen Denken fähig

ist und damit aus Interventionen hat lernen können.[22] Einfach
ausgedrückt: Aus Schaden wird man klug.

So offenkundig das kausale Denken in unserem Alltag verankert ist, so schwierig ist es aber, Kausalität als eine objekti-
vierbare Größe zu fassen. Ob es in der Natur wirklich Kausalität gibt, kann niemand sagen.[23] So resümiert etwa Albert
Einstein:[24]

Die einer Theorie zugrunde liegenden Begriffe und Grund-
gesetze [...] sind freie Erfindungen des menschlichen Geis-
tes, die sich weder durch die Natur des menschlichen Geis-
tes noch sonst in irgendeiner Weise a priori rechtfertigen
lassen.

Wir können jedoch mit Fug und Recht behaupten, dass bestimmte Folgen immer wieder mit bestimmten auslösenden Ereignissen verbunden sind und wir deshalb pragmatisch
so handeln sollten, als ob diese Auslöser für die Folgen verantwortlich wären. Wenn wir uns dreimal auf eine heiße Herd-
platte gesetzt haben und den entsprechenden Schmerz spüren,
dann ist es folgerichtig zu schließen, dass Hitze bei Menschen Schmerzen verursacht und man von daher den Kontakt
mit heißen Gegenständen möglichst meiden sollte. Natürlich
könnte man auch zu anderen Schlussfolgerungen kommen:
etwa dass man sich nicht auf Eisenplatten setzen sollte, weil
dies zu Schmerzen führe. Weitere Experimente mit kalten
Eisenplatten könnten dann aber zu einer Korrektur dieses
ersten Eindruckes führen. Im Verlaufe der menschlichen Geschichte haben Kulturen gelernt, das bei den Individuen angesammelte Wissen über fortlaufende Interventionen und
Rückmeldungen zu systematisieren, zu dokumentieren (erst
mündlich, dann schriftlich und jetzt per Datenbank) und an

die folgenden Generationen weiterzugeben.[25] Dazu gehört auch das kausale Wissen, das uns hilft, negative Erlebnisse zu vermeiden und positive zu fördern.* Trotz all dieser Lernprozesse müssen wir immer damit rechnen, dass die Rückschlüsse, die wir aus unseren Interventionen ziehen, den realen Gegebenheiten nicht entsprechen und vielleicht erst künftige Generationen hier zu einer besseren Einsicht gelangen. Dazu ein aktuelles Beispiel: Physiker am Europäischen Kernforschungszentrum CERN hatten im Jahr 2011 Messergebnisse verkündet, die zeigen sollten, dass manche Elementarteilchen schneller als Licht sein können. Nur wenige Monate später mussten die Wissenschaftler zugeben, dass sie Einsteins Relativitätstheorie doch nicht widerlegt hatten: Aufgrund eines Messfehlers hatten die Forscher die Flugzeit von Neutrinos überschätzt.[26]

2.2 Risiken aus der Perspektive von Experten und Laien

Was bedeuten diese Überlegungen für unsere Frage nach der Wahrnehmung von Risiken? Wir nehmen Signale aus der Außenwelt auf und verbinden sie mit den in unserer Kultur gängigen Deutungsmustern. Das gilt für alle Menschen in einem Kulturkreis, egal ob sie Experten oder Laien sind. Experten haben aber eine Reihe von Regeln aufgestellt, die ihnen auf der einen Seite erlauben, mehrdeutige Zuschreibungen für Phänomene zu vermeiden (eindeutige Definitionen) und bei den kausalen Beziehungen methodische Regeln einzuhalten, die den Forschern helfen, Fehlurteile bei der Zuord-

---

* Ein Exkurs zur Evolution des Wissens ist zu lesen auf http://www.fischerverlage.de/buch/9783596198115. Zum Verständnis der folgenden Überlegungen ist dieser Exkurs aber nicht notwendig.

nung von Ursachen und Folgen (etwa bloße Korrelationen
zwischen Ereignissen) zu vermeiden und das zufällige Zusammentreffen von Ereignissen von kausalen Beziehungen zu
trennen.[27] In der Alltagswahrnehmung haben sich dagegen
eine Fülle von sogenannten Faustregeln (Heurismen) der
Wahrnehmung herausgebildet, die eine schnelle und für den
Alltag auch zuverlässige Zuordnung von Ursache und Folge
erlauben, die aber in Einzelfällen auch zu Fehlurteilen führen
können. Dies wird uns im nächsten Kapitel noch eingehend
beschäftigen.

Gleichzeitig haben aber auch die systematischen Methoden
der Wissenschaft ihre Grenzen und Probleme. Sie bewegen
sich in der Regel auf einem Abstraktionsniveau, das oft dem
jeweiligen Einzelfall nicht gerecht wird und das alle Elemente
ausblendet, die einer systematischen, in der Regel wiederhol-
baren und im Labor reproduzierbaren, Erfassung entgegen-
steht.[28] Aus diesem Grunde ist es durchaus gerechtfertigt,
neben dem systematischen Wissen der Wissenschaft auch
das Erfahrungswissen der Praktiker, das über viele Jahrhunderte angesammelte endogene Wissen von Kulturen sowie
das individuell geformte Alltagswissen bei der Erklärung und
Prognose von Phänomenen mit einzubeziehen.[29] Erst die
Synthese vieler Wissensbereiche kann uns dem Ziel näher-
bringen, mehr Ähnlichkeit zwischen unseren Deutungen und
den Phänomenen der Außenwelt zu schaffen.

Allerdings ist diese Bemühung um Synthese nicht als eine
generelle Relativierung des wissenschaftlichen Kenntnisstan-
des zu verstehen. Wenn es um die Frage nach den Ursachen
für komplexe Phänomene geht, ist nichts besser geeignet,
diese Frage sachgerecht zu beantworten, als die Wissenschaft.
Sie hat im Verlaufe der kulturellen Evolution gelernt, belast-
bare Regeln für die Unterscheidung zwischen wahren und fal-

schen Rückschlüssen auf der Basis von systematischer Beobachtung und Experiment zu erstellen. Auch wenn jede wissenschaftliche Erkenntnis eine Mischung aus Beobachtung, Erfahrung und kulturabhängiger Deutung darstellt und damit auch relativ zu ihrer Entstehungsgeschichte zu sehen ist, so ist sie doch zu dem Zeitpunkt, an dem sie den Stand des Wissens wiedergibt, prinzipiell eher geeignet, als Richtschnur für die Beurteilung von generalisierbaren Sachverhalten zu dienen, als jede andere Wissensform.

Der Philosoph Jürgen Mittelstraß hat diese Einsicht in einer Rede vor der Humboldt-Universität mit folgenden Worten beschrieben:[30]

»Das ist zugleich eine Formel, die die Leibniz-Welt und ihr Begreifen vor einem falschen Relativismus bewahrt. Dass eine Theorie ihre Deutung in der Regel nicht festlegt, bedeutet nicht, dass jede Deutung, sei sie eine wissenschaftliche oder eine philosophische Deutung, gleich gut wäre. Gegen einen derartigen Relativismus, vor dem alle Einsichten grau würden, steht nicht nur die gebotene Unterscheidung zwischen wissenschaftlichen bzw. wissenschaftstheoretischen Geltungskriterien und Deutungen einer Theorie, sondern auch die Einsicht, dass in der Formel von der Aneignung des Gegenstandes durch seine Deutung bzw. seine Darstellung das konstruktive Wesen jeder Orientierung, der wissenschaftlichen wie der lebensweltlichen, zum Ausdruck kommt.«

So ist der Inhalt des ersten Teils dieses Buches ein Versuch, die nach den besten Regeln der Wissenschaft zusammengestellten Deutungen über den Zusammenhang zwischen Krankheitsauslösern und ihren Folgen zu erläutern und in ihrer Relevanz

für das Alltagsleben darzustellen. Aber diese Deutungen sind
nur ein Teil der gesellschaftlichen Wirklichkeit. Unsere Kultur
umfasst eine Reihe von verschiedenen Deutungsmustern, die
nebeneinander existieren und die auch ihre eigene Berechtigung haben. So werden Risiken beispielsweise in Rechtsvor-
schriften aufgegriffen, in denen eine völlig andere Sprachfüh-
rung vorherrscht als bei naturwissenschaftlichen Studien.[31]
So bedeutet das Wort »Gefahr« in den Rechtswissenschaften
eine Bedrohung, bei der eine risikomindernde Intervention
dringend geboten ist. In der Soziologie ist Gefahr dagegen ein
Ausdruck für eine Bedrohung, die man selbst nicht steuern
kann.

In den folgenden Kapiteln werden wir vor allem die Repräsentation von Risiken in der Wahrnehmung von Individuen,
sozialen Gruppen und Kulturen kennenlernen, die ebenfalls
eine in sich plausible Deutungskette von Ereignissen, Kom-
munikationsinhalten und mentalen Verarbeitungsprozessen
umfassen. Wir lassen uns dabei von dem bekannten Thomas-
Theorem leiten, das besagt: Wenn Menschen eine Gegeben-
heit als real wahrnehmen, dann werden sie so handeln, als
sei sie real, und infolgedessen kommt es zu realen Konsequenzen.[32]

Damit schließt sich der Kreis wieder zu dem Beginn unserer
Ausführungen. Wir können nur Konturen und Farben objektiv sehen. Alles andere ist eine Frage der kulturellen Deutung.
Je nach Zweck, Funktion und Kontext können diese Deutungen unterschiedlich ausfallen, ohne dass wir von vornherein
entscheiden können, welche immer die richtigere ist. Auch die
Wissenschaft liefert nur ein Angebot für eine Deutung, die
mit anderen Deutungen konkurriert. Selbst innerhalb der
Wissenschaft gibt es häufig eine Vielfalt von Deutungen für
das gleiche Phänomen, wie wir es bereits bei dem Thema »Am-

biguität von Risikoanalysen« im ersten Teil erfahren haben. Dennoch ist die Frage nach der Auswahl der angemessenen Deutung nicht beliebig oder, wie einige Philosophen behaupten, eine reine Frage der Macht oder der herrschenden gesellschaftlichen Verhältnisse.[33] Wie wir im Verlauf dieses Teils noch an vielen Stellen sehen werden, gibt es nachvollziehbare und direkt einleuchtende Kriterien, nach denen wir unsere Selektion aus der Vielzahl von angebotenen Deutungen von Phänomenen und Beziehungen ausrichten können. Ansonsten wäre das historische Projekt »Aufklärung« sinnlos.

3 Die Unvermeidbarkeit von Ungewissheit bei Entscheidungen

Wie allen Begriffen werden auch dem Begriff Risiko in unserer Kultur bestimmte Bedeutungen zugesprochen. In der Welt der Statistik und der Naturwissenschaften steht das Wort Risiko für die Wahrscheinlichkeit eines durch ein Ereignis oder eine Handlung ausgelösten Schadens.[1] Im Kontext der Finanzwirtschaft spiegelt Risiko dagegen die Abweichung gegenüber dem erwarteten Ertrag wider.[2] In den Sozial- und Kulturwissenschaften wird Risiko meist als Möglichkeit gesehen, dass eine unerwünschte Folge einer Handlung oder eines Ereignisses auftritt, die etwas verändert, was Menschen wertschätzen.[3] Allen diesen Bedeutungen ist gemeinsam, dass mit einer Handlung (etwa der Wahl einer sportlichen Betätigung) oder einem Ereignis (etwa einem Erdbeben) mögliche Konsequenzen verbunden sind, die für uns negative Auswirkungen haben können (aber nicht müssen). Konsequenzen, die positive Auswirkungen haben können, bezeichnen wir als Chancen. Chancen und Risiken zu vergleichen und abzuwägen, ist vor allem eine wichtige Aufgabe bei Entscheidungen.[4]

Nach den Regeln der Entscheidungstheorie steht jedes Individuum, aber auch Gruppen, Firmen oder ganze Gesellschaften
vor der Aufgabe, aus einer Reihe von möglichen Handlungsoptionen die auszuwählen, die nach eigener Bewertung den
höchsten Nettonutzen verspricht.[5] Dieser Nutzen kann auch
darin bestehen, jemand anderem etwas Gutes zu tun oder für
einen karitativen Zweck möglichst effektiv zu spenden. Der
Zweck der Handlung muss nicht egoistisch sein, mit der Handlung muss allerdings im Kontext dieser Deutung immer ein
Zweck, eine Intention, verbunden sein. Um den Nettonutzen
für den vorbestimmten Zweck bestimmen zu können, ist es
notwendig, (i) die einem zur Verfügung stehenden Optionen
zu identifizieren oder sogar aktiv zu schaffen, (ii) die Folgen
(Risiken wie Chancen) einer jeden Option einigermaßen valide
abzuschätzen und (iii) die Wünschbarkeit der erwarteten Folgen zu bewerten.[6]

Dies kann man an einem einfachen Beispiel illustrieren.
Stellen Sie sich vor, Sie möchten ein neues Auto kaufen und
haben nicht mehr als 10 000 € zur Verfügung.[7] Für dieses Geld
können Sie einen relativ bescheidenen Neuwagen oder aber
einen etwas aufwendigeren Gebrauchtwagen erstehen. Sie
müssen also zwischen diesen beiden Optionen eine Abwägung treffen. Dies können sie intuitiv tun, also beide Wagen
kurz fahren und dann nach Gefühl entscheiden. In der Regel
gewinnt dann die Option, die auf den ersten Eindruck hin
überzeugender wirkt als die anderen Optionen. Geht es um
die Auswahl eines zuverlässigen Fahrzeugs, ist diese Bauch-
entscheidung oft wenig aussagekräftig.[8] Stattdessen werden
Sie sicher eine auf Informationen basierende Abwägung treffen wollen. Nach Common Sense ist davon auszugehen, dass
der Gebrauchtwagen schneller einen technischen Schaden erleiden wird als der Neuwagen. Denn er hat ja schon einige Ki-

lometer auf dem Buckel. Natürlich kann es auch sein, dass der neue Wagen die berühmte »Gelbe Zitrone« ist und schon nach wenigen tausend km zusammenbricht. Umgekehrt kann das Gebrauchtfahrzeug noch 100 000 km schaffen, ohne im Geringsten zu mucken. Dennoch können Sie im Schnitt davon ausgehen, dass der gebrauchte Wagen mehr Wartungs- und Reparaturkosten erfordern wird als der Neuwagen. Dafür bietet der gebrauchte Wagen aber auch mehr Platz, mehr Komfort und vielleicht auch mehr Prestige. Im Endeffekt müssen Sie abwägen, welches dieser Attribute Ihnen insgesamt wichtiger erscheint. Wenn Sie dies alles in Ihre Entscheidung aufnehmen, dann können Sie gemäß der Theorie der rationalen Wahl den von Ihnen erwarteten Nettonutzen optimieren.

Wir alle wissen aber, dass kaum jemand eine Kaufentscheidung auf diese komplizierte Weise trifft. Das tun wir bestenfalls bei sehr weittragenden Entscheidungen, aber kaum bei Alltagsproblemen.[9] Die Theoretiker der Entscheidungsanalyse behaupten auch nicht, dass die Menschen sich bewusst so verhalten, wie die Theorie es vorschreibt, sondern sie gehen davon aus, dass wir so handeln, als ob wir eine rational durchdachte Abwägung vornehmen würden.[10] Dahinter steht beispielsweise die Beobachtung, dass Raubtiere sehr genau ihren Energieverbrauch abschätzen, wenn sie auf Futtersuche sind und das Beutetier vor ihnen wegläuft.[11] Ist der Abstand zu groß, würde das Raubtier mehr Kalorien beim Jagen verbrauchen, als es durch das Fressen des Beutetieres letztendlich gewinnen würde. Natürlich führt kein Tier eine bewusste mathematische Rechnung des Kalorienverbrauchs durch, sondern die natürliche Evolution hat dafür gesorgt, dass Tiere, die relativ realistisch ihren Kalorienverbrauch einschätzen, im Verlaufe der Jahrmillionen besser überleben konnten als andere, die diese Fähigkeit nicht ausgebildet hatten.

Ähnlich sehen es auch viele Psychologen und Ökonomen: Zwar trifft der Mensch nicht rational eine Entscheidung, wie sie im Lehrbuch der Entscheidungsanalyse steht. Vielmehr scheint die Evolution die Menschen so ausgerüstet zu haben, dass sie auch, ohne groß nachzudenken, eine Entscheidung treffen, bei der im Schnitt der Zweck so effektiv wie nötig erreicht werden kann.[12] Ob dieser Zweck dann wirklich erreicht wird, hängt von vielen anderen Begleitumständen ab, wie den Handlungen anderer Personen, den äußeren Umständen und den nicht kalkulierbaren Zufällen.

Was heißt aber so effektiv wie nötig? In den frühen Studien zur Entscheidungslehre wurde anstelle von Optimierung meist Maximierung gefordert.[13] Die Variante oder die Option wurde gewählt, bei der insgesamt der höchste Nettonutzen, wie auch immer er gemessen wurde, zu gewinnen war. In empirischen Studien zeigte sich aber, dass in den meisten Entscheidungssituationen die Menschen weder bewusst noch unbewusst eine Maximierung ihres Nutzens verfolgen.[14] Zum einen sind für die Maximierung sehr viele Informationen notwendig, die wiederum Zeit und Aufwand erfordern; zum andern sind, wie wir es bei den Risiken ja schon kennengelernt haben, Entscheidungen mit Unsicherheit und Ambiguität verknüpft, so dass eine Strategie der Maximierung neue Risiken schafft (wer alles auf eine Karte setzt ...). Aus diesem Grunde werden häufig Vereinfachungen des rationalen Abwägungsverhaltens vorgenommen, die in relativ kurzer Zeit ein zumindest zufriedenstellendes Ergebnis erwarten lassen. Diese Strategien bezeichnet man als »Eingeschränkte Rationalität« *(bounded rationality)*.[15]

3.1 Wie wir uns schneller entscheiden können

Unter den Strategien der eingeschränkten Rationalität ist vor allem das sogenannte lexiographische Verfahren weit verbreitet.[16] Bei diesem Verfahren ordnen wir die Kriterien zur Bewertung der verschiedenen Handlungsoptionen nach ihrer Wichtigkeit. Wenn wir mehrere Optionen haben, dann nehmen wir die Option, die auf dem wichtigsten Kriterium am besten abschneidet. Schneiden zwei Optionen ungefähr gleich gut ab, dann gehen wir zum zweitwichtigsten Kriterium über, und dann zum drittwichtigsten. Dies kann man an einem einfachen Kaufbeispiel illustrieren. Wenn jemand Waschmittel einkauft, dann ist in der Regel sein wichtigstes Kriterium »Effektivität«. Das Waschmittel soll die Wäsche sauber waschen können. Stößt er dann auf zwei oder drei Waschmittel, die gleich gut waschen, dann geht er nach dem zweiten Kriterium vor: etwa dem Preis. Sind auch hier wieder die Waschmittel in einer ähnlichen Größenordnung, dann nimmt er das dritte Kriterium, zum Beispiel vermutete Umweltauswirkungen. Auf der Basis dieses Verfahrens lässt sich relativ schnell eine Entscheidung treffen, die zumindest die wichtigsten Kriterien eines Kaufes umfasst.

Bei allen diesen Entscheidungen spielen Risiken und Chancen eine wesentliche Rolle. Denn jeder, der Optionen vor sich hat, weiß nicht im Voraus, ob die erhofften Vorteile und die befürchteten Nachteile auch wirklich eintreffen. So kann sich jemand beispielsweise dieses Buch gekauft haben in der Erwartung, mehr Informationen über die Gefährdung durch elektromagnetische Strahlung zu erhalten. Mit Enttäuschung wird er dann feststellen, dass dieses Buch auf dieses Thema nur am Rande eingeht. Er hat also einen Geldbetrag für eine Ware ausgegeben, die nicht das hält, was er sich von ihr versprochen hat. Wenn er das Buch nicht beim Buchhändler zurückgeben kann, bleibt er auf seinem subjektiven Verlust sitzen.

Die Vorstellung, dass wir Menschen Handlungsoptionen wahrnehmen und umsetzen können und darüber hinaus unsere Zukunft mitgestalten, indem wir die erwarteten Chancen und Risiken bei unserer Wahl der Optionen mit ins Kalkül ziehen, setzt eine wichtige und keineswegs selbstverständliche Annahme voraus, dass wir nämlich Handlungsfreiheit besitzen und uns aus mindestens zwei Optionen, die uns offen stehen, eine »frei« auswählen können.[17] Wenn beispielsweise unser Leben völlig vorbestimmt wäre, eine Vorstellung, die in einigen Kulturen durchaus vorherrschend ist, dann bräuchten wir Entscheidungen nicht nach einer sorgfältigen Abwägung von Risiken und Chancen vorzunehmen, sondern gleich unserem ersten Impuls folgen, denn der würde uns schon in Richtung der Vorsehung lenken.

Die von uns hier vorgenommene Deutung von Risiko setzt also voraus, dass wir Mitgestalter unserer eigenen Zukunft sind.[18] Außerdem müssen wir von der Annahme ausgehen, dass Menschen biologisch in ihrem Verhalten, vor allem in ihrem Entscheidungsverhalten nicht durch gehirnphysiologische Prozesse ferngesteuert sind. Diese Frage ist zurzeit in der Debatte um »Willensfreiheit« zwischen den Gehirnforschern und den Philosophen heftig umstritten.[19] Ähnlich wie bei der Frage, ob die Welt real ist oder nicht, ist diese Debatte solange wenig bedeutsam, wie wir selber aus unmittelbarer Erfahrung die Gewissheit besitzen, dass wir so, aber auch anders handeln können.[20]

Wenn wir also die Chancen und Risiken einer Handlungsoption abwägen und damit auch für uns selber die Gewissheit haben, dass unser Handeln Einfluss auf die Gestaltung der

Zukunft hat, dann stellt sich für uns gleich die operationale
Frage, wie wir die Folgen von Optionen bestimmen, ihre
Wahrscheinlichkeit beurteilen und ihre Wünschbarkeit erfas-
sen können. Alles drei ist notwendig, um eine sinnvolle Ent-
scheidung zu treffen. Noch mal das Beispiel vom Kauf eines
Autos:

• Wir müssen als Erstes entscheiden, welche Arten von Folgen für unsere Kaufentscheidung überhaupt bedeutsam
  sind. Das könnten sein: Wartungshäufigkeit, Benzinverbrauch, Prestigegewinn und Komfort.

• Als Zweites müssen wir für uns ausrechnen, wie hoch die
  Wahrscheinlichkeit dafür ist, dass Wagen A bzw. Wagen B
  besonders reparaturanfällig ist, einen niedrigen oder hohen
  Benzinverbrauch hat, uns gegenüber unseren Bekannten
  und Freunden besonderes Ansehen verschafft und uns besonders komfortabel durch die Gegend fährt. Um diese
  Schätzungen vornehmen zu können, sammeln wir Informationen. Wir können beispielsweise eine Probefahrt unternehmen und dabei feststellen, wie komfortabel die beiden Autos im Vergleich sind. Wir können die einschlägigen
  Testhefte von Automobilzeitschriften studieren, ob dort
  etwas über Wartungshäufigkeit und technische Mängel
  steht. Wir können Experten befragen, wie diese Fahrzeuge
  im Schnitt abgeschnitten haben. Je genauere und zuverläs-
  sigere Informationen wir dabei erhalten, desto eher können
  wir eine Abwägung treffen, die unseren Wünschen und
  Vorlieben entspricht. Da aber viele der Chancen und Risiken erst in Zukunft eintreffen, können wir die Folgen nicht
  mit Gewissheit vorhersagen, auch wenn wir alle verfügbaren Informationen, die überhaupt zu den beiden Fahrzeugen vorliegen, zur Verfügung hätten. So ist es durchaus

möglich, wenn auch nicht wahrscheinlich, dass alle Erwartungswerte für den Wagen A sprechen, aber genau dieser Wagen nach wenigen Kilometern zusammenbricht, während der Wagen B, der nach den Erwartungswerten viel schlechter abschneidet, noch viele Jahre ohne Probleme seinen Dienst tut.

- Zum Schluss müssen wir dann noch entscheiden, welche der vier von uns als bedeutsam eingestuften Folgen jeweils mehr Gewicht besitzt, wenn es um die Wichtigkeit dieser Folgen geht. Wenn ein Wagen in allen Kriterien besser abschneidet, dann ist die Entscheidung einfach. Ist aber ein Wagen in ein oder zwei Kriterien besser und der andere in den übrigen Kriterien, dann müssen wir die Wichtigkeit der jeweiligen Kriterien gegeneinander abwägen. Im englischen Sprachraum gibt es dafür den treffenden Namen »trade-offs«. Nur so können wir letztlich eine fundierte Entscheidung für den einen oder anderen Wagen treffen. Falls das alles zu aufwendig erscheint, könnten wir auch die lexiographische Methode anwenden und ein Kriterium als das wichtigste ansetzen und dann den Wagen wählen, der in diesem Kriterium am besten abschneidet.

3.2 Gesundheits- und Umweltrisiken: Erfahrung aus zweiter Hand

Kommen wir nun zu den Risiken, die uns in diesem Buch vor allem interessieren: den Gesundheits- und Lebensrisiken. Es ist offenkundig, dass Menschen viel Wert darauf legen zu erfahren, welche Optionen in welchem Ausmaß hohe Risiken für ihre Gesundheit oder ihr Leben umfassen. Für die meisten Menschen ist es auch zusätzlich wichtig, ob ihre Handlungen negative Folgen für andere Menschen oder für die umgebende Natur auslösen.[21] Wenn wir das Beispiel des Autokaufes wieder heranziehen, könnten wir folgende Fragen stellen: Ist der Wagen sicher genug, dass ich auch im Falle eines Unfalles noch geschützt bin? Stößt das Fahrzeug in hohem Maße giftige Abgase aus, die mich und andere gefährden können? Ist der Wagen so komfortabel, dass ich auf Dauer keine Rückenschmerzen bekomme? In welchem Ausmaß trage ich mit dem Kauf des Wagens zur Ausbeutung natürlicher Ressourcen und zum gesteigerten Energieverbrauch in Deutschland bei? Alle diese Fragen können Sie in der Regel nicht mit ja oder nein beantworten. Sie benötigen dafür Informationen und Expertisen, um einigermaßen zuverlässige Antworten zu finden. Gleichzeitig sind die meisten dieser Fragen stochastischer Natur, sie lassen sich nur mithilfe von Wahrscheinlichkeiten und über größere Zeiträume oder Schadenskategorien gemittelt beantworten.

Die Angewiesenheit auf externe Informationen und stochastische Schließverfahren sind also unabdingbar mit den Entscheidungen verbunden, in denen Risiken und Chancen für Gesundheit, Umwelt und Leben eine Rolle spielen. Einige Entscheidungen mögen so trivialer Natur sein, dass wir hier nicht viel Zeit für eine fundierte Abwägung aufwenden müssen, andere dagegen können bestimmend für unser Leben und unsere Gesundheit sein. Auf beide Extreme in den Gesundheits- und Lebensrisiken habe ich im ersten Teil dieses Buches hingewiesen. Anders als die Risiken, die wir vielleicht noch vor 150 Jahren zu bewältigen hatten, sind die modernen Umwelt- und Gesundheitsrisiken in der Regel für uns unsichtbar, d. h. durch sinnliche Wahrnehmung kaum oder gar nicht zu erkennen.[22]

Früher konnte man Infektionskrankheiten zwar nicht heilen, aber man konnte deutlich die Orte identifizieren, in denen sie wüteten. Es gibt viele literarische Beispiele, wie Menschen beispielsweise aus Pestgebieten geflohen sind, weil sie das Elend direkt vor Augen hatten.[23] Auch bei vielen Umweltbelastungen konnte man noch in den fünfziger und sechziger Jahren des letzten Jahrhunderts mit den eigenen Sinnesorganen erkennen, ob ein Fluss belastet war oder nicht. Dicke graue Schaumkronen bedeckten viele Gewässer, und in der Luft lag häufig der faulende Geruch von Schwefel und anderen Chemikalien.

Heute jedoch können wir die meisten Risiken, die unsere Gesundheit bedrohen, nicht mehr selbst erkennen. Ob Prionen in unserem Rindfleisch sind, ob Pestizidrückstände im Trinkwasser auftauchen, ob die Ozonwerte in der Luft zugenommen haben und ob Bakterien und Viren sich in unsere Lebensmittel eingenistet haben, können wir in der Regel weder sehen noch schmecken, noch riechen. Wir sind bei diesen Risiken darauf angewiesen, dass wir Informationen von anderen über diese Risiken und deren Gefährlichkeit erhalten.

Wie wir bereits im vorigen Kapitel eingehend erörtert haben, entwickeln diese anderen, von denen wir Auskunft erwarten, ihre eigenen Deutungsmuster auf der Basis der Signale, die sie selber empfangen, gesammelt oder erzeugt haben. Oft sind die Situationen, in denen diese Deutungen entstanden sind, weit entfernt von der Alltagserfahrung. Von daher können die meisten Menschen nicht aus Erfahrung oder unmittelbar nachvollziehend entscheiden, ob die Deutungen, die ihnen über Risiken von Informanten, meist Experten, übermittelt werden, der Wahrheit entsprechen oder nicht. Niemand hat zu Hause ein Labor, in dem er die Experimente wiederholen kann, die ein Wissenschaftler zur Erstellung eines neuen Deutungsmusters durchgeführt hat. Wir sind also hier auf Vertrauen in die Kompetenz, Redlichkeit und Wahrhaftigkeit der Informanten ange-wiesen.[24] Auf diesen wichtigen Punkt des Vertrauens werden wir im Kommenden noch ausführlich eingehen.

Was erwartet Sie in den folgenden Kapiteln? Wir werden uns zunächst mit der Frage beschäftigen, wie wir Informationen über Risiken aufnehmen, verarbeiten, bewerten und dann in eigene Handlungen umsetzen. Bei allen diesen Schritten kann es, gerade weil unsere sinnliche Wahrnehmung und unser Lebensalltag kaum selbst erfahrbare Orientierungspunkte ver-mitteln, zu Fehlurteilen und Fehlinterpretationen der angebo-tenen Deutungsmuster kommen. Wir werden uns daher den Mechanismen der Urteilsbildung über Risiken zuwenden, die vor allem dadurch gekennzeichnet sind, dass wir unsere Deu-tungen nicht auf der Basis physischer Signale, sondern auf der Basis kommunikativer Signale, also angebotener Deutungen von anderen, treffen müssen. Das betrifft zum einen die in-nerpsychischen Verarbeitungsmechanismen und zum ande-ren die Formen der kommunikativen Übermittlung in einer Mediengesellschaft. Die Einsichten aus diesen beiden Kapiteln führen uns dann folgerichtig in die Welt der Deutungsmuster, die wir benutzen, um Gesundheits-, Umwelt- und Lebens-risiken zu klassifizieren und sie nach ihrer Relevanz und Wünschbarkeit bzw. Schrecklichkeit zu bewerten. Schließlich werden wir noch die sozialen und kulturellen Bedingungen kennenlernen, die verstärkend auf die beschriebenen Muster der Risikowahrnehmung und Bewertungsprozesse einwirken.

4   Was beeinflusst unser Urteilsvermögen?

In meiner Einführungsvorlesung zum Thema »Risikowahrnehmung« führe ich mit meinen Studierenden nach der zweiten oder dritten Vorlesungsstunde folgendes Experiment
durch: Ich bitte ungefähr fünf der anwesenden Studierenden,
die Vorlesung zu verlassen und draußen im Flur einen Fragebogen auszufüllen. In diesem Fragebogen stehen insgesamt
drei Fragen:

1. Frage: Welches Ziffernblatt hat die Uhr, die im Hörsaal
   hängt? a) römische Ziffern, b) arabische Ziffern, c) keine
   Ziffern, nur Striche.
2. Frage: Wie sicher sind Sie, dass Ihre Antwort auf die erste
   Frage richtig ist? Nehmen Sie eine Skala von 1–10. Die Ziffer 1 bedeutet, dass Sie sehr unsicher sind, die Ziffer 10 bedeutet, dass Sie sich absolut sicher sind.
3. Frage: Wie viel Geld würden Sie in eine Wette investieren,
   dass die von Ihnen gewählte Antwort auf die erste Frage
   korrekt ist? Sie können für diese Wette jeden Betrag einsetzen, den Sie wollen.

Nachdem die fünf Studierenden den Fragebogen ausgefüllt
haben, bitte ich sie, wieder in den Vorlesungsraum zurückzu-
kehren. Dann folgt der große Überraschungseffekt: In dem
Hörsaal gibt es überhaupt keine Uhr!

Würde ich auf die Auszahlung der mir angebotenen Wetten
insistieren, dann könnte ich zu meinem Professorengehalt
noch eine stattliche Summe Geld zusätzlich verdienen. Denn
von 100 Studierenden, mit denen ich dieses Experiment
durchgeführt habe, beantworten ungefähr 85 die erste Frage,
indem sie eine der drei Alternativen ankreuzen: römisch, ara-

bisch oder Striche. Die durchschnittliche Zuversicht, dass die Antwort korrekt ist, liegt bei den vielen Versuchen, die ich bislang durchgeführt habe, bei rund 6,5 auf der Skala von 1–10. Knapp 40 % derjenigen, die den Fragebogen beantwortet haben, würden mit mir eine Wette abschließen, dass sie richtig geschätzt haben. Der höchste Wettwert, der mir bislang angeboten wurde, lag bei 120 €. Der Schnitt liegt bei 12,70 €.

Mit diesem Experiment möchte ich auf die Grenzen und Fallstricke unseres Wahrnehmungsvermögens hinweisen. Hätte ich die Frage anders gestellt, zum Beispiel: »Gibt es in diesem Hörsaal eine Wanduhr?«, dann hätten sicherlich die meisten der Befragten entweder die Antwort »weiß nicht« angekreuzt (die in meinem Fragebogen bewusst nicht aufgeführt war) oder aber mit »nein« geantwortet, weil ihnen diese Uhr nicht aufgefallen ist. Wenn ich aber die Frage so wie oben formuliere, als ob in jedem Falle eine Wanduhr im Hörsaal vorhanden sei, dann versuchen die Studierenden, sich andere Hörsäle mit Uhren vorzustellen, an die sie sich erinnern können. Natürlich gibt es an unserer Universität zuhauf Hörsäle mit einer Uhr an der Wand, und zwar meistens Uhren mit Strichen und nicht mit Zahlen. Von daher haben auch die meisten Studierenden diese Option c) angekreuzt.

4.1 Wer den Rahmen setzt, bestimmt die Wahrnehmung

Es ist also möglich, allein durch Fragestellungen bestimmte Eindrücke, Fehlwahrnehmungen und Verhaltensreaktionen auszulösen, die offenkundig nicht im Einklang mit der Realität stehen. Im ersten Teil dieses Buches hatte ich schon auf einen dieser sogenannten Framing-Effekte hingewiesen.[1] Es ging um die Darstellung von relativen Häufigkeiten. Wenn ich beispielsweise bei einer Frage nach den Nebenwirkungen eines Medikamentes angebe, nach der Einnahme dieses Medikamentes seien doppelt so viele Patienten an der Krankheit X gestorben als Personen aus der Kontrollgruppe, die dieses Medikament nicht eingenommen hätten, dann klingt das extrem dramatisch. Ohne Zweifel würde diese Nachricht bei den meisten Menschen die Reaktion auslösen, dieses Medikament so schnell wie möglich abzusetzen oder es erst gar nicht einzunehmen. Es kann aber durchaus sein, dass durch die Krankheit X nur eine einzige Person pro 10 000 Menschen ums Leben kommt. Wenn die Einnahme des Medikamentes dagegen rund 100 Menschen von 10 000 ansonsten tödlich Erkrankten das Leben retten könnte, dann wäre es sicherlich rational, allen betroffenen Patienten anzuraten, dieses Medikament unbedingt einzunehmen. Ganz offensichtlich wird diese Einsicht, wenn ich die Zahlen einfach umdrehe. Bei Einnahme des Medikamentes überleben 9998 Menschen von 10 000 die mit diesem Medikament verbundenen tödlichen Nebenwirkungen; ohne Einnahme des Medikaments würden aber 100 von 10 000 sterben, während nur einer mehr an den Nebenwirkungen tödlich erkranken würde.

Dieses Beispiel klingt auf den ersten Blick sehr theoretisch. Leider gibt es aber für diesen Framing-Effekt in der Realität eine ganze Reihe von traurigen Beispielen. So berichtet der Risikoforscher Ragnar Löfstedt, dass im Jahre 1995 die Boulevardpresse in Großbritannien in plakativen Überschriften die Nachricht verbreitet hätte, mit der Einnahme der sogenannten Minipille würde vor allem bei jungen Mädchen das Risiko für eine Thrombose verdoppelt. Eine Risikosteigerung um 100 %![2] Nicht berichtet wurde dagegen, dass die Häufigkeit, im Verlauf des weiteren Lebens an Thrombose zu erkranken, im Normalfall bei 5 Fällen pro 10 000 liegt und sich dieses Risiko durch die Einnahme der Pille auf 9–10 Fälle erhöht.[3] Das bedeutete, dass für jede Frau, die diese Form der Verhütung gewählt hatte, das Thrombose-Risiko von ursprünglich 0,05 % auf 0,09 bis 0,1 % angestiegen war. Aber diese Nachricht hätte sicher keine Schlagzeilen gemacht. Die sensationelle Nachricht von der Verdopplung des Risikos hatte aber direkte Auswirkungen auf das Verhalten der betroffenen Frauen, die deutlich machen, wie effektiv der Framing-Effekt unser Verhalten beeinflusst. Ein Großteil der jungen Mädchen setzte aus Angst vor den gesundheitlichen Folgen die Minipille ab. Infolgedessen kam es zu fast 30 000 zusätzlichen Abtreibungen, viele davon illegal und zum Teil mit tödlichen Folgen, weil sie medizinisch nicht sachgerecht durchgeführt wurden.[4]

Dieses Beispiel zeigt deutlich, dass statistisch korrekte Daten sehr unterschiedliche Eindrücke und Schlussfolgerungen in uns hervorrufen können. Diese wiederum können zu folgenschweren Reaktionen anregen, die bei einer anderen Darstellung desselben Sachverhaltes wahrscheinlich ausgeblieben wären. Umso wichtiger ist es deshalb, dass wir uns alle dieser sogenannten Framing-Effekte bewusst werden und immer wieder kritisch fragen: Ist es wirklich der Sachverhalt, der uns ängstigt, oder ist es die Art, wie dieser Sachverhalt in Worte gekleidet wurde?

Entscheidungstheoretiker und Psychologen haben sich vor allem mit der Frage beschäftigt, wie Framing-Effekte mit bestimmten Informationseingaben über Verluste versus Gewinne oder über relative Häufigkeiten und Wahrscheinlichkeiten verbunden sind.[5] Schon die simple Gegenüberstellung von Verlusten versus Gewinnen löst unterschiedliche Präferenzen bei den meisten Menschen aus. Die Aussage, dass man mit einer Maßnahme X von 100 ansonsten todgeweihten Personen zehn retten könnte, führt zu erheblich mehr Zustimmung, diese Maßnahme X auch zu unterstützen, als die faktisch identische, aber sprachlich anders gefasste Aussage, trotz der Maßnahme X würden 90 % der betroffenen Menschen sterben.[6] Noch eindeutiger wird dieser Effekt, wenn die jeweilige Maßnahme nur mit einer bestimmten Wahrscheinlichkeit zum Erfolg führt.

Die beiden Entscheidungstheoretiker Daniel Kahneman und Amos Tversky, die ihr berufliches Leben überwiegend der Erforschung dieser Framing-Effekte und anderer Auslösern von Fehlurteilen gewidmet haben, konnten eine Unzahl von Beispielen aus allen Lebensbereichen von der Vermögensverwaltung bis zur Gesundheitsvorsorge sammeln, in denen der Framing-Effekt nachgewiesen werden konnte.[7] Diese Erfahrungen haben sie dann empirisch ausgewertet und theoretisch in einen nachvollziehbaren Erklärungsrahmen gefasst.[8]

Nehmen wir ein einfaches Beispiel, das ich aus dem Buch von Robyn Dawes übernommen habe.[9] Stellen Sie sich vor, ich gebe Ihnen 200 €. Dann mache ich Ihnen ein Angebot:

a) Ich gebe Ihnen entweder zusätzlich zu den 200 € noch einmal 100 €.
b) Oder ich werfe eine Münze. Kommt die Zahl, dann erhalten Sie noch zusätzlich 200 €. Kommt dagegen Kopf, dann bekommen sie überhaupt kein Geld.

Wenn Sie sich ebenso entscheiden, wie sich die meisten Menschen in dieser Situation entschieden haben, dann nehmen Sie die Option a). Warum? Sie haben lieber den sicheren Spatz in der Hand, als die unsichere Schwalbe auf dem Dach.

Nun aber mache ich Ihnen ein zweites Angebot: Bei diesem Angebot gebe ich Ihnen von vornherein 400 €. Nun haben Sie folgende zwei Alternativen:

a) Sie müssen mir von diesen 400 € in jedem Falle 100 € zurückgeben.

b) Ich werfe wiederum eine Münze. Kommt die Zahl, dann müssen Sie mir 200 € zurückgeben. Kommt dagegen Kopf, dann können Sie die 400 € behalten.

Wie Sie unschwer erkennen können, ist in diesem zweiten Angebot genauso viel zu gewinnen und zu verlieren wie in dem ersten Beispiel. Dennoch kommt es hier zu einer Verschiebung der Präferenz: Bei über 90 % aller Personen, die dieses Experiment mitgemacht haben, nehmen die Versuchspersonen die Alternative b). Statt in jedem Falle einen Verlust von 100 € in Kauf nehmen zu müssen, gibt es hier zumindest eine Chance, die ganzen 400 € behalten zu dürfen.

Diese und andere Experimente haben die beiden Entscheidungspsychologen Kahneman und Tversky zu der Einsicht gebracht, dass die Bewertung von Verlusten und Gewinnen nicht proportional zu den Erwartungswerten (Wahrscheinlichkeit mal Gewinn bzw. Verlust), sondern in Anlehnung an eine innere Referenzgröße erfolgt.[10] Wenn wir etwas besitzen, das wir gerne behalten wollen, sind wir in der Regel risikoavers, d. h. wir gehen ungern eine Wette ein, bei der wir ein Teil dessen, was wir bereits haben, aufs Spiel setzen, auch wenn wir durch diese Wette im Schnitt mehr Gewinn machen könnten als ohne diese Wette. Umgekehrt aber, wenn wir durch eine Wette unseren Gewinn erhöhen können, sind wir gerne bereit, auch auf relativ unwahrscheinliche Wetten zu setzen, da die Glücksfee uns doch möglicherweise den großen Gewinn bereitstellen wird. Und wenn nicht, haben wir auch nicht viel verloren. Von dieser Einsicht profitieren nahezu alle Glücksspiel- und Lotterieanbieter. Sie locken die Teilnehmer mit extrem hohen Gewinnchancen, die aber extrem unwahr-

scheinlich sind. Dagegen ist der Einsatz in Form von Teil-
nahmegebühren oder Losverkäufen im Vergleich zur eigenen
Ausstattung an Geldvermögen relativ marginal, d. h. der Ver-
lust des bestehenden Vermögens schmerzt nur wenig. Geringe
Einsätze verbunden mit hohen Gewinnchancen sind daher das
Kennzeichen nahezu aller Lotterien in der Welt.[11]

Es gibt eine Reihe von allgemeinen Schlussfolgerungen, die
man aus diesen Framing-Experimenten ziehen kann:

- Je nachdem ob man Informationen als Gewinn oder als
  Verlust darstellt, verändern sich die Interpretationen und
  die daraus abgeleiteten Bewertungen von Handlungsoptionen. Wenn eine Alternative als »gewinnbringend« und eine
  andere Alternative als »verlustbringend« bezeichnet wird,
  dann wird auch bei gleicher Folgewirkung die Alternative
  mit der gewinnbezogenen Botschaft bevorzugt.
- Wir neigen eher zu einem risikofreudigen Verhalten, wenn
  wir Wetten auf mögliche Zusatzgewinne abschließen, und
  eher zu einem risikoaversen Verhalten, wenn die Chance
  besteht, dass unser Vermögen oder all das, was wir als positive Habe bewerten, auf dem Spiel steht. Wohlgemerkt: In
  beiden Fällen können die jeweiligen Handlungsalternativen
  zu den absolut gleichen erwarteten Gewinnen oder Verlusten führen. Risikoaversion oder Risikofreudigkeit sind also
  nicht (allein) auf den Erwartungswert ausgerichtet, sondern auf den Referenzpunkt: Gewinn oder Verlust.
- Je höher der Einsatz bei einer Wette, desto risikoaverser
  werden wir. Das gilt nicht nur für Geldwerte, sondern auch
  und vor allem für immaterielle Werte wie Gesundheit, Sicherheit und Lebensschutz.[12] Je stärker wir davon überzeugt sind, dass diese zentralen Werte in einer Handlungs-
  situation in Mitleidenschaft gezogen werden könnten, also

etwa unsere Gesundheit auf dem Spiel steht, desto höher ist unsere Aversion gegenüber den Alternativen, die solche Werte gefährden könnten, auch wenn die Wahrscheinlichkeit dafür sehr gering ist.

- Die Art und Form, wie Wahrscheinlichkeiten, Häufigkeiten oder andere statistische Größen in Worte gefasst werden, hat einen großen Einfluss darauf, wie wir subjektiv die Höhe und Dringlichkeit der Gefahr einstufen. Besonders problematisch sind Prozentangaben, wenn die Absolutzahlen nicht gleichzeitig mitkommuniziert werden. Eine 100-prozentige Erhöhung eines marginalen Risikos bleibt ein marginales Risiko, während eine zehnprozentige Erhöhung eines erheblichen Risikos eine spürbar höhere Belastung darstellt.

Es gibt keine Möglichkeit, Framing-Effekte ganz zu vermeiden. Denn gleichgültig wie wir unsere Deutung von physischen oder kommunikativen Signalen in Worte fassen, immer schwingen neben dem faktischen Gehalt dieser Botschaft auch wertende und die Wahrnehmung beeinflussende Aspekte mit ein. Wenn man sich also vor der Gefahr einer unbewussten Beeinflussung durch Framing schützen will, dann ist es oft ratsam, sich die Informationen, die man gerade erhalten hat, in andere (faktisch identische) Frames zu übersetzen. So kann man etwa Informationen über Gewinne in entsprechende Verluste umrechnen, Prozentzahlen durch Absolutzahlen ersetzen und sich zusätzliche Informationen über die Größenordnung (etwa Fälle pro 10 000 Betroffene) verschaffen. Vielfach hilft es auch, unterschiedliche, in der Bewertung diametral entgegengesetzt liegende Kommunikationsquellen zu Rate zu ziehen. Bei professionellen Kommunikatoren kann man davon ausgehen, dass sie die Framing-Effekte beherrschen und sie diese bewusst strategisch einsetzen, um beim Rezipienten

die entsprechende Wirkung auszulösen. Gerade wenn man
sich diese Informationen von verschiedenen Seiten vor Augen
führt und sie miteinander vergleicht, lassen sich die entsprechenden Framing-Effekte meist schnell und zuverlässig auf-
spüren.

5 Faustregeln der Wahrnehmung

Sofern wir bei der Informationsaufnahme die erste Klippe
überstanden und die entsprechenden Framing-Effekte auf-
gespürt haben, besteht die nächste kognitive Aufgabe darin,
aus den verfügbaren physischen und kommunikativen Signalen eine Botschaft herauszulesen, d. h. eine für uns stimmige
Deutung vorzunehmen. Häufig finden sich in dieser Botschaft Informationen, die zwischen den Zeilen stehen.

Selten haben wir die Zeit, die in der Botschaft enthaltenen
Signale im Einzelnen nachzuprüfen oder auf ihre logische
Stimmigkeit und empirische Richtigkeit zu überprüfen. Stattdessen nutzen wir sogenannte Faustregeln, um aus einer Information den richtigen und für uns stimmigen Rückschluss
zu ziehen.[1] Im Verlaufe der Evolution haben sich viele dieser
Faustregeln als Formen der schnellen Entscheidungsfindung
bewährt. Sie sind, wie vor allem der Psychologe Gerd Gigerenzer herausgefunden hat, in vielen alltäglichen Situationen
gegenüber den ausgetüftelten Modellen der Wissenschaft sogar angemessener.[2] Doch dazu später mehr.

Gleichzeitig erweisen sich aber viele dieser Faustregeln als
irreführend und leiten Menschen in die falsche Richtung. Das
gilt vor allem für komplexe Tatbestände, bei denen wir Menschen keine unmittelbare Einsicht in Ursache und Wirkung
haben und häufig dem ersten Eindruck einer scheinbaren Ur-

sache-Wirkungs-Beziehung Glauben schenken. Wir kennen diese Schnellschüsse bei der Entstehung von Vorurteilen, bei denen wir von äußeren Zeichen (etwa abstehende Ohren) auf bestimmte Charaktermerkmale schließen, weil zufällig die erste Person, die wir mit abstehenden Ohren kennengelernt haben, ein besonders unsympathischer Zeitgenosse war.[3] Bei diesem Beispiel erscheint das Vorurteil noch relativ harmlos, aber bei Rasse und Fremdartigkeit haben Vorurteile großes Leid und Ungerechtigkeit verursacht.

Ähnliche Mechanismen finden wir auch bei der Entstehung von Klatsch und Tratsch. Wenn beispielsweise Herr Meyer zu Frau Müller flüstert, Frau Schmitz sei heimlich ihrem Gatten fremdgegangen, und Frau Müller erzählt dies weiter, natürlich nur unter vorgehaltener Hand, an Herrn Faller und Frau Klose, dann gibt es schon drei Personen, die von dieser weltbewegenden Nachricht in Kenntnis gesetzt wurden. Wenn nun Herr Faller und Frau Klose unabhängig voneinander diese Botschaft an Herrn Renn weitergeben, so glaubt dieser natürlich, dass an dieser Nachricht etwas Wahres dran sein muss, da sie ja von zwei unabhängigen Quellen bestätigt worden ist. Dass beide Quellen wiederum auf die gleiche Ursprungsquelle zurückzuführen sind, ist ihm natürlich nicht bewusst. Auf diese Weise erlangen Behauptungen große Beweiskraft, obwohl die Unabhängigkeit der Quellen nur scheinbar vorliegt.[4] Solche Mechanismen der angeblichen Bestätigung durch mehrere Quellen finden wir auch im Journalismus und in der Politik, dann aber mit oft verheerenden Folgen.

Eine Reihe von Verhaltensforschern haben sich intensiv und systematisch mit diesen Faustregeln der Verarbeitung von Informationen beschäftigt. Dabei sind auch die Faustregeln unter die Lupe genommen worden, die sich vorwiegend mit der mentalen Verarbeitung von Risiken oder Wahrscheinlichkeiten beschäftigen. Unter diesen Faustregeln sind drei wissensbezogene (kognitive)[5] und eine wertende (affektive) Faustregel (in der Fachsprache Heurismen genannt)[6] vorherrschend: die Faustregel des Gedankenankers, die Faustregel der Verfügbarkeit und die Faustregel des Repräsentationsschlusses sowie der Affekt-Heurismus.[7] Auf diese vier intuitiven Schließverfahren möchte ich im Folgenden eingehen. In Tabelle 9 sind sie im Überblick dargestellt.

Heurismen	Wirkungsweise
Gedankenanker	Eine Information wird überbewertet oder die darin enthaltene Aussage als wichtiger oder wahrscheinlicher eingestuft, je mehr Anknüpfungspunkte an bereits im Gedächtnis verankerte Assoziationen mit dieser Information vorliegen.
Verfügbarkeit	Eine Information wird überbewertet oder die darin enthaltene Aussage als wichtiger oder wahrscheinlicher eingestuft, je eher der Inhalt dieser Information mental verfügbar ist, d. h. er bereits früher im Gedächtnis abgespeichert wurde.
Repräsentationsschluss	Informationen zu Häufigkeiten und Wahrscheinlichkeiten werden auch dann zu allgemeinen Schlussfolgerungen genutzt, a) wenn viel zu wenig Einzelfälle vorliegen, b) wenn redundante Informationen als unabhängig voneinander gewertet, c) wenn man von sich erwartet, dass man schnell und kompetent Schlüsse ziehen kann (ungerechtfertigte Sicherheit) und d) wenn Informationen den schon eingenommenen Standpunkt verstärken (Status-quo-Erhalt).
Affekt-Heurismus	Eine Information wird überbewertet oder die darin enthaltene Aussage als wichtiger oder wahrscheinlicher eingestuft, je mehr emotionale Anknüpfungspunkte mit dieser Information verbunden sind.

Tab. 9 Faustregel der intuitiven Risikowahrnehmung (Überblick). Quelle: Eigene Darstellung.

5.1 Der Gedankenanker

Die Faustregel des Gedankenankers kann man an einem Experiment anschaulich illustrieren, das ich wiederum an meinen »armen« Studierenden vielfach ausprobiert habe.[8] In der gleichen Vorlesung, in der ich die Fragebogenaktion mit der Uhr im Hörsaal veranstalte, teile ich die Gruppe der Studierenden in zwei Hälften. Die eine Hälfte der Studierenden erhält ein Blatt mit der Rechenaufgabe: $1 \times 2 \times 3 \times 4 \times 5 \times 6 \times 7 \times 8 =$?, während die andere Hälfte der Studenten ein Blatt erhält mit der Rechenaufgabe: $8 \times 7 \times 6 \times 5 \times 4 \times 3 \times 2 \times 1 =$?. Ich gebe den Studierenden dann genau 10 Sekunden Zeit, um die richtige Antwort so genau wie möglich zu raten. Wichtig bei diesem Experiment ist, dass die Studierenden nicht genügend Zeit haben, um sich die Antwort auszurechnen, bis auf die wenigen Genies, die so etwas in Sekundenschnelle im Kopf erledigen können (die gibt es wirklich!). Das Ergebnis ist immer das gleiche: Die Gruppe, die mit den kleinen Zahlen begonnen hat, kommt zu einer signifikant niedrigeren Schätzung der Gesamthöhe des Produktes als die Gruppe, die mit den jeweils höheren Zahlen begonnen hat. Wir lesen Zahlenreihen von links nach rechts, brechen dann aus Zeitmangel in der Mitte ab und schätzen den Rest nach Augenmaß, d. h. auf der Basis der begonnenen Rechnungen. Wenn ich mit den kleinen Zahlen beginne, schätze ich eher einen zu niedrigen Wert; wenn ich mit den hohen beginne, eher einen etwas höheren Wert. Der Mittelwert bei den Studierenden, die mit den niedrigen Ziffern begonnen haben, liegt bei rund 7000, der Mittelwert bei den anderen bei knapp 23 000. Der richtige Wert ist, wie einige Leser bestimmt schon nachgerechnet haben, die Zahl 40 320. In beiden Fällen wird also das Ergebnis unterschätzt, weil jede einzelne Zahl der Multiplikation so klein erscheint, dass nur ein relativ niedriger Zahlenwert für das Produkt bei der Multiplikation kleiner Zahlen als richtig erscheint. Wenn ich die Zahlen beispielsweise in Zweiergruppen oder Dreiergruppen zusammenfasse (56 × 30 × 24) ist die Wahrscheinlichkeit, dass der wahre Wert von 40 320 erraten wird, wesentlich höher.

Gedankenanker spielen in unserer Wahrnehmung eine wichtige Rolle.[9] Sie weisen darauf hin, dass wir bei den meisten Informationen, die wir von anderen erhalten, einen inneren Referenzwert besitzen, nach dem wir diese Informationen beurteilen. Wenn man beispielsweise hört, dass von einer bestimmten radioaktiven Substanz eine Strahlung von 400 Becquerel ausgeht, so erscheint das auf den ersten Blick allein wegen der hohen Zahl höchst dramatisch und besorgniserregend, wenn man die Basis für die Berechnungsgrundlage für dieses Maß nicht kennt. Becquerel gibt die Zahl der radioaktiven Zerfälle pro Sekunde an. Ein Kilogramm Erbsen emittiert etwa 360 Becquerel aus rein natürlichen Quellen (vor allem radioaktives Kalium).[10] Insofern ist eine Strahlung von 400 Becquerel, je nach dem, wo sie auftritt, relativ harmlos. Ein anderes Beispiel: Eine Konzentration von 1000 mg pro Kubikmeter erscheint uns auf den ersten Blick sehr hoch, während die faktisch gleiche Angabe von 1 g oder sogar 0,001 kg pro Kubikmeter als sehr gering erscheint. Auch die Angaben über erhöhte Prozentwerte können leicht dazu führen, dass jemand aufgrund der Faustregel des Gedankenankers bestimmte Aussagen als wesentlich kritischer bzw. unkritischer wahrnimmt, als es der wirklichen Belastung entspricht. Im ersten Teil hatte ich schon darauf verwiesen, dass die Wahl der Referenzeinheit bei Statistiken eine hohe Suggestionskraft beim Leser und bei der Leserin ausübt.

Mit Gedankenankern kann man auch sehr gut Wirkungen

manipulieren. Will man beispielsweise bei einer Sammlung für einen guten Zweck möglichst hohe Spenden einsammeln, dann ist es ratsam, auf dem Antwortbogen für die Einzahlungen schon Standardvorgaben einzubauen.[11] Wenn man dann die Standardvorgaben 10, 100, 500, 1000, 5000 und 10 000 € vorgibt, wird sich jeder schäbig vorkommen, wenn er nur 10 oder 50 € spendet. Würde man dagegen eine offene Skala vorgegeben, also mindestens ein Euro, aber gerne auch mehr, würden die meisten eine Spende von 50 € schon als sehr großzügig empfinden.

Besonders wirksam ist dieser Effekt bei Gruppendiskussionen.[12] Wenn jemand in einer Gruppendiskussion eine neue Idee oder einen neuen Vorschlag in die Runde wirft, dann ist der- oder diejenige, die dazu den ersten Kommentar abgibt, der Bezugsanker für alle anderen, die sich danach zu Wort melden. Wenn schon der erste Kommentar lautet, diese Idee sei völlig unrealistisch und nicht durchdacht, dann fällt es der nächsten Rednerin schwer, diese Idee über Gebühr zu loben, selbst wenn sie von dieser Idee überzeugt sein sollte. Sie würde dann eher anfangen mit dem Satz: »Ach, so negativ wie mein Vorredner sehe ich diese Idee nicht«. Damit wird aber schon die gesamte Idee relativiert. Wenn aber umgekehrt die oder der erste Redner(in) die Idee lobt und sich enthusiastisch zeigt, ist es schwer, noch massive Kritik anzubringen. Geschickte Gesprächsleiter, die eine bestimmte Idee fördern oder hemmen wollen, nutzen diesen Effekt aus, indem sie vorab ihre Verbündeten bitten, sich als Erste zu melden und dann möglichst drastisch ihre Meinung vorzutragen. Gegen diesen massiven Anker kann man sich in der Regel kaum mehr zur Wehr setzen. Die Idee wird dann entweder schnell beerdigt oder aber zur leuchtenden Orientierung für die Zukunft erhoben.

5.2 Verfügbarkeit

Ähnlich wirkungsvoll ist die Faustregel der Verfügbarkeit.[13] Nach dieser Faustregel werden Ereignisse oder Informationen als umso relevanter oder häufiger eingestuft, je mehr sie mental präsent sind und je intensiver sie in unserem Gedächtnis gespeichert sind. Informationen, die in uns blitzartig Erinnerungen oder Assoziationen hervorrufen, haben eine höhere Relevanz für uns als solche, die uns mental weit entfernt erscheinen. Wenn jemand beispielsweise vom Blitz getroffen wurde oder einen kennt, der vom Blitz getroffen wurde, dann sieht er dieses Risiko als wesentlich häufiger und bedrohlicher an, als wenn er Opfer von Gewittern nur aus dem Fernsehen kennt. Der Verfügbarkeitseffekt ist häufig abhängig von der wahrgenommenen Dramatik der Folgen, von der Publizität über diese Folgen und der persönlichen Erfahrung mit der entsprechenden Risikoquelle.[14] Je eher eine bestimmte Belastung unangenehme Erinnerungen auslöst, desto höher wird das Risiko als Belastung empfunden.

Auch hier kann man wiederum an einem Experiment die Wirksamkeit dieser Faustregel erkennen.[15] Wieder habe ich meinen Studierenden einen Zettel ausgeteilt, auf dem etwa 30 Worte aufgelistet sind, bei denen jeweils einige Buchstaben fehlen. Diese Buchstaben sind durch Striche ersetzt. Jeder Strich bedeutet, dass hier ein beliebiger Buchstabe eingesetzt werden kann. Die Studierenden erhalten die Aufgabe, die relative Häufigkeit jeder dieser Begriffe zu schätzen. Also zum Beispiel: Wie häufig finden wir im Duden ein Wort, das die folgende Buchstabenkombination aufweist: R-----. Wörter wie Riegel, Riemen, aber eben auch Risiko würden hier passen. Jeder Studierende soll bei jedem der angegebenen Wortkonstrukte abschätzen, wie viele Worte es im Duden gibt, welche die jeweilige Kombination von Buchstaben und Jokern (Striche) erfüllen. Unter den 30 Begriffen findet sich auch die Kombination K----ung und an anderen Stelle die Kombination K-----ng. Wenn man sie nebeneinander sieht, ist klar, dass der zweite Begriff häufiger auftreten muss als der erste, weil er einen Bindestrich mehr aufweist als der erste Begriff. Er muss also logischerweise mehr Worte umfassen. Dennoch wird in diesem Test der erste Begriff als wesentlich häufiger angesehen als der zweite. Das liegt einfach daran, dass wir uns sehr schnell an viele Wörter mit der Endung -ung erinnern können, aber das sperrige -ng für uns wenig geläufig erscheint. Alles, an das wir uns spontan erinnern können, scheint uns also intuitiv häufiger und oft auch relevanter zu sein.

Zur Faustregel der Verfügbarkeit gehört auch die Beobachtung, dass Informationen über Eigenschaften von Personen oder Gegenständen einen höheren Verfügbarkeitswert besitzen als Informationen über Verteilungen. Das kann man an einem anderen, recht amüsanten Experiment illustrieren. Ich habe einer Gruppe von Studierenden 100 Personen vorgestellt, von denen 50 sehr korrekt gekleidet waren und die anderen 50 sich in Klamotten aus der Flower-Power-Zeit vorstellten.[16] Die Personen gingen in zufälliger Reihenfolge einer nach dem anderen in die Klasse. Bei jeder Person, die den Raum betrat, mussten die Studierenden ankreuzen, ob es sich bei dieser Person um einen Banker oder um einen Hippie handele. Wenn keine weiteren Informationen gegeben wurden, wurden die Personen eindeutig nach ihrer Kleidung zugeordnet. Danach variierte ich die Versuchsanordnung und teilte den Studierenden mit, dass 70 % der Personen, die gleich in die Klasse kommen würden, zur Gruppe der Banker und nur 30 % zur Gruppe der Hippies gehören würden. Mit die-

ser Information hätten eigentlich die Studierenden von den
100 Personen, die in die Klasse traten, 70-mal auf Banker und
30-mal auf Hippies tippen müssen. In Wirklichkeit haben sie
aber nur 55-mal auf Banker getippt und 45-mal auf Hippies,
unabhängig davon, dass ihnen die genaue Verteilung vorab
mitgeteilt worden war.

Das Ergebnis, dass Informationen über die Verteilung einen
geringeren Stellenwert für die eigene Urteilsbildung haben
als Informationen über Eigenschaften, ist für die Wahrnehmung und Bewertung von Risiken außerordentlich bedeutsam. Die technische Risikoanalyse betont die Häufigkeit und
Wahrscheinlichkeit eines Schadens, die intuitive Wahrnehmung dagegen die Eigenschaften der Risikosituation und die
Kontextbedingungen.[17] Also wenn in Deutschland beispielsweise vier oder fünf Menschen an Schweinegrippe sterben
und dies plakativ in den Medien berichtet wird, so ist dieses
Ergebnis ausschlaggebend für die wahrgenommene Höhe des
Risikos. Oft reicht nur ein einziger Fall aus, wenn er medien-
wirksam präsentiert wird, um die Angst der Menschen auf
diesen Fall und das dahinterliegende Risiko zu lenken. Diese
Form der Konzentration auf Einzelfolgen kann man sehr gut
bei den Risiken der Kriminalität und des Terrorismus beobachten. Auch wenn beispielsweise in Deutschland durch Mord
und Totschlag in den letzten zehn Jahren nur relativ wenige
Todesopfer zu beklagen waren, so ist doch jede Story über
einen Mord Anlass für eine neue Welle öffentlicher Besorgnis
und eine Chance für bestimmte politische Kreise, wieder mal
schärfere Überwachungsmaßnahmen oder die Einführung
der Todesstrafe zu fordern. Dabei gerät die statistische Verteilung der Fälle vor allem im Vergleich zu anderen Bedrohungen ins Hintertreffen. Wer macht sich schon ernsthaft darüber Gedanken, dass in Deutschland pro Jahr mehr als 15 000

Patienten und Patientinnen in Krankenhäusern an mangelnder Hygiene sterben?

5.3 Intuitives Schließverfahren:
   Drei Mechanismen der Verallgemeinerung

Der letzte Kandidat auf unserer Liste der kognitiven Faustregeln betrifft die Art, wie wir aus einzelnen Informationen generelle Schlussfolgerungen ziehen (Repräsentationsschluss).[18] Bei den meisten Verarbeitungsprozessen von Informationen ziehen wir eine verallgemeinerbare Erkenntnis aus den Daten, die wir von anderen erhalten oder die wir als physische Signale durch unsere Sinnesorgane aufnehmen. Dabei vertrauen wir in der Regel lieber unseren Sinneswahrnehmungen als kommunikativen Deutungsangeboten, weil wir hier auf eine unmittelbare Erfahrung zurückgreifen können und nicht auf eine kommunizierte Erfahrung von anderen angewiesen sind. Diesen Fall hatten wir ja zu Beginn dieses zweiten Teils mit der Beschreibung der Podiumsdiskussion über die gesundheitlichen Wirkungen von elektromagnetischen Feldern in München plastisch aufgegriffen. Sofern die persönliche Erfahrung fehlt, und dies ist bei den modernen Risiken der Regelfall, müssen wir unsere Rückschlüsse vorwiegend aus kommunikativen Signalen ziehen. Dabei nutze ich eine Reihe von simplen Schließregeln, das sind Regeln, nach denen ich mir aus gegebenen Informationen ein Urteil ableite. Viele dieser simplen Schließregeln verführen vor allem bei komplexen Informationen über Risiken schnell zu Fehlurteilen.

Die erste Schließregel besagt, dass wir von relativ kleinen Zahlen gerne auf typische Merkmale und Eigenschaften schließen.[19] Wenn ich drei unsympathische Menschen mit abstehenden Ohren gesehen habe, um noch einmal das Beispiel von oben aufzugreifen, dann ziehe ich allzu schnell daraus den Schluss, dass alle Menschen mit abstehenden Ohren unsympathisch sein müssen. Vor allem, wenn es um statistische Verallgemeinerungen geht, handeln wir häufig nach dieser simplen Schließregel. Kennt jemand drei oder vier Personen, die trotz starken Rauchens über 90 Jahre alt geworden sind, kann ich daraus bereits den allgemeinen Schluss ziehen, Rauchen könne nicht so gefährlich sein, wie es die Experten behaupten. Wenn in der Nähe eines Atomkraftwerkes einige Leukämiefälle mehr auftreten als in Nachbarorten, so schließe ich daraus, dass die radioaktive Strahlung hier zu einer erhöhten Krebshäufigkeit beigetragen hat. Wenn mein Tischnachbar beim Roulette zweimal hintereinander auf die richtige Zahl gesetzt hat, so bin ich der festen Überzeugung, dass dieses Spiel gezinkt ist.[20] In Wirklichkeit ist es aber so, dass die Angabe einer Wahrscheinlichkeit nur einen Richtwert darstellt, der erst bei unendlich vielen Ziehungen zum Tragen kommt. Es widerspricht keineswegs der Statistik, dass man dreimal hintereinander eine 6 würfelt oder dass ein Ereignis mit einer Eintrittswahrscheinlichkeit von 1 zu 100 000 morgen schon zur Wirklichkeit wird. Auch eine geringe Wahrscheinlichkeit von 5 zu 1000 besagt nicht, dass wir diesen Sonderfall kaum erleben werden.[21]

Ein gutes Beispiel dafür ist die Ausbreitung der Schweinegrippe. Rund 3 von 1000 Menschen haben sich in Deutschland tatsächlich mit dem Virus der Schweinegrippe im Jahre 2009 infiziert.[22] Wenn man diese gering erscheinende Zahl auf die Gesamtzahl der deutschen Bevölkerung hochrechnet, dann sind es stattliche 243 000 Menschen. Wenn man darüber hinaus davon ausgeht, dass jeder Erwachsene in Deutschland rund 100 Menschen kennt, die wiederum jeweils 100 Menschen kennen (zum Teil natürlich die gleichen), dann ist es durchaus zu erwarten, dass jeder mindestens eine Person kennt, oder von ihr durch andere Bekannte erfahren hat, die an Schweinegrippe erkrankt ist. Diese Einsicht ist nicht folgenlos für unser Handeln: In diesem Falle hat es dazu geführt, dass die meisten Menschen die Häufigkeit der Schweinegrippe zunächst überschätzt haben. Da aber gleichzeitig über 99,88 % der Fälle glimpflich ausgegangen sind,[23] haben sie auch »hautnah« erfahren, dass all die Bekannten oder Bekannten von Bekannten nach drei Tagen wieder wohlbehalten und wohlgemut auf den Beinen waren.[24] Dementsprechend stieg die Zahl derjenigen, die sich bei ihrem Arzt einen Impftermin geholt haben, zunächst stark an, denn man sah ja, dass die Schweinegrippe auch im Bekanntenkreis kursierte.[25] Dann aber fiel das Interesse an der Impfung jäh ab. Arzttermine wurden sogar abgesagt, als die Menschen erlebten, dass diese Form der Grippe für die Bekannten sowie Bekannten von Bekannten völlig harmlos verlief. Im Endeffekt blieben die Ärzte der Bundesrepublik auf rund zwei Drittel der teuer erworbenen Impfstoffe sitzen.[26]

Eine zweite Schließregel im Umfeld des Repräsentationsschlusses ist die ungerechtfertigte Sicherheit.[27] Wenn man beispielsweise, wie der Psychologe Ola Svenson in Schweden, die Menschen fragt, ob sie bessere Autofahrer seien als der Durchschnittsfahrer, dann antworten mehr als 80 % mit Ja. Natürlich können nicht 80 % besser fahren als der Durchschnitt.[28] Aber jeder Einzelne glaubt, dass er oder sie gegenüber allen anderen die besseren Fahrer seien. Die beiden Autoren Richard Thaler und Cass Sunstein berichten in ihrem Buch »Nudge« darüber, dass bei ihren Seminaren »Entscheidungsfindung für Manager« die angehenden Manager mit über 50 % fest davon überzeugt sind, dass sie zu den 10 % Besten des Teilnehmerkreises gehören.[29] Und das bei Personen, die eigentlich statistisch ausgebildet sein müssten! Nur niemand will gerne bloß Durchschnitt sein oder sogar noch darunter liegen.

Das Interessante an dieser zweiten Schließregel ist, dass sie umso stärker wirkt, je höher der Bildungsabschluss und je stärker die Person sich als Experte oder Expertin einschätzt. Wenn man beispielsweise die Frage stellt, über wie viel Kilometer Länge sich der Fluss Nil dahinschlängelt, dann geben Experten und Bessergebildete öfter eine falsche Antwort als andere, unter der Voraussetzung, dass man den Befragten die Wahl lässt, eine beliebige Bandbreite (von 0 km bis 200 000 km) anzugeben.[30] Weniger gebildete und weniger von sich eingenommene Menschen wählen eine sehr weite Bandbreite, weil sie ohnehin die Länge nicht glauben korrekt einschätzen zu können. Dagegen wollen die besser Gebildeten nicht zugeben, dass sie letztendlich die Antwort nicht wissen, und geben eine relativ enge Spanne an, die in der Regel das echte Ausmaß unterschätzt. Dieser Hang zur Selbstüberschätzung bei der Urteilsbildung kann gerade bei Operateuren von riskanten Anlagen höchst problematisch sein.[31] Viele Unfälle in Flugzeugen und viele Beinahe-Unfälle in Kernkraftwerken sind darauf zurückzuführen, dass sich die Verantwortlichen zu sicher in ihren Urteilen gefühlt haben und die Streubreite der möglichen Konsequenzen (Varianz der Risikoauswirkungen) falsch eingestuft haben. Ein besonders gravierendes Beispiel dafür ist der Unfall in Tschernobyl, wo bewusst gegen die internen Sicherheitsvorschriften verstoßen wurde, weil man glaubte, man habe den Reaktor schon im Griff.[32] Die traurige Realität dieser Reaktorkatastrophe zeigt allerdings: völlige Selbstüberschätzung.

Eine dritte Schließregel im Bereich des Repräsentations-schlusses ist das sogenannte Status-quo-Beharrungsvermö-gen.[33] Wenn wir Raucher bitten, die Wahrscheinlichkeit für eine Krebserkrankung bei Rauchern zu schätzen, und geben ihnen eine Spannbreite von Expertenschätzungen, etwa von 10–60 %, dann werden sie in der Regel Prozentwerte im unteren Bereich dieser Spanne angeben. Bei Nichtrauchern ist es genau umgekehrt. Das bedeutet, wir suchen uns aus den Informationen diejenigen heraus, die unseren jetzigen Status quo bzw. unsere jetzige Meinung und Einstellung bestärken. Darauf werden wir noch bei der Beschreibung der Reduktionsmuster für erlebte Widersprüche zurückkommen.

5.4 Affekt-Heurismus

Eine ganz andere Art von Faustregel ist der sogenannte Affekt-Heurismus. Damit ist gemeint, dass Informationen über Risiken oder Wahrscheinlichkeiten nicht nur von kognitiven Verarbeitungsprozessen gesteuert, sondern auch von emotionalen und affektiven Prozessen beeinflusst werden. Die Forscherinnen und Forscher um den Psychologen Paul Slovic, einer der Pioniere der Risikowahrnehmungsforschung, haben diese affektiven Auslöser näher untersucht.[34]

Dabei zeigt sich, dass Risikoquellen, die emotional negativ besetzt sind (etwa Morde oder Krebs durch Emissionen), wesentlich höher und gefährlicher eingestuft werden als Risikoquellen, die emotional eher positiv besetzt sind (wie Übergewicht durch Süßigkeiten). Dies gilt auch dann, wenn man den Versuchspersonen die Folgen der Risiken so neutral und zutreffend wie möglich schildert. Gibt es darüber hinaus noch hohe Unsicherheiten über die Risiken (dies ist ja der Normalfall), werden bei emotional negativ geladenen Risiken die besonders pessimistischen Schätzungen und bei positiv geladenen die eher optimistischen Schätzungen als Referenzwerte genommen.[35] Dazu wirkt auch noch der Status-quo-Effekt (siehe oben): Emotional lehne ich die Informationen ab, die meinen Status quo gefährden könnten, und umgekehrt. So kommt es häufig dazu, dass beispielsweise die Betreiber einer riskanten Anlage, zum Beispiel einer Müllverbrennungsanlage, ganz unbewusst aus der Vielzahl der wissenschaftlichen Untersuchungen die Werte für ihre Risikoabschätzungen übernehmen, die das Risiko eher kleinrechnen, während die von der Anlage betroffenen Anwohner sich die Risikoabschätzungen mit den höchsten zu erwartenden Verlusten heraussuchen, um damit zu unterstreichen, dass sie dieses Risiko nicht bereit sind zu übernehmen. Oft berufen sich die Kontrahenten sogar auf die gleiche Studie, sie nehmen halt innerhalb der dort aufgeführten Streubreiten die Werte, die ihrer Einstellung am nächsten kommen. Wenn man diese selektiv ausgewählten Risikoabschätzungen dann noch in die richtigen Frames einbaut, dann prallen die Gegensätze krass aufeinander. Dies sorgt in öffentlichen Diskussionen, aber auch in Bürgerbeteiligungsverfahren oft für Unruhe, weil unbeteiligte Beobachter kaum glauben können, dass beide Seiten häufig die gleiche Informationsbasis und identische Quellen nutzen. Es liegt dann nicht am Wissen oder an der Ignoranz der einen oder anderen Seite, sondern an der selektiven Nutzung legitimer Deutungsdifferenzen. Dies aber in einer überhitzten Diskussion den Menschen zu vermitteln, ist meist vergebens. Dann sind Verschwörungstheorien viel plausibler.[36] Und diese zerstören die Basis für jede wirksame Kommunikation.

Kommt es zu einer sehr negativen Assoziation mit der Risikoquelle, spricht man von Stigmatisierung.[37] Ein stigmatisiertes Risiko löst so viele Aversionen aus, dass man bewusst alle Informationen ausblendet, die nur ein gutes Haar an dieser Risikoquelle belassen. Solche Stigma-Effekte lassen sich beispielsweise bei Risiken, wie der Endlagerung nuklearer Abfälle[38] oder auch bei dem schon erwähnten BSE-Fall[39], gut empirisch nachweisen. Ein Stigma muss nicht unbedingt über lange Zeit stabil bleiben; nur während der Zeit der Stigmatisierung kann man davon ausgehen, dass eine Information zu diesen Risiken und eine Kommunikation über diese Risiken wenig Wirkung zeigen wird.

5.5 Lehren für den aufgeklärten Risikowahrnehmer

Was besagen nun diese Faustregeln für die Wahrnehmung von Risiken und Wahrscheinlichkeiten? Zunächst ist deutlich, dass diese Faustregeln häufig zu einer unangemessenen Verarbeitung von Informationen führen. Sie können die wahrgenommene Höhe von Risiken verstärken oder auch abschwächen. Meine Kollegen und ich haben für dieses Phänomen die Metapher der sozialen Verstärkung von Risiken gewählt.[40] Im Kommunikationsprozess über die Folgen von Handlungen oder Ereignissen kommen verschiedene der hier aufgeführten Faustregeln der mentalen Verarbeitung von Informationen zum Einsatz, die dann dazu führen, dass bestimmte Informationen (und die daraus gezogenen Schlüsse) besonders hervorgehoben und verstärkt werden, während andere dagegen unter den Tisch fallen.

Nehmen wir noch einmal das Beispiel über BSE und parfümiertes Lampenöl. Obwohl beide Risiken für die menschliche Gesundheit ähnlich gefährlich sind, wurde das Risiko durch

BSE sozial verstärkt bis hin zu einer Stigmatisierung der sogenannten industriellen Tierhaltung. Dagegen wurden die Risiken des Lampenöls eher verharmlost oder schlichtweg ignoriert. Die Heurismen, die bei der BSE-Erfahrung wirksam waren, bezogen sich auf Gedankenanker mit Lebensmittelskandalen, die kurz vorher die Öffentlichkeit aufgerüttelt hatten, auf die spontane Verfügbarkeit über Presseberichte zu den Themen Profitsucht und Gewinnstreben in der industrialisierten Landwirtschaft sowie auf typische Schließverfahren, die auf der Basis einiger weniger, aber dafür besonders plastischer Fälle das Risiko, an Creutzfeldt-Jakob zu erkranken, sozial verstärkten. So stieg etwa die Besorgnis über BSE-Gesundheitsrisiken dramatisch an, als im englischen Fernsehen eine junge, sympathische Frau gezeigt wurde, die unter der tödlichen Creutzfeldt-Jakob-Erkrankung litt.[41] Eine ähnliche Reaktion zeigte sich auch in Deutschland, als die Bild-Zeitung das erste Opfer der Schweinegrippe, eine junge 15-jährige Frau, mit großem Bild abdruckte.[42] Keiner hat je die Bilder von Kleinkindern gesehen, die durch Lampenöl qualvoll zu Tode gekommen sind.

Von daher ist es wichtig, dass man sich selber mit den Faustregeln der Schließverfahren vertraut macht und sich stets selbstkritisch beobachtet, ob man eines dieser Verfahren anwendet, wenn man zu einem eigenen Urteil über eine bestimmte Bedrohung kommen will.

Viele dieser Faustregeln haben durchaus ihre Berechtigung und sind auch in Situationen, in denen man nicht alle Informationen überprüfen kann, gerechtfertigt. Gerd Gigerenzer geht sogar noch einen Schritt weiter und behauptet, dass vor allem in Situationen mit hoher Unsicherheit und hohem Unwissen die Faustregeln bessere Ergebnisse bringen als komplizierte mathematische Modelle.[43] Das zeige sich etwa bei der Frage nach der Trefferquote von Handballspielern, die mit einer einfachen Faustregel »mit dem Auge den Ball beobachten und immer im gleichen Winkel belassen« sehr viel effektiver die Bälle der Mitspieler auffangen als hochprogrammierte Roboter, denen alle kinetischen Regeln des Ballwurfs einprogrammiert wurden.[44] Noch eindrucksvoller ist das Beispiel der Vorhersage von unsicheren Schwankungen an der Börse oder im Kapitalmarkt. Gerd Gigerenzer konnte nachweisen, dass sehr einfache Regeln, wie das gleichmäßige Streuen von Investitionen über alle Optionen, bessere Resultate hervorbringen als hochkomplizierte Berechnungen von statistischen Erwartungswerten.[45] Wenn man wenig oder nichts weiß, führen Berechnungen häufig in die Irre. Dann sind einfache Faustregeln besser.

Dies bedeutet: Wir sollten diese Faustregeln nicht verdammen, sondern sie als wichtige Hilfsmittel unserer Urteilsfindung einstufen und einsetzen. Allerdings können sie uns unter bestimmten Voraussetzungen auch einen Bärendienst erweisen. Faustregeln sind häufig irreführend, wenn die kausalen Situationen komplex und die Verbindungen zwischen Auslöser und Folgen über viele Stadien verlaufen.[46] Das muss nicht zu mehr Unsicherheit führen, aber zu sehr viel komplexeren Modellen der Erfassung von Ursache-Folgenketten. Faustregeln anzuwenden ist auch dann problematisch, wenn die vermuteten Auslöser und Folgen zeitlich oder regional auseinanderfallen. Das widerspricht unserer Alltagserfahrung, und dann suchen wir nach naheliegenden Erklärungen, d. h. nach solchen, bei denen wir einen Zusammenhang vermuten.[47] Einen solchen Zusammenhang vermuten wir vor allem dann, wenn zwei Ereignisse zeitlich oder örtlich aufeinandertreffen (Koinzidenz). Die Frau am Anfang dieses zweiten Teils hat genau aus dieser Logik heraus gehandelt. Die schwere Krankheit lag offensichtlich bei ihrem Kind vor, und der Handyturm war in der Nähe. Wer hier keine Verbindung sieht, muss doch blind sein! Leider gibt es aber viele Scheinbeziehungen zwischen Ereignissen, die in keiner Weise auf kausale Beziehungen hindeuten.[48] Hier kann und muss die Wissenschaft Position beziehen, denn sie hat alleine die Instrumente dafür, scheinbare Verursachungen aufzudecken. Wenn sie das nicht tut, weil sie zu ängstlich oder zu feige agiert, verliert sie ihren Anspruch auf moralische Integrität.

6 Sinn und Beziehung

Menschen sind auf Gemeinschaft angewiesen. Sie sind soziale Wesen. Diese Aussage klingt auf den ersten Blick trivial. Wer wüsste nicht, dass unsere Lebens- und Überlebenschancen davon abhängen, dass wir in einer Gemeinschaft aufwachsen, durch andere in Sprache und Bedeutungszusammenhänge eingewiesen werden, Wissen und Fertigkeiten durch das Lernen mit Hilfe anderer erlangen, in Arbeitsteilung die Waren und Dienstleistungen herstellen, die wir für unser Leben und für eine angenehme Lebensqualität benötigen, und unsere eigene Identität im Spiegel der anderen entwickeln können. Kurzum: Wir können alle unsere angeborenen Fähigkeiten nur dann entwickeln und ausleben, wenn wir in einem kulturellen Umfeld aufwachsen, das unsere biologischen Potentiale zur Entfaltung bringt.[1] Beim Erwerb der Sprache haben wir bereits darauf hingewiesen, dass wir ohne kulturelle Vorgabe von Deutungsmustern nichts als Konturen und Farben würden wahrnehmen können.

Nicht nur wir Menschen leben in sozialen Beziehungen. Wir teilen die Notwendigkeit, in Sozietäten auf- und hineinzuwachsen, mit vielen anderen Lebewesen. Allen Sozietäten ist gemein, dass sie die Grundfunktionen der Produktion und Reproduktion (Fortpflanzung, Ernährung, Schutz), der Aufrechterhaltung der sozialen Ordnung sowie der formellen und informellen Formen der Beziehungspflege lösen müssen.[2] Je geringer der evolutionäre Entwicklungsstand des jeweiligen Lebewesens, desto größer sind diese drei Funktionen mit vorprogrammierten instinktiven Verhaltensweisen verbunden. Je komplexer die Gehirnleistungen ausgeprägt sind, desto größer ist der Anteil an sozialer Prägung und individuellem Lernverhalten in der Wechselwirkung mit der sozialen und natürlichen Umwelt.[3] Beim Menschen ist dieser Bereich des individuellen Lernens besonders stark ausgeprägt. Somit sind wir auch mehr als jedes andere Lebewesen in der Lage, die Risiken der Grundfunktionen unserer Existenz durch eigenes Handeln zu beeinflussen.

6.1 Kultur als Produzent von Sinn

Zu diesen drei Grundfunktionen kommt in menschlichen Gesellschaften eine weitere, entscheidende Funktion hinzu: die Vermittlung von Sinn.[4] Auch bei Tieren finden wir rudimentäre Formen der Sinndeutung von Reizen aus der Außenwelt und von Signalen der jeweiligen Artgenossen[5], aber in einem wesentlich geringeren Umfang als beim Menschen.[6] Nur bei der Spezies Mensch ist diese Sinnfindung konstitutives Merkmal des individuellen Handelns in Bezug zur sozialen und natürlichen Umwelt. Soweit wir wissen, gibt es keine Tierart, die beispielsweise religiöse oder abstrakt wissenschaftliche Deutungssysteme entwickelt hat.[7] Der große Erfolg der Spezies Mensch, zum dominanten Lebewesen auf dieser Erde zu

werden, ist maßgeblich davon bestimmt gewesen, dass diese
Spezies die Fähigkeit zur Sinndeutung, Sinnvermittlung
und sinngebundenem Handeln besitzt. Sinnzusammenhänge
verbinden Deutungen zu einem kohärenten Muster, deren
Elemente als zusammengehörig empfunden und mit einem
übergeordneten Deutungsmuster versehen werden. Solche
Sinnzusammenhänge können beispielsweise kausal, assoziativ oder final sein. Das in der Sprache angelegte Potential zur
relationalen Verknüpfung von Deutungsmustern weist schon
darauf hin, wie entscheidend die Konstruktion von Sinnmustern für Individuen und ganze Kulturkreise ist.[8]

Aus vielen Sinneseindrücken und Informationen eigene
Schlüsse zu ziehen und darauf aufbauend das eigene Handeln
bewusst auszurichten, gehört sicherlich zu den evolutiven
Vorteilen des Menschen gegenüber anderen Lebewesen. Ähnlich wie bei den Faustregeln ist aber die vorgenommene Zuordnung von Sinnzusammenhängen nicht immer den Problemen, die man gerne lösen möchte, angemessen. Menschen
nehmen fast automatisch in aufeinanderfolgenden oder in
einem lokalen Umfeld ablaufenden Handlungen oder Ereignissen Sinnmuster an und verbinden die darin enthaltenen
Elemente zu einer Einheit (Modelle und Narrative).[9] In der
Realität können diese Elemente völlig unabhängig voneinander ablaufen, oder sie sind nur scheinbar miteinander verbunden, weil es eine Drittgröße gibt, die mit beiden in einer
kausalen Relation steht. So wie die gemessene Beziehung
zwischen Störchen und den Geburten auf die gemeinsame
Drittvariable »Ländlicher Raum« zurückzuführen ist*. Eine

---

* In diesem Falle spricht man von Koinzidenz oder von Scheinkorrelationen.
Was damit genau gemeint ist, kann ausführlich nachgelesen werden auf
http://www.fischerverlage.de/buch/9783596198115

Koinzidenz oder eine Korrelation sind also keineswegs ausreichend, um von einer kausalen Beziehung auszugehen.[10]

6.2 Stochern im Dunkeln: Die Suche nach Sinnmustern

Die Literatur zu Fehlurteilen und Fehlwahrnehmungen ist voll von Beispielen, wie wir aus zufälligen Mustern sinnvolle, aber dennoch faktisch falsche Deutungen herauslesen.[11] Unsere Fähigkeit, zum Beispiel aus vielschichtigen Bildern zentrale Informationen in Sekundenschnelle abzurufen, verführt uns häufig auch dazu, Muster zu erkennen, die gar nicht vorhanden sind. Schon jeder einfache Rorschach-Test, bei dem Psychoanalytiker einem Klienten ein auseinandergefaltetes Papier mit Tintenklecksen an die Hand geben, die der Klient interpretieren und deuten soll, weist darauf hin, wie stark unser Wunsch nach Sinndeutung ist.

Ein besonders eindrucksvolles Experiment in dieser Hinsicht stammt von dem amerikanischen Soziologen Garfinkel:[12] Dieser hatte seinen Studenten versprochen, dass er einen bekannten Therapeuten (Councillor) aus den USA zu einem Besuch an seine Fakultät einladen würde. Alle Studierenden, die Probleme mit ihren Eltern hätten (das sind ungefähr alle), könnten während des Besuchs zu einer extra für sie bestimmten Sprechstunde kommen. Allerdings würde der Therapeut hinter einer Wand stehen und er dürfte stets nur mit »Ja« oder »Nein« antworten. Als nun der Tag gekommen war, dass der berühmte Therapeut das Institut von Garfinkel aufsuchte, teilte Garfinkel seine Studierenden nach dem Zufallsprinzip in zwei Gruppen ein. Die erste Gruppe konnte ihre Anliegen vorbringen und der Psychiater antwortete hinter einer Wand wie verabredet nur mit »Ja« und »Nein«. Die

andere Gruppe aber wurde ebenfalls vor eine Wand gesetzt,
dahinter saß aber nicht der Psychiater, sondern die Antworten
»Ja« und »Nein« wurden in zufälliger Reihenfolge an die Studierenden weitergeleitet. Offenkundig konnten die Antworten, die nach dem Zufallsprinzip ausgewählt wurden, kaum
einen sinnvollen Zusammenhang zwischen den Fragen und
den Antworten herstellen. Nach dieser Befragung teilte Garfinkel einen Fragebogen aus, in dem er die Studierenden nach
ihrem Eindruck und nach dem Grad ihrer Zufriedenheit befragte. Interessanterweise waren die Studierenden, die den
zufälligen Antwortmustern gelauscht hatten, zufriedener mit
den Antworten als diejenigen, die dem echten Therapeuten
zugehört hatten. Nach Rückfrage antworteten viele der Studierenden aus der Gruppe mit den zufälligen Antworten, dass
sie lange gebraucht hätten, um den tieferen Sinn der Antworten des Therapeuten zu erkennen. Auf den ersten Blick hätte
alles sehr widersprüchlich geklungen, aber nach einigem
Nachdenken hätte es dann bei ihnen »geklickt« und sie hätten
jetzt sehr viel mehr über die Komplexität der Probleme gelernt, die sie mit ihren Eltern hätten. Bei der anderen Gruppe
sagten dagegen viele, dass ihnen die Antworten des Therapeuten nichts Neues geliefert und sie von daher nur eine Bestätigung für das gefunden hätten, was sie ohnehin schon
wüssten.

Dieses interessante Experiment führt uns zweierlei vor
Augen: Zum einen erleben wir soziale Situationen als unmittelbar sinngebend.[13] Wenn wir nicht darauf aufmerksam gemacht werden, dass in dieser Situation gar keine sinnvolle
Kommunikation angelegt war, suchen wir so lange nach einem
Sinn, bis wir ihn gefunden haben. Zum Zweiten sind wir offenkundig phantasievoll genug, um auch bei widersprüch-
lichen und komplizierten Mustern der Wahrnehmung sinn-

volle und kohärente Schlüsse zu ziehen. Diese Gabe ist einerseits ein großer Gewinn, um auch bei einer Fülle von sich widersprechenden Eindrücken eine (für einen selbst) stimmige Interpretation zu finden. Andererseits kann uns diese Gabe aber auch häufig fehlleiten. Dann werden scheinbare Zusammenhänge zu kausalen Beziehungen, an denen wir umso eher festhalten, je mehr Mühe es uns gekostet hat, diese in einer anstrengenden geistigen Sinnsuche zu erzeugen.

Die Suche nach Sinn ist ein wichtiger Schlüssel für die Mechanismen, die bei der Wahrnehmung und Bewertung von Risiken intuitiv ablaufen. Risiken bezeichnen ja immer mögliche Folgen von Ereignissen oder Handlungen, die wir in Zukunft erwarten. Dabei müssen wir notgedrungen von einer gedanklichen Verbindung zwischen Auslöser und den ausgelösten Konsequenzen ausgehen. Wenn wir verschiedene Handlungsoptionen miteinander abwägen, dann kommen wir nicht umhin uns zu fragen, welche positiven und negativen Folgen mit jeder Option verbunden sind. Diese gedankliche Vorwegnahme der Zukunft ist nur möglich, wenn wir Signale von unseren Sinnesorganen, Informationen von anderen und Erfahrungen aus der Vergangenheit zusammenfügen, die uns eine solche Verbindung nahelegen. Da die meisten modernen Risiken, wie schon so oft angemerkt, selten sinnlich erfahrbar sind, müssen wir vor allem auf die Kommunikationsangebote zurückgreifen, die uns durch direkte Gespräche und durch Medien (vom Buch über Fernsehen und Zeitung bis zum Internet) vermittelt werden.

6.3 Sinnanker: Plausibilität und Glaubwürdigkeit

Bei der Auswahl und Bewertung dieser Kommunikationsangebote lassen wir uns von Plausibilität und Glaubwürdigkeit der Informationsquellen leiten.[14] Plausibel erscheint uns
alles, was intuitiv einen Sinn ergibt. Es ist beispielsweise
intuitiv leicht nachzuvollziehen, dass bei einer Erhöhung
der Leukämierate in der Umgebung von Kernkraftwerken
nur deren Strahlung als Ursache in Frage kommt. Die zweite
Komponente Glaubwürdigkeit der Informationsquellen hängt
wiederum stark davon ab, inwieweit wir mit diesen Quellen eine »reine« Absicht verbinden (also keine Manipula-
tionsabsicht), inwieweit diese Quellen kompatibel sind mit
unserem Weltbild und wie integer wir sie einschätzen, das
eigene Wissen lückenlos weiterzugeben.[15] Plausibilität und
Glaubwürdigkeit sind damit die entscheidenden Variablen,
nach denen wir unsere eigenen kausalen Modelle zusammenstellen und in einen übergeordneten Sinnzusammen-
hang bringen.

Bleiben wir hier zunächst bei der Frage der Plausibilität. Was
plausibel erscheint, ist stark davon geprägt, inwieweit Ereignisse oder Handlungen in einem engen örtlichen oder zeit-
lichen Rahmen aufeinanderfolgen und sich in der beobachteten
Reihenfolge auch wiederholen.[16] Dass diese Charakterisierung
nicht ausreicht, um den Anspruch auf eine kausale Beziehung
einzulösen, kann man schon daran erkennen, dass zwar auf den
Herbst immer der Winter folgt, aber niemand ernsthaft behaupten wird, der Herbst sei die Ursache für den Winter. Bei
einfachen Sachverhalten wie dem Wechsel der Jahreszeiten ist
dieser Fehlschluss schnell zu erkennen.

Bei komplexen Phänomenen ist diese Gleichsetzung von
Folge und Verursachung viel weniger offenkundig. So er-

scheint es uns intuitiv völlig naheliegend, dass die Giftigkeit eines Stoffes mit der Höhe der Dosis zunimmt. Je mehr ich etwa Alkohol trinke, desto schlimmer der Kater am nächsten Morgen. Das gilt in der Tat für die meisten toxischen Substanzen, aber beispielsweise nicht für Nanopartikel.[17] Dort ist die Dosis gerade nicht die entscheidende Größe für die gesundheitliche Wirkung, sondern die Struktur der Oberfläche, mit der sich Nanopartikel an die Rezeptoren im Körper andocken können. Nanopartikel heißen ja auch so, weil sie extrem klein sind. Interessanterweise verändern Stoffe, deren gesundheitliche Wirkungen man sehr gut kennt, ihre Eigenschaften, wenn sie in nanoskalierter Größe vorliegen und als Nanopartikel eingenommen werden.[18] Sie sind dann so winzig, dass sie zum Beispiel die (wie ein Sieb agierenden) Membranen der Zellen durchlaufen und auch die Blut-Gehirn-Schranke überwinden können. Lägen sie in größeren Abmessungen vor (etwa im Mikrobereich), würden sie von den Membranen abgehalten werden.

Ein besonders eindrucksvolles Beispiel ist die Hexenverfolgung im späten Mittelalter und der beginnenden Neuzeit. Der Harvard-Wissenschaftler William Clark konnte aufzeigen, dass die Hexenverbrennung im engen Zusammenhang mit dem Auftreten von sogenanntem Mutterkorn im Getreide steht.[19] Der Mutterkornpilz ist ein Parasit, der sich während der Gras- und Getreideblüte an der Ähre festsetzt. Er entwickelt sich bis zur Reife zu einem 4 cm langen und etwa 3 mm breiten, blauschwarzen, kornähnlichen Gebilde.[20] Die Vergiftung beginnt mit Kribbeln in Fingern und Zehen, der Vergiftete leidet unter Durchfällen, Pupillenerweiterung und Durstgefühl. Da die Giftstoffe auf das Muskelgewebe wirken, kommt es zu starken Krämpfen und Lähmungen. Der Patient wird von heißen und kalten Schauern überfallen und muss

unter starken Nervenstörungen leiden, die in Wahnsinnsan-
fällen gipfeln.

Von dem Jahr 943 ist überliefert, dass im frühen Herbst
40 000 Menschen in Limoge in Frankreich starben, nachdem
sich dort die Seuche in aller Stärke zeigte:

> »… schreiend, jammernd und sich krümmend brachen
> Menschen auf der Straße zusammen. Manche standen von
> ihren Tischen auf und rollten wie Räder durchs Zimmer,
> andere fielen hin und schäumten in epileptischen Krämp-
> fen. Noch andere erbrachen sich und zeigten plötzliche Zei-
> chen des Wahnsinns. Von diesen schrien viele: ›Feuer … ich
> verbrenne!‹«[21]

Weil damals noch niemand die Zusammenhänge kannte, suchten die verzweifelten Menschen nach einem plausiblen Auslöser. Dieser Auslöser war schnell gefunden: Es konnte nur der
Teufel sein, der hier seine feurigen Spiele trieb und vor allem
Frauen heimsuchte. Denn gleichzeitig mit dem Auftreten des
Mutterkorns erlebten die Menschen weitere Infektionskrankheiten und Naturkatastrophen. Wenn also diese von der Krankheit befallenen Frauen zu Wahnvorstellungen neigten und
gleichzeitig ein Unglück nach dem anderen hereinbrach, dann
konnte das kein Zufall sein. Diese Frauen standen »eindeutig«
mit dem Teufel im Bunde. Die Art, mit der die Gesellschaft damals Risikomanagement betrieb, ist aus der Geschichte bekannt:
Die vermeintlichen Hexen wurden verbrannt. Vorher wurde ihnen unter Folter ein Geständnis abgewürgt. Mit dem Geständnis wurde es dann noch plausibler, dass die Hypothese vom Einfluss des Teufels wahr sein musste. Übrigens fielen nicht nur
Frauen dem Hexenglauben zum Opfer. Um 1700 wurden in dem
Dörfchen Salem in Massachusetts 22 junge Männer hingerich-

tet, als ihre Mädchen, darunter die Pfarrerstochter des Dorfes, an der Seuche erkrankt waren. Die damit verbundenen Anfälle von Wahnsinn galten als Teufelswerk und die Freunde als leibhaftige Gehilfen des Satans.[22]

6.4 Was sind gute Gründe?

So offenkundig für uns moderne Menschen diese Fehldeutung auch erscheinen mag, ähnliche Beispiele finden sich gleichermaßen in der modernen Bewältigung von Risiken. Viele pseudowissenschaftliche Deutungsangebote scheinen viel plausibler und überzeugender zu sein als die häufig komplexen und schwer durchschaubaren Theorien der Wissenschaft. Nehmen wir das Beispiel der Pestizidrückstände bei Lebensmitteln, die wir im ersten Teil dieses Buches eingehender behandelt haben. Nach bestem Wissen der Wissenschaft sind diese Rückstände alles andere als gesund, aber auch nicht lebensbedrohlich oder stark gesundheitsgefährdend für den Konsumenten in Deutschland.[23] Allerdings ist wie bei allen krebserzeugenden Substanzen das Risiko für eine Krebserkrankung nicht gleich null. Das Wissen um die Möglichkeit von Krebserkrankungen aufgrund von Pestizidrückständen legitimiert aber schnell den Verdacht, dass jeder auftretende Krebs durch den Genuss entsprechender Lebensmittel erklärt werden kann. Wer an Krebs erkrankt ist oder mitansehen muss, wie ein Mitglied der Familie oder des eigenen Freundeskreises von dieser Krankheit betroffen ist, sucht nach einer plausiblen Erklärung. Metaphysische Erklärungsmuster haben in unserer säkularisierten Welt an Geltung verloren. Gleichzeitig verletzt das Erklärungsmuster einer zufälligen Schwankungsbreite von Krebserkrankungen das psychische

Verlangen nach einer »sinnhaften« Erklärung. Wie trostlos ist
es, das zufällige Opfer eines blinden Verteilungsmechanismus
von Krankheit zu sein! Wie schwer ist es zu ertragen, ohn-
mächtig gegenüber so einem schweren Schicksalsschlag zu
sein! Kennt man dagegen einen konkreten Grund, etwa Umweltbelastung, falsche Ernährung oder die unachtsame Kontaminierung von Lebensmitteln mit Pestizid-Rückständen,
dann macht das Auftreten der Krankheit zumindest subjektiv
Sinn. Lässt sich aus subjektiver Sicht darüber hinaus eigenes
Verschulden (etwa Rauchen oder Alkoholmissbrauch) ausschließen und Fremdverschulden als Ursache der Krankheit
heranziehen, dann mag die Krankheit sogar einen sozialen
Zweck erfüllen, nämlich die künftigen potentiellen Opfer zu
alarmieren und gegen die Ursache des Übels anzukämpfen.

Die häufig hochemotionale Auseinandersetzung um vermeintliche Auslöser von Krankheiten muss aus diesem psychischen Hintergrund heraus verstanden werden. Das gilt
auch für Angehörige und Beobachter aus der Nähe, die nicht
direkt betroffen sind und das Leid nur indirekt mitbekommen.
Die Befähigung des Menschen zum Mitleiden verhilft ihm zu
einer potentiellen Identifikation mit dem Opfer. Während der
Risikoanalytiker stochastische Theorien zur Charakterisierung der relativen Gefährdung von Ereignissen benutzt, die
keine kausalen Zusammenhänge zwischen singulären Auslösern und deren Effekten erlauben (und damit Distanz zum
eigenen Wissensbereich schaffen), sieht der Laie in ihnen den
Beweis für die schuldhafte Verstrickung gesellschaftlicher
Akteure bei der Verursachung lebensbedrohender Krankheiten. Und schon kommt es zu emotional geführten Konflikten
zwischen angeblich kalten und distanzierten Experten und
den im Stich gelassenen Opfern. Die Eingangsgeschichte zu
diesem Teil gibt davon beredtes Zeugnis.

6.5 Wir sind alle Herdenwesen

Und damit sind wir schon beim zweiten zentralen Begriff, der
für die Wahrnehmung von Risiken eine besondere Bedeutung
hat, nämlich dem Einfluss von sozialen Bindungen. Als Ge-
meinschaftswesen ist der Mensch auf Beziehungen zu anderen Menschen angewiesen.[24] Das gilt nicht nur für die lebenslangen Lernphasen, in denen wir von anderen Menschen
Wissen übernehmen und es auf unsere eigene Lebensführung
anwenden. Es gilt auch für unser eigenes Selbstwertgefühl,
dass wir von anderen geachtet, respektiert und geliebt werden.[25] Soziale Anerkennung ist eine der wichtigsten Triebfe-
dern für unsere Handlungen.[26] Insofern ist es für die meisten
von uns auch besonders bedeutsam, nicht unangenehm auf-
zufallen und bis auf wenige Ausnahmen »im Strom« mitzu-
schwimmen. Auch die Rebellen und Nonkonformisten sind in
der Regel nur in einzelnen Bereichen der Lebensführung ab-
weichend von der Norm und suchen nach Bestätigung und
Anerkennung in anderen Lebensbereichen. Oder sie haben
Geborgenheit in einer Subkultur abweichenden Verhaltens
gefunden, in der sie im Kleinen das wiederfinden, was sie in
der großen Gesellschaft vermisst haben.[27]
  Wie stark der Konformitätsdruck durch andere wirken
kann, lässt sich wiederum an einem einfachen Experiment aufzeigen.[28] Auch dieses Experiment führe ich gerne in meiner
Vorlesung »Risikowahrnehmung« durch. Während einer Vorlesung, bei der das Thema »optische Täuschung« behandelt
wird, schicke ich einen der Studierenden mitten in der Vorlesung zum Hausmeister, um neue Kreide zu holen oder etwas
anderes zu besorgen, das für den Studierenden plausibel erscheint. Während der Student oder die Studentin den Vorlesungsraum verlassen hat, male ich einige Striche an die Tafel,

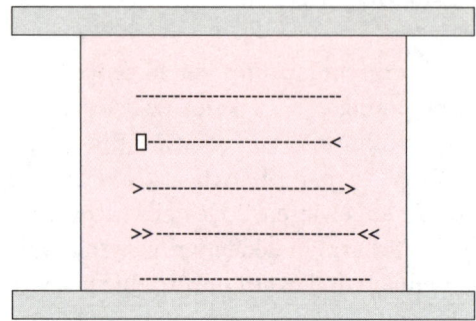

Abb. 18 Tafelbild für das Konformitätsexperiment nach Salomon Ash: Der letzte Strich ist eindeutiger länger als die anderen. Quelle: eigene Darstellung.

die offenkundig unterschiedlich groß sind. Abbildung 18 gibt dieses Tafelbild als Schemazeichnung wieder.

Wie man aus Abbildung 18 eindeutig erkennen kann, ist die erste gestrichelte Linie um einiges kürzer als der letzte Strich auf der Tafel. Dann bitte ich alle Studierenden auf meine Frage, welcher Strich der längere ist, schlichtweg die Verhältnisse zu verdrehen. Sie sollen den kürzeren als den längeren und den längeren als den kürzeren ausgeben. Sobald der Student mit der Kreide zurückkommt, wiederhole ich für ihn einige wichtige Anhaltspunkte für optische Täuschungen. Dann weise ich auf die Striche auf der Tafel hin und frage in die Vorlesungsrunde hinein, ob der erste Strich kürzer oder länger sei als der letzte Strich. Wie abgesprochen, bezeichnen alle Studierenden, die aufgezeigt haben, den kürzeren Strich als den längeren und umgekehrt. Zum Schluss nehme ich den Studierenden an die Reihe, der die Klasse verlassen musste, um die Kreide zu holen. In der Regel sieht man ihm den Stress im Gesicht an. Mit großer Verwunderung hat er die falschen Urteile aller anderen Studierenden vernommen. Gleichzeitig weiß er, dass es bei dieser Vorlesung um optische Täuschungen geht. Obwohl er genau sehen kann, dass die Striche unterschiedlich lang sind, gibt er nach einigem Zögern die gleiche Antwort wie die anderen Studierenden. Nach vielen Versuchen, die ich mit hunderten von Studierenden über die Jahre unternommen habe, sind es rund acht von zehn Studierenden, die sich der Mehrheitsmeinung unterwerfen, obwohl ihnen ihre Sinneswahrnehmung eindeutig das Gegenteil nahelegt. Interessanterweise fällt dieser Prozentsatz auf unter die Hälfte (drei von zehn), wenn nur einer von den anderen Studierenden die richtige Antwort gibt. Dann hat man zumindest einen Verbündeten, mit dem man gegen den Rest der Welt antreten kann.

Dieser Versuch ist ein guter Beleg dafür, dass wir bei Urteilen, bei denen wir uns selbst unsicher fühlen, auf die Urteile anderer Menschen, denen wir vertrauen, setzen. Dieses stellt einerseits eine durchaus erfolgversprechende Strategie dar, wenn man den Eindruck hat, dass die andern mehr wissen als man selbst, und andererseits erfüllt es ein psychisches Bedürfnis, dazuzugehören und nicht als Außenseiter zu gelten. Man möchte in der Mitte der Mitmenschen gut aufgehoben sein. Dies ist bei Fragen der Zuordnung von Auslösungen gesundheitlicher Folgen besonders häufig der Fall. Beginnen wir mit der Beobachtung, dass wir Risiken erst wahrnehmen, wenn wir von anderen darüber unterrichtet werden. So klagen Ärzte immer wieder, dass nach Fernsehsendungen wie »Gesundheitspraxis« eine Flut von Patienten zu ihnen kommt, die genau über die Krankheiten klagen, die tags vorher im Fernsehen beschrieben wurden. Irgendwelche Symptome, die mit diesen Krankheiten verbunden sind, kann man wohl immer am eigenen Körper beobachten oder – was noch häufiger ist – glaubt sie beobachten zu können. In der Fachsprache werden

diese Wirkungen als Placebo- oder Noceboeffekte bezeichnet.[29]
Die Placeboeffekte sind inzwischen allen mehr oder weniger
geläufig. Gibt man Menschen ein Medikament, das angeblich
eine bestimmte Krankheit heilen kann, dann wirkt dieses Medikament auch, wenn es nur aus Zucker und harmlosen Substanzen besteht. Experimentelle Untersuchungen haben nachgewiesen, dass bei einer Reihe von Krankheiten (aber nicht bei
allen!) Placebos bei mehr als zwei Drittel der Patienten zumindest kurzfristig zu Verbesserungen des Gesundheitszustandes
geführt haben.[30]

6.6 Der Glaube versetzt Berge

Der Bibelspruch, dass der Glaube Berge versetzen könne, be-
wahrheitet sich also tagtäglich in der medizinischen Praxis.
Allerdings ist auch hier Vorsicht geboten. Lebensbedrohende
Krankheiten wie Krebs lassen sich nicht allein durch guten
Willen und Selbstsuggestion überwinden. Optimismus, der
Glaube an eine Heilung und vor allem Geborgenheit im
Kreise der primären sozialen Umgebung sind ohne Frage relevante Einflussfaktoren, die sich positiv auf die Überlebens-
rate von Krebserkrankten auswirken.[31] Sie sind jedoch kein
Ersatz für die leider mit vielen Nebenwirkungen verbundenen
medikamentösen Behandlungen und Bestrahlungen. Placeboeffekte können also Körper und Geist für einige Zeit täuschen,
doch bei schwerwiegenden funktionalen Störungen bleibt
der Heilungseffekt nur über kurze Zeiträume erhalten.[32] Den
Geist kann man täuschen, den Körper auf Dauer nicht.

Wegen der Placeboeffekte ist es oft schwer, die Wirksamkeit
von neuen Medikamenten oder Behandlungsmethoden experimentell zu überprüfen. Wenn schon 20–70 % der Patienten

mit Placebos angeben, es ginge ihnen nach der Einnahme wesentlich besser, wie hoch muss dann der Effekt bei den echten Medikamenten sein, damit hier von einer biologisch gegebenen Wirksamkeit ausgegangen werden kann? Gerade bei den neuartigen Heilmethoden, wie Akupunktur oder Homöopathie, ist es außerordentlich schwierig, den Placeboeffekt von dem biologisch induzierten Heileffekt zu unterscheiden.[33] Das bedeutet keinesfalls, dass diese alternativen medizinischen Heilmethoden wirkungslos sind, ihre Wirksamkeit ist aber in der Regel selbst bei Doppelblind-Versuchen nicht eindeutig nachzuweisen.

Für die Frage der Risikowahrnehmung ist der gegenteilige Effekt, der sogenannte Noceboeffekt, von noch größerer Bedeutung.[34] Viele Menschen bemerken erst, dass sie an bestimmten Gesundheitsbelastungen leiden, wenn sie von Dritten darauf hingewiesen werden.[35] Im Einzelfall kann es durchaus sein, dass man lebensbedrohende Symptome tatsächlich übersehen und eine schwerwiegende Krankheit nicht rechtzeitig erkannt hat. Vielfach ist aber auch das Gegenteil der Fall: Da jeder von uns zu jeder Zeit irgendwelche Symptome von Krankheitsbildern aufweist, kann die Information über eine Krankheit oder ein neues Gesundheitsrisiko zu dem »Hallo, das bin ja ich!«-Effekt führen. Wie drastisch diese Effekte tatsächlich sind, konnte schon mehrfach bewiesen werden. Ein besonders eindrückliches Beispiel ist die Geschichte des Amerikaners Derek Adams:[36]

»Der junge Mann litt unter Depressionen, kam aber mit seinen Antidepressiva nur schlecht zurecht. In Hoffnung auf ein besseres Mittel nahm er an einer Medikamentenstudie teil. Die Pillen schienen gut zu wirken, zumindest ging es Adams zu Beginn der Studie besser. Nach einem

Streit mit seiner Freundin zerbrach seine Welt jedoch erneut. Er versuchte, sich das Leben zu nehmen, indem er die restlichen Studienpillen schluckte – alle 29 Tabletten auf einmal. Adams schien dem Tode nahe. Auch die Ärzte der örtlichen Notaufnahme konnten seinen Kreislauf nicht stabilisieren, kein probates Mittel half. Doch dann konnte er urplötzlich geheilt werden: Die Ärzte fanden heraus, dass Adams zur Placebo-Gruppe seiner Studie gehörte. Er hatte also nichts weiter als eine Überdosis Zuckerpillen genommen. Nachdem er das erfahren hatte, ging es ihm schlagartig besser.«

Gerade bei solchen Krankheitsbildern, die stark auf menschlichen Befindlichkeiten und psychischen Gemütszuständen beruhen, ist die Möglichkeit, durch Kommunikation Krankheiten künstlich hervorzurufen, besonders hoch. In den meisten Fällen treten dann auch die entsprechenden Symptome auf, allerdings sind die Ursachen, die für diese Symptome sprechen, nicht diejenigen, die der oder die Kranke selbst als Ursache wahrnimmt. Von daher ist der Vorwurf, diese Krankheiten seien eingebildet, nicht korrekt. Die meisten Symptome sind keineswegs eingebildet, die Menschen leiden unter Kopfschmerzen, unter depressiven Verstimmungen oder unter Konzentrationsschwächen, was immer das Symptom im Einzelnen auch sein mag.[37]

Ob aber die von uns zugeschriebenen Ursachen korrekt sind, ist eine ganz andere Frage. Weil wir hinter jedem dieser Symptome einen Sinn, also ein Deutungsmuster, erkennen wollen, suchen wir ganz gezielt nach den schuldigen Auslösern. In der Flut von Informationen, die uns tagtäglich bombardieren, werden wir in jedem Falle fündig. Das kann von den angeblichen negativen Erdstrahlen bis hin zu einer fal-

schen Diät oder bestimmten Luftschadstoffen reichen. Sobald
eines dieser Deutungsangebote für uns plausibel erscheint,
werden wir uns diese Deutung zu eigen machen und sie auch
gegen alle Gegenargumente verteidigen. Denn haben wir uns
einmal für eine für uns stimmige Sinndeutung entschieden,
dann wehren wir uns mit Händen und Füßen dagegen, diese
Sinndeutung wieder in Frage zu stellen und einen neuen (oft
schmerzvollen) Suchprozess zu starten.

Sinnsuche ist immer anstrengend, aufwendig und mit psy-
chischem Stress verbunden.[38] Dies gilt vor allem dann, wenn
wir Beobachtungen erklären wollen, die für unser Leben von
besonderer Relevanz sind. So ist es auch gut nachzuvollziehen, dass es Wissenschaftlern selten gelingt, einmal gefestigte
Deutungsmuster zu Auslösern und Folgen von Risiken durch
Argumente oder faktische Behauptungen zu korrigieren.[39]
Umso wichtiger ist es deshalb für uns alle, uns immer wieder
die Frage zu stellen: Ist der von mir als plausibel angesehene
Auslöser für das, was ich erklären will, wirklich plausibel genug, dass ich ihn als kausale Verursachung interpretieren
kann? Falle ich nicht auf bestimmte Faustregeln der Verallgemeinerung herein, die mir einen bestimmten Zusammenhang suggerieren, der aber offenkundig gar nicht besteht?
Gibt es andere wissenschaftliche Quellen, die alternative Er-
klärungsversuche anbieten, die ebenfalls hohe Glaubwürdigkeit besitzen?

6.7 Die Abwehr von Widersprüchen

Wahrscheinlich wären wir diesen Fragen viel offener zugetan,
wenn wir psychologisch nicht dazu neigen würden, Widersprüche zwischen unseren eigenen Deutungen und den Deutun-

gen anderer zu ignorieren, abzuwehren oder herunterzuspielen. In der Sozialpsychologie wird diese Neigung »Reduktion der kognitiven Dissonanz« genannt, wenn es um die Frage nach bewussten Konflikten zwischen Deutungsmustern geht.[40]

Kognitive Dissonanz tritt dann auf, wenn wir mit Informationen oder Erfahrungen konfrontiert werden, die unsere bisherigen Überzeugungen in Frage stellen. Statt diesen dissonanten Informationen auf den Grund zu gehen und uns nach bestem Wissen und Gewissen zu prüfen, welche der konkurrierenden Deutungsmuster möglicherweise eine bessere Erklärung für das, was uns noch erklärungsbedürftig erscheint, bieten könnte, sorgt die Reduktion der kognitiven Dissonanz dafür, dass wir diesen stressigen und aufwendigen Überprüfungsversuch erst gar nicht vornehmen. Stattdessen haben wir eine Reihe von Ausweichmanövern entwickelt, die es uns erleichtern, an unserer ursprünglichen Überzeugung festzuhalten (siehe Tabelle 10).[41]

Bezeichnung	Erklärung
Ignorieren	Unsere Selektions- und Aufmerksamkeitsfilter lassen erst gar keine Informationen passieren, die unsere vorgefassten Positionen und Einstellungen gefährden könnten.
Abwehr	Unsere Aufmerksamkeitsfilter lassen nicht zu, dass Informationen im Gedächtnis abgespeichert werden, die unsere vorgefassten Positionen und Einstellungen gefährden könnten.
Unterstützung	Wir suchen aktiv nach Informationen, die unsere vorgefassten Positionen und Einstellungen unterstützen und dafür Belege aufführen.
Relativierung der Glaubwürdigkeit	Die Quelle für dissonante Informationen wird entweder in ihrer Glaubwürdigkeit herabgestuft oder in ihrer Kompetenz für den Inhalt dieser Informationen in Frage gestellt.

Tab. 10 Ausgewählte Mechanismen der Reduktion von kognitiver Dissonaz. Quelle: Eigene Darstellung.

Das erste Ausweichmanöver heißt schlichtweg Ignorieren. Da wir ohnehin sehr viel mehr Informationen ausgesetzt sind, als wir physisch verarbeiten können, wir also gezwungen sind, aus der Unzahl der Informationen eine Auswahl zu treffen, können wir uns auch gleich die Informationen herauspicken, die uns den Stress der kognitiven Dissonanz ersparen. Wir bevorzugen also die Informationen, die unsere Einstellungen und Überzeugungen verstärken. Informationstheoretisch ist dieses Verhalten wenig rational, weil wir ja dann redundante Informationen aufnehmen, aus denen wir nichts Neues mehr lernen können. Offenkundig ist es aber für unsere Identität und für unser Selbstwertgefühl wichtiger, bestimmte Überzeugungen über lange Zeit durchzuhalten, selbst wenn sie einer objektiven Überprüfung nicht standhalten, als andauernd unsere Meinungen auf den Prüfstand zu stellen und selbstkritisch und voller Skepsis die eigenen Überzeugungen in Frage zu stellen.[42]

Eng verbunden mit der selektiven Wahrnehmung ist die zweite Form der Abwehr:[43] Was wir nicht wahrnehmen wollen, blenden wir einfach aus. Schon Kleinkinder haben die Angewohnheit, sich die Hand vor die Augen zu halten, wenn sie etwas Beängstigendes sehen. Dadurch wird die Gefahr nicht geringer (im Gegenteil), aber diese Abwehr hilft einem, Eindrücke auszuklammern, die das Gefühl von Unbehagen auslösen.

Das dritte Ausweichmanöver besteht darin, ganz bewusst nur nach solchen Informationen Ausschau zu halten, die eine unter Druck geratene Überzeugung unterstützen.[44] Dieses Ausweichmanöver haben Sie sicherlich alle schon selbst erlebt. Wenn Sie beispielsweise ein Fahrzeug gekauft haben, das in der Fachpresse keine gute Kritik bekommen hat, dann springen Ihnen beim Durchblättern einer Illustrierten (etwa beim Friseur) Anzeigen für dieses Fahrzeug direkt ins Auge, selbst wenn Sie Anzeigen im Normalfall geflissentlich überlesen. Meist sind Sie sogar motiviert, den Text der Anzeige Wort für Wort durchzulesen, um sich noch einmal rückzuversichern, dass Sie trotz allem die richtige Auswahl getroffen haben. Gleichfalls werden Sie plötzlich genau diese Fahrzeugmarke immer wieder im Straßenverkehr bemerken, obwohl Sie vor dem Kauf kein einziges Mal auf diesen Wagentyp geachtet hatten. Jetzt aber, wo Sie diesen Wagen selber fahren und unsicher sind, ob sie die richtige Wahl getroffen haben, erfreut es Sie, dass offenkundig viele andere die gleiche Wahl getroffen haben wie Sie. Sie wissen jetzt: Ich bin nicht der Einzige auf dieser Welt, der diesen Wagen erworben hat. Schließlich werden Sie versuchen, Bekannte und Freunde, die sich ebenfalls für dieses Auto entschieden haben, anzurufen und sie nach ihren Eindrücken zu befragen. Dies ist allerdings ein etwas riskantes Unterfangen, weil diese Personen möglicherweise schlechte Erfahrungen mit dem Wagen gemacht haben und das auch nicht für sich behalten wollen.

Aber für diesen Umstand gibt es noch das vierte Ausweichmanöver: Herabstufung der Glaubwürdigkeit der Informanten.[45] Trifft man also auf einen Freund, der sich lautstark über das Auto beschwert, dann kann man immer noch die Ausrede benutzen, dass dieser Freund immer über alles nörgelt und er jetzt sogar diesen zuverlässigen Wagen in seine übliche Nörgel-Arie aufgenommen hat. Diesen Mechanismus finden wir auch häufig bei Informationsquellen über Gesundheitsgefahren. Wenn ich von jemandem Informationen erhalte, dass eine meiner Gewohnheiten gesundheitsschädlich ist, frage ich zuerst danach, von welcher Quelle diese Information stammt. Dann werde ich besonders kritisch sein, was die Unabhängigkeit und Kompetenz dieser Quelle betrifft. Bestätigt sie dagegen eine meiner Gewohnheiten, dann werde ich alles tun, um mögliche Zweifel an der Glaubwürdigkeit der Quelle zu zerstreuen.

6.8 Abwehrmechanismen bei Risiken

Es gibt noch eine Reihe von anderen Reduktionsmechanismen für kognitive Dissonanz. Die drei, die ich genannt habe, sind diejenigen, die gerade bei der Aufnahme von Informationen zu Risiken besonders durchschlagen.[46] Zum Ersten wähle ich mir aus den tausenden von Informationen, die tagtäglich über Risiken vermittelt werden, nur diejenigen aus, die meine bisher schon gefestigten Überzeugungen unterstützen. Vor kurzem hatten wir im Rahmen eines Forschungsprojektes zwei Gruppen eingeladen, die sich zum einen als Gegner von Mobilfunkmasten und zum anderen als Befürworter von neuen Mobilanlagen in einem Telefoninterview bekannt hatten. Als wir die beiden Gruppen dann zu einem Gruppengespräch eingeladen hatten, war jede Gruppe felsenfest davon überzeugt, dass die Mehrzahl der wissenschaftlichen Untersuchungen zu den Gesundheitsauswirkungen von Handystrahlen die eigene Überzeugung stützen und bekräftigen würde. Später beim Kapitel zum Thema virtuelle Realität werde ich auf dieses Beispiel noch einmal eingehen. Hier genügt zunächst die Einsicht, dass wir stets glauben, bei einer Streitfrage die Mehrheit der Wissenschaft und Fachleute immer auf unserer Seite der Deutung zu sehen.

Zum Zweiten erleben wir immer wieder, dass wir vorrangig solche Informationsquellen aufsuchen und deren Informationsangebote in Anspruch nehmen, von denen wir die feste Überzeugung haben, sie würden unsere Überzeugung teilen.[47] Häufig fallen wir dann auf eine der schon beschriebenen Fehldeutungen hinein, dass nämlich von einer Ursprungsquelle viele Duplikate in andere, scheinbar unabhängige Quellen eingesickert sind, die uns eine mehrfache Absicherung der Informationen suggerieren. In unserer Welt der Überflutung an Informationen und Kommunikationsangeboten finden wir leider für jede noch so abwegige Vermutung über Ursache und Wirkungsbeziehungen irgendeine Bestätigung oder einen Beleg (vor allem im Internet). Da wir bei komplexen Risiken den Wahrheitsgehalt nicht selber nachprüfen können, reicht es uns oft aus, dass es solche Nachweise irgendwo gibt, gleichgültig wie überzeugend sie im engeren wissenschaftlichen Sinne sein mögen.

Zum Dritten neigen wir dazu, all diejenigen Risikoabschätzungen, die nicht mit unserer übereinstimmen, als weniger glaubwürdig einzustufen, weil die Quellen angeblich nicht vertrauenswürdig sind.[48] Auch hier können wir den Inhalt der jeweiligen Aussagen in der Regel nicht nachprüfen, sondern wir sind darauf angewiesen, die Glaubwürdigkeit anhand von externen Merkmalen zu beurteilen. Wichtig ist dabei die vermutete Interessenabhängigkeit des jeweiligen Informanten, die vermutete Aufrichtigkeit der Person oder der Institution, die diese Information herausgibt, und deren vermutete Kompetenz.[49] Wenn wir beispielsweise felsenfest davon überzeugt sind, dass Pestizidrückstände in unseren Lebensmitteln für einen Großteil der Krebserkrankungen Deutschlands verantwortlich sind, dann werden wir gegenteilige Informationen als unglaubwürdig einstufen. Personen, die uns das Gegenteil belegen wollen, müssen entweder von der Industrie bestochen, in ihrem Fachgebiet inkompetent oder völlig losgelöst von der Realität in ihrem Elfenbeinturm Forschungen betrieben haben. Mit diesen Etikettierungen können wir relativ schnell und einfach missliebige Verunsicherungen des eigenen Standpunktes abwehren.

Diese Mechanismen der Reduktion kognitiver Dissonanz lassen sich auch in die Sprache der Psychoanalyse übersetzen.[50] Dann sprechen wir von Verdrängung, Verleugnung, Projektion, etwa von Schuld- oder Angstgefühlen, oder Spaltung.[51] Häufig verdrängen wir Informationen im innerpsychischen Zusammenhang, die unsere Überzeugungen ins Wanken bringen könnten, indem wir sie schlichtweg aus unserem Erfahrungsschatz ausblenden und unsere Selektion der Signale so einrichten, dass gegenteilige Informationen erst gar nicht empfangen werden. Verleugnen wir Informationen, dann stufen wir sie als irrelevant oder nicht passend ein, obwohl sie im Grunde genommen thematisch relevant sind. So können wir beispielsweise leugnen, dass Rauchen Krebs erzeugen kann, weil diese Studien ja in Wirklichkeit etwas ganz anderes messen, nämlich die Abhängigkeit zwischen Pestizideinsatz bei der Tabakpflanze und den dadurch ausgelösten Krebserkrankungen. Bei der Projektion schieben wir unsere eigenen unbewussten Schuldgefühle und Ängste auf externe Objekte oder Sündenböcke, die, stellvertretend für unsere ungelösten Konflikte, symbolisch zur Verantwortung gezogen werden, obwohl eine direkte kausale Beziehung nicht besteht. Hier bieten sich anonyme Sündenböcke wie die Technik, die Wirtschaft, die Banken oder die Politik an. Bei der Abspaltung werden Erfahrungen und Gedankengänge aus unserem Bewusstsein verdrängt, die zu traumatischen Erinnerungen führen könnten. Zwar gibt es hier eine deutliche Verbindung zwischen der Verursachung des Traumas und der Abspaltung, aber dies kann sehr häufig dazu führen, dass Situationen, die dem ursprünglichen traumatischen Ereignis nur ähnlich sind, als so beängstigend wahrgenommen werden, dass sie über den

Mechanismus der Abspaltung aus dem Bewusstsein abgesondert und von der eigenen Identität ausgeschlossen werden.

Gleichgültig ob wir das Vokabular der sozialpsychologischen Theorie der kognitiven Dissonanz oder das individualpsychologische Instrumentarium der Psychoanalyse heranziehen, in beiden Fällen werden ähnliche Phänomene für uns greifbar beschrieben. Wenn wir einmal eine bestimmte Überzeugung verinnerlicht haben, versuchen wir alles, diese Überzeugungen auch gegen jede Evidenz des Gegenteils aufrechtzuerhalten. In der Regel ist es kaum möglich, durch Kommunikation über den Sachverhalt diesen Teufelskreis zu überwinden.[52]

Die einzige Chance, die ich für realistisch und vielversprechend halte, ist die Selbstbeobachtung.[53] Wenn ich weiß, dass ich zur kognitiven Dissonanzreduktion neige (und das tun wir alle), dann kann ich selbstkritischer und offener an neue Informationen herangehen, weil ich mir meiner eigenen Schwächen bewusst bin. Erst durch die Bewusstwerdung dieser Mechanismen habe ich die Gelegenheit, das Ziel zu erreichen, das ich als Leitmotiv für dieses ganze Buch gewählt habe: die Risikomündigkeit.

7 Die Medien sind an allem schuld – wirklich?

Bei der mentalen Konstruktion von sinnvollen Deutungsmustern zwischen Auslösern und Folgen sind wir gerade bei komplexen Risiken auf Informationen durch Dritte angewiesen. Den meisten Krankheiten, vor allem Krebserkrankungen, sieht man nicht an, von wem oder von was sie verursacht wurden. Gleichzeitig verfügen wir über keine zuverlässige eigene Erfahrung, welche Chemikalien, Bakterien oder andere Erreger in welcher Dosis und in welcher Form die uns bedrohenden Krankheiten auslösen können. Auch bei vielen Technologien, wie Gentechnik oder Nanotechnik, können wir die Sicherheit für unsere Gesundheit und Umwelt nicht aus eigener Anschauung abschätzen. Wir sind also auf die Informationen Dritter angewiesen. Neben direkten Gesprächen mit anderen Menschen, die aber, von wenigen Ausnahmen abgesehen, ebenso wenig aus eigener Lebenserfahrung über diese Risiken sprechen können, ziehen wir die meisten Informationen aus den öffentlichen Medien: den Zeitungen, dem Fernsehen, dem Radio und zunehmend aus dem Internet.[1] Im Rahmen einer empirischen Studie zu Technikängsten sagte einer der Interviewpartner aus dem Bereich der Medien: »So wie die Sinnesorgane eines Menschen eine Gefahr signalisieren und dadurch Angst auslösen, so informieren Medien die Öffentlichkeit über dieses und jenes – und Ängstliche bekommen Angst.«[2]

Und an dieser Stelle kommt dann schnell die Schuldzuweisung. Sind es nicht die »bösen« Medien, die harmlose Gefahren zu Katastrophen hochstilisieren, die wissenschaftliche Fakten verdrehen und die Sensationen im Visier haben, unabhängig davon, ob die Meldung stimmt oder nicht? Die Antwort ist »Jein«. Ohne Zweifel sind die Medien in unserer Gesellschaft die zentralen Vermittler von Informationen über Risiken. Sie sind in dieser Funktion keineswegs nur neutrale Berichterstatter, wie sie sich gerne in der Öffentlichkeit präsentieren, aber ebenso wenig ideologisch verbrämte Gesinnungstäter, die skrupellos Tatsachen verdrehen, um ihren Standpunkt durchzusetzen.[3]

Die moderne Medienforschung hat inzwischen die Kommunikationskette, beginnend mit dem Anlass der Berichterstattung über die Kodierung einer Botschaft durch die Journalisten bis zum Verständnis der ausgesandten Botschaften beim Medienkonsumenten, eingehend unter die Lupe genommen.[4] Dabei dürfte jedem Leser und jeder Leserin dieses Buches jetzt schon klar sein, dass Journalisten weder ein Abbild der Realität vermitteln noch dass die Medienkonsumenten genau die Deutung übernehmen, die Journalisten mit ihrer Botschaft verbunden haben. Journalisten nehmen wie jeder Mensch physische Signale (etwa als Augenzeuge eines Unfalls) und kommunikative Signale (Interviews mit Betroffenen, Hintergrundberichte, Stellungnahmen) auf und verarbeiten sie zu ihren eigenen Deutungsmustern.[5]

Dieser Prozess journalistischer Deutungszuschreibungen ist einerseits von individuellen Vorlieben und Interpretationsmustern des jeweiligen Journalisten geprägt, aber viel stärker noch von kollektiv wirksamen Konventionen des Journalismus.[6] Das sind Auswahl- und Interpretationsmuster, die zum professionellen Standard von Journalisten gehören und nach denen sie den Nachrichtenwert einer Information bewerten.[7] Diese Standards sind zum großen Teil für alle Medien gültig, zum Teil sind sie medienspezifisch.[8] Diese Muster der Selektion und Verstärkung beeinflussen die Wahl und Relevanz der öffentlich wirksamen Themen (Gatekeeper-Funktion) und bestimmen weitgehend die Prioritäten für den öffentlichen Diskurs.[9] Oder wie es ein Politiker mir gegenüber einmal zum Ausdruck brachte: Worüber wir am Dienstag in Berlin sprechen, lesen wir am Montag zuvor im Spiegel.

7.1 Was wählen Medien als berichtenswert aus?

Zunächst gibt es formale Selektionskriterien, die den Nachrichtenwert einer Meldung ausmachen. Meldungen müssen aktuell, unerwartet, in ihren (vor allem sozialen) Auswirkungen weitreichend und im Rahmen des jeweiligen Kontextes außergewöhnlich sein.[10] Denken Sie beispielsweise an den Irakkrieg. In den ersten Tagen der amerikanischen Besatzung wurde jedes Selbstmordattentat auf Seite 1 der Tageszeitung gesetzt. Nach einiger Zeit hatte man sich aber so an diese Ereignisse gewöhnt, dass nur noch außergewöhnliche Attentate mit vielen hunderten Toten auf den ersten Seiten der Tageszeitungen (oder am Anfang der Fernsehnachrichten) Eingang fanden. Wir gewöhnen uns relativ schnell an neue Kontextbedingungen, selbst wenn sie für uns insgesamt sehr unangenehm wirken. Das Gleiche trifft auch auf die Medien zu. Auch die sind in einem sogenannten Aufmerksamkeitszyklus gefangen.[11] Wenn keine wirklich neuen Informationen mehr folgen, verliert jedes Thema schnell an Attraktivität und wird schließlich ganz aus dem öffentlichen Bewusstsein verschwinden, auch wenn das dahinterliegende Problem keinesfalls gelöst ist.

Dazu gehört auch, dass Medien in der Regel aktuelle Ereignisse aufgreifen und kontinuierliche Entwicklungen meist aussparen.[12] So wurde etwa über die Dioxin-Emissionen aus Müllverbrennungsanlagen in aller Breite berichtet, dagegen wurden die laufenden technischen Verbesserungen dieser Anlagen zur Reduktion von Dioxin bis an die Grenze des Nachweises kaum von den Medien aufgegriffen. Schon die Tatsache, dass die Medien über ein Thema besonders häufig kommunizieren, führt bei den Rezipienten oft zu der Vermutung, dieses Thema sei besonders umstritten und deshalb sei erhöhte Vorsicht geboten.[13] Diesen Neuigkeitseffekt kann man bei jedem Flugzeugabsturz beobachten.[14] In den ersten beiden Tagen nach dem Absturz wird jeder, der sich schon einmal öffentlich als Fachmann oder Fachfrau für den Flugverkehr zu erkennen gegeben hat, als Experte vor die Kamera der

Fernsehanstalten gelockt, um über die Ursache des Absturzes
zu spekulieren. Da hört man häufig abenteuerliche Horrorge-
schichten, warum gerade dieses Flugzeug abstürzen musste.
Meistens wird nach 2–3 Wochen der Flugschreiber gefunden
und ausgewertet. Diese Informationen zusammen mit den Ergebnissen der jeweiligen Untersuchung ergeben in der Regel
ein stimmiges Bild über die tatsächliche Ursache des Absturzes. Allerdings werden Sie diese Nachricht bestenfalls in der
Zeitung auf Seite 9 unter Vermischtes wiederfinden. Ist die
erste Aufregung über den Absturz einmal vorbei, scheint sich
für die wahre Ursache außer den Fachleuten niemand mehr zu
interessieren.

Medien sind darüber hinaus in einem engmaschigen und
auf Effizienz getrimmten Produktionskreislauf eingebunden.
Aus Kostengründen werden zunehmend Redaktionen ausge-
dünnt und die entsprechenden Artikel oder Sendungen von
freiberuflichen Journalisten erstellt.[15] Da diese andauernd im
Wettbewerb zueinander stehen, gerät die Recherche oft genug zu einer nur oberflächlichen Suche nach Argumenten
und Daten. Bei der verzweifelten Suche nach einzigartigen
und sensationellen Vorkommnissen werden gelegentlich sogar Ereignisse inszeniert, um einen entsprechenden Eindruck
bei den Redaktionen zu hinterlassen.[16] Dabei geraten zum
Beispiel spektakuläre Aktionen von Chaoten und Militanten
ins Visier der Medienberichterstattung, die im Spektrum der
jeweiligen Protestbewegung einen verschwindend geringen
Anteil ausmachen. Ihre Aktionen werden jedoch in den Mittelpunkt der Nachricht über eine Demonstration gesetzt mit
dem Effekt, dass sich viele Medienkonsumenten »entsetzt«
von diesen Gruppen absetzen und die gesamte Bewegung mit
den Ausschreitungen identifizieren.[17] Gleichzeitig haben empirische Untersuchungen in der Bundesrepublik Deutschland

offengelegt, dass Medien journalistisch gut aufgemachte Presseerklärungen von Industrie und staatlichen Organen oft ungeprüft in Zeitung und Funkmedien als Nachricht übernehmen, dies jedoch bei Umweltverbänden unterlassen oder sich erst bei Behörden oder Industrievertretern rückversichern, ob das alles so seine Richtigkeit habe.[18] Auf diese Weise ist die gebotene Neutralität der Medienberichterstattung natürlich gefährdet.

Doch mit der Neutralität ist es nicht so einfach, wie es auf den ersten Blick erscheint. Denn wir haben es auch bei den Medienberichten immer mit Deutungen zu tun, die Menschen aus den vielen Signalen herauslesen und selektiv verstärken.[19] Wie amerikanische Untersuchungen nahelegen, sind Häufigkeit und Länge der Berichterstattung über Katastrophen weniger von deren unmittelbaren Folgen (etwa Zahl der Toten oder Verletzten) bestimmt als vom sozialen und politischen Kontext der Katastrophe.[20] Gelten die Ursachen der Katastrophe oder einer Krankheitsepidemie als nicht vom Menschen beeinflusst (wie etwa bei einem Erdbeben), dann sinkt das Interesse der Medien an diesem Ereignis sehr schnell, es sei denn, es gäbe Versäumnisse bei der Katastrophennachsorge zu vermelden.[21] Vermutet man dagegen menschliches Versagen oder sogar schuldhaftes Verhalten, dann kann man sicher sein, dass hier die Medien nicht lockerlassen werden, selbst wenn das Ereignis wenig folgenschwer ist.[22] Ein weiterer Selektionsmechanismus ist die Konflikthaftigkeit des Themas. Je mehr Konflikte mit einem Ereignis verbunden sind, desto interessanter ist dieses Thema für die Medien. Für den Medienkonsumenten ist die durch die Selektionsmechanismen bewirkte Fokussierung auf ungewöhnliche, moralisierbare und konfliktgeladene Themen ein Zeichen dafür, dass wir es jeweils mit einem großen Risiko zu tun haben müssen.

Sicher haben Sie dafür jetzt auch die passende Erklärung: Hier wirken wie so oft die Faustregeln der Verfügbarkeit und der Verankerung.

7.2 Das inszenierte Expertendilemma

Ein weiterer wichtiger Selektionsmechanismus besteht darin, bei Unsicherheit oder Ambiguität über Risiken die Pluralität der in der Gesellschaft vorhandenen Deutungsmuster aufzugreifen und sie als Konflikt der Experten zu inszenieren.[23] So heißt es häufig: Während der Chemiekonzern X auf seiner Pressekonferenz betonte, dass vom Produkt Y keinerlei Gefahren ausgehen würden, kritisierte der Sprecher des Umweltverbandes Z den Konzern und wies auf eigene Studien hin, die ein erhebliches Risiko nach Kontakt mit dem Produkt Y nachgewiesen hatten. Selten werden in den Medien bewusst Daten gefälscht oder wichtige Argumente einfach ausgespart, um die Medienkonsumenten zu manipulieren. Im Gegenteil: Die meisten Journalisten suchen immer wieder nach Experten, die unterschiedliche Auffassungen vertreten, um die gesamte Bandbreite der möglichen Interpretationen zu übermitteln.[24] Dies ist nach journalistischer Tradition ein Gebot der Fairness. Wenn ein Experte eine Behauptung aufstellt oder eine neue Studie vorstellt, dann suchen die Journalisten fieberhaft nach einem Gegenexperten, der diese Ergebnisse in Frage stellt oder andere Interpretationen der Daten liefert.

Auch ich bin schon häufig von Medienvertretern angerufen worden mit der Bitte, doch zum Risiko X oder Y Stellung zu nehmen. Bevor ich dann allerdings etwas sagen konnte, wurde mir schon deutlich gemacht, was man gerne von mir hören wollte. Journalisten benutzen dafür häufig ein inneres Drehbuch, in dem sie die Dramaturgie des Experten und Gegenexperten bereits eingebaut haben. Manchmal haben Journalisten trotz großen Drehaufwandes ein Interview mit mir entnervt abgebrochen, weil ich nicht genau das ausgesagt hatte, was sie in ihrem inneren Drehbuch für mich vorgesehen hatten. Bei der Übermittlung der Pluralität von Deutungen und Schlussfolgerungen kommt es in der Berichterstattung der Medien weder darauf an, den Grad der Gewissheit der jeweiligen Behauptung zu erläutern (von absurd bis sicher), noch Medienrezipienten darüber zu informieren, ob die jeweiligen Zitate und Zuschreibungen den Standpunkt der Mehrheit der Fachleute oder lediglich die Position eines absoluten Außenseiters widerspiegeln.[25] Dies ist auch leicht nachzuvollziehen, weil die meisten Journalisten ebenso wenig Fachleute auf dem jeweiligen Gebiet sind wie die meisten von uns. Sie können weder die Gültigkeit von Positionen im Sinne wissenschaftlicher Beweisführung noch die Repräsentativität einer abweichenden Meinung beurteilen.[26] Sie haben keine Möglichkeit, die Aussagen der jeweiligen Experten im Einzelnen nachzuprüfen. Daher beschränken sie sich meist darauf, nur die Standpunkte und die damit verbundenen Konflikte an die Medienkonsumenten weiterzuleiten.

Medien reflektieren soziale Ereignisse, weniger physische Auswirkungen. Wenn sich also die Akteure in einer Konfliktsituation über die notwendigen Formen des Risikomanagements streiten, wie dies etwa bei der Frage der erforderlichen Maßnahmen bei dem Ausbruch der EHEC-Epidemie der Fall war[27], oder wenn sich die betroffenen Parteien gegenseitig die Schuld an negativen Ereignissen zuweisen, dann sind diese sozialen Ereignisse wichtige Auslöser und Verstärker für die Berichterstattung der Medien.[28] Ob es sich bei dem Streit nur um ein Scheingefecht handelt oder ob der Anlass des Streits

ein wirkliches Risiko darstellt, spielt für die Medientauglich-
keit eines Ereignisses kaum eine Rolle. Medien reagieren auf
die soziale Konstruktion der Wirklichkeit und nicht auf die
»Wirklichkeit selbst« oder ihre naturwissenschaftliche Erfassung.[29]

Für die Öffentlichkeit entsteht dabei der Eindruck, dass
alle Aussagen zu Risiken umstritten seien und die Experten
entweder unwissend oder bestochen sein müssen. Für die
Medienkonsumenten hat dieser Hang zur Pluralität weitreichende Folgen. Sie erhalten bei der Berichterstattung über
Risiken eine Fülle von unterschiedlichen Deutungsmustern,
aus denen sie sich das für sie passende Muster auswählen
können.[30] Wirken dann die Mechanismen der kognitiven Dissonanz, so ist klar, wohin die Reise geht. Aus der Fülle der
Standpunkte, die mir die Medien auf dem Tablett präsentieren, nehme ich natürlich genau die heraus, die meiner bisherigen Einstellung zu diesem Thema entsprechen. Die meisten
von uns werden sich aus der Gegenüberstellung von Zitaten
unterschiedlicher Experten das Zitat heraussuchen und in Erinnerung behalten, das im Sinne der kognitiven Dissonanzreduktion die eigene Denkweise bestärkt. Nur das Zitat erscheint glaubwürdig, das genau das wiedergibt, was wir auch
glauben. Wenn ich also der festen Überzeugung bin, dass die
chemische Industrie aus reiner Profitsucht giftige Chemikalien herstellt und vertreibt, dann werde ich mir bei Zeitungs-
berichten über negative Folgen von Chemikalien natürlich
die Expertise auswählen, die genau diese verantwortungslose
Haltung der Industrie anprangert oder zumindest nahelegt.
Oder umgekehrt, wenn ich der Meinung bin, dass Umweltverbände immer alles übertreiben, dann freue ich mich, in der
Zeitung zu lesen, dass Experte X die Unhaltbarkeit der An-
schuldigungen durch Umweltverband Y nachgewiesen habe.

Da die Medien die Pluralität von Meinungen, aber nicht deren Proportionalität und Treffgenauigkeit widerspiegeln, finden wir auch in den meisten Berichten genügend Deutungsangebote, um all das bestätigt zu finden, was wir ohnehin schon glaubten (oder ahnten) zu wissen.

Dazu kommt noch, dass wir stets glauben, wir seien immun gegen gefärbte Berichterstattung in den Medien.[31] Wir sind der festen Überzeugung, dass wir selber in der Lage seien, mögliche Verzerrungen zu erkennen. Nur die anderen Medienkonsumenten würden dagegen leicht Opfer ihrer Gutgläubigkeit und ließen sich durch die Medien über Gebühr beeinflussen. Diese Überzeugung wirkt wie eine Immunisierung für unsere Meinungen. Wenn andere anders denken, haben sie sich von den (natürlich falschen) Medien in eine falsche Richtung manipulieren lassen. Uns kann das natürlich nicht passieren. Und so können wir beruhigt bei der Meinung bleiben, die wir immer schon hatten.

7.3 Risiko als Drama

Übertragen auf die Debatte um Risiken für Gesundheit und Umwelt führen diese Selektionsmechanismen zur einer Wahrnehmung, nach der alle Risiken höchst umstritten sind und dass die Parteien in diesem Streit ihre Interessen vor das Gemeinwohl setzen. Jeder will seine eigene Haut retten und die eigenen Pfründe verteidigen. Damit verändert sich der Charakter der Berichterstattung: es geht dann nicht mehr um die Höhe eines Risikos oder um die Ursachen für einen Unfall oder eine Epidemie, sondern um Macht, Schuld und Vertuschung. Aus diesen drei Ingredienzen (wenn noch Sex dazu kommt, umso besser) werden soziale Dramen entworfen.

Als Sozialwissenschaftler ist mir natürlich bewusst, dass Macht und Interessen wichtige Einflussgrößen für die Strukturierung sozialer Beziehungen und für den Verlauf sozialer Prozesse sind, aber alle Konflikte oder sogar Scheinkonflikte reflexartig auf die Interessen der beteiligten Akteure zurückzuführen, ist eine nicht nur zutiefst zynische, sondern auch der Realität unangemessene Deutung der in unserer Gesellschaft ablaufenden Risikodebatten.[32] Viele Wissenschaftler, viele Vertreter von Konsumenten- und Umweltverbänden, viele in der Wirtschaft und Politik tätigen Experten haben den Wunsch, mit ihren Tätigkeiten die Risiken für Gesundheit, Umwelt und Wohlergehen zu reduzieren und zu einer risikoärmeren Alltagswelt beizutragen. Natürlich tragen alle dabei ihr Säckchen an Interessen, Werten und Überzeugungen mit sich. Aber alles Tun und Handeln auf Interessen und Macht zu reduzieren, wäre eine allzu grobe und unzulässige Vereinfachung der komplexen Wirklichkeit.

Zurück zu den Medien. Die Selektionskräfte der Medien verstärken also Pluralität, Konfliktwahrnehmung und Moralisierungen. Dahinter versteckt sich kein böser Wille oder sogar eine finstere Verschwörungstheorie. Im Prinzip bedienen die Medien mit ihren Angeboten das, was die Medienkonsumenten bewusst oder unbewusst nachfragen: Sensation, soziale Anerkennung durch die Rückversicherung, dass die eigene Weltanschauung auch von anderen geteilt wird, und Möglichkeiten für Projektion und Schuldzuweisung. Die Produzenten von Medieninhalten und deren Abnehmer spielen also das gleiche Spiel. Umso wichtiger ist es deshalb, dass wir die Mechanismen dieses Spiels erkennen und uns davon nicht einlullen lassen. Gerade dann, wenn wir den Eindruck haben, dass alle Welt bereits die richtige Einsicht besitzt, außer den gerade am Pranger stehenden Politikern, Wirtschaftsvertre-

tern oder Wissenschaftsexperten, dann ist Vorsicht angebracht. Politisch korrekte Expertisen *(political correctness)*
sind nicht immer korrekt. Und das, was wir als Bestätigung
des von uns immer schon Gedachten ansehen, entpuppt sich
häufig als nichts anderes als ein Echo auf unsere eigenen
Empfindungen, die wir in den Kommunikationsangeboten der
anderen herauszulesen glauben.

Dass diese Gefahr der Einkapselung in unsere eigene Deu-
tungswelt durch TV-Angebote und die sogenannten Neuen
Medien noch verstärkt wird, werde ich im nächsten Kapitel
vertiefen. Hier ging es mir vor allem um die Wirkung der
klassischen Medien auf unsere Urteilsbildung. Wenn wir darüber hinaus Medien, und hier vor allem die Neuen Medien,
als Konstrukteure einer eigenen Wirklichkeit sehen, dann ergibt sich noch ein viel subtileres Bild medialer Einflussnahme.

8 Lost im »virtual space«: die dritte Wirklichkeit

Wie es der Zufall so wollte, verbrachte ich den 17. Oktober 1989 in San Francisco, um an einer Tagung zum Thema
Risiko teilzunehmen. Da ich noch mit dem Jetlag zu kämpfen
hatte, legte ich mich nachmittags in meinem Hotelzimmer im
15. Stock des Hyatt Embarcadero zu Bett. Kurz nach 17:00 Uhr
wurde ich wach, und glaubte, dass ich vor lauter Reisemüdig-
keit wohl Schwindelanfälle bekommen hätte. Getrunken hatte
ich vorher nichts, dennoch hatte ich das Gefühl, dass sich alles
um mich herum drehte. Trotz dieser kurzen Störung gelang
es mir weiterzuschlafen. Erst am kommenden Morgen, als ich
den Fernseher einschaltete, wusste ich, was geschehen war.
Am Vorabend hatte sich um 17:05 Uhr in San Francisco und
Umgebung ein Erdbeben mit der Stärke 7,1 (Intensität) auf

der Richterskala ereignet.[1] Die Fernsehreporter waren bereits
alle im Erdbebengebiet und berichteten live über die Verwüs-
tungen. Der Kollaps des Nimitz Freeway lief rund um die Uhr
als Hintergrund. Dort waren insgesamt 20 Menschen ums Leben gekommen.[2]

Als Risikoforscher war dies natürlich für mich von besonderem Interesse. Gleich machte ich mich auf den Weg, um
mir die Schäden des Erdbebens vor Ort anzusehen. Doch in
der Nähe meines Hotels in der Innenstadt von San Francisco
gab es so gut wie keine Anzeichen dafür, dass hier noch ein
Tag zuvor ein Erdbeben gewütet hatte. Ich nahm mir also ein
Taxi zum Marina-Distrikt, der nach Auskunft der Medien am
stärksten betroffen war. Bei meinem Fußweg durch die Straßen von Marina sah ich gelegentlich zerbröckelte Fassaden,
Risse in den Häusern und Wellen auf den Straßen. Aber weit
und breit keine zerstörten Häuser. Dies änderte sich erst, als
ich einen offenen Platz erreichte, an dem offenkundig eine
ganze Häuserfront zusammengefallen war. Vor diesen Häusern war bereits eine Plattform aus Holz gebaut worden, auf
der einträchtig nebeneinander alle großen Fernsehgesell-
schaften der USA ihre Kameras installiert hatten. Die Reporter standen mit den Mikrophonen auf der Plattform, und im
Hintergrund sah man die zerstörte Häuserfront. Jeder, der
vorbeiging, wurde gebeten, seine Eindrücke vor laufender
Kamera zu schildern. Ich hörte noch, wie eine Frau unter Tränen berichtete, dass ihr Keller schwere Risse bekommen habe.
Dann wurde auch ich aufs Podium gebeten. Als ich dann mitteilte, dass ich nach einer mehrstündigen Wanderung durch
San Francisco jetzt zum ersten Mal wirklich zerstörte Häuser
gesehen hätte, winkte der Reporter ab, schob mich zur Seite
und wandte sich dem nächsten Schaulustigen zu.

Diese Geschichte war für mich eine Art Schlüsselerlebnis,

wie die Medien, vor allem das Fernsehen und seit jüngstem auch das Internet, durch gezielte Auswahl der Bilder und der Zeugenberichte einen bestimmten Eindruck erzeugen. Natürlich war dieses Erdbeben ein schwerer Schlag für San Francisco und die Umgebung.[3] Insgesamt starben an diesem Tag mehr als 60 Personen, davon allerdings weniger als zehn im Stadtgebiet von San Francisco.[4] Wenn auch rund 7000 Gebäude (rund 12 000 Wohnungen) beschädigt waren, so waren davon nur einige wenige eingestürzt.[5] Das Bild, das aber die Fernsehanstalten vermittelten, war ein übersteigertes Zerrbild der Zerstörung. Durch die Fixierung auf die eingestürzte Häuserfront im Hintergrund konnte man sich des Eindrucks nicht erwehren, dass hier eine Mega-Katastrophe die Stadt heimgesucht habe. Den ganzen Tag über riefen mich Verwandte und Freunde an, ob ich denn mit heiler Haut das Erdbeben überlebt hätte. Nur wenige glaubten mir, dass ich das Beben schlichtweg verschlafen hatte. Noch am selben Tag wurde in San Francisco der Notstand ausgerufen. Sondermittel wurden von der Zentralregierung bereitgestellt. Davon hatten aber viele der wesentlich stärker betroffenen Gemeinden wie Watsonville, Santa Cruz, Alameda, San Benito, San Mateo und Santa Clara wenig. Da sie weiter weg von den Zentren der Fernsehanstalten lagen, wurde von dort kaum berichtet. Kein Wunder, dass der Löwenanteil der Hilfen in San Francisco (und im benachbarten Oakland) landete.[6]

8.1 Das Innenleben der dritten Realität

Dieses Erlebnis hat mir mit besonderer Deutlichkeit die Wirkmächtigkeit der Medien bei der Erzeugung einer eigenen medialen Wirklichkeit vor Augen geführt. Medien schaffen eine dritte Form der Realität, die in Parallele zu unserer objektiv umgebenden Realität und deren Repräsentation in unseren individuellen und kollektiven Deutungsmustern tritt. Diese virtuelle Realität folgt ihren eigenen Regeln und Gesetzmäßigkeiten.[7] Sie ist getragen von einer Fokussierung auf das Außergewöhnliche, auf Handlungen und Geschehnisse, eben auf die Dramen, die auch in den anderen Medien das Bild dominieren. Aber anders als in Romanen oder Zeitungen verwischt sich mit dem Medium Fernsehen und dem Internet zunehmend die Grenze zwischen erlebter und konstruierter Realität, zwischen Fiktion und Wirklichkeit und zwischen Projektion und faktischer Analyse.[8] Die postmoderne Devise »Alles geht« ist hier zu einer eigenen, in sich abgeschlossenen Wirklichkeit geworden. Das gilt in besonderem Maße für die Internet-Welt, die neben dem Mittel der selektiven Bildgestaltung auch die Möglichkeiten der Simulation und Collage für die von ihr erzeugten Welten verwendet. Figuren im Internet müssen weder die Gesetzmäßigkeiten der Physik noch die komplexen Strukturen menschlicher Gemeinschaften berücksichtigen. Ihre Plausibilität ziehen sie vor allem aus ihrer psychologischen Attraktivität, d. h. aus ihrer gezielten Ausrichtung auf die Bedürfnisse des Menschen und ihrer (pseudo)-realistischen Nachbildung uns vertrauter Kulissen und stereotyper Abläufe.[9] Dadurch entstehen eigene Welten in parallelen Universen von Deutungsmustern.[10]

Dies fängt schon bei den Nachrichtensendungen an. Während meines mehrjährigen Aufenthaltes in den USA (von 1986 bis 1992) war ich immer überrascht, wie Nachrichten über mein Heimatland Deutschland in den USA aufbereitet wurden. In die Sprache der Sozialwissenschaften übersetzt, welche »Frames« hier in besonderem Maße wirksam waren. Ein Großteil der Nachrichten, die über Deutschland verbreitet wurden, beschäftigte sich mit der Wiedererstarkung der rechten Szene in Deutschland. Die Bilder, die als Hintergrund gewählt wurden, zeigten martialische Aufmärsche von rechtsradikalen Gruppierungen und Fotos von stark mitgenommenen Opfern rechter Gewalt. Meine Kolleginnen und Kollegen an der Clark-Universität, an der ich überwiegend unterrichtet habe, waren zutiefst besorgt, vor allem diejenigen, die jüdischer Abstammung waren. Viele von ihnen hatten Verwandte im Holocaust verloren. Die bange Frage an mich lautete: Verfällt Deutschland wieder dem Naziwahn? Es war für mich sehr schwierig, deutlich zu machen, dass rechtsradikale Bestrebungen in Deutschland nicht häufiger und politisch wirksamer waren als entsprechende Bewegungen in den USA. Oft genug wurde mir der Vorwurf gemacht, die wahre Situation in Deutschland zu verharmlosen.

Da Bilder den Eindruck von Objektivität und Unparteilichkeit vermitteln, haben sie eine hohe Suggestionskraft.[11] In meiner Vorlesung bitte ich gelegentlich meine Studierenden, alle Staaten in Afrika zu identifizieren, in denen weder Krieg noch Bürgerkrieg herrsche. Eine Studentin meinte daraufhin lakonisch: »Da kann ich ja gleich ein leeres Blatt abgeben!« In Wahrheit sind aber mehr als 80 % der Staaten in Afrika nicht von Krieg und Bürgerkrieg gezeichnet.[12] Natürlich sind sie nicht in unserem Sinne demokratisch geführt, aber die meisten Menschen können dort in Frieden und ohne Angst vor gewaltsamen Übergriffen leben. Wenn die Studierenden dies durch eigene Recherchen mit Suchmaschinen herausgefunden hatten, haben viele ihr Bild über Afrika revidiert. Da wir in den Medien nie etwas über die friedlichen Regionen Afrikas hören, hat sich bei uns ein Bild verfestigt, das den gesamten afrikanischen Kontinent als Hort skrupelloser Diktatoren, kriegerischer Auseinandersetzungen, zermürbender

Bürgerkriege und nicht zuletzt brutaler Völkermorde brand-
markt.

Diese Konstruktion von eigenen Wirklichkeiten ist natürlich nicht nur auf Nachrichtensendungen begrenzt. Auch
Fernsehfilme und fiktive Sendungen vermitteln dem Zuschauer in noch subtilerer Weise ein Bild der Realität.[13] Und
dieses Bild ist keineswegs repräsentativ für das, was sie uns
widerspiegeln will. Das gilt auch für viele Risiken, die wir in
diesem Buch ansprechen. Besonders gut untersucht ist die
Darstellung von Gewalt in den Medien und der von ihnen
ausgehende Einfluss auf das Realitätsverständnis der Zuschauer.[14]

8.2 Die Suggestionskraft der virtuellen Realität

Wie sieht es denn nun mit der Vermittlung von Gewalttaten
in den visuellen Medien aus? Vielleicht erinnern Sie sich: In
Deutschland geschehen pro Tag rund fünf Morde. Wenn man
alle Programme auswertet, finden dagegen in den Fernsehsendungen (die Nachrichten ausgenommen) im Schnitt mehr
als 50 Morde pro Tag statt. Im Verlauf einer Fernsehwoche
zeigen die einschlägigen Fernsehsender nahezu 500 Mordszenen. Umgerechnet auf Sender und Tag bedeutet das:[15]

- Bei PRO 7 rund 20 Mordszenen, oder fast stündlich eine,
- Tele 5 und RTL zeigen jeweils 13 Mordszenen am Tag,
- SAT1 präsentiert 9 Morde,
- das ZDF zeigt 7 Mordszenen täglich,
- die ARD zeigt 6,
- das Vormittagsprogramm von ARD und ZDF zeigt 2 Morde.

Nach einer Untersuchung der Fernsehzeitschrift HÖRZU wurden 1998 in TV-Spielfilmen 439-mal Kinder geprügelt, vergewaltigt, ermordet. 25 000 Morde werden pro Jahr im deutschen Fernsehen gezeigt, 25 Stunden Mordszenen pro Woche.[16] Bei allen Kriminalfilmen wird der Eindruck suggeriert, in deutschen Städten seien jeden Tag neue Mordopfer zu beklagen. In Wirklichkeit haben selbst Großstädte nur mit wenigen Morden pro Monat zu tun. Und die meisten davon geschehen in der Familie oder im Bekanntenkreis. Ähnliches gilt für andere Gewaltdelikte, wie schwere Körperverletzung.

Hat diese Häufigkeit der Gewaltdarstellung einen Einfluss auf unsere Wahrnehmung der Realität? Oder wissen wir nicht alle, dass dies nur erdachte Geschichten sind, die mit der Realität wenig zu tun haben? Ehe Sie vorschnell eine Antwort geben und, wie ich vermute, zu der zweiten Hypothese neigen werden (wir wissen doch alle, dass der Tatort nur erfunden ist), möchte ich ein aufschlussreiches Experiment des Forschers George Gerbner wiedergeben.[17] Der amerikanische Kommunikationsforscher hat sich für seine Untersuchung zwei Gruppen ausgesucht: Gruppe A bestand aus Personen, die täglich mehrere Stunden vor dem Fernsehen verbrachten und sich vor allem Krimis, Sitcoms und Spielfilme ansahen. Gruppe B umfasste die Personen, die weniger als der Durchschnitt fernsahen und überwiegend Informationssendungen bevorzugten. Beide Gruppen erhielten von Gerbner den gleichen Fragebogen. Dort waren für eine Reihe von Gewaltverbrechen jeweils zwei Häufigkeiten angegeben: zum einen die statistisch für die USA ermittelten Werte und zum anderen die aus Inhaltsanalysen der Fernsehfilme abgeleiteten Häufigkeiten. Auf Deutschland übertragen würde zum Beispiel eine Frage lauten: Wie viele Menschen, glauben Sie, werden jeden Tag in Deutschland Opfer eines Mordes? Liegt die Zahl eher bei 5 oder eher bei 50? Das Ergebnis dieser Befragungen war eindeutig. Mitglieder der Gruppe A tendierten in der Mehrzahl zu den Häufigkeitsangaben, die der Forscher aus der Filmstatistik abgeleitet hatte, während die überwiegende Zahl der Mitglieder von Gruppe B die statistisch korrekten Zahlen aus der Kriminalstatistik als realistischer einstuften. Interessanterweise war der Effekt bei der Gruppe A stärker als bei der Gruppe B. Das bedeutet: Die Mitglieder der Gruppe A waren sich überwiegend einig, dass die Zahlen aus der virtuellen Realität korrekt waren. Dagegen waren viele Mitglieder der Gruppe B im Zweifel, welche der beiden angebotenen Zahlen korrekt waren. Das weist darauf hin, dass auch diejenigen, die seltener Fernsehfilme konsumieren, nicht immun sind gegenüber den durch die Medien vermittelten Eindrücken über die Realität von Gewaltverbrechen. Offenkundig trägt der Konsum von fiktionalen Sendungen mit dazu bei, unser Bild von der Realität nachhaltig zu prägen.

Diese Überschätzung von Risiken durch Mord und Totschlag lässt sich eindrücklich mit den Ergebnissen einer neueren Umfrage belegen. In einer vom Schweizer Rundfunk 2013 durchgeführten repräsentativen Erhebung zum Thema Risiken lag der Mittelwert der Angaben für die geschätzte Anzahl von Mord und Totschlägen in der Schweiz bei 280 (der Median bei 100). Tatsächlich gibt es aber nur 50 Tötungsdelikte in der Schweiz pro Jahr.

Übertragen auf die Berichterstattung über Risiken zeigt sich also, dass die häufige Nennung von Risiken und deren Visualisierung in Nachrichten- ebenso wie in fiktionalen Sendungen – bei den Medienkonsumenten zu einer verstärkten Repräsentation dieser Risiken als besonders häufig und schwerwiegend führt.[18] Dies würden wir auch aufgrund der uns bekannten Faustregeln der Verfügbarkeit und der Repräsentativität erwarten. Doch mit dieser Berichterstattung und den visuellen Bildern sind noch zwei weitere subtilere Implikationen verbunden.

Zum einen sind wir durch die heutige Medienwelt weltweit so vernetzt, dass jede Katastrophe, die irgendwo auf der Welt stattfindet, in Sekundenschnelle auf unseren Bildschirmen erscheint oder im Internet verbreitet wird.[19] Auf diese Weise haben wir den Eindruck, dass es in der Welt nur so von Katastrophen wimmelt und wir zunehmend gefährlich leben. Früher blieben diese Katastrophen entweder völlig unbeachtet, weil keine Beobachter in der Nähe waren, um sie uns zu berichten, oder sie wurden nur im lokalen Umfeld verbreitet. Heute sind wir dagegen Zeugen einer globalisierten Wirklichkeit. Doch diese globale Präsenz vermittelt uns eine Wirklichkeit, die überwiegend aus Gewalt, Naturkatastrophen, Zusammenbrüchen und Tragödien besteht.[20] Uns erscheint die eigene kleine Welt um uns herum wie eine Insel der Seligen, die von lauter Brandungen dramatischer Ereignisse umgeben ist.

Wie ich in Teil 1 schon ausführlich darlegte, ist dies aber eindeutig ein Zerrbild der Wirklichkeit. Nahezu überall in der Welt steigt die Lebenserwartung, und immer weniger Menschen werden Opfer von Unglücken. Dass unsere Welt immer sicherer wird, ist angesichts der virtuellen Realität, in der es nur so von Risiken und Katastrophen wimmelt, einfach nicht nachzuvollziehen. Insofern ist es auch nicht verwunderlich, dass die Mehrzahl der Menschen in Umfragen angeben, dass sie sich zwar in ihrer lokalen Umgebung meist sicher fühlen, dass aber für die anderen draußen in der Welt die Situation immer bedrohlicher würde.[21] Hier kontrastiert die eigene sinnliche Wahrnehmung innerhalb der von uns überschaubaren Nahperspektive mit der uns vermittelten Wirklichkeit von Katastrophen und Risikoanfälligkeiten an all den Orten, die uns nur über die Medien zugänglich sind.

Es gibt einen weiteren wichtigen Grund für unser offenkundiges Bedürfnis nach Mord und Totschlag in der virtuellen Welt. Kein Fernsehsender dieser Welt würde Krimis und Katastrophenfilme produzieren und senden, wenn es dafür nicht eine große Nachfrage gäbe. Warum also konsumieren wir als Zuschauer so gerne Krimis und Katastrophenfilme, obwohl wir doch selber in relativer Sicherheit leben? Wenn wir das »obwohl« im letzten Satz mit der Konjunktion »weil« ersetzen, erhalten wir bereits einen Hinweis auf die Antwort. In den Ländern, in denen Mord und Totschlag tatsächlich an der Tagesordnung sind oder in denen Naturkatastrophen besonders häufig sind und sich verheerend auswirken, haben Krimis und Katastrophenfilme selten Hochkonjunktur. Nur an den Orten, an denen wir im Grunde unseres Herzens sicher sind, dass uns all dies nicht widerfahren wird, sind solche Filme sehr gefragt. Denn mit unserem Streben nach Sicherheit haben wir inzwischen ein so hohes Sicherheitsniveau erreicht, dass unser Bedürfnis nach Situationen, in denen wir gefahrenreiche Situationen erfolgreich meistern können, im alltäglichen Leben kaum mehr gestillt wird.[22] Biologen haben nachgewiesen, dass Menschen mit Glückshormonen belohnt werden, wenn sie Gefahren erfolgreich überstanden haben.[23] Das kennt man etwa bei der Bezwingung einer schwierigen Kletterpartie am Berg oder für die ganz Mutigen beim Bungee-Springen.[24]

Dass uns der Köper mit Endorphinen (das sind die sogenannten Glückshormone) für eine erfolgreiche Gefahrenbewältigung belohnt, ist auch anthropologisch verständlich. Denn auf diese Weise konnten sich die Menschen in der Frühzeit der Menschwerdung Abläufe zur Überwindung von Gefahrensituationen besser einprägen.[25] Dies gilt vor allem für die Zeit der Adoleszenz, also dem Übergang von einer behüteten familiären Ausgangssituation in ein neues, von äußeren Gefahren geprägtes Lebensumfeld. Die meisten Kulturen haben in dieser Phase Übergangsrituale, sogenannte Initiationsriten, in das Leben der Jugendlichen einbezogen, in denen häufig Mutproben oder andere Formen der erfolgreichen Gefahrenbewältigung Voraussetzung für die Aufnahme in den Erwachsenenstatus waren.[26] Die Älteren unter uns können sich sicherlich noch daran erinnern, dass solche Mutproben auch noch zu unserer Jugend gang und gäbe waren. Da es offenkundig ein evolutiv gewachsenes Bedürfnis nach Gefahrenbeherrschung gibt, wir aber in der realen Welt ein Risiko, das auch bedrohlich ausgehen könnte, nicht eingehen wollen, verlagern wir zunehmend das Erlebnis von Gefahrenbewältigung in den für uns schmerzlosen virtuellen Raum. Krimis lösen bei uns den Zyklus von Anspannung und Entspannung aus, ohne dass wir uns aus dem Wohnzimmersessel erheben müssen. Computerspiele vermitteln eine durch Gefahrensituationen und Risiken geprägte virtuelle Welt der individuellen Herausforderungen, die wir durch Geschicklichkeit, strategisches Denken und gelegentlich auch Brutalität meistern können. Wir lernen virtuell, uns gegen Gefahren zu behaupten. Kurzum: Wir kompensieren die Reizarmut unserer realen Welt durch eine Reizüberflutung in der virtuellen Welt. Hier können wir uns, indem wir uns immer wieder neuen Reizen und Gefährdungssituationen aussetzen, eine Parallelwelt schaffen, die uns von der »langweiligen« Welt der Realität abzusetzen hilft.

Das Leben in Parallelwelten ist natürlich nichts völlig Neues. Schon nach dem Erscheinen von Goethes Roman Werther ging eine Selbstmordwelle durch die deutsche Bevölkerung.[27] Der Roman wurde deshalb sogar zeitweise verboten.

Die neue Qualität der virtuellen Welt durch Fernsehen und
Internet liegt aber in ihrer scheinbaren Nähe zur realen Welt:
Zwischen Roman und Wirklichkeit zu unterscheiden, ist
nicht so schwer. Aber mit der Vermischung von Dokumenta-
rischem und Fiktionalem, mit der Globalisierung von Welter-
fahrung, die nicht anders als vermittelt sein kann, und durch
die Erfüllung elementarer Bedürfnisse nach erfolgreicher Gefahrenbewältigung in einer ansonsten reizarmen Alltagswelt
gewinnt die Welt des Internets so viel an Attraktivität, dass
wir darin ganz versinken können.[28] Für viele ist diese Welt so
attraktiv, dass sie darin vollends aufgehen und den Bezug zur
äußeren und inneren Realität verlieren.

Wie stark die virtuelle Welt bereits auf unser Alltagsden-
ken Einfluss nimmt, sieht man daran, dass katastrophale Ereignisse, die in anderen Ländern der Welt stattfinden, plötzlich auch bei uns als Bedrohungen wahrgenommen werden.
Geradezu grotesk ist das Beispiel, dass in den vier Wochen
nach dem Fukushima-Unfall in Japan in Deutschland mehr
Jodtabletten verkauft worden sind als in ganz Japan.[29] Die
Wahrscheinlichkeit, dass radioaktive Partikel von Japan bis
nach Deutschland transportiert werden, ist nahezu gleich
null. Dies gilt vor allem für das radioaktive Jod, gegen das man
ja vorsorglich die Jodtabletten einnimmt. Aber die Allgegen-
wärtigkeit der Reaktorkatastrophe auf allen Fernsehkanälen
und der ständige visuelle Eindruck einer nahenden Bedrohung haben die 9000 km lange Distanz zwischen Japan und
uns in unserer Wahrnehmung zu einer marginalen Größe
schrumpfen lassen. In der virtuellen Realität sind reale Orte
und Zeiten nicht mehr relevant.[30] Alles ist gleichzeitig und
miteinander vernetzt. In der Wirklichkeit sind aber die meisten (physischen) Risikoereignisse lokal begrenzt und stark
von Örtlichkeiten und Zeitabläufen geprägt.

Die dritte Realität, die vor allem durch die visuellen und multimedialen Angebote geschaffen wird, kann also eine wichtige verstärkende oder abschwächende Funktion in der Wahrnehmung von Risiken ausüben. Die Selektionsmechanismen der Medien und die strukturellen Eigenschaften der virtuellen Realitäten laufen also parallel zu den psychologischen Wahrnehmungsmustern und Faustregeln. Die wirklich entscheidenden Risiken für unsere Gesundheit, wie Rauchen, Trinken, Übergewicht und Bewegungsmangel, sind für Medien wie für die Erschaffer der virtuellen Welten wenig attraktiv. Dagegen sind punktuelle und meist ohnehin überbewertete Risiken, wie Terroranschläge, Mord und Totschlag, von Menschen erzeugte technische Katastrophen und Pandemien beliebte Themen virtueller Welten in TV-Sendungen und Computerspielen.

8.3 Gefahr der Einigelung in die virtuelle Welt: das Internet

Das Internet bietet uns heute unzählige Möglichkeiten, aktuelle Informationen abzurufen und viele Standpunkte parallel einzuholen. Dieses Buch wäre, ohne dass ich auf Internetrecherchen hätte zurückgreifen können, kaum so geschrieben worden, wie es Ihnen vorliegt. Aber der leichte Zugriff aufs Internet ist nicht risikolos, um in unserer Sprache zu bleiben.

Zum einen unterstützt es den Hang zur Beliebigkeit in der Begründung von Urteilen. In der Fülle der Milliarden von Informationen werden wir immer Belege dafür finden, dass wir recht haben.[31] Wie wir aus der Fülle der Informationen die zuverlässigen und gültigen herausfiltern können, ist bis heute nicht wirklich schlüssig gelöst. Internetportale, die neutrale, ausgewogene und faire Berichterstattung auf ihre Fahnen geschrieben haben, halten häufig nicht das, was sie versprechen. An dieser Stelle wäre es sicherlich sinnvoll, im Sinne des allgemeinen Bildungsauftrages einer Gesellschaft im Internet Curricula und Kurse anzubieten, die uns alle befähigen, selbstkritischer und kompetenter mit den Medien und ihren Inhalten umzugehen.

Zum anderen kann das Internet, vor allem die Suche über Suchmaschinen, zu einer Verzerrung der Außenwelt beitragen, sofern die Suchmaschine im Lernmodus betrieben wird und nur die Treffer unter den ersten zehn anzeigt, die unseren bisherigen Suchgewohnheiten entsprechen.[32] Diese Funktion ist bei einigen Suchmaschinen voreingestellt, bei anderen muss man sie bewusst einschalten.

Ich hatte bereits auf ein Projekt hingewiesen, das wir zum Thema Risikowahrnehmung von Mobilfunk durchführten. Dort hatten die Teilnehmer, die elektromagnetische Strahlen als besonders gefährlich für die Gesundheit einstufen, angegeben, dass ihre Risikowahrnehmung durch die Recherchen bei den Suchmaschinen unterstützt werde. Interessanterweise behaupteten das Gleiche auch die Mitglieder der zweiten Gruppe, für die Risiken durch elektromagnetische Strahlen reine Hirngespinste waren. Als wir beide Gruppen miteinander ins Gespräch brachten, zeigte sich, dass viele von ihnen den vorgeschalteten Lernmodus der Anpassung an die eigenen Vorlieben nicht ausgeschaltet bzw. diesen Modus bei ihrer Suchmaschine eingeschaltet hatten. Wenn sie in die Suchmaschine »Risiken von Mobilfunk« eingaben, fanden sie unter den ersten fünf Treffern überwiegend solche Einträge, die genau die Einschätzung reflektierten, die von ihnen auch geteilt wurde. Genau das will der Lernmodus der Suchmaschine auch erreichen, dass die Nutzer vordringlich die Informationen erhalten, die ihrem bisherigen Auswahlverhalten entsprechen. Natürlich hatten in der Vergangenheit die Skeptiker des Mobilfunks überwiegend Informationen mit kritischem Inhalt zu Mobilfunkrisiken ausgewählt und die weniger besorgten Nutzer entsprechend Informationen mit beruhigendem Inhalt. Nur über die Zeit entstand bei beiden Gruppen der Eindruck, dass sich die Fachwelt offenkundig mehr und mehr der eigenen Anschauung angenähert hatte, weil zunehmend nur noch einstellungsunterstützende Treffer von der Suchmaschine angezeigt wurden. Dabei hatte sich die Welt in dieser Frage keineswegs bewegt, die Suchmaschine hatte nur das herausgefiltert, was der betreffende Nutzer gerne sehen wollte. Beide Seiten hatten also subjektiv das Gefühl, dass die ganze Welt ihre Ansicht teilte, mit Ausnahme der verblendeten Gegner, die offenkundig die Zeichen der Zeit nicht wahrnehmen wollten oder ignorierten.

Der Hang zur Selbstisolation, die wir bereits bei der Frage nach den Medienwirkungen angesprochen hatten, kann sich also durch die Internetnutzung weiter verstärken.[33] Wenn ich immer nur Bestätigungen erhalte, die mir rückversichern, dass meine Sicht der Welt von allen maßgeblichen Quellen gedeckt ist, dann entsteht in mir ein Bild von der Welt, das mir jede kognitive Dissonanz vom Leibe hält.

Als die Theorie der kognitiven Dissonanz aufkam, waren die Forscher noch fest davon überzeugt, dass wir alltäglich mit kognitiven Dissonanzen umgehen müssen. Um diese Diskrepanzen psychisch zu bewältigen, kamen dann die psychologischen Reduktionsmechanismen zum Einsatz. In der modernen Internet-Welt ist es aber durchaus möglich, dass wir erst gar nicht in die Stresssituation der kognitiven Dissonanz geraten, weil wir uns in eine Welt ohne Widersprüche hineinversetzen können, die all das, an das wir ohnehin glauben, stets bestätigt. Dies führt im sozialen Leben natürlich dazu, dass wir uns von Andersdenkenden abschirmen und uns meist – wiederum über das Internet – nur die Freunde und Kommunikationspartner suchen, die Klone unserer eigenen Haltungen sind. Dass dies Auswirkungen auf die Wahrnehmung von Risiken und deren Bewertung hat, liegt wohl auf der Hand. Im nächsten Kapitel werden wir uns deshalb konkreter mit den Mechanismen der Risikowahrnehmung und Bewertung beschäftigen.

9   Prozesse der Risikowahrnehmung

Mit dem Begriff der Wahrnehmung werden in der Psychologie alle mentalen Prozesse verstanden, bei der eine Person über die Sinne Informationen aus der Umwelt (physische ebenso wie kommunikative) aufnimmt, verarbeitet und auswertet.[1] Das deutsche Wort »Wahrnehmung« deutet bereits darauf hin, dass wir das wahrnehmen, was wir als »wahr« annehmen. Damit sind wir wiederum beim Thomas-Theorem, nach dem unsere Wahrnehmungen Ausdruck unserer subjektiven Wahrheit sind, für uns also die reale Welt konstituieren, in der wir uns bewegen. Man kann dieses Wortspiel noch weiter treiben: Die Medien sind die *Wahrgeber*, die Ingenieure, Techniker und Politiker die *Wahrmacher* und dann gibt es noch die Klasse der *Wahrsager*, die ohnehin schon alles im Voraus wissen und damit nicht hinter dem Berg halten. In diesem Kapitel geht es um die Frage, wie wir Informationen über Risiken, die unser Leben, unsere Gesundheit, unsere Umwelt und unser Wohlergehen bedrohen können, wahrnehmen, einschätzen und bewerten.

Inzwischen gibt es eine lange Forschungstradition in Psy-

chologie, Sozialpsychologie und Soziologie, Wahrnehmungs-
vorgänge, die wir zur Erfassung und Bewertung von Risiken
benutzen, theoretisch und empirisch zu erkunden.[2] Die Risikowahrnehmung basiert, wie dies bereits mehrfach angeklungen ist, auf der Vermittlung von physischen und kommunikativen Informationen über die Gefahrenquelle, den mentalen
Verarbeitungsmechanismen von Komplexität, Unsicherheit
und Ambiguität und früheren Erfahrungen mit Gefahren.
Das Ergebnis dieses mentalen Prozesses ist das wahrgenommene Risiko, also ein Bündel von Vorstellungen, die sich
Menschen aufgrund der ihnen verfügbaren Informationen
und des »gesunden Menschenverstandes« über Gefahrenquellen machen.[3] Das Augenmerk dieses Kapitels liegt also
auf der Welt der Vorstellungen und Assoziationen, mit deren
Hilfe Menschen Risiken erleben, Gesundheit und Umwelt
identifizieren und bewerten.

In diesem Kapitel werden wir uns zunächst mit den aus
der biologischen Evolution stammenden Grundmustern der
Reaktion des Menschen auf Gefahren beschäftigen. Diese
Grundmuster von Flucht, Kampf und Totstellen sind im Verlauf der kulturellen Entwicklung durch eine Reihe von risiko-
und situationsbezogenen Bewertungsmerkmalen angereichert
worden, die ich im Anschluss an die drei Grundmuster erläutern werde. Im letzten Teil des Kapitels führe ich dann die beiden Stränge der evolutiv gewachsenen und kulturell erlernten
Prozesse der Risikowahrnehmung wieder zusammen und
berichte über Deutungsmuster, die wie Schubladen in einem
Schrank die jeweils assoziativ verbundenen Attribute zur Bewertung von Risiken in eine übersichtliche Ordnung bringen
und dadurch für uns besser handhabbar machen.

9.1 Die Grundmuster: Kampf, Flucht, Totstellen

Wahrnehmungsmuster über Risiken sind relativ gut in der Psychologie und der Sozialpsychologie untersucht.[4] Es ist nicht so, dass Menschen völlig beliebige und unberechenbare Strategien zur Bewertung von physischen und kommunikativen Signalen verfolgen, sondern sie richten sich nach relativ konsistenten Ablaufmustern, um Risiken zu identifizieren und zu bewerten. Diese Muster entstammen zunächst unserem anthropologischen Erbe. In der Frühzeit der menschlichen Entwicklung war es unter den Lebensbedingungen der offenen Steppe entscheidend, blitzschnell auf Gefahrensituationen angemessen zu reagieren. Sobald unser Gehirn eine vor uns auftauchende Gefahr bemerkt, reagiert es mit drei fest verankerten Reaktionsmustern: Kampf, Flucht oder Totstellen.[5] Was dann physiologisch abläuft, beschreiben Mediziner folgendermaßen:

»Der menschliche Körper reagiert auf Stresssituationen nach eingefahrenen Schemata wie vor Millionen Jahren, als unsere Vorfahren noch Jäger und Sammler waren. Flucht, Kampf und Sichtotstellen sind die Grundreaktionsmuster. Der Organismus mobilisiert kurzfristig sämtliche Reserven. Stresshormone werden freigesetzt. Sie engagieren Energiereserven wie Zucker und Fett, erhöhen den Blutdruck und die Pulsfrequenz, beschleunigen die Atmung. Die Muskulatur wird auf Leistung eingestellt. Anspannung ist die Folge, die ein Hauptindikator von Stress ist. Andere Funktionen werden heruntergefahren wie die Immunabwehr, die Verdauung und Sexualfunktionen. Dies geht einher mit einer Drosselung der körpereigenen regenerativen Funktionen.[6]

Man kann sich dieses Repertoire an Reaktionen bildhaft veranschaulichen, wenn man sich die Situation einer plötzlichen Begegnung zwischen einem unserer Vorfahren und einem Löwen in der Steppe vor Augen führt. In dieser Situation einer akuten Bedrohung hatte diese Person keine Zeit – und es wäre auch nicht sehr sinnvoll gewesen –, eine Wahrscheinlichkeitsanalyse zu machen, ob der Löwe hungrig ist.[7] Das wäre dann wahrscheinlich sein letzter Gedanke gewesen. In diesem Gefahrenmoment stehen der bedrohten Person nur drei Möglichkeiten offen: erstens zu fliehen in der Hoffnung, schneller zu sein als der Löwe; zweitens auf die eigene Stärke zu setzen, um es mit dem Löwen aufnehmen zu können; oder drittens sich tot zu stellen, um den Löwen zu täuschen. Wenn wir uns tot stellen, muss dies aber sehr schnell geschehen, denn der Löwe wird jede Bewegung von uns als Indiz sehen, dass wir noch leben und er kein Aas, das er normalerweise verschmäht, vor sich liegen hat. Aus diesem Grund ist der Totstellreflex derjenige, der gehirnphysiologisch als Erstes ausgelöst wird.[8]

Das kennen wir alle aus dem Alltagsleben, wenn vor unser Auto ein Ball auf die Straße rollt und wir eine sogenannte Schrecksekunde erleben, bis wir den Fuß auf die Bremse setzen. Solche Reflexe treten auch dann auf, wenn wir uns beispielsweise im Dunkeln aufhalten und plötzlich ein Geräusch hören. Dann erstarren wir vor Angst. Neuere Untersuchungen weisen auch darauf hin, dass die Reaktion des »In-Ohnmacht-Fallens« eine abgewandelte Form des Totstellreflexes darstellt.[9] Haben wir den ersten Schrecken überwunden, also den Totstellreflex willentlich übergangen, dann müssen wir innerhalb weniger Sekunden zur Flucht oder zum Kampf bereit sein, weil unsere Überlebenschancen großenteils von der Schnelligkeit unserer Reaktion auf die Gefahrenlage abhängen.

Bis heute haben sich Teile dieser basalen Reaktionsweisen

gehalten. Sie lassen sich sogar mittels der Gehirntomographie
bei bildgebenden Verfahren nachweisen. Wenn man Menschen während einer Aufnahme im Tomographen bedrohliche
Bilder zeigt, reagieren die unterschiedlichen Gehirnzentren
für Erstarrung oder Bewegung (Flucht oder Kampf) je nach
auslösendem Bild.[10] Unser Gehirn ist also immer noch auf die
drei Grundmuster hin getrimmt.

Wie sehr diese Muster auch unsere Wahrnehmung von Risiken beeinflussen, zeigt folgendes Beispiel: Kurz nach dem
Terroranschlag am 11. 09. 2001 auf das World Trade Center
kam es nicht nur in den USA, sondern auch in Deutschland zu
vermeintlichen Anschlägen mit Milzbrand-Erregern (An-
thrax). In dieser Zeit hatten wir an der Akademie für Technik-
folgenabschätzung in Stuttgart eine Art Hotline eingerichtet,
um Bürger und Bürgerinnen, die zu diesen Gefahren Auskunft haben wollten, mit Informationen behilflich zu sein.
Viele Anrufer zeigten sich sehr verängstigt über die ersten
Anschläge mit Milzbrand und wollten von uns wissen, wie sie
sich am besten schützen können. Zunächst einmal haben unsere Telefonisten und Telefonistinnen versucht, ihnen deutlich zu machen, wie unwahrscheinlich es doch sei, dass ausgerechnet sie von einem Terroranschlag betroffen sein könnten.
Dies kam jedoch bei den Anrufern überhaupt nicht gut an. Im
Gegenteil: Sie beschimpften uns, dass wir die Gefahren verharmlosen und sie nicht richtig ernst nehmen würden.

Daraufhin änderten wir unsere Strategie: Wir fragten zunächst die Anrufer, ob sie denn, wenn Sie sich einmal in einen
Terroristen wie Bin Laden hineinversetzen würden, nicht eher
hochrangige Politiker und Wirtschaftsbosse ins Visier nehmen würden als ganz normale Alltagsbürger. Auch diese Antwort fiel bei den Anrufern in Ungnade. »Wir sind doch genauso viel wert wie die Bonzen da oben!« Und: »Wir würden

wohl kaum hier anrufen, wenn wir uns nicht gefährdet sehen
würden.«

Schließlich besannen wir uns auf unsere eigenen For-
schungsarbeiten zur Risikowahrnehmung und entwickelten
einen kleinen Fragebogen von drei Fragen, mit deren Hilfe wir
ungefähr einschätzen konnten, ob die Person in dieser Situation eher zur Flucht oder eher zum Kampf neigen würde. Lautete die Antwort auf den Test »Eher Fluchttyp«, dann gaben
wir der Person Hinweise, wie: verdächtige Briefe nicht aufma-
chen, sondern wegwerfen, auffällige öffentliche Orte meiden
und alle verdächtigen Vorgänge an das Robert-Koch-Institut
weitermelden. Den Kampftypen gaben wir dagegen Anwei-
sungen, wie man verdächtige Briefe so öffnet, dass der Milz-
branderreger nicht mit dem Opfer in Berührung kommen
würde.

Interessant war, dass wir mit dieser Strategie die Anrufer
höchst zufrieden stellten. Nur bei den wenigen, bei denen unser Test eine falsche Diagnose erstellte, lösten wir Irritatio-
nen aus. An ein weiterführendes Bildungsprogramm zu mehr
Risikomündigkeit war natürlich in dieser Situation nicht zu
denken. Hier ging es darum, den Anrufern entgegenzukom-
men und ihnen die Zuversicht zu geben, eigenständig und
selbstwirksam tätig zu werden.

Damit hier keine Missverständnisse auftreten: Wir werden
nicht als Kampf- oder als Fluchttypen geboren.[11] Vieles deutet
darauf hin, dass es nicht nur von Persönlichkeitsmerkmalen,
sondern mehr noch von situativen Bedingungen abhängt, ob
wir eher zur Flucht oder eher zum Kampf neigen. Der Totstellreflex ist in jedem Falle als Erstes immer im Spiel und
führt häufig dazu, dass wir Gefahren, denen wir nicht direkt
begegnen können oder wollen, lieber verdrängen oder vernei-
nen, als sich ihnen zu stellen.

9.2 Beispiel Natürlichkeit versus Künstlichkeit

Diese Grundmuster der Wahrnehmung haben sich in der kulturellen Evolution zunehmend mit kulturellen Reaktionsmustern angereichert. Zu den allgemeinen Faustregeln, den Framing-Effekten und den Mechanismen der Dissonanzreduktion, die wir in den vorherigen Kapiteln kennengelernt haben, treten risikospezifische Assoziationen hinzu.[12] Ein Beispiel für solche risikobezogenen Denkmuster ist die wahrgenommene »Natürlichkeit« der Folgen.

Als Begleiterscheinung der Modernisierung ist bei uns der Eindruck entstanden, als ob alles, was die Natur uns gibt, von sich aus gütig, günstig und gesund sei; während all das, was »die Chemie« mit unseren Lebensmitteln anstellt, unnatürlich, risikoreich und ungesund sei. Dass dieser Dualismus wissenschaftlich nicht haltbar ist, haben wir schon im ersten Teil aufgegriffen. Aber dahinter steht im Prinzip eine Sehnsucht des modernen Menschen nach einfachen, überschaubaren Verhältnissen und nach einer klaren Gegenüberstellung von gut und böse, sicher und gefährlich. Nicht ohne Grund werben fast alle großen Lebensmittelfirmen mit dem Etikett »natürlich«, wie berechtigt dies auch immer sein mag. Diesen positiven Glanz, der den Begriff der Natürlichkeit umstrahlt, hat Thomas Schramme in seinem Essay zum gleichen Thema treffend karikiert:

»Verdankt sich die Feier des Natürlichen am Ende nur der Sehnsucht des zivilisationsmüden Städters, der in seinem mit den neuesten technischen Geräten ausgestatteten und wohlig beheizten Luxusapartment sitzt und davon träumt, nackt über eine sonnendurchflutete Waldlichtung zu springen? … Derselbe Städter wird doch, wenn ihn ein Zipperlein plagt, seinen Sportwagen durchstarten, um in der nächstgelegenen Spezialklinik den Einsatz des Kernspintomographen zu verlangen.«[13]

9.3 Die Vielschichtigkeit der Muster der Risikowahrnehmung

Natürlichkeit versus Künstlichkeit ist ein besonders plastisches Beispiel für die in der kulturellen Entwicklung sich herausbildenden Bewertungskriterien und Wahrnehmungsmustern. Wie schon im ersten Teil dargelegt, ist das technische Verständnis von Risiken auf zwei Atribute hin ausgerichtet: auf die Wahrscheinlichkeit und auf das erwartete Ausmaß des möglichen Schadens. Beides zusammen ergibt die durchschnittliche Verlusterwartung (meist pro Zeiteinheit). Wenn beispielsweise 1-mal in 1000 Jahren ein Unfall mit 10 000 Toten zu erwarten ist, dann beträgt die durchschnittliche Verlusterwartung 10 Tote pro Jahr. In differenzierteren Ansätzen werden darüber hinaus noch Faktoren, die entweder die Unsicherheiten bei der Abschätzung der beiden Komponenten »Wahrscheinlichkeit und Schadensausmaß« oder weitere Schadensmerkmale aufgreifen, in die Begriffsbestimmung aufgenommen.[14]

Außerhalb der Expertenkreise werden Risiken aber mit einer Reihe zusätzlicher Merkmale und Bewertungskriterien beurteilt. Wir alle nehmen Risiken als ein komplexes, mehrdimensionales Phänomen wahr, bei dem die subjektiv abgeschätzte Eintrittswahrscheinlichkeit und das Ausmaß des Risikos nur eine untergeordnete Rolle spielen, während der Kontext der riskanten Situation maßgeblich die Höhe des wahrgenommenen Risikos beeinflusst.[15] Vergleicht man etwa statistisch gegebene mit den intuitiv wahrgenommenen Verlusterwartungen, dann gibt es bei vielen Alltagsrisiken durchaus eine relativ gute Übereinstimmung zwischen Expertenschätzung und Laienwahrnehmung, sofern man einen ordinalen Vergleichsmaßstab ansetzt (Ordnen von Risiken nach Größenordnung der Verlusterwartung).[16] Bei anderen Risiken klafft dagegen eine tiefe Kluft zwischen den statistischen Erwartungswerten und der intuitiven Wahrnehmung.[17] Bezugspunkt bei der Risikoanalyse der Experten ist der wie auch immer mathematisch berechnete erwartete Schaden, Bezugspunkte beim subjektiven Risiko sind darüber hinaus die Vielzahl an möglichen Begleitumständen der Risikosituation sowie soziale Folgen und Implikationen, etwa wenn eine Belastung als ungerecht empfunden wird. Für die Kommunikation über Risiken bedeutet das: Auch wenn man jemanden wahrheitsgemäß über die durchschnittliche Verlusterwartung, also das im Sinne des technischen Risikokonzeptes objektiv gegebene Risiko aufklärt, mag die betreffende Person an ihrer intuitiven Risikobewertung nach wie vor festhalten, weil die durchschnittliche Verlusterwartung nur ein Bestimmungsfaktor unter vielen zur Beurteilung der subjektiv empfundenen Riskantheit darstellt.[18] Bleiben wir aber zunächst bei den Verlusterwartungen. Wie beurteilen wir aufgrund unserer Wahrnehmungsmuster die beiden Komponenten Wahrscheinlichkeit und Ausmaß von Risiken und wie unterscheiden sich unsere Wahrnehmungsprozesse von den Methoden der Risikoberechnung durch Experten?

Unterschiede zwischen wahrgenommenen und wissenschaftlich berechneten Verlusterwartungen lassen sich auf eine Reihe von Wahrnehmungsprozessen zurückführen, durch die auftretende Diskrepanzen erklärt werden können. Darunter fallen:[19]

- Zunächst die uns schon bekannten Faustregeln der Verfügbarkeit, der Repräsentativität, der Verankerung und des Affekt-Heurismus. Diese haben wir ja bereits zur Genüge in den vorherigen Kapiteln diskutiert.
- Kontinuierlich wirkende Risiken werden eher unterschätzt, dagegen Risiken, die auf einen Schlag viele Menschen betreffen, eher überschätzt. Je kontinuierlicher und gleichförmiger Verluste bei Risikoquellen auftreten und je eher katastrophale Auswirkungen ausgeschlossen sind, desto eher wird das Ausmaß der durchschnittlichen Verluste unterschätzt. Würde sich zum Beispiel die durchschnittliche Anzahl an Verkehrstoten, die jedes Jahr in Deutschland zu beklagen sind, statt kontinuierlich über den ganzen Jahreszeitraum verteilt, auf einen Schlag hin konzentrieren, würde wahrscheinlich ein Aufschrei durch die Gesellschaft gehen und möglicherweise sogar der Autoverkehr stark eingeschränkt. Die meisten Menschen sind also nicht indifferent gegenüber der Verteilung von Risiken über die Zeit: Sie bevorzugen gleichmäßige Verlustverteilungen gegenüber singulären Katastrophen.[20]
- Je mehr Unsicherheit über die Verlusterwartung besteht, desto eher erfolgt eine Abschätzung der durchschnittlichen Verluste in der Nähe des Medians (Mittelwert) aller bekannten Verlusterwartungen. Demgemäß kommt es oft zu einer Überschätzung von Verlusterwartungen bei objektiv geringfügigen Risiken und zu einer Unterschätzung der Risiken bei objektiv hohen Risiken.[21]

Dieser Hang zur Überschätzung oder Unterschätzung von Verlusterwartungen ist aber nicht das wesentliche Kriterium, um die Prozesse der intuitiven Wahrnehmung adäquat zu beschreiben. Die Kontextabhängigkeit der intuitiven Risikobewertung ist der entscheidende Faktor. Die meisten Menschen beurteilen Risiken weniger nach der Höhe des zu erwartenden Schadens als vielmehr nach bestimmten Eigenschaften oder Merkmalen der Risiken und nach der Situation, in denen sie mit Risiken konfrontiert werden. Ob Risiken als natürlich oder als künstlich angesehen werden, macht einen großen Unterschied in der Wahrnehmung, wie wir oben gesehen haben.

Diese zusätzlichen Merkmale, die wir üblicherweise zur Bewertung heranziehen, lassen sich durch gezielte psychologische Untersuchungen aufdecken.[22] Methodisch werden dazu Versuchspersonen meist über Fragebogen gebeten, einzelne Risiken nach bestimmten Merkmalen zu beurteilen. Solche Merkmale sind etwa: Freiwilligkeit der Risikoübernahme, persönliche Kontrollfähigkeit über die Höhe des Risikos, Gewöhnung an Risikoquelle, Schrecklichkeit der Folgen, sofern der Schaden eintritt, und wissenschaftliche Beherrschbarkeit des Risikos. Damit sind wir beim Thema qualitative Risikomerkmale.[23]

9.4 Qualitative Merkmale: die Moderatoren der Risikowahrnehmung

Studien zu den qualitativen Merkmalen sind inzwischen in einer Vielzahl von Ländern, z.B. in den USA, Großbritannien, in den Niederlanden, in Österreich und in Deutschland[24], durchgeführt worden. Dabei unterscheiden die Wahrnehmungsforscher zwei Klassen von qualitativen Wahrnehmungsfaktoren. Zum einen sind dies die risikobezogenen Muster, die auf Eigenschaften der Risikoquelle bezogen sind. Darunter fallen:[25]

- Gewöhnung an die Risikoquelle
- Katastrophenanfälligkeit der Risikoquelle
- Sicherheit fataler Folgen bei Gefahreneintritt (Schrecklichkeit)
- unerwünschte Folgen für kommende Generationen
- sinnliche Wahrnehmbarkeit von Gefahren
- Natürlichkeit der Risikoquelle
- Eindruck der Reversibilität der Risikofolgen.

Ein Beispiel dieser risikobezogenen Muster ist die wahrgenommene »Schrecklichkeit« der Folgen eines Schadenseintritts.[26] Dies lässt sich anhand eines Vergleichs der subjektiven Einschätzung über die Risiken des Autofahrens und des Fliegens illustrieren. Statistisch gesehen ist die Wahrscheinlichkeit, bei einem Autounfall zu Schaden zu kommen, viel höher als die Wahrscheinlichkeit eines Flugzeugabsturzes (der aufmerksame Leser weiß jetzt allerdings, dass dies nur stimmt, wenn man diesen Vergleich auf der Basis der zurückgelegten Distanz ausrichtet). Der entscheidende Unterschied zwischen beiden Beförderungsweisen liegt in der wahrgenommenen Schrecklichkeit des Schadensfalls. Da mit Flugzeugunfällen zumeist katastrophale Folgen für die Mehrzahl der Reisenden verbunden sind, beim Autofahren jedoch nur einige wenige betroffen sind, die zudem damit rechnen, mit einem Blechschaden davonzukommen, liegt die wahrgenommene Schrecklichkeit der Risiken des Fliegens deutlich höher als beim Autofahren. Dazu kommt das Gefühl, dass man das Risiko nicht selbst beeinflussen kann. Man erkennt, dass man in einer ungewöhnlichen und im Notfall aussichtslosen Situation gefangen ist. Die Gewissheit der Ausweglosigkeit, falls es zu einem schweren Unfall kommen sollte, ist besonders furchteinflößend, weil die typischen Reaktionsmuster

von Flucht, Kampf oder Totstellen nicht mehr als sinnvolle
Strategien der Gefahrenabwehr greifen.

Zum anderen werden situationsbezogene Muster unterschieden, die auf die Eigenarten der riskanten Situation ausgerichtet sind.[27] Darunter fallen:

- persönliche Kontrollmöglichkeit über den Grad der Ris-
  kantheit
- Freiwilligkeit der Risikoübernahme
- Eindruck einer gerechten Verteilung von Nutzen und
  Risiko
- Kongruenz zwischen Nutznießer und Risikoträger
- Vertrauen in die öffentliche Kontrolle und Beherrschung
  von Risiken
- Vertrauenswürdigkeit der Informationsquellen und
- Eindeutigkeit der Informationen über Gefahren.

Situationsbezogene Muster der Wahrnehmung umfassen also
Aspekte wie Freiwilligkeit und persönliche Kontrollfähigkeit.
Wenn ich etwa der Meinung bin, ich könnte das Risiko selber
steuern, dann empfinde ich es als weniger gravierend.

9.5 Wahlfreiheit macht einen Unterschied

Um das zu erläutern, schildere ich ein Experiment aus meiner
frühen Forschungspraxis:[28] Im Rahmen meiner Dissertation,
die ich im Jahre 1978 zum Thema Risikowahrnehmung geschrieben habe, führte ich folgendes Experiment durch: Über
eine Zeitungsannonce hatte ich rund 30 Personen eingeladen,
an einem vermeintlich medizinischen Experiment mitzuwirken. Nach dem Zufallsprinzip hatte ich die 30 Personen in

zwei Gruppen à 15 Personen aufgeteilt: Jede der 30 Personen erhielt eine Packung mit drei Kapseln, die sich nach meiner Auskunft angeblich schneller im Magen auflösen würden als herkömmliche Kapseln. Ebenso gab ich vor, dass die erste Kapsel eine bakterielle, die zweite eine leicht radioaktive und die dritte eine chemische (aus Schwermetallen) Ummantelung habe. Ich brauche wohl kaum zu betonen, dass alle drei Kapseln reine Placebos waren und keinerlei gesundheitliche Auswirkungen hätten auslösen können. Als Versuchsleiter bat ich die Personen, nach Einnahme einer der drei Kapseln ihre subjektiven Beschwerden aufzuschreiben. In der Experimentalgruppe I wies ich nun jedem einzelnen Versuchsteilnehmer einer der drei Kapseln zu. Keiner hatte also eine Auswahl. In der Experimentalgruppe II durfte sich dagegen jeder der Teilnehmer eine Kapsel selber aussuchen.

Das Ergebnis bei der Auswertung der subjektiv wahrgenommenen Beschwerden nach Einnahme der Kapseln war eindeutig: Obwohl alle Versuchspersonen die absolut identische Kapsel geschluckt hatten, hatten die Personen, denen ich eine Kapsel zugewiesen hatte, doppelt so viele und auch häufiger stärkere (subjektiv empfundene) Beschwerden als die Personen, die sich eine Kapsel hatten aussuchen dürfen. Im Übrigen stellte sich heraus, dass die vermeintliche radioaktive Kapsel die größten Beschwerden auslöste und die bakterielle die geringsten, und zwar in beiden Experimentalgruppen.

Je natürlicher eine Gefahrenquelle eingestuft wird, desto harmloser wird sie offenbar bewertet. Oder um unser Beispiel mit den Essgewohnheiten wieder aufzugreifen: Menschen glauben, auf Süßigkeiten, Alkohol oder andere als ungesund eingestufte Lebensmittel leicht verzichten zu können, wenn sie es nur wollten. Dagegen werden meist harmlose chemische Zusatzstoffe in Lebensmitteln als ernsthafte Bedrohung der eigenen Gesundheit erlebt[29], weil man darüber keine eigene Kontrolle hat.

Viele der hier beschriebenen qualitativen Merkmale sind dafür verantwortlich, dass wir eine Reihe von Risiken bedrohlicher und kritischer einstufen, als dies die Experten tun würden. Die als kontrovers angesehenen Risikoquellen, wie etwa chemische Konservierungsmittel in Lebensmitteln, Erdgastanks oder Lagerstätten für Kohlendioxid aus Kohlekraftwerken (CCS-Technologien), spielen eine große Rolle bei den Merkmalen, die ein hohes Maß an Gefährlichkeit suggerieren, während dagegen Freizeitrisiken mit eher positiven Attributen assoziiert werden.[30]

Die psychologischen Untersuchungen zur Risikowahrnehmung helfen uns weiter, die Deutungsmuster, die bei der intuitiven Risikoerfassung und -bewertung zur Anwendung kommen, besser verstehen und einordnen zu können. Die zu beobachtende Diskrepanz zwischen den Ergebnissen der technischen Risikoabschätzungen der Experten und den intuitiven Bewertungen dieser Risiken durch die Bevölkerung ist nicht in erster Linie auf Unwissenheit über statistisch gegebene oder wissenschaftlich berechnete Erwartungswerte zurückzuführen, sondern ist Ausdruck eines vielschichtigen Bewertungsrasters, in dem der zu erwartende Schaden nur ein Faktor unter vielen darstellt.[31]

9.6 Was ist universell, was kulturspezifisch?

Die Untersuchungen im internationalen Maßstab legen zudem nahe, dass es sich bei der Risikowahrnehmung um universell gültige Kriterien zur Beurteilung von Risiken handelt, die von allen Menschen unabhängig von ihrem sozialen und kulturellen Umfeld für ihre Urteilsbildung zugrunde gelegt werden.[32] Die relative Wirksamkeit jedes einzelnen qualitativen Merkmals für die eigene Urteilsbildung variiert beachtlich zwischen Individuen, unterschiedlichen sozialen Gruppen und Kulturen. Gleichgültig ob wir Menschen in China, Australien, Europa oder den USA befragen, welche Merkmale sie zur Charakterisierung von Risiken in ihr Urteil einbeziehen, wir finden in allen uns vorliegenden Untersuchungen die gleichen oder ähnlich ausgeprägte Bewertungskriterien vor. Es sind die oben schon genannten risiko- und situationsbezogenen Merkmale. Dennoch sind die Urteile über Risiken zwischen Individuen und zwischen sozialen Gruppen und Kulturen höchst unterschiedlich. Das liegt zum einen daran, dass Menschen diese Kriterien in ihrer Wichtigkeit unterschiedlich einstufen, und zum anderen daran, dass sie diese Merkmale aufgrund ihrer Lebensumstände und den Informationen, denen sie ausgesetzt sind, in unterschiedlichem Ausmaße auf die jeweils zu bewertenden Risikoquellen anwenden.

So erbrachte etwa eine vergleichende Umfrage 1980 zur Risikowahrnehmung in den ehemaligen Ostblockstaaten die Erkenntnis, dass für die Rumänen in Bukarest das größte wahrgenommene Risiko darin bestand, von einem Hund gebissen zu werden.[33] In keinem anderen Land kam diese Antwort überhaupt ins Spiel. Erst später haben wir herausgefunden, dass der Diktator Ceausescu in seinem Wahn, die Hauptstadt mit pathetisch faschistoiden Gebäuden und Straßenzügen zu »verschönern«, rücksichtslos alte Stadtteile abreißen ließ, Menschen kurzerhand vor die Tür setzte und diese wiederum ihre Hunde frei laufen ließen, weil sie nicht wussten, wohin mit ihnen. Infolge dieser Radikalsanierung rotteten sich diese herren- und frauenlose Hunde zu hungrigen und aggressiv auftretenden Rudeln zusammen, die oft ihr Heil darin suchten, ihnen unbekannte Menschen anzugreifen. An diesem Beispiel wird auch klar, dass Risikowahrnehmungen, wenn sie persönlich erfahrbar sind, durchaus mit den realen Gefahren übereinstimmen können.

Es sind diese Risikomerkmale und Begleitumstände des Risikos, die von Menschen überall auf der Welt in ähnlicher Weise als Gedankenanker benutzt werden, um Risiken zu beurteilen. Wie diese Urteile dann im Einzelnen ausfallen, ist abhängig von den individuellen Lebensumständen, der persönlichen Erfahrung von angstauslösenden Umweltfaktoren und von kulturellen Normen und Werten.[34] Personen, die etwa einen alternativen Lebensstil bevorzugen, neigen eher als andere dazu, die Bewertungsfaktoren Natürlichkeit von Risiken und Gleichverteilung von Risiken und Nutzen auf die Bevölkerung zur Beurteilung von Risiken heranzuziehen, während Personen, die ausgeprägte materielle Wertvorstellungen haben, Risiken stärker nach persönlicher Kontrollmöglichkeit und Vertrauen in Institutionen der Gefahrenabwehr beurteilen.[35] Wie Otway und Thomas in ihren Studien zur Kernenergie eindrücklich nachweisen konnten, korrelieren unterschiedliche Wertmuster hoch mit der relativen Bedeutung, die Personen entweder dem Nutzen oder dem Risiko einer Technologie zuweisen.[36]

Die relative Wirksamkeit der universell gültigen intuitiven Wahrnehmungsprozesse ist also von eigenen Überzeugungen, persönlichen Erfahrungen und äußeren Situationsumständen abhängig, aber ihre Funktion üben sie universell aus. Es sind immer die gleichen Mechanismen der Wahrnehmung, auf die, individuell oder kulturell eingefärbt, zurückgegriffen wird. Diese Erkenntnis ist keine akademische Spitzfindigkeit, sondern hat unmittelbare Relevanz für Kommunikation und

Konfliktaustragung: Geht man davon aus, dass intuitive Mechanismen der Risikowahrnehmung und -bewertung quasi universelle Züge tragen, dann gibt es auch eine basale Kommunikationsbasis, auf die man bei aller Unterschiedlichkeit der Standpunkte zurückgreifen kann. Dadurch eröffnet sich eine integrative Kommunikationsplattform über gemeinsam erlebte Mechanismen der Risikowahrnehmung, die weltweit und über alle Kulturen hinweg einen gelingenden kommunikativen Austausch über Risiken und Risikowahrnehmung ermöglichen.

9.7 Schubladen im Risikowahrnehmungsschrank: semantische Muster

Wie können Menschen diese Vielzahl an Merkmalen und Bewertungskriterien unter einen Hut bekommen? Laufen wir nicht andauernd Gefahr, uns in zeitaufwendigen Urteilsprozessen zu verlieren, wenn wir die risiko- und situationsbezogenen Merkmale gemeinsam mit den uns schon bekannten Faustregeln bei jeder neuen Risikoquelle beachten und gegenseitig abwägen müssten? Kaum einer wird sich daran erinnern, dass er bei Informationen zu einer neuen Risikoquelle eine Liste mit risiko- und situationsbezogenen Merkmalen ausgefüllt hat, um zu einem eigenen Urteil zu kommen.

In unseren eigenen Forschungen haben wir zu dieser Frage bestimmte Sammelmuster von Risikoklassen identifizieren können, die uns helfen, komplexe Bewertungen über Risken zu vereinfachen.[37] Wir haben sie mit dem Begriff »semantische Risikomuster« versehen. Diese semantischen Risikomuster kann man sich wie Schubladen in einem Schrank vor-

stellen, in dem wir nach übergeordneten Kriterien unsere
Wäsche einordnen, etwa im obersten Fach Unterwäsche, im
zweiten Socken und Strümpfe, im dritten Krawatten und
Schals usw. Bezogen auf unseren Fall beherbergt jede Schublade einen Risikotyp, auf den eine bestimmte Kombination
der risiko- und situationsbezogenen Merkmale in besonderer
Weise zutrifft. Gleichzeitig werden in diesen Mustern auch
die elementaren Reaktionsformen von Flucht, Kampf und

Risikoklassen	Erklärung	Beispiele
Risiko als unmittelbare Bedrohung:	Technische Risiken mit hohem Katastrophen- potential und geringer Eintrittswahrscheinlich- keit. Gefühl der Bedro- hung durch Zufälligkeit des Gefahreneintritts	Kernkraftwerke, Staudämme, Chemieanlagen, Erdgaslager
Risiko als Schicksalsschlag	Natürliche Gefahren mit geringer Eintritts- wahrscheinlichkeit. Wahrnehmung von Gefahrenzyklen (alle 100 Jahre)	Überschwemmungen, Erdbeben, Vulkanausbrüche, Starkregen, Wirbelstürme
Risiko als Heraus- forderung der eigenen Kräfte	Risiken, die man durch eigenes Verhalten steuern und meistern kann	Extrembergsteigen, gefährliche Sport- und Freizeitaktivitäten
Risiko als Glücksspiel	Abwägung von Wahr- scheinlichkeiten für Verlust und Gewinn	Lotterien, Pferdewetten, z. T. Börsenspekulation, Abschließen von Ver- sicherungen
Risiko als Frühindikator für schleichende Gefahren	Risiken, die man mit den eigenen Sinnesorganen nicht wahrnehmen und bewerten kann. Ange- wiesenheit auf Vertrauen in Risikoexperten	Lebensmittelzusätze, elektromagnetische Felder, ionisierende Strahlung, Pestizidrück- stände, Innenraum- belastung, Feinstaub

Tab. 11 Semantische Muster der Risikoklassen.
Quelle: Eigene Darstellung.

Totstellen integriert. Auf diese Weise können wir schnell und zügig Risiken in eine der Schubladen einordnen. Welches sind nun die für uns interessanten Schubladen, in denen wir gerne unsere Risiken ablegen? Tabelle 11 vermittelt eine schnelle Übersicht.

Risiko als unmittelbare Bedrohung

Große Störfälle verbunden mit dem Ausfall von Sicherheitssystemen können bei vielen technischen Systemen, vor allem Großtechnologien, katastrophale Auswirkungen auf Mensch und Umwelt haben. Die technische Sicherheitsphilosophie zielt meist auf eine Verringerung der Eintrittswahrscheinlichkeit eines solchen Versagens ab, so dass das Produkt aus Wahrscheinlichkeit und Ausmaß denkbar klein wird.[38] Die stochastische Natur eines solchen Ereignisses macht aber eine Voraussage über den Zeitpunkt des Eintritts unmöglich. Folglich kann das Ereignis in der Theorie zu jedem Zeitpunkt eintreten, wenn auch mit jeweils extrem geringer Wahrscheinlichkeit.

Oft habe ich bei Vorträgen über Risiken der Kernenergie erlebt, dass nach dem Vortrag eines renommierten Professors für Reaktorsicherheit eine Person aus dem Publikum aufstand und fragte: »Sie haben uns ja ausführlich über alle Sicherheitsmaßnahmen unterrichtet. Aber kann es denn nicht sein, dass der denkbar unwahrscheinliche Fall einer Reaktorkatastrophe auch morgen eintritt?« Auf diese Frage folgt meist ein betretenes Schweigen des Referenten. Wenn er »ja« sagt, hat er verloren. Denn dann werden alle Zuhörer das Risiko als nicht akzeptabel einschätzen. Sagt er aber »nein«, dann sagt er offenkundig die Unwahrheit. Die meisten Refe-

renten, die in diese Situation geraten, fangen an »herum-
zueiern«. Einerseits so, anderseits so. Doch die Zuhörer im
Raum merken das sehr schnell. Für sie ist klar: Wenn ein solches furchtbares Ereignis zu jeder Zeit eintreten kann, egal
mit welcher Wahrscheinlichkeit, dann wollen sie lieber eine
solche Risikoquelle nicht in ihrer Nachbarschaft dulden. Ende
der Diskussion.

Im Bereich der Wahrnehmung von seltenen Zufallsereig-
nissen spielt die Wahrscheinlichkeit eine geringe Rolle: Die
Zufälligkeit des Ereignisses ist der eigentliche Risikofaktor.[39]
Beispiele für Risikoquellen, die in diese Kategorie fallen, sind
große technische Anlagen, wie etwa Kernkraftwerke, Flüssig-
gaslager, chemische Produktionsstätten und andere menschlich geschaffene Gefahrenpotentiale, die im Ernstfall katastrophale Auswirkungen auf Mensch und Umwelt haben können.
Vor allem die Kernenergie ist hier das Paradebeispiel aus dem
Bereich Energieversorgung.

Die Vorstellung, das Ereignis könne uns zu jedem beliebi-
gen Zeitpunkt treffen, erzeugt ein Gefühl der eigenen Be-
drohtheit und Machtlosigkeit. Instinktiv können wir Menschen mental (ob real mag hier dahingestellt bleiben) besser
mit Gefahren fertigwerden, wenn wir darauf vorbereitet und
darauf eingestellt sind. Ebenso wie sich die meisten Menschen
in der Nacht mehr fürchten als am Tage (obwohl das objektive
Risiko, über Tag zu Schaden zu kommen, wesentlich höher ist
als während der Nacht, man aber in der Nacht leichter von
möglichen Gefahren überrascht werden kann), so fühlen wir
uns mehr von potentiellen Gefahren bedroht, die unerwartet
auftreten und uns unvorbereitet überraschen, als von Gefahren, die entweder regelmäßig auftreten oder die genügend
Zeit zwischen auslösendem Ereignis und möglicher Gefahrenabwehr erlauben. Somit ist das Ausmaß des Risikos in dem

hier vorliegenden Verständnis eine Funktion von drei Faktoren: der Zufälligkeit des Ereignisses, des erwarteten maximalen Schadensausmaßes und der Zeitspanne zur Schadensabwehr. Die Seltenheit des Ereignisses, also der statistische Erwartungswert, ist dagegen unerheblich.[40] Im Gegenteil: Häufig auftretende Ereignisses signalisieren eher eine kontinuierliche Folge von Schadensfällen, auf die man sich einstellen und vorbereiten kann.

Die Wahrnehmung des Risikos als drohende Katastrophe bestimmt häufig die Bewertung technischer Risiken, findet aber nur wenig Anwendung in der Bewertung naturgegebener Katastrophen. Erdbeben, Überflutungen oder Wirbelstürme folgen den gleichen Bestimmungsgrößen wie Großtechnologien, d. h. sie treten relativ selten nach dem Prinzip des Zufalls auf und erlauben meist nur wenig Zeit zur Gefahrenabwehr, sie werden jedoch mit einem anderen, im Folgenden beschriebenen Risikokonzept bewertet.

Risiko als Schicksalsschlag

In der Wahrnehmung der meisten Menschen gelten natürliche Katastrophen als unabwendbare Ereignisse, die zwar verheerende Auswirkungen nach sich ziehen, die aber als »Launen der Natur« oder als »Ratschluss Gottes« (in vielen Kulturen auch als mythologische Strafe Gottes für kollektiv sündiges Verhalten) angesehen werden und damit dem menschlichen Zugriff entzogen sind.[41] Sie sind in der Terminologie Niklas Luhmanns Gefahren, denen man ausgesetzt ist, und keine Risiken, die man selber herbeigeführt hat.[42] Die technischen Möglichkeiten, auch Naturkatastrophen zu beeinflussen und deren Auswirkungen zu mildern, haben sich

noch nicht so weit in das Bewusstsein der meisten Menschen
eingeprägt, dass natürliche Katastrophen ähnlich gedeutet
und bewertet werden wie technische Unfälle.

Solange Naturgefahren als Schicksalsschläge angesehen
werden, gehören sie in eine eigene Schublade. Wenn niemand außer Gott oder die Natur zur Verantwortung gezogen werden kann, lässt sich auch durch menschliches
Handeln keine Besserung der Situation herbeiführen. Als
Alternativen verbleiben nur noch Flucht oder Verdrängung
der gefährlichen Situation. Je seltener das Ereignis, desto
eher wird die reale Gefahr verneint oder verdrängt; je häufiger das Ereignis, desto eher ist Rückzug aus der Gefahren-
zone die Folge.[43]

Dazu kommt noch, dass Naturgefahren als zyklisch und
nicht als zufällig verteilt wahrgenommen werden.[44] Schon
eine Ausdrucksweise wie »100-jährliches Hochwasser« deutet auf diese (Fehl)perspektive hin. Hat man ein hundert-
jähriges Hochwasser einmal gut überstanden, dann verbleiben einem wieder rund 99 Jahre bis zum nächsten, so die
populäre Interpretation dieses Begriffes.[45] Wie bei allen stochastischen Ereignissen, kann die Naturkatastrophe aber genau so im folgenden Jahr wie in 200 Jahren wieder auftreten.
Wenn man von einer allgemeinen Wahrnehmung ausgeht,
dass Naturgefahren in Zyklen auftreten, dann ist es verständlich, wenn auch nicht unbedingt rational, dass Menschen in Erdbeben- oder Überflutungsgebieten siedeln und
häufig nach eingetretener Katastrophe in diese Gebiete zurückkehren.[46] Sie haben ja nach der Katastrophe wieder
99 Jahre Zeit, bis die nächste Katastrophe droht. Im Gegensatz zur Situation der technischen Bedrohung ist die Zufälligkeit des Ereignisses nicht der angstauslösende Faktor
(weil Zufall hier Schicksal und nicht unvorhersehbare Ver-

strickung von Fehlverhalten beinhaltet). Im Gegenteil, die relative Seltenheit des Ereignisses ist ein psychischer Verstärker für die Verneinung der Gefahr.

Durch die zunehmende Beeinflussung natürlicher Katastrophen durch menschliche Aktivitäten ist das Risikomuster des Schicksalsschlages zunehmend unter den Beschuss der kognitiven Dissonanz geraten. Immer häufiger erfahren wir, dass die Schwere der Schäden von Naturgefahren von menschlichen Handlungen abhängig ist und damit erneut die Frage von Schuld und Verursachung durch gesellschaftliche Institutionen in den Vordergrund rückt.[47] Dies drückt sich beispielsweise dadurch aus, dass nach Naturkatastrophen Journalisten und Vertreter von zivilgesellschaftlichen Gruppen immer häufiger die Frage nach der Verantwortung stellen und dabei auch die Unterlassung von möglichen vorbeugenden oder nachsorgenden Maßnahmen als schuldhaftes Verhalten deuten.[48] Insofern deutet sich eine allmähliche Wandlung in der Wahrnehmung von Naturgefahren als Schicksalsschlag ab.

Risiko als Herausforderung der eigenen Kräfte

Wenn Reinhold Messner ohne Atemgerät die höchsten Berge der Welt bezwingt, obwohl das Risiko, dabei zu Schaden zu kommen, beachtlich ist, wenn Autofahrer wesentlich schneller fahren, als es die Polizei erlaubt, wenn Menschen sich mit Plastikflügeln in den Abgrund stürzen und das als Sport bezeichnen, dann erschließt sich eine weitere Bedeutung des Risikobegriffes. Bei diesen Freizeitaktivitäten wird nicht, wie vielfach behauptet, das Risiko in Kauf genommen, um einen angenehmen Nutzen zu haben (etwa Wind um die Ohren oder schöne Aussicht), sondern das Risiko ist der Nutzen: Die Aktivitäten gewinnen ihren Reiz gerade dadurch, dass sie mit Risiken verbunden sind.[49]

In all diesen Fällen gehen Menschen Risiken ein, um ihre eigenen Kräfte herauszufordern und den Triumph eines gewonnenen Kampfes gegen Naturkräfte oder andere Risikofaktoren auszukosten. Sich über Natur oder Mitkonkurrenten hinwegzusetzen und durch eigenes Verhalten selbstgeschaffene Gefahrenlagen zu meistern, ist der wesentliche Ansporn zum Mitmachen.[50] Wie wir schon bei der Diskussion der Neuen Medien bemerkt haben, bietet unsere Gesellschaft zu wenig riskante Herausforderungen, um unsere Lust nach Abenteuer und Risiko zu befriedigen. Unsere Fähigkeiten, erfolgreich auf Gefahren reagieren und Risiken bewältigen zu können, haben wir in der Evolution erworben. Im Kontext unserer modernen »Absicherungsgesellschaft« liegen diese Fähigkeiten aber brach und werden nicht abgerufen. Daher kommt es zu Ersatzhandlungen, die den energetischen Druck dieses Potentials bedienen und so eine Zeitlang verringern, bis er sich wieder neu aufbaut. Kurzum: Wir müssen immer mal wieder Dampf ablassen, um unseren Handlungsdruck nach Gefahrenbewältigung auszugleichen. Aus diesem Grund werden künstliche Situationen geschaffen, die ein kalkulierbares und durch persönlichen Einsatz beherrschbares Risiko schaffen, dem man sich freiwillig aussetzt.

Risiko als Herausforderung ist an eine Reihe von situationsspezifischen Attributen gebunden:[51]

- Freiwilligkeit
- weitgehende persönliche Kontrollierbarkeit und Beeinflussbarkeit des Risikos
- zeitliche Begrenzung der Risikosituation

- die Fähigkeit, sich auf die riskante Tätigkeit vorzubereiten und entsprechende Fertigkeiten einzuüben und
- soziale Anerkennung, die mit der Beherrschung des Risikos verbunden ist.

Risiko als Herausforderung ist eine so dominante Handlungsmotivation, dass Gesellschaften symbolische Gefahrensituationen in Form von Sportaktivitäten, Gesellschaftsspielen, Spekulantentum, Geldgeschäften und politischen Spielregeln des Machterwerbs entwickelt haben, um den »Kick« bei der Beherrschung von Gefahren zu kanalisieren und die möglichen negativen Konsequenzen durch symbolische Belohnungen und Bestrafungen zu ersetzen. Mit der symbolischen Kanalisierung des Risikorausches geht auch eine symbolische Vorwegnahme realer Gefahren in Form von Computersimulationen einher.[52] Die herkömmliche Methode, durch Versuch und Irrtum technische Innovationen oder neue Einsatzgebiete für Technik zu überprüfen, ist in einer auf höchstmögliche Sicherheit fixierte Gesellschaft moralisch nicht mehr zu rechtfertigen. Anstelle des – immer Schaden erzeugenden – Irrtums tritt die symbolische Antizipation des Schadens. Abenteuerurlaub darf nur die Illusion der Gefahr vermitteln, aber wehe, wenn einer wirklich zu Schaden kommt. Technische Systeme müssen so angelegt sein, dass sie auch bei Versagen niemanden schädigen können (das Lernen an realen Fehlern wird durch Computersimulation von hypothetischen Schadensabläufen ersetzt), und geplante soziale Veränderungen bedürfen einer wissenschaftlichen Folgenabschätzung, inklusive Kompensationsstrategien für potentielle Geschädigte, bevor eine Reform in Kraft treten kann.

Das zunehmende Erlebnis eines nur symbolischen Schadens schafft natürlich auch neue Erwartungshorizonte ge-

genüber Wirtschaft und Staat. Je mehr der Risikorausch von
symbolischen Konsequenzen für einen selbst und mögliche
Konkurrenten geprägt ist, desto eher erwartet man auch von
den in der Realität vorhandenen Risikoquellen nur symbolische Konsequenzen. Der echte Schaden darf demnach niemals eintreten.

Risiko als Glücksspiel

Das Risiko als Herausforderung, bei der die eigenen Fähigkeiten zur Risikobewältigung den Ausgang der Handlung mitbestimmen, ist nicht identisch mit dem Verständnis von Risiko
in Lotterien oder Glücksspielen. Verlust oder Gewinn sind in
der Regel hier unabhängig von den Fähigkeiten des Spielers.
Spielen selbst kann natürlich auch einen Rausch erzeugen und
zum Selbstzweck werden, aber es ist die ersehnte oder erhoffte
Auszahlung, die Möglichkeit des großen Gewinns, die das berühmte »Prickeln« erzeugt, und nicht der Vorgang des Spie-
lens (im Gegensatz zu Gesellschaftsspielen, in denen Beloh-
nung und Bestrafung nur noch symbolischen Wert haben).
   Psychologen haben sich seit langem intensiv mit Risikover-
halten bei Glücksspielen befasst. Zum einen lässt sich die
Situation im Labor gut simulieren, zum anderen kann man
leicht die Abweichungen vom statistischen Erwartungswert
bestimmen.[53] Gleich hier soll deutlich werden, dass auch in
dieser Sichtweise von Risiko der statistische Erwartungswert
nur zu einem Teil das reale Spielverhalten von Glücksspielern
bestimmt.[54] Wie bereits an früherer Stelle bei der Behandlung
der Prospect Theory von Kahneman und Tversky ausgeführt,
ist eine Lotterie dann besonders attraktiv, wenn der Einsatz
gering ist und der Hauptgewinn ausgesprochen attraktiv. Denn

Spieler unterschätzen die Wahrscheinlichkeit seltener Ereignisse und sind eher bereit mitzuspielen, wenn der Wetteinsatz die Schmerzgrenze nicht überschreitet.

Die Tatsache, dass es jedes Mal einen Gewinner gibt, verführt zu der Vorstellung, man könne selbst der nächste sein. Häufig werden mit Glücksspielen versteckte Verteilungsideologien (etwa todsicheres Wettsystem, magische Glückszahlen oder ausgleichende Gerechtigkeit) verbunden. So glauben etwa 47 % aller Amerikaner, dass es besondere Glücksnummern gibt, die bestimmten Mitspielern eine bessere Gewinnchance vermitteln.[55] Wird das Zufallsprinzip jedoch anerkannt, dann ist das wahrgenommene Konzept der stochastischen Verteilung von Auszahlungen dem naturwissenschaftlich-technischen Konzept von Risiko als Funktion von Eintrittswahrscheinlichkeit und Schadensausmaß am nächsten.

Die häufig geäußerte Vermutung, die meisten Menschen seien unfähig, mit Wahrscheinlichkeiten umzugehen, ist nicht haltbar, wenn man das Verhalten von Teilnehmern an Pferdewetten beobachtet. Um bei Pferdewetten mithalten zu können, ist die Beherrschung elementarer Grundsätze der Wahrscheinlichkeitsrechnung unumgänglich. Ansonsten ist nicht nachvollziehbar, wie diese Wetten aufgebaut sind.[56] Gerd Gigerenzer, der viele Beispiele für die Angemessenheit von Bauchentscheidungen in seinen Büchern aufführt, hat auf die Fähigkeit von Menschen, sehr komplexe Aufgaben zu bewältigen, immer wieder hingewiesen.[57] Das Besondere ist nicht, dass wir nicht im Prinzip die Fähigkeit haben, Wahrscheinlichkeitsberechnungen und deren innere Logik nachvollziehen zu können, sondern dass wir diese Logik nicht auf die Risiken anwenden, die für unsere Lebensführung, unsere Gesundheit und unsere Sicherheit so zentral sind. Gerade hier wäre sie aber am meisten vonnöten.

Risiko als Frühindikator für schleichende Gefahren

Mit dem Aufkommen der modernen, quasi unsichtbaren
Risiken hat sich in der öffentlichen Diskussion ein neues Be-
deutungsumfeld des Risikobegriffes aufgetan. Da persönliche
Erfahrungen fehlen, treten die Informationsangebote durch
Experten, Behörden und Medien über Umweltverschmutzung und deren Langzeitwirkungen auf Gesundheit, Leben
und Natur an Stelle der direkten Wahrnehmung.[58] Sie übernehmen die Funktion von Frühwarnindikatoren für alles, was
unser Leben bedrohen könnte.

Nach diesem Risikoverständnis helfen wissenschaftliche
Studien, schleichende Gefahren frühzeitig zu entdecken und
Kausalbeziehungen zwischen Aktivitäten oder Ereignissen und
deren latente Wirkungen aufzudecken.[59] Beispiele für diese
Verwendung des Risikobegriffs findet man bei der kognitiven
Bewältigung von geringen Strahlendosen, Lebensmittelzu-
sätzen, chemischen Pflanzenschutzmitteln oder genetischen
Manipulationen von Pflanzen und Tieren. Die Wahrnehmung
dieser Risiken ist eng mit dem Bedürfnis verknüpft, für
scheinbar unerklärliche Folgen (z. B. Krebserkrankungen von
Kindern, gehäuftes Auftreten von Allergien in bestimmten
Regionen, Waldsterben, etc.) Ursachen ausfindig zu machen.
Mit Hilfe der Faustregeln und der schon beschriebenen Mechanismen der intuitiven Toxikologie sind die Schuldigen immer schnell ausgemacht.

Bei Risiken als Frühindikator sind die betroffenen Menschen
auf Informationen durch Dritte angewiesen. Sie können nicht
aus eigener Erfahrung die Risiken einschätzen, die möglicherweise ihr Leben, ihre Gesundheit oder ihr Wohlergehen bedrohen. Ob sich im Trinkwasser ein gefährlicher Rückstand eines
Pestizids befindet, ob die Ozonbelastung in der Umgebungsluft

höher ist als erlaubt, ob im Lebensmittel gefährliche Konservierungsstoffe enthalten sind und ob wir einer radioaktiven Strahlung ausgesetzt sind, können wir mit Hilfe unserer eigenen Sinneswahrnehmungen nicht beantworten. Von daher müssen wir die Deutungen dritter Personen oder Institutionen einholen, die uns vor diesen Gefahren warnen können. Wie wir aber bei der Behandlung des Medieneinflusses schon erfahren haben, müssen wir uns bei all diesen Fragen auf eine große Bandbreite von Antworten gefasst machen. Zum Teil liegt es daran, dass in der stochastischen Analyse von Risiken eindeutige Antworten nicht zu erwarten sind (nur Bandbreiten mit Wahrscheinlichkeiten), zum Teil liegt es aber auch daran, dass Journalisten dazu neigen, alle vorhandenen Urteile über eine Gefährdung nebeneinanderzustellen und ohne Prüfung auf deren wissenschaftliche Verlässlichkeit an die Medienkonsumenten weiterzuleiten.[60] Somit stehen wir alle vor der Herausforderung, eine Fülle von möglichen Antworten auf die Fragen zu den Risiken unserer Zeit zu erhalten, die in der Regel von »völlig harmlos« bis zu »höchst gefährlich« reichen.

Da wir die Gültigkeit nicht selber nachprüfen können, sind wir darauf angewiesen, die unterschiedlichen Quellen für die Risikoeinschätzungen nach ihrer Glaubwürdigkeit zu beurteilen. Die Angewiesenheit auf Vertrauen hat die Deutsche Physikalische Gesellschaft in einer Pressemitteilung recht plastisch zum Ausdruck gebracht:[61]

»Da nicht jeder alles wissen kann, bleibt jedem Vertreter des ›Restes der Menschheit‹ nichts anderes übrig, als zu glauben. Oder er *glaubt* eben nicht! Er muss den *Experten* trauen und vertrauen. Oder er *vertraut eben nicht*! Nachvollziehbare Erkenntnis – den ursprünglichen Grundgedanken der Aufklärung gibt es längst nicht mehr. Das ange-

häufte Wissen ist einfach nicht mehr vom Einzelnen erfass-
und überschaubar und auch nicht mehr objektiv zu bewerten. Deshalb verbleibt beim Laien eine Wissenslücke, die
durch Vertrauen, Misstrauen und / oder Skepsis ausgefüllt
wird.«

Bei der Vergabe von Glaubwürdigkeit haben wir drei Optionen: Wir können erstens aus der Palette des breiten Ange-
bots einer der Informationsquellen Glaubwürdigkeit schenken und nehmen dann deren Risikoeinschätzung als wahr an.
Je nachdem wie diese Risikoeinschätzung ausfällt, werden wir
dazu neigen, das Risiko zu ignorieren, zu reduzieren oder
ganz zu meiden. Wenn beispielsweise mein Vertrauen in die
Informationen der Mineralwasserhersteller besonders hoch
ist, werde ich den Beteuerungen ihres Verbandes Glauben
schenken, dass die auch im Mineralwasser vorhandenen
Rückstände von Pestiziden völlig harmlos seien.

Die zweite Option, die ich habe, ist generelles Misstrauen
gegenüber allen. In diesem Falle hänge ich natürlich in der
Luft, weil ich aus diesem prinzipiellen Entzug von Glaubwürdigkeit keine Handlungsalternativen ableiten kann. In dieser
Situation neigen die meisten von uns dazu, das Risiko ganz
zu vermeiden oder die entsprechende Risikoquelle zu verbannen.[62] Wir wollen dann Null-Risiko! Das ist auch nachvollziehbar, denn wenn ich niemandem traue, dann ist für mich
das Risiko einfach nicht abschätzbar. Dann möchte ich es auch
nicht eingehen.

So kann es durchaus sein, dass bei einer Podiumsdiskussion
jemand mit Vehemenz für ein völliges Verbot von genetisch
veränderten Pflanzen eintritt, aber gleichzeitig Bier trinkt,
raucht und seinen Sportwagen draußen vor der Tür geparkt
hat, mit dem er gerne schnell durch die Gegend braust.

Dieses scheinbar paradoxe Verhalten findet aber darin eine plausible Erklärung, dass die entsprechende Person die Risiken des Rauchens, Trinkens und schnellen Fahrens glaubt überschauen und einschätzen zu können, während sie die Risiken der Gentechnik als undurchschaubar und nicht vorhersehbar einstuft. Da diese Person auch keinem der Experten zutraut, hier eine wahre Antwort zu geben, möchte er lieber, dass die Gesellschaft auf gentechnische Pflanzen und Nahrungsmittel ganz verzichtet. Die Amerikaner sagen hier: »Better safe than sorry!«

Die dritte Option ist, nach Anzeichen dafür zu suchen, welcher Informationsquelle man das meiste Vertrauen schenken kann. Da man den Inhalt der jeweiligen Aussagen nicht beurteilen kann, lässt sich die Glaubwürdigkeit nur an sogenannten peripheren Merkmalen ablesen.[63] Periphere Merkmale sind Aspekte, die mit der Informationsquelle assoziativ verbunden werden, und die einem indirekt Aufschluss darüber geben, ob die Quelle als glaubwürdig einzustufen ist oder nicht. Solche Merkmale können sein: vermutete Interessengebundenheit, rhetorische Fähigkeiten, sympathisches Auftreten, Anknüpfung an mir vertraute Lebensverhältnisse oder Wertvorstellungen, aber auch so triviale Dinge wie Kleidung, Gestik und Aussehen. Abbildung 19 vermittelt einen schematischen Überblick über diese möglichen Anhaltspunkte, um Glaubwürdigkeit zu bestimmen.

Viele dieser peripheren Merkmale sind professionellen Kommunikationsberatern durchaus bekannt, und sie trimmen ihre Klienten darauf hin, möglichst viele Eigenschaften zugeschriebener Glaubwürdigkeit auszustrahlen. Das Problem ist aber, dass die Zuschreibung von Glaubwürdigkeit aufgrund peripherer Merkmale nur selten mit dem Wahrheitsgehalt der damit verbundenen Aussagen übereinstimmt.

Kontextvariable für Zuschreibung von Glaubwürdigkeit

Abb. 19 Periphere Merkmale zur Beurteilung der Glaubwürdigkeit.
Quelle: Renn 1992.[64]

Von daher sollte man sehr vorsichtig sein, wenn man Glaubwürdigkeit aus nicht themenbezogenen Verhaltensweisen
ableitet und sich dabei von Äußerlichkeiten leiten lässt, die
wenig Beziehung zu den Argumenten für oder gegen die jeweilige Bedrohung haben.

Diese drei Optionen beschreiben also die möglichen Reaktionsweisen auf Informationen über Risiken, für deren Beurteilung wir keine eigenen Erfahrungswerte besitzen. Alle drei
Reaktionsweisen sind auch in unserer Gesellschaft immer wieder anzutreffen. Zum einen gibt es Menschen, die aufgrund
tiefgreifender Beziehungen ein unerschütterliches Vertrauen
in bestimmte Gruppen und Institutionen haben. Dadurch erleben sie selten kognitive Dissonanzen, weil sie nur ihren vertrauten Bezugsgruppen und sonst niemanden vertrauen.[65]

Umgekehrt erkennen wir in vielen unserer Mitbürgerinnen und Mitbürger verunsicherte bis zynische Menschen, die dieses Grundvertrauen in Gruppen und Institutionen der Wissensvermittlung verloren haben und nur noch Spott und Verachtung für die scheinbar gemeinwohlorientierten Institutionen übrig haben.[66] Die Folge ist die uns allen vertraute Politikverdrossenheit.[67] Die überwiegende Anzahl der Menschen verfolgt aber die dritte Option und verteilt Glaubwürdigkeit je nach Situation, Kontext und der selektiven Aufnahme von peripheren Merkmalen. Dabei kommt es immer wieder zu Situationen von kognitiver Dissonanz, weil die gerade wirksamen peripheren Merkmale nicht immer den Informationsinhalten Glaubwürdigkeit verleihen, die unsere Meinung bestätigen. Aber für diesen Fall kommen wiederum die bekannten Instrumente der Reduktion von Dissonanz ins Spiel. Auftretende Dissonanzen werden dadurch aufgelöst, dass man im Zweifel denen Glauben schenkt, die das bestätigen, was man ohnehin glaubt. Und damit schließt sich der Kreis.

9.8 Vertrauen kann man nicht »schaffen«

Die Risikoschublade der »schleichenden Risiken« nimmt in der heutigen Zeit einen immer größeren Anteil unseres semantischen Risikoschrankes ein. Daraus ergibt sich, dass Menschen sich mehr als je zuvor auf die Glaubwürdigkeit und Aufrichtigkeit derer verlassen (müssen), von denen sie Informationen über Risiken erhalten.[68] Daher ist Vertrauen in die Leistungsfähigkeit der wissenschaftlichen Risikoerkenntnis und des institutionellen Risikomanagements maßgebend für unsere Einschätzungen des Risikos. Vertrauen in Institutio-

nen, die im Auftrag der Gesellschaft Risiken erkennen und
begrenzen, kann eine ursprünglich negative Risikowahrnehmung ausgleichen. Misstrauen kann Menschen im Gegenzug
dazu bringen, auch solche Risiken abzulehnen, die sie als gering einstufen. In der Tat zeigen empirische Forschungsergeb-
nisse deutlich, dass es eine direkte Wechselbeziehung zwischen empfundenem Risiko und öffentlichem Vertrauen gibt
und umgekehrt.[69]

Vertrauen ist zunächst einmal ein Koppelprodukt von
Glaubwürdigkeit, dass die Informationen auch korrekt, umfassend und ausgewogen sind, und von Gewissheit, dass die
jeweilige Institution ihre Aufgabe im Sinne des vorgegebenen
Auftrages auch ordnungsgemäß erfüllt.[70] Dies wird häufig
mit dem Fachwort »Performanz« bezeichnet.[71] Die erste Komponente Glaubwürdigkeit ist an Offenheit, Transparenz und
Ehrlichkeit gebunden; die zweite Komponente Performanz an
Kompetenz, Fairness und Engagement. Dazu kommt noch die
Geradlinigkeit, die für beide Komponenten von Bedeutung
ist. Diese sieben Kriterien sind in Tabelle 12 aufgeführt und
erklärt.[72]

Vertrauen basiert auf allen diesen Bestandteilen, wobei die
Nichterfüllung einer Eigenschaft durch Erfüllung der anderen
Eigenschaften bis zu einem gewissen Grade ausgeglichen werden kann. Wenn Objektivität oder Unvoreingenommenheit
unmöglich zu erreichen sind, können die Fairness der Botschaft und das Vertrauen in die gute Absicht der Informationsquelle als Ersatz dienen. Auch kann Kompetenz durch
Vertrauen ersetzt werden und umgekehrt. Geradlinigkeit ist
nicht immer dringend erforderlich, um Vertrauen zu gewinnen, aber andauernde Widersprüche zerstören die allgemeinen
Erwartungen und Rollenmodelle für Verhaltensreaktionen.
Wie können wir denn als Nichtexperten zuverlässig beur-

Kriterien	Beschreibung
Wahrgenommene Kompetenz	Grad der fachlichen Kompetenz zur Erfüllung des institutionellen Auftrags
Unvoreingenommenheit	keine Parteilichkeit zugunsten eines partikulären Interesses
Fairness	Anerkennung und angemessene Darstellung aller relevanten Standpunkte
Geradlinigkeit	Vorhersehbarkeit von Argumenten und Verhaltensweisen, die auf Erfahrung mit vorhergegangenen Kommunikationsbemühungen basiert
Aufrichtigkeit	Ehrlichkeit und Offenheit
Empathie	Mitgefühl mit den potentiellen Opfern eines Schadens
Engagement	Empfinden von »gutem Willen« in Leistung und Kommunikation

Tab. 12 Kriterien zur Zuschreibung von Vertrauenswürdigkeit. Quelle: Eigene Darstellung.

teilen, ob diese Komponenten für Vertrauen und Glaubwürdigkeit erfüllt sind oder nicht? Zum Ersten können wir uns an dem orientieren, was auch diesem Buch als Grundlage dient: Die nüchternen Bilanzen der amtlichen Statistik. Wir können die Leistungsfähigkeit der Institutionen, die für die Regulierung und Begrenzung von Risiken verantwortlich sind, anhand der amtlichen Statistik und anderer einschlägiger Quellen beurteilen.[73] Wenn wir aufgrund der dort aufgeführten Trendanalysen zum Schluss kommen, dass beispielsweise die Schadensfälle seit Jahren zurückgehen, dann kann man mit gutem Recht daraus schließen, dass hier ein kluges Risikomanagement vorherrscht. Natürlich kann es immer wieder zu Schwankungen nach unten und oben kommen, aber der generelle Trend lässt sich recht zuverlässig über eine Reihe von Jahren nachvollziehen.

Ein gutes Beispiel dafür ist der Flugverkehr.[74] Obwohl die
Zahl der Personen-Kilometer drastisch ansteigt, bleibt die
Zahl der Flugopfer auf einem relativ geringen Niveau. Gleichzeitig erleben wir bei jedem neuen Flugzeugabsturz, wie sorgfältig und umfassend die Ursachen für den Unfall untersucht
werden. Gibt es technische Störungen oder organisatorische
Fehler, die für den Flugverkehr insgesamt von Bedeutung
sind, werden in der Regel schnell und kompetent die jeweiligen Richtlinien und Regulierungen angepasst.

Zum Zweiten sollte man sich vor allem bei Gesundheitsrisiken mit einem gehörigen Maß an Skepsis wappnen, wenn
eine Belastung als »absolut harmlos« oder eine Technologie
als »100 Prozent sicher« bezeichnet wird.[75] Wie wir im Kapitel über stochastische Risiken gelernt haben, gibt es weder ein
Nullrisiko noch die absolute Sicherheit. Umgekehrt sollten
wir auch immer dann misstrauisch sein, wenn Einzelereig-
nisse herausgegriffen und diese dann als Beleg für die Höhe
des Gesamtrisikos verallgemeinert werden. Wenn wir die Stochastik als Grundlage nehmen, werden wir bei jedem Risiko
Opfer nicht grundsätzlich vermeiden können, aber wir können deren Zahl reduzieren. Wer etwas anderes verspricht, ist
entweder mit der Stochastik nicht vertraut oder will uns bewusst hinters Licht führen.

Zum Dritten sollten wir mit großer Aufmerksamkeit verfolgen, ob es um das Gefahrenpotential geht oder um das Risiko, durch diese Gefahr zu Schaden zu kommen. Damit es
überhaupt zu einem Schaden kommt, müssen zunächst einmal Schadenspotentiale vorliegen, diese müssen in irgendeiner Weise auf uns einwirken und dann in der notwendigen
Menge oder Qualität wirksam in unsere Körper gelangen,
um den entsprechenden Schaden auszulösen.[76] Beispielsweise
führt ein krebserzeugender Stoff, der in einem Produkt einge-

schlossen ist, nur dann zu einer Erkrankung, wenn der Stoff aus dem Produkt herausgelöst in den Körper eindringen kann, und zwar mit der notwendigen Konzentration, um mit der jeweiligen (dosis-abhängigen) Wahrscheinlichkeit eine Krebserkrankung auszulösen. Allein die Tatsache, dass ein Schadenspotential vorliegt, ist noch kein hinreichender Grund, schärfere Maßnahmen zu fordern, es sei denn es gibt Nachweise darüber, ob und wie dieser Stoff in die Umwelt und in unseren Körper gelangen kann.

Zum Vierten kann man bei der Beobachtung der peripheren Merkmale einige wenige herausgreifen, die zumindest Anhaltspunkte für Glaubwürdigkeit vermitteln.[77] Wissenschaftliche Institutionen mit einer langen Tradition für unparteiische und kompetente Analysen sind sicherlich eher glaubwürdig als virtuelle Internet-Institute, die keiner externen Überprüfung unterliegen und deren interne Regeln der Qualitätsprüfung nicht offengelegt werden. Organisationen, die sich mit Risiken und ihrem Management befassen, sind umso eher zu trauen, je mehr Wert sie auf Transparenz, Vollständigkeit und Nachvollziehbarkeit ihrer internen Prüfkriterien und Qualitätskontrolle legen.[78] Selbst wenn man die wissenschaftliche Vorgehensweise bei der Risikoermittlung nicht nachvollziehen kann und die Fachsprache der jeweiligen Wissenschaftler nicht versteht, so kann man doch häufig aus den institutionellen Regeln der Beweisführung und den Mechanismen der Qualitätskontrolle Rückschlüsse über die Vertrauenswürdigkeit von Quellen erhalten.

Umgekehrt ist es natürlich auch wichtig, wenn Sie als Kommunikator selbst Informationen an Dritte weitergeben, dass Sie eine Basis der Vertrauenswürdigkeit schaffen. Vertrauen selber kann man nicht schaffen, sondern nur die Grundbedingungen dafür erfüllen, dass es sich über die Zeit entwickelt.[79]

Da der Begriff des Risikos impliziert, dass zufällige Ereignisse Unfälle oder Verluste auslösen können, sind Risikomanager immer gezwungen, ihre Leistungen und Aktivitäten öffentlich zu rechtfertigen, vor allem dann, wenn Schadensfälle auftreten. Auf der einen Seite können sie Missmanagement vertuschen, indem sie auf die vermeintliche Zufälligkeit des Ereignisses hinweisen (indem sie es als »unvorhersehbar« oder als »höhere Gewalt« bezeichnen), auf der anderen Seite können sie für Ereignisse verantwortlich gemacht werden, für die sie unmöglich im Voraus hätten Schutzmaßnahmen vorsehen können.[80]

Die stochastische Natur von Risiko ist deshalb umso mehr auf eine vertrauensvolle Beziehung zwischen Risikomanager und Risikoträger angewiesen, da einzelne Ereignisse Fehlleistungen des Managements weder widerlegen noch beweisen; gleichzeitig rufen sie aber schnell Misstrauen und Zweifel hervor. Der kleinste Fehler einer Risikomanagementagentur kann ausreichen, um das empfindliche Vertrauensgleichgewicht zu zerstören.

Der angeblich laxe Umgang mit Risiko durch private Firmen und Regierungsbehörden war in den meisten Fällen der Auslöser dafür, dass einzelne Personen Initiative ergriffen haben und sich beispielsweise in Bürgerinitiativen engagiert haben.[81] Je mehr Menschen glauben, dass Risiken nicht angemessen gehandhabt werden (zusätzlich zu der Tatsache, dass sie als ernsthafte Bedrohung empfunden werden), umso höher ist die Wahrscheinlichkeit, dass sie politisch aktiv werden. Es hat sich beispielsweise bei der Frage der Kernenergienutzung gezeigt, dass die Gegnerschaft in gleichem Umfang angestiegen ist, in dem das Misstrauen in die regulativ tätige Atombehörde gestiegen ist.[82]

Vertrauen aufbauen und gewinnen ist eine vielschichtige

Aufgabe, die nicht dadurch erreicht werden kann, dass bestimmte Verfahrensrichtlinien (wie zum Beispiel die Aussage, man verfüge über Einfühlungsvermögen) in mechanischer Weise angewendet werden. Auch das Erlernen von peripheren Merkmalen hilft nur begrenzt, um Vertrauen aufzubauen. Die meisten Menschen haben ein gutes Sensorium für gespielte Vertrauenswürdigkeit. Es gibt keine einfache Formel für das Entstehen von Vertrauen. Vertrauen wächst mit der Erfahrung der Vertrauenswürdigkeit. Niemand liest eine Broschüre, hört einen Vortrag oder nimmt an einem Gespräch teil, wenn der alleinige Zweck ist, Vertrauen in den Kommunikator aufzubauen. Vertrauen ist das sichtbare Ergebnis erfolgreicher und effektiver Kommunikation über Fragen und Probleme. Es gibt nur eine allgemeine Regel für das Entstehen von Vertrauen: so zu handeln, dass die Erwartungen, die im Vertrauen zum Ausdruck kommen, über die Zeit hinweg erfüllt werden und, wenn Abweichungen auftreten, diese plausibel und nachvollziehbar erklärt werden. Information allein ist niemals ausreichend, um Vertrauen aufzubauen oder zu erhalten. Ohne die Erfahrbarkeit von Vertrauenswürdigkeit gibt es keine Atmosphäre, in der Vertrauen wachsen kann.

»Vertrauen kann nicht gekauft werden, es kann nicht befohlen werden und es kann auch nicht gelernt oder gelehrt werden; wie wir es auch drehen und wenden, es braucht Zeit zum Entstehen und verlangt in der Regel nach wiederholter Begegnung. Dass wir mehr Vertrauen benötigen, mag ein positives Zeichen sein; es ist aber nicht ausgemacht, dass die gegenwärtigen gesellschaftlichen Entwicklungen – nennen wir sie Flexibilisierung, Globalisierung, Beschleunigung oder Prekarisierung – tatsächlich die Bedingungen schaffen, die nötig sind, damit das verlangte Vertrauen entstehen kann. Vertrauen entsteht eben nicht überall da, wo wir unter Ungewissheit handeln, wie manchmal im Zusammenhang mit dem Theorem der ›Risikogesellschaft‹ vermutet wird.«[83]

Mit diesem abschließenden Zitat von Martin Hartmann gelingt uns auch der Übergang von der Perspektive des Einzelnen zu einer erweiterten Perspektive aus der Sicht des Ganzen, also der gesellschaftlichen Bedingungen, unter denen wir alle Risiken wahrnehmen, erleben und bewerten. Auf einige der gegenwärtigen gesellschaftlichen Merkmale hat Hartmann schon hingewiesen. Für uns zentral ist der Begriff der »Risikogesellschaft«. Dazu mehr im folgenden Kapitel.

10   Risikogesellschaft oder Risikowahrnehmungsgesellschaft?

Es gibt historische Zäsuren in dem Verhältnis von Risikoanalyse, Risikowahrnehmung und Regulierungspolitik. Das Jahr 2011 mit dem Reaktorunfall in Fukushima war sicher eine solche Zäsur, vor allem in Deutschland.[1] Der lange Abschied von der Kernenergie wurde auf zehn Jahre verkürzt und die Energiewende zum nationalen Politikkonsens erhoben.[2] Geht man noch länger in die Geschichte zurück, so stößt man auf ein weiteres folgenreiches Jahr, wenn es um Risiken geht: das Jahr 1986. Auch dieses Jahr kann als ein Wendepunkt in der gesellschaftlichen Wahrnehmung von Risiken, vor allem der großtechnischen Risiken gelten. Im Jahre 1986 ereigneten sich drei schwerwiegende Unfälle: das Challenger-Unglück in den USA, die Reaktorkatastrophe im Kernkraftwerk Tschernobyl sowie der Großbrand in Schweizerhalle in Zürich mit anschließender großflächiger Verschmutzung des Rheines mit giftigen Löschchemikalien[3]. Das wirkte in Deutschland wie auch in den meisten anderen Ländern wie ein Schock.[*]

Wie der Zufall es wollte, erschienen im Jahre 1986 zwei einflussreiche Bücher zum Thema Risiko und Gesellschaft, die zwar schon vor den drei schweren Unfällen verfasst wurden, deren Inhalt aber genau die Gemütslage der Gesellschaft in der Schockphase nach den Unfällen traf: Es sind die Werke von Ulrich Beck zur Risikogesellschaft und von Niklas Luhmann zur ökologischen Kommunikation.[4] So unterschiedlich beide Werke auch sind, sie diagnostizierten beide die zunehmende Erosion einer Expertenkultur, die auf der Basis von Wahrscheinlichkeitskalkülen Risiken als akzeptabel oder inakzeptabel einstuften.

Auch vor 1986 gab es genügend Dissidentenzirkel und Gegenexperten, die Front machten gegen die etablierte Risikoperspektive der Großtechnikbefürworter, aber der öffentliche Eindruck blieb doch vorherrschend, dass sich auf der einen Seite die geballte Rationalität von Experten aus Wissenschaft und Technik und auf der anderen Seite die tapfere Moralität der Umweltschützer gegenüberstanden. Umfragen aus den 1970er und 1980er Jahren machen deutlich, dass man der Expertenkultur Sachverstand und Problemlösungskapazität, aber wenig menschliche Wärme und moralische Motivation unterstellte, während die Umweltschützer und Technikmahner als aufrichtige und wackere Streiter, aber als wenig sachgerecht und kompetent argumentierende Laien eingestuft wurden.[5]

---

[*] Ein kurzer Abriss der Geschichte zur Haltung der Bevölkerung zu Kernenergie und Großtechnik findet sich unter: http://www.fischerverlage.de/buch/9783596198115.

Nach 1986 hat sich dieses Bild dramatisch verschoben.
Nunmehr stand nicht nur die Moralität, sondern auch die Rationalität der Experten auf dem Prüfstand. Niklas Luhmann
betonte in seinem Buch, dass die Expertenkulturen keinen
Anspruch auf Wahrheit stellen können, weil die Probleme,
mit denen sie sich beschäftigen, sich den methodischen Instrumenten der Wahrheitsfindung und Bestätigung entziehen.[6] Ulrich Beck ging noch einen Schritt weiter: Er interpre-
tierte die Vorgehensweise der Experten als eine Strategie der
Legitimation von einseitigen wirtschaftlichen und politischen
Interessen. Beck wörtlich: »Gefahren werden industriell erzeugt, ökonomisch externalisiert, juristisch individualisiert,
naturwissenschaftlich legitimiert und politisch verharmlost.«[7]
Die als Nebenfolgen deklarierten Risiken würden sich nach
Ulrich Beck zunehmend als die dominanten Folgen herausstellen, während die erwarteten und erwünschten Hauptfol-
gen in ihrer Bedeutung für die Lebenswelt der betroffenen
Menschen immer mehr verblassen würden.[8] So manche Risi-
kotechnologie könne den Wohlstand nur noch marginal erhöhen, dies aber nur auf Kosten von erhöhten Risiken für Natur
und Gesundheit. Gefragt, so Beck, seien daher Gegengifte
(so der Titel des Nachfolgebandes der Risikogesellschaft), die
in der Lage seien, die Verharmlosungsstrategien von Wissenschaft, Wirtschaft und Politik aufzudecken und nur noch
solche Technologien oder Aktivitäten zuzulassen, bei denen
katastrophale Auswirkungen unabhängig von ihrer Wahrscheinlichkeit ausgeschlossen seien.[9]

Ich kann mich noch gut daran erinnern, wie ich im Oktober
1986 zu einer Konferenz der Internationalen Atomenergiebe-
hörde nach Wien eingeladen wurde. Auf der Tagesordnung
stand nur ein Thema: die Sicherheit der Kernenergie nach
Tschernobyl. Der damalige Leiter der Abteilung Sicherheit

bei der IAEA, Friedrich Niehaus, mühte sich redlich ab, deutlich zu machen, warum trotz Tschernobyl Kernkraftwerke auf der Welt als risikoarme und ökonomisch notwendige Form der Energieerzeugung zu bewerten seien. Er zeigte eine Folie nach der anderen, auf der die numerischen Risiken der verschiedenen Energieerzeugungsarten miteinander verglichen wurden. Alle diese Folien kamen zum gleichen Schluss: Keine Form der Stromerzeugung sei so risikoarm wie die Kernenergie! Obwohl die Behörde zu dieser Konferenz nur Fachleute geladen hatte, erntete der Vortrag von Herrn Niehaus nichts als Kopfschütteln und Unverständnis. Einer der Konferenzteilnehmer brachte es auf den Punkt: »Wer nach Tschernobyl noch so diskutiert, hat die Zeichen der Zeit nicht verstanden!«

Seit dieser Zeit stehen die Vertreter der technisch-wissenschaftlichen Risikoabschätzung unter besonderem Druck. Vor allem die Werke von Ulrich Beck und anderen Sozialwissenschaftlern, die sich gesellschaftskritisch mit Risiken auseinandersetzen, führten ein Argument nach dem anderen auf, um die ihrer Ansicht nach unheilige Allianz von Wissenschaft, Großindustrie und Politik zu entlarven. Dies trug weiter zu einer Relativierung des Expertenwissens und zu einer Hinterfragung der hinter diesem Wissen liegenden Werte und Überzeugungen bei.[10]

Viele dieser Kritikpunkte sind durchaus berechtigt. Gerade bei den technischen Risiken haben viele Experten die Annahmen, unter denen die entsprechenden Analysen durchgeführt wurden, gerne verschwiegen und die begrenzte Gültigkeit der Aussagen tunlichst ausgeblendet. Nicht zuletzt wurde häufig in der Öffentlichkeit der Eindruck hinterlassen, dass die verbleibenden »Restrisiken« nur hypothetischer Natur seien, faktisch aber gar nicht eintreffen könnten. Als es dann den-

noch zu einer großen Reaktorkatastrophe in Russland gekommen war, war plötzlich der hypothetische Störfall Realität
und kein virtuelles Gedankenspiel versponnener Sicherheits-
experten.[11] Kein Wunder, dass die Glaubwürdigkeit wissenschaftlicher Risikoberechnungen in den Keller sackte.[12]

Dieser Vertrauenseinbruch in die Unparteilichkeit und
Redlichkeit der Experten, die sich mit Risikoabschätzungen
und -bewertungen beschäftigten, blieb nicht auf den Bereich
der Kernenergie beschränkt. Zunehmend gerieten auch Risiken durch Chemikalien, durch Krankheitserreger, durch
Lebensmittel und durch andere neue Technologien, wie Gentechnik und Nanotechnik, in die Legitimationskrise.[13] Wie
bereits in den vorigen Kapiteln angedeutet, verstärkten die
Medien den Eindruck, dass interessengebundene Gruppen in
der Gesellschaft ihre jeweils gefärbte Bewertung von Risiken
in den öffentlichen Raum einbrachten.[14] Jede Gruppe mobi-
lisierte *ihre* Wissenschaftler und verwies auf wissenschaftliche Ergebnisse, die angeblich alle den Regeln und Standards wissenschaftlicher Beweisführung genügen würden.
So beriefen sich die Wissenschaftler von Greenpeace auf
die gleichen Methoden der Analyse wie die Wissenschaftler
der chemischen Industrie, kamen aber zu völlig entgegen-
gesetzten Schlussfolgerungen. Da konnte der verblüffte Laie
nur mit dem Kopf schütteln. Die erhoffte Integrationskraft
von wissenschaftlichen Untersuchungen verblasste zunehmend. So schreibt die Wissenschaftstheoretikerin Helga Nowotny:[15]

»Als umso schwerwiegender ist daher die Erschütterung
des gegenseitigen Verhältnisses von Wissenschaft und Gesellschaft zu bewerten, die durch die Abnahme der Autorität der Wissenschaft als kulturelle Ressource entsteht.

Auch wenn in den westlich liberalen Demokratien allgemein ein Rückgang an Autorität und Glaubwürdigkeit ihrer Institutionen festzustellen ist, so trifft dies die Wissenschaft dennoch in ihrem zentralen Nerv. Wissenschaft ist die Institution, die sich in modernen Gesellschaften ein bisher unangefochtenes Monopol in der Definition der Wirklichkeit erobern konnte. Von ihr stammen die letztlich gültigen Erklärungen. Wenn die Wissenschaft in der Öffentlichkeit zunehmend in Verbindung mit ökonomischen und anderen Interessen wahrgenommen wird, wenn die Vorstellung, dass Wissenschaftler aus Motiven der Gemeinnützigkeit handeln, Gefahr läuft, in der Öffentlichkeit für obsolet gehalten zu werden, und wenn Wissenschaft als eine Lobby wie andere auch erscheint, dann brechen wichtige Voraussetzungen für ihre Besonderheit zusammen.«

Der von Frau Nowotny beschriebene Prozess einer stetigen Erosion der integrativen Formen und Funktionen der Wissenschaft ist ein Hauptgegenstand der von Ulrich Beck und anderen Sozialforschern ins Leben gerufenen Forschungstradition mit dem sperrigen Titel: Reflexive Modernisierung.[16] Was ist mit diesem Begriff gemeint? Hinter diesem Konzept verbirgt sich die sozialwissenschaftliche Deutung der Entwicklung von traditionellen Gesellschaften hin zu einer Gesellschaft der sogenannten ersten Moderne, die an Fortschritt und Rationalität glaubte, und deren Weiterentwicklung in eine Gesellschaft der zweiten Moderne, der heutigen Zeit.[17]

10.1 Unsere Gegenwart:
Kennzeichen der zweiten Moderne

Diese zweite Moderne ist eine von Selbstzweifeln und Selbst-
verunsicherung gezeichnete Neuentwicklung aus der Enttäuschung über die nicht eingelösten Versprechungen der ersten
Moderne nach dauerndem Fortschritt und größerem Wohlstand für alle. Hauptstichwort hier ist der andauernde Zwang
zur Selbtreflexion. Was gestern noch als unbestritten galt, ist
heute bereits höchst erklärungsbedürftig und ruft nach einer
erneuten Rechtfertigung. Und damit noch nicht genug: Mit
dem Zwang zur reflexiven Rückversicherung tritt das Erlebnis von zunehmender Unsicherheit. Ulrich Beck drückt das so
aus: »Nicht Wissen, sondern Nicht-Wissen ist das ›Medium‹
reflexiver Modernisierung [...]. Wir leben im Zeitalter der
Nebenfolgen. Und genau diesen Umstand gilt es methodisch
und theoretisch, alltagsweltlich und politisch zu entschlüsseln
und zu gestalten.«[18] Da es immer weniger möglich ist, die Nebenfolgen aufgrund der komplexen Zusammenhänge im Voraus zu erkennen und zu begrenzen, erlebt die Gesellschaft
ständig neue (meist unangenehme) Überraschungen. Hatte
man beispielsweise geglaubt, mit Pestiziden und Insektiziden
die Welternährung sicherzustellen, so zeigte sich bald, dass
diese Chemikalien die Umwelt verschmutzten und in vielen
Ländern auch erhebliche Gesundheitsbelastungen zur Folge
hatten. So enstehen nach Ulrich Beck immer wieder neue, unerwartete und nicht mehr eingrenzbare Risiken, die nicht nur
uns, sondern die ganze Welt bedrohen.

Angelpunkt der Kritik an den nicht intendierten Nebenfolgen war die Entwicklung der Kernenergie.[19] Zunächst als
Symbol der ersten Modernisierung gepriesen, wurde sie zunehmend zum Sündenbock für eine technische Entwicklung,

bei der man die unerwünschten Nebenfolgen entweder übersehen (bzw. bewusst ignoriert) oder durch die geeigneten Mittel der probabilistischen Risikoanalyse künstlich kleingerechnet hatte.[20]

Über die Frage der Erzeugung von Ungewissheiten und Rechtfertigungszwängen hinaus erwies sich die zweite Modernisierung als ein Motor der Relativierung von Zielen und Mitteln. Die Frage, welche übergeordneten Ziele eine Gesellschaft überhaupt verfolgen solle, blieb ohne Antwort.[21] Wollte man wirklich auf Dauer Wirtschaftswachstum zum Maßstab der Entwicklung küren? Wohl wissend, dass immerwährendes Wachstum ohne entsprechende Risiken für Umwelt und Natur nicht zu haben sein kann! Will man nationale Souveränität und Machtstreben stärken, obwohl der Nationalstaat immer weniger Bedeutung im Rahmen globalisierter Zusammenhänge besitzt? Will man die klassischen Formen der Demokratie auf die ganze Welt übertragen, obwohl diese Form mit einer Vielzahl von kulturellen Traditionen in anderen Ländern wenig kompatibel ist? Alle diese Fragen verursachten das Gefühl von Brüchen in der Entwicklung und von Verunsicherung über das, was kollektiv angestrebt werden soll.

Konnte man in der Phase traditioneller Lebensverhältnisse die Auswirkung des eigenen Handelns im lokalen Umfeld noch direkt wahrnehmen und gegebenenfalls korrigieren, so wird diese Einsicht in Ursache und Wirkungszusammenhänge in der ersten Moderne auf spezialisierte Institutionen gesellschaftlicher Wirkungsforschung übertragen. Vor allem ist dies die Domäne der Experten aus Wissenschaft, Behörden und Industrie. Diese treten mit dem Anspruch auf, die Folgen und Nebenwirkungen gesellschaftlichen Handelns abschätzen und im Sinne der übergeordneten Zielvorstellungen bewerten zu

können. Mit dem Übergang zur zweiten Moderne zerfällt aber
diese Zuversicht in die Leistungsfähigkeit der professionellen Folgenabschätzung. Zum einen sind die Ziele selber umstritten. Niemand kann mehr mit Autorität bestimmen, ob die
entsprechenden Erkenntnisse und Maßnahmen die Gesellschaft vorangebracht oder zurückgeworfen haben. Die einen
werden es als Fortschritt, die anderen halt als Rückschritt einstufen.[22] Zum anderen sorgen die kaum überschaubaren komplexen Zusammenhänge zwischen kollektiven Handlungen
und global vernetzten Wirkungsketten dafür, dass unser Wissen zwar immer bessere Möglichkeiten bietet, diese Unsicherheiten zu beschreiben, wir aber immer weniger Gewissheit
beanspruchen dürfen, dass alle diese Erkenntnisse auch zu
den gewünschten Ergebnissen führen.[23] Werden denn Risiken
wirklich begrenzt oder vermieden?

Neben dieser Unsicherheit über das, was uns bevorsteht,
kommt die Wirkungslosigkeit der Instrumente, die uns helfen
sollen, diese Risiken zu beherrschen. Die Theoretiker der
reflexiven Moderne gehen davon aus, dass die politischen
Steuerungsinstrumente immer weniger greifen, weil niemand mehr vorhersagen kann, welche Wirkungen und Nebenwirkungen sie auslösen. Anthony Giddens hat dies mit
dem Bild des Dschagannath-Wagens beschrieben. Dieser ge-
schmückte Wagen wird bei indischen Umzügen durch die
Straßen geschoben, wobei niemand so recht weiß, welche
Richtung der Wagen einnehmen wird, da die begeisterten Zuschauer diesen Wagen in alle Richtungen schieben können.
Wohin er sich letztendlich bewegt, ist dann von den zufälligen
Konstellationen der jeweiligen Schieber und Drücker abhängig. Gelegentlich gerät auch einer, der versucht, den Wagen
mit zu steuern, selbst unter die Räder.

Von daher agiert in den Augen der Vertreter dieser Denkrichtung in der Soziologie Wissenschaft und Politik oft hilflos, weil ihre Instrumente der Erkenntnis und der Steuerung stumpf geworden sind. Sie halten sich dann häufig an Ritualen fest, die ihnen den Eindruck von Autorität und Macht vermitteln, aber letztendlich wirkungslos bleiben. So konstatiert Ulrich Beck: »Dieser Rationalitätskonflikt bedeutet, dass es einen erweiterten, schwer eingrenzbaren Horizont konkurrierender Wissens-Akteure und -Interessenten gibt, wodurch die etablierten linearen Zuordnungen von Wissen und Nicht-Wissen fragwürdig werden.«[24] Für die Zuschauer verbleibt dann nur noch die Verwirrung, dass über alles intensiv geforscht und ständig steuernd eingegriffen wird, sich aber an den Zuständen, die man verändern will, wenig ändert. Ganz offensichtlich ist diese Irritation bei der jüngsten Finanzkrise zutage getreten.[25] Zumindest nach außen hat sich der Eindruck durchgesetzt, dass alle Akteure mit großem Eifer risikobegrenzende Maßnahmen eingeleitet haben, die aber offenbar alle nicht das gewünschte Ziel erreichen konnten. Auch an diesem Beispiel zeigt sich also wieder, dass mit der zweiten Moderne eine Zunahme an Verunsicherung und Orientierungslosigkeit einhergeht.

10.2 Individueller Sinnverlust

Diese kollektive Verunsicherung und Orientierungslosigkeit drückt sich natürlich auch im Bereich individueller Sinnorientierung aus.[26] Auf der einen Seite steigen die Möglichkeiten jedes einzelnen Individuums, sein Leben außerhalb der traditionellen Formen und Strukturen eigenverantwortlich zu gestalten, andererseits fehlt es aber an kollektiven Vorbildern, an was man sich in diesem Gestaltungsprozess orientie-

ren soll. Denn die zweite Modernisierung ist geprägt von
einer tiefen Pluralität von Wissensansprüchen, moralischen
Überzeugungen, ästhetischen Standards und (sub)kulturellen
Wertvorstellungen.[27] Diese Pluralität vermittelt auf der einen
Seite neue Freiheitsräume und Chancen, sich nach eigenen
Maßstäben in der Gesellschaft zu bewegen, zwingt aber auf
der anderen Seite dazu, sich im Supermarkt der Angebote zurechtzufinden und aus den vielfältigen Angeboten an Sinnori-
entierungen den für einen selbst stimmigen Lebensentwurf
zu zimmern.

Wie Ulrich Beck und vor allem Scott Lash in ihren Werken
zur reflexiven Modernisierung zeigen, ist dieser Prozess der
Individualisierung gleichzeitig auch ein Prozess der selbstgewählten Disziplinierung und Einordnung in neue subtilere
Zwänge und Abhängigkeiten.[28] Mithilfe neuer Technologien
und neuer organisatorischer Prozesse kann ich zwar flexibler
meine Arbeitstätigkeit ausführen, aber genau aufgrund dieser neuen Möglichkeiten erfolgen parallel dazu die Auflösung
der traditionellen Erwerbsarbeit und der Wegfall beruflicher
Absicherung.[29] Nichts ist mehr sicher, wenn es um den eigenen Lebensweg geht. Mehr und mehr gleicht das individuelle
Leben einer Abfolge von eher zufälligen Lebensabschnitten
(Patchwork-Biographien), die im Voraus kaum überschaubar
sind. Wir sprechen heute demgemäß von Lebensabschnitts-
phasen, Lebensabschnittsstilen, Lebensabschnittspartnern,
Lebensabschnittsmöbeln und Lebensabschnittstätigkeiten.[30]

Ich kann mich noch gut daran erinnern, dass ich in meiner
Jugendzeit meinen Vetter in einem Eifeldorf besuchte. Als ich
ihn fragte, was er in Zukunft beruflich machen möchte, hatte
er schon mit 14 Jahren eine klare Vorstellung. Er wolle in jedem Falle Postbeamter werden, so sein Berufswunsch, weil er
dann eine feste Anstellung habe und er schon jetzt ausrech-

nen könne, wie viel Pension er erhalten würde, wenn er mit 65 in den Ruhestand ginge. Übrigens ist er dann tatsächlich Briefzusteller geworden. Heute erscheint uns diese Antwort völlig anachronistisch. Wer im Zeitalter der zweiten Moderne studiert oder einen Beruf erlernt, muss damit rechnen, dass er im Verlaufe seines Lebens diesen Beruf nur vorübergehend ausüben wird und sich über Fortbildung und Anpassungen an aktuelle Entwicklungen neue berufliche Felder erschließen muss. Unser Leben ist zunehmend in Bewegung geraten, und die Menschen haben immer weniger Klarheit darüber, was im Verlauf ihres Lebens auf sie zukommt.

Anthony Giddens hat dieses Gefühl der zunehmenden Verunsicherung mit dem Verlust der sogenannten ontologischen Gewissheit *(ontological security)* beschrieben.[31] Mit der ontologischen Gewissheit verbindet Giddens das Gefühl, dass jedes Individuum tief in seinem Herzen weiß, wo es in der Gesellschaft steht, welche Möglichkeiten und Chancen ihm offenstehen und wie es durch eigene Handlungen am gesellschaftlichen Leben teilhaben kann. Mit dem Aufkommen der zweiten Moderne bröckelt diese Gewissheit zunehmend ab. Auf der einen Seite eröffnen sich immer wieder neue, unerwartete Chancen, gleichzeitig ergeben sich aber ebenso viele unerwartete Barrieren, die einem die Verfolgung eines Lebens- und Karriereplans erschweren. Auf diese Weise schliddert das Individuum von einer sozialen Situation in die nächste und hofft, mit dem, was es an Wissen und Fertigkeiten gelernt hat, auch neue unerwartete Situationen bewältigen zu können. Nicht umsonst sprechen Pädagogen daher lieber heute von Kompetenzen, die man erlernen muss, und weniger von Wissen, das man für bestimmte Fertigkeiten und Aufgaben benötigt.[32]

10.3 Risikowahrnehmung im Zeitalter der reflexiven Modernisierung

Was bedeuten diese Analysen der Theoretiker der reflexiven Moderne für unsere Diskussion um Risiken? Ausgegangen waren wir von der Tatsache, dass die tatsächlichen Risiken für Leben und Gesundheit in unserer Gesellschaft ständig sinken, aber das Gefühl, in einer zunehmend riskanten Welt zu leben, im gleichen Maße zunimmt.[33] Dieses Risikoparadox ist Titel und Leitmotiv dieses Buches. Zum einen haben uns die psychologischen und sozialpsychologischen Untersuchungen vor Augen geführt, dass wir aufgrund unserer intuitiven Verarbeitung von Informationen dazu neigen, stochastische Erkenntnisse fehlzudeuten und eine höchst selektive (und meist affirmative) Auswahl aus der Vielzahl der auf uns einströmenden Signale zu treffen.[34] Die Tatsache aber, dass wir dieser Vielzahl von sich widersprechenden Signalen ausgesetzt sind und dass wir in unserem gesellschaftlichen Umfeld mit einer kaum überschaubaren Zahl von Deutungsmustern und Interpretationshilfen konfrontiert werden, wird erst plausibel, wenn man die Mechanismen und Strukturmerkmale bei dem Übergang von der ersten zur zweiten Moderne näher betrachtet.

Zum Ersten sind die klassischen Autoritäten, die uns in der Vergangenheit Gewissheiten über Wahrheit, Moral und Ästhetik vermittelt haben, zunehmend in Misskredit geraten, weil sie offenkundig die Nebenfolgen dessen, was sie voller Überzeugung verkündet haben, nicht korrekt oder zumindest nicht vollständig überschaut und erst recht nicht an uns weitergegeben haben.[35] Ihre Glaubwürdigkeit in der Gesellschaft hat insgesamt gelitten. Aus diesem Grunde tun wir uns, wie schon öfter beschrieben, so schwer, aus den vielen Angeboten für Deutungsmuster die auszuwählen, die uns eine feste Orientierung geben könnten.

Zum Zweiten versetzen uns die Medien in die einmalige Lage, gleichzeitig Zeuge aller ungewöhnlichen und sensationellen Geschehnisse auf dieser Welt zu sein und diese wie im Zeitraffer beobachten zu können.[36] Dieses Feuerwerk an Eindrücken lässt uns aber den Maßstab für die relative Häufigkeit und Verteilung von Katastrophen und Unfällen abhanden kommen. Wir sind geradezu von Risiken umzingelt.

Zum Dritten färbt der Verlust an grundlegender Gewissheit auch auf die Wahrnehmung von Risiken in unserer Gesellschaft ab. Wenn schon unser Leben so voller Ungewissheiten steckt, dann werden wir auch skeptisch gegenüber den Beteuerungen von Wissenschaft und gesellschaftlichen Gruppen, Risiken beherrschen und effektiv eingrenzen zu können. Das Gefühl zunehmender Orientierungslosigkeit wird dann transformiert in einer Abwehr gegenüber allem, was an Neuerungen und Antizipationen auf uns zukommt. Wir trauen den Versprechungen der ersten Moderne nicht mehr, und sehnen uns lieber nach Erhalt des Status quo.[37] Auch die schon angesprochene Romantisierung der Natur und die nostalgische Verklärung der Vergangenheit sind zum Teil Reaktionen auf die Verunsicherung unserer basalen Gewissheiten.

Schließlich wird es viertens für Menschen immer schwieriger, in dem Supermarkt an Sinnangeboten und Lebensentwürfen eine für sie stimmige Form der eigenen Identität zu entwickeln. Dies führt häufig dazu, dass Menschen ihr Unbehagen an dieser modernen Beliebigkeit auf konkrete Objekte, die sich als Sündenbock eignen, projizieren.[38] Viele Risikoquellen eignen sich besonders gut als Sündenböcke, weil sie viele der Eigenschaften auf sich vereinen, die zur Verunsiche-

rung in der zweiten Moderne beigetragen haben: vor allem
komplexe Ursache-Wirkungs-Ketten, Unsicherheit über unbeabsichtigte Folgewirkungen und Ambiguität über deren
Bewertung. Insofern sind alle diese Sündenböcke, um im Bild
zu bleiben, keine Unschuldslämmer, aber sie vereinen in sich
sehr viel mehr an Eigenschaften und Projektionen, als sie in
der Realität aufzuweisen haben.

Von den Faustregeln der Wahrnehmung bis hin zu den ma-
krosoziologischen Kontextbedingungen der zweiten Modernisierung führt also ein nachvollziehbarer Weg in die Überbewertung von Risiken, die nach bestem Wissen nur eine
geringe Bedrohung für uns darstellen. Anders als Ulrich Beck
dies in seinen Büchern darstellt, ist für mich die Risikogesellschaft keine passende Bezeichnung für das, was die zweite
Modernisierung kennzeichnet. Weder haben die Risiken für
uns zugenommen, noch haben sich im strengen Sinne die
Unsicherheiten unserer gesellschaftlichen Aktivitäten erhöht.
Die Hinwendung zu stochastischen Modellen der Wissenschaft hat an der Realität der Bedrohungen nichts geändert,
sie hat nur unser Bewusstsein dafür geschärft, dass Risiken
zwangsweise mit Unsicherheiten verbunden sind, die eine
eindeutige und klare Zuordnung von Ursache und Folge nicht
zulassen. Diese Erkenntnis galt aber ebenso eindeutig für die
Risiken der Vormoderne wie der ersten Moderne. Nur haben
die Menschen dies damals anders gesehen und die Nebenfolgen übersehen oder schlichtweg anders gedeutet. Dazu nur
ein Beispiel: In den zwanziger Jahren des letzten Jahrhunderts
sind wesentlich mehr Menschen an den Folgen von Pestiziden
gestorben als heute.[39] Nur war dies damals im Rausch des
Fortschrittsdenkens kein gesellschaftliches Thema. Heute ist
es ein dominantes Thema in der Risikodiskussion, weil sich
unsere Deutungsmuster sowohl in der Wissenschaft wie auch

in der Gesellschaft fundamental verändert haben. Wir leben nicht in einer Risikogesellschaft, sondern in einer Risiko-*wahrnehmungs*gesellschaft.

11   Fazit: Warum es uns so schwer fällt, Risiken adäquat zu beurteilen

Ausgangspunkt unserer Überlegungen war die Frage: Warum nehmen wir Risiken, die unser Leben, unsere Gesundheit und unsere Umwelt bedrohen, anders wahr, als es die statistischen Analysen nahelegen? Die Kapitel in diesem Teil waren darauf angelegt, die psychologischen, sozialpsychologischen und soziologischen Erkenntnisse aus jahrzehntelanger Forschung über unser Entscheidungs- und Wahrnehmungsverhalten Revue passieren zu lassen und sie auf die Frage nach den Wahrnehmungsmustern über Risiken und ihre Bedeutung für unser Leben zu beziehen. Nun möchte ich die wesentlichen Argumente und Einsichten nochmals zusammenfassen. Dazu bediene ich mich eines Gedankenexperiments: einer symbolischen Reise durch die Phasen der Urteilsbildung auf der Basis der Risikowahrnehmung.

Beginnen wir unsere Reise in den Prozess der Risikowahrnehmung mit der Aufnahme von physischen Signalen durch unsere Sinnesorgane und der Rezeption von Kommunikationsangeboten durch andere. Diese Angebote an direkten Sinneseindrücken und kommunikativen Informationen trommeln täglich in nahezu unendlicher Zahl und Form auf unsere Sinnesorgane ein. Obgleich es keine verlässlichen Zahlen dafür gibt, wie viele Informationen tagtäglich auf uns einprasseln und wie viele wir davon unbewusst oder bewusst aufnehmen, so kann man doch davon ausgehen, dass mehr als 99 % aller Signale, denen wir im Verlauf eines Tages ausgesetzt sind, schlichtweg ignoriert werden.[1] Davon wird lediglich ein Bruchteil in unserem Kurzzeitgedächtnis abgespeichert, und davon wiederum nur ein Bruchteil langfristig behalten.[2] Wenn ich Sie fragen würde, was sie am 13. Juni 2007 alles getan und erlebt haben, dann werden die meisten von Ihnen keinerlei Erinnerungen an diesen Tag haben, es sei denn, genau an diesem Tag war ein besonders eindrucksvolles Erlebnis, das sich nachhaltig in ihrem Gedächtnis niedergeschlagen hat.

Aus der Einsicht heraus, dass wir die meisten Sinneseindrücke ignorieren und die Überzahl der Kommunikationsangebote bewusst oder unbewusst ausschlagen, ergibt sich die naheliegende Frage, wie wir die Signale auswählen, denen wir Beachtung schenken. Die beiden Sozialpsychologinnen Alice Eagly und Shelly Chaiken haben diese Frage auf zwei einfache Aspekte reduziert: Gelegenheit *(ability)* und Motivation *(motivation)*.[3] Zunächst einmal müssen uns diese Signale physisch erreichen, und zwar so, dass wir in ihnen eine Bedeutung erkennen (können). Eine bloße Geräuschkulisse wird in der Regel zu keiner Zuschreibung von Bedeutungen führen. Allerdings gibt es immer wieder einige Zeitgenossen, die auch im Hintergrundrauschen, etwa des Radios, noch geheime Botschaften aus dem Jenseits zu erkennen glauben. Gelegenheit bedeutet also: Die Signale erreichen uns physisch, werden zumindest kurzfristig in unserem Gehirn gespeichert und im Falle der bewussten Aufnahme mit einer bestimmten Bedeutung versehen. Wenn ich beispielsweise einen roten Sportwagen vorbeibrausen sehe, dann erkenne ich nicht nur, dass dies ein PKW ist, sondern ich assoziiere damit vielleicht auch Freizeit und Urlaub. Die meisten spontanen Sinneseindrücke verblassen relativ schnell und sind dann nicht mehr bewusst abrufbar.[4] Nur sehr wenige werden langfristig in unserem Gedächtnis abgespeichert. Über die parallele Form der Speicherung durch unbewusste Aufnahme- und Verarbeitungsformen unserer Psyche will ich hier nicht weiter sprechen, dies wäre ein eigenes Kapitel.[5]

11.1 Was ist uns wichtig? Grundlegende Kriterien für die Auswahl von Informationen

Bleiben wir bei der bewussten Auswahl von Signalen: Nach welchen Selektionsregeln wählen wir aus? Hier spielt der zweite Aspekt, die Motivation, eine große Rolle. Die Antwort ist zunächst verblüffend einfach: Wir selektieren und speichern die Angebote an Informationen und Sinneseindrücken danach, wie wichtig sie uns für die gerade ablaufende Situation und für unser Leben insgesamt erscheinen.[6] Wichtig ist vor allem das, was uns hilft, uns in unserer Umwelt zurechtzufinden und aus unserer Sicht bessere Entscheidungen zu treffen.[7] In beiden Fällen spielen dabei subjektive Bewertungskriterien eine entscheidende Rolle. Aufgrund unserer persönlichen Erfahrung und unserer Vertrautheit mit den sozialen und kulturellen Deutungen, die wir im Laufe unseres Lebens erlernt haben, schreiben wir den Informationsangeboten in unterschiedlichem Ausmaße subjektive Wichtigkeit zu.[8] Trotz dieses subjektiven Charakters der Zuschreibung von Bedeutungen lassen sich vier generelle Kriterien zur Einstufung von Wichtigkeit isolieren:[9]

a) *Orientierung:* Um uns in der Welt zurechtzufinden, brauchen wir Informationen über die uns umgebende Wirklichkeit und Einsichten in sinngebende Ablaufprozesse, die Vergangenheit, Gegenwart und Zukunft miteinander verknüpfen. Wir müssen wissen, was wir von den anderen zu erwarten haben und was die anderen von uns erwarten. Damit erwerben wir Wissen, das uns mit unserer natürlichen und sozialen Umwelt und ihren Gesetzmäßigkeiten vertraut macht.

b) *Selbstwirksamkeit:* Wir benötigen Informationen, die uns helfen, Handlungen auszuführen. Darunter fallen: Optionen erkennen, Folgen von Optionen abschätzen, Wünschbarkeit dieser Folgen bestimmen und den eigenen Handlungsspielraum erkennen.

c) *Nutzen:* Bei allen Informationen ist uns wichtig zu erfahren, ob sie uns selber oder anderen, die uns nahestehen, etwas nützen. Sie müssen also unseren Interessen dienen. Wir hören eher hin, wenn jemand behauptet, diese Information wäre für unser Wohlergehen nützlich, als wenn jemand uns über eine Sachlage aufklären will. Ohne Informationen über den Nutzen können wir auch schwer die Wünschbarkeit der vor uns liegenden Entscheidungsoptionen beurteilen.

d) *Identität:* Schließlich sind Informationen bedeutsam, die uns helfen, unsere eigene Rolle im sozialen Umfeld zu definieren und uns als ganzheitliches, integrales Wesen zu begreifen. Dazu gehören moralische Orientierungen ebenso wie persönliche Präferenzen und Vorlieben. Alles, was uns hilft, unsere eigene Persönlichkeit stärker zur Entfaltung zu bringen, wird in der Regel die Selektionsfilter der Aufmerksamkeit durchlaufen.

Bleiben wir kurz bei diesen vier generellen Kriterien für die Auswahl von Informationen und Signalen. Um für uns Orientierungssicherheit zu erhalten, sammeln wir zunächst einmal Informationen ein, die uns durch unsere Sinnesorgane vermittelt werden. Allerdings dürfen wir dabei nicht vergessen, dass diese Organe nichts anderes als physische Signale weiterleiten, die wir dann erst mit Bedeutungen[10] belegen. Bei den Alltagsgegenständen, denen wir im Leben tagtäglich begegnen, lernen wir durch den Prozess der Sozialisation und Enkulturation, physische Sinneseindrücke (etwa Konturen und Farben) mit Bedeutungen zu verbinden und diese wiederum in eine hierarchische oder assoziative Ordnung aufeinanderbezogener Begriffe zu bringen. Darüber hinaus lernen wir durch die uns umgebende Kultur abstrakte Begriffe kennen, wie Liebe, Tapferkeit oder Relativitätstheorie, die keiner dinglichen Manifestation in unserer Realität entsprechen, sondern Zusammenhänge zwischen den Realbegriffen erschließen oder Reflexionen über unsere eigene Sinndeutung ermöglichen.[11] Wir sprechen dann über Deutungsmuster von Deutungsmustern. Da alle sinnlichen Wahrnehmungen auf Interpretation beruhen, können sie nicht von sich aus wahr oder falsch sein. Erst durch unser Handeln, durch gezielte Interventionen in unsere Umgebung und durch das Erkunden der Welt gemeinsam mit anderen werden aus einzelnen Deutungsmustern die kollektiv konstruierte und vermittelte Realität.[12]

Bei den traditionellen Risiken aus der vorindustriellen Zeit war dieser Prozess vor allem durch Erfahrungslernen geprägt. Hatte man mehrfach von einem Lebensmittel Magenkrämpfe bekommen, dann ließ man es in Zukunft lieber liegen. Bei Unfällen war offenkundig, welche Ursache für das Missgeschick verantwortlich war, und bei Krankheiten und Epidemien lag die Ursache außerhalb der eigenen Handlungssphäre und konnte damit nur metaphysisch oder als Laune der Natur gedeutet werden.[13] Mit der Zunahme komplexer Modelle zur Ableitung naturwissenschaftlicher Erkenntnisse, mit der Abnahme offensichtlicher Gefährdungen und mit der Zunahme der Distanz zwischen den Erzeugern von Risiken (beispiels-

weise Industrieunternehmen) und den Erleidern von Risiken
(zum Beispiel Konsumenten, die Produkte von diesen Industrieunternehmen nutzen) ist die unmittelbar wahrnehmbare
Verbindung von Ursachen und Wirkungen verloren gegangen.

Vor allem bei dem Typus »schleichende Risiken« sind wir
auf Informationen durch andere angewiesen, weil wir selber
die Gefährlichkeit nicht erkennen und auch durch eigene Erfahrung nicht lernen können.[14] Diese Angewiesenheit auf Informationen von Experten, deren Gültigkeit und Wahrheit
wir selber nicht nachprüfen können, führt zu einer Reihe von
psychologischen Mechanismen der Orientierungssuche. In
den vorausgegangenen Kapiteln haben wir vier dieser Mechanismen näher kennengelernt: die Faustregeln der Verfügbarkeit, der Verankerung, der Repräsentativität und der affektiven Aufladung.[15] Diese Faustregeln verführen uns, den
Informationen Glauben zu schenken, die direkt an gespei-
cherte Erinnerungen aus der Vergangenheit anknüpfen und
die analog sind zu Informationen, an die wir schon immer
glaubten. Werden dort Behauptungen aufgestellt, die verall-
gemeinerungsfähige Schlüsse nahelegen, dann sind wir umso
eher geneigt, Schlussfolgerungen für wahr zu halten, je re-
dundanter Informationen vorliegen, je häufiger wir ein zeit-
liches oder örtliches Zusammentreffen von vermeintlichen
Auslösern und deren Wirkungen wahrnehmen und je mehr
Gedankenanker wir mit dieser Verallgemeinerung verbinden
können. Faustregeln helfen uns, komplexe und widersprüch-
liche Informationen schnell und ohne größere innere Konflikte zu bearbeiten. Allerdings führen sie uns auch häufig genug in die Irre, weil sie komplexe Sachverhalte unsachgemäß
vereinfachen und uns eine Sicherheit des eigenen Urteils vor-
gaukeln, die nach bestem Wissen aller Experten nicht gerechtfertigt ist.

11.2 Nutzen, Selbstwirksamkeit und Identität

Die Steuerung durch diese Faustregeln wirkt sich auch auf die anderen drei Selektionskriterien für die Auswahl von Informationen nach subjektiver Wichtigkeit aus. Nehmen wir zunächst den *Nutzen:* Botschaften, von denen ich mir einen direkten Nutzen verspreche, dienen häufig als Anker für die Suche nach weiteren Informationen.[16] Interesse moderiert also unsere Suche nach Orientierung. Wenn ich Raucher bin, suche ich nach Informationen, die das Risiko als gering und beherrschbar erscheinen lassen, während ich als Nichtraucher Informationen bevorzuge, die mehr die Gewissheit vermitteln, dass ich mit diesem Verhalten ein hohes Gesundheits- und Lebensrisiko vermieden habe. Für alle Risiken, die mir von außen vorgegeben werden, bevorzuge ich das Motto »Better safe than sorry«, während ich für die Risiken, die ich für mich selber gewählt habe, lieber das Motto wähle: »Es trifft nur die anderen!«

Die Faustregel der Repräsentativität steht wiederum in engem Einklang mit dem Wunsch der *Selbstwirksamkeit.* Um handeln zu können, muss ich relativ schnell Schlussfolgerungen ziehen, die ich aus anderen analogen Situationen gewonnen habe. Wenn ich jedes Mal an der Übertragbarkeit analoger Informationen zweifele und die Verallgemeinerungsfähigkeit einzelner Erlebnisse und Kommunikationsangebote in Frage stelle, bleibe ich immobil. Von daher ist die Nutzung von Faustregeln bei der Bewältigung von Alltagsproblemen unumgänglich. Gerd Gigerenzer weist zu Recht darauf hin, dass sich diese Faustregeln in der Evolution bewährt haben und bei vielen Alltagssituationen, aber auch bei schwierigen Entscheidungssituationen, in denen hohe Unsicherheit herrscht, den komplizierten Modellen von Experten überlegen sein können.[17] Aus meiner Sicht führen uns diese Faustregeln aber dann in die falsche Richtung, wenn sie für die Erfassung und Lösung komplexer Probleme angewandt werden.[18] Denn dafür sind diese Faustregeln gerade nicht geschaffen. Es geht bei ihnen um Schnelligkeit und rasche, eindeutige Entscheidungsfähigkeit. Im Konflikt zwischen Komplexität und Handlungsfähigkeit steht bei den Faustregeln die Handlungsfähigkeit im Vordergrund.

Wenn wir beispielsweise lesen, dass es im Gemüse einen neuen Erreger gibt, durch den schon viele Menschen erkrankt sind, dann ist es naheliegend, auf Gemüse bei den eigenen Mahlzeiten zu verzichten. Es mag aber sein, dass die Lebensmittel, mit denen wir das Gemüse ersetzen, wesentlich höhere Lebensrisiken bergen als das möglicherweise kontaminierte Gemüse. Das Risiko unausgewogener Ernährung ist wesentlich kritischer einzustufen als die relativ unwahrscheinliche Gefahr einer Ansteckung durch das verunreinigte Gemüse.

Dass wir uns zwischen verschiedenen Risiken entscheiden und dabei die jeweils relativen Gefährdungen gegeneinander abwägen müssen, ist keineswegs nur graue Theorie. Als Mitglied im Wissenschaftlichen Beirat für Risikokommunikation der europäischen Behörde für Lebensmittelsicherheit in Parma (EFSA) werden wir immer wieder mit Situationen konfrontiert, in denen wir über die angemessene Information bei solchen Zielkonflikten entscheiden müssen. Zum Beispiel standen wir vor dem Problem, ob wir der EFSA anraten sollten, die Konsumenten vor Speisefischen mit hoher Quecksilberkonzentration zu warnen.[19] Wenn man jeden Tag Fisch aus der Ostsee zu sich nimmt, können Konzentrationen erreicht werden, die mit einer durchaus beachtlichen Wahrscheinlichkeit Krankheiten auslösen könnten. Gleichzeitig gilt aber: Wenn die Normalverbraucher aufgrund der Warnung vor

Quecksilber statt wie gewohnt, einmal oder zweimal in der Woche Fisch zu essen, doch lieber zum Steak greifen, dann ist diese Ersatzhandlung aus gesundheitlicher Sicht wesentlich risikoreicher einzustufen als die Risiken durch den Quecksilberanteil im Ostseefisch.[20] Wie also soll man hier vorgehen? Der intuitive Heurismus der Verfügbarkeit würde deutlich dazu auffordern, auf den Genuss von Ostseefisch so lange zu verzichten, bis nachweislich keine hohen Konzentrationen an Quecksilber mehr zu messen sind. Wenn man aber die gesamte Komplexität des Ernährungsverhaltens beachtet, dann ist es wesentlich sinnvoller, Normalverbraucher zu bekräftigen, ein bis zweimal pro Woche Fisch statt Fleisch zu essen. Warnungen sind allerdings sinnvoll für besonders sensible Gruppen (etwa Schwangere) und die Personen, die aus Gewohnheit oder kulturellen Gepflogenheiten jeden Tag große Mengen an Fisch konsumieren.

Der Heurismus des Affekts ist wiederum im engen Zusammenhang mit der Ausbildung von Identität zu sehen.[21] Damit wir eine für uns einzigartige Identität entwickeln können, sind emotionale Assoziationen zu bestimmten Deutungsmustern und persönliche Präferenzen für das, was wir mögen, und das, was wir weniger mögen, unerlässlich. Sie definieren uns als Wesen mit unverkennbaren Vorlieben, Neigungen und affektiv geladenen Überzeugungen. Die Entwicklung dieser persönlichen Note, also die Herausbildung einer eigenen, unverkennbaren Duftmarke, ist das Ergebnis von vorgegebenen genetischen Anlagen und der Sozialisation in die uns umgebende Gesellschaft und Kultur. Obwohl sich unser Selbstbild im Zeitverlauf wandelt und viele verschiedene Rollenmuster in sich vereint,[22] haben wir dennoch das Gefühl der Kontinuität unseres eigenen Ichs, das wir auch pflegen und kultivieren. Dies führt dazu, dass wir bei der Auswahl von Informationen nur solche Signale auswählen, die unser Selbstwertgefühl als Individuum stärken und unser Selbstbild unterstützen.[23] Selbst wenn wir Informationen bewusst aufgenommen haben, die offenkundig unsere Vorstellungen und Vorlieben in Frage stellen können, helfen uns die Mechanismen der kognitiven Dissonanzreduktion dazu, diese inneren Konflikte aufzulösen und unser Selbstbild erneut zu stärken.[24] Mechanismen dieser Dissonanzreduktion umfassen die Infragestellung der Glaubwürdigkeit von Informanten, die solche Informationen bereitstellen, die aktive Suche nach Bestätigung für unsere liebgewonnenen Einstellungen und Vorlieben sowie die Herabstufung der Wichtigkeit und Relevanz der unser Wohlgefühl in Frage stellenden Informationen.

Wenn ich also dazu neige, gerne viel und fettes Fleisch zu essen, dann werde ich alle Ernährungsexperten, die dies als wenig gesundheitsförderndes Verhalten anprangern, als Handlanger einer profitversessenen Gesundheitsindustrie anprangern. Ich werde bewusst im Internet nach Informationen suchen, die den gesundheitlichen Vorteil von Fleisch hervorheben. Und schließlich werde ich bei Freunden, die offensichtlich ein anderes Essverhalten an den Tag legen, vermuten, dass sie sich aus völlig anderen Gründen (etwa aus Tierschutz) für eine fleischlose Ernährung einsetzen. Und wenn das gar nichts nützt, suche ich mir halt andere Freunde.

11.3 Riskante Wahrnehmung: Die Bedeutung von »Frames«

Der nächste Schritt in der Weiterverarbeitung der Informationen, die ich bewusst aufgenommen und auch schon nach den verschiedenen Faustregeln ausgewertet habe, besteht in der Dekodierung und Überprüfung der Botschaften, die ich in

Form von physischen oder kommunikativen Signalen erhalte. Keineswegs ist es so, dass die vom Sender intendierte Botschaft genauso beim Empfänger ankommt, wie sie gemeint war. Aus Medienstudien wissen wir, dass die Konsumenten von Medienangeboten sehr selektiv Botschaften interpretieren, die sie auf der Basis der vorliegenden Informationsangebote zu eigenen Sinnmustern zusammenstellen.[25] Natürlich kann man durch eine geschickte Form der Kodierung von Botschaften bestimmte Deutungsmuster nahelegen. Dies haben wir mit dem Fachbegriff »Framing« bezeichnet.[26] Je nachdem wie wir Informationen in Worte kleiden, fällt der Eindruck beim Empfänger anders aus. Das ist vor allem bei Aussagen über relative Häufigkeiten und Wahrscheinlichkeiten der Fall. Sage ich etwa, dass dreitausend von zehntausend Personen zur Gewalt neigen, so erscheint das relativ hoch zu sein. Drehe ich die Relation aber um und spreche davon, dass 70 % aller Menschen keinen Hang verspüren, ihre Wünsche mit Gewalt durchzusetzen, so klingt das eher beruhigend. Im Verlaufe der letzten Kapitel habe ich viele Beispiele von Framing-Effekten aufgeführt. Da sie alle in der gleichen Richtung verlaufen, kann man sich als Rezipient von Informationen gut davor schützen, wenn man Informationen bewusst auf solche Effekte abklopft.

11.4 Deutungsmuster der Risikowahrnehmung

Ist der Inhalt der Information auf Themen im Bereich von Lebens-, Umwelt- und Gesundheitsrisiken ausgerichtet, dann kommen spezielle Muster der Risikowahrnehmung ins Spiel. Dabei üben die Begleitumstände der Risikoübernahme eine wichtige Funktion aus:[27] Kann ich die Höhe des Risikos selber

steuern? Habe ich das Risiko selbst gewählt oder ist es mir von
anderen aufgezwungen worden? Führt das Risiko zu besonders schrecklichen Folgen, wenn es tatsächlich zum Schadens-
eintritt kommt? Sind wir bereits an diese Risikoquelle gewöhnt und glauben, damit angemessen umgehen zu können?
Ist die Risikoquelle künstlichen oder natürlichen Ursprungs?
Dies sind nur einige der Merkmale, die bei der Bewertung von
Risiken eine wichtige Rolle spielen. Auch die Frage der gerechten Verteilung von Risiko und Nutzen auf unterschiedliche Personengruppen ist für viele Menschen ein wichtiger
Anhaltspunkt, um die Höhe der Risiken, aber vor allem ihre
Akzeptabilität zu beurteilen.[28] Da es sehr viele dieser qualitativen Bewertungsmechanismen gibt, haben sich im Verlaufe
der kulturellen Evolution semantische Muster der Wahrnehmung und Bewertung von Risiken herausgebildet.[29] Diese
lassen sich zum Teil auf die ursprünglichen Reaktionsmuster
von Totstellen, Flucht und Kampf zurückführen. Sie haben
sich aber inzwischen zu komplexen Reaktionsmustern weiter-
entwickelt, die es uns allen erleichtern, bei Informationen zu
neuen Risikoquellen eine schnelle Zuordnung und Bewertung
vorzunehmen.

Unter diesen semantischen Mustern fällt vor allem das
Muster der schleichenden Gefahr auf, da es sich auf viele der
aktuellen Gesundheits- und Lebensrisiken bezieht.[30] Risiken,
die unter dieses semantische Muster fallen, zeichnen sich dadurch aus, dass sie von uns nicht sinnlich wahrgenommen
werden können, dass zwischen Auslöser und Wirkung häufig
eine lange Zeit vergeht, dass komplexe Strukturen der Ur-
sache-Wirkungskette vorliegen und dass wir bei der Beurteilung dieser Risiken auf Informationen durch Dritte angewiesen sind. Dabei haben wir drei Optionen: Halten wir diese
Informationen für glaubwürdig, dann können wir aufgrund

dieser Informationen eine für uns stimmige Abwägung von Nutzen und Risiko treffen. Halten wir keinen der Informationsträger für glaubwürdig, dann verlangen wir Nullrisiko. Entweder entziehen wir uns dieser Risikoquelle ganz oder kämpfen dafür, dass sie auch gesellschaftlich nicht weiter geduldet wird. Wollen wir gerne einem der Akteure Glaubwürdigkeit schenken, aber wissen nicht, wer diese verdient, dann verteilen wir Glaubwürdigkeit nach nicht mit dem Thema verbundenen Kriterien.

In diesem dritten Falle werden sogenannte periphere Merkmale besonders bedeutsam. Die beiden Sozialpsychologen Richard Petty und John Cacioppo haben bei ihren Untersuchungen zu Einstellungen und Einstellungsänderung festgestellt, dass die meisten Menschen entweder nach einer zentralen oder peripheren Vorgehensweise Urteile bilden.[31] Wenn ihnen das Thema besonders wichtig ist, verfolgen sie die zentrale Route, wenn ihnen das Thema weniger wichtig ist, die periphere. Kennzeichen der zentralen Route ist die Auseinandersetzung mit den Inhalten von Informationsangeboten und eine möglichst rationale Abwägung der jeweiligen Argumente für oder gegen eine bestimmte Sichtweise der Dinge. Bei der peripheren Route werden dagegen äußere Merkmale der Glaubwürdigkeitszuschreibung benutzt, um zwischen widersprechenden Argumenten eine schnelle Auswahl zu treffen. Solche peripheren Merkmale können die vermutete Interessenabhängigkeit (wie: Der wird bestimmt von der Industrie bezahlt), das äußere Auftreten (wer so ungepflegt daher kommt, kann wohl kaum recht haben) oder die persönliche Ausstrahlung (die hat einen so flotten und einnehmenden Sprachstil, der nehme ich das ab).

Das Besondere an den schleichenden Risiken besteht nun darin, dass auch diejenigen, für die das jeweilige Thema zen-

trale Bedeutung hat, keine oder nur wenige Möglichkeiten
haben, die Argumente im Einzelnen nachzuprüfen und eine
auf Evidenz basierte Abwägung zu treffen.[32] Unabhängig
davon, ob man die zentrale oder periphere Route in einer
Streitfrage verfolgen will, ist man in jedem Falle auf periphere
Merkmale angewiesen, um die Glaubwürdigkeit von Argumenten einzustufen. Da diese peripheren Merkmale meist
nur zufällig mit dem Wahrheitsgehalt der entsprechenden
Aussagen in Verbindung stehen, ist es folgerichtig dann auch
vom Zufall abhängig, welche Argumentationskette einen größeren Eindruck bei den Rezipienten hinterlässt.

11.5 Was sagen die anderen? Soziale Einflüsse

Der nächste Schritt im Prozess der Urteilsbildung besteht
darin, dass man die vorläufigen Urteile, die man aus der Anwendung der Faustregeln und den speziellen Wahrnehmungsmustern zur Bewertung von Risiken entwickelt hat,
mit den Urteilen, Einstellungen und Positionen derjenigen
abgleicht, die einem in dieser Frage als kompetent und / oder
wichtig gelten.[33] Darunter fallen natürlich die Mitglieder der
eigenen Familie, der Bekanntenkreis, das soziale berufliche
und private Umfeld und die weitere Öffentlichkeit. Wenn
man sich beispielsweise zu einem Urteil durchgerungen hat,
das im eigenen sozialen Umfeld nur auf Unverständnis stößt,
dann wird man sich eindringlich überlegen, ob man bei diesem Urteil bleibt oder die abweichende Meinung zumindest
in der Öffentlichkeit verschweigt. Vor allem wenn große Unsicherheit über die Folgen eines Risikos herrscht und wir –
wie bei den schleichenden Risiken – keine eigenen Anhaltspunkte dafür haben, welche der konkurrierenden Aussagen

stimmt und welche nicht, werden die sozialen Urteile des sozialen Umfeldes besonders bedeutsam. Sich nur auf die peripheren Merkmale der Glaubwürdigkeit zu verlassen, reicht vielen von uns nicht aus. Dann ist es uns wichtig, diese Urteile mit anderen abzustimmen und uns rückzuversichern, dass wir bei unseren Urteilen nicht völlig alleine stehen.[34] Aus der Forschung ist bekannt, dass Individuen Risiken in Gruppensituationen unterschiedlich beurteilen, je nachdem, ob die anderen Gruppenmitglieder eher zu einem risikofreudigen oder risikoaversen Verhalten neigen.[35] Wie stark der Wunsch der Konformität und Übereinstimmung mit der sozialen Umgebung ist, haben wir bereits bei der Beschreibung des Experimentes von Salomon Ash mit dem Tafelbild der unterschiedlich langen Striche kennengelernt.[36] Selbst wenn alle unsere Sinneswahrnehmungen eine bestimmte Deutung nahelegen, kann es sein, dass wir diesen Eindruck revidieren, wenn relevante soziale Bezugsgruppen einheitlich eine andere Deutung bevorzugen.

Von besonderem Interesse für unser Thema ist die Einflussnahme der Medien auf die eigene Urteilsbildung. Da die meisten unserer Freunde und Bekannten ebenso sehr unter dem Eindruck von Unsicherheit und Ambivalenz leiden wie wir, ist der Abgleich der Meinungen innerhalb des eigenen sozialen Umfelds oft wenig ertragreich. Die anderen wissen offenbar auch nicht mehr als wir selbst. Dagegen sind die Medien wichtige Informationsträger für die Positionen, die von professionellen Gruppierungen zum Thema Risiko ausgegeben werden.

Aber auch hier herrschen Pluralität, Vielfalt und zum Teil Beliebigkeit vor. Da auch Journalisten schlecht beurteilen können, welche Meinung in einem Risikostreit wissenschaftlich haltbar ist und welche nicht (was ist absurd, möglich,

wahrscheinlich oder sicher?), neigen sie dazu, alle in der Gesellschaft öffentlich vertretenen Positionen nebeneinanderzustellen und damit den Eindruck der Relativierung zu hinterlassen.[37] Selbst klare Erkenntnisse aus der Wissenschaft
erscheinen dann verwässert und unbestimmt. Dadurch entsteht bei den Medienkonsumenten der Eindruck, die Wissenschaftler hätten entweder selber keine Ahnung von Risiken,
über die sie andauernd forschen, oder sie seien von mächtigen
Interessengruppen zur Stellungnahme in die eine oder andere
Richtung bestochen oder zumindest beeinflusst worden.[38] In
der Öffentlichkeit herrscht dann das Bild vor, dass wir alle
schwimmen, wenn es um die Einstufung von Risiken geht,
und wir orientierungslose Versuchskaninchen eines giganti-
schen Risikoapparates sind, der selber nicht weiß, wie das
Großexperiment ausgehen wird.

11.6 Reaktionen auf Unsicherheit und Beliebigkeit

Dieser Eindruck von Beliebigkeit, hilflosen Rechtfertigungs-
versuchen und verdeckten Machtansprüchen passt gut in das
Bild der Makrostruktur unserer heutigen Gesellschaften,
wie es uns die Theorie der reflexiven Modernisierung vor
Augen führt.[39] In diesem Gesellschaftsbild erwartet uns eine
Zunahme an allgemeiner Verunsicherung, an zunehmender
Infragestellung traditioneller Werte und Überzeugungen
und an Vertrauensverlusten in gesellschaftliche Institutionen. Die Politikverdrossenheit ist dabei nur ein Ausdruck
dieses Vertrauensverlustes in die generelle Leistungsfähigkeit (Performanz) und die Glaubwürdigkeit derjenigen Organisationen, die in der Gesellschaft für bestimmte Aufgaben und vor allem für die Bereitstellung von Sinnangeboten

zuständig sind. Der, wie Anthony Giddens es ausdrückt, entbettete Mensch findet keine Lagerstätte mehr vor, auf die er sich mit gutem Wissen und Gewissen zurücklehnen kann.[40] Infolgedessen reagieren viele Menschen mit vier typischen, aber letztlich für einen selbst und die Gemeinschaft destruktiven Reaktionsmustern:[41]

- *Rückzug in die Apathie:* Da man ohnehin in diesen komplexen Zusammenhängen nichts mehr verstehen und erst recht nichts verändern kann, zieht man sich ganz in das Private zurück und überlässt anderen das Feld.

- *Zynismus:* Da man angesichts der Kakophonie der Deutungsanbieter davon ausgehen muss, dass alle nur ihrem Eigennutz frönen und dafür nur das passende legitimierende Mäntelchen benötigen, belässt man es bei Häme und dem wissenden Blick: ich durchschaue Euch alle!

- *blinder Aktionismus:* Da alles so festgefahren erscheint und keiner mehr weiß, was richtig oder falsch ist, ich aber offenkundig leide, wehre ich mich gegen alles, was mir als Ausdruck des anonymen Machtapparates der Gesellschaft in die Quere kommt.[42]

- *Fundamentalismus:* Da niemand mehr Wahrheit von Unwahrheit, Moral von Unmoral und Schönes von Hässlichem unterscheiden kann und vor allem dies auch nicht will, brauchen wir eine neue eindeutige Geisteshaltung, bei der man sich angesichts der unüberschaubaren Komplexität unserer Gesellschaft und Umwelt auf simple und dogmatisch zu verteidigende Grundüberzeugungen zurückzieht und alle störenden Informationen und Eindrücke ausblendet, die zu einer Relativierung beitragen könnten.

Gerade die Möglichkeit der neuen Medien, sich im virtuellen
Raum eigene Realitäten zu schaffen, kommt der Ausbildung
von abgeschotteten bis hin zu fundamentalistisch orientierten
Gesinnungsgemeinschaften entgegen.[43]

11.7 Urteilsbildung in komplexen Risikosituationen

Damit haben wir das Ende unserer Reise durch einen idealtypi-
schen Wahrnehmungsvorgang erreicht: Begonnen hat diese
Reise mit der Aufnahme von Signalen aus der Umwelt und Informationen aus der Mitwelt. Diese Informationen selektieren
wir nach Regeln der Aufmerksamkeit und werten sie mit Hilfe
unserer Schließverfahren aus, um zu allgemeinen Urteilen und
Überzeugungen zu gelangen. Bei dieser Bewertung spielen
psychologische Faustregeln, die wahrgenommene Meinung
der anderen Menschen, die Deutungsangebote der Medien und
die Lebensbedingungen der zweiten Moderne eine entscheidende Rolle. Auf der Basis all dieser Einflussfaktoren bilden
wir uns dann ein eigenes Urteil.

Natürlich verläuft der Wahrnehmungsprozess nicht so li-
near ab, wie hier idealtypisch dargestellt. Alle hier diskutierten Schritte, die Selektion von Informationen, die Zuordnung
von Bedeutung und Relevanz, die Nutzung von Faustregeln
und Schließverfahren zur Ableitung von generellen Bruchtei-
len und die kontextgebundenen Einflüsse durch soziale, kulturelle und mediale Deutungsanbieter, werden im Prozess der
eigenen Urteilsbildung simultan wirksam und verstärken sich
gegenseitig. Dennoch ist es angebracht, diesen Prozess wie
eine Sequenz zu beschreiben, weil er uns plastisch vor Augen
führt, nach welchen Kriterien und Mustern unsere Urteilsbildung abläuft.

Dabei ist es besonders schwierig, Urteile zu komplexen Risiken auszubilden. Sie sind häufig der eigenen sinnlichen Wahrnehmung entzogen, die kommunikativen Signale sind widersprüchlich und nicht überprüfbar, die Medienberichterstattung verwirrend und die Einstellungen der Mitmenschen häufig mehr von emotionalen Weltbildern als von faktischen Gewissheiten geprägt. Was wir dennoch tun können, um zu einer faktisch angemessenen und für uns schlüssigen Urteilsbildung über Risiken zu gelangen, behandelt der nächste Abschnitt.

11.8 Wege zu mehr Risikomündigkeit

So viel zur Diagnose, warum es in unserer heutigen Gesellschaft so häufig zu problematischen Deutungen von Lebens- und Umweltrisiken kommt. Um es klar zu sagen: Wir wissen heute mehr über Risiken als jemals zuvor.[44] Mit den Hilfsmitteln der Stochastik können wir Risiken besser und treffender beschreiben als jede Generation vor uns.[45] Diese neuen Methoden können zwar keine Gewissheiten erzeugen und eindeutig messbare Ursache-Wirkungsketten aufzeigen, aber sie geben uns wichtige Einblicke in die relativen Gefährdungen und vermitteln uns verwertbare Erkenntnisse über die Wahrscheinlichkeiten ihrer Verursachung. Das ist zwar weniger als wir gerne hätten, aber alles andere als pure Beliebigkeit, wie es häufig dargestellt wird. Und mit den Mitteln des integrierten Risikomanagements können wir auch die meisten Risiken, die unsere Gesundheit und unser Leben bedrohen, effektiv eingrenzen und reduzieren. Wir leben also gerade nicht in einer Risikogesellschaft, verstanden in dem negativen Sinne, wie es Ulrich Beck in seinem Buch »Die Risikogesellschaft« skizziert.[46] Wir haben uns nur mit der Überzeugung angefreundet, in einer Risikogesellschaft zu leben. Und wir leben darin recht gut.

Was kann man tun, um aus diesem Gefängnis der eigenen Wahrnehmungsprozesse auszubrechen und eine Deutung der Wirklichkeit vorzunehmen, die einem hilft, die scheinbaren Bedrohungen als »scheinbar« zu enttarnen und die echten Risiken als bedrohlich einzustufen? Der erste Schritt zur Überwindung dieser Situation ist die bewusste Kenntnis der Diagnose. Wenn wir an dem Ideal des risikomündigen Bürgers und der risikomündigen Bürgerin festhalten, dann teilen wir die zutiefst emanzipatorische Überzeugung, dass Informationen, die uns mehr über uns selbst und unsere Urteilsprozesse verdeutlichen, uns und unsere Umgebung verändern können. Erkenntnisse über einen selbst tragen dazu bei, das eigene Leben nach bestem Wissen und im Einklang mit den von uns geteilten Werten und Präferenzen zu gestalten sowie Verantwortung in unserer Gesellschaft zu übernehmen. Die Bewusstwerdung über unsere eigenen Mechanismen der Urteilsbildung hilft uns, in der täglichen Lebenspraxis mit den Herausforderungen der Komplexität, Unsicherheit und Ambiguität besser fertigzuwerden. Das Muster ständiger Selbstbeobachtung passt auch zum kollektiven Muster der reflexiven Modernisierung und verhilft uns nicht nur zu besseren Einsichten, sondern auch zu einem insgesamt risikoärmeren und gelingenden Leben.

Der zweite Schritt auf dem Weg zum risikobewussten und -mündigen Bürger heißt gezielte und ausgewogene Informationsaufnahme. Wir sind zwar einer Flut von Informationen ausgesetzt, aber häufig können wir den Wahrheitsgehalt dieser Angebote nicht überprüfen und die Seriosität der Quelle nicht beurteilen. In diesem Dilemma helfen drei Strategien:

a) Informationen, die ihre eigenen Quellen benennen und transparent über die eigene Urteilsbildung berichten, sind eher zu trauen als Informationen, die das »Blaue« vom Himmel verkünden, ohne auch nur eine der Behauptungen zu belegen.

b) Informationen, die bei Risiken Grundkenntnisse stochastischer Risikoerfassung vermissen lassen, z. B. vollständige Sicherheit versprechen oder eine bloße Auflistung von (tragischen) Beispielen vornehmen, sind prinzipiell wenig vertrauenswürdig.

c) Informationen, die bewusst Framing-Effekte und andere Mittel zur gezielten Beeinflussung der Kommunikationskonsumenten einsetzen, sind zumindest auf den ersten Blick mit besonderer Vorsicht zu genießen. Möglicherweise tun sie das ja in guter Absicht, aber meistens brauchen gute Absichten keine manipulativen Techniken, um überzeugend zu wirken.

Zur ausgewogenen Informationsaufnahme gehört auch, sich in der Pluralität der Angebote die eher polarisierenden Informationen auszuwählen und nebeneinanderzustellen. Wenn es etwa um Lebensmittelzusätze geht, sollte man sich die Informationen der Lebensmittelhersteller, von Foodwatch und vom Bundesinstitut für Risikobewertung über deren Homepages ansehen. Das reicht in der Regel schon aus, um sich einen guten Überblick zu verschaffen. Wenn man dann noch mit kritischem Blick jede dieser drei Informationsinhalte prüft, dann wird man sich ein kompetenteres Bild machen können.

Zum Dritten ist Vorsicht angebracht, wenn andere, die es noch weniger wissen als Sie, mit dem Brustton der Überzeugung angeblich wissenschaftlich bewiesene Tatsachen auftischen und bedeutungsschwanger in die Runde schauen. In der

Regel haben diese Personen auch ihr Wissen aus der Zeitung – und oft genug aus der Regenbogenpresse. Vor allem, wenn die Botschaften dieser Personen genau das bestätigen, woran sie schon immer geglaubt haben, ist die Versuchung groß, dem Gehalt der Informationen Glauben zu schenken. Gerade dann sollten Sie mit einer gehörigen Portion Skepsis an solche Selbstbestätigungen herangehen. Analog gilt das auch für die Medien: Bis auf wenige Medien, die ausgebildete Wissenschaftsredakteure haben, stammen die Meldungen zu Risiken entweder aus vorformulierten Presseerklärungen oder aus Interviews mit Personen unterschiedlicher Couleur. Dass etwas in der Zeitung steht oder darüber im Fernsehen berichtet wurde, ist kein Wahrheitsbeweis.

Zum Vierten gehen sie, wenn Sie das Thema wirklich berührt, zu den basalen Grunddaten. Die meisten Daten, die Sie dafür benötigen, sind auf der Homepage des Statistischen Bundesamtes, der EU oder der WHO gespeichert. Achten Sie nur darauf, welche Verhältniszahlen gewählt wurden, damit sie keinem der schon bekannten Framing-Effekte zum Opfer fallen. Auch wenn alle Interpretationen, selbst die statistischen, gesellschaftliche Deutungen darstellen, so können sie den dortigen Zahlen vertrauen. Wenn beispielsweise eine Zeitreihe eindeutig nach unten weist, kann eine Meldung, dieses Risiko würde ständig zunehmen, nicht stimmen. Und das kommt wesentlich häufiger vor, als man denkt.

Schließlich und letztlich sind wir fünftens alle Opfer der Mechanismen der reflexiven Modernisierung. Unser arbeitsteiliges Leben ist auf Vertrauen angewiesen, aber wir wissen nicht, ob die Institutionen dieses Vertrauen überhaupt verdienen. Wir müssen uns zunehmend mit komplexen und vernetzten Wirkungsgefügen auseinandersetzen, und diejenigen, die uns dabei helfen sollen, die Wissensexperten, sind

häufig zerstritten und erscheinen wenig glaubwürdig. Gleichzeitig haben wir den Eindruck, dass viele der Institutionen,
die Risiken begrenzen und regulieren sollen, selbst hilflos
agieren und nicht recht weiter wissen. Diese Eindrücke sind
alle für uns real. Aber wie alle Deutungen geben sie auch nur
ein Abbild der Wirklichkeit wieder, das den gerade aktuellen Zeitgeist widerspiegelt und sich ständig selbst verstärkt.
Wie schon mehrfach angeklungen, sollten wir skeptisch sein,
wenn wir in diesem Zeitgeist-Drama der Risikogesellschaft
mit ihren unübersehbaren Gefahren und wirkungslosen Steue-
rungsmechanismen als willfährige Statisten inszeniert werden. Es gibt keine guten Gründe dafür, Zuflucht in den postmodernen Reaktionsmustern der Apathie und des Zynismus
oder in den rückwärtsgewandten Verheißungen des Aktionismus oder des Fundamentalismus zu suchen. Wachsam-
keit, ein gesundes Maß an Skepsis und zielgerichtetes Engagement reichen meines Erachtens völlig aus, um sich in den
Klippen einer sich reflexiv verstehenden Moderne zurechtzufinden.

Das sollte uns nicht zur Sorglosigkeit antreiben, aber
durchaus zur Zuversicht, dass wir auch die Potentiale und Fähigkeiten haben, mit den weiterhin bestehenden und neu hin-
zugetretenen Risiken fertigzuwerden, wie wir dies bereits im
Verlauf unserer gesellschaftlichen Evolution mit vielen der
traditionell lebens- und existenzbedrohenden Risiken erfolgreich vorgemacht haben.

Für welche Risiken wir noch besser gewappnet sein müssen
und welche Vorkehrungen wir als Individuen und im Kollektiv treffen müssen, um diese Risiken ebenso erfolgreich wie
bei den traditionellen Lebens- und Gesundheitsrisiken angehen zu können, ist Gegenstand der dritten Teils des vorliegenden Buchs.

Teil III   Welche Risiken unterschätzen wir?

1   Die Begegnung

Während meines Freisemesters zu Beginn des Jahres 2013 verbrachte ich einige Zeit an der Stanford University in Kalifornien. Diese Universität ist eine der führenden amerikanischen Kaderschmieden für exzellente Forschungen im Bereich der Naturwissenschaften und der Technikentwicklung, die sich auch als Denkfabrik für globale Veränderungen in dem komplexen Geflecht von ökologischen, ökonomischen und sozialen Entwicklungstendenzen einen Namen gemacht hat. Ein besonders prominenter Vertreter dieser Forschungsrichtung ist der Biologe und Umweltwissenschaftler Paul Ehrlich. Schon wenige Tage nach meiner Ankunft verabredeten wir uns zu einem Mittagessen in der Faculty Lounge. Paul Ehrlich, ein drahtiger und agiler 80-Jähriger, fragte mich neugierig nach meinen Plänen und Projekten für das anstehende Freisemester. In groben Zügen erläuterte ich ihm den Plan für dieses Buch und vertraute ihm die Kernaussagen an, die mir vorschwebten. Professor Ehrlich hörte mir geduldig zu, ohne mich zu unterbrechen. Inzwischen hatte uns die Kellnerin auch unsere Sandwichs gebracht, die wir zunächst schweigend zu uns nahmen.

Nach einiger Zeit legt Paul Teller und Serviette zur Seite, beugt sich zu mir rüber und beginnt lebhaft auf mich einzureden: »Ortwin, da hast Du Dir ja einiges vorgenommen. Na

gut. Bedenke vor allem eines: Wenn Risiken schleichend da-
herkommen, sind wir Menschen von der Evolution her außerordentlich schlecht darauf vorbereitet, sie wahrzunehmen
und entsprechend zu bewerten. Da sind wir eigentlich immer
noch wie die Savannenmenschen. Und für die war es damals
lebensnotwendig, sich schnell und wirksam auf plötzliche Gefahren einzustellen.«[1] Ich glaube, ihn schon verstanden zu haben: »Ja klar, darüber will ich gerade im zweiten Teil meines
Buches reden. Da gehe ich dann auf verschiedene Verhaltensmuster ein. Totstellreflex, Flucht und ...« Paul unterbricht
mich schnell: »Das meine ich nicht, Ortwin, das Entscheidende ist doch, dass unsere Vorfahren graduelle Veränderungen der Umgebung nicht einmal wahrgenommen, geschweige
denn beachtet haben. Denn das war für sie einfach nicht wichtig, um zu überleben. Und genau das tun wir noch heute. Da
sind wir immer noch blind.« »Hm, aber dafür regen wir uns
umso mehr über den Schadstoff der Woche auf, am besten
medienweit. Und du meinst, wir übersehen dafür das, was all-
mählich, aber sicher, zu einer ernsten Bedrohung wird«, werfe
ich ein. »So ist es«, bestätigt Paul. »Dieser Hang, die graduellen Veränderungen der Umwelt zu übersehen und auf das Geschehen auf der Bühne fixiert zu sein, ist unsere Erblast. Dagegen anzugehen ehrt Dich, aber versprich Dir nicht zu viel
davon.« Ich beteuere ihm, dass ich nicht die Illusion habe, mit
meinem Buch die Welt retten zu wollen. Er winkt ab. Das sei
ihm ohnehin klar. »Die einzige Chance, die du hast, besteht
darin, diese Bedrohungen in das Bewusstsein der Leser zu holen. Mache ihnen das anschaulich. Zeige ihnen die komplexen
Zusammenhänge zwischen Evolution, Kultur und natürlicher
Umgebung. Sie sollen begreifen, dass sie selbst betroffen sind.
Und zwar nicht irgendwann, sondern jetzt.« Ich nicke nur und
suche nach einem Wenn und Aber, um meine Beklommenheit

zu überspielen. Paul drängt es schon zu seinem nächsten Termin. Er steht auf, wünscht mir viel Glück mit meinem Buchprojekt und verabschiedet sich mit einem Geschenk: einem handsignierten Exemplar seines eigenen Werkes: *The Dominant Animal*.[2]

Im Teil 2 dieses Buches hatten wir die Wahrnehmungsmuster kennengelernt, die uns dazu verleiten, bestimmte Signale aus der Umwelt *über*zubewerten und solche Bedrohungen als besonders gefährlich einzustufen, die gemäß unseren Faustregeln einfach verfügbar, mit schon gespeicherten Informationen verknüpft und mit hoher emotionaler oder symbolischer Bedeutung angereichert waren. In diesem dritten Teil geht es um die Bedrohungen, für die unsere Faustregeln, die Selektionsregeln der Medien und die Mechanismen der reflexiven Moderne eine *Unter*bewertung nahelegen oder, wie ich später noch zeigen werde, die zwar durchaus hohe Aufmerksamkeit erzeugen, aber keine Handlungsmotivation initiieren. Nicht dass wir von diesen Bedrohungen noch nichts gehört hätten, aber sie erscheinen uns als distante, wenig lebensnahe Entwicklungen, über die man zwar trefflich in geselliger Runde beim Stammtisch oder in der TV-Talkshow philosophieren kann, die aber in uns keine Handlung oder Anpassung auszulösen vermögen. »Lieber mal abwarten und sehen, ob es wirklich so schlimm kommt«, ist das gängige Reaktionsmuster auf diese Bedrohungen. Warum wir uns diese Haltung der Nonchalance gerade bei den schleichenden Bedrohungen unserer Lebensumstände nicht leisten können, werden Sie in dem folgenden dritten Teil des Buches erfahren.

2 Die neue Qualität von Risiken: die systemische Verknüpfung

»Der Montag danach, früh am Morgen, Schlag sechs. Der Wind faucht um die Ecken im Bankenviertel, durch die Wall Street hindurch zum Hudson River hin. Nachdem Hurrikan ›Ike‹ am Wochenende in Texas gewütet hat, schickt er nun ein paar Grüße nach New York. Durch die Bankenhäuser aber, bis ins letzte Büro hinein, bläst an diesem Morgen ein ganz anderer Sturm. Die Finanzkrise ist wie nie zuvor über das Bankenzentrum der Welt hineingebrochen. Was war das für ein Wochenende: Der einst weltgrößte Versicherer AIG taumelt, die Investmentbank Merrill Lynch wird per Notverkauf gerettet, und dann: Lehman Brothers. Das Traditionshaus schlittert in die Pleite, 158 Jahre Geschichte gehen in einer Nacht im September zu Ende. An diesem Tag schweigen die Optimisten, und der Sarkasmus der Finanzwelt verstummt. … Versteinerte Gesichter, nervöse Menschentrauben, neue Superlative. Die Wall Street im Schockzustand. ›Meine Güte‹, sagt der Mitgründer von Blackstone, Peter Peterson. ›Ich bin seit 35 Jahren in der Branche. Dies ist das Extremste, was ich je erlebt habe.‹ … ›Das ist wirklich beängstigend‹, sagt ein Händler, der seit zwölf Jahren an der New York Stock Exchange arbeitet. Viele Händler stehen in kleinen Gruppen zusammen. Die Jungen suchen den Rat der Alten, doch auch sie sind ratlos. Es geht jetzt darum, die eigene Haut zu retten.«[1]

Was danach passierte, ist sicherlich allen Leserinnen und Lesern noch gegenwärtig. Die größte Finanzkrise seit der Weltwährungskrise des Jahres 1929 brach an diesem Montag, den 15. September 2008 über die Welt hinein.[2] Aufgrund der Überbewertung von Immobilien in den USA *(subprime crisis)* und anderen Ländern und einer unerschütterlichen Zuversicht, dass Finanzwerte in der globalisierten Wirtschaft im Schnitt stetig steigen müssen, war eine Investmentblase entstanden, bei der die Summe aller Finanzwerte den Realwert aller wirtschaftlichen Vermögenswerte bei weitem überstieg.[3] Sobald diese Kluft den Akteuren auf dem Finanzmarkt offenkundig wurde, purzelten die Kurse von Anleihen, Derivaten und Aktien in den Keller. Von dieser Abwärtsbewegung waren aber nicht nur die schon vorher ins Gerede gekommenen strukturierten Finanzpapiere, darunter versteht man Koppelprodukte aus unterschiedlichen Quellen, wie Immobilienhypotheken, Unternehmensanleihen und anderen Wertpapieren, sowie Wetten auf künftige Entwicklungen[4] betroffen, sondern auch solide Anteilsscheine von Unternehmen und Finanzhäusern, die gar nicht oder nur marginal an den Investmentbank-Geschäften beteiligt waren. Wie beim Dominospiel fiel ein Stein nach dem anderen um und führte direkt in die uns allen bekannte globale Finanzkrise.[5] Auch wenn diese Finanzkrise inzwischen durch fiskalische und regulative Maßnahmen, überwiegend aber durch Finanzhilfen der öffentlichen Hände als überwunden gilt, so sind die Ausläufer weiterhin spürbar. Die uns gerade beschäftigende Krise der europäischen Währung ist sicherlich zum großen Teil mit darauf zurückzuführen, dass viele Finanzmittel aus der öffentlichen Kasse in private Finanzinstitute geflossen sind und damit zur ohnehin grassierenden Überschuldung der betroffenen Länder beigetragen haben.[6] Das Vertrauen in die Selbstregulierung der Finanzmärkte wie auch in die »Weisheit« der staatlichen Finanzpolitik hat seit dem Konkurs von Lehman Brothers weltweit gelitten. Auf dem Vertrauensindex stehen Banken inzwischen bei aktuellen Umfragen am unteren Ende der Liste.[7]

2.1 Was sind systemische Risiken?

Die Finanz- und Schuldenkrise ist ein besonders eindrucksvolles Beispiel für einen neuen Typus von Risiken, den wir mit dem Begriff »systemisch« kennzeichnen.[8] Was sind systemische Risiken? In der Finanzwirtschaft werden Risiken dann als systemisch bezeichnet, wenn bei eingetretenen Schäden die Funktionsfähigkeit des Finanzmarktes oder eines relevanten Teils dieses Marktes in Frage gestellt ist. Oder kurz und knapp: Systemisches Risiko bezeichnet die Möglichkeit, dass ein katastrophales Ereignis die lebenswichtigen Systeme, auf denen unsere Gesellschaft beruht, in Mitleidenschaft zieht.[9] Das bedeutet: Wir sprechen von einem systemischen Risiko, wenn nicht nur derjenige, der das Risiko übernommen hat, im schlimmsten Fall zu Schaden kommt, sondern auch die meisten anderen, die im selben Umfeld oder in einem funktional davon abhängigen Umfeld tätig sind. Das Risiko verhält sich hier wie ein Krankheitserreger. Er steckt auch die an, die von ihrer Konstitution her eigentlich gesund und widerstandsfähig sind.[10]

Systemische Risiken sind aber nicht nur auf die Finanzwirtschaft begrenzt. Systemische Risiken finden wir in den Auswirkungen unserer Handlungen auf die natürliche Umwelt und auf das Weltklima. Wir entdecken sie in den Auswirkungen von technischen Ausfällen von oder menschlichen Angriffen auf globale Informations- und Kommunikationsnetze. Wir spüren sie in den Folgen unseres Wirtschaftens auf die soziale und kulturelle Erfahrung von Ungerechtigkeit und Identität.[11] Auf diese Risiken werden wir in den folgenden Kapiteln noch näher eingehen.

Schon mehrere Jahre vor der Finanzkrise hatte die OECD eine Expertenkommission eingesetzt, um sich mit systemischen Risiken in ihrer ganzen Breite auseinanderzusetzen.[12] Neben den schon damals als bedrohlich empfundenen Finanzrisiken wählten die OECD-Fachleute für ihren 2003 erschienenen Endbericht weltweite Pandemien, Flutkatastrophen, nukleare Unfälle, terroristische Angriffe und globale Lebensmittelvergiftungen als Kandidaten für diese neue Kategorie von Risiken aus.[13]

Systemische Risiken sind also in allen unseren Lebensbereichen vorhanden oder können sie beeinflussen. Deshalb ist es wichtig, genauer zu beschreiben, was ein Risiko zu einem systemischen Risiko macht. Dazu dienen folgende Merkmale:

- Systemische Risiken wirken *global* oder zumindest lokal übergreifend.[14] Sie können nicht mehr auf eine bestimmte Region eingegrenzt werden. Ulrich Beck spricht in diesem Zusammenhang von »entgrenzten« Risiken.[15] Solche Risiken können zwar lokal ausgelöst werden, ihre Wirkungen greifen dann aber auf viele andere Regionen über. Ein Paradebeispiel dafür ist die Entstehung einer Pandemie. An irgendeinem Ort der Erde tritt ein neuer Krankheitserreger auf. Durch Touristen, Geschäftsreisende oder den Export von Handelsgütern werden diese Erreger in kürzester Zeit durch die ganze Welt getragen. Sie sind dann kaum mehr einzugrenzen.[16] Denken Sie etwa an die Vogelgrippe, die sich von China aus in weit entfernte Länder der Welt verbreitet hat.

- Systemische Risiken sind *eng vernetzt* mit anderen Risiken und strahlen auf unterschiedliche Wirtschafts- und Lebensbereiche aus.[17] Sie sind in ihren Wirkungen mit den Wirkungsketten anderer Aktivitäten und Ereignisse verknüpft, ohne dass man dies auf den ersten Blick erkennen kann. Der 2013 erschienene Bericht des World Economic

Forums zu den globalen Herausforderungen und Risiken
bietet viele Beispiele für solche intuitiv nicht direkt wahr-
nehmbaren Verknüpfungen von Risiken.[18] So sind soziale
Ungleichheit, negative Handelsbilanz, Widerstand gegen
Klimaschutzmaßnahmen und sogar das Aufkeimen fundamentalistischer Strömungen eng miteinander verwoben.
Oder ein anderes Beispiel: Durch Übernutzung der Süß-
wasserreserven versalzen fruchtbare Böden, was wiederum
zu veränderten Formen der Landnutzung führt. Diese be-
dingen in der weiteren Kette der Auswirkungen negative
Folgen für die Biodiversität, die Ernährungssicherheit und
den Energieverbrauch. Der Wissenschaftliche Beirat der
Bundesregierung Globale Umweltveränderungen (WBGU)
hat in einer Vielzahl von Gutachten diese vernetzten Risikobereiche in Analogie zur Medizin als Syndrome bezeichnet. In dem Gutachten des Gremiums finden sich dann
Syndrombezeichnungen wie das Sahel-Syndrom (Verwüs-
tung und Versteppung), das Raubbau-Syndrom (Übernutzung von Ressourcen) oder das Kleine-Tiger-Syndrom (zu
schnelles und expansives ökonomisches Wachstum). Diese
Syndrome weisen auf eine komplexe Verkettung von Ursachen und Wirkungen zu einem Gesamtgefüge miteinander
verbundener Risiken hin.[19]

- Systemische Risiken sind in der Regel nicht durch lineare
  Modelle von Ursache- und Wirkungsketten beschreibbar,
  sondern folgen häufig *stochastischen und chaotischen Wirkungsbeziehungen*.[20] Das Thema Stochastik hat uns ja schon
  in den letzten beiden Teilen intensiv beschäftigt. Gleiche Ursachen führen nicht zu identischen Ergebnissen, sondern zu
  einer Bandbreite von Folgen, die alle nur mit einer bestimmten Wahrscheinlichkeit eintreten. Chaotische Systeme beschreiben einen weiteren schwer zugänglichen Zusammen-

hang: Sie sind dadurch gekennzeichnet, dass marginale Veränderungen bei einer Ursache oder mehreren Ursachen zu unerwartet großen Ausschlägen bei den Wirkungen führen können. Die meisten von Ihnen haben sicher schon von dem sogenannten Schmetterlingseffekt gehört.[21] Danach soll das Schlagen eines Schmetterlingsflügels in einem Gebiet eine Wetterveränderung in einem anderen Gebiet auslösen. Ein wesentlich realistischeres Beispiel ist das Umkippen eines Sees durch Eutrophierung.[22] Wenn man kontinuierlich Nährstoffe wie Phosphate oder Nitrate in einen See einleitet, so wird dieses Biotop bis zu einer bestimmten Grenze der Konzentration relativ gut mit diesen Schadstoffen fertig. Es kommt sogar zu einem stärkeren Algenwuchs und einer Verbesserung der Nahrungsgrundlage für Fische. Es sieht so aus, als ob der See völlig robust gegen diese eingeleiteten Schadstoffe wäre. Wird diese bestimmte Grenze aber überschritten, dann erfolgt relativ schnell der Kollaps aufgrund von Sauerstoffmangel. Wo genau die Grenze zum Umkippen liegt, kann man im Voraus nicht berechnen, da hier jeder See als ein einzigartiges System von Einfluss- und Wirkungsketten zu betrachten ist. Dies ist wie bei einem Kippschalter, mit dem man einen Effekt ein- und ausschalten kann, analog zu einer Wohnzimmerlampe.[23] Es bedarf zunehmenden Druckes, um den Schalter zu bewegen. Ist aber einmal der notwendige Druck vorhanden, den wir aber nicht vorherbestimmen können, dann tritt der Effekt sofort ein, und das System ändert sich ruckartig. Jede Druckausübung, die nicht ausreicht, um den Schalter zu bewegen, hat dagegen so gut wie keine Wirkung. Leider kennen wir für viele Systeme den genauen Druckpunkt der Belastungsgrenze nicht.[24] Und anders als beim Lichtschalter können wir in komplexen Systemen zwar den Schalter bewegen und den

Effekt einschalten; wir wissen aber meist nicht, wie wir ihn wieder ausschalten können. Gelegentlich verschwindet auch der Schalter, wenn man ihn einmal gedrückt hat. Dann haben wir es mit irreversiblen Veränderungen zu tun.[25] Viele der systemischen Risiken, über die wir im Folgenden sprechen werden, haben diesen chaotischen Funktionsverlauf. Wir können uns lange Zeit in Sicherheit wähnen, weil unsere Handlungen offenkundig keine Änderungen im umgebenden System auslösen. Dann aber tritt plötzlich der Schaltereffekt auf. Zu diesem Zeitpunkt ist es aber in der Regel entweder gar nicht, nur mit extrem großem Aufwand oder erst nach langen Zeiträumen möglich, den Schalter wieder auf »Normal« zurückzusetzen.

- Letztes Kennzeichen systemischer Risiken ist ihre *Unterschätzung durch Politik und Gesellschaft.*[26] Es ist keineswegs so, dass wir diese Risiken nicht kennen würden. Sie sind in der Regel wissenschaftlich identifiziert, analysiert und bewertet worden. Einige dieser systemischen Risiken, wie etwa die Auswirkungen unserer Energieversorgung auf das Klima, stehen sogar im Mittelpunkt vieler wissenschaftlicher und politischer Aktivitäten. Auch die Bevölkerung kennt diese Risiken und stuft sie als »relevant« ein.[27] Allerdings zeigt sich in der Praxis, dass anders als bei den individuellen Gesundheitsrisiken, die wir in Teil 1 beschrieben haben, die bisherige Bilanz der Wirksamkeit von risikobegrenzenden und regulierenden Maßnahmen außerordentlich mager ausfällt.[28] Wir sind uns also dieser Risiken bewusst, tun aber wenig, um sie weiter einzugrenzen oder abzumildern.[29]

Warum werden systemische Risiken, wenn sie doch ein echtes Bedrohungspotential beinhalten, in unserer Gesellschaft als nicht so dringlich bewertet wie andere Risiken, die kaum ein

Bedrohungspotential darstellen? Wenn wir uns erneut die Mechanismen der intuitiven Wahrnehmung vor Augen führen, ist die Antwort auf diese Frage nicht so schwierig.[30]

2.2 Warum werden systemische Risiken unterschätzt?

Es gibt viele Gründe dafür, dass wir die Wirkung systemischer Risiken unterschätzen: Zum Ersten sind diese Risiken schleichender Natur, d. h. wir nehmen die Auswirkungen nur als marginale Veränderungen unserer Umwelt wahr. Wie Paul Ehrlich schon in unserem Gespräch ausführte, sind unsere Faustregeln der Wahrnehmung darauf ausgerichtet, plötzliche Veränderungen und Ereignisse in unser Visier zu nehmen, wohingegen wir kontinuierliche Verschlechterungen kaum bemerken. Diese Tendenz zur Unterbewertung kontinuierlich wirkender Risikoquellen wird auch durch die Mechanismen der Risikowahrnehmung unterstützt, bei denen plötzlich auftretende Katastrophen immer mehr persönliche und soziale Resonanz erzeugen als kontinuierliche Schadensfälle, selbst wenn die Zahl der Opfer absolut identisch ist.[31]

Zum Zweiten sind systemische Risiken durch komplexe Strukturen miteinander vernetzt, so dass scheinbar nicht zusammenhängende Lebensbereiche über die komplexen Ursache-Wirkungsbeziehungen an irgendeinem Glied der langen Kette aufeinander einwirken.[32] Unsere intuitiven kausalen Denkformen sind, wie wir erfahren haben, nicht auf die Analyse komplexer Ursache-Wirkungsketten ausgerichtet. Gerade dadurch, dass systemische Risiken oft örtlich und zeitlich weit voneinander entfernt auftreten, erscheint für unser Wahrnehmungsbewusstsein eine solche Verbindung als wenig plausibel. Warum sollte meine Entscheidung, für 2 Euro

ein T-Shirt im Billig-Discounter zu ergattern, irgendeinen negativen Einfluss auf die Umweltqualität eines Flusses in Indien haben? Oder für eine in Indien tätige Färberin eine gesundheitliche Belastung bedeuten?

Ich erinnere mich noch gut daran, dass ich im Juni 2008
zum »Chief Risk Officer Summit« in das Nobelhotel Hei-
ligendamm an der Ostseeküste eingeladen war, um eine Sit-
zung zum Thema »Systemische Risiken« zu moderieren.[33]
Der Hauptsprecher war der oberste Risiko-Manager eines der
größten Bankhäuser in Deutschland. Angesprochen auf die
globale Bedrohung durch die sich schon abzeichnende Finanzkrise winkte er lächelnd ab. Natürlich seien die auf Immobilien
beruhenden Wertpapiere in den USA völlig überbewertet.
Aber der Anteil aller Vermögenswerte, die auf Immobilien be-
ruhten, würden an den zurzeit gehandelten strukturierten
Produkten weniger als 3 % der Gesamtsumme ausmachen.
Selbst wenn alle Häuser in den USA nichts mehr wert seien,
würde das Finanzsystem damit problemlos umgehen können.
Natürlich würde das eine Delle in den Finanzgeschäften bedeuten, aber mehr auch nicht. Die »Weisheit« der strukturierten Produkte bestünde ja gerade darin, dass man riskantere
und weniger riskante Werte zusammen gebündelt habe.
Durch diesen Portfolioeffekt, der darin bestehe, dass ein Verlust bei einem Teil der strukturierten Produkte durch einen
Gewinn bei den anderen ausgeglichen werden könne, wäre
eine globale Finanzkrise ausgeschlossen. Wohlgemerkt: Der
Bankmanager war noch drei Monate vor dem Platzen der Fi-
nanzblase fest davon überzeugt, dass es bis auf die von ihm
prognostizierte temporäre Delle keine weiteren Auswirkungen auf den Finanzmarkt geben würde. Was er in seinen
Überlegungen völlig übersehen hatte, war der Dominoeffekt
von den »faulen« auf die guten Kredite und die psychologi-

sche Wirkung von einzelnen Zusammenbrüchen auf die hochvernetzten Wirkungszusammenhänge in allen anderen Finanzbereichen und darüber hinaus. Übrigens ist dieser Finanzmanager heute nicht mehr bei der Bank beschäftigt.

Zum Dritten eignen sich viele der systemischen Risiken nicht für eine aufrüttelnde und emotional ansprechende Berichterstattung in den Medien.[34] Dadurch dass sich die Veränderungen nur marginal abzeichnen, fehlt der attraktive Nachrichtenwert.[35] Nur wenn es große Konferenzen über solche systemische Risiken gibt, wird darüber mehr oder weniger ausführlich berichtet. Auch hier sticht der Klimaschutz besonders hervor. Im Mittelpunkt der Berichterstattung stehen aber dabei fast immer Berichte über Konflikte zwischen den Teilnehmern und zwischen den staatlichen Akteuren, der Wirtschaft und Vertreter der Zivilgesellschaft, vor allem der Umweltverbände. Hier können die Medien wieder die typischen Muster des Dramas einbringen.[36] Oft genug wird darüber der eigentliche Anlass, das systemische Risiko, vergessen.

Zum Vierten spielen auch die Entwicklungslinien des technischen und sozialen Wandels eine wichtige Rolle, wie ich sie am Ende des zweiten Teils vorgestellt habe. Globale Vernetzung, Unübersichtlichkeit der kausalen Zusammenhänge, Pluralisierung von Meinungen und Bewertungen sowie ein Vetrauensverlust in Experten und Entscheidungsträger waren dort die entscheidenden Stichworte. Die meisten systemischen Risiken sind nicht sinnlich wahrnehmbar und können nur durch wissenschaftliche Expertisen in das Bewusstsein der Menschen gebracht werden. Wie wir schon bei den semantischen Mustern über schleichende Risiken erfahren haben, spielt hier das Vertrauen in die Expertisen eine entscheidende Rolle.[37] Da niemand von uns nachprüfen kann, ob das Ozonloch über uns wirklich so sehr gelitten hat, wie es uns die

Wissenschaftler berichten, ob der Klimawandel wirklich aufgrund der Emissionen von klimaschädlichen Gasen erfolgt, ob wir durch unser wirtschaftliches Verhalten wirklich die Ressourcen unserer Welt über Gebühr in Anspruch nehmen – all diese Fragen können wir nicht aus eigener Anschauung und aus eigener Erfahrung beantworten. In einer Gesellschaft, in der aber wissenschaftliche Evidenz zunehmend als Ausdruck pluraler Interessenvertretung und persönlicher oder sozialer Überzeugungen gesehen wird, finden sich immer genügend Stimmen, die diese systemischen Risiken verharmlosen, während andere versuchen, sie offensiv in die Öffentlichkeit zu bringen.[38] In diesem Konzert der verstärkenden und verharmlosenden Kommentare von echten oder vermeintlichen Experten neigen wir dazu, eine Strategie des »Sowohl-als-auch« einzunehmen. Wenn es darum geht, uns über die Unfähigkeit der Politik und über die Raffgier der Wirtschaft auszulassen, dann wählen wir die Botschaften aus, die von einem hohen Bedrohungspotential der systemischen Risiken ausgehen. Wenn aber die Implikationen solcher Botschaften Rückwirkungen auf die Gestaltung unseres eigenen Lebens, unsere eigenen Handlungen oder unserer Beziehungen zur Umwelt nahelegen, dann halten wir es lieber mit den Experten, die uns einreden wollen, dass all diese Bedrohungen rein theoretischer Natur seien und man besser abwarten solle, ob sich die langfristig befürchteten Konsequenzen auch wirklich einstellen.[39] Auf diese Weise können wir mit gutem Gewissen auf die Unfähigkeit der anderen verweisen und gleichzeitig unbeschwert so leben, wie wir das immer schon getan haben.

Diese vier Prozesse der Aufnahme von Informationen führen also zu einer sehr ambivalenten Sichtweise von systemischen Risiken in der Gesellschaft. Sie werden nicht grundsätzlich verharmlost, aber die uns angebotenen Deutungsmuster

erzeugen in uns keinen Handlungsdruck.[40] Die Kommunikation über diese Risiken bleibt weitgehend wirkungslos. Einschneidende Verhaltensänderungen sind kaum zu erwarten,
und der Druck auf effektive Risikoregulierungen durch die
Politik verharrt in engen Grenzen. Natürlich gibt es auch
Ausnahmen. Die erst jüngst eingeleitete Energiewende in
Deutschland ist ein mutiger Versuch, einen Gegenentwurf zu
den systemischen Risiken der Kernenergienutzung und der
Nutzung fossiler Energieträger zu entwerfen und umzusetzen.[41] Allerdings ist es wiederum für die Wahrnehmung dieser Risiken bezeichnend, dass der Enthusiasmus der deutschen Bevölkerung für diese Energiewende bereits erlahmt,
wenn die Menschen merken, dass dieser Wandel in der Energieerzeugung nicht zum Nulltarif zu bekommen ist. Mit steigenden Strompreisen steigt auch der Widerstand gegen eine
Politik, die sich im Bereich Energieversorgung beherzt gegen
die weitere Duldung systemischer Risiken ausgesprochen hat.

Im folgenden Kapitel will ich einige der besonders relevanten systemischen Risiken, die unsere Gesellschaft und auch
den Globus als Ganzes bedrohen, beschreiben. Ich werde aus
jedem der Bereiche Ökologie, Ökonomie und Soziales Kernrisiken herausgreifen, die stellvertretend für die systemischen
Risiken in diesen Bereichen gewertet werden können. Doch
zuvor wollen wir eine Gesamtschau über die systemischen Risiken in unserer Welt wagen. Was bedroht uns wirklich?

3 Die zentralen Risiken der Zukunft

Am 31. Oktober 2002 erlebte der kleine, verschlafene Ort
Starnford in der Provinz Lincolnshire im Südwesten von England einen ungewöhnlichen Ansturm von Risikoexperten aus

der ganzen Welt. Eine Reihe von Organisatoren, wie der Öl-Multi Shell, das europäische Patentamt, die oberste Gesundheits- und Sicherheitsbehörde des Vereinigten Königreiches (Health and Safety Executive) und der staatliche französische Elektrizitätskonzern EdF, hatten im Februar 2002 ein neues, ungewöhnliches Projekt aus der Taufe gehoben: Riskworld.[1] Die Idee dieses Projektes war es, die wirklich relevanten Risiken, die global die Menschheit bedrohen, in einem aufwendigen Verfahren von Literatursuche, Experten-Interviews, Workshops und Kommentierungen durch Vertreter von Wissenschaft, Politik, Wirtschaft und Zivilgesellschaft zu identifizieren und in plausible Szenarien zu überführen.[2] Höhepunkt dieses Projektes war der Workshop in Starnford, an dem rund 20 Experten aus 14 Ländern, Vertreter der Sponsoren und vor allem geschulte Moderatoren und Science-Fiction-Autoren teilnahmen. Zwei Tage lang diskutierten die versammelten Fachleute die globalen Veränderungen, die damit verbundenen Risiken sowie die Wechselwirkungen zwischen den ökologischen, ökonomischen und sozialen Veränderungen.[3] Das Ergebnis dieses Prozesses bestand aus drei Szenarien.[4]

Szenario eins erhielt den Namen »*Expertokratie*« *(Expert Rules)*.[5] Dort wird eine Welt beschrieben, in der im Wesentlichen die Entwicklungen so weiterlaufen wie bisher. Die sich abzeichnenden Risiken werden erst dann beherzt aufgegriffen, wenn sich die Schäden bereits großflächig abzeichnen. Dann kommt ein gewaltiger, von Experten dominierter Reparaturbetrieb in Gang. Ziel ist es, die wirtschaftlichen und politischen Strukturen möglichst unbeschadet zu erhalten. Das geht weitgehend auf Kosten der ärmeren und weniger durchsetzungsfähigen Länder der Welt, die noch mehr in Elend und politischem Chaos versinken. Im Endeffekt werden aber auch die stabileren westlichen Demokratien immer anfälliger für die Übernahme der Steuerungsfunktionen durch technische Führungseliten, die ihre Legitimation daraus ableiten, dass ohne ihr Eingreifen die Krise nicht zu bewältigen wäre.[6] Die demokratischen Institutionen erodieren langsam, und Sachverwalter der Risiken übernehmen die Herrschaft, um das Schlimmste zu verhindern.

Das zweite Szenario heißt »*Herrschaft des Common Sense*«.[7] In dieser Welt bestimmen der kollektive Zeitgeist und die öffentliche Meinung die Handlungen der Politik. Die Politik versteht sich als ein verlängerter Arm des Volkswillens, zumindest in den westlichen Demokratien. Aber auch die autokratischen Systeme wie in China richten ihre Politik darauf aus, möglichst viele Menschen kurzfristig zufriedenzustellen, um sich an der Macht zu halten. Langfristige Programme, die Investitionen in die Zukunft bedeuten würden, bleiben aus. Sie sind zwar feste Bestandteile der Rhetorik und öffentlichkeitswirksamer Inszenierung, aber die Rituale der Selbstversicherung bleiben grundsätzlich folgenlos. Wegen der schnellen Veränderungen nimmt auch in der Wirtschaft das kurzfristige Denken weiter zu. Infolgedessen kommt es zu einem Zick-Zack-Kurs in der Bewältigung der Risiken. Gelangt eines der Risiken ins öffentliche Visier, dann wird alles getan, um es zu minimieren oder zu begrenzen. Ob dabei mit Kanonen auf Spatzen geschossen wird, spielt keine Rolle. Hauptsache, die Öffentlichkeit ist zufriedengestellt. Da die systemischen Verknüpfungen nicht ernsthaft angegangen werden, kommt es immer wieder zu Zusammenbrüchen, die man zwar hätte vorhersehen und verhindern können, deren Vorboten aber zu wenig öffentliches Aufsehen erregt haben, um im Vorfeld Gegenmaßnahmen zu rechtfertigen. Jedes Mal, wenn solche Zusammenbrüche oder Katastrophen auftreten, werden Sündenböcke gesucht und die jeweilige Regierung, ob verantwortlich dafür oder nicht, »in die Wüste« geschickt und durch eine neue ersetzt. Da jede Regierung aus Gründen des Machterhalts auf die eigene Bevölkerung schielt, unterbleiben weltweite Kooperationen zur Eindämmung der globalen, systemischen Risiken. Die Kluft zwischen den armen und reichen Ländern steigt also weiter an. So entsteht ein Teufelskreis: Armut und Ungleichheit begünstigen die Entstehung von Fundamentalismus und Terrorismus und führen zu Migrationsbewegungen, die wiederum von den reichen Ländern als neue Bedrohung wahrgenommen und mit entsprechenden Mitteln, vor allem der militärischen Abwehr, bekämpft werden. Dieses Szenario führt folgerichtig zu immer größeren und unüberschaubaren Konflikten.

Das dritte Szenario ist mit dem Begriff »*Kaleidoskop*« charakterisiert.[8] In der Diskussion wurde auch der neue Begriff »Googlianismus« für dieses Szenario geprägt. Hier vertraut man auf die Selbstorganisation der beteiligten Akteure. Ähnlich wie bei der Online-Enzyklopädie Wikipedia verlässt sich dieses Szenario auf die Kreativität und Weisheit der vielen Nutzer, die gleichzeitig Produzenten des Wissens sind. Wichtig für dieses Szenario ist also der Glaube an die Innovationsfähigkeit und Experimentierfreude der Menschen. Vor allem speist sich dieses Szenario aus dem Glauben an die Funktionsfähigkeit der »Schwarmintelligenz«.[9] Ähnlich wie ein Schwarm Fische wichtige Funktionen der Sicherheit und der Nahrungsaufnahme durch eine kollektive und unbewusste Handlungsstrategie ausfüllen kann, so können viele Einzelleistungen von Menschen, wenn sie im Kollektiv handeln, zu qualitativ höherwertigen Leistungen kommen, als wenn man jede Einzelleistung in eine hierarchische oder systematische Ordnung einbringen würde.

Im Szenario Kaleidoskop vertraut man auf die Selbstwirksamkeitskräfte von dezentral organisierten Schwärmen mit lokalen Steuerungsformen für kollektives Handeln und deregulierten Märkten, allerdings unter der Aufsicht von Kartellbehörden und unter der Bedingung vorsorgeorientierter Umweltauflagen. Das Szenario beruht auf der strikten Einhaltung des Subsidiaritätsprinzips, nach dem Steuerungsprozesse grundsätzlich auf der jeweils untersten Stufe der politischen Ebenen (von lokal, regional, staatlich bis zu global) zu treffen sind; es sei denn, eine Koordinierung auf höherer Ebene ist unumgänglich.[10] Das Motto lautet: Jeder hilft sich am besten selbst.

Im Zug der Durchsetzung dieses Szenarios können global wirksame Risiken, wie etwa der Klimaschutz, nicht wirklich im Vorfeld angegangen werden. Jeder trägt nur marginal dazu bei, und der Effekt trifft alle – wenn auch in unterschiedlichem Ausmaß. Stattdessen wird alles auf die Karte »Anpassung« gesetzt. Lokal werden Strukturen geschaffen, um die eigene Verwundbarkeit zu reduzieren und die Widerstandskraft gegen negative Auswirkungen der systemischen Risiken zu stärken. Allerdings gelingt dies nur einigen gut ausgestatteten und institutionell hoch entwickelten Regionen, während andere an dieser Aufgabe scheitern. Das liegt daran, dass die natürlichen Ressourcen auf der Welt nicht gleich verteilt sind (man denke nur etwa an Energierohstoffe), weil die Steuerungsprozesse nicht überall effektiv ablaufen und weil die Auswirkungen der systemischen Risiken häufig genau die treffen, die zu ihrer Verursachung am wenigsten beigetragen haben (etwa bei den Finanzkrisen der letzten Zeit). Infolgedessen kommt es zu einer extremen Spreizung der Lebensverhältnisse zwischen den Regionen, in denen diese Anpassungsprozesse gelingen, und denen, in denen sie nicht oder nur unzureichend gelingen. Dadurch entsteht wiederum ein Sog von Unzufriedenheit, Frustration und Fundamentalismus in

den Regionen, die es nicht schaffen, sich an die zunehmend
spürbaren Auswirkungen der systemischen Risiken anzupassen. Aggressive Ausbrüche, terroristische Akte und Migrationsbewegungen sind dann ähnlich wie beim Szenario »Tech-
nokratie« zu erwarten, die auch die relative Stabilität der
Regionen mit gelingender Anpassung bedrohen. Gleichzeitig
werden aber auch dort die Grenzen der Anpassung an die ver-
ändernden Lebensbedingungen deutlich, weil sich niemand
traut, an den globalen Ursachen für die Entstehung der systemischen Risiken anzusetzen.

Jedes dieser drei Szenarien wurde zunächst durch entsprechende Modellberechnungen und einen Faktencheck auf eine
solide Basis gestellt und dann von den anwesenden Science-
Fiction-Autoren in zusammenhängende Erzählungen über die
jeweils konstruierte Zukunft überführt. Auf diese Weise entstanden drei lebendige Schilderungen über das, was wir in Zukunft zu erwarten haben, wenn wir den den Szenarien zugrunde gelegten Entwicklungspfaden konsequent folgen.

Die schlechte Nachricht ist: Alle drei Szenarien führen zu
keiner wünschenswerten Entwicklung. Dieses Ergebnis ist
nicht darauf zurückzuführen, dass in der Expertenrunde die
Pessimisten den Ton angegeben hätten oder die Situation als so
verfahren eingeschätzt wurde, dass überhaupt kein positiv ver-
laufendes Szenario mehr vorstellbar gewesen wäre.[11] Das Ergebnis war vielmehr eine notwendige Folge des Auftrages der
Organisatoren, eine jeweils auf einem Leitgedanken aufbau-
ende Entwicklungslinie zu zeichnen. Genau darin liegt aber
das Problem, das von den Experten auch gleich erkannt wurde.
Will man die systemischen Risiken wirklich in den Griff bekommen, dann muss die Weltgemeinschaft diese drei Ansätze
parallel und aufeinander abgestimmt verfolgen. Wir brauchen
hervorragende technische, wirtschaftliche und soziale Experti-

sen, um die Komplexität der systemischen Risiken zu identifizieren und zu charakterisieren sowie die Wirksamkeit von entsprechenden Gegenmaßnahmen mit Simulationsmethoden zu testen.[12] Das gilt vor allem, wenn wir im Vorfeld die systemischen Risiken vermeiden oder abmildern wollen. Wir brauchen aber auch die Rückkopplung mit den Anliegen, Werten und Präferenzen der jeweils betroffenen Bevölkerungen, weil nur auf der Basis politischer Akzeptanz und persönlicher Identität mit den jeweiligen Maßnahmeprogrammen Legitimität und Wirksamkeit der Maßnahmen sichergestellt werden können.[13] Und schließlich brauchen wir Freiräume für innovative, von »Schwarmintelligenz« getriebene Entwicklungen, die neue, kreative Wege der Anpassung an unvermeidbare Auswirkungen und Nebenfolgen der weiteren Entwicklung aufzeigen und damit zu einer Kreativwerkstatt für die ganze Menschheit werden können.[14] Das optimistische Szenario lautet also: die richtige Mischung aus allen dreien.

Wie eine solche Mischung aussehen könnte, werde ich noch im vierten und letzten Teil intensiver behandeln. Hier in diesem Teil geht es mir vor allem darum, die Strukturen und Prozesse der systemischen Risiken aufzudecken und Sensibilität für deren oft subtile Wirkung zu wecken. Was also sind die systemischen Bedrohungen, die wir nur im Einklang von Expertisen, demokratischer Legitimierung und innovativer Selbstorganisation effektiv angehen können?

3.1 Angelpunkt: »Governance«

Wenn wir über systemische Risiken nachdenken, dann fallen uns sicher spontan Kandidaten für global wirksame Risiken ein, auf die alle oder einige der oben beschriebenen Merkmale

systemischer Risiken zutreffen. Als Erstes kommen uns sicher
die ökologischen Risiken in den Sinn mit all ihren Auswirkungen in Bezug auf die begrenzten natürlichen Ressourcen, die
Nutzung unseres Planeten als Deponie für Emissionen und
feste Abfälle, die Reduzierung der Arten- und Landschafts-
vielfalt (Biodiversität) durch unsere Landwirtschaft und Industrialisierung und den Einfluss menschlich verursachter
Klimaveränderungen. Als Zweites fallen uns höchstwahr-
scheinlich die systemischen Risiken der globalen Wirtschaft,
vor allem der Finanzwirtschaft und der Handelsströme, ein,
die unser gesellschaftlich erwirtschaftetes Vermögen bedrohen und zur ungerechten Verteilung beitragen. Und schließlich drittens denken wir sicher auch an die sozialen Risiken,
wie Armut, Unterernährung, ungleiche Lebensbedingungen
und die damit verbundenen Gegenbewegungen in Form von
terroristischen Übergriffen, Cyber-Kriminalität oder größeren
Wanderungsbewegungen. Diesen drei Feldern von Risiken
werden wir uns auch im Folgenden zuwenden, aber mit einer
etwas anderen Blickrichtung. Unsere Perspektive ist vor allem
auf die Struktur des Systemischen ausgerichtet und wird weniger auf die sich schon abzeichnenden Folgen fixiert sein.

Dreh- und Angelpunkt der Szenarien des World-Risk-Projektes waren weder die ökologischen Gefahren noch die
Finanz- oder Eurokrise, noch die Nebenfolgen technologischer Entwicklung, noch die Entstehung von Pandemien und
anderen weltumspannenden Krankheiten. Als zentrale Stell-
größe in der weiteren Entwicklung unserer Gesellschaften
identifizierten die Experten in Starnford den Mangel an
»Good Governance«. Der Begriff der Governance ist nicht
einfach ins Deutsche zu übersetzen. Gemeint ist damit die
kollektive Steuerungsfähigkeit von gesellschaftlichen Prozessen. »Heute wird der Begriff Governance im Kontext nationa-

ler wie internationaler Politik benutzt, um die Gesamtheit der in einer politischen Ordnung mit- und nebeneinander bestehenden Formen der kollektiven Regelung gesellschaftlicher Sachverhalte zu bezeichnen.«[15] Inzwischen werden solche Regelungsprozesse nicht mehr allein von den Institutionen der Politik, wie Parlament und Regierung, ausgelöst und durchgeführt. Vielmehr sind in einer pluralen Gesellschaft eine Vielzahl von Akteuren, die von der Wissenschaft über die Wirtschaft bis hin zur Zivilgesellschaft reichen, für diese kollektiv wirksamen Entscheidungen und Handlungen zuständig. Das Wort »good« vor dem Begriff der Governance soll zum Ausdruck bringen, dass dieses Zusammenwirken der Akteure zu effektiven, effizienten und fairen Lösungen bei kollektiven Entscheidungen führen soll.[16]

Was bedeutet das? Ob die Steuerungsfähigkeit von Gesellschaften als *good governance* bezeichnet werden kann, hängt von einigen zentralen Bedingungen ab: (i) von der Existenz handlungsleitender Normen und Institutionen, (ii) von der Integrität der kollektiven Steuerungsorgane und (iii) von der Selbstbindung der Macht an Legalität und Gemeinwohl.[17] Wenn diese Voraussetzungen gegeben sind, so die einhellige Meinung der Experten, dann könnte die Weltgemeinschaft mit den sich abzeichnenden großen Risikofeldern jetzt und in Zukunft fertigwerden. Allerdings setzt diese Zuversicht voraus, dass die einzelnen Länder nicht nur ihr eigenes Wohl im Auge haben, sondern auch das Wohlergehen der anderen Länder und damit der ganzen Welt. Natürlich lässt sich hier gleich einwenden, dass die versammelten Experten offenkundig blauäugig über die bestehenden Macht- und Interessenverhältnisse hinweggegangen seien. Wer glaubt schon daran, dass sich die Mächtigen um das Wohl der Machtlosen kümmern wollen? Interessant ist aber, dass fast alle Experten darin über-

einstimmten, dass eine auf das Gesamtwohl der Menschheit
ausgerichtete globale Steuerungspolitik auch diejenigen zumindest langfristig begünstigt, die heute aufgrund ihrer politischen und wirtschaftlichen Macht wesentlich mehr Privile-
gien in Anspruch nehmen als die anderen.[18]

Diese Sichtweise auf die systemischen Risiken deckt sich
mit einer Reihe von anderen ähnlich gelagerten Projekten zur
Identifikation und Bewertung der globalen Risiken.[19] Besonders eindrucksvoll sind die Bemühungen des World Economic
Forums (WEF), das in einem ebenfalls sehr aufwendigen Prozess von Datenerhebung, Experteninterviews und Kommentierungen durch Vertreter aus Politik, Wirtschaft und Zivilgesellschaft einen jährlich erscheinenden Statusbericht zu den
globalen Risiken erstellt. An dem jüngsten Bericht von 2013
haben insgesamt 469 Experten aus aller Welt und unterschiedlichen Institutionen mitgewirkt.[20] Sieht man sich diesen Report näher an, dann steht auch hier das Problem der politischen Steuerungsfähigkeit an zentraler Stelle.[21] Abbildung 20
zeigt die sogenannte Global Risk Map, in der die im Prozess
identifizierten Spitzenreiter der globalen Risiken aus der Erhebung 2013 zusammengefasst sind. Unschwer ist zu erkennen,
dass das Problem der »Good Governance« im Mittelpunkt des
Geflechtes von systemischen Risiken steht. Ausgehend von
dieser Schaltstelle identifizieren die Autoren der Global Risk
Map drei hoch vernetzte Risikobereiche: Den ersten bezeichnen sie als »digitale Flächenbrände in einer hochvernetzten
Welt«, den zweiten als »Aushöhlung der ökonomischen und
ökologischen Widerstandsfähigkeit (Resilienz)« und den dritten als »Gefahren der menschlichen Überheblichkeit in Bezug
auf Gesundheit«.

In jedem dieser drei Risikonetzwerke finden wir auch diejenigen Risiken wieder, die offensichtlich zu der Klasse der glo-

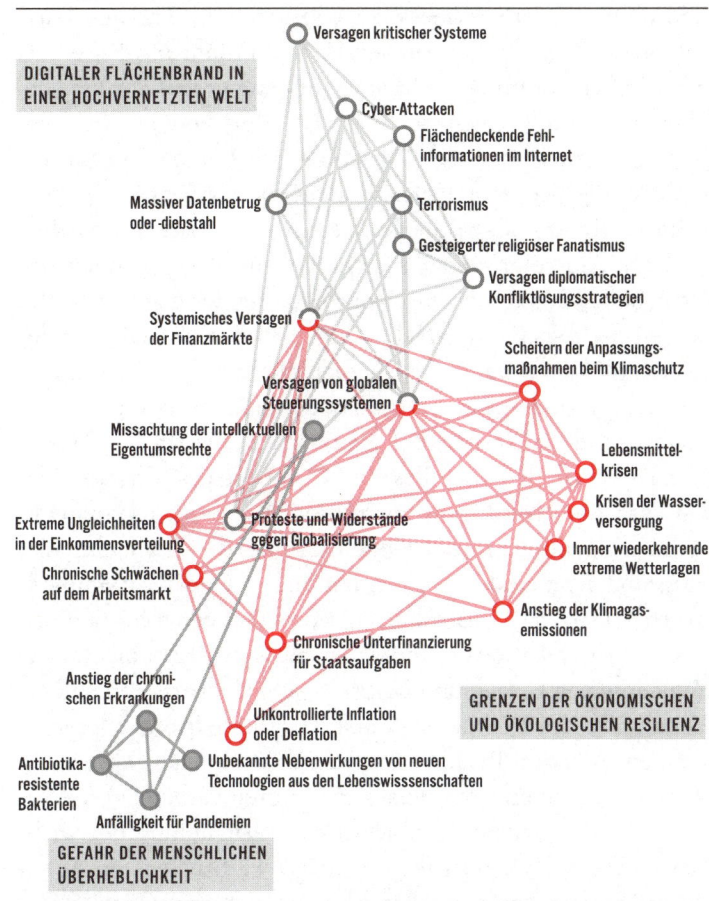

Abb. 20 Global Risk Map: Die Vernetzung der Problembereiche.
Quelle: World Economic Forum 2013.[22] (Übers. vom Verf.)

balen und vernetzten Risiken gehören. Aber die Art, wie sie
zusammengefügt und in ihrer Vernetzung dargestellt werden,
ist auf den ersten Blick überraschend. Bei der Frage nach der

Bedrohung unserer Widerstandskraft sind die Themen Wasserversorgung, Klimaveränderung und Ernährungskrisen als
eine Einheit zusammengefasst. Damit eng verbunden sind die
ökonomischen Risiken der Verschuldung von Staaten, der
Arbeitslosigkeit und der Zunahme der Einkommensunterschiede, die wiederum zusammengenommen eine Abschot-
tung bewirken, gegen die Kräfte der Globalisierung wirken
und das Auftreten von Fundamentalismus begünstigen. Im
Umfeld der menschlichen Überschätzung der eigenen Kräfte
stehen die Aspekte der Nebenfolgen in der Anwendung der
Erkenntnisse aus den Lebenswissenschaften *(life sciences and
technologies)*, die Zunahme chronischer Erkrankungen, Pandemien und die Resistenz gegenüber Antibiotika im Vordergrund. Verbunden mit diesem Muster ist das Versagen der
Durchsetzung von Eigentumsrechten an geistigem und mate-
riellem Eigentum. In der letzten Gruppe des Flächenbrandes
aufgrund der digitalen Vernetzung finden wir den Zusammenbruch kritischer Infrastrukturen, vor allem der Informations-
und Kommunikationstechnologien, die Cyber-Kriminalität, die
Zunahme von Betrug und Diebstahl, die Finanzrisiken und die
Unfähigkeit der Weltgemeinschaft, Konflikte friedlich lösen zu
können. Alle drei Risikobereiche sind direkt oder indirekt mit
dem Versagen von Governance-Strukturen verbunden.[23]

Eine etwas andere, übersichtlichere Darstellung der wichtigsten systemischen Risiken aus der WEF-Studie ist in Abbildung 21 wiedergegeben.[24] Dort können wir eine Zeitreihe von
2007–2013 erkennen, in der für jedes Jahr die fünf als zentral
eingestuften Risiken, aufgeteilt nach den uns schon bekannten

Abb. 21 Die besonders relevanten globalen Risiken nach Häufigkeit des
Auftretens und Ausmaß, 2007–2013.
Quelle: World Economic Forum 2013.[25] (Übers. v. Verf.)

Globale Risiken in Bezug auf Häufigkeit des Auftretens

	2007	2008	2009	2010
1.	Zusammenbruch der kritischen Infrastruktur	Kollaps des Kapitalmarkts	Kollaps des Kapitalmarkts	Kollaps des Kapitalmarkts
2.	chronische Erkrankungen in entwickelten Ländern	Instabilität im Nahen Osten	langsameres Wirtschaftswachstum in China (< 6 %)	geringeres Wirtschaftswachstum in China (< 6 %)
3.	Ölpreis-Schock	Zusammenbruch staatlicher Ordnung in wichtigen Ländern	chronische Erkrankungen	chronische Erkrankungen
4.	Wirtschaftskrise in China	explodierende Preise bei Öl und Gas	globale Steuerungsdefizite der Politik	Finanzlücken in der Staatsfinanzierung
5.	Kollaps des Kapitalmarkts	chronische Erkrankungen in der entwickelten Welt	Rückzug aus der Globalisierung (Schwellenländer)	globale Steuerungsdefizite der Staaten

	2011	2012*	2013*
1.	Katastrophen durch wetterbedingte Naturgefahren	extreme Unterschiede in der Einkommensverteilung	extreme Unterschiede in der Einkommensverteilung
2.	Katastrophen durch Überschwemmungen	chronische Unterfinanzierung für Staatsaufgaben	chronische Unterfinanzierung für Staatsaufgaben
3.	Korruption	steigende Emissionen der Klimagase	steigende Emissionen von Klimagasen
4.	Verlust der Artenvielfalt	Cyber-Attacken	Krisen der Wasserversorgung
5.	Katastrophen durch Klimawandel	Krisen der Wasserversorgung	mangelnde Bewältigung des demographischen Wandels

Ökonomisch

Ökologisch

Geopolitisch

Gesellschaftlich

Technisch

Globale Risiken in Bezug auf Schadensausmaß

	2007	2008	2009	2010
1.	Kollaps des Kapitalmarkts	Kollaps des Kapitalmarktes	Kollaps des Kapitalmarkts	Kollaps der Kapitalmärkte
2.	Rückzug aus der Globalisierung	Rückzug aus der Globalisierung (entwickelte Länder)	Rückzug aus der Globalisierung (entwickelte Länder)	Rückzug aus der Globalisierung (entwickelte Länder)
3.	Kriege und Bürgerkriege	langsameres Wirtschaftswachstum in China (< 6 %)	explodierende Preise bei Öl und Gas	explodierende Ölpreise
4.	Pandemien	explodierende Preise bei Öl und Gas	chronische Erkrankungen	chronische Erkrankungen
5.	Explosion des Ölpreises	Pandemien	Finanzlücken in der Staatsfinanzierung	Finanzlücken in der Staatsfinanzierung

	2011	2012*	2013*
1.	Finanzlücken in der Staatsfinanzierung	systemisches Versagen der Finanzmärkte	systemisches Versagen der Finanzmärkte
2.	Katastrophen durch Klimawandel	Krisen der Wasserversorgung	Krisen der Wasserversorgung
3.	geopolitische Konflikte	Krisen der Nahrungsmittelversorgung	chronische Unterfinanzierung für Staatsaufgaben
4.	Kollaps des Kapitalmarktes	chronische Unterfinanzierung für Staatsaufgaben	Krisen der Lebensmittelversorgung
5.	extreme Preisschwankungen auf dem Energiemarkt	extreme Preisschwankungen bei Energie und landwirtschaftlichen Produkten	Verbreitung von Massenvernichtungswaffen

Ökonomisch

Ökologisch

Geopolitisch

Gesellschaftlich

Risiko-Bestandteilen »Wahrscheinlichkeit« und »Ausmaß«, abgebildet sind. Die farbliche Kodierung verweist auf das Umfeld dieser Risiken. Unterschieden werden hier ökonomische, ökologische, geopolitische, soziale und technologische Risiken. Auf den ersten Blick fällt auf, dass die sozialen und ökonomischen Risiken das Bild dominieren. Unter der Rubrik soziale Risiken fasst der Bericht vor allem Aspekte der Steuerungsfähigkeit, Korruption und soziale Ungleichheiten in Einkommen und Ressourcenverbrauch zusammen. Bei den ökonomischen Krisen führen das Versagen des Finanzsystems und fiskalische Probleme bei der Finanzierung von öffentlichen Aufgaben die Liste der Risiken an. Unter den ökologischen Krisen dominieren der Einfluss des Menschen auf das Klima sowie die Probleme mit der Süßwasserversorgung. Technologische Risiken sind im Wesentlichen auf die Probleme kritischer Infrastruktur und auf kriminelle Attacken auf das Internet beschränkt. Verbleiben die geopolitischen Risiken: Hier gibt es nur eine Nennung, nämlich die geopolitischen Konflikte, die vor allem durch Auseinandersetzungen um natürliche Ressourcen und durch Anpassungsprozesse an den Klimawandel ausgelöst werden. Einige Risiken tauchen nur in einem einzigen Jahr auf und beziehen sich dann auf entsprechend aktuelle Entwicklungen. Darunter fallen etwa die Instabilität des Mittleren Ostens, die Erhöhung der Öl- und Gaspreise sowie die Schwankungen (Volatilität) des Energieangebotes.

Eine auf sozioökonomische Auswirkungen fokussierte Studie zur Identifizierung und Gewichtung globaler Risiken durch die Bertelsmann Stiftung kommt zu ähnlichen Ergebnissen.[26] Methodisch folgt diese Studie aus dem Jahre 2012 dem Vorbild der WEF-Analysen und kombiniert Befragungen und Kommentierungen. Die Liste der Spitzenreiter unter den Risiken ist nahezu identisch mit der WEF-Liste.[27] Zusätzlich zur Expertenbefragung hat die Bertelsmann Stiftung auch eine repräsentative Untersuchung der deutschen Bevölkerung durchgeführt und eine entsprechende Prioritätensetzung auf Basis der Umfrage vorgenommen.[28] Dabei zeigen sich zwar einige Differenzen zwischen Experten und Laien, diese sind aber weniger dramatisch, als man es vielleicht erwartet hätte. Wie schon oben ausgeführt, werden die systemischen Risiken durchaus von Experten, Politikern und auch der Öffentlichkeit als bedeutsame Bedrohungen wahrgenommen, allerdings führen sie nicht zu den entsprechenden Handlungen, um diesen Risiken angemessen zu begegnen.

Vergleicht man die drei hier exemplarisch vorgeführten Studien (WEF, OECD, Bertelsmann) zu den globalen systemischen Risiken mit anderer Literatur zum Thema systemische Risiken, dann stellt man eine weitgehende Übereinstimmung bei den identifizierten Spitzenreitern fest.[29] Es gibt allerdings eine Lücke in allen drei Untersuchungen. Das Thema ökologische Vielfalt (Biodiversität) ist nicht prominent vertreten. Viele Autoren, vor allem aus den Bereichen Ökologie und Umweltwissenschaften, sehen aber die Probleme der Biodiversität und der Landnutzung als ebenso schwerwiegend und von systemischen Gefährdungen geprägt an wie die anderen Risiken im Spitzenfeld der drei hier vorgestellten Studien.[30] Aus diesem Grunde werde ich im Folgenden diesen Teil der ökologischen Herausforderungen auch mit behandeln.

Natürlich kann man an dieser Stelle einwerfen, dass die Frage nach den Prioritäten sehr unterschiedlich ausfallen würde, je nachdem ob man Experten aus der Wirtschaft, Wissenschaft oder den vielen zivilgesellschaftlichen Gruppen, etwa den Umweltschutzinitiativen, befragt. Die beiden Listen mit den Spitzenreitern unter den Risiken im Rahmen des World-Risk-Projektes wie auch des WEF-Reports wurden ausgewählten Gruppen von Wirtschafts- und Umweltverbänden zur Kommentierung vorgelegt. Im Rahmen der Befragungen des WEF wurde den Vertretern von Wirtschaft und Zivilgesellschaft auch die Möglichkeit eingeräumt, eine eigene Prioritätenliste zu erstellen. Dabei trat etwas Überraschendes zutage: Die Einstufungen der Vertreter aus der Wirtschaft und der Umweltverbände sind nahezu identisch.[31] Bei der Diagnose der Probleme und der Einstufung ihrer relativen Dringlichkeit gibt es relativ wenige Differenzen zwischen den verschiedenen Interessengruppen in der Gesellschaft. Unterschiede lassen sich, wenn überhaupt, bei der Behandlung technischer Nebenfolgen beobachten.[32] Hier sind die Umweltverbände kritischer als die Vertreter der Industrie. Auch finden sich Unterschiede in der Einstufung zwischen den Experten aus den OECD-Ländern und den Nicht-OECD-Ländern, wenn es um die Frage geht, welche der als zentral angesehenen Risiken erfolgreich reduziert werden können. Da sind die Experten aus den OECD-Ländern im Schnitt optimistischer als die aus den anderen Ländern.[33] Worin sich die jeweiligen Gruppen allerdings vehement unterscheiden, ist die Frage nach den angemessenen Therapien und nach der Höhe der Ressourcen, die für die Risikoreduktion bereitgestellt werden sollen.[34] Und schließlich besteht klarer Dissens darüber, wer dafür zahlen soll: die Steuerzahler, die Konsumenten von Produkten, die Hersteller oder die – wie auch immer definierten – Verursacher.

Aufbauend auf dem weitgehenden Konsens über die zentralen systemischen Risiken, die uns weltweit bedrohen, möchte ich in den folgenden Kapiteln drei Risiko-Konglomerate näher beleuchten:

a) Bedrohungen durch menschliche Interventionen in das
   Ökosystem Erde (Siedlungsdichte, Tragekapazität, Ressourcenknappheit, Biodiversität, Wasserkrise und Klimaschutz)
b) Bedrohungen durch Steuerungsdefizite in Wirtschaft und
   Gesellschaft (Umgang mit öffentlichen Gütern, Effizienzfalle, Hybrisfalle, Autonomiefalle)
c) Bedrohungen durch soziale Fehlentwicklungen (ungleiche
   Lebensbedingungen durch ungerechte Verteilung, kritische
   Infrastrukturen, vor allem im Bereich der Informationstechnologien und Identitätsverluste)

Dabei geht es mir nicht um eine vertiefte Analyse jedes Ein-
zelrisikos im Rahmen dieser drei Risiko-Konglomerate. Zum
einen gibt es zu jedem dieser Risiken eine Fülle an wissenschaftlicher und populärer Literatur, die ich hier nicht nacher-
zählen muss, zum anderen kommt es mir hier besonders darauf an, die Wirkmächtigkeit dieser Risiken für die Menschheit
insgesamt und für uns hier in Deutschland herauszustellen
und damit einen weiteren Beitrag zur Risikomündigkeit zu
leisten.

4 Ökosystem Erde: Systemische Bedrohungen im Verhältnis Mensch und Umwelt

POET: Wenn wir dieses Wort hören, dann denken wir gleich
an das englische Wort für Dichter. Dann entstehen in uns
sicher Assoziationen von idyllischen Naturerlebnissen und
lyrischen Naturgedichten. Wenn aber Sozialökologen dieses Wort nutzen, dann steht hinter diesen vier Buchstaben
eine wesentlich nüchternere Betrachtung im Verhältnis von

Mensch und Natur. Das Wort POET steht dann für vier zentrale Faktoren, die im Verlauf der kulturellen Evolution unser Verhältnis zur Natur bestimmt haben: die Weltbevölkerung *(population)*, die Organisationsform unseres Wirtschaftens und Lebens *(organization)*, die Nutzungsformen von Energie *(energy)* und schließlich der Einsatz von Technologien, die wir zur Produktion von Gütern und Dienstleistungen nutzen *(technology)*.[1] Mit diesen vier zentralen Größen der Wechselbeziehung zwischen Gesellschaft und natürlicher Umwelt wird zum einen die schiere Anzahl der Personen angesprochen, die natürliche Ressourcen in Form von Nahrungsmitteln und Rohstoffen und als Abfalllager für die Deponierung von nicht mehr benötigten Stoffen nutzen. Je mehr Menschen auf der Erde leben, desto größer ist deren Anspruch auf Ressourcen und Abfallaufnahmekapazität (oft auch als Senkenkapazität bezeichnet). Zum anderen liegt es an der Organisationsform und dem technischen Entwicklungsgrad der Gesellschaft, wie viele der Ressourcen effektiv für jeden einzelnen Menschen zur Verfügung stehen. In unserer Gesellschaft nimmt jeder Einzelne wesentlich mehr der vorgegebenen natürlichen Ressourcen in Anspruch, als es für das humane Überleben notwendig wäre. In anderen Ländern haben viele Menschen dagegen nicht einmal Zugang zu der Menge an Ressourcen, die sie zu einem einigermaßen humanen Lebensstil befähigen würde.[2] Bei allen Betrachtungen der Wechselwirkung zwischen Mensch und Natur kommt es also darauf an, die Zahl der Menschen, den individuellen Verbrauch an Energie und Material sowie die jeweils herrschende Ausstattung mit Technik und Produktionsformen mit zu beachten.*

---

* Mehr zu diesen Berechnungen ist in dem Exkurs zu POET zu finden unter http://www.fischerverlage.de/buch/9783596198115.

4.1 Bevölkerungsentwicklung und Siedlungsdichte

Die Weltbevölkerung wächst ständig. Jedes Jahr vermehrt sich
die Bevölkerung um rund 83 Millionen Erdenbürger:[3] Das sind
mehr Menschen als die Gesamtbevölkerung der Bundesrepublik Deutschland. Heute sind es bereits über sieben Milliarden,
die unsere Erde bevölkern.[4] Die Vereinten Nationen rechnen
mit einer Bevölkerungszahl bis zu 15,8 Milliarden im Jahre
2100.[5] Abbildung 22 vermittelt einen Überblick über das pro-
jizierte Bevölkerungswachstum auf der Welt für die sogenannte mittlere Variante. Diese mittlere Variante geht von
rund 10 Milliarden Menschen zu Ende dieses Jahrhunderts
aus. Von denen werden aller Voraussicht nach mehr als 70 %
in Großstädten leben.[6] Der größte Teil des Bevölkerungswachstums wird in den sich schnell entwickelnden Ländern
stattfinden.

Von der Steinzeit bis zur Gegenwart haben rund 100 Milliarden Menschen gelebt. Das heißt: Zum heutigen Zeitpunkt
leben rund 7 % aller Menschen, die jemals diesen Planeten bevölkert haben.[7] Das Bevölkerungswachstum auf der Erde hat
im Verlauf der Menschheitsgeschichte zu einer immer höheren Siedlungsdichte geführt, die um den Faktor tausend- bis
zehntausendmal über der Siedlungsdichte liegt, die wir in der
Frühphase menschlicher Entwicklung, im Stadium der Jäger-
und Sammlerkulturen, verwirklichen konnten.[8] Die Menschen haben das naturnahe Leben von Jagen und Sammeln
nach der Neolithischen Revolution vor circa 12 000 Jahren
verlassen. Sie wurden sesshaft und entwickelten neue Wirtschaftsformen.[9] Seit dieser Zeit erwächst die Basis des
menschlichen Lebens nicht mehr aus der weitgehend unbe-
rührten Natur, sondern aus deren Überführung in künstliche,
menschengemachte Landschaften mit Ackerbau, Viehzucht

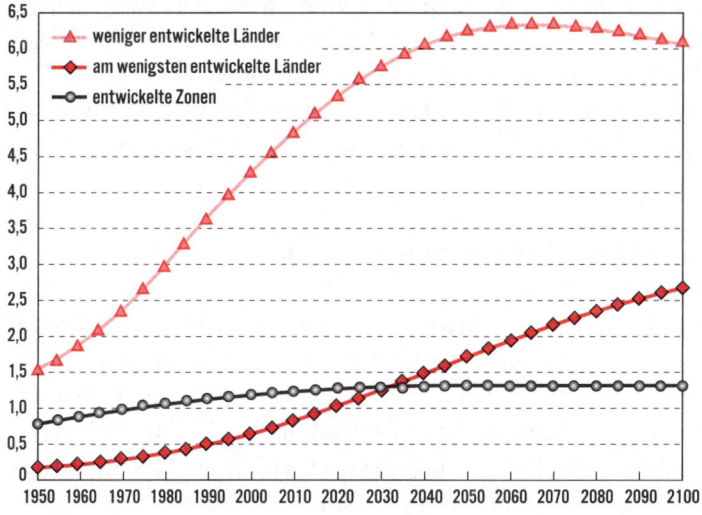

Mehr Menschen (in wenig entwickelten Ländern)
Bevölkerungswachstum-Prognose in Milliarden (UN Revision 2010)

Abb. 22 Bevölkerungswachstum und Entwicklungsstand.
Quelle: UN-Statistik 2010.[10]

und menschlichen Siedlungsformen.[11] Durch den Landbau wurden zunächst die örtlichen, natürlich gegebenen Umweltverhältnisse radikal verändert. Ackerbau und Tierhaltung lösten die Phase des Jagens und Sammelns ab. Mit zunehmender Ausbreitung der Spezies Mensch und der Bevölkerungsdichte wurden auch großflächige Eingriffe in die Natur notwendig. Immer mehr Rohmaterialien aus der Natur gingen im Laufe der weiteren Geschichte in die Produktion von Gütern und Dienstleistungen ein, um die Wünsche einer wachsenden Anzahl von Menschen befriedigen zu können. Die Industrialisierung und die Weiterentwicklung des technischen Fortschrittes im 20. Jahrhundert führten dann zu einer historisch einmaligen Beschleunigung dieser Bevölkerungsentwicklung. Heute stellen die vom Menschen geschaffenen Lebensverhältnisse und ihre Verflechtung mit der natürlichen Umwelt äußerst komplexe, teilweise sehr undurchschaubare Gebilde dar. Oft kennen wir nicht einmal die Wechselwirkungen zwischen menschlichem Handeln und natürlichen Reaktionen.[12]

4.2 Haben wir die Grenze der Tragekapazität erreicht?

Ein zentrales systemisches Risiko im Verhältnis von Mensch und Natur ist die Übernutzung der natürlichen Ressourcen und damit die Gefahr von künftigen Versorgungsengpässen bis hin zu Katastrophen. Übernutzung tritt dann auf, wenn mehr Ressourcen nachgefragt werden als nachwachsen oder durch andere ersetzt werden können. Zentral ist dabei die Tragekapazität. Die Ökologen bezeichnen die größtmögliche Dichte einer Population in einem Raum als Tragekapazität.[13] In den Begriff der Tragekapazität fließen zwei Einflussfaktoren ein: zum einen die Quantität der für die eigenen Interessen genutzten Naturreserven, d. h. alles, was wir von der Natur für unsere Zwecke nutzen, zum anderen aber auch die Qualität, d. h. die Intensität der Nutzung pro Einheit Naturverbrauch. Für Tiere und Pflanzen stellt diese Qualität und damit die Tragekapazität insgesamt eine biologisch vorgegebene Größe dar und bleibt unbeeinflussbar. Dem Menschen dagegen gelingt es, durch die Umwandlung von Natur in Kulturflächen, die Tragekapazität zu seinen Gunsten zu beeinflussen. Im Verlauf der Menschheitsgeschichte kam es zu einer gewaltigen Steigerung der globalen Tragekapazität für den Menschen (vgl. Tabelle 14).

Produktionsbedingungen	Tragekapazität pro Quadrat-kilometer (Menschen)
Jäger und Sammler	0,0007 bis 0,6
Hirtenvölker	0,9–1,6
Frühe Agrikultur	2–100
Technisch verbesserte Agrikultur	8–120
Frühindustrialisierung	90–145
Moderne Industriegesellschaft	140–300
Postindustrielle Gesellschaft	?

Tab. 14 Maximale Tragekapazität für den Menschen bei unterschiedlichen Produktionsweisen. Quelle: Renn, O. (1996).[14]

Vor etwa 12 000 Jahren lebten rund 5 Millionen Menschen auf der Erde. Die Tragekapazität war unter den damaligen Produktionsbedingungen der Jäger- und Sammlerkultur erreicht. Auch die agraisch-vorindustrielle Kulturform war durch eine eng begrenzte Tragekapazität gekennzeichnet. Um 1750 konnte die Erde etwa 750 Millionen Menschen ernähren. Heute trägt die Welt mehr als 7 Milliarden Menschen – mit weiter steigender Tendenz. Hinter der enormen Leistung der Erhöhung der Tragekapazität durch Menschenhand stehen die fünf »prometheischen« Innovationen:[15]

- die Beherrschung des Feuers
- die Einführung der Land- und Viehwirtschaft (Ackerbau und Züchtung)
- die Verwandlung von Wärme aus fossilen Energieträgern in mechanische Energie (Beispiel Dampfmaschine)
- die industrielle Massenproduktion mit Arbeitsteilung und effizienz-steigernden Organisationsformen sowie

- der Ersatz von materiellen Produkten durch Information
  (Beispiele Videokonferenz, E-Books, E-Mail statt Briefe,
  Überweisungen statt der Übergabe von Münzen und Bank-
  noten).

Im Laufe der Zeit wurden mit Hilfe der prometheischen Innovationen durch den Menschen immer mehr Erträge erbracht. Mit dieser Zunahme der Erträge ging bis in die Gegenwart eine Zunahme des Ressourcen- und Energieverbrauchs
einher. So liegt der Energieverbrauch eines Angehörigen der
Sammler-und-Jäger-Kultur um mehr als das 30-Fache unter dem Niveau eines Durchschnittsbürgers unserer Zeit.[16]
Abbildung 23 vermittelt einen plastischen Eindruck vom
durchschnittlichen Energieverbrauch in der Welt von 1860 bis
2010.

Wie wir bereits mit der POET-Formel erfahren haben, ist
die Belastung unserer Umwelt eine Funktion der Bevölkerungszahl und des Pro-Kopf-Konsums, die von technischem
Wandel beeinflusst wird. Bei Bevölkerungszahl und Pro-
Kopf-Konsum gehen die Zahlen steil nach oben. Bislang
konnte dieses Wachstum der Ressourcennutzung durch die
technischen Innovationen noch ausgeglichen werden, so dass
sich ein einigermaßen stabiles Gleichgewicht zwischen Angebot von Dienstleistungen aus der Natur und Inanspruchnahme dieser Leistungen durch die Menschen einstellen
konnte. Aber geht das immer so weiter? Haben wir mit der
jetzt erzielten Steigerung die Grenzen der Tragfähigkeit bereits erreicht oder sogar schon überschritten?

Der Umweltsoziologe und Ökologe William Catton argumentiert in seinem Buch *Overshoot* eindrucksvoll, dass wir in
der Tat die Grenze der Tragfähigkeit überschritten haben und
unsere heutige Bevölkerungsdichte nur dadurch aufrechter-

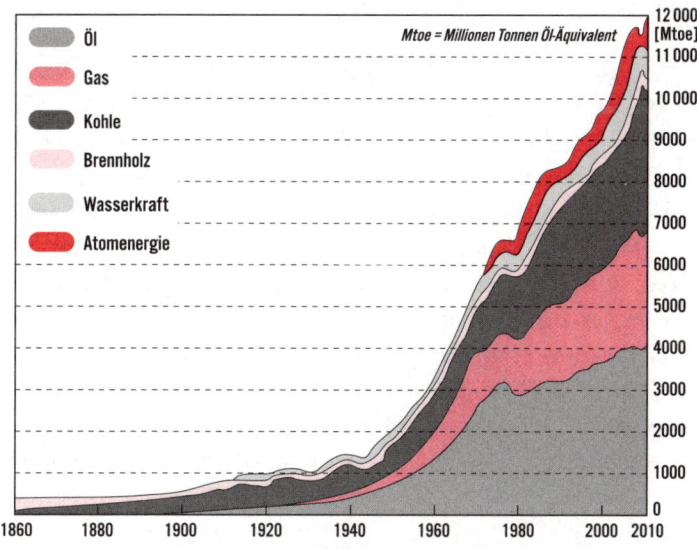

Abb. 23 Entwicklung des Weltenergieverbrauchs im Industriezeitalter (von 1860 bis 2010): Der zunehmende Pro-Kopf-Verbrauch und die zunehmende Weltbevölkerung ergaben insbesondere nach dem Zweiten Weltkrieg einen enorm ansteigenden Energieverbrauch.
Quelle: Ökosystem Erde 2013.[17]

halten können, dass wir uns Kapital von der Nachwelt leihen, ohne dieses Kapital jemals zurückzahlen zu können.[18] Der Umweltökonom Julian R. Simon ist dagegen der Überzeugung, dass wir noch lange nicht die Grenze des Möglichen erreicht haben und wir die Tragekapazität im postindustriellen Zeitalter noch einmal wesentlich steigern können.[19] Noch weiter geht in dieser Hinsicht der Zukunftsforscher John Heaver Fremlin. Er veröffentlichte 1964 in der Zeitschrift *New Scientist* einen Artikel, in dem er zu dem Schluss kam, dass bis zu 100 Billionen Menschen die Erde bevölkern könnten, ohne dass unser Ökosystem zusammenbrechen würde.[20] Alles nur ein Scheinrisiko?

Die gleiche Fragestellung »Wie viele Menschen hält unser Planet noch aus?« beschäftigte rund 30 Jahre später den Autor Joel E. Cohen.[21] In seinem Buch verwirft er alle Versuche, die Tragekapazität numerisch zu bestimmen. Je nach Annahmen kann man zu einer riesigen Bandbreite an maximalen Belastungszahlen kommen. Aber dass wir nahe an der Grenze sind, betont er ausdrücklich. Auch der bekannte Autor des Buches *Kollaps*, Jared Diamond, geht davon aus, dass wir zwar schon längst von den Vorräten der Natur zehren, es uns aber bei entsprechender Änderung der Produktions- und Lebensweisen gelingen kann, diesen Trend wieder umzukehren.[22] Einfach gesprochen: Zurzeit »verfrühstücken« wir das Erbe für unsere Kinder. Wir müssen also etwas ändern.

4.3 Wie viel Umweltverbrauch können wir uns leisten?

Warum? Wir können durch neue Innovationen die Tragekapazität ausdehnen, aber dies nicht beliebig. Bei allem, was der Mensch schafft, ist er auf Vorleistungen der Natur angewiesen, außerdem kann er ohne bestimmte, essentielle Ressourcen wie Luft und Wasser nicht überleben. Mit jedem Innovationsschub konnte die Menschheit die Nutzung von Dienstleistungen aus der Natur erheblich steigern, aber nur bis zu einer gewissen Grenze, dann folgte der Rückschlag oder sogar der Ruin. In der Vergangenheit haben wir schon häufig Erfahrungen damit machen müssen, was es heißt, über die Grenzen der Tragfähigkeit hinauszugehen. Der Blick zurück bringt auch zutage, dass anthropogen verursachte Umweltprobleme, etwa die regionale Übernutzung von Flächen, großräumige Naturkatastrophen und lebensbedrohliche Konsequenzen für die betroffenen Menschen gehabt haben. Ganze Kulturen sind untergegangen, weil sie die Umwelt übernutzt haben.[23]

So weit ist es in Europa noch nicht gekommen. Aber es gibt auch hier Beispiele für irreversible Umweltschäden. Dies lässt sich etwa an der Entstehung der Lüneburger Heide veranschaulichen. Bis zur Zeit des Mittelalters war die heutige Heidelandschaft von dichten Eichenmischwäldern geprägt.[24] Durch die Übernutzung als Tierweide und als Lieferant für den Rohstoff zum Schiffsbau wurden diese Wälder fast völlig gerodet. Das Gebiet versteppte. Anstelle der Wälder mit ihrer Artenvielfalt breitete sich die anspruchslose Besenheide auf nährstoffarmem Boden aus. Diese Vegetation ist bis heute vorherrschend. Die Versteppung hatte im 18. Jahrhundert tragische Konsequenzen für die Bevölkerung. Weil Nahrungsmittel für Mensch und Vieh knapp geworden waren und Flugsand sowie Wasserdünen viele Siedlungen verschütteten, starben viele Bewohner des Landstrichs oder sie waren gezwungen auszuwandern. Im Reisebericht des französischen Schriftstellers Michel Ange Bernard Mangourit aus den Jahren 1803 und 1804 heißt es:[25]

»Hinter Zelle reist man wenigstens zwei Meilen weit in Schwarzholze, und von dieser Stadt bis Haarburg, das heißt, in einer Strecke von beinahe zwanzig Deutschen Meilen, geht der Weg zwar nicht immer über Sand, wohl aber durch Hayden, die man nicht übersehen kann … Von Zeit zu Zeit kündigen Gänse, Enten, Schafe von einem erbärmlichen Ansehen (Haydeschnucken) die Nachbarschaft eines armseligen Dorfs, einer elenden Hütte an. Welche

Wohnplätze! Ganze Familien mit bleichem Gesicht, mit
zerfetzten Kleidern, leben, essen, schlafen im Stalle ihres
Viehs! In der Nähe dieser wahren Katakomben sieht man
einige dünne Roggen- oder Gerstenhalme, und hier und da
ein Fleckchen mit Buchweizen. Das Stroh ist kurz, die Aeh-
ren arm und mager.«

Erst mit dem Aufkommen der romantischen Bewegung
wurde diese Landschaft ihrer kargen Schönheit wegen geschätzt, und nach und nach konnte sich auch die Landwirtschaft erholen. Aber die Entwaldung dieses Gebietes ist zumindest in historischen Zeiträumen nicht mehr rückgängig
zu machen. Ähnliches gilt für die verkarsteten Gebiete in
Griechenland, Schottland oder Irland.[26]

Ein weiteres Beispiel für den Zusammenhang von Um-
welt und gesellschaftlicher Wirklichkeit ist das Schicksal der
Stadt Brügge.[27] Diese Stadt erleben wir heute als ein leben-
diges Museum spätmittelalterlicher Kunst und Architektur.
Brügge war im frühen Mittelalter die reichste und präch-
tigste Stadt in Europa nördlich der Alpen. Im Ausgang des
Mittelalters durchlebte sie jedoch mehrere Umweltkrisen:
Durch Übernutzung des Wassers kam es zu einer Versan-
dung der Zwin, so dass der Zugang zum Meer blockiert war.
Zusätzlich versiegte die Haupteinnahmequelle der Stadt:
die Textil- und Lederwaren-Manufakturen. Man hatte zwar
neue Kanäle gebaut, um frisches Wasser für die Textil- und
Lederwaren-Herstellung herbeizuführen. Doch innerhalb
weniger Jahrzehnte war das Wasser für diesen Zweck nicht
mehr brauchbar, so dass dieser Wirtschaftszweig vollends zu-
sammenbrach. Aus der reichsten Stadt Europas wurde bin-
nen kurzer Zeit ein Armenhaus, so arm, dass die Bewohner
keine neuen Häuser mehr bauen konnten. Die Ironie der Ge-

schichte ist dabei, dass die plötzliche Armut von Brügge heute ihre Attraktivität und ihren touristischen Reichtum darstellt. Aber die Bedeutung, die Brügge einmal als Kontor der Hanse gehabt hat, ist für immer verloren.

Die vielen kleinen und mittleren Umweltfrevel der Menschen sind also keinesfalls spurlos an uns vorbeigegangen, sie waren jedoch bis zur Mitte des 20. Jahrhunderts lokal begrenzt. Griechen und Iren konnten in die Neue Welt auswandern, und die Bewohner von Brügge fanden in anderen Städten Zuflucht. Diese Situation hat sich heute grundlegend geändert. Erstmals in der Geschichte der Menschheit sind wir aufgrund unseres technischen Könnens in der Lage, die globalen Umweltbedingungen zu verändern und damit den Globus als Ganzes zum Experimentierfeld menschlicher Eingriffe zu machen.[28] Die Umweltrisiken sind in unserer Diktion zu systemischen Risiken geworden: global, vernetzt und kaum in ihren Wirkungen vorhersehbar.

4.4 Wie wir die globalen Kreisläufe beeinflussen

Seit ca. 50 Jahren beeinflussen wir erstmals in der Menschheitsgeschichte die globalen geo- und biochemischen Kreisläufe der Erde.[29] Die Emissionen von Industrie und Landwirtschaft haben in solchen Ausmaßen zugenommen, dass wir in signifikanter Weise, d. h. im Prozentbereich, die globalen Stoffkreisläufe verändern. Dies gilt beispielsweise für den Kohlenstoffkreislauf: Seit Beginn der Industrialisierung stieg der Gehalt an Kohlendioxid in der Atmosphäre durch den vom Menschen verursachten Kohlenstoffeintrag (durch Verbrennung fossiler Brennstoffe, Waldrodung und veränderte Bodennutzung) von rund 275 auf heute 390 ppm (parts per

million) an.[30] Das ist ein Anstieg um knapp 40 %. Die gegen-
wärtige CO_2-Konzentration ist höher als jemals zuvor in den
letzten 650 000 Jahren der Erdgeschichte.[31] Experten rechnen
mit einer Verdoppelung der Kohlendioxidkonzentration ab
2050, wenn nicht einschneidende Maßnahmen ergriffen werden.[32]

In ähnlicher Weise werden auch andere Kreisläufe des
Globus durch menschliche Aktivitäten beeinflusst. Zu nennen sind hier Stickoxide, Methan, Phosphor, Wasserdampf
und andere mehr.[33] Die genauen Auswirkungen dieser massiven Emissionen sind bis heute noch weitgehend ungeklärt.
Wenn sich die Eingriffe als kritischer herausstellen als heute
erwartet, können wir nicht mehr den alten amerikanischen
Wahlspruch »If you don't like it, go west« (Wenn es Dir nicht
passt, ziehe einfach weiter westlich) in die Tat umsetzen.
Westlich vom Globus gibt es kein Land mehr, wo wir hinzie-
hen könnten. Neben der Beeinflussung der globalen Kreisläufe durch gasförmige Emissionen überfordern wir die Auf-
nahmefähigkeit der Erde auch durch die schiere Menge der
von Menschen geschaffenen Abfallprodukte. Der Umweltfor-
scher Friedrich Schmidt-Bleek hat versucht, die wesentlichen
globalen Trends der Umweltveränderungen in eine griffige
und überschaubare Form zu bringen. Seine Zusammenstellung ist in Tabelle 15 wiedergegeben.[34]

Wie man Tabelle 15 entnehmen kann, nutzen wir heute die
Erde als globales Reservoir für unsere Emissionen und Abfälle
und nutzen weltweit die für unsere Produkte erforderlichen
Ressourcen. Es ist das Kennzeichen systemischer Risiken,
dass die Auswirkungen unseres Handelns global auftreten
und mit vielen anderen ökologischen, sozialen und kulturellen Wandlungserscheinungen verknüpft sind. Diese komplexen Zusammenhänge führen zu nicht-linearen Wirkungsket-

Umweltindikator	Trend
Atmosphäre	Das Weltklima hat sich in den letzten 100 Jahren um 0,6 bis 0,7 Grad Celsius erwärmt; der überwiegende Teil der globalen Erwärmung geht auf menschliche Aktivitäten zurück.
Feuchtgebiete	Seit 1900 gingen über die Hälfte der weltweiten Feuchtgebiete verloren, die zum Wasserhaushalt und zur Artenvielfalt beitragen.
Biologische Vielfalt	Sowohl im Meer als auch auf dem Land hat der Artenverlust stark zugenommen; man sagt, die Erde befinde sich gegenwärtig in der sechsten Aussterbensperiode ihrer Geschichte.
Boden und Land	Schätzungsweise 50 % der globalen Landfläche sind durch direkten menschlichen Einfluss verändert worden; 23 % der nützlichen Landfläche haben eine Verschlechterung ihrer Qualität mit Folgen für die Produktivität erfahren.
Wasser	Mehr als die Hälfte des zugänglichen Süßwassers wird für menschliche Zwecke genutzt; riesige unterirdische Süßwasservorkommen werden dabei abgebaut und übernutzt.
Wälder	Die Waldfläche hat sich während der Menschheitsgeschichte von 6 auf 3,9 Milliarden Hektar reduziert; in 29 Ländern gingen seit dem 16. Jahrhundert mehr als 90 % des Waldes verloren; in den 1990er Jahren ging die Waldfläche weltweit um 4,2 % zurück.
Fischgründe	Die Übernutzung zahlreicher Fischbestände gefährdet das ökologische Gleichgewicht der küstennahen Ökosysteme und Ozeane; nach Angaben der FAO sind derzeit mehr als ein Viertel aller Fischbestände erschöpft oder von Erschöpfung bedroht; weitere 50 % werden am biologischen Limit befischt.

Tab. 15 Globale Trends des Ressourcenverbrauchs.
Quelle: Schmidt-Bleek (2007).[35]

ten, deren Umfang und Ausmaß uns weitgehend noch
unbekannt sind. Selbst die besten Simulationsmodelle können
nur das erfassen, was wir als mögliche Verknüpfungen in die
Architektur der Modelle und Simulationen eingeben.[36] Angesichts der heutigen Lage des anhaltenden Bevölkerungswachstums, der Globalität der Auswirkungen menschlicher
Eingriffe in die natürliche Umwelt, deren zunehmender Eingriffstiefe und der Geschwindigkeit dieser Veränderungen
stellt die Situation zu Beginn des 21. Jahrhunderts eine neuartige Bedrohung dar.[37] Anders als in den vergangenen Jahrhunderten können wir uns ein Versuch-und- Irrtum-Verfah-
ren des Lernens nicht mehr leisten.

Unumstritten ist aber auch, dass eine ausreichende Versorgung von sieben Milliarden Menschen nicht mehr nach den
Rezepten der Jäger- und Sammlerkultur möglich sein wird.
Ein »Zurück zur Natur« kann es für den Menschen heute
nicht mehr geben. So sehr man von der Natur lernen kann,
wie wir Kreisläufe und Stoffwechselprozesse regeln können,
so wenig gibt sie uns ein Rezept, wie wir mit einer Dichte
von sieben Milliarden Menschen im Einklang mit den biologisch gegebenen Bedingungen unserer Existenz leben können. Zweifellos benötigen wir dazu neue Technologien und
Verfahren, die weiterhin eine große Tragekapazität sicherstellen, ohne die natürlichen Grundlagen, auf der die Existenz-
fähigkeit der Menschen beruht, zu zerstören. Wir brauchen
eine weitere prometheische Innovation.

4.5 Dramatischer Verlust der Biodiversität

»Wir erleben«, so das Gutachten des Wissenschaftlichen Beirats der Bundesregierung Globale Umweltveränderungen (WBGU) aus dem Jahre 2000, »derzeit mit der 6. Auslöschung der Gen- und Artenvielfalt eine tiefe Krise der Biosphäre.«[38] Der WBGU geht davon aus, dass rund 130 Arten pro Tag aussterben. Dies ist vergleichbar mit der großen Aussterbewelle vor rund 45 Millionen Jahren. Viele Paläontologen sind der Meinung, dass sich damals das Artensterben in ähnlichen Größenordnungen bewegt habe wie heute.[39] Nur im Rückblick erscheint uns das »plötzliche« Artensterben wie im Zeitraffereffekt; in Wirklichkeit hat es auch damals mehrere tausend Jahre gedauert, bis die große Auslöschungswelle vorbei war. Mehrere tausend Jahre sind nur ein Augenblick, wenn man es mit dem geologischen Zeitmaß vergleicht, allerdings eine Ewigkeit, wenn man die Schnelllebigkeit der modernen Welt als Maßstab heranzieht.

Besonders dramatisch ist diese Entwicklung in Bezug auf die Flächennutzung durch den Menschen. Schätzungen zufolge sind seit 1700 mehr als 24 % der damals auf der Welt existierenden Waldgebiete von 4,5 Milliarden Hektar verschwunden. Nach Berechnungen der FAO (Food and Agriculture Organization) haben allein die sieben Staaten Brasilien, Indonesien, Sudan, Sambia, Mexiko, Demokratische Republik Kongo und Myanmar in nur zehn Jahren (zwischen 1990 und 2000) mehr als 71 Millionen Hektar Wald verloren, eine Fläche, die zweimal so groß ist wie das gesamte Gebiet der Bundesrepublik Deutschland. Angeführt wird diese Liste von Brasilien mit einem Verlust von 2,3 Millionen Hektar, gefolgt von Indonesien mit 1,3 Millionen Hektar entwaldeter Fläche – jeweils pro Jahr.[40] In den beiden letzten Jahrzehnten hat die

Geschwindigkeit der Rodung im Vergleich zum vorangegangenen Jahrzehnt zwar leicht abgenommen, aber jedes Jahr werden immer noch 13 Millionen Hektar Waldfläche weltweit vernichtet.[41] Auch hier zeigen sich wieder die systemischen Verflechtungen. Das Ausmaß der Waldvernichtung korreliert nicht etwa mit Siedlungsdichte oder auch Wohlstandsvermehrung, sondern mit der Zahl der Rinder in einem Land. Unsere Ernährungsgewohnheiten, vor allem unsere Lust auf mehr Fleisch, sind demnach die Haupttreiber für den Verlust von Waldflächen und die Reduktion der Artenvielfalt auf der Welt.[42] Das sollte uns bei unserer Vorliebe für hohen Fleischkonsum zu denken geben.

Als historisches Beispiel lässt sich die Rodung des Waldes auf den Inseln der Ägäis in Griechenland 300 vor Christus nennen.[43] Das Holz wurde überwiegend für den Schiffbau benötigt. Wegen der Bodenerosion nahm aber über die Jahre die Fruchtbarkeit des Landes ab, letztlich verblieb nur noch die Schafzucht.[44] Diese Veränderungen durch Kahlschlag sind aber auch bei gutem Willen und entsprechenden finanziellen Mitteln so gut wie nicht umkehrbar. Viele Initiativen zur Wiederaufforstung sind eingeleitet worden, aber fast immer ohne Erfolg, die Bodenerosion ist zu weit fortgeschritten.[45] Nach über 2400 Jahren ist es der Natur also immer noch nicht gelungen, diesen Eingriff der Menschheit in die Umwelt auszugleichen. Es ist eine Illusion zu glauben, die Natur würde alles wieder neu richten, was der Mensch ihr antut. Zwar geht die Evolution auch dann weiter, wenn schwere Umweltbeeinträchtigungen erfolgt sind. Doch die Evolution braucht ihre Zeit, und es ist keineswegs gesichert, dass die natürliche Sukzession etwas Ähnliches zustande bringt wie die ursprüngliche Vegetation, zumal sich die Rahmenbedingungen geändert haben.

Die Heilung einer stark geschädigten Biosphäre wird nach

wie vor langsam verlaufen. Nach der Aussterbewelle vor rund 45 Millionen Jahren hat es mehr als zwei Millionen Jahre gedauert, bis sich die Natur wieder erholt hat. Wollen wir diesmal wieder so lange warten?

4.6 Wie belastbar ist die Umwelt als Rohstofflager und Senke?

Menschen nutzen seit dem Beginn von Ackerbau und Viehzucht die natürlichen und von Menschen veränderten Ökosysteme als Ausgangspunkte für vielfältige Produktions- und Umwandlungsprozesse.[46] Zum einen stellen Bestandteile der Natur Rohstoffe dar, die als Material für Herstellungsprozesse bestimmter Güter und Dienstleistungen gebraucht werden. Man spricht hier von der Quellenfunktion der natürlichen Umwelt. Beispiele dafür sind die Verwendung von Rohstoffen wie Eisen, Erdöl, Kohle und Holz. Andererseits dient die natürliche Umwelt als Auffangbecken für Abfälle. Dies wird als Senkenfunktion bezeichnet. Hier wird die Fähigkeit bestimmter natürlicher Systeme zur Aufnahme und zum Abbau einzelner, begrenzt zugeführter Stoffe ausgenutzt. So können sich zum Beispiel viele Stoffe – auch Schadstoffe – im Laufe der Zeit in naturnahe Substanzen abbauen. Gewässer zum Beispiel besitzen ein Selbstreinigungspotential für viele organische Stoffe. Wenn die Senkenkapazität überschritten ist, kommt es zu einer Anreicherung von Stoffen in den entsprechenden Umweltmedien wie Luft, Wasser und Boden.

Ökosysteme wirken aber nicht nur als Reiniger und Filter, sondern übernehmen auch wichtige Stabilisierungsfunktionen. Eine Pflanzendecke kann Wasser zurückhalten oder Schutz vor Bodenerosion bieten. Die stratosphärische Ozonschicht schirmt die kosmische Strahlung ab, die in größerer Intensität beim Menschen gesundheitliche Gefährdungen, wie Hautkrebs, hervorrufen kann. Über die Produktions- und Umwandlungsprozesse hinaus spielt die Umwelt, ob sie nun naturbelassen oder menschenbeeinflusstes Kulturland ist, eine große Rolle als Quelle der Erholung, Inspiration und Regeneration. Auch das Verbringen von Zeit in der »freien Natur« am Meer, im Wald und in anderen von uns als schön empfundenen Landschaften stellt eine Form der Nutzung von Natur und Umwelt dar.

Ökologen versuchen den Grad der Beeinflussung von Ökosystemen durch den Menschen möglichst genau zu erfassen. Eine besonders aussagekräftige populationsökologische Methode einer derartigen Messung besteht darin, die Inanspruchnahme der sogenannten Nettoprimärproduktion durch den Menschen zu kalkulieren.[47] Die Nettoprimärproduktion ist die Menge an Sonnenenergie, die Lebewesen auf der Welt nutzen, um für ihren Stoffwechsel Energie zu tanken.[48] Der amerikanische Biologe Vitousek und seine Kollegen veröffentlichten 1986 eine Studie, in der sie berechneten, dass die Menschen durch ihre Aktivitäten bereits ca. 40 % der verfügbaren Nettoprimärproduktion der Erde für ihre Zwecke beanspruchen. Diese Zahl schließt direkte Nutzungen – wie den Konsum von Nahrungsmitteln und den Abbau von Holz – und indirekte Nutzungen – wie die Aufrechterhaltung der Landwirtschaft einschließlich Viehhaltung – ein. Sie berücksichtigt auch die Zerstörung von Anbauflächen durch Überweidung, Erosion und Bebauung.[49] Das bedeutet, wir nutzen schon fast die Hälfte der gesamten verfügbaren Energie, die jährlich als Sonnenenergie der Welt zur Verfügung steht, für unsere Zwecke. Würden wir 100 % nutzen, gäbe es auf der Erde nur noch Nutzpflanzen und Nutztiere.

Die aktuelle 40 %-ige globale Beanspruchung der Nettoprimärproduktion durch den Menschen schätzen Vitousek et al. als erdgeschichtliche Neuheit[50] ein. Die Berechnungen dieser Wissenschaftler zeigen deutlich, dass menschliche Eingriffe in Natur und Umwelt heute globale Ausmaße angenommen haben. Ginge man davon aus, dass die Nutzungsansprüche an die natürliche Umwelt durch den Menschen parallel zur Bevölkerungsentwicklung verlaufen würden, so ergäbe sich innerhalb der nächsten 60 Jahre eine Verdoppelung im Verbrauch der Nettoprimärproduktion durch den Menschen. So resümiert der Sozialökologe Helmut Haberl:

»Eine simple Rechnung macht die Probleme deutlich, die eine globale Industrialisierung nach sich ziehen würde: Nehmen wir das nach derzeitigem Stand wahrscheinlichste Wachstum der Weltbevölkerung an, so dürften im Jahr 2050 etwa 8,5 Milliarden Menschen auf der Erde leben … Der Energieeinsatz der Menschheit wäre dann etwa gleich groß wie die gesamte terrestrische Nettoprimärproduktion, also die gesamte Menge an Biomasse, die grüne Pflanzen auf der Landoberfläche der Erde pro Jahr durch Photosynthese produzieren. Technologien, mit denen dieser globale Energiebedarf ohne eine massive Ausweitung der Nutzung fossiler Energieträger und ohne eine exorbitante Ausweitung der Biomassenutzung befriedigt werden könnte, sind derzeit kaum vorstellbar.«[51]

Schon die heutige Inanspruchnahme von 40 % ist ein deutliches Zeichen dafür, dass der Mensch einen »ungebührlich« großen Anteil an der Nettoprimärproduktion für die eigenen Zwecke vereinnahmt. Aber selbst wenn man alle Winkel dieser Erde landwirtschaftlich nutzen könnte und wollte, wäre eine Erhöhung auf 60 bis 80 % wohl die äußerste Grenze des physisch Machbaren.

So zeigen also diese ökologischen Berechnungen, dass wir bei allem Erfolg, die Tragekapazität der Erde für den Menschen durch weitere Innovationen und Veränderungen der Produktionsbedingungen zu erweitern, an absolute Grenzen stoßen. Nochmals der Sozialökologe Helmut Haberl: »Mittlerweile ist jedoch klar, dass der Ressourceneinsatz der Menschheit – ein Großteil davon entfällt auf die Industrieländer – die ökologischen Grenzen des Planeten sprengt. Dies kann anhand der Aufsehen erregenden Studien über die Entwicklung des globalen ökologischen Fußabdrucks deutlich vor Augen geführt werden. Diese Studien deuten darauf hin, dass die Menschheit heute etwa ein Viertel mehr Biokapazität konsumiert, als auf der Erde vorhanden ist.«[52] Bedenkt man darüber hinaus, dass eine Erhöhung der Nettoprimärproduktion nur noch auf Kosten der Biodiversität gehen kann, wie wir weiter oben dargestellt haben, dann ist eine Ausweitung von Flächen für wirtschaftliche Aktivitäten kaum noch zu verantworten. Es gilt also, die Eingriffstiefe des Menschen in Natur und Umwelt einzudämmen oder zumindest konstant zu halten, aber sie sollte unter keinen Umständen ausgedehnt werden.

4.7 Wie umweltgerecht gehen wir mit der Ressource Wasser um?

Neben Atemluft ist die Verfügbarkeit von Wasser die wichtigste Grundlage für die Existenz von Leben. Ähnlich wie der Mensch bereits den Löwenanteil an der Nettoprimärproduktion für eigene Zwecke beansprucht, so sieht es inzwischen auch bei der Nutzung von Süßwasser aus. Tabelle 16 gibt

Einsatzfeld	Verbrauch in Kubikkilometer	Prozentualer Anteil an der Gesamtnutzung
Landwirtschaft	2235	69 %
Industrie	745	23 %
Haushalte	259	8 %

Tab. 16 Wassernutzung nach Einsatzfeldern (1987). Quelle: WBGU 1998.[53]

einen Überblick über die Mengen an Wasser, die von den Menschen pro Jahr für unterschiedliche Zwecke eingesetzt werden.

Seit 1987 sind die Nutzungszahlen weiter in die Höhe geklettert. So ist die Wassernutzung durch die Landwirtschaft inzwischen auf rund 3106 Kubikkilometer angestiegen. Rund 40 % der Nahrungsmittel, die weltweit hergestellt werden, werden auf bewässerten Böden angebaut.[54] Die künstlich bewässerten Flächen haben sich in den letzten 100 Jahren verfünffacht, von ca. 50 Mio. ha (1900) über 95 Mio. ha (1950) auf heute rund 273 Mio. ha (2003).[55] Jetzt ist aber langsam das Ende der Fahnenstange erreicht: Zum Ersten fehlt es einfach an entsprechenden Wassermengen, die in den Ländern mit hoher Bewässerungsdichte noch für die Bewässerung verfügbar sind, zum Zweiten werden zunehmend marginale Böden genutzt, die auch bei Bewässerung wenig ertragreich sind, und zum Dritten ist die Bewässerung mit einer Reihe ökologischer Nachteile versehen, wie etwa die Versalzung von Böden, die eine Ausweitung der Bewässerungswirtschaft kaum mehr zulassen.[56] Kommt es zudem noch zu dem prognostizierten Klimawandel, dann wird sich die Krise des Süßwasserangebots noch verstärken. »Die Folgen sind unübersehbar: Noch im Jahr 1960 standen pro Kopf der Weltbevölkerung 0,44 Hektar Ackerland zur Verfügung. Im Jahr 2000 waren es

knapp 0,22 Hektar pro Kopf und Mitte des 21. Jahrhunderts
werden es nur noch etwa 0,15 Hektar pro Kopf sein. Mehr als
die Hälfte des Wachstums der Weltbevölkerung findet in Ländern statt, die schon heute an die Grenzen der Erweiterung ihrer landwirtschaftlichen Nutzflächen stoßen.«[57]

Zu dem Mangel an Wasserquantität kommt zweitens das
Problem mangelnder Wasserqualität. Die Qualität der verfügbaren Wasservorkommen wird durch menschliche Nutzungsansprüche bestimmt. In den Ländern oder Regionen der Welt,
wo Wasser, insbesondere die für die Trinkwasserversorgung
nutzbaren Ressourcen, ein knappes Gut darstellt, ist die Er-
haltung von Qualitätsstandards besonders wichtig. Von aku-
tem Wassermangel (erneuerbare Süßwasserressourcen pro
Kopf und Jahr von $1000\,m^3$ und weniger) oder mangelndem
Zugang zu Süßwasser sind rund 780 Millionen Menschen direkt betroffen.[58] Die überwiegende Mehrheit dieser Menschen lebt in den Ländern Nordafrikas, der Subsahara Afrikas,
des Nahen Ostens und Westasiens. In diesen Ländern ist nicht
nur das Trinkwasser knapp geworden oder es kommt nicht
dorthin, wo es gebraucht wird; es ist auch meist von einer
schlechten Qualität, die schwere Gesundheitsrisiken mit sich
bringt. Die WHO geht davon aus, dass rund 3,4 Millionen
Menschen weltweit pro Jahr an wasserbedingten Krankheiten
sterben.[59] Fast 90 % davon leben in den Entwicklungsländern.

Ein dritter Aspekt, der mit Süßwasser verbunden ist, betrifft
den Hochwasserschutz.[60] Die großen volkswirtschaftlichen
Schäden, die weltweit durch Überschwemmungen verursacht
werden, sind nicht allein durch Launen der Natur, wie die me-
teorologischen Verhältnisse oder die lokalen Abflussmöglich-
keiten, bedingt. Sieht man von einer unmittelbaren Mitver-
ursachung, etwa durch gewässerbauliche Maßnahmen oder
durch die Versiegelung von Flächen, einmal ab, so wird das

Schadensausmaß wesentlich durch das Verhalten der betroffenen Menschen vor, während und nach Hochwasserereignissen mitbestimmt. Menschen siedeln in überschwemmungsgefährdeten Gebieten, sie unterlassen vorbeugende Maßnahmen, leisten trotz akuter Gefahr Widerstand gegen eine Evakuierung und vieles mehr. Vor allem sind hier die Siedlungsgewohnheiten zu nennen.[61] Historisch haben sich viele Städte an Flüssen und Ufern von Seen und Meeren angesiedelt, zum Teil wegen des fruchtbaren Landes, zum Teil wegen der Nutzung von Wasserwegen als Transportmittel. Mit der zunehmenden Urbanisierung und Verdichtung von Lebensräumen wächst die Bevölkerung aus diesem Grund gerade in den Gebieten in der Welt, die besonders für Hochwasser und andere Naturkatastrophen anfällig sind.[62] Dieser Trend hat sich bereits finanziell bemerkbar gemacht. Die Versicherungen haben zum Beispiel im Jahrzehnt zwischen 1990 und 2000 mehr als 16-mal so viel an Schadenssummen zum Ausgleich für Naturschäden bezahlt wie von 1960 bis 1970.[63] Je mehr die Städte wachsen und je mehr Menschen in exponierten Gebieten leben, desto größer ist der Gesamtschaden, wenn es zu einer Überschwemmung oder einem extremen Sturmereignis kommt.

Die Situation beim Süßwasser ist also durch mehrere Risikofaktoren gekennzeichnet. Die Menge an verfügbarem Wasser hält der Nachfrage in vielen Regionen nicht mehr stand. Die Ernährungssicherheit ist aufgrund dieses Wassermangels gefährdet. Die Wasserqualität ist ein großes Problem für viele Länder in Asien, Lateinamerika und Afrika und bedroht die Gesundheit von Millionen Menschen. Schließlich setzt sich der Mensch zunehmend den Gefahren des Wassers durch Überschwemmungen, aber auch durch Dammbrüche, aus. Für alle diese Krisenerscheinungen brauchen wir in Zukunft bessere Lösungen.

4.8 Wie gehen wir mit unserem Klima um:
ein Paradebeispiel für systemische Risiken

Stellen Sie sich vor, jemand bietet Ihnen eine Tafel Schokolade an mit den Worten: In dieser Schokolade ist ein Schadstoff in einer Mengenkonzentration enthalten, die in Laborversuchen zu schweren gesundheitlichen Schäden geführt hat. Die Konzentration dieses Schadstoffs ist rund 40 % höher als in den herkömmlichen Tafeln. Außerdem habe man gemessen, dass bei den Personen, die von dieser Schokolade gekostet haben, Anzeichen für die befürchteten Gesundheitsschäden aufgetreten seien. Allerdings gebe es eine Reihe von Experten, die auch andere Ursachen für diese Krankheitssymptome zur Diskussion gestellt hätten. Eine internationale Expertenkommission sei aber zu dem Schluss gekommen, dass mit mehr als 95-prozentiger Wahrscheinlichkeit die Schäden vom Genuss der Schokolade herrühren würden.

Was meinen Sie? Würden Sie diese Schokolade trotz dieser Informationen essen?

Es ist kaum anzunehmen, dass jemand freiwillig diese Schokolade verzehren würde. Wenn es aber um die sich abzeichnenden dramatischen Veränderungen des Weltklimas geht, erscheint vielen von uns das Risiko als weniger bedrohlich und gravierend, obwohl es ähnlich gelagert ist wie das fiktive Beispiel mit der Schokolade. Denn auf den Klimawandel treffen die gleichen Risikobeschreibungen zu, die wir oben auf das Risiko der Schokolade übertragen haben. Lassen wir zunächst einmal die Fakten des Klimawandels für sich sprechen:[64]

- Seit Beginn der Industrialisierung hat sich die Konzentration von Kohlendioxid und anderen sogenannten Treibhausgasen in der Atmosphäre um rund 40 % erhöht.[65] Unabhängige Messungen aus allen Teilen der Welt bestätigen diese erhöhte Konzentration. Niemand, auch nicht die sogenannten Klimaskeptiker, bezweifelt diese empirischen Messungen. Die heute gemessene Konzentration an klimaschädigenden Gasen, vor allem dem Kohlendioxid, ist die höchste seit über 650 000 Jahren.[66]

- Wenn man alle anderen Faktoren konstant hält, ist mit einer Erhöhung der Konzentration von Klimagasen in der Atmosphäre eine Erhöhung der Temperatur verbunden. Dies wird gerne als Treibhauseffekt beschrieben.[67] Dahinter steht die physikalische Beobachtung, dass einstrahlendes Sonnenlicht, wenn es auf der Erde reflektiert wird, an Energie verliert. Dadurch verschieben sich die vom Boden abstrahlenden Wellen hin zur langwelligen Infrarotstrahlung. Je mehr Treibhausgase in der Atmosphäre vorhanden sind, desto mehr Infrarotstrahlung wird absorbiert. Es verbleibt also mehr von der im Sonnenlicht vorhandenen Energie als Wärmeenergie in der Atmosphäre zurück. Das Glas eines Treibhauses übt im Übrigen den gleichen Effekt aus. Es lässt die Sonnenstrahlen ungehindert in das Gewächshaus eindringen, die reflektierte Infrarotstrahlung kann aber die Glaswände nicht in gleicher Weise wieder verlassen wie das einfallende Sonnenlicht, sondern wird vom dichteren Glas absorbiert. Von daher ist es innerhalb eines Treibhauses immer wärmer als außerhalb. Diese grundlegende physikalische Beobachtung ist ebenfalls in der Wissenschaft unumstritten und lässt sich theoretisch wie experimentell nachweisen. Umstritten ist nur, in welchem Ausmaß und mit welchem Effekt verstärkende oder abschwächende Faktoren, wie die Wolkenbildung, das Ausmaß der Reflexion aufgrund der Bodenbeschaffenheit (etwa Schneeoberfläche im Gegensatz zu einer dunklen Oberflä-

che) oder die Veränderung der Niederschläge auf dieses un-
bestreitbare kausale Verhältnis einwirken.[68]

- Neben dem Ausstoß an Kohlendioxid und anderen Treibhausgasen, wie etwa Methan, verändert der Mensch auch
die Senkenkapazität für die Aufnahme von Treibhausgasen
durch die Natur. Die anthropogene Einflussnahme auf den
natürlichen CO_2-Kreislauf resultiert daher aus zwei Quellen: aus der Verbrennung fossiler Energie-Träger und anderer Verursacher für die Emission von Treibhausgasen
(wie etwa die Viehwirtschaft und deren Methanausstoß)
sowie aus Veränderungen der Landnutzung, vor allem der
Entwaldung. Die erste Quelle macht etwa 80 %, die zweite
20 % des anthropogenen Beitrags zur Erhöhung der Treib-
hausgas-Konzentration in der Atmosphäre aus. Von den
durch menschliche Aktivitäten freigesetzten Mengen an
Treibhausgasen verbleiben etwa 45 % in der Atmosphäre,
30 % nehmen die Ozeane auf, den Rest übernimmt die
Landvegetation.[69]

- In den letzten 30 Jahren ist die Temperatur auf der Erde
stärker angestiegen als in allen Jahrzehnten seit der Wetter-
aufzeichnung.[70] Zudem sind zunehmend in den Bergen
Gletscher geschmolzen, und der Meereswasserspiegel hat
sich leicht erhöht.[71] Diese Befunde müssen nicht kausal mit
dem Treibhauseffekt verbunden sein. Aber alle alternativen
Erklärungen (Sonneneruptionen, Konstellation der Ge-
stirne in unserem Sonnensystem, zufällige Klimaschwan-
kungen) sind nicht in der Lage, diese Erhöhung plausibel zu
erklären.[72] Dies ist zwar kein unumstößlicher Beweis für
eine Kausalität, aber es spricht sehr viel für einen direkten
Zusammenhang zwischen anthropogenem Ausstoß von
Treibhausgasen und den beobachteten Veränderungen im
Klima.[73]

- In den letzten zehn Jahren hat sich der Anstieg der Temperaturen weltweit verlangsamt. Dennoch liegen diese Temperaturen im langfristigen Mittel weit über den Durchschnittswerten der letzten 100 Jahre. Nach jüngsten Berechnungen von Shaun Marcott et al. fällt der heutige Temperaturanstieg dramatischer aus als in 90 % aller globaler Temperaturschwankungen der letzten 11 300 Jahre, dem Zeitraum nach der letzten Eiszeit.[74] Die im letzten Jahrzehnt zu beobachtende Verlangsamung weist aber darauf hin, dass neben den anthropogenen Einflüssen auch andere natürliche Faktoren bei der Verursachung von Klimawandel beteiligt sind.[75]

- In den letzten Jahrzehnten hat auch die Intensität von Extremwetterereignissen zugenommen. Dies kann, muss aber nicht mit dem anthropogen versursachten Klimawandel zusammenhängen. Dennoch spricht vieles dafür, dass hier Klimaveränderungen eine wichtige Rolle spielen.[76]

So weit die Tatsachen, die von niemandem ernsthaft bestritten werden. Was aber folgt aus diesen Tatsachen? Die Weltgemeinschaft hat zu diesem Zweck ein neues Gremium geschaffen, den IPCC (International Panel on Climate Change). In dieses Gremium sind weltweit über 3000 Wissenschaftler eingebunden, deren Aufgabe es ist, die Evidenz zum Klimawandel zu sichten, alle Beobachtungen auszuwerten und entsprechende Empfehlungen an die Entscheidungsträger in Politik und Wirtschaft auszusprechen.[77] In ihrem Bericht aus dem Jahre 2007 geht der IPCC davon aus, dass die kausale Verbindung zwischen anthropogenen Emissionen und Klimawandel bei über 95 % Wahrscheinlichkeit liegt.[78] Darüber hinaus ist der IPCC davon überzeugt, dass die sekundären Folgen in Form von stärkeren Naturkatastrophen und der Zunahme

von Wüsten und Steppen zwar nicht für jeden einzelnen Fall,
aber dennoch im Gesamttrend auf den anthropogenen Klimawandel mit zurückzuführen sind.[79]

Natürlich sind die Ergebnisse des IPCC nicht unumstritten.[80] Welcher Anteil des gemessenen Klimawandels auf Kosten menschlicher Emissionen oder auf Kosten natürlicher,
zum Teil noch nicht verstandener Faktoren geht, ist weder ab-
schließend geklärt noch prinzipiell zu klären. Allerdings ist
auch klar, dass der gemessene Klimawandel allein aufgrund
natürlicher Faktoren zumindest nach heutigem Erkenntnis-
stand nicht erklärt werden kann.[81]

Wenn Sie ein politischer Entscheidungsträger wären, wie
würden Sie auf diese Situation reagieren? Wir wissen, dass
Treibhausgase, wenn alle anderen Faktoren konstant gehalten
werden, die Temperatur auf der Erde erhöhen, mit zum Teil
dramatischen Folgen für die Ausdehnung von Wüsten und
Steppen, den zunehmenden Mangel an Süßwasser und der
Zunahme extremer Wetterereignisse. Gleichzeitig beobachten wir in der Welt viele der vorausgesagten Symptome, die
für einen graduellen Klimawandel sprechen. Würden wir
nicht, auch wenn kein endgültiger Beweis vorliegt, hier vor-
beugend tätig werden? Würden wir nicht schon aus Klugheit
auf Aktivitäten verzichten, die eine weitere Konzentration
von Treibhausgasen begünstigen würden? Dazu muss man
zusätzlich wissen, dass Kohlendioxid unter den jetzigen Bedingungen etwa 1000 Jahre in der Atmosphäre verbleibt.[82]
Das bedeutet: Auch wenn wir jetzt den Anteil der anthropogenen Treibhausgase drastisch reduzieren würden, müssten
wir noch Jahrzehnte bis Jahrhunderte mit erheblich erhöhten
Konzentrationen in der Atmosphäre rechnen.[83] Das Ganze
kann man sich anhand einer Badewanne verdeutlichen:[84] Wir
lassen von oben mehr Wasser in die Wanne einlaufen, als un-

ten abfließen kann. Selbst wenn wir den Hahn so weit drosseln, dass nur so viel Wasser einströmt wie auch abfließt, bleibt der Stand des Wassers in der Badewanne gleich hoch. Auf den Klimawandel bezogen heißt das: Wir müssen den Ausstoß der Klimagase zumindest auf die Höchstmenge begrenzen, die noch in der Natur, vor allem in den Ozeanen, abgebaut werden kann. Damit erhalten wir nur das jetzige Niveau der Konzentration, das sich erst über viele Jahrzehnte und Jahrhunderte langsam reduzieren wird.

Der von Menschen verursachte Klimawandel ist ein Paradebeispiel für alle der zu Anfang dieses dritten Teiles hervorgehobenen Merkmale systemischer Risiken. Hier lasse ich sie nochmals Revue passieren:

Die Klimarisiken sind erstens globaler Natur: Gleichgültig wo die Emissionen stattfinden, die Auswirkungen sind weltweit spürbar. Jeder Einzelne trägt nur marginal zu der Emission von klimaschädlichen Gasen bei, aber insgesamt ist der Ausstoß so hoch, dass er die Senkenkapazität der Natur bei weitem übersteigt.[85]

Die Klimarisiken sind zweitens eng mit anderen wirtschaftlichen und sozialen Krisenerscheinungen vernetzt. Sie verstärken auftretende Dürren und Hungersnöte, führen zu mehr extremen Wetterereignissen und bedrohen wegen des ansteigenden Meeresspiegels tiefliegende Siedlungen.[86] Aufgrund dieser Zunahme von sekundären Lebensrisiken kommt es zu neuen Wanderungsbewegungen, zur Entstehung von sozialen Unruhen und zur Entwicklung neuer fundamentalistischer Strömungen, die wiederum terroristische Angriffe nach sich ziehen können.[87] Fundamentalistische Bauernfänger finden immer dort Gehör, wo die Situation als ungerecht empfunden wird und man sonst keinen Weg mehr sieht, an diesem Missstand etwas ändern zu können.[88] Diese Voraus-

setzung liegt beim Klimawandel vor. Am meisten leiden die
Menschen, die zur Entstehung des Klimawandels wenig oder
gar nichts beigetragen haben.

Die Klimarisiken sind drittens exemplarisch für die schon
mehrfach beschriebenen stochastischen und nichtlinearen
Wirkungsketten.[89] Da die Atmosphäre wesentlich komplexer
reagiert als das Treibhaus im Garten, gibt es eine Menge an
intervenierenden, d. h. die Kausalkette beeinflussenden, Variablen, die den Klimaeffekt entweder verstärken oder abschwächen. Große Computermodelle sind die einzige Möglichkeit, diese Vielzahl an Einflussfaktoren in ihrer Dynamik
zu erfassen und den jeweiligen Nettoeffekt zu berechnen.[90]
Dabei müssen auf der einen Seite stochastische Wirkungsbeziehungen mithilfe der Wahrscheinlichkeitsrechnung einbezogen und auf der andern Seite nichtlineare Beziehungs-
muster in der Vielzahl der simulierten Funktionsverläufe
berücksichtigt werden.[91] Dies führt wie bei allen Risiken dazu,
dass wir Bedrohungen nicht mit Sicherheit beweisen und gelegentlich auch Scheinkorrelationen aufsitzen können. Der
grundlegende Charakter von systemischen Risiken, komplex,
unsicher und ambivalent zu sein, ändert sich auch nicht dadurch, dass wir mehr Klimaforschung betreiben. Wir müssen
mit einem Rest an Unsicherheit und einem hohen Maß an Ungewissheit über plötzliche Kippeffekte im Klimabereich leben.[92] Gewissheiten wird es hier nie geben.[93] Diese Tatsache
wird gerne von den Klimaskeptikern als Beweis dafür gesehen,
dass die These vom anthropogen veränderten Klimawandel auf
tönernen Füßen steht.[94] Diese Behauptung ist jedoch wenig
überzeugend. Wenn wir unsere Forschungen auf komplexe
und nichtlineare Systeme ausrichten, werden wir, gleichgültig
wie viel Geld und wissenschaftlichen Sachverstand wir auch
investieren mögen, immer zu Aussagen mit entsprechenden

Unsicherheitsräumen und mehrdeutigen Interpretationsmöglichkeiten kommen.[95] Um in unserer Diktion zu bleiben: Die Leugnung des anthropogen verursachten Klimawandels ist absurd, möglich ist aber, dass dieser Effekt gegenüber natürlichen Effekten in seiner Wirkung überschätzt wird, wahrscheinlich ist dies aber nicht. Mit großer Wahrscheinlichkeit können wir damit rechnen, dass der Ausstoß von klimaschädlichen Gasen einen vom Menschen erzeugten Klimawandel auslöst. Dabei haben wir noch nicht einmal den Abbau der Senken thematisiert, welche die überschüssigen Gase absorbieren könnten. Mit Sicherheit können wir aber all diese Aussagen nicht treffen.

Dies führt uns zum vierten und letzten und für unsere Argumentation wichtigsten Merkmal: der Unterschätzung der mit dem Klimawandel verbundenen Risiken.[96] Sicherlich werden Sie jetzt einwenden, dass die Risiken des Klimawandels keineswegs unbekannt seien und dass die meisten Menschen in Deutschland die Risiken durchaus als hoch einstufen. Dies stimmt auch, wenn wir es auf der abstrakten Ebene der Umfragen belassen.[97] Um das Beispiel der Schokolade nochmals aufzugreifen: Wir wissen zwar, dass die Schokolade hochbelastet ist und dass wir damit ein hohes Risiko eingehen, wir essen sie aber trotzdem. So könnte man in Analogie unser Verhalten gegenüber dem Klimawandel charakterisieren.

Denn nach wie vor stößt die Weltgemeinschaft jedes Jahr mehr klimaschädliche Gase aus als im Jahr zuvor, wenn man die konjunkturbedingte Delle des Jahres 2009 einmal ausschließt.[98] Anders als bei den individuellen Lebensrisiken, bei denen wir einen stetigen Rückgang oder in wenigen Fällen konstante Verlustraten beobachten konnten, steigt das Risiko zunehmender Klimaveränderungen von Jahr zu Jahr an.[99] Wir

können uns in Deutschland zugutehalten, dass wir diesen
Trend inzwischen leicht umkehren konnten.[100] Das liegt aber
auch daran, dass wir pro Kopf von einem sehr hohen Kohlen-
dioxidausstoß ausgegangen sind und jede prozentuale Reduzierung nach einer gewaltigen Sparanstrengung aussieht.
Wenn wir jedoch die Absolutzahlen im Ausstoß pro Kopf vergleichen, dann liegen wir beispielsweise in Europa noch über
unseren Nachbarn Frankreich und England.[101] Das hat seinen
Grund darin, dass wir einen Großteil unserer Energie durch
Kohle gewinnen und insgesamt mehr Industrie aufweisen als
unsere Nachbarländer. Auch hier zeigt sich wieder, dass Prozentzahlen schnell zu Fehlurteilen führen. Letztlich ist es für
die Natur unerheblich, ob wir prozentual viel eingespart haben. Es kommt, wie wir bei der POET-Formel schon erfahren
haben, auf die Absolutmenge pro Kopf und die Bevölkerungszahl an. Und da sind wir in Deutschland am oberen Ende der
Skala! Abbildung 24 zeigt den Pro-Kopf-Ausstoß an klimaschädlichen Gasen für eine Reihe von Ländern.

Bei der Einschätzung der Klimarisiken kommen auch alle
Mechanismen der intuitiven Wahrnehmung zum Einsatz. Da
wir die Veränderungen durch den Klimawandel, wenn überhaupt, in unseren Breiten nur schleichend wahrnehmen, wird
keine direkte Aktion wie Flucht oder Kampf ausgelöst. Wir
finden zudem kaum griffige Anhaltspunkte bei den üblichen
Faustregeln der Verfügbarkeit, der Verankerung und der Repräsentativität, die uns die Dramatik der Veränderungen anschaulich vor Augen führen würden. Die Medien nehmen
aufgrund ihrer spezifischen Selektionsmechanismen die Urteile aller Mitwirkenden in der Klimadebatte in ihre Berichterstattung auf, obwohl nach wissenschaftlichen Analysen von
den 2142 wissenschaftlichen Artikeln, die in den letzten Jahren zum Thema Klimawandel in Fachzeitschriften publiziert

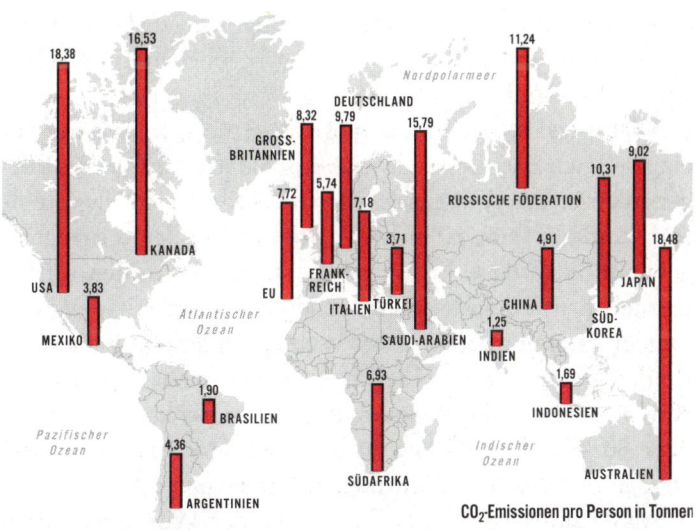

Abb. 24 CO_2-Emissionen aus energetischer Nutzung pro Kopf (in Tonnen) in den G20-Staaten im Jahr 2008. Quelle: Statista 2013.[102]

wurden, lediglich 39 den Einfluss anthropogener Verursachung dieses Wandels in Frage stellen.[103] Also 39 gegenüber 2103! Hier wird also mit Nachdruck deutlich, wie gering die Anhängerschaft der sogenannten Klimaskeptiker in der Fachwelt ist und welch breiten Konsens die These vom anthropogen verursachten Klimawandel dort einnimmt.[104]

Schließlich führen die Mechanismen der Relativierung im Zeitalter der zweiten Moderne dazu, dass wir die Dramatik des Klimawandels als abstrakte Bedrohung gerne aufgreifen, wenn wir auf die Versäumnisse der anderen hinweisen wollen, aber genau diese Besorgnisse schnell relativieren, wenn es

um das eigene Verhalten geht.[105] Insofern ist es auch nicht
verwunderlich, dass trotz eines hohen Bekanntheitsgrads und
eines hohen Problembewusstseins entsprechende Handlungsweisen zur Eindämmung der klimaschädlichen Gase selten
anzutreffen sind.[106]

Allerdings sollte man hier positiv vermerken, dass mit der
eingeleiteten Energiewende in Deutschland ein beherztes Vorgehen gegen das systemische Risiko des Klimawandels verein-
bart wurde.[107] Dabei ist nicht der Ausstieg aus der Kernenergie
gemeint, denn diese Energiequelle ist gerade für den Klimawandel nicht verantwortlich, sondern der Ausstieg aus den
fossilen Energieträgern, deren Verbrennung in großem Maße
Kohlendioxid freisetzt. Die Energiewende sieht vor, dass der
Anteil fossiler Energieversorgung in Deutschland von heute
über 80 % auf rund 20 % im Endenergieverbrauch gesenkt
werden soll. Noch sind wir meilenweit davon entfernt.

Wenig hilfreich bei der Frage nach der Wirksamkeit von
Maßnahmen gegen den Klimawandel ist die Debatte um die
Priorität von Vermeidung *(mitigation)* gegenüber Anpassung
(adaptation).[108] Zwar erscheint es intuitiv einleuchtend,
durch Vermeidung von klimaschädlichen Emissionen schädliche Auswirkungen auf das Klima von vornherein auszuschließen, aber aufgrund der sich schon abzeichnenden Klimaveränderungen und der langen Zeiträume, die man für die
Umstellung auf eine klimafreundlichere Energieversorgung
und Wirtschaftsweise benötigt, sind wir zusätzlich auf An-
passungsmaßnahmen angewiesen.[109] Vor allem sind Anpas-
sungsmaßnahmen dort gefordert, wo wir besonders unsicher
über die Wechselwirkungen zwischen anthropogenen, also
von uns beeinflussten Faktoren und natürlichen, etwa durch
Änderungen der Sonnenaktivität ausgelösten Klimaschwan-
kungen sind. Dort mag es sinnvoller sein, Investitionsmittel

für die Anpassung an den Klimawandel auszugeben, als möglicherweise große Mengen an Geldmitteln für die Reduzierung eines anthropogenen Einflusses zu binden, ohne dass wir damit sicher sind, den gewünschten Effekt zum Klimaschutz erreichen zu können.[110] In jedem Falle ist eine Kombination aus Vermeidung und Anpassung aus naturwissenschaftlichen, ökonomischen und politischen Gründen sinnvoll und angemessen.[111]

Das systemische Risiko Klimawandel ist aus meiner Sicht die Speerspitze unter den ökologischen Bedrohungen der Menschheit. Es ist keineswegs so, dass bereits heute dieses Risiko hohe Verluste im Sinne von Menschenleben fordern würde.[112] Hier sind andere ökologische Probleme, wie etwa verschmutztes Trinkwasser oder mangelnde Hygiene, wesentlich dramatischer in ihren Schadwirkungen. Die Zahl der heute schon zu beklagenden Opfer des Klimawandels ist auch nicht der entscheidende Grund für die Bedrohlichkeit dieses systemischen Risikos. Der Klimawandel ist schleichend, viele der Effekte treten aufgrund der Vernetzungen dort auf, wo man sie nicht erwartet, d. h. sie entziehen sich zum großen Teil unserer Aufmerksamkeit. Was genau womit kausal zusammenhängt, bleibt unserer Sinneswahrnehmung weitgehend verschlossen. Zudem erfordert der globale Klimawandel viel Geld für die Vermeidung, ohne dass man den Erfolg direkt sehen kann, und er kann wie beim Kippeffekt des Sees zu plötzlichen katastrophalen Ereignissen führen, die man aufgrund der nur langsam voranschreitenden Veränderungen so gar nicht vermutet hätte.[113] Gerade weil wir mit nichtlinearen, überraschenden Reaktionen rechnen müssen, versagen unsere intuitiven Faustregeln und Wahrnehmungsmuster, die auf diese Art von Bedrohungen nicht ausgerichtet sind. Umso wichtiger ist es deshalb, die Schwächen unserer

Wahrnehmung und Bewertung genau zu kennen und vor allem ihre Grenzen zu respektieren. Für eine effektive Risiko-reduktion bei systemischen Risiken wie dem Klimawandel benötigen wir einen kühlen Kopf, eine gute Selbsterkenntnis und den Mut, auch dann einschneidende Maßnahmen zu fordern bzw. zu tolerieren, bevor es zu einer Krise gekommen ist.

5 Bedrohungen durch Steuerungsdefizite in Wirtschaft und Gesellschaft

Mit der Problematik des Klimawandels berühren wir schon eine zweite Kategorie von systemischen Risiken, die sich vor allem auf Fehlkonstruktionen und Fehlentwicklungen in der Steuerung von komplexen ökologischen, wirtschaftlichen und politischen Prozessen beziehen. Anders als viele der im letzten Kapitel beschriebenen ökologischen Herausforderungen, wie etwa der Verlust der Artenvielfalt oder die Süßwasser-krise, sind systemische Risiken durchaus im Bewusstsein der Öffentlichkeit wie im Visier der institutionellen Steuerungs-organe. Auch fehlt es hier nicht an hektischen Aktivitäten, diese Risiken zu begrenzen oder die damit verbundenen Krisen in den Griff zu bekommen. Allerdings sind die Erfolge bescheiden.[1] Aufseiten der Entscheidungsträger herrscht Ratlosigkeit, aufseiten der betroffenen Bevölkerung Hilflosigkeit. Selbst die Insider waren oft rat- und hilflos. Alan Schwarz, der Chef von Bear Stearns, einer der Ersten der großen Investmentfirmen, die pleite gingen, sagte in einer Anhörung vor dem Bankenausschuss des US-Senats: »Wenn ich die Entwicklung zutreffend vorhergesehen hätte, welche Maßnahmen hätten wir dann im Vorfeld ergreifen können, um diese Situation zu vermeiden? Aber mir ist nichts eingefallen, was etwas an der Situation, mit der wir konfrontiert waren, geändert hätte.«[2] Keiner wusste wohl so recht, wie man mit diesen Finanzrisiken umgehen soll.

Wichtige Kandidaten für diese zweite Liste von systemischen Risiken sind die Finanz- und Bankenkrise, die Schuldenkrise der europäischen Länder, die daraus folgende Eurokrise, die Entstehung weltweiter Rezensionen, Korruption und Vetternwirtschaft in politischen Systemen, die weltweite Ausbreitung von Pandemien und der mit all diesen Krisen verbundene Anstieg von Politikverdrossenheit, Vertrauensverlust in die Problemlösungskapazität von Wirtschaft und Politik und das Aufkommen von sozialen Unruhen. All diese systemischen Risiken beruhen auf Mängeln der Steuerung ihrer ökologischen, ökonomischen und politischen Komponenten.

Sieht man sich etwa die in Umfragen ermittelten Sorgen und Ängste der deutschen Bevölkerung aus dem Jahre 2012 an, so finden sich Steuerungsdefizite besonders häufig unter den ersten zehn Spitzenplätzen.[3] Diese Einschätzung ist zudem kompatibel mit den Expertenbewertungen durch das World Economic Forum oder die Bertelsmann Stiftung.[4] Abbildung 25 vermittelt einen Überblick über die Liste der zehn als besonders dringlich eingestuften Probleme unserer Gesellschaft durch die deutsche Bevölkerung.

Andere Umfragen bestätigen dieses Bild: Die Finanz- und Wirtschaftskrisen bestimmen in unserem Lande zurzeit die öffentliche Wahrnehmung.[5] Wenn diese systemischen Risiken so stark im öffentlichen Bewusstsein verankert sind, warum fasse ich sie dann unter die Rubrik »unterschätzte Risiken«? In dieser zweiten Kategorie der systemischen Risiken werden in der Tat nicht die Krisenerscheinungen selbst unterschätzt, wohl aber deren Ursachen! Das liegt zum einen daran,

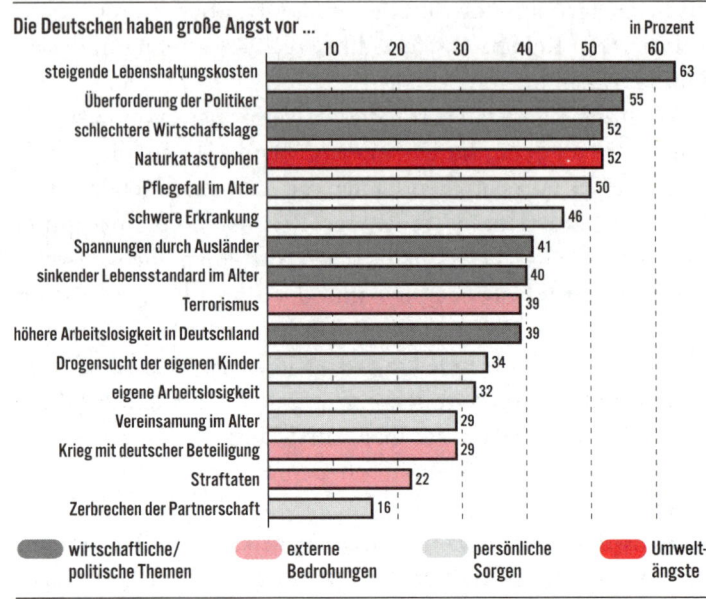

Abb. 25 Die Ängste der Deutschen 2012. Quelle: R + V Pressecenter.[6]

dass es in der Literatur und in der öffentlichen Diskussion keineswegs klar ist, welche Ursachen für die krisenhafte Zuspitzung der hier behandelten systemischen Risiken verantwortlich sind. Da finden wir in der öffentlichen Diskussion ein
Nebeneinander von empirisch ausgerichteten Analysen, intel-
lektuellen Essays, ideologisch angehauchten Schuldzuweisun-
gen und abenteuerlichen Verschwörungstheorien.[7] Zum anderen sind diese Ursachen zum Teil mit durchaus erwünschten
Auswirkungen eng verbunden, so dass man die unerwünschten Nebenwirkungen zwar offiziell beklagt, die Ursachen dafür aber lieber verdrängt. So braucht man die erwünschten
Wirkungen nicht in Frage zu stellen.[8] Hier spielen wieder die

Mechanismen der kognitiven Dissonanz, selbst auf der institutionellen Ebene, eine wichtige Rolle.

Wenn man über die Ursachen, insbesondere die wenig öffentlichkeitswirksamen Ursachen, spricht, ist es unvermeidbar, dass man hier auf eine subjektive Interpretation der vielfältigen komplexen Zusammenhänge angewiesen ist. Davon kann auch ich mich nicht freimachen. Deshalb ist es mir wichtig, vor allem die Ursachen aufzulisten, welche die Steuerungsdefizite aus analytischer und evidenzbasierter Perspektive erhellen. Dabei musste ich natürlich eine Auswahl treffen; denn auf alle Faktoren einzugehen, würde den Rahmen dieses Buches sprengen. Aus meiner Sicht sind in diesem Zusammenhang vier Hauptursachen für die aufgetretenen Steuerungsdefizite zu nennen: die Allmendefalle, die Effizienzfalle, die Hybrisfalle und die Autonomiefalle. Auf diese vier Fallen möchte ich im Folgenden näher eingehen.

5.1 Die Allmendefalle

Manch einem, der als Tourist in die Vereinigten Staaten gereist ist, ist sicher aufgefallen, dass sich in der Mitte der großen Städte an der Ostküste ein großer zentraler Park ausdehnt, der eine angenehme Abwechslung zu den Hochhäusern und Straßenschluchten bietet, die ansonsten das Stadtbild prägen. Diese zentral gelegenen Parkanlagen sind allerdings nicht, wie man heute vermuten würde, zur Erholung der Bevölkerung angelegt worden, sondern waren in der Frühzeit der amerikanischen Stadtentwicklung als kommunale Viehweiden für die Bevölkerung gedacht.[9] Da außerhalb der Befestigungsanlage der Städte mit Überfällen, Diebstahl, Naturgefahren und schlichtweg unwegsamem Gelände zu rechnen war, wurden

die Städte mit Bedacht so angelegt, dass die Nutztiere, die zur
Ernährung der städtischen Bevölkerung notwendig waren, im
Zentrum der Stadt ihre Weidefläche fanden. Auf diese Weise
waren die Tiere versorgt, die Menschen mussten die Stadt
nicht verlassen, um auf sie aufzupassen, und Mensch und Tier
waren gegen äußere Eingriffe geschützt. Üblicherweise wurden diese Parks als »Commons« (im Deutschen: Allmende)
bezeichnet, weil sie der gesamten Bürgerschaft einer Stadt ge-
hörten und jeder Bewohner diese öffentliche Weide für seine
Tiere nutzen durfte. Allerdings zeigte sich im Verlauf der Geschichte, dass jeder Bewohner so viele Tiere wie nur irgend
möglich auf diese gemeinsamen Weideflächen trieb, weil dort
das Futter umsonst wuchs. Je mehr aber die Bewohner diese
Chance nutzten, desto schneller verwandelte sich die grüne
Weide in eine Matschwüste, auf der in kurzer Zeit kein Gras
mehr wuchs, um die Tiere zu ernähren. Schon nach wenigen
Jahren brach deshalb die Versorgung der Tiere auf den Commons zusammen.[10]

So unvernünftig es auf den ersten Blick erscheint, dass die
Stadtbewohner die Gemeindeweide übernutzten, so vernünftig ist es für jeden Einzelnen, möglichst viel Nutzen für sich
aus der Weide zu ziehen. Tun dies aber alle, so kommt es zu
einer Übernutzung. Die Tragekapazität der Weide ist dann
bald erschöpft. Das bedeutet: Was für den Einzelnen vernünftig erscheint, ist für die Gesamtheit höchst unvernünftig. Dieses Problem wird in den Wirtschaftswissenschaften deshalb
auch plastisch als »Dilemma of the Commons«, »Tragedy of
the Commons« oder im Deutschen als »Allmendefalle« oder
»Allmendedilemma« bezeichnet.[11] Das Perfide an diesem Dilemma besteht darin, dass es sich für jeden Einzelnen lohnt,
diese Gemeinschaftsressource auch dann weiterhin zu über-
nutzen, wenn man genau weiß, dass dies langfristig zum Zu-

sammenbruch der gemeinsam bewirtschafteten Ressource führt. Denn wenn jemand beispielsweise statt zwei Kühe nur noch eine Kuh auf der Weide grasen lässt, müsste er damit rechnen, dass der Nachbar dies gleich ausnutzt und statt der üblichen zwei gleich drei Kühe auf die Weide treibt. Im Endeffekt würde auch die eine Kuh auf Dauer kein Futter mehr finden, während der Nachbar zumindest für einige Zeit die Milch und Butter von drei Kühen nutzen könnte. Derjenige, der sich mit einer Kuh begnügte, ist dann letztlich der Dumme. Es ist also im ökonomischen Sinne für jeden Einzelnen vernünftig, die Gemeinschaftsressource so weit wie möglich für die eigenen Zwecke zu nutzen, wohl wissend, dass es nur für begrenzte Zeit möglich sein wird, bevor die Ernährungsbasis zusammenbricht.

In diesem Dilemma gibt es drei mögliche Auswege:[12] Man kann erstens einem der Gemeindemitglieder das Privateigentum über die Weide einräumen.[13] Dann kann er parzellierte Flächen an jeden Nutzer vermieten. Der Eigentümer wird unter diesen Umständen aus eigenem Antrieb dafür sorgen, dass nicht zu viele Kühe auf der Weide Platz finden, um seine ökonomische Grundlage als Vermieter von Weideflächen nicht zu gefährden. Die Lösung mit dem Privateigentum setzt aber dreierlei voraus: Erstens, es muss physisch, sozial und / oder moralisch möglich bzw. wünschenswert sein, das entsprechende Gemeineigentum zu privatisieren. Der Eigentümer muss zweitens die Möglichkeit haben, die Weide und ihre Nutzer zu kontrollieren. Schließlich muss es drittens einen funktionierenden Markt zur Nutzung der Allmende geben, im Falle der Viehweide heißt das, es muss eine zahlungswillige Nachfrage nach den parzellierten Weideflächen geben.[14]

Der zweite Ausweg ist die Schaffung einer zentralen Kontrollinstanz (etwa einer Behörde), die Nutzungsrechte zuweist und mit Polizeigewalt kontrolliert, dass niemand diese Rechte ausnutzt oder die Regeln nicht einhält. Im Falle der Gemeindeweide würde beispielsweise die Stadtverwaltung verordnen, dass jeder Einwohner maximal eine Kuh auf der Weide grasen lassen darf. Diese Lösung setzt voraus, dass es eine starke Zentralmacht gibt, die genügend Kontrollmöglichkeiten hat, die Einhaltung der Regeln zu überwachen. Nachteile dieser Lösung sind häufig hohe Kontrollkosten und Effizienzverluste.[15]

Die dritte Möglichkeit ist die Bildung einer Zweckgemeinschaft (Kooperative), in der alle Benutzer gemeinsam Regeln aufstellen, an die sie sich freiwillig gebunden fühlen. Denn letztlich profitieren alle davon, dass jeder die Regeln einhält. Diese dritte Lösung ist daran gebunden, dass alle Nutzer kooperationswillig sind und sich innerlich so verpflichtet fühlen, dass sie nicht heimlich »schummeln« und doch mehr als eine Kuh auf die Weide schicken.[16] Allen drei Lösungen ist gemein, dass es verbindliche Regelungen für Nutzungsgrenzen für jeden einzelnen Nutzer geben muss. Im ersten Fall werden die Regeln durch den Eigentümer, im zweiten Fall durch die zentrale Behörde und im dritten durch die Selbstverwaltung aufgestellt und überwacht.[17]

Was im Kleinen für die Gemeindeweide der frühen amerikanischen Städte gilt, lässt sich auch auf die großen globalen Steuerungsprozesse von Gemeinschaftsgütern übertragen.[18] Der Klimaschutz, den wir im letzten Kapitel behandelt haben, ist dafür ein hervorragendes Beispiel.[19] Wir alle nutzen die Vorzüge unseres jetzigen Klimas und sind dennoch gleichzeitig Verursacher des Klimawandels, von dem wir ausgehen, dass er insgesamt mehr Schäden für die Menschheit nach sich ziehen wird als Nutzen. Jeder Einzelne aber, der zum Klimawandel beiträgt, ist fest davon überzeugt, dass er nur einen geringen Anteil zur Verschmutzung beiträgt.[20] In diesem Falle spricht man von der Marginalität des eigenen Beitrags. Das heißt, auf sie oder ihn kommt es gar nicht an. Das eigene individuelle Handeln hat aus Sicht jedes Einzelnen keinerlei Einfluss darauf, ob der globale Klimawandel weiter voranschreitet oder nicht.[21] Es ist also wie bei der Kuhweide vernünftig, möglichst intensiv die Ressource zu nutzen, so lange die anderen dies auch tun. Da alle so denken, ändert sich an den Klimaveränderungen nichts. Jeder schiebt den schwarzen Peter dem anderen zu. Obwohl alle wissen, dass es besser wäre, die Nutzung einzuschränken, will niemand der Erste sein. Damit würde er sich ja selber schaden, denn er ist sich nicht sicher, ob die anderen der Selbstbeschränkung folgen werden. Tun sie das nicht, ist der eigene Verzicht folgen- und damit wertlos.

Staaten verhalten sich nicht anders als Individuen in dieser Situation. Immer wieder lesen wir, dass beispielsweise Deutschland mit knappen 2,4 % der globalen Kohlendioxidemissionen nur marginal zum Klimawandel beiträgt.[22] Auf den ersten Blick sieht dies auch nach sehr wenig aus. Allerdings gilt das in gleicher Weise für alle europäischen Staaten und in noch viel geringerem Maße für die meisten Staaten Afrikas und Asiens. Natürlich tragen die USA, China und Indien den Löwenanteil an den Emissionen, aber die vielen »kleinen« Beiträge der übrigen Staaten machen weiterhin die Mehrheit der Emissionen klimaschädlicher Gase aus.[23] Kleinvieh macht auch Mist. Der Ausstoß an klimaschädlichen Gasen eines jeden Staates addiert sich insgesamt zu einem großen Brocken auf. Die Illusion der Marginalität ist deshalb ein wichtiges Kennzeichen für die Allmendefalle, weil man den Eindruck hat, auf den eigenen Beitrag käme es nicht an.[24] Erst müssen die handeln, die den größeren Anteil am Klimawandel auslösen. Die wiederum werden nichts unternehmen, solange sich nicht alle an den Maßnahmen beteiligen, weil die anderen sonst ja bevorzugt würden, zum Beispiel durch eine bessere Wettbewerbsfähigkeit ihrer Industrie, die unter diesen Umständen keine Klimaauflagen zu schultern hätten. Und damit sind wir beim zweiten Problem der Allmendefalle.

Das zweite wichtige Kennzeichen der Allmendefalle ist die Attraktivität des Schwarz- oder Freifahrers *(free rider)*.[25] Das Bild des Schwarzfahrers stammt aus der Welt der öffentlichen Verkehrsmittel. Wenn es keine Kontrolleure für Schwarzfahrer gibt oder die Kontrollen nicht effektiv angelegt sind, wird sich jeder fragen, warum man selbst einen Fahrschein lösen sollte, solange alle anderen es tun. Lösen alle anderen Fahrgäste einen Fahrschein, kann man sicher sein, dass die öffentlichen Verkehrsmittel ausreichend finanziert werden, um das Angebot weiterhin aufrechtzuerhalten. Gleichzeitig kann man selbst diese Dienstleistung umsonst nutzen. Haben aber alle anderen Fahrgäste ähnliche Überlegungen, dann will jeder zum Schwarzfahrer werden. Unter diesen Umständen ist das entsprechende öffentliche Verkehrsmittel nicht mehr rentabel und der eigentlich von allen gewünschte Dienst muss eingestellt werden.

Dieses Freifahrerverhalten ist auch für die großen Allmenden im Umwelt- und Klimabereich typisch.[26] Solange es keine Weltpolizei gibt, die eine Übernutzung der globalen Allmenden kontrolliert, gewinnt jeder Staat bei der Nutzung der Ressource »Umwelt und Klima« Punkte, wenn er lauthals von den anderen die Einhaltung der Regeln einfordert, sich aber selbst nicht daran hält. In dem Falle profitiert er davon, dass er die Kapazität des Gemeinguts bis zur Grenze ausnutzt und daraus ökonomische Vorteile zieht, während sich alle anderen brav an die Regeln halten und dabei auch ökonomische Nachteile in Kauf nehmen.[27] Bei jeder Weltklimakonferenz kann man diese Problematik des Freifahrens beobachten.[28] Einige

Staaten halten sich bei den Selbstverpflichtungen gerne bedeckt, tun aber alles, damit die anderen sich zu Maßnahmen verpflichten. Gleichzeitig wächst das Misstrauen der willigen Staaten, die sich freiwillig einschränken wollen, gegenüber den Staaten, die sich nicht anschließen wollen oder bei denen der Verdacht besteht, dass sie zwar jedes Papier unterschreiben, aber keineswegs danach handeln, was das Papier ihnen vorschreibt. Insofern scheitern Verhandlungen oft an den sogenannten Compliance-Regeln, also den Übereinkünften über die internationale Überwachung und die Strafen für nicht regelkonformes Verhalten.[29]

Das dritte Kennzeichen der Allmendefalle ist die Brüchigkeit einmal ausgehandelter Regeln. Vor allem beim kooperativen Modell bricht das Regelwerk schnell zusammen, wenn Nutzer wegziehen oder neue hinzukommen.[30] Dann muss jedes Mal neu verhandelt werden. Will der neue Nutzer aber die alten Regeln nicht akzeptieren oder ist er wenig intrinsisch motiviert und versucht die Regeln zu unterlaufen, kommt es zur Krise. Dieses Kennzeichen gilt natürlich nur eingeschränkt für globale Allmenden. Hier müsste man in den Weltraum ziehen, um sich aus dem Kreis der potentiellen Nutzer auszuklinken.

Noch problematischer ist diese Situation, wenn das gemeinschaftlich genutzte Gut anders als bei der Weide kaum eingrenzbar, nicht exklusiv nutzbar (also niemand im Prinzip ausgeschlossen werden kann, auch wenn er die Regeln nicht einhält) oder mit vertretbarem Aufwand das Einhalten der Regeln *(compliance)* nicht kontrollierbar ist.[31] Diese Schwierigkeiten treten bei den großen Allmenden häufig auf. Niemand kann von dem Gut »saubere« Luft ausgeschlossen werden, selbst wenn er dazu nichts beiträgt. Jeder profitiert von einer gut funktionierenden Sicherheit, auch wenn er nichts zu

deren Finanzierung beiträgt, indem er Schlupflöcher ausnutzt. Kaum einer kann den Fischer auf einem der Ozeane
kontrollieren, ob er womöglich mehr fängt, als ihm aufgrund
der Quote zusteht.[32]

Die Durchsetzung der Regeln, gleichgültig ob sie auf Eigentumsrechten, staatlichen oder überstaatlichen Kontrollrech-
ten oder der Überwachung der Selbstverpflichtungen beruhen, ist bei großen globalen Allmenden äußerst schwierig.
Nehmen wir wieder das Beispiel Klimawandel: Hier werden
alle drei Lösungsansätze parallel verfolgt: Zum einen werden
über Zertifikate Eigentumsrechte an Emissionen von Kohlendioxid ausgegeben.[33] Zertifikate sind so etwas wie Verschmut-
zungsrechte, die man erwerben muss, um sich Eigentum an
der Nutzung der Ressource Luft oder Klima zu erwerben.
Zum Zweiten werden zumindest innerhalb von Staaten Auf-
lagen und Grenzwerte für Emissionen von klimaschädlichen
Gasen festgelegt oder Abgaben bzw. Steuern auf Emissionen
erhoben.[34] Und schließlich drittens versucht man auf internationaler Ebene, freiwillige Vereinbarungen zu treffen, die alle
Staaten in gleichem Maße binden.[35] Leider funktionieren im
Klimawandel alle drei Lösungen nur unzureichend.[36] Nicht
alle Länder haben sich dem Zertifikate-Handel angeschlossen,
und die Frage, wie man Zertifikate, also die Eigentumsrechte,
so verteilen soll, dass es zu einer effektiven und gleichzeitig
fairen Lösung kommt, bleibt innerhalb der Staatengemeinschaft höchst umstritten.[37] Selbst unter den Ländern, wie
etwa die EU-Staaten, die sich auf Zertifikate geeinigt haben,
ist die Kontrolle über die tatsächliche Einhaltung der vereinbarten Höchstgrenzen oft nicht gesichert.[38] Zusätzlich sind
die staatlich verordneten oder international vereinbarten
Grenzwerte in vielen Ländern kaum kontrollierbar.[39] Da kann
die Regierung noch so viel versprechen, sie hat gar nicht die

physischen und organisatorischen Mittel, um die Versprechungen im eigenen Staatsgebiet durchzusetzen und zu überwachen. Und schließlich tut sich die Staatengemeinschaft weiterhin schwer, eine gemeinsame Vereinbarung zu finden, die alle gleichermaßen einbindet, das Verursacherprinzip als Fairnessnorm beachtet und ausreichende Compliance-Regeln umfasst.[40] Bis auf das auslaufende und auch nicht genügend wirksame Kyoto-Protokoll ist eine internationale Vereinbarung aller Staaten zur Begrenzung klimaschädlicher Emissionen bis heute nicht gelungen.

Das Allmendeproblem finden wir in nahezu allen Lebensbereichen, in denen die typischen Eigenschaften von Gemeinschaftsgütern auftauchen: Niemand kann vom Konsum ausgeschlossen werden, und der freie Markt kann diese Güter aus den oben beschriebenen Gründen (vor allem das Freifahrerverhalten) gar nicht oder aus rechtlichen oder moralischen Grundsätzen nur in einer unakzeptablen Form (etwa nur Sicherheit für die Superreichen, aber nicht für alle Mitglieder einer Gesellschaft) bereitstellen.[41] Zu den typischen Gemeinschaftsgütern wie saubere Luft, sauberes Wasser, die Umweltqualität der Meere oder das Klima kommen weitere Kandidaten für öffentliche Güter. Darunter fallen Sicherheit, funktionsfähige Infrastrukturen, wie Internetnetze, Verkehrswege oder Wasserversorgung, soziale Grundversorgung in Bezug auf öffentliches Gesundheitswesen, Bildungseinrichtungen und soziale Absicherung sowie eher symbolische Güter, wie Vertrauen in die Leistungsfähigkeit von Institutionen und sozialer Frieden. Bei all diesen Gemeinschaftsgütern finden wir eine der drei Lösungsvorschläge: entweder Privatisierung mit der Gefahr, dass damit das Fairnessgebot verletzt wird; die staatliche Ordnungspolitik mit der Gefahr, dass die Regelung viel Aufwand und Kontrollkosten (Bürokratie) erfordert, oder die freiwillige

Selbstverpflichtung, die immer auf einen fragilen Konsens aller Teilnehmer angewiesen ist.[42] Alle drei Lösungen haben also ihre Schwachstellen. Solange die Gemeinschaftsgüter aber nicht die typischen Merkmale von systemischen Risiken aufweisen, also durch globale Ausdehnung, starke Vernetzung mit anderen Funktionsbereichen und nichtlineare Wechselwirkungen geprägt sind, können die drei Lösungswege oft auch in Kombination miteinander durchaus erfolgreich zum Einsatz kommen. So haben wir bei einer Reihe von öffentlichen Gütern akzeptable und auch risikobegrenzende Lösungen gefunden, etwa bei der inneren Sicherheit in Deutschland.[43]

Kollektiv wirksame Lösungen stoßen aber immer dann auf kaum überwindbare Barrieren, wenn es sich um typische systemische Risiken handelt:[44] Sie sind erstens global, und auf dieser globalen Ebene sind die Nationalstaaten auf gegenseitige Kooperation angewiesen, denn es gibt keine effektive Weltregierung. Unter diesen Umständen ist der Sirenengesang des Freifahrens besonders attraktiv. Sie sind zweitens vernetzt, das heißt die Auswirkungen treten oft in völlig anderen Bereichen auf als in denen, von denen die Krise ausgeht. Ein gutes Beispiel dafür ist die Migration aufgrund der Auswirkungen des Klimawandels.[45] Da hier unterschiedliche institutionelle Zuständigkeiten (etwa Umweltministerium versus Innenministerium) vorherrschen, kommt es selten zu den erforderlichen kooperativen Lösungsformen, vor allem auf der globalen Ebene. Sie sind drittens nicht-linear und stochastisch und damit in ihren Auswirkungen schwer vorhersehbar. Vielfach weiß man erst nach der Krise, was auf dem Spiel gestanden hat. Damit ist schon ein weiterer Punkt angesprochen: Nicht die systemischen Krisen, wohl aber deren Auslöser werden systematisch unterschätzt. Dies führt dann zu der schon oben angedeuteten Rat- und Hilflosigkeit. Kurzum, es gibt durchaus wirksame Gegenmittel gegen die Allmendefalle. Nur bei den systemischen Risiken greifen sie entweder zu kurz oder sie können aus Gründen anderer Steuerungsdefizite nicht effektiv eingesetzt werden. Auf diese anderen Defizite kommen wir im Folgenden zu sprechen.

5.2 Die Effizienzfalle

Wir leben in einer Welt der globalisierten Märkte. Im Austausch von Waren und Dienstleistungen hat derjenige die Nase vorne, der die bessere Qualität zum günstigeren Preis anbietet. Dabei spielt das »wo?« keine Rolle. Kauft man sich ein deutsches Auto »Made in Germany«, kann man nicht davon ausgehen, dass alle Bestandteile des Fahrzeugs aus Deutschland stammen. Im Gegenteil, die Bauteile werden aus vielen verschiedenen Ländern geliefert.[46] Genau genommen müsste deshalb auf dem Auto das Etikett »Made in Everywhere« kleben. Dies gilt für die meisten komplexen Industrieprodukte unseres Landes. Wir leben in einer globalen und vernetzten Welt mit allen ihren Vorzügen und all ihren Problemen und Zwängen. All das, was wir hier im Land tun, hat Auswirkungen auf andere, all das, was global passiert, hat Auswirkungen auf uns.[47]

Warum ist es zu dieser Entwicklung gekommen? Das Zauberwort heißt Effizienz.[48] Während das Wort »effektiv« das Ausmaß der erwünschten Zielerreichung beschreibt, steht das Wort »Effizienz« für einen möglichst produktiven und sparsamen Einsatz des für die Herstellung eines Produktes oder einer Dienstleistung benötigten Aufwandes.[49] Wenn ich beispielsweise meinen geplatzten Fahrradreifen repariere, bedeutet »effektiv«, dass nach der Reparatur der Schlauch dicht bleibt, »effizient« würde bedeuten, dass ich die Reparatur in

möglichst kurzer Zeit und mit möglichst geringem Verbrauch
an Dichtungsmaterial durchgeführt habe. Effektiv ist auf das
Ziel, Effizienz auf den Mitteleinsatz bezogen.

In der Nationalökonomie werden die Mittel für die Produktion von Gütern und Dienstleistungen in drei Faktoren unter-
teilt: Natur, Arbeit und Kapital.[50] Als wichtige Größe, die auf
alle drei Einfluss nimmt, kommt das Wissen (Know-how)
hinzu.[51] Die gesamte Wirtschaftsgeschichte der Menschheit
lässt sich als eine Entwicklung zu immer höheren Formen der
Effizienz deuten. Schlüsselvariablen in diesem Prozess der Effizienzsteigerung sind der Einsatz von investitionsfördernden
Rahmenbedingungen, Technologie und Wissen, die Organisation von arbeitsteiligen Verfahren und die Nutzung der
kreativen Kräfte des Wettbewerbs.[52] Alle vier haben gemeinsam dazu geführt, dass wir heute aus einer Einheit natürlicher
Ressourcen sehr viel mehr an Dienstleistungen herausholen
als früher, dass wir die Produktivität der Arbeit um ein Vielfaches gesteigert haben und dass wir durch inzwischen globale
Formen der Arbeitsteilung insgesamt ein Niveau an Produktion und Dienstleistungen erzielt haben, wie dies in keiner
geschichtlichen Epoche vor uns je der Fall gewesen ist. Allerdings haben wir in der Vergangenheit mehr Wert auf Effizienzsteigerung bei den Produktionsfaktoren Arbeit und Kapital gelegt als auf entsprechende Effizienzgewinne bei der
Nutzung natürlicher Ressourcen. Dies ist auch ein Grund dafür, dass viele Autoren eine Effizienzrevolution für natürliche
Ressourcen fordern und dafür die entsprechenden Rahmenbedingungen (etwa Ressourcenverbrauchssteuer) vom Staat
fordern.[53] Die ungleiche Verteilung des Produktivitätsfort-
schritts auf die einzelnen Produktionsfaktoren ändert aber
nichts an dem Gesamtergebnis einer dramatischen Steigerung
der wirtschaftlichen Leistungsfähigkeit. Trotz des starken Be-

völkerungswachstums stehen der Menschheit heute pro Kopf mehr Güter und Dienstleistungen zur Verfügung als allen früheren Generationen.[54] Abbildung 26 gibt einen eindrucksvollen Überblick über die Entwicklung des Pro-Kopf-Einkommens von dem Beginn der Zeitenrechnung bis heute.

Rund 20 % der Menschheit erfreut sich eines Lebensstandards, der weit über die elementaren Bedürfnisse hinausgeht, rund 35 % kann zumindest die eigenen Grundbedürfnisse sicherstellen, während rund 45 % unterhalb dieser Schwelle und zum Teil in bitterer Armut leben müssen.[55] Schon durch diese Dreiteilung wird eine Problematik der Effizienzrevolution deutlich. Es stimmt zwar, dass mit höherer Effizienz mehr Güter und Dienstleistungen mit der gleichen Ausstattung an Natur, Arbeit und Kapital bereitgestellt werden. Ob die damit verbundene Vermehrung des Volkseinkommens aber gerecht auf alle Mitglieder dieser Gemeinschaft verteilt wird, ist eine ganz andere Frage.[56] Eine nach Effizienz ausgerichtete Verteilung ist an die Leistungsfähigkeit der mitwirkenden Personen gebunden. Wer aus welchen Gründen auch immer diese erforderliche Leistung nicht bringt, ist nach dieser Logik von den Zuwächsen des gesellschaftlichen Reichtums ausgeschlossen. Es sei denn, dass über staatliche oder freiwillige Maßnahmen Umverteilungen vorgenommen werden. Gerade dies ist die Grundphilosophie der sozialen Marktwirtschaft, nämlich die Marktkräfte für eine möglichst effiziente Auslastung der Produktionsfaktoren frei wirken zu lassen, dann aber den erwirtschafteten Reichtum nach Gerechtigkeitskriterien umzuverteilen.[57]

Unser heutiger Lebensstandard beruht auf der stetigen Verbesserung der Effizienz. Auch die schon angesprochene Vermehrung der Bevölkerung ist erst durch die prometheischen Innovationen, die jeweils mit einem Effizienzschub ver-

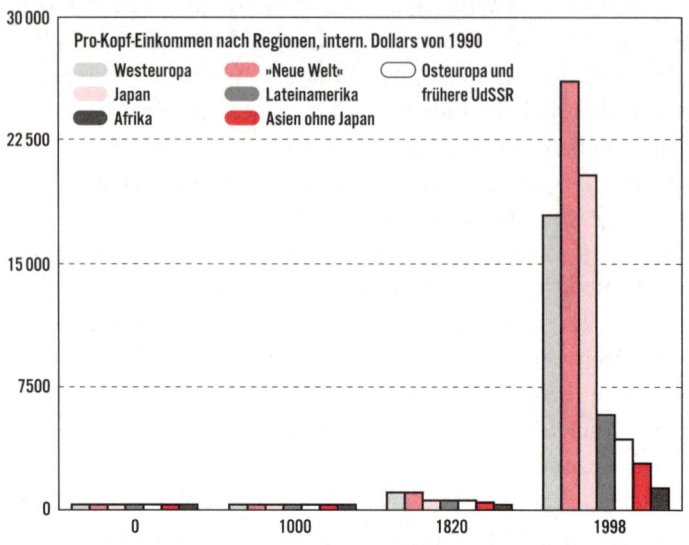

Abb. 26 Pro-Kopf-Einkommen im Verlauf der Geschichte.
Quelle: Uni Münster 2013.[58]

bunden waren, möglich geworden. Außerdem sorgt das Streben nach zunehmender Effizienz dafür, dass seltene und damit
teurere Ressourcen sukzessive ersetzt und neue kreative Lösungen bei sich anbahnenden Versorgungskrisen begünstigt
werden. Viele Begrenzungen der im Teil 1 besprochenen Le-
bens- und Gesundheitsrisiken sind direkt auf Steigerungen
der Effizienz zurückzuführen. Wir alle profitieren also von
einem System, das Effizienz zum Angelpunkt wirtschaftlicher
Aktivitäten erkoren hat.[59]

Allerdings ist diese Steigerung der Effizienz nicht zum
Nulltarif zu haben. Als Erstes führt eine konsistente Strategie
zur Erhöhung der Effizienz immer dazu, dass nur die Faktoren
in die Rechnung einbezogen werden, die für die Betrachtung

des jeweiligen Zielsystems als relevant angesehen werden. So werden zum Beispiel häufig Umweltbelastungen nicht in die Effizienzüberlegungen einbezogen. Unter diesen Umständen führt die Optimierung nach Effizienz automatisch zu einer oft überproportionalen Nutzung der Umweltressourcen, weil deren Verbrauch ja nicht in die Rechnung eingeht.[60] Den Effizienzgewinn erhalte ich unter diesen Umständen durch eine überproportionale Belastung eines »freien« Gutes, wie bei der Allmende. Wenn ich etwa nur zwei Kühe auf die Weide führen darf, dann suche ich mir Exemplare einer besonderen auf Effizienz getrimmten Züchtung aus, die besonders viel Milch erzeugt, auch wenn ich weiß, dass diese Rasse doppelt so viel Gras frisst wie die anderen Kühe.

Dazu ein Beispiel aus der Gegenwart: Vor einigen Jahren haben wir ein Projekt zum Thema »nachhaltige Sortimentsgestaltung im Einzelhandel« durchgeführt.[61] Im Rahmen dieses Projektes habe ich den Chefeinkäufer eines der großen Warenhäuser nach seinen Auswahlkriterien für den Einkauf befragt. Dieser Chefeinkäufer erläuterte seine Kriterien anhand eines Gurkenglases. Er schilderte, dass die Gurken aus Polen importiert würden, das Glas aus Portugal, der Deckel würde in Österreich hergestellt, die Beschriftung des Glases erfolge in Frankreich und die Befüllung der Gläser hätte man nach Tunesien ausgelagert. Dieses aufwendige Verfahren für ein einfaches Glas Senfgurken sei aus Effizienzgründen allen anderen Optionen vorzuziehen. Insgesamt wäre die Herstellung dieses Gurkenglases unter den gegebenen Qualitätsstandards für Gurken, Glasqualität und Deckel preiswerter als jede andere Lösung, die Verarbeitung und Einglasung vor Ort eingeschlossen. Aus seiner Sicht war dies sicherlich eine vernünftige Entscheidung. Was aber in dieser Entscheidung zu kurz kommt, sind die negativen Auswirkungen des Transpor-

tes in Form von Umweltbelastungen, Landschaftszerschnei-
dung und Lärm, die möglicherweise problematischen Arbeitsbedingungen in Tunesien und die negativen Auswirkungen
auf die Bodenqualität aufgrund der intensiven Düngung des
Ackerlandes in Polen. Ein ähnliches Beispiel, das vom Wuppertal Institut minutiös recherchiert wurde, erregte auch in
der Presse große Aufmerksamkeit:[62]

> »Um in Stuttgart ein Glas Joghurt herzustellen, sind Trans-
> porte über Tausende von Kilometern nötig – Erdbeeren aus
> Polen, Joghurtkulturen aus Norddeutschland, Leim aus Hol-
> land. Das zeigte die 1992 am Wuppertal Institut veröffent-
> lichte Arbeit von Stefanie Böge, die Institut und Autorin
> durch die bis dahin einzigartige Transportuntersuchung
> in die Medien katapultierte. In der Summe aller Zuliefe-
> ranten brachte es ein im Regal angebotener Joghurt im
> 150-Gramm-Glas auf eine Transportstrecke von 9115 Kilo-
> metern. Böge offenbarte auch, dass es pro Joghurt-Gläschen
> eine darauf nicht deklarierte Zutat gab: den Verbrauch von
> sechs Kubikzentimetern Diesel – allein für den Transport.«

In der Ökonomie werden diese nicht einbezogenen Nebenwirkungen von Produktion und Konsum als externe Effekte
bezeichnet.[63] Würden alle externen Effekte in die Effizienzüberlegungen eingehen, dann wäre das Ergebnis in der Tat op-
timal. Da dies aber selbst beim besten Willen nie vollständig
gelingt, geht eine Optimierung nach Effizienz sehr häufig auf
Kosten der nicht einbezogenen externen Effekte. Solche externen Effekte sind umso eher und häufiger zu erwarten,
je mehr Produktion und Konsum mit komplexen und vernetzten Auswirkungen verbunden sind. Auch hier kann man
ein anschauliches Beispiel aufführen. Eine wichtige Verursa-

chung für die Entstehung des Rinderwahnsinns, der dann zur BSE-Krise geführt hat, war die Fütterung von Rindern mit Zusatzfutter aus nicht mehr anderweitig verwertbarem Schafsfleisch.[64] Das Problem mit diesem Zusatzfutter bestand nicht darin, dass Rinder als Vegetarier Fleischreste als Futter verabscheuen würden – im Gegenteil, soweit wir das beurteilen können, hat ihnen dieses Futter sehr gut geschmeckt –, sondern dass die geschlachteten Schafe häufig an einer dem Rinderwahnsinn ähnlichen Erkrankung, dem sogenannten Scrapie, litten. Mit dieser Krankheit werden die Schafe relativ gut fertig, aber bei den Rindern, die damit gefüttert wurden, haben sie den uns allen bekannten Rinderwahnsinn ausgelöst. Auch diese damals noch unbekannte Ansteckungsgefahr wäre bei den Rindern wahrscheinlich nie zum Ausbruch gekommen, wenn nicht eine Expertenkommission aus Effizienzgründen empfohlen hätte, die Temperatur für die Hygienisierung des Schafsfleischs herunterzusetzen, um Energiekosten zu sparen.[65] Was man nicht wusste: Die im Schafsfleisch verbliebenen Prionen (Auslöser für den Rinderwahnsinn) überlebten die niedrigeren Temperaturen und waren damit wichtige Mitauslöser für die dramatischen Verluste aufgrund der folgenden BSE-Krise. Mit der Entscheidung, einige wenige Millionen Euro bei der Hygienisierung zu sparen, ging ein um ein Vielfaches höherer Verlust durch die Übertragung der Krankheitserreger auf Rinder einher.

Nun kann man zu Recht einwenden, dass die Expertenkommission diese Empfehlung ausgesprochen hat, ohne die Zusammenhänge zwischen der Verfütterung des Schafsfleischs und des Auftretens des Rinderwahnsinns zu kennen. Die Empfehlung war also weder auf Ignoranz noch auf Profitgier oder Zynismus zurückzuführen. Im Gegenteil: Die Experten wollten auch etwas zum Umweltschutz beitragen, indem sie

energiesparende Verfahren vorschlugen. Sie wussten es einfach nicht besser. Diese Situation ist aber typisch für systemische Risiken.[66] Wir kennen nicht alle externen Effekte, die
mit einer Verbesserung der Effizienz verbunden sind. Je mehr
aber die Effizienz vorangetrieben wird, desto größer ist die
Wahrscheinlichkeit, dass im Bereich systemische Risiken negative externe Effekte ausgelöst werden. Diese treten aber erst
dann in unser Bewusstsein, wenn die Krise schon ausgebrochen ist, also wenn es bereits zu spät ist.

Und damit kommen wir zu einem zentralen Problem der
Effizienz. In einer global vernetzten und komplexen Welt erkaufen wir die Verbesserung der Effizienz durch eine Erhöhung der Verwundbarkeit des Gesamtsystems.[67] Das liegt zum
einen daran, dass wir, wie oben schon dargestellt, die gesamten
Vernetzungen von der Wiege bis zur Bahre eines Produktes
nicht kennen und wir mit der Steigerung der Effizienz die
Wahrscheinlichkeit erhöhen, dass Letztere mit einem für uns
noch unbekannten externen Effekt verbunden ist.[68] Auf diese
Weise machen wir das Gesamtsystem immer anfälliger für
Störungen. Zum Zweiten steigert die Erhöhung der Effizienz
auch die Verwundbarkeit des Ausgangssystems gegenüber
unerwarteten Rückkopplungen.[69] Reaktionen aus den mit dem
Ursprungssystem vernetzten Auswirkungssystemen schädigen dann das Ausgangssystem selbst. Bestes Beispiel für diese
zweite Schiene der Verwundbarkeit ist die Bankenkrise: Zwar
hatten viele Finanzmanager geglaubt, dass sie die Risiken der
spekulativen Produkte externalisiert, d. h. auf andere (etwa
private Investoren) abgewälzt hätten, dann zeigte sich aber,
dass infolge des Strudels der Abwertungen der Finanzprodukte ein solch hoher Vertrauenseinbruch erfolgte, dass auch
die soliden Geschäfte der Banken mit nach unten gerissen
wurden und staatliche Hilfe zum Überleben benötigten.[70]

Je mehr Effizienz wir verwirklichen und je mehr Kosten wir damit einsparen, desto höher wird in der Regel das Risiko, dass unter besonders schwierigen Umständen nicht genügend Puffer vorhanden ist, um die Funktionsfähigkeit der jeweiligen Dienstleistung zu gewährleisten. Wenn wir beispielsweise aus Kostengründen die Wasserversorgung zunehmend zentralisieren und dezentrale Brunnen versiegen lassen, dann sind bei einem unerwarteten Ausfall schon eines Teils der zentralen Wasserversorgung viele Menschen betroffen, ohne dass wir schnell zu Ersatzlösungen greifen können.[71] Zentralisierung, globale Vernetzung und enge Kopplung von Systemen sind also Merkmale, die zwar die Effizienz der jeweiligen Dienstleistung steigern helfen, die uns aber zunehmend verwundbar gegenüber Ausfällen machen, vor allem dann, wenn die Ursache-Wirkungsketten systemischer Natur sind.[72] Dazu gehört auch, dass wir oft mit vereinfachten Modellen Effizienz und Wirksamkeit von Maßnahmen beurteilen, die sich dann im Nachhinein als zu wenig robust gegenüber der Vielfalt an Ereignissen und externen Nebenwirkungen erweisen.

Aus diesem Grunde haben viele Analytiker ein neues Leitbild ins Gespräch gebracht. Dieses Leitbild für wirtschaftliches und politisches Handeln heißt *Resilienz*.[73] Mit diesem Begriff verbindet man die Widerstandsfähigkeit gegenüber unwahrscheinlichen, aber auch völlig unvorhersehbaren Ereignissen. Je resilienter ein System ist, desto eher kann es seine Funktionsfähigkeit auch unter extrem widrigen Umständen aufrechterhalten.[74] Nach den gängigen Modellen der Berechnung von Wirtschaftlichkeit ist eine auf Resilienz ausgerichtete Strategie nicht kostenoptimal und damit auch nicht maximal effizient.[75] Um noch mal auf die Wasserversorgung einzugehen, ein resilientes System würde beispielsweise die

dezentralen Brunnen weiter instand halten, um im Notfall
darauf zurückgreifen zu können, oder mehrere parallele Was-
serleitungen einbauen, um bei dem Ausfall einer Leitung
noch andere verfügbar zu haben.[76] All das kostet natürlich
Geld und bindet mehr Material, Arbeit und Fläche als bei der
zentralen Wasserversorgung aus einer Quelle. Dennoch ist
eine solche Vorsorge angebracht, weil sonst die ganze Versorgung im unwahrscheinlichen Notfall zusammenbrechen
kann.

Warum setzt man aber so selten auf Resilienz? Das liegt im
Wesentlichen daran, dass unerwartete Ereignisse als wenig
wahrscheinlich eingestuft werden.[77] Wenn man eine geringe
Wahrscheinlichkeit mit einer hohen Schadenssumme multipliziert, dann ist das Produkt aus einer sehr niedrigen mit
einer hohen Zahl wenig dramatisch. Die ermittelten Durchschnittswerte pro Jahr verbleiben dann auf einem relativ geringen Niveau. Vergleicht man dann diese Durchschnittswerte mit den Kosten für den Aufwand, um Systeme resilient
aufzurüsten, dann rechnet sich das nicht. Das Problem mit
dieser Kosten-Nutzen-Rechnung besteht aber darin, dass für
die Berechnung von Risiken bei stochastischen und nichtlinearen Ursache-Wirkungsketten unsere Modelle häufig
Ausmaß und Häufigkeit von wenig beachteten Ereignissen
unterschätzen.[78] Auf diese Problematik gehe ich im Folgenden
bei der Beschreibung der Hybrisfalle ein.

5.3 Die Hybrisfalle

Hochmut kommt meist vor dem Fall. Diese simple Volksweis-
heit könnte auch als Quintessenz bei der Erläuterung der Hybrisfalle dienen.[79] Schon im zweiten Teil dieses Buches haben

wir bei der Frage der individuellen Faustregeln eine Reihe von intuitiven Heurismen kennengelernt, die auf ungerechtfertigter Sicherheit und Selbstüberschätzung beruhen und unsere Urteilskraft beeinflussen.[80] In diesem Kapitel geht es weniger um individuelle Fehlurteile als vielmehr um strukturelle und institutionelle Bedingungen, unter denen solche Fehlurteile besonders häufig zu erwarten sind.

Die erste Quelle für Überheblichkeit ist der institutionell verankerte Glaube an die unbedingte Zuverlässigkeit, zum Teil sogar Unfehlbarkeit wissenschaftlicher Erkenntnis.[81] In der Tat konnten wir im Verlauf der menschlichen Geschichte unser Wissen über Natur und Gesellschaft erheblich verbessern. So haben wir gelernt, wie wir erfolgreich mehr als 40 % der gesamten Primärenergie für unsere Zwecke nutzen können; wir können heute die globalen Stoffströme des Planeten für unsere Zwecke beeinflussen, und wir sind bei der Produktion von Gütern und Dienstleistungen zu einer Effizienzsteigerung gekommen, die im wahrsten Sinne des Wortes atemberaubend ist. So sind wir in der Lage, rund zwei Milliarden Menschen einen in der Geschichte bislang unerreichbaren Lebensstandard sicherzustellen. Aufgrund der Erfolgsgeschichten produktiver Wissensanwendung erwarten Entscheidungsträger aus Wirtschaft und Gesellschaft, dass die Wissenschaft ihnen auch in Zukunft narrensichere Handlungsanleitungen anbietet, um diese Spirale der Nutzbarmachung der Natur weiterhin für ihre Zwecke voranzutreiben und eine neue Welle der Effizienzsteigerung auszulösen.[82] Dieses nach wie vor hohe Zutrauen in die Leistungsfähigkeit unserer wissenserzeugenden Systeme hat im Gegenzug dazu geführt, dass wir häufig die Grenzen unseres Wissens unterschätzen und die mit unserem Wissen verbundenen Unsicherheiten ausblenden.[83] Im Rahmen der Wirtschafts- und Politikberatung wer-

den dann häufig Empfehlungen ausgesprochen, die zwar im
Grundsatz auf wissenschaftlicher Evidenz beruhen, deren
Wirksamkeit und Grenzen jedoch nicht weitervermittelt oder
vom Abnehmer nicht weiterverarbeitet werden.[84] Vor allem
Unsicherheiten werden nicht genügend kommuniziert oder
beachtet, frei nach dem Motto: Was ich nicht weiß, macht
mich nicht heiß. Dies kann gerade bei systemischen Risiken zu
einer Kaskade von negativen Folgeereignissen führen.

Die jüngste Bankenkrise ist dafür ein passendes Beispiel.
Es waren nicht die finanztheoretischen mathematischen Modelle, die in dieser Krise versagt haben, sondern der Fehler lag
in der falschen Anwendung dieser Modellrechnungen auf
Prozesse, die wesentlich komplexer und vernetzter ablaufen,
als die Modelle dies von ihrer Struktur her erfassen können.[85]
Dass 2 und 2 die Zahl 4 ergibt, ist unbestreitbar korrekt und
trifft auch auf alle, wie auch immer komplex strukturierten
Situationen zu. Wenn ich diese Rechnung aber falsch über-
trage und davon ausgehe, dass 2 Birnen + 2 Äpfel gleich
4 Pampelmusen ergeben, dann wende ich offenkundig diese
korrekte mathematische Formel falsch an. Ähnliches hat sich
auch bei der Erfassung der Finanzrisiken abgespielt.[86] So wie
man bei einem Würfel den Erwartungswert von eins zu sechs
genau berechnen kann, so ging man auch bei der Berechnung
von Finanzrisiken davon aus, dass man die damit verbundenen Risiken im Rahmen eines stochastischen Modells genau
abschätzen könne.[87] Ähnlich wie man bei einer Umfrage oder
bei einem Experiment mithilfe der Wahrscheinlichkeitsrechnung ein Intervall angeben kann, innerhalb dessen Grenzen
der wahre Wert mit einer bestimmten Wahrscheinlichkeit
eintreten wird, so hat man in der Finanzmathematik auf der
Basis von stochastischen Modellen die zu erwartenden Spann-
weiten der möglichen Gewinne und die Restwahrscheinlich-

keit für Verluste ausgerechnet. Bei der Wahl der Finanzoptionen hat man sich dann auf diejenigen Optionen konzentriert, bei denen nur eine fünfprozentige Wahrscheinlichkeit für einen größeren Verlust bestand (Value-at-Risk-Methode).[88] Allerdings hatte man bei dieser Rechnung zwei wichtige Voraussetzungen für die Gültigkeit der zugrunde gelegten Modelle nicht beachtet. Zum einen muss die Zahl der möglichen Szenarien für das Eintreffen eines Verlustes bekannt sein (zumindest muss sie endlich sein), und zum anderen müssen die jeweiligen Szenarien und deren Wirkungen unabhängig voneinander eintreffen.[89] Diese beiden Voraussetzungen waren jedoch in der jüngsten Finanzkrise nicht gegeben. Die Zahl der Szenarien, die Auslöser für eine verlustreiche Entwicklung sein könnten, ist in der Realität nahezu unbeschränkt und in ihrer komplexen Wechselwirkung auch nicht vollständig zu übersehen.[90] Gleichzeitig hängt die Bonität der angebotenen Finanzinstrumente von der Zuschreibung von Vertrauenswürdigkeit ab und nicht – oder nur über einen Umweg – von der Vertrauenszuschreibung, die man mit dem realen Gegenwert verbindet.[91] In dem Moment, in dem auch nur ein Element dieses komplexen Finanzsystems unter Vertrauensdruck gerät, werden auch die anderen Elemente mit in den Strudel gezogen. Dann geraten auch die Werte unter Druck, die eigentlich solide finanziert sind.

Die fehlerhafte Anwendung von stochastischen Modellen im Bereich der Finanzwirtschaft ist nur die Spitze eines Eisberges eines falsch verstandenen Vertrauens in die Wirkmächtigkeit wissenschaftlicher Erklärungen und Prognosen. In meiner Vorlesung zum Thema Wahrscheinlichkeitstheorie führe ich meinen Studierenden immer die Überlegung vor, dass es mindestens 1 Million Ereignisse mit einer Wahrscheinlichkeit von 1 zu 1 Million pro Tag gibt. Dies bedeutet,

dass wir im Schnitt jeden Tag mit einem sehr unwahrscheinlichen Ereignis rechnen müssen. Ohne diese Fülle an einzigartigen Ereignissen und Ereignisketten wäre eine persönliche
Biographie mit einzigartigen individuellen Schicksalsverläu-
fen gar nicht möglich. Allerdings verführt uns die jeweilige
Unwahrscheinlichkeit des Ereignisses dazu, diese als wenig
realistisch auszublenden und uns auf die wahrscheinlichen
Ereignisse zu konzentrieren. Bei der Analyse von technischen
Unfällen hatten wir bereits angesprochen, dass wir häufig
nach dem Eintreffen eines höchst unwahrscheinlichen Unfallverlaufes alle Hebel in Bewegung setzen, um eine Wiederholung genau dieses Unfallverlaufes zu verhindern. Dass aber
dieser unwahrscheinliche Fall am nächsten Tag gleich wieder
passiert, ist extrem unwahrscheinlich. Dagegen ist es sehr
wahrscheinlich, dass am nächsten Tag irgendein völlig anderes sehr unwahrscheinliches Ereignis eintrifft, das wir möglicherweise noch gar nicht kennen.

Der Bestsellerautor Arthur Taleb hat diese Erfahrung in
Anlehnung an Karl Popper als schwarzen Schwan bezeichnet.[92] Mit diesem Bild sind Ereignisse gemeint, die wir nach
unserem jetzigen Wissen als wenig wahrscheinlich (Schwäne
sind halt weiß) oder sogar als ausgeschlossen ansehen. Für jeden einzelnen schwarzen Schwan ist diese Einschätzung auch
meist korrekt, aber für den Typ »Schwarzer Schwan« stimmt
die These von der Unwahrscheinlichkeit nicht.[93] Wir begegnen einem Vertreter im Prinzip jeden Tag. Aus diesem
Grunde sind Prognosen über die Wirklichkeit umso treffge-
nauer, je mehr sie die Möglichkeit von unerwarteten Ereignissen miteinbeziehen.[94] Dadurch werden sie aber gleichzeitig in
ihrer Präzision der Vorhersage ungewisser und in den Augen
vieler auch schwammiger. Bei richtigem Licht betrachtet sind
sie jedoch viel treffsicherer als gezielte Vorhersagen, die sol-

che Zufallsschwankungen und Überraschungen unberücksichtigt lassen.

Ein zweiter wichtiger Aspekt der Hybris ist der Glaube, dass man erfolgreiche Strategien aus der Vergangenheit auch erfolgreich für ähnliche Herausforderungen in Gegenwart und Zukunft einsetzen könne, selbst wenn sich die Umstände geändert haben.[95] Bislang haben wir beispielsweise für neu aufgetretene Infektionskrankheiten meist schnell wirksame Gegenmittel entwickeln können. Inzwischen haben wir uns an diesen Erfolg gewöhnt und erfreuen uns an der selbstgefälligen Zuversicht, dass diese Erfolgsgeschichte auch in Zukunft anhalten wird. So nehmen wir bedenkenlos große Mengen von Antibiotika ein, wenn nur das kleinste Anzeichen einer Grippe droht. Sogar dann, wenn die Erkrankung auf viralen Erregern beruht, werden heute oft Antibiotika verschrieben, obwohl diese nur bei Bakterien wirken. Die Einnahme von Antibiotika führt aber zur Entwicklung von Antibiotika-resistenten Bakterien, vor allem dann, wenn diese Antibiotika zu früh abgesetzt werden.[96] Bislang hat die pharmazeutische Industrie immer wieder neue Antibiotika herstellen können, um der Entwicklung von resistenten Bakterien etwas entgegensetzen zu können. Es gibt aber keinerlei Gewähr dafür, dass dies auch in Zukunft gelingen wird. Schon jetzt gibt es eine Reihe von resistenten Bakterien, bei denen alle herkömmlichen Antibiotika unwirksam geworden sind. In dieser Situation wäre es im Sinne der schon mehrfach beschriebenen Resilienz dringend anzuraten, die noch wirksamen Antibiotika nur dann zu verschreiben, wenn es wirklich angebracht ist, und auf die Gefahren eines vorzeitigen Abbruchs der Medikamenteneinnahme zu verweisen. Auf diese Weise käme es wesentlich seltener zur Ausbildung resistenter Bakterienstämme.

Ähnliche Überlegungen wie bei den Antibiotika lassen sich auch auf die Behandlung von Epidemien und deren Ausbreitung anstellen.[97] Wichtige Maßnahmen, etwa zur Eindämmung und Eingrenzung der Krankheitsherde auf bestimmte lokale Gebiete, zum Beispiel durch temporäre Reisebeschränkungen oder zusätzliche Hygienemaßnahmen bei Handelsprodukten, lassen sich kaum durchsetzen, weil alle der festen Überzeugung sind, dass Medizin und Pharmakologie schon die notwendigen Instrumente entwickeln werden, um die sich ausbreitenden Epidemien wirkungsvoll zu bekämpfen.[98] Dies ist aber keineswegs ein Naturgesetz! Sollte sich in der Tat eine Epidemie weltweit ausbreiten, deren Erreger durch Atemluft übertragen werden und mit einer hohen Wahrscheinlichkeit zum Tode führen, dann wäre das Fehlen eines entsprechend wirksamen Gegenmittels der Auslöser einer globalen Katastrophe.[99] Wiederum kann man hier im Sinne der Resilienz folgern, dass man bei einem so hohen Schadenspotential nicht alle Eier in einen Korb legen sollte. Denn wenn dieser Korb einem aus der Hand fällt, sind alle Eier zerbrochen. Resilienz würde dagegen bedeuten, dass wir die Eier auf mehrere Körbe verteilen. Fällt einer davon hin, bleiben die restlichen Eier intakt. Steht also viel auf dem Spiel, sollte man lieber auf eine breite Palette von unabhängigen Gegenmaßnahmen vertrauen. Neben den medizinischen Mitteln sind deshalb auch physikalische Begrenzungen des Risikos wichtige Bausteine einer auf Resilienz bezogenen Handlungsstrategie.

Ein dritter und letzter Aspekt der Hybris betrifft den Glauben an die Machbarkeit und Korrigierbarkeit von Fehlentwicklungen, sobald man sie erkannt hat.[100] Schon bei der Behandlung des Klimaschutzes hatte ich darauf hingewiesen, dass die inzwischen erreichte Konzentration von Kohlendioxid in der Atmosphäre keineswegs verschwinden wird, wenn wir von heute auf morgen auf alle anthropogenen Emissionen verzichten würden.[101] Viele der eingeleiteten Fehlentwicklungen vor allem im Bereich der systemischen Risiken verfolgen ihre eigene komplexe Strategie, und oft fehlt es uns an wirkungsvollen Instrumenten, um diese Strategie zu durchbrechen. Dies hat sich zum Beispiel in der Schuldenkrise der EU niedergeschlagen.[102] War das Vertrauen der Investoren und der Geldgeber einmal erschüttert, so halfen auch die vielen Finanzpakete der EU nur wenig, um dieses Vertrauen wiederherzustellen. Selbst dort, wo nach objektiven Gesichtspunkten eine hohe Zahlungsbereitschaft der Schuldner bestand, geriet das jeweilige Land in zunehmende Schwierigkeiten, weil es in den Strudel der Vertrauenskrise hineingeraten war. Wie das Bild des Strudels nahelegt, kann man sich so viel abstrampeln, wie man will, es gelingt kaum, sich aus eigener Kraft zu befreien. Auch diejenigen von außen, die Hilfe anbieten, sind dann immer in Gefahr, selbst in den Sog des Strudels zu geraten, wenn sie zu nahe an die Gefahrenstelle kommen. Übertragen auf die heutige Schuldenkrise bedeutet dies, dass auch die Länder, die große Anstrengungen unternommen haben, wie etwa Italien, weiterhin unter einem hohen Vertrauensverlust in ihre Zahlungsfähigkeit leiden.[103] Gleichzeitig können Länder wie Frankreich, die sich am Rande des Strudels bewegen, in den Sog hineingerissen werden. Selbst für die wirtschaftlich relativ starke Bundesrepublik Deutschland ist diese Gefahr des Abdriftens in den Strudel nicht von der Hand zu weisen, sobald die größeren Volkswirtschaften in der EU von dem Strudel des Vertrauensverlustes erfasst werden.[104]

Hybris tritt also in drei verschiedenen Gestalten in unserer Gesellschaft auf: in der Gestalt des ungerechtfertigten Vertrauens in die Leistungsfähigkeit und Verlässlichkeit unseres Wissens, in der Gestalt der ungerechtfertigten Zuversicht in

die Zukunftsfähigkeit von Lösungen, die in der Vergangenheit
erfolgreich waren, und schließlich in der Gestalt des Irrglau-
bens an die Machbarkeit und Korrigierbarkeit von Fehlentwicklungen. Ähnlich wie bei der Effizienzfalle ist auch für die
Hybrisfalle das Konzept der Resilienz ein erprobtes Gegenmittel.[105] Resilienz vermittelt den Wissensträgern die Gewissheit, dass wir nicht alle Zusammenhänge kennen und die Zukunft für Überraschungen offen ist. Sie hilft uns, Systeme
widerstandsfähig zu machen, auch gegenüber Bedrohungen,
die wir als völlig unwahrscheinlich einschätzen oder von
denen wir noch gar nicht wissen, dass sie aufgrund der komplexen Vernetzungen existieren. Schließlich verhilft uns die
Resilienz auch zur Wiederbelebung einer alten Tugend: der
Demut. Demütig sein heißt die Grenzen der eigenen Handlungsfähigkeit und Wirksamkeit zu erkennen und sich nicht
selbst zu überschätzen. Demut sollte nicht nur unser eigenes
Handeln beeinflussen, sondern vor allem eine wichtige Hand-
lungsmaxime unserer kollektiven Steuerungsorgane in Wirtschaft und Gesellschaft sein. Demut täte uns allen gut.

5.4 Die Autonomiefalle

Das Streben nach Autonomie, Selbstentfaltung und Freiheit
sind Eckpfeiler unserer politischen und sozialen Wertord-
nung.[106] Über sich und sein Leben selbst bestimmen zu können, gehört zu den wichtigsten Grundrechten, die wir alle
schätzen und die wir in nahezu allen Verfassungen demokratischer Gesellschaftssysteme verankert finden. Ähnlich wie
bei Effizienz und Zutrauen in die Leistungsfähigkeit menschlichen Wissens und Handelns ist auch das Streben nach Autonomie zunächst einmal eine positive Errungenschaft und

zentral für die Lebensqualität jedes Individuums in unserer Gesellschaft. Wenn wir von der individuellen Ebene auf die nächsthöheren Einheiten, die Organisationen, Funktionssysteme, wie etwa das der Wirtschaft, und die Ebene der Nationalstaaten und Staatsverbünde gehen, spielt das Recht auf autonome Gestaltung der eigenen Handlungssphären eine zentrale Rolle im Selbst- und im Fremdverständnis der jeweiligen Akteure.[107] Die Souveränität beispielsweise von Staaten ist ein Grundsatz des Völkerrechts.[108]

So sehr die Gewährung von Autonomie ein wichtiges Merkmal individueller wie kollektiver Steuerungsprozesse in unserer heutigen Zeit geworden ist, so sehr können autonome Systeme vor allem bei systemischen Risiken zu schwerwiegenden Fehlleistungen führen, wenn sie sich von den anderen Systemen abkapseln.[109] So gab beispielsweise der mächtige amerikanische Chef der US-Notenbank, Alan Greenspan, in einer Anhörung am 23. Oktober 2008 zu:»Ich habe fälschlicherweise angenommen, das Eigeninteresse von Organisationen, insbesondere Banken und anderen, würde dafür sorgen, dass sie am besten in der Lage wären, ihre Aktionäre und deren Kapitaleinlage in den Firmen zu schützen.«[110] Er hatte sich offensichtlich geirrt.

Die meisten Menschen empfinden es als Wohltat, wenn sie in ihren wirtschaftlichen und sozialen Aktivitäten möglichst wenig reglementiert und in ihrem Streben nach Gestaltung ihrer eigenen Lebenswelt eingezwängt werden. Das Gleiche gilt (wenn auch in unterschiedlichem Maße) für Organisationen, wie etwa Betriebe, Vereine oder Verbände, und darüber hinaus auch für ganze Funktionssysteme, wie etwa die Akteure innerhalb der Wirtschaft, die gerne im Rahmen der gemeinsam vereinbarten Spielregeln autonom und nach eigenen Kalkülen handeln wollen.[111] Niklas Luhmann spricht

hier von selbstreferentiellen und nach eigenen Logiken han-
delnden Systemen.[112] Wenn wir aber davon ausgehen, dass
systemische Risiken mehrere Funktionsbereiche parallel betreffen und komplexe Auswirkungen über die Systemgren-
zen hinweg wirksam werden, dann kann die Autonomie eines
jeden Teilsystems dazu führen, dass man die negativen Auswirkungen des eigenen Handelns auf die benachbarten Organisationen oder Systeme ausblendet und gleichzeitig die Risiken, die man durch das eigene Handeln auslöst, auf andere
abwälzt.[113]

Diese Produktion von externen Effekten durch autonomes
systemimmanentes Handeln ist beispielsweise in der Finanzkrise zu beobachten gewesen. Die Finanzwirtschaft hat erfolgreich gegenüber staatlichen Kontrollbehörden eine Deregulierung in den neunziger Jahren des letzten Jahrhunderts
durchgesetzt und damit erst die Möglichkeit zu einer weiteren
autonomen und kreativen Entfaltung innovativer Finanzprodukte geschaffen.[114] Hätten diese Finanzprodukte keine
externen Effekte auf andere Bereiche des Wirtschaftens und
der Gesellschaft ausgeübt, wäre an diesen Bestrebungen zur
Deregulierung wenig auszusetzen gewesen. Wenn sich die
Zocker selber schädigen, hätte wahrscheinlich niemand eine
Träne vergossen. Aber die systemische Natur der Finanzrisiken sorgte dafür, dass die Autonomiebestrebungen dieses
Sektors und die damit verbundenen großen Gewinnchancen
zum großen Teil auf Kosten anderer Funktionssysteme gingen.[115] Während und nach der Krise konnten beispielsweise
klein- und mittelständische Unternehmen kaum mehr Kredite bekommen, selbst wenn ihre Projekte wirtschaftlichen
Erfolg versprachen.[116] Ebenso musste die öffentliche Hand
mit Steuermitteln die Schwächen der Banken, Finanzinstitute
und Versicherungen abstützen, weil die von diesen Instituten

erbrachten Dienstleistungen für die Gesellschaft insgesamt unverzichtbar waren.[117] So haben die einen gewonnen, während die anderen dafür die Zeche bezahlen mussten. Autonomie muss also dort seine Grenze finden, wo die Folgen autonomen Handelns anderen unnötige Risiken aufbürden.

Bis heute hält die Diskussion um die Frage der Deregulierung und die Regulierung von Märkten und wirtschaftlichen Transaktionen unvermindert an.[118] Interessant ist dabei, dass eine hohe Autonomie meist mit einer hohen Binneneffizienz, einer hohen Zuversicht in die eigene Leistungsfähigkeit und mit der Erzeugung externer Effekte für Dritte verbunden ist. Sofern diese Effizienzgewinne nicht auf Kosten der Verluste in anderen Bereichen gehen, solange die Zuversicht nicht in selektive Hybris ausartet und solange die externen Effekte durch entsprechende Einbeziehung der damit verbundenen Kosten ausgeglichen werden, kann ein Konzept der Deregulierung und der Abwesenheit von staatlicher Kontrolle überzeugen.[119] Aber die drei Bedingungen sind bei systemischen Risiken so gut wie nie erfüllt. Hier sind Regulierungen durch den Staat oder andere Überwachungsformen unverzichtbar. Dabei geht es nicht nur um die Einhaltung der Spielregeln des Wettbewerbs und des fairen Gütertauschs. Der Staat hat zunehmend die Aufgabe, auch die externen Wirkungen auf andere Systeme systematisch zu beobachten und Maßnahmen einzuleiten, damit diese Effekte vermieden oder kompensiert werden.[120]

Die Schwierigkeit mit dieser Aufgabe besteht natürlich darin, dass auch Staaten die Nebenwirkungen systemischer Aktivitäten nicht überblicken. Die Steuerung ist dann ineffektiv, was die Wirkung anbelangt, und zusätzlich noch ineffizient, was den Mitteleinsatz betrifft. In der Fachsprache heißt das Staatsversagen.[121] Im Endeffekt kommt es dann zu Nettoverlusten oder sogar zu gravierenden Wettbewerbsnachteilen. Die Lehre daraus kann aber nicht Deregulierung heißen, denn es gibt keinen Beleg dafür, dass die Autonomie, also die Selbstregulierung des jeweiligen Funktionssystems, hier bessere Ergebnisse erzielen würde. Vordergründig mag Deregulierung zwar die effizientere Strategie sein. Geht es aber um Resilienz und gerechten Ausgleich von externen Effekten, führt kein Weg an einer staatlichen Regulierung vorbei.[122] Natürlich muss auch diese sich der Kritik und der Überprüfung durch Dritte stellen. Es gilt also in diesem Falle, den richtigen Mittelweg zwischen dem kreativitätsfördernden Potential von Autonomie und dem regulativen Potential staatlicher Kontrolle und Überwachung zu finden.

Das Streben nach Autonomie und Selbstbestimmung ist natürlich nicht auf die Akteure in Wirtschaft und Gesellschaft beschränkt. Auch diejenigen, die selber die Staatsgewalt repräsentieren, streben nach möglichst hoher Autonomie verbunden mit dem Wunsch, Macht und Einfluss auszuüben. Hier kommt also noch zusätzlich zur Wahrung des eigenen Gestaltungsraumes die Chance dazu, über andere Herrschaft auszuüben.[123] Das Streben nach Autonomie wie nach Einflussnahme auf andere ist weder moralisch verwerflich noch bei kollektiv wirksamen Institutionen zu vermeiden. So konstatiert Anthony Giddens: »Macht als solches ist kein Hindernis für Freiheit und Emanzipation, sondern deren Medium; freilich wäre es töricht, den ihr auch eigenen Zwangscharakter zu ignorieren.«[124] Es müssen immer in einer Sozietät Entscheidungen getroffen werden, die auch für die bindend sind, die nicht explizit zugestimmt haben.[125] Niemand hat beispielsweise explizit sein Einverständnis dafür erklärt, im Straßenverkehr bei einer roten Ampel zu halten und bei einer grünen Ampel zu fahren. Wenn jemand darauf pocht, dass er nie gefragt wurde und deshalb willentlich eine rote Ampel überfährt, wird er dennoch bestraft. Solche bindenden Gesetze sind also notwendige Bestandteile der Steuerung, und deren Übertreten kann auch entsprechend geahndet werden. Es geht also nicht darum, das Streben nach Macht zu verteufeln oder die Bemühungen um Einflussnahme auf andere moralisch zu verurteilen. Vielmehr müssen die Steuerungsregeln so festgelegt sein, dass eine Gesellschaft die ambivalenten Folgen von Machtstreben und Eigennutz so integrieren kann, dass die positiven Energien aus diesen Antrieben kreativ wirksam und die negativen Folgen weitgehend begrenzt bleiben.[126] Die Systeme der Marktwirtschaft im wirtschaftlichen Bereich und der demokratischen Verfassung im politischen Bereich sind beides historisch gewachsene Regelsysteme, die vor allem darauf ausgerichtet sind, Machtstreben als Antrieb zu nutzen und gleichzeitig die Chancen zum Machtmissbrauch effektiv zu begrenzen.[127]

Zentrale Instrumente der Begrenzung von Macht und Autonomie sind Transparenz und gegenseitige Überwachung durch unabhängige Gremien und Institutionen.[128] Dazu gehören im Wirtschaftsbereich vor allem die Regeln der Offenlegung von Entscheidungen und Informationen (etwa im Aktienrecht), die Gewährleistung eines effektiven Wettbewerbs (etwa durch das Kartellrecht) und die Vertragsfreiheit mit Rechtsanspruch der eingegangenen Verpflichtungen. Im Bereich der politischen Steuerung sind es die Gewaltenteilung in Parlament (Legislative), Regierung (Exekutive) und Rechtsprechung (Judikative) sowie Grundregeln der Öffentlichkeit des politischen Handelns.[129] Die Amerikaner haben für diese gegenseitige Kontrolle den schönen Ausdruck der »Checks and Balances« geprägt.

In den Ländern, in denen diese gegenseitigen Überwachun-

gen und Kontrollfunktionen fest institutionalisiert wurden
und inzwischen zum wirtschaftlichen oder politischen Alltag
gehören, kommt es eher selten zu Machtmissbrauch oder
ungebührlicher Einflussnahme.[130] Immer dort, wo diese Mechanismen nicht oder nicht mehr wirksam sind, kommt es dagegen zu negativen Entwicklungen und zunehmenden Steue-
rungsrisiken. Darunter fallen so altbekannte Probleme wie
Korruption und Vetternwirtschaft, die weiterhin einen Großteil des wirtschaftlichen und politischen Handelns in der Welt
bestimmen.[131] Aber ähnlich kritisch zu werten sind Entwicklungen zu großen, marktbeherrschenden multinationalen
Unternehmen oder zu weltweit agierenden Organisationen,
die über keine auf Augenhöhe agierende Kontrollinstanz verfügen.[132]

Systemische Risiken sind besonders stark von der Autonomiefalle betroffen. Da die Auswirkungen oft verschlungene
Wege gehen und auch, wie ich es schon mehrfach verdeutlicht
habe, der breiten Öffentlichkeit nicht unmittelbar zugänglich
sind, können sie durch entsprechenden Machtmissbrauch verschleiert oder verharmlost werden. Häufig muss nicht einmal
eine Absicht des Machtmissbrauchs vorliegen. Allein die Tatsache, dass die Funktionsträger in kollektiv verbindlichen Entscheidungssituationen häufig nicht die vollständige Perspektive der Wirkungsketten systemischer Risiken überschauen,
reicht bereits dafür aus, dass Nebenwirkungen in Kauf genommen werden, die selbst der Entscheidungsträger weder
gewünscht noch vorhergesehen hat. Ein ausgeklügeltes System von gegenseitigen Kontrollen und Prüfverfahren verhindert zwar nicht in jedem Falle eine Ausblendung der mit einer
Entscheidung verbundenen Nebenfolgen und systemischen
Vernetzungen, aber sie macht sie weniger wahrscheinlich.[133]

Um gezielter gegen die Auswirkungen der Autonomiefalle

und des potentiellen Machtmissbrauchs vorzugehen, sind drei wichtige Vorkehrungen von Bedeutung: Zum Ersten müssen kollektiv verbindliche Entscheidungen transparent gemacht werden. Transparenz bedeutet, dass nicht nur die Entscheidungen selber, sondern auch ihr Zustandekommen der Öffentlichkeit zugänglich gemacht werden. Transparenz ist die Voraussetzung dafür, dass gegenseitige Kontrolle und Abstimmung überhaupt effektiv wirken können. Zum Zweiten muss sichergestellt sein, dass die legalen Formen kollektiver Entscheidungsfindung ein System von »checks and balances« durchlaufen, das zu Korrekturen und Modifikationen der Entscheidungen führen kann. Zum Dritten ist es erforderlich, dass die Auswirkungen einmal getroffener Entscheidungen ständig und systematisch erfasst (Monitoring) und erneut auf den Prüfstand der Wirksamkeit und Notwendigkeit gestellt werden, um neues Wissen und neue Erfahrungen in den Prozess der allmählichen Anpassung der Reaktionen auf die Herausforderungen der systemischen Risiken einzubringen.[134] Dies ist um so wichtiger, je mehr man mit stochastischen und nicht-linearen Entwicklungen rechnen muss.

5.5 Synopse

Steuerungsdefizite bei systemischen Risiken sind also vor allem auf drei Problembereiche zurückzuführen: Wegen des Strebens nach Effizienz werden die häufig damit verbundenen externen Effekte übersehen und oft sogar noch verstärkt. Wegen des Strebens nach Autonomie werden mögliche Nebenwirkungen nicht wahrgenommen oder auch bewusst verschleiert, um eigene Ziele durchzusetzen und an der eigenen Macht festzuhalten oder sie weiter auszubauen. Aus nicht gerechtfertigter Zuversicht in das eigene Wissen und in die eigene Handlungsfähigkeit werden Pfadabhängigkeiten in der Logik systemischer Risikoabläufe unterschätzt und die Vorboten für krisenhafte Erscheinungen systematisch übersehen. Das Ganze wird noch dadurch verstärkt, dass es weder für Individuen noch für Organisationen oder Staaten motivationale Anreize gibt, globale und vernetzte Risiken gemeinsam wirksam anzugehen und zu reduzieren. Diese letzte Lehre müssen wir aus der Wirkungsweise der Allmendefalle ziehen. Vor allem die Hybrisfalle und die Autonomiefalle sorgen dafür, dass es nicht zu wirksamen Gegenmaßnahmen gegen die Allmendeproblematik kommt. Insofern verstärken sich alle diese Defizite gegenseitig und tragen damit dazu bei, dass systemische Risiken weder die Aufmerksamkeit erhalten, die sie eigentlich benötigen, noch die Steuerungsorgane zu den notwendigen Gegenmaßnahmen anregen, die zu ihrer Begrenzung notwendig wären.

Nun werden sicher viele einwenden, dass alle diese Faktoren nur unzureichend die Gründe für das Auftreten und die Ausbreitung von systemischen Risiken beschreiben. Ist es nicht vielmehr die Gier der Finanzmakler, die Geltungssucht der Politiker, die Sensationslust der Medien und die Selbstverliebtheit der kulturellen Eliten, dass die Gesellschaft bei der Regulierung der systemischen Risiken versagt?[135] Zweifelsohne sind alles dies wichtige Beweggründe dafür, dass es nicht zu effektiven Maßnahmen gegen die systemischen Risiken kommt. Aber sie sind meines Erachtens nicht entscheidend.[136] In jeder Gesellschaftsform und in jeder historischen Situation hat es diese Bandbreite an Charaktereigenschaften im Guten wie im Schlechten gegeben. Es gibt keinen Grund anzunehmen, dass die heutige Generation moralisch schlechter einzustufen wäre als alle Generationen zuvor. Wie so oft ist auch dieses Merkmal in der Population mehr oder weniger normal verteilt. Es gibt Abweichler nach unten und nach oben. Mit einer solchen Bandbreite an Charaktereigenschaften werden wir heute und in Zukunft leben müssen. Deshalb lag auch der Schwerpunkt dieses Kapitels auf den Regelwerken, nicht auf den moralischen Defiziten einzelner Personen oder Gruppen. Für die Bewältigung von systemischen Risiken kommt es vorrangig darauf an, Strukturen und Regelwerke zu schaffen, die ähnlich wie bei den schon erwähnten Entwürfen der Marktwirtschaft und der Demokratie positive Verhaltensweisen verstärken und negative begrenzen oder abfedern.[137] Damit werden wir das Böse und Fahrlässige nicht aus der Welt schaffen, aber wir können den Einfluss beider Untugenden eindämmen.

Welche neuen Strukturen und Regelwerke wir für diesen Zweck benötigen, werden wir noch im vierten Teil ausführlich vorstellen. Bevor wir aber zu diesem Teil kommen, fehlt noch die Beschreibung der sozialen und kulturellen Entwicklungen, die als dritter Komplex neben den institutionellen und ökologischen Risiken als weitere Auslöser für die Entstehung und Verbreitung systemischer Risiken in Frage kommen.

6 Soziale Entwicklungen: die Modernisierung und ihre systemischen Risiken

Bei der Betrachtung der Vergangenheit haben wir uns inzwischen daran gewöhnt, ganze Epochen oder Entwicklungsstufen von Gesellschaften nach ihrem dominanten Ressourcenverbrauch zu charakterisieren.[1] So sprechen wir beispielsweise von Steinzeit, Bronzezeit, Eisenzeit bis hin zum Atomzeitalter. Auch die wesentlichen Merkmale der jeweiligen Gesellschaftsentwicklung versuchen wir nachträglich mit einem charakteristischen Attribut zu belegen. Typische Bezeichnungen sind dabei: Feudalgesellschaft, höfische Gesellschaft, Bürgergesellschaft, Industriegesellschaft oder Informationsgesellschaft.[2] Wie aber würden wir unsere heutige Gesellschaft bezeichnen? Wenn wir uns in der sozialwissenschaftlichen Literatur umsehen, dann erleben wir eine Inflation von mehr oder weniger originellen Vorschlägen, wie wir die heutige Gesellschaftsstruktur in Deutschland (und den meisten OECD-Staaten) mit einem Schlagwort umreißen können. Besonders populär sind: Konsumgesellschaft, Freizeitgesellschaft, Erlebnisgesellschaft, Wissensgesellschaft, Dienstleistungsgesellschaft, Multioptionsgesellschaft, Patchworkgesellschaft, nachindustrielle, postmoderne, postdemokratische Gesellschaft und Risikogesellschaft.[3] Dazu kommen noch etwas gewöhnungsbedürftige Bezeichnungen wie Distinktionsgesellschaft[4], Transparenzgesellschaft[5], Müdigkeitsgesellschaft[6] oder auch die Lebensstilgesellschaft.[7] Dies ist nur eine Auswahl aus einer Vielzahl von Vorschlägen, die alle um die Deutungshoheit zur Charakterisierung des gegenwärtigen Zeitgeistes ringen.

Am Ende des zweiten Teils haben wir bereits Bekanntschaft mit einer spezifischen Sichtweise gesellschaftlicher Entwicklung gemacht: dem Übergang von der traditionellen Ordnung zur ersten und dann zur zweiten (reflexiven) Moderne und der damit verbundenen Risikogesellschaft.[8] Diese Sichtweise der Entwicklung von Gesellschaft passt natürlich zu dem Hauptthema dieses Buches, wie wir als Individuen, Organisationen und als Gesellschaft mit Risiken umgehen. In diesem letzten Kapitel zur Verdeutlichung der uns bedrohenden systemischen Risiken, die sich aus der sozialen und kulturellen Entwicklung ergeben, möchte ich die Perspektive über die Merkmale der Risikogesellschaft erweitern und einen breiteren Zugang zu den Entwicklungen der Modernisierung wählen.[9] Nur so erscheint es mir möglich, die zentralen Wechselwirkungen der miteinander verbundenen Wandlungserscheinungen herauszuarbeiten, die wiederum Quelle systemischer Risiken sind.

In den folgenden Ausführungen halte ich mich bewusst nicht an ein bestimmtes Konzept oder an einen ausgewählten theoretischen Ansatz zur Analyse gesellschaftlicher Entwicklung, wie dies etwa in den oben schon erwähnten Begrifflichkeiten zur Kennzeichnung der heutigen Gesellschaft zum Ausdruck kommt. Vielmehr habe ich aus all diesen theoretischen und empirischen Studien eine Auswahl von Merkmalen getroffen, die mir besonders relevant erscheinen. Selbstredend ist diese Auswahl subjektiv gefärbt und auch nicht vollständig, sie soll aber wie bei einem nicht fertiggestellten Mosaik so viele Steine erhalten, dass sie uns die Grundzüge des gesellschaftlichen Wandels einigermaßen plastisch vor Augen führt. Dieser Wandel geschieht vor dem Hintergrund der schon mehrfach angesprochenen Globalisierung und internationalen Vernetzung, die ja selbst Wesensmerkmale systemischer Risiken sind.

6.1 Kennzeichen der Moderne: Brutstätten neuer systemischer Risiken

Welches sind nun – nach meiner Ansicht – die wesentlichen Kennzeichen der modernen gesellschaftlichen Entwicklung, die zur Enstehung systemischer Risiken im Sozialbereich beigetragen haben (siehe auch Tabelle 17)*?

---

* Eine ausführliche Darstellung der Entwicklungslinien und Tendenzen der Modernisierung findet sich auf http://www.fischerverlage.de/buch/9783596198115.

Merkmale	positiv	negativ
Differenzierung und Arbeitsteilung	höhere Produktivität, mehr Wahlfreiheit bei der Berufswahl, größere Auswahl an Produkten und Dienstleistungen	eigener Beitrag erscheint marginal, Angewiesenheit auf Vor- und Nachleistungen, starker Leistungsdruck, Undurchschaubarkeit von Wirtschaft, Politik und Gesellschaft
Wissensorientierung	hohe Innovationskraft und Dynamik der Entwicklung, Erhalt der Wettbewerbsfähigkeit auch bei hohem Lohnniveau, Tendenz zur leistungsgerechten Bezahlung	Zwang zum lebenslangen Lernen. Abspaltung der Modernisierungsverlierer (tragen zum angewandten Wissen zu wenig bei)
Beschleunigung	höhere Produktivität, mehr Freizeit, mehr Optionen, mehr Handlungsmöglichkeiten	Stress, Gefühl der Zeitknappheit, Funktionalisierung aller Beziehungen, Sinnverluste
Neue Arbeitsstrukturen	Flexibilität, mehr Wahlfreiheit	Abkehr vom Normalarbeitsverhältnis, Zunahme von Unsicherheit, Patchwork-Karrieren
Strukturelle Ungleichheit	Motivation für die Leistungs-Eliten	Spreizung der Einkommensunterschiede, Motivations-Verlust der Geringverdiener, soziale Ungerechtigkeit
Zunehmende Mobilität	*lokal:* mehr Bewegungsfreiheit, mehr Optionen *sozial:* mehr Aufstiegschancen	*lokal:* Verlust von Heimat, Probleme bei der Familienplanung und gemeinsamer Karriere *sozial:* harter Leistungswettbewerb, systematische Benachteiligung der unteren Schichten
Ablösung traditioneller Familienstrukturen	mehr Lebensoptionen, keine starren Familienformen, mehr individuelle Entfaltung möglich	Mangel an Geborgenheit in Familie, Mangel an Kontinuität

Merkmale	positiv	negativ
Technisierung und Virtualisierung	hohe Vielfalt an Produkten und Dienstleistungen, Vervielfältigung an Optionen	Überforderung mit Angeboten, Trennung in Nutzer und Nichtnutzer (Digital Divide), Suchtpotential, hohes Schadenspotential bei Missbrauch
Pluralisierung und Individualisierung	individuelle Lebensstile möglich, keine verbindlichen Weltbilder, größere Freiräume, große Auswahl an Sinnangeboten	Gefahr der Beliebigkeit von Moral und Wissen, Mangel an Geborgenheit und sozialer Identität, Überforderung
Kolonisierung der Lebenswelt	Ausbreitung von erfolgsorientierten Strategien auf die Lebenswelt, dadurch effizientere Lebensführung	Verlust der verständigungsorientierten Austauschbeziehungen in der Lebenswelt, Funktionalisierung und Ökonomisierung des Privaten

Tab. 17 Kennzeichen der Modernisierung. Quelle: Eigene Darstellung.

Differenzierung und Arbeitsteilung:

Die Geschichte der Gesellschaft kann als ein Prozess der zunehmenden Ausdifferenzierung von Funktionsbereichen angesehen werden.[10] Während in sehr frühen Gesellschaften die Funktionen von Ordnung, Produktion, Sinnvermittlung und Beziehungspflege auf wenige Personen (etwa Häuptling und Medizinfrau) und wenige Institutionen (etwa Großfamilie oder Clan) konzentriert waren, differenzieren sich diese Funktionen im Verlauf der Geschichte immer weiter aus.[11] Mit zunehmender Differenzierung sind in der Regel Effizienzgewinne bei der Funktionserfüllung verbunden. Das gilt vorrangig für den Funktionsbereich der Wirtschaft. Die Differenzierung im wirtschaftlichen Bereich und die wachsende Arbeitsteilung haben erst die vielen Effizienzrevolutionen hervorgebracht, über die ich schon berichtet hatte.[12]

Infolge dieser Differenzierung öffnen sich auch mehr Freiräume für das Individuum.[13] Die zunehmende Palette an beruflichen Aktivitäten erlaubt es jedem Einzelnen, seinen Neigungen, Begabungen und Fähigkeiten gemäß eine berufliche
Position auszuwählen. In den Zeiten des Mittelalters gab es für
die meisten Menschen nur eine Wahl: in der Landwirtschaft
oder im Handwerk tätig zu sein.[14] Je nachdem in welche Familie man geboren war, gab es selbst diese Wahl nicht, sondern
der Beruf war durch den Beruf der Eltern (meist des Vaters)
vorbestimmt. Heute kennen die meisten Menschen nicht einmal die Vielzahl der anerkannten Lehr- und Ausbildungsbe-
rufe, die im Prinzip jedem und jeder offenstehen.

Gleichzeitig wächst aber mit der immer weiter ausgefrans-
ten Differenzierung die Notwendigkeit der gegenseitigen Ko-
ordination und Abstimmung.[15] Nicht alle, die gerne Automechaniker werden wollen, können sich diesen Berufswunsch
auch erfüllen. Die Zahl der benötigten Automechaniker richtet
sich nach der Zahl der gekauften und genutzten Autos. Darüber hinaus erfordert das System Individualverkehr, dass Autos hergestellt und vertrieben werden, dass es einen funktionierenden Markt für Autos gibt, dass Menschen ausreichend
Ressourcen besitzen, um Autos zu erwerben, dass Straßen gebaut und instandgehalten werden und dass der Staat bei einer
hinreichend großen Menge an Fahrzeugen eine Straßenver-
kehrsordnung erstellt und deren Einhaltung durchsetzt. Je
ausgeklügelter dieses System ist und je zentraler und effizienter es organisiert ist, desto höher ist auch die mögliche Verwundbarkeit, wenn nur ein Glied aus der langen Kette ausfällt.[16]

Wissensorientierung

In einer funktional differenzierten und globalisierten Gesellschaft ist die gesamte Menschheit in ein System von Wettbewerb und Effizienzsteigerung eingebettet. Auf Dauer können nur diejenigen wirtschaftlich bestehen, die über ein entsprechendes Wissen verfügen, um gegenüber Konkurrenten Vorteile in der Produktion von Gütern und Dienstleistungen aufzuweisen.[17] »In der Wissensgesellschaft machen kognitive Faktoren, Kreativität, Wissen und Information in zunehmendem Maße den Großteil des Wohlstands eines Unternehmens aus«, so der Wissenssoziologe Nico Stehr.[18] Waren etwa früher in der Automobilbranche die Zulieferer in der Nähe zu den großen Montagewerken angesiedelt, um schnelle Kommunikation, Flexibilität und Qualitätssicherung vor Ort zu gewährleisten, so sind heute die Entscheidungen über Zulieferung von Ersatzteilen und Bauteilen globalisiert.[19] Das bedeutet: Der Ort der Herstellung spielt fast keine Rolle mehr. Es zählen nur noch Preis und Qualität. Wenn jemand zum Beispiel in Korea Raddeckel für Automobile etwas preiswerter herstellen kann und diese aber in gleicher Qualität anbietet wie der Hersteller vor Ort, dann hat der ortsansässige Anbieter das Nachsehen.

Da in modernen Industriestandorten wie Deutschland die Preise für Arbeitsstunden höher sind als in vielen Schwellenländern und erst recht in den sich entwickelnden Ländern, kann die Wettbewerbsfähigkeit nur dadurch sichergestellt werden, dass die heimische Arbeitsproduktivität wesentlich höher ausfällt als in den Niedriglohnländern. Das verlangt der Grundsatz der Effizienz. Je unflexibler die Lohnstruktur (aus guten Gründen) ist, desto bedeutsamer ist es, stets das neueste Wissen in die Fertigung, Produktion und produktionsbezoge-

nen Dienstleistungen einfließen zu lassen. Dies hat aber zur
Folge, dass die Halbwertszeit des Wissens ständig sinkt.[20] Die
Halbwertszeit bezeichnet in diesem Zusammenhang die Zeit,
in der vorhandenes Wissen (für einen bestimmten Bereich
oder in einem betrachteten Fachgebiet) nur noch die Hälfte
wert ist. Der Betriebswirt und Unternehmensberater Professor Wolfgang Jaspers ist davon überzeugt, dass die Halbwerts-
zeiten in den modernen Wissensgesellschaften ständig kürzer
werden. »Schulwissen ist heutzutage noch nach circa 20 Jahren zur Hälfte gültig, Hochschulwissen und berufliches Fach-
wissen verlieren nach zehn bis fünf Jahren 50 % ihrer aktuellen Bedeutung, die Hälfte des nutzbaren technologischen
Wissens ›verfällt‹ nach zwei bis drei Jahren, und IT-Wissen
besitzt zurzeit nur noch eine Halbwertzeit von weniger als
zwei Jahren.«[21] Heutzutage veraltet offenkundig nichts so
schnell wie das einmal gelernte angewandte Wissen. Dies bedingt auf gesellschaftlicher Ebene große Anstrengungen im
Bereich Bildung, vor allem im Bereich der Fort- und Weiterbildung.[22] Auf der individuellen Ebene setzt diese Wissensorientierung persönliche Flexibilität, die ständige Infragestellung des bereits vorhandenen Wissens und die Bereitschaft
zum lebenslangen Lernen voraus.[23]

Auch in dieser Entwicklung zeigt sich wiederum die Ambivalenz gesellschaftlicher Modernisierung: höherer Wissens-
erwerb, die Notwendigkeit, gesellschaftliche Ressourcen für
Bildung und Wissensspeicherung freizustellen, und die Erhöhung des sozialen Prestiges für Wissensträger sind sicherlich Merkmale moderner Gesellschaften, die zu vielen positiven Entwicklungen beigetragen haben.[24] Ich denke dabei
an die Bereicherung der Kultur durch neue Einsichten und
Perspektiven, an die erhöhte Toleranz für Vielfalt und Kreativität, an die Aufwertung von sozialer Chancengleichheit (alle

sind potentielle Wissensträger) und an die Vorbildfunktion der friedlichen Austragung von Wissenskonflikten für die Ausgestaltung der Konfliktaustragung in anderen sozialen Arenen. Allerdings kann eine einseitige Ausrichtung des Wissens auf wirtschaftliche Verwertung auch zur Verarmung kultureller Vielfalt und zur Fixierung auf wirtschaftliche Leistungsfähigkeit führen.[25] Gleichzeitig erhöht der schnelle Wissenswandel das Risiko, dass es für die Individuen und Organisationen keine festen Bezugspunkte mehr im Leben gibt, an denen man die eigene Identität und das eigene Selbstwertgefühl festmachen kann.[26] Alles ist im Fluss.

Beschleunigung

Differenzierung, Effizienzstreben und die sinkende Halbwertszeit des Wissens tragen dazu bei, dass wir ständig dem Eindruck der Zeitnot unterliegen.[27] Zum einen bringt das ständige Bestreben, wirtschaftliche und administrative Aufgaben immer effizienter zu gestalten, eine höhere Produktivität pro Zeiteinheit mit sich. Dies drückt sich dann in einem auch subjektiv empfundenen Zeitdruck aus.[28] Zum anderen führt das Erlebnis, bei jeder Entscheidung mehr Optionen offen zu haben, als man je auswählen kann, zu einem Gefühl des Verlustes, wenn man sich für eine Option entscheidet und damit zumindest für den kommenden Zeitabschnitt alle anderen Optionen ausschlägt. Diese Situation kennen wir auch aus der Verhaltensforschung bei Tieren: Wenn man einem Tier mehrere Futterquellen mit schmackhaften Angeboten vor die Nase setzt, kommt es zu einem Konflikt, was es zuerst fressen soll.[29] Der Entscheidungsdruck löst meist eine Übersprungshandlung aus: oft dreht sich das Tier einfach im Kreis oder wendet den

Blick von den Futterquellen ab. Viel Auswahl zu haben bedeutet auch Stress.

Wir alle kennen dieses Gefühl, wenn wir Urlaubsreisen planen.[30] Wir können nicht gleichzeitig die uns attraktiv erscheinenden Optionen von Kultur-, Erholungs-, Abenteuer-, Begegnungs- und Wellnessreisen innerhalb der uns zur Verfügung stehenden drei Urlaubswochen unter einen Hut bringen. Wenn wir dies tun, erleben wir den reinsten Urlaubsstress, weil wir jeden Tag vom Tempel zum Schwimmbad, weiter zur Massage, zum Einkaufszentrum und schließlich zum kulturellen Event hetzen; denn sonst bekommen wir nicht alles unter. Aber am Ende der Ferien sind wir erst recht urlaubsreif.

Somit ist Beschleunigung sowohl ein objektiver Tatbestand der Lebens- und Arbeitsbedingungen wie einer subjektiven Befindlichkeit. Je mehr Zeit wir durch eine Innovation, wie etwa der Waschmaschine, sparen, desto größer wird der Druck, die damit freiwerdende Zeit mit all dem zu füllen, was uns an zusätzlichen Optionen offensteht.[31] Frei verfügbare Zeit bedeutet aber, dass wir aus den vielen Angeboten eine Auswahl treffen müssen. Gleichzeitig ist uns jedoch bewusst, dass wir niemals genügend Zeit haben werden, alle diese Optionen parallel auszuprobieren. Im Endeffekt werden wir das Gefühl nicht los, niemals genügend Zeit für die Dinge zu haben, für die es sich eigentlich lohnt zu leben.[32]

Anpassung der sozialen Strukturen:
neue Arbeitsverhältnisse und soziale Ungleichheit

Globalisierung und Beschleunigung haben die Struktur der Arbeits- und der Lebenswelt nachhaltig beeinflusst. Wo Effizienz vorherrschendes Gestaltungsmerkmal ist, haben Flexibilität, Lernfähigkeit und angepasstes Reaktionsvermögen auf sich verändernde Umwelten Hochkonjunktur. Das hat sich als Erstes im Alltag der Arbeitswelt bemerkbar gemacht. Dort hat der Zwang zur Rationalisierung und Effizienz zunehmend zu einer Verinnerlichung von Selbstdisziplinierung geführt.[33] Strukturell haben sich die Arbeitsverhältnisse geändert: Die sogenannten Normalarbeitsverhältnisse sind zunehmend durch neue flexible, zeitgebundene und oft an Leistung gekoppelte Arbeitsverträge ersetzt worden.[34] Der Trend geht allerdings eindeutig in die Richtung der Flexibilisierung, Zeitgebundenheit der Arbeitsverträge und der Aushebelung sozialer Absicherungen.

Damit sind wir beim zweiten Punkt: Um im globalisierten Wettbewerb mitzuhalten und gleichzeitig die Motivation für hohe Leistungsbereitschaft aufrechtzuerhalten, klaffen die Einkommensunterschiede zwischen den Höchst- und Niedrigverdienern immer weiter auseinander.[35] 2008 verdienten die 10 % der Deutschen mit den höchsten Einkommen etwa achtmal so viel wie die untersten 10 %. Konkret beliefen sich ihre Nettobezüge auf durchschnittlich 57 300 Euro im Jahr, die der Geringverdiener hingegen nur auf 7400 Euro (ohne staatliche Hilfeleistungen). Anfang der neunziger Jahre hatte das Verhältnis noch bei sechs zu eins gelegen.[36] Eine Studie mit neueren Daten, die die Bundesbank 2013 erstellt hat, zeigt zudem eine noch dramatischere Schere bei den Vermögen: Demnach besitzen die reichsten 10 % der Haushalte 58 % des gesamten deutschen Privatvermögens.[37] Im Alltagsleben haben diese Veränderungen zu zwei wesentlichen Strukturfolgen geführt: zum einen zur Erhöhung der lokalen und sozialen Mobilität und zum anderen zu Veränderungen in der Struktur von Familie und Kleingruppe. Bleiben wir zunächst bei dem Thema Mobilität.

Zunahme der Mobilität

Ein wichtiges Kennzeichen der modernen gesellschaftlichen Entwicklung ist der enorme Zuwachs an Mobilitätschancen und deren Nutzung durch Individuen.[38] Mobilität kann in zweifacher Hinsicht verstanden werden: als räumliche Bewegung und als sozialer Aufstieg.[39] Nie zuvor haben so viele Menschen die Möglichkeit der modernen Technik zur Überwindung lokaler Schranken des eigenen Lebensumfeldes genutzt. (Meine eigene Großmutter hatte mir noch gestanden, dass sie sich unwohl fühle, wenn sie sich so weit vom Heimatort entfernt hätte, dass sie die Kirchturmspitze des eigenen Dorfes nicht mehr sehen könne. Unsere Kinder dagegen haben, nicht unbedingt zur Freude der Eltern, auch schon einmal Silvester in London verbracht und sind dank besonders billiger Flüge am 30. Dezember hin und am 1. Januar zurückgeflogen.) Mit den modernen Verkehrsmitteln können wir große Distanzen in kurzer Zeit überwinden, und damit stehen uns Erlebnisse und Eindrücke zur Verfügung, die unser Weltbild bereichern, aber auch verunsichern können.[40] Vielfach geht mit dieser räumlichen Mobilität auch eine ritualisierte Fremderfahrung einher. Fliegt man beispielsweise nach Mallorca, so kann man sich nicht des Eindrucks erwehren, dass hier in Miniatur eine Imitation deutscher Gemütlichkeit inszeniert wird, bei der das fremdländische nur noch als Folklore hinzugefügt wird.[41] So schreibt die Berliner Zeitung:

»Es ist eine kleine, feine Welt, die sich die deutschen Zuwanderer auf Mallorca aufgebaut haben. Es gibt deutsches Brot, deutsche Frisöre und deutsche Gaststätten. Wenn es mal eng wird, ist immer ein deutscher Handwerker oder Hals-Nasen-Ohrenarzt zur Stelle. Die deutsche Presse fin-

det man von Bild bis Süddeutsche tagesaktuell am Kiosk; es
gibt deutsche Lokalzeitungen und das deutsche ›Inselradio‹
sendet verlässlich auf 95,8. Ein paar Worte auf Spanisch
kann man, klar, aber wirklich brauchen tut man es ja nicht.
In der deutschen Parallelgesellschaft von Andratx, Cala
Ratjada oder Santanyí hat man sich das Leben so eingerichtet, wie man es von der alten Heimat gewohnt ist: Deutschland, nur wärmer.«[42]

An diesem Verhalten zeigt sich deutlich, wie die Möglichkeit,
neue Kulturen und neue Eindrücke vom Fremden zu gewinnen, auch das Fassungsvermögen von Menschen übersteigen
kann. Der Wunsch nach Überschaubarkeit, Geborgenheit und
Gewissheit kollidiert mit der Neugierde auf fremde Kulturen
und mit der sozialen Norm des Weltbürgers.[43]

Mobilität bestimmt aber nicht nur unser Freizeitverhalten.
Auch das Arbeitsleben ist von der Grundforderung nach Mobilität geprägt.[44] Man erwartet von den Arbeitnehmern, dass
sie im Dienst der erforderlichen Flexibilität und adäquaten
Anpassung an neue Marktbedingungen auch geographisch
mobil sind. Für junge Singles mag das als Bereicherung und
Abenteuer geschätzt sein. Wenn man aber Familie oder einen
Partner hat, der lokal gebunden ist, bedeutet das eine Zerreiß-
probe zwischen Beruf und Privatleben. In einer Schweizer
Studie bekundeten jeder siebte Mann und jede neunte Frau
große oder sehr große Mühe, Erwerbs- und Privatleben in
Einklang zu bringen. Weitere 23 % der Befragten gaben an,
mittlere Probleme mit dieser sogenannten Work-Life-Balance
zu haben.[45] Diese Tendenz zur beruflichen Mobilität zusammen mit der Zunahme beruflichen Wechsels schafft die
strukturellen Voraussetzungen dafür, dass die Fragmentie-
rung des eigenen Lebens in weitgehend autonome und von

Brüchen gezeichnete Lebensabschnitte zunehmend zur normalen Lebensbiographie des Menschen in der heutigen Moderne wird.[46]

Zum Zweiten bedeutet Mobilität sozialer Aufstieg.[47] Waren frühere Gesellschaftssysteme durch ihre hierarchische Struktur weitgehend unflexibel gegenüber den Aufstiegswünschen der einzelnen Mitglieder, so sind heute die Aufstiegschancen zumindest theoretisch für alle offen. Leider stimmt das nur für die Theorie. Die Empirie zeigt nämlich deutlich, dass in einer Gesellschaft, in der Wissensvorsprünge und besondere Qualifikationen die wirtschaftlichen Chancen der einzelnen Gesellschaftsmitglieder bestimmen, Personen aus den unteren Bildungsschichten, aus niedrigen Einkommensklassen und aus wenig integrierten Bevölkerungsgruppen systematisch weniger Chancen haben als andere.[48] Dies führt zu einer zusätzlichen Spreizung der sozialen Ungleichheiten zwischen denen da oben und denen da unten. Die Erfahrung von Ungleichheit ist also nicht nur eine Frage der Leistungsfähigkeit, sondern auch der sozialen Herkunft.

Die Ablösung traditioneller Familienstrukturen

Die Veränderungen in der Arbeitswelt und die zunehmenden Mobilitätschancen haben auch die Struktur des sozialen Zusammenlebens nachhaltig verändert. Einhergehend mit den größeren Chancen durch die wirtschaftliche Differenzierung und den damit verbundenen Anforderungen an Flexibilität, Mobilität und Anpassungsfähigkeit hat sich unser Verhältnis zu den uns prägenden Primärgruppen, das sind die Familienangehörigen und die engsten Freunde, verändert.[49] »Jeder

Fünfte in Deutschland lebt allein. Wie das Statistische Bundesamt [...] mitteilte, gab es 2011 rund 15,9 Millionen Alleinlebende. Deren Zahl hat sich in den vergangenen 20 Jahren deutlich erhöht. 1992 gab es 11,4 Millionen Alleinlebende. Das entsprach einer Quote von 14 % im Vergleich zu 20 % heute.«[50] In Großstädten ist der Single-Anteil am höchsten.[51]

Rund die Hälfte aller Ehen wird in Deutschland geschieden.[52] Ein Leben in der Familie oder in einer anderen Form von Gemeinschaft, die über die Kleinfamilie hinausgeht, ist zunehmend zur Seltenheit geworden.[53] Dieser soziale Veränderungsprozess hat das Selbst- und Fremdbild des modernen Menschen in seiner primären sozialen Umgebung neu justiert. Soziale Anerkennung und Geborgenheit werden immer weniger im Kreis der Familie oder der Verwandten gesucht, sondern stärker im Umfeld des Berufes oder des selbstgewählten Freundeskreises.[54] Die Anerkennung im Berufsfeld ist an die eigene Leistungsfähigkeit gebunden, dadurch drohen Anerkennungsverluste, wenn man diesen Leistungsansprüchen nicht mehr genügt. Persönliche Wertschätzung in der Familie und im Freundeskreis ist meist vorübergehend, weil die Bindungen schneller als früher zerbrechen. Gesehen und sozial dauerhaft anerkannt zu werden ist aber ein seelisches Grundbedürfnis des Menschen.[55] Wird dieses Grundbedürfnis nicht ausreichend gestillt, so kommt es zu Ersatzhandlungen.[56] Die Sucht nach Alkohol, Konsum, Internet, Tabletten, etc. lindern kurzfristig den Druck. Aber die verschiedenen Suchtformen sind wie Surrogate, die den Suchtdruck dämpfen, die Sehnsucht aber nicht stillen. Narzisstische Störungen, Burnout oder Panikattacken sind in ihrer Symptomatik ein verzweifelter Versuch, die psychische Integrität der Persönlichkeit wiederherzustellen.[57] Manchmal kommt es zu spektakulären Einzelaktionen. Der Selbstmord ist nicht selten die Auslöschung

eines als minderwertig empfundenen Selbst, das die Persönlichkeit nicht mehr ertragen kann.[58] Auch der Amokläufer ist
bereit, sein Leben zu geben, um seine Würde zu retten.[59] Denn
aus seiner Sicht richtet er die Täter, sein eigener Tod ist für ihn
ein verewigter Höhepunkt sozialer Beachtung.

Technisierung und Virtualisierung

Prozesse der Differenzierung, des schnellen Wandels des Wissens, der Mobilität und Vereinzelung sowie der Beschleunigung in einer Multioptionsgesellschaft werden durch die Entwicklung neuer technischer Möglichkeiten unterstützt.[60] Die
klassischen Haushalts- und Arbeitsgeräte helfen uns, die notwendigen Arbeitsleistungen auf immer kürzere Zeitintervalle
zu beschränken. Diese Zeit nutzen wir dann entweder als Freizeit mit den oben schon beschriebenen Folgen des subjektiven
Zeitdruckes durch die Vielzahl der Optionen oder aber durch
eine Erhöhung der Arbeitsleistung bzw. der Haushaltsdienst-
leistungen.

Eine neue Form der Technisierung stellt die Welt der technischen Kommunikationsmedien, allem voran das Internet,
dar. Wie schon angesprochen, ist mit dieser virtuellen Welt
eine dritte Ebene von Realität verbunden, die neben der externen und der internen Realität ein neues Realitätserleben eröffnet.[61] Diese virtuelle Realität hat ihre eigenen Gesetzmäßigkeiten, die sie von den beiden anderen Realitäten trennt.
Sie ist nicht an die uns sonst begrenzenden physikalischen
Möglichkeiten menschlicher Existenz in Raum und Zeit gebunden. Im virtuellen Raum können wir fliegen, unendliche
Räume in kürzester Zeit durchqueren; wir können wie in einem surrealistischen Gemälde nicht zusammenhängende Ob-

jekte digital zusammenfügen und ebenso ganze Figuren aus-
einanderreißen; wir können örtliche und zeitliche Bezüge
auflösen und wieder neu arrangieren.[62] Der von Anthony
Giddens geprägte Begriff der Entbettung und Wiedereinbet-
tung passt nicht nur zur Beschreibung der zweiten Moderne,
sondern ist geradezu konstitutiv für die Charakterisierung
virtueller Welten.[63] Wir befinden uns in einem virtuellen Er-
lebnisraum, in dem wir schier von einer Vielzahl von Argumenten, Eindrücken, Visualisierungen und konkurrierenden
Deutungsmustern erdrückt werden.[64] Das erweckt das Gefühl
der Beliebigkeit all dessen, was unsere Vorfahren noch als fest
verankert angesehen haben. Wahrheit, Moral und Ästhetik
verblassen zu reinen Befindlichkeiten.[65]

Die virtuelle Realität hat also große Auswirkungen auf unser Selbsterleben angesichts einer globalisierten Weltöffentlichkeit. Sie ermöglicht uns, Zeitzeuge globaler Geschehnisse
auf der gesamten Welt zu werden, ohne dass wir diese Geschehnisse immer in den entsprechenden Kontext einordnen
können. Sie führt dazu, dass wir angesichts der Unüberschau-
barkeit der uns vermittelten externen Realität in eine eigene
Welt flüchten.[66] Das kann die Innenwelt sein, in die wir uns
gegenüber der unverständlichen Außenwelt zurückziehen, das
können attraktive Sinnangebote von Kirchen, Religionsge-
meinschaften, kulturellen Gruppierungen, aber auch Sekten
und Extremisten sein, die uns die störenden Außeneindrücke
wegschieben helfen, oder aber das häusliche Einrichten in
einer der virtuellen Welten, in der wir wenig kognitive Dissonanz und Verstörung erleben werden.

Pluralisierung und Individualisierung

Mit dem Übergang zur zweiten Moderne haben sich die
Maßstäbe sowohl des Wissens, der moralischen Beurteilungs-
grundlagen und der ästhetischen Maßstäbe vervielfältigt. Im
Zuge der Säkularisierung und der radikalen Infragestellung
von universellen Einsichten, Werten und Beurteilungsgrund-
lagen haben sich eine Vielzahl von konkurrierenden Sinnangeboten in der Gesellschaft ausgebreitet, die unterschiedliche Weltbilder und Deutungsmuster als Angebote vermitteln
und damit für den Einzelnen so etwas wie ein Supermarkt an
Sinnprodukten bieten.[67] Diese Pluralisierung wird durch die
Vielzahl von Optionen und Lebensentwürfen sowie durch die
Virtualisierung der Kommunikation unterstützt. Auch diese
Entwicklung lässt sich wiederum ambivalent deuten: Zum
einen ermöglicht sie einen größeren Freiheitsspielraum und
eröffnet neue Chancen, ganz eigene Deutungsmuster für
Lebenssinn zu wählen und eigene Vorstellungen von Identität auszubilden.[68] Identität ist in dieser Situation gesellschaftlicher Entwicklung weniger ein Produkt des Hineinwachsens
in eine bestehende Kultur als vielmehr das Ergebnis einer
eigenständigen Bastelarbeit unter sozio-kultureller Anleitung. Der Lego-Kasten der eigenen Kultur bietet uns ein rei-
ches Sortiment an Sinn-Klötzchen, deren unterschiedliche
Farben zu einem farbgleichen oder zu einem völlig neuen,
bunten Gebäude zusammengesetzt werden können. Ähnlich
wie bei einem echten Legobaukasten gelingt das mal besser
und mal schlechter, aber man kann das Gebäude immer wieder einreißen und durch ein neues ersetzen. Lebenslanges
Festhalten an eine identitätsstiftende Idee oder Überzeugung
ist vielen, wenn nicht sogar den meisten von uns fremd geworden.[69]

Zum anderen ist die Pluralisierung von Lebensentwürfen mit einer Entwicklung hin zu einer Selbstbezogenheit der Individuen verbunden. Da kollektive Wertorientierungen an normativer Kraft verloren haben und sich soziale Netzwerke mehr und mehr auf die jeweiligen Lebensabschnitte beziehen, ist das Individuum zur Lebensgestaltung auf die eigene Urteilskraft angewiesen.[70] Individualisierung führt also wieder in das Erlebnis der Ambivalenz: Individuelle Entfaltung und individuelle Ausdrucksformen der eigenen Selbstfindung kontrastieren mit dem Verlust einer langfristig wirksamen kollektiven Geborgenheit sowie einer kontinuierlichen kohärenten Identität über alle Lebensabschnitte hinweg.[71]

Kolonialisierung der Lebenswelt

Dieser von Jürgen Habermas geprägte Begriff bedeutet, dass all das, was uns vertraut und vor allem was uns in unserem direkten sozialen Umfeld als persönlich gestaltbar und kontrollierbar erscheint, von erfolgsorientierten Kräften des Marktes und der politischen Steuerung »entfremdet« wird.[72] Der Soziologe Richard Münch hat diesen sperrigen Begriff folgendermaßen erläutert: »Dies bedeutet, dass Prozesse der Integration von sozialem Handeln durch Geld, Macht und Recht das Zentrum der Kommunikation in der Lebenswelt durchdringen, indem sie die Bereiche Familie, Schule, Bildung und öffentliche Diskussion den Imperativen ökonomischer, administrativer und rechtlicher Entscheidungsfindung unterwerfen.«[73] Mit anderen Worten: Wir verlieren trotz größerer Optionenvielfalt die Handlungskompetenz, diese Optionen auch selbst begreifen, bewerten und nutzen zu können. Mit dem Bild der Kolonialisierung wird sehr anschaulich zum Ausdruck ge-

bracht, dass wir bei aller Individualisierung und Verbesserung
unserer Lebenschancen in der sozialen Realität häufig an Barrieren, Einschüchterungsversuchen, Kompetenzentzug und
Einmischungen durch Organe von Staat und Wirtschaft stoßen, die unsere Mündigkeit zu selbstgewählten und verant-
worteten Lebensentwürfen und Handlungsweisen in Frage
stellen und aus Paternalismus oder Eigeninteresse unser Leben
mitbestimmen wollen. Individualisierung und Kolonialisierung sind also gleichzeitig Kennzeichen der heutigen Entwicklung, obwohl sie sich offenkundig widersprechen.[74]

   Die von Habermas angeführte Kolonialisierung der Lebenswelt ist oft von schleichender Natur: Vieles erscheint
uns wie eine freiwillige Entscheidung, aber sie ist letztendlich
durch Wirtschaft und Politik vorbestimmt.[75] So gibt es subtile
Einflussmöglichkeiten durch den Wechsel von Moden, durch
die Verbreitung von Konsumleitbildern und durch mediale
Verstärkung von Statussymbolen und Lifestyleprodukten,
die wir natürlich »freiwillig« und aus eigener innerer Überzeugung mitmachen; denn zwingen kann uns dazu niemand.
Doch ein Blick in jedes Fotoalbum beweist in der Regel das
Gegenteil: Sieht man sich etwa die eigene Kleidung oder die
Ausstattung des eigenen Wohnzimmers an, die man auf Bildern vor etwa 10 oder 15 Jahren festgehalten hat, so kann man
sich kaum erklären, wie man damals bloß so einen schlechten
Geschmack haben konnte. Nur, zur damaligen Zeit war dies
der gängige Modetrend, und wir hatten fest geglaubt, dass
dieser Trend genau unseren Typ unterstreiche und auf unsere
Vorlieben zugeschnitten sei. Solche subtilen Formen der Beeinflussung des eigenen Lebenswandels werden durch die
schon beschriebenen Entwicklungen zur Virtualisierung, der
visuellen Ikonenbildung und der zunehmenden Angewiesenheit auf extern angebotene Sinnangebote unterstützt.[76]

Synopse

Der Soziologe Gerhard Schulze hat in seinem Buch *Die Erleb-nisgesellschaft* die Merkmale der Modernisierung und Individualisierung in wenigen Kernsätzen zusammengefasst:

> »Hauptsächlich vier Komponenten machen den Inhalt der Individualisierungsthese gegenwärtig aus: Erstens abnehmende Sicherheit und schwindende Bindungskraft traditioneller Sozialzusammenhänge (Schicht und Klasse, Verwandtschaft, Nachbarschaft, religiöse Gemeinschaft); zweitens zunehmende Bestimmtheit des Lebenslaufs und der Lebenssituation durch individuelle Entscheidungen; drittens Hervortreten persönlicher Eigenarten – Pluralisierung von Stilen, Lebensformen, Ansichten, Tätigkeiten; viertens, Eintrübung des Gefühlslebens: Einsamkeit, Aggressionen, Zynismus, Orientierungslosigkeit.«[77]

Diese hier mosaikartig aufgereihten Entwicklungsformen der Gesellschaft laufen parallel und bereiten die Grundlage für die Entstehung, Ausbreitung und Wirkmächtigkeit systemischer Risiken vor. Alle diese Entwicklungen sind ambivalent, d. h. sie können sowohl positive wie negative Auswirkungen haben. Das ist wenig überraschend, hat aber im Endeffekt die Wirkung, dass viele durch die Ambivalenz ausgelösten Risiken, wenn sie zu einem Konglomerat zusammenschmelzen, die Merkmale einer systemischen Gefährdung annehmen können. Im Folgenden möchte ich drei dieser systemischen Risiken exemplarisch auswählen, die sich auch in den schon referierten Studien der WEF, der Bertelsmann Stiftung und der Riskworld abgezeichnet haben: Die zunehmende soziale Ungleichheit und der damit einhergehende Verlust an Ge-

rechtigkeit, die Chance der Verstärkung und Vervielfachung
von willentlich herbeigeführten Katastrophen und gewaltsamen Auseinandersetzungen und der Verlust an Identität
und Lebenssinn mit den damit einhergehenden Begleiterscheinungen von Fundamentalismus und Terrorismus.

6.2 Das Erlebnis sozialer Ungleichheit

Im Februar 1996 war ich zu einer Tagung »Zehn Jahre nach
dem Reaktorunfall in Tschernobyl« in Sankt Petersburg eingeladen. Während einer Konferenzpause bummelte ich durch
die Innenstadt des historischen Stadtkernes und war zwischen
den Wahrzeichen historischer Macht- und Prachtentfaltung
und dem allgegenwärtigen Verfall hin- und hergerissen. Auf
einem kleinen Platz am Rande der Prachtstraße Nevsky Pro-
spekt saß eine ältere Frau auf dem Bürgersteig und verkaufte
abgerissene Stromkabel von jeweils 30–50 cm Länge. Es war
offenkundig, dass niemand mehr mit diesen alten Kabeln etwas anfangen konnte. Als ich mich der Frau näherte, sprach sie
mich auf Deutsch an. Es stellte sich heraus, dass sie an einem
Sankt Petersburger Gymnasium Deutsch und europäische
Literatur unterrichtet hatte und nach ihrer Pensionierung mit
ihrer spärlichen Rente wirtschaftlich nicht über die Runden
kam. Gleichzeitig war sie aber zu stolz, um Geld von Passan-
ten zu erbetteln. So kam sie auf die Idee, aus ihrer Wohnung
alles zu verkaufen, was sich anbot. Da sie keine Angehörigen
hatte, war sie ganz auf sich alleine gestellt, und dies war nach
ihren Worten die einzig verbliebene Möglichkeit, ihren Le-
bensunterhalt zu bestreiten. Nach und nach hatte sie das gesamte Inventar ihrer Wohnung bis auf die absoluten Notwen-
digkeiten verkauft. Jetzt blieben ihr nur noch die mehr oder

weniger wertlosen Reste übrig, die sich noch in ihrer Wohnung befanden. Gerne hätte ich ihr weitergeholfen, aber sie lehnte Geldgeschenke strikt ab. So blieb mir nichts anderes übrig, als ihr alle Stromkabel abzukaufen und sie dann im nächsten Container zu entsorgen. Bevor ich ging, fragte ich noch, was sie denn machen würde, wenn nichts mehr zu verkaufen sei. Sie sah mich nur mit einem eingefrorenen Lächeln an und schwieg. In diesem Schweigen kam die ganze Verzweiflung über ihre Lebensumstände zum Ausdruck.

Jeder, der einmal in Ländern mit großer Armut gereist ist, kann von ähnlichen Erlebnissen berichten. Armut, Hungersnot und ungerechte Verteilung von Lebenschancen sind seit Beginn der Menschheit Begleiterscheinungen gesellschaftlicher Realität. So bitter dieses Erlebnis auch sein mag, es stellt in der Geschichte der Menschheit keinen Sonderfall dar. Natürlich sind solche Zustände nicht einfach hinzunehmen. Dank vieler Initiativen hat auch jeder die Möglichkeit, durch sein eigenes Handeln oder durch Spenden weiterzuhelfen. Für die Diskussion um systemische Risiken ist aber das Phänomen der Armut an sich nichts Neues. Die Menschheit hat mit diesem Problem seit Jahrhunderten Erfahrung machen können und bei entsprechendem politischen Willen auch Programme und Entwicklungen in Gang gesetzt, um in vielen Ländern dieser Welt Armut zu bekämpfen und krasse Ungerechtigkeiten auszugleichen.

In der Disziplin der Soziologie gehört soziale Ungleichheit zu dem Kanon der am häufigsten behandelten und am besten untersuchten Forschungsgegenständen;[78] kaum ein Buch über Globalisierung oder Modernisierung, in dem die Ungleichheit nicht angeprangert wird! Inzwischen hat man sogar den Eindruck gewonnen, dass dieses Thema bei vielen nur noch Überdruss hervorruft, weil es wie alle moralischen Appelle, die ständig mit dem erhobenen Zeigefinger verkündet werden, mit jeder Wiederholung an Überzeugungskraft und Eindringlichkeit verliert. Dass die Chancen in unserer Gesellschaft und vor allem in der Welt ungleich und auch ungerecht verteilt sind, wird niemanden überraschen.

Wenn ich dennoch diese Problematik so prominent als exemplarisches Beispiel für ein systemisches Risiko auswähle, dann tue ich dies deshalb, weil sich in jüngster Zeit durch die oben aufgezeigten Entwicklungslinien der Modernisierung sowohl der Charakter wie das subjektive Erleben von sozialer Ungleichheit verschoben haben.[79] Dabei sind vier explosive neuartige Entwicklungslinien zu beobachten:

Erstens: Die Spanne zwischen den 10 % Reichsten und 10 % Ärmsten einer Gesellschaft geht im nationalen wie internationalen Maßstab immer weiter auseinander. Die reichsten Länder der Welt verfügen über rund 400- bis 600-mal so viel Einkommen wie die ärmsten Länder.[80] Für die USA haben Forscher ausgerechnet, dass die Einkommensspanne zwischen einem typischen Manager der 500 größten Firmen und dem Durchschnittslohn eines dort beschäftigten Arbeiters inzwischen den Faktor 350 übersteigt.[81] Ein Top-Manager verdient also im Schnitt 350-mal so viel wie sein eigener Angestellter. Diese Spanne lässt sich mit keiner noch so ausgefeilten Gerechtigkeitstheorie rechtfertigen.[82] Weder ist die Produktivität des Managers 350-mal höher als die des ihm untergebenen Angestellten, noch ist der wie immer gemessene Marktwert einer Managerleistung in dieser Größenordnung nachvollziehbar. Das bedeutet: Die erlebte Ungleichheit hat in der Moderne keine Rechtfertigungsbasis außer der, dass sie faktisch vorliegt.[83] Und das reicht nicht. Ein System ohne Rechtfertigungsbasis ist instabil. Legitimationsdefizite sind typische Auslöser für organisierte Unzufriedenheit bis hin zu sozialen Unruhen und politischem Aufruhr. Ulrich Beck kommt angesichts dieser Defizite zu dem Schluss: »Zugleich haben die Ausgeschlossenen – anders als das Proletariat im 19. und beginnenden 20. Jahrhundert – jegliches Machtpotential eingebüßt, da sie nicht mehr gebraucht werden. Ihnen bleibt nur die nackte Gewalt, um ihre Lage zu skandalisieren.«[84] Die Geschichte der Revolutionen zeigt uns, dass Legitimationsdefizite eine wichtige, wenn auch nicht alleinige Bedingung für das Auftreten gewaltsamer Umstürze gewesen sind.[85]

Zweitens: Konnte man in der Vergangenheit zumindest die Hoffnung haben, dass man bei entsprechendem Wirtschaftswachstum die Kluft zwischen Arm und Reich verringern oder zumindest das Niveau für alle proportional anheben könne (sogenannter Fahrstuhleffekt), so besteht heute erheblicher Zweifel daran, ob eine Angleichung der Lebensbedingungen der Ärmsten an die Standards der Reichen rein rechnerisch zu bewerkstelligen sei. Denn die armen Länder dieser Welt verbrauchen nur einen Bruchteil der Ressourcen, die wir als Bewohner eines Industrielandes wie selbstverständlich in Anspruch nehmen.[86] Wäre es rechnerisch überhaupt möglich, den Lebensstil der heutigen Industrienationen auf alle Regionen dieser Welt zu übertragen? Wäre es beispielsweise realistisch anzunehmen, dass die Chinesen ebenso viele Kraftfahrzeuge pro 100 Einwohner aufweisen würden wie die Deutschen? Gäbe es überhaupt genug Erdöl auf der Welt, um den durchschnittlichen Benzinverbrauch eines Amerikaners als Norm für die rund 7 Milliarden Menschen zu verankern? Studien unterschiedlicher Institutionen haben dies durchgerechnet. Sie kommen einmütig zu dem Schluss, dass unter den jetzigen Produktionsbedingungen eine Verallgemeinerung des Lebensstils der reichsten Erdenbürger auf alle Menschen dieser Welt nicht möglich sei. Die Ressourcenbasis wäre dann innerhalb von wenigen Jahrzehnten aufgebraucht.[87] So resümiert Otto Ulrich:

>»Der Industrialismus ist nicht verallgemeinerungsfähig. Obwohl die Industriegesellschaften nur einen kleinen Teil der Erdbevölkerung ausmachen, gefährden sie bereits jetzt die Überlebensbedingungen auf der Erde nachhaltig. In den USA, in denen 6 % der Weltbevölkerung leben, werden rund 40 % aller Rohstoffe und Energien der Erde verprasst. Wollte man diesen parasitären materiellen ›Wohlstand‹ zum ›Entwicklungsmodell‹ für alle Menschen machen, benötigte man mindestens sechs weitere Planeten wie die Erde, zum Ausplündern und als Müllhalde.«[88]

Damit sind wir schon bei der Senkenkapazität:[89] So belasten etwa 1000 Einwohner Deutschlands die Umwelt jährlich mit 13 700 Tonnen Treibhausgas, mit den Emissionen von 158 Terajoule Energieverbrauch, mit 8 km Straßennetz und 400 Tonnen Hausmüll.[90] Die entsprechenden Zahlen für Ägypten lauten: 1300 Tonnen Treibhausgas, 22 Terajoule Energie, 0,7 km Straßennetz und 120 Tonnen Hausmüll. Offenkundig sind die Umweltgüter und die Nutzung der Umwelt als Senke zwischen den Ländern höchst ungleich verteilt.[91] Entscheidend ist aber, dass objektiv auf der Basis der heutigen Produktions- und Lebensbedingungen eine Angleichung des Lebensstandards an das Niveau der reichen Länder schon aus Kapazitätsgründen unmöglich ist. Will man eine Angleichung vorantreiben, dann ist dies zwangsweise mit einer Reduktion der Ressourcenentnahme der Reichen zugunsten der Armen verbunden. Ohne Umverteilung ist das Problem der Ungleichheit nicht zu bewältigen.[92] Allein aus den Mehrerlösen durch Wirtschaftswachstum ist diese Kluft kaum mehr zu überbrücken. Der Überschuss an Einkommen, den wir durch Wachstum erzielen können, reicht zur Überwindung von ungleichen Lebensverhältnissen im globalen Maßstab einfach nicht aus. Dieser Tatbestand unterhöhlt zusätzlich die Legitimationsbasis für die vorliegende Spanne in den individuellen und länderspezifischen Ungleichheiten. Gleichgültig wie sehr man sich auch anstrengen mag, der Standard der Reichen bleibt unerreichbar. Es sei denn, diese geben freiwillig von ihrem Reichtum ab oder werden durch Gewalt dazu gezwungen.

Drittens: In der Vergangenheit waren diejenigen, die unter Armut und sozialer Ungleichheit litten, an diesen Zustand gewöhnt. In einer hierarchischen und statischen Gesellschaftsordnung sind es immer die Gleichen, die am unteren und am oberen Ende der Skala anzutreffen sind. Wenn man etwa in Indien Anhänger aus der Kaste der Unberührbaren aufsucht, dann ist durchaus zu erkennen, wie sich die Angehörigen dieser Kaste trotz vielfältiger Diskriminierung im Verlaufe der Jahrhunderte an diese Situation angepasst haben.[93] Auch in den Slums und Favelas der großen Megametropolen wie Mumbai, Mexiko Stadt oder Lima entwickeln sich oft neue, relativ robuste soziale Beziehungssysteme, die so etwas wie eine funktionierende Anpassung an die kollektive Armut erlauben.[94] Mit der Modernisierung wird aber das Erleben von relativer Armut und sozialer Ungleichheit zu einem Lebensrisiko auch für diejenigen, die sich selbst noch zur Mittelschicht zählen.[95] Denn eines der Kennzeichen der zweiten Moderne ist die Volatilität und Fluktuation in der Erfahrung von höchst unterschiedlichen Lebenslagen.[96] So wie im Eingangsbeispiel die pensionierte Lehrerin einmal zu der eher privilegierten Klasse der Intelligenzija in Russland gehört hat und im Verlauf der Transformation des politischen Systems in

Russland einen für sie unerwartet jähen Sturz in das soziale Abseits erleben musste, so finden wir im Prozess der Modernisierung immer wieder Verlierer, die zuvor zu den Gewinnern oder zumindest Teilhabern des wirtschaftlichen und sozialen Modernisierungsprozesses gehört haben.[97] Diese fallen von heute auf morgen in ein tiefes Loch, auf das sie nicht vorbereitet sind. Während die Vertreter der traditionellen Armut im Verlauf der Geschichte eigene Formen der Selbstachtung und der sozialen Anerkennung im Rahmen ihrer Möglichkeiten ausbilden konnten, sind die neuen Verlierer des Modernisierungsprozesses dieser Situation nicht gewachsen. Als Folge der Individualisierung erleben sie ihre neue Situation als Schmach: Sie haben es nicht geschafft. Im Rahmen der Kolonialisierung der Arbeits- und Lebenswelt stehen sie vor sich selbst und vor den anderen als Versager da. Und in einer Welt, in der Effizienz und Leistung die wichtigsten Gradmesser der Anerkennung sind, verlieren sie die Selbstachtung.[98] All dies führt wiederum zu psychischen Reaktionen, die von tiefer Depression, Verzweiflung, Hass bis hin zu Fanatismus und blindem Aktionismus reichen können.[99]

Viertens: Das letzte Kennzeichen des Erlebnisses sozialer Ungleichheit in gegenwärtigen Gesellschaften ist die bewusst wahrgenommene Diskrepanz zwischen den real erfahrenen Lebensverhältnissen und den möglichen Lebenschancen, die man zumindest theoretisch als realistisch einstuft.[100] Das Erlebnis von Glück ist nüchtern betrachtet die Diskrepanz zwischen Erwartung und wahrgenommener Wirklichkeit.[101] Wenn ich nichts erwarte, bin ich glücklich darüber, wenn ich überhaupt etwas bekomme. Wenn ich dagegen sehr viel erwarte, aber nur die Hälfte davon bekomme, kann mich das sehr unglücklich machen. Empirische Untersuchungen haben gezeigt, dass Menschen in objektiv diskriminierenden Sozialsystemen oft subjektiv mit ihrer Situation höchst zufrieden sind, weil sie nichts anderes erwartet haben. Im Rahmen der wenigen Freiheitsspielräume, die ihnen das System einräumt, können sie ihre eigenen Vorstellungen eines glücklichen Lebens verwirklichen. Durch die Globalisierung und Virtualisierung sind inzwischen die Maßstäbe für ein glückliches und gelungenes Leben aber weltweit angestiegen und haben sich in nahezu allen Ländern und Kulturen auf ein relativ hohes Niveau eingependelt. Nicht umsonst sind amerikanische Serien aus dem Mittelklassenmilieu die beliebtesten Sendungen in den Slums der Welt.[102] Vor zehn Jahres führte »Baywatch« die Liste der weltweit meistgesehenen Fernsehserien an, inzwischen ist es »Crime Scene Investigation«.[103] Mit dem Aufkommen der Erwartungshaltung, dass es möglich sein muss, auch so leben zu können wie die Vorbilder in den Serien, wächst die Unzufriedenheit mit der erlebten Realität. Unmut und Ungeduld mit den bestehenden Zuständen sind dann die unvermeidbaren Folgen. Zusammen mit dem Legitimationsverlust des überhöhten Einkommens fällt es den Mächtigen und privilegierten Führungseliten unter diesen Umständen auch immer schwerer, die bestehenden Zustände als sinngebend und notwendig zu rechtfertigen. Diese Mischung aus enttäuschter Hoffnung, der Erwartung, ein besseres Leben verdient zu haben, und dem Mangel an Legitimation für die bestehenden Verhältnisse hat große Sprengkraft für die Auslösung von sozialen Bewegungen, von Unruhen und Umstürzen.[104] Nicht zuletzt richtet sich der Unmut, wenn man ständig gegen die Mauer rennt, auch gegen diejenigen, die diese Trugbilder der heilen Mittelklassewelt verbreiten. Dies ist der Nährboden für die Entstehung von Fundamentalismus, Fanatismus und schließlich Terrorismus, wie wir ihn seit einigen Jahren kennen. In den Augen der Betroffenen hilft nur noch

Gewalt gegen die verhassten Repräsentanten oder vermeintlichen Repräsentanten eines Systems, das viel verspricht und
alles tut, dass die Versprechungen nicht eingehalten werden.
Diese vier neuen Merkmale sozialer Ungleichheit und erlebter Ungerechtigkeit machen das neue Armutsrisiko zu
einer systemischen Bedrohung. Gleichgültig wie man politisch
diese Risiken bewerten mag, sie tragen das Potential in sich,
weitreichende soziale Veränderungen und Unruhen auszulösen, deren Folgen wir kaum übersehen können. Bestes Beispiel
dafür ist der sogenannte Arabische Frühling, der zum großen
Teil aus dem Erlebnis von vorenthaltenen Lebenschancen und
als ungerecht empfundenen Lebensverhältnissen verstanden
werden muss.[105] Noch ist unklar, ob die Erneuerungsbewegung
an den grundlegenden Ursachen der Ungleichheit und der
mangelnden Aufstiegschancen etwas ändern kann. Dass die aktuellen Entwicklungen in der arabischen Welt aber neue Risiken für Governance, wirtschaftlichen Aufschwung und fried-
liche Konfliktbewältigung nach sich ziehen, liegt auf der Hand.

6.3 Die Potenzierung von willentlich herbeigeführten Katastrophen

Die Großen und Mächtigen dieser Welt haben in der Menschheitsgeschichte schon immer die ihnen zur Verfügung stehenden Möglichkeiten genutzt, um große Veränderungen bis
hin zu humanitären Katastrophen auszulösen. Stalin und Hitler sind in unserer jüngeren Geschichte die wohl eindrucks-
vollsten Beispiele für Regime, die alle technischen Möglichkeiten des 20. Jahrhunderts dazu genutzt haben, um ihre
menschenverachtende Ideologie systematisch umzusetzen.
Aber auch Diktatoren aus der Frühgeschichte der Menschheit

waren in der Lage, Unglücke und Katastrophen über die ihnen anvertrauten Menschen auszulösen.[106] Zweifelsohne ist mit der Entwicklung moderner Technologien, vor allem im Bereich der Waffentechnik, die Eingriffstiefe der Zerstörung gestiegen. Nicht auszudenken, wenn Hitler oder Stalin die Möglichkeit gehabt hätten, Wasserstoffbomben für ihre Zwecke zu nutzen.

Ähnlich wie bei der Darstellung der sozialen Ungleichheit ist die Möglichkeit des Machtmissbrauchs durch Machteliten und politische Regime nichts Neues. Zweifellos gehen vom Machtmissbrauch große Risiken aus, diese sind aber selten systemisch. Man kann sie leicht den jeweiligen Regimen zuordnen, sie sind direkt in ihren Auswirkungen spürbar, und sie sind in der Regel weder stochastisch noch im mathematischen Sinne chaotisch.

Neu ist dagegen das Risiko, dass ohnmächtige Menschen oder Gruppen mithilfe moderner Technologien große Wirkungen bis hin zu Katastrophen auslösen können. Wenn man sich die Terroranschläge vom 11. September 2001 näher betrachtet, so war das eingesetzte Mittel der Bedrohung nichts anderes als ein banales Teppichmesser.[107] Mit dieser Waffe können zwar Menschen umgebracht werden, aber zu einem systemischen Risiko wird sie erst dann, wenn sie mit der Verwundbarkeit moderner vernetzter Technologien verbunden wird. Denn mit Hilfe eines Teppichmessers gelangten die Terroristen in den Besitz von wesentlich wirksameren Waffen wie Flugzeuge, die sie wiederum nutzten, um die Verwundbarkeit komplexer Hochhausstrukturen auszunutzen. Die Kaskade von einfachen Mitteln hin zu globalen Auswirkungen wird durch die beschriebenen Zusammenhänge der technischen Entwicklung, der Virtualisierung und der Zunahme der Verwundbarkeit ermöglicht.

Dabei geht es nicht darum, ob Menschen unmoralischer geworden sind. Als ich auf das Problem der Bankenkrise einging, war es mir bereits ein wichtiges Anliegen darauf hinzuweisen, dass weder das Ausmaß noch die Intensität von unmoralischem Handeln zugenommen haben. Dies ist zwar im strengen empirischen Sinne nicht zu beweisen, aber es gibt keine ernstzunehmende Theorie, die Belege dafür aufweisen könnte, die Menschen seien im Verlauf der Modernisierung moralisch schlechter geworden.[108] Die Verteilung von moralischem und unmoralischem Verhalten ist auf der individuellen Ebene sicherlich normal verteilt und auf der strukturellen Ebene davon abhängig, wie wirksam die Anreizfunktionen für moralisches oder unmoralisches Verhalten ausfallen. Was sich aber im Verlauf des Modernisierungsprozesses geändert hat, ist die kollektive Auswirkung des unmoralischen Verhaltens von einigen wenigen für das Wohlergehen aller.[109] Wenn sich infolge der Finanzkrise ein paar Finanzhaie mit ihrer Gier und Geltungssucht selbst geschädigt hätten, würden wir dies wahrscheinlich sogar mit einem gewissen Wohlwollen zur Kenntnis nehmen. Das geschieht ihnen recht! In dem Moment aber, in dem dieses Verhalten Millionen von nicht involvierten und an der Krise völlig unbeteiligten Menschen trifft und ganze Staaten in Schuldenkrisen versetzt, potenziert sich das moralische Fehlverhalten von einigen wenigen zu einem Flächenbrand.[110] Insofern greifen alle Analysen, die individuelle Charakterfehler für das Auftreten der Finanzkrise zur Verantwortung ziehen, ins Leere, denn Gier und Habsucht gehören zu den Schattenseiten des Menschlichen dazu. Wir werden diese negativen Charaktereigenschaften nicht auslöschen können, müssen aber durch entsprechende strukturelle Maßnahmen das Schadenspotential, was dadurch ausgelöst werden kann, begrenzen. Und genau daran hat es gehapert: Zum einen ist der Mangel an einer effektiven Finanzregulierung mit schuld daran gewesen, dass sich moralisch problematisches Verhalten einnisten und verbreiten konnte, zum andern hat aber die Entwicklung global vernetzter Technologien und Organisationsformen dazu geführt, dass eigentlich begrenzte individuelle Verhaltensweisen globale Wirkungen hervorrufen konnten.[111]

Nirgendwo ist diese Tendenz stärker zu spüren als im Bereich der virtuellen Realitäten. Da inzwischen ein Großteil unserer kritischen Infrastrukturen und der basalen Dienstleistungen von der Funktionsfähigkeit des Internets abhängt, können Einzelne durch gezielte Hacker-Angriffe ganze Systeme lahmlegen und großen Schaden anrichten.[112] Die Verluste durch diese Angriffe sind dramatisch: »Allein in Deutschland entstand in den letzten zwölf Monaten demnach ein direkter finanzieller Schaden in Höhe von 16,4 Milliarden Euro. Weltweit belief sich die direkte Schadenshöhe sogar auf rund 114 Milliarden US-Dollar. Ein noch größeres Ausmaß der Schäden ergibt sich, wenn man zusätzlich noch solche Schäden einrechnet, die durch Zeitverlust und sonstige Aufwendungen entstehen, die durch infizierte PCs verursacht werden. Unter Berücksichtigung dieser Auswirkungen soll die Gesamtschadenshöhe sogar bei rund 388 Milliarden Dollar liegen.«[113]

Aufgrund der erhöhten Verwundbarkeit moderner Infrastruktur ergibt sich damit ein Potential an wirkungsvollen Schadensverstärkern. Waren Sabotage und Fremdeingriffe in notwendige Funktionssysteme schon immer Bedrohungen, die im Verlaufe der Geschichte bestanden haben, so hat sich im Verlaufe der Modernisierung die Wirkmächtigkeit von externen Eingriffen und das potentielle Schadensausmaß von gezielten Einzelhandlungen potenziert. In Reaktion darauf haben die Betreiber von kritischen Infrastrukturen viele Vorkehrungen getroffen, um Missbrauch zu verhindern oder die Sprengkraft systemischer Eingriffe zu mildern. Alle diese Vorkehrungen können jedoch bei entsprechendem Wissen und ausreichender krimineller Energie überwunden werden.[114]

Wenn man bedenkt, dass bei einer Vielzahl der Modernisierungsverlierer die Unzufriedenheit mit dem gegenwärtigen Wirtschafts- und Gesellschaftssystem aufgrund der erlebten Ungleichheit bis hin zur Verzweiflung angewachsen ist, dann ergibt sich allein aus dieser Tatsache ein Potential an entschlossenen Individuen und Gruppen, die diese Chance der Potenzierung der eigenen Handlungen nicht ungenutzt verstreichen lassen werden. Bislang haben sich die Konsequenzen dieser explosiven Mischung aus Verzweiflung, Aggressivität und wahrgenommenen Chancen zur Potenzierung des eigenen Protestverhaltens durch gezielte Sabotage und Terror noch in Grenzen gehalten. Aber schon das Aufkommen des modernen Terrorismus, der sich bewusst auf Anschläge gegen kritische Infrastrukturen hin ausgerichtet hat, ist ein wichtiger Beleg dafür, dass uns dieses systemische Risiko auch in Zukunft begleiten wird.[115]

6.4 Die Bedrohung der Identität

Nach unserer Rückkehr aus den USA nach Deutschland im Jahre 1994 suchte unser damals 14-jähriger Sohn im Internet nach einem Partner, der wie er gerne Computerprogramme für Apple-Rechner entwickelt. Nachdem er diesen Wunsch auf einem der üblichen Foren im Internet geäußert hatte, meldete sich Chris, ein junger Mann, der offensichtlich das gleiche Hobby pflegte. Über mehr als ein Jahr korrespondierten die beiden in Englisch intensiv über das Internet. Nach dieser Zeit wagte mein Sohn eine persönliche Frage: »Jetzt kennen wir uns schon so lange. Kannst Du mir mal sagen, wo du eigentlich lebst?« Der Angesprochene schrieb zurück: »In einem kleinen Ort bei Stuttgart.« Schnell stellte sich heraus, dass der Computerfreund keine 300 m von unserem Haus entfernt lebte und jeden Morgen gemeinsam mit unserem Sohn an derselben Bushaltestelle wartete. Er arbeitete in einer kleinen Computerfirma. Die beiden sind bis heute gute Freunde, auch wenn sie jetzt über 7000 Kilometer voneinander entfernt leben.

Mit dieser Anekdote möchte ich aufzeigen, dass herkömmliche Bindungen, die auf geographischer Nähe oder direktem sozialen Kontakt beruhen, zunehmend aufgelöst werden zugunsten von funktionalen oder aktivitätsbezogenen Beziehungen, die das Internet weltweit als Angebot zur Verfügung stellt.[116] Dies führt zum einen dazu, dass wir alle viel zielgerechter unsere Kontakte pflegen und ausbauen können, zum Zweiten wird dadurch aber eine zunehmende Entfremdung von den lokalen Bezügen und eine Anonymisierung sozialer Kontakte hervorgerufen. Und zum Dritten potenzieren wir damit die Zahl der Kontakte, denen wir kaum mehr nachkommen können.

In einer Studienarbeit zum Thema Netzwerke hat Bethina Brunner diese Trends folgendermaßen charakterisiert:

»Neulich hat ein Artikel über Facebook meine Aufmerksamkeit geweckt. In dem Artikel war zu lesen, dass der durchschnittliche Facebook-Nutzer 130 Freunde hat. Eine beeindruckende Anzahl. Diese Aussage hat mich daraufhin eine ganze Weile beschäftigt, und so haben sich mir beispielsweise folgende Fragen gestellt: Bin ich eigentlich ›normal‹? Ich habe zurzeit 3 sehr gute Freunde und vielleicht 5–7 gute Freunde. Und seit kurzem sogar eine Inter-

netfreundin. Das sind zusammen allerdings nicht einmal annähernd 130. Aber ich bin ja auch nicht bei Facebook.
– Hätte ich auch bald 130 Freunde, wenn ich an Facebook teilnehmen würde?
– Will ich überhaupt 130 Freunde haben?
– Was würden mehr Freunde für mich besser machen?
– Wie gut können die genannten Freunde sein, wenn man 130 davon hat?«[117]

Die Bedeutung des Internets für die Entstehung oft oberflächlicher, aber gleichsam abgeschotteter Freundeskreise lässt sich an einem Forschungsergebnis veranschaulichen: Wir haben gemeinsam mit der Universität von Melbourne (Australien) einen Sammelband zum Thema Wahrnehmungen von Technik, Risiken und Einstellungen in sehr unterschiedlichen Ländern und Kulturen zusammengestellt.[118] Es wurden Einzelgruppen weltweit in Australien, Südamerika, Europa und Kanada befragt. Dabei stellte sich heraus, dass jede der befragten Einzelgruppen von den Krankenschwestern bis hin zu Obdachlosen mehr miteinander gemein hatten, gleichgültig aus welchem Lande oder welcher Kultur sie stammten, als Personen aus unterschiedlichen Gruppen innerhalb eines Landes. Um es kurz zu sagen: Die Banker dieser Welt haben untereinander mehr gemeinsam als mit ihren eigenen Kindern, deren Lebenswelten ihnen oft fremd bleiben.

Das ist eine neue Entwicklung. Alte Bindungskräfte etwa des nationalen oder nachbarschaftlichen Zusammengehörigkeitsgefühls schwinden zugunsten von neuen Lebensentwürfen, die über die Grenzen der eigenen Nation hinaus wirksam werden, weil sich Gleichgesinnte dank Internet und anderen globalen Medien weltweit zusammenfinden.[119] Nationale Integration setzt dabei immer weniger Bindungskraft frei. Poli-

tik muss sich auf diese Aufweichung nationaler Bindungskräfte zugunsten einer Aufsplitterung in subkulturelle, aber
weltweit agierende Sinngruppen einstellen.

Diese durchaus positive Entwicklung zu einer nationen-
übergreifenden Formierung von sinnorientierten Gruppierungen hat aber auch ihre Kehrseite. Soziale Beziehungen
werden zunehmend ins virtuelle Geschehen verlagert und geraten dabei häufiger als in der direkten Gesprächsatmosphäre
vor Ort in die Zwänge von zweckgebundener Funktionalität
(Sprachverarmung), Selbstbestätigung (alle denken so wie
ich) und von Belanglosigkeit (aufgrund der mangelnden Variationsbreite der Gesprächsangebote).[120] Wenn Teenager den
ganzen Tag lang SMS über ihre Mobiltelefone austauschen,
dann steckt hinter diesem zwanghaftem Bedürfnis nach
dauerhaftem Austausch offenkundig eine Sehnsucht nach tie-
ferliegenden Beziehungen, die aber nur unvollständig von
den neuen immer präsenten Kommunikationsmedien gestillt
werden kann.[121] Am Ende verbleibt die Hoffnung, dass mit
der Quantität irgendwann auch der Sprung in die Qualität
verbunden ist.

Nun könnte man diese Versuche nach sozialer Anerkennung, Geborgenheit und Selbstdarstellung als Übergangsphä-
nomene des Erwachsenenwerdens einstufen. Zu einem systemischen Risiko werden diese Erscheinungen erst dann, wenn
der Verlust an Sinnfindung, an sozialer Anerkennung im Beruf und im Privatleben und an gegenseitiger Solidarität und
Empathie zu einer dauerhaften Begleiterscheinung des eigenen Lebens wird. Diese Kennzeichen sind beileibe nicht bei
allen Menschen unserer heutigen Gesellschaft vorzufinden,
aber die oben beschriebenen Entwicklungen, vor allem im
Arbeitsleben und in der Patchwork-Biographie, lösen Gefühle
des Unbehagens aus, die zu einer Bedrohung des eigenen

Selbstwertgefühls und der Identität im sozialen Umfeld an-
wachsen können.[122]

Dies lässt sich auch empirisch belegen. Als wir im Teil 1
dieses Buches über das Risiko unterschiedlicher Krankheiten
berichteten, ist sicherlich den aufmerksamen Lesern aufgefallen, dass ein Typ von Krankheit stark an Bedeutung gewonnen hat: die psychischen Erkrankungen, vor allem die
Depression.[123] Inzwischen liegen Depression und depressive
Verstimmung unter den fünf am meisten verbreiteten Krankheiten in westlichen Gesellschaften. Der BEK Gesundheits-
report kommt zu der Einschätzung: »25 % der erwachsenen
Europäer leiden Schätzungen zufolge mindestens einmal im
Leben unter psychischen Störungen wie z. B. Depression,
Schizophrenie, Alkohol- und Drogenabhängigkeit, Panikstö-
rung u. a. […] Die verbreitetsten psychischen Störungen in
der EU sind Angst und Depression. Man rechnet damit, dass
bis zum Jahr 2020 Depressionen in den Industriestaaten die
zweithäufigste Ursache von Erkrankungen sein werden.«[124]

Die starke Zunahme von depressiven Erkrankungen ist ein
wichtiges Indiz dafür, dass unser gesellschaftliches Streben
nach Effizienz und Funktionalität mit einem Verlust an Sinn-
erfüllung und Selbstwertgefühl verbunden zu sein scheint.
Wir erfreuen uns zwar an den materiellen und immateriellen
Früchten unserer Wirtschaft und Gesellschaftsordnung, verlieren aber dadurch das Maß für unsere eigene Stellung im
Gefüge dieser Ordnung. Sind wir nur Räder im Getriebe einer
komplexen Maschinerie, die beliebig auswechselbar sind und
nur solange gebraucht werden, wie sie das Getriebe am Laufen halten? Viele Entwicklungslinien der modernen Zeit, vor
allem der Trend zur Funktionalisierung und Differenzierung,
leisten dem Gefühl der Leere Vorschub. Je höher der Diffe-
renzierungsgrad fortschreitet, desto mehr ist der Blick auf

das Ganze verstellt.[125] Wenn in einem auf Selbstversorgung ausgerichteten landwirtschaftlichen Betrieb eine Arbeitskraft ausfällt, gibt es am nächsten Tag weniger zu essen. Wenn in einem modernen Fertigungsbetrieb jemand erkrankt, ist dies allenfalls eine Meldung für die Statistik.

Die Verunsicherung des eigenen Selbstwertes und der individuellen und sozialen Identität kommt auch bei der sozialen Integration von Ausländern oder Andersdenkenden zum Ausdruck.[126] Das Fremde zieht an und stößt ab. Gerne lässt man sich vom Flair des Exotischen und Ungewöhnlichen anlocken, aber dies nur solange, wie es nicht das Fundament der eigenen Lebensformen und Überzeugungen berührt. Die älteren Leser erinnern sich vielleicht an die vielen Schlager und Groschenhefte der 1950er und 1960er Jahre, in denen im romantischen Überschwang das »lustige und leicht frivole« Zigeunerleben gepriesen wurde. Die Wahrheit ist aber, dass kaum eine Gruppe mit so vielen Vorurteilen und Stigmatisierungen zu kämpfen hatte und heute immer noch hat wie die Sinti in unserem Lande. Die Ambivalenz in der Wahrnehmung des Fremden durchzieht alle Schichten der Bevölkerung, wird aber dann besonders virulent, wenn das eigene Selbstwertgefühl geschwächt ist.[127] Je mehr Menschen über ihre eigene Identität verunsichert sind, desto eher neigen sie dazu, Fremde und Fremdes als Bedrohung wahrzunehmen. Hat man den Eindruck, vom Fremden erdrückt zu werden, wächst die Wahrscheinlichkeit rechtsradikaler Bewegungen.[128] Die empfundene Schmach über die eigene prekäre Lage lässt sich nunmehr auf externe Sündenböcke abwälzen. Würde man alle Ausländer aus Deutschland verbannen, so ein gängiger Slogan der rechten Szene, dann hätten alle Deutsche wieder Arbeit! Wenn man diesen Bestrebungen Einhalt gebieten will, dann reichen wohlmeinende Kampagnen zur

Imageverbesserung von Ausländern und Minderheiten nicht
aus. Je mehr man Menschen das Gefühl vermitteln kann, dass
sie selbst im Rahmen ihrer Wertgemeinschaft und ihrer sozialen Beziehungen fest verankert und anerkannt sind, desto
eher können sie sich »psychisch« Toleranz gegenüber Andersdenkenden leisten. Das beste politische Programm gegen In-
toleranz ist die Stärkung des Selbstwertes und die Erfahrung
gelebter Solidarität.

Zu den Erlebnissen der Verunsicherung über die eigene
Identität kommt ein zusätzlicher Angriff auf die Individua-
lität und Einzigartigkeit menschlichen Lebens durch die Erkenntnisse der modernen Wissenschaft. Sigmund Freud hat
diese Errungenschaften wissenschaftlichen Erkenntnisfort-
schrittes als narzisstische Kränkungen des Menschen bezeichnet. Dabei hatte er vor allem den Stellenwert des Menschen
im natürlichen Kosmos und in der kulturellen Evolution im
Visier: Als Erstes die Erkenntnis, dass die Erde nicht Mittelpunkt des Sonnensystems ist; als Zweites die Einsicht, dass
der Mensch in evolutiver Abfolge von den Tieren abstammt;
als Drittes, dass die eigene Handlungs- und Willensfreiheit
durch die Kräfte des Unbewussten mit bestimmt werden. Daraus zog Freud den Schluss, das Selbstbild des Menschen, ein
einzigartiges und souveränes Geschöpf zu sein, sei schmerz-
lich erschüttert worden.[129] Die weitere Entwicklung von Na-
turwissenschaft und Technik ist in diesem Sinne noch einen
Schritt weitergegangen: Mit den Erkenntnissen der neuen
Gehirnforschung und der damit verbundenen Möglichkeit
der externen Steuerung von menschlichen Denkprozessen auf
der einen und den zunehmend intelligenteren Maschinensys-
temen auf der anderen Seite steht nun die Identität des Menschen selbst zur Debatte. Die verbale Gegenüberstellung
von »Vermenschlichung der Maschine« und »Maschinisie-

rung des Menschen« ist ein beredter Ausdruck für diese neue Form der Kränkung.[130]

In dieser Situation sind alle Technologien, die das Selbstbild des Menschen in Frage stellen, auf einem besonderen Prüfstand. Es ist schon schwer zu verkraften, dass der Mensch in seinen genetischen Anlagen weitgehend mit der Bäckerhefe identisch ist.[131] Die jetzt schon vielfach genutzte künstliche Intelligenz, aber auch die Debatten um Stammzellenforschung, um Präimplantationsdiagnostik, um Biochips im Gehirn, um neue bewusstseinsverändernde Medikamente, um menschenähnliche Roboter rütteln bei aller Unterschiedlichkeit ihrer wissenschaftlichen Fundierung am Primat menschlicher Identität und Souveränität. Dieser Konflikt löst sich nicht von selbst. Gleichzeitig kann er auch nicht wie eine mathematische Gleichung gelöst oder wie ein Verteilungskonflikt aufgehoben werden. Dazu braucht es eine achtsame Bewusstseinsentwicklung, die mit einer Ko-Evolution von reflektierter wissenschaftlich-technischer Entwicklung einhergeht.[132] Ko-Evolution bedeutet keine Einladung zur postmodernen Beliebigkeit. Die Grundsätze der Menschenwürde und das Verbot der Instrumentalisierung des Menschen zu menschlichen Zwecken, wie es Kant formuliert hat, haben universelle Geltungskraft – über Ort und Zeit.[133] Wie diese Grundsätze aber im Wechselverhältnis von technologischer Entwicklung und kulturellem Selbstverständnis umgesetzt und konkretisiert werden sollen, lässt sich nur im ständigen und kontinuierlichen Dialog zwischen den an dieser Entwicklung beteiligten und betroffenen Personengruppen festlegen. Wie dies im Einzelnen geschehen kann, werden wir im vierten und letzten Teil noch aufgreifen. Vorab erfolgt aber erst ein zusammenfassendes Fazit meiner Überlegungen zu den Risiken, die uns ernsthaft bedrohen.

7 Fazit: Warum wir uns vor den systemischen Risiken fürchten, uns aber nicht von ihnen einschüchtern lassen sollten

Den Deutschen wird gerne nachgesagt, dass sie passionierte Bedenkenträger seien. Egal wie gut es ihnen gehe und welche Vorteile man ihnen gewähre, sie fänden immer ein Haar in der Suppe. Johannes Gross hat diese Auffassung in einem Beitrag des FAZ Magazins folgendermaßen karikiert: »Als die ersten Menschen sich aufrichteten, um auf zwei Beinen zu gehen, ist gleich ein Deutscher hinzugeeilt, um dringlich zu warnen: Das sei gefährlich, es drohe der Sturz, besonders bei Kindern und Alten; vor allem sei es unsolidarisch gegen die übrigen Vierbeiner, auch theologisch bedenklich, denn es wende das Menschengesicht ab von der Erde, dem mütterlichen Grund.«[1] Auch Kurt Tucholski hatte nur Spott für die Bedenkenträger übrig. »Wenn einer nichts hat – Bedenken hat er.«[2]

Nach der Lektüre der ersten beiden Teile dieses Buches und der Klärung der Frage, warum wir uns häufig über Risiken aufregen, die es gar nicht wert sind, liegt der Verdacht nahe, dass wir angesichts der weltweit steigenden Lebenserwartung und der Verbesserung der Lebensverhältnisse das typisch deutsche »Bedenkenträgertum« ablegen sollten. Haben wir nicht das Recht nach all dem, was wir erreicht haben, uns zufrieden zurückzulehnen und den Entwicklungen, so wie sie bislang abgelaufen sind, weiterhin unser Vertrauen zu schenken? Wie so oft ist die Antwort auf diese Frage »Jein«. Wir dürfen als Mitglieder unserer Gesellschaft wie der Weltgemeinschaft zweifellos stolz darauf sein, dass wir es geschafft haben, trotz erheblichen Bevölkerungswachstums die Lebensverhältnisse der Menschen insgesamt verbessert und ihre Lebenschancen erhöht zu haben. So weit, so gut. Sehen wir uns

aber die weltweiten ökologischen, ökonomischen und soziokulturellen Wandlungserscheinungen näher an, dann sollte
uns das Gefühl der Selbstgerechtigkeit und Selbstgefälligkeit
schnell verlassen. Denn leider verstecken sich hinter vielen
der positiven Entwicklungen, die wir zu Recht im ersten Teil
hervorgehoben haben, eine Reihe von versteckten Risiken, die
wir oft nicht genügend beachten und bei denen wir nach wie
vor zu wenig tun, um sie effektiv zu begrenzen.

Diese schleichenden und die Wohlfahrt der Menschen bedrohenden Risiken haben wir mit dem Begriff der systemischen Risiken belegt.[3] Das Attribut »systemisch« bedeutet dabei, dass die Risiken globale Auswirkungen haben können,
mit vielen Funktionsbereichen von Wirtschaft und Gesellschaft eng vernetzt sind, häufig stochastische und nichtlineare
Ursache-Wirkungsketten aufweisen und in der Regel schleichend voranschreiten, so dass wir sie entweder nicht frühzeitig erkennen oder nicht genügend ernst nehmen. Beispiele für
diese systemischen Risiken sind die globalen ökologischen
Gefährdungen durch den Mangel an Süßwasser zur Sicherung der Ernährungsgrundlage, die zunehmende Belastung
unserer Umwelt durch Ressourcenverbrauch und Abfaller-
zeugung und die Klimaänderungen durch menschlich verursachte Emissionen und Flächennutzung. Im ökonomischen
Bereich bedrohen uns systemische Risiken durch die Ent-
kopplung der Finanzwirtschaft vom realen wirtschaftlichen
Geschehen, das Fehlen gegenseitiger Kontrolle und Überwachung *(checks and balances)* sowie Steuerungsdefizite in
Wirtschaft und Politik.[4] Im soziokulturellen Bereich sind es
vor allem die Risiken der materiellen und sozialen Ungleichheit, der Multiplikatoreffekt von willentlich herbeigeführten
Katastrophen, die menschlich verursachten Unsicherheiten
sowie der Verlust an Identität, Sinn und Geborgenheit, die

sich zu einem explosiven Gemisch verbinden und sich dann
zu einer folgerichtigen Entwicklungslinie von Verzweiflung,
Wut, Fanatismus und Aktionismus bis hin zum Terrorismus
verdichten.[5]

Viele Institutionen haben in den letzten Jahren versucht,
umfassende Listen der systemischen Risiken aufzustellen und
sie nach Wahrscheinlichkeit und Ausmaß ihres Schadenspo-
tentials zu ordnen. An erster Stelle steht die umfangreiche
und methodisch sehr aufwendige Untersuchung des World
Economic Forums (WEF), das jedes Jahr eine Liste der besonders bedrohlichen systemischen Risiken auf der Basis
von Experteninterviews und statistischen Analysen aufstellt.
Ähnliche Listen werden von der OECD, der Swiss Re, der
Bertelsmann Stiftung und der World-Risk-Initiative aufgestellt.[6] Bei allen Unterschieden in der Vorgehensweise und in
der Form der Listenbildung sind die Resultate erstaunlich
ähnlich: Raubbau an den natürlichen Ressourcen, Übernahme
riskanter Aktivitäten aufgrund von Selbstüberschätzung und
mangelnde Resilienz der jeweiligen Funktionsbereiche für ungewöhnliche und als unwahrscheinlich eingeschätzte Ereignisse belegen in ihren unterschiedlichen Ausprägungen die
Spitzenplätze der Risikolisten. Interessant ist dabei die zentrale Position der Steuerungsdefizite *(governance deficits)*. Je
komplexer und undurchschaubarer die Beziehungen und
Vernetzungen in der globalen Welt werden, desto schwieriger
ist es, Ordnungssysteme zu erstellen oder aufrechtzuerhalten,
denen es gelingt, mit vertretbarem Aufwand Chancen zu verbessern und Risiken zu begrenzen. Schon heute sind die herkömmlichen Instrumente politischer Steuerung überfordert.
Mit dem neuen Schlagwort »Good Governance« werden daher
Bestrebungen angesprochen, die den konventionellen politischen Entscheidungsträgern aus Parlament und Regierung,

Akteure aus der Privatwirtschaft, den Wissensinstitutionen und der Zivilgesellschaft an die Seite stellen.[7] Leider wird das Potential dieser verschiedenen Zuträger von Steuerungsleistungen noch zu wenig effektiv genutzt, um greifbare Erfolge bei der Bekämpfung systemischer Risiken vorweisen zu können.

Was steht denn nun auf dem Spiel? Systemische Risiken sind Bedrohungen, die wegen ihres globalen und vernetzten Charakters zu multiplen Kaskaden von Auswirkungen führen können, die grenz- und funktionsübergreifend Schäden hervorrufen. Die jüngst abgelaufene Bankenkrise und die darauf folgende Schuldenkrise in der Europäischen Union zeigen deutlich, wie aus einer eher unspektakulären Ursache, nämlich der Überbewertung von Hypotheken in den USA, eine weltweite Finanz- und Wirtschaftskrise entstehen konnte.[8] Denn alle diese finanziellen Risiken waren eng miteinander vernetzt, so dass auch ein kleinerer Ausfall von Hypothekenzahlungen zu einer Lawine an Folgeausfällen geführt hat. Ähnliche Überlegungen lassen sich auch für andere systemische Risiken anstellen: Wenn wir es beispielsweise nicht schaffen, die menschlich ausgelösten Emissionen von Treibhausgasen effektiv zu begrenzen, kommt es mit großer Wahrscheinlichkeit zu erheblichen Verschiebungen der Klimazonen auf der Welt. Dies wird wiederum Ernährungsengpässe, Ausbreitung neuer Krankheiten und Migrationsbewegungen in großem Ausmaß nach sich ziehen.[9] Ganze Inselketten könnten im Meer versinken und Völkerwanderungen im großen Stil verursachen. Dass dies alles ohne schwerwiegende Erschütterungen in Bezug auf die Leistungsfähigkeit und Vertrauenswürdigkeit politischer und wirtschaftlicher Ordnungssysteme erfolgen wird, glauben nicht einmal die Optimisten. Letztes Beispiel: Im Rahmen der sozialen und kulturellen Ri-

siken führt die zunehmende Unzufriedenheit mit ungerechten
Vermögens- und Machtverhältnissen zu sozialer Unzufriedenheit bis hin zu aggressiven Handlungen, wie sozialem
Aufruhr, Fanatismus und Terrorismus.[10] Diese drei Beispiele
sollen hier genügen, um die Dimensionen der Schadensvielfalt
und der Schadenshöhe aufzuzeigen. Im Verlauf des dritten
Teils habe ich auf viele solche vernetzten Ursache-Wirkungsketten von systemischen Risiken hingewiesen.

Auf diese systemischen Bedrohungen unserer Welt reagieren wir häufig mit zwei Mustern: zum einen mit einer sich oft
bis zur Groteske steigernden Katastrophenrhetorik und zum
andern mit einem Achselzucken über die Unvermeidbarkeit
von komplexen Risiken, an denen man selbst wenig ändern
könne. Beide Reaktionsmuster führen zur Lähmung und zu
einer Kapitulation vor diesen Risiken.[11] Sie spiegeln die im
zweiten Teil thematisierten Faustregeln und Mechanismen
der Urteilsbildung wider.[12] Wenn wir unser Verhalten um-
stellen müssen, nehmen wir lieber die Strategie des Achsel-
zuckens und bedauern »zähneknirschend«, dass wir als Individuen an diesen globalen Bedrohungen einfach nichts
Entscheidendes ändern können. Gelingt es uns dagegen, die
Schuld auf andere abzuschieben oder suchen wir einen geeigneten Sündenbock für die sich bereits abzeichnenden Symptome dieser Risiken, dann ist uns keine apokalyptische Vision schrecklich genug, um die drohenden Katastrophen zu
beschreiben. Beide Muster sind den systemischen Risiken
nicht angemessen. Vielmehr noch: Sie sind direkt kontrapro-
duktiv. Sie tragen dazu bei, dass wir nichts tun. Bleiben wir
zunächst einmal bei der ersten Reaktionsform, der zumindest
rhetorisch überhöhten Beschwörung von Katastrophen apokalyptischen Ausmaßes.

7.1 Mythos Apokalypse

Solch apokalyptische Visionen kommen meist in drei Varianten in der öffentlichen Diskussion zum Tragen. Die erste Variante lautet: Die Interventionen des Menschen in den Naturhaushalt hätten ein solches Ausmaß erreicht, dass die langfristige Überlebensfähigkeit der Natur in Frage gestellt sei. Diese These wird in vielfacher Weise durch Appelle wie »Rettet die Natur« in die Öffentlichkeit getragen.[13] Selbst der schon erwähnte Brundtland-Bericht ist von dieser Rhetorik nicht ganz frei, wie das folgende Zitat zeigt: »Wir haben heute viele dieser Schwellenwerte fast erreicht; daher müssen wir uns das Risiko vor Augen halten, dass wir das Überleben des Lebens auf der ganzen Welt gefährden.«[14] Ganze Umweltinitiativen haben sich dieser Aufgabe des Überlebenskampfes verschrieben. Obwohl sie wahrscheinlich das Richtige im Sinn haben, verkennt die These von der Gefährdung der Natur die Grundlagen unserer Existenz innerhalb der Natur. Nicht die Natur ist gefährdet, sondern, wenn überhaupt, der Mensch sowie die Elemente, die Menschen in der Natur schätzen und benötigen. Selbst der größte atomare Vernichtungskrieg wird es nicht schaffen, die lebende Natur, d. h. die Fortsetzung von Leben auf der Erde (in welcher Form auch immer) auszulöschen.[15] Die Natur hat schon wesentlich schlimmere Katastrophen überlebt als die »Dummheit« der Menschen. Die Menschheit wird wesentlich früher aussterben, als es ihr gelingen mag, die Natur zu zerstören.

Die Notwendigkeit einer ökologischen Wende kann also nicht durch einen drohenden Kollaps der Natur begründet werden.[16] Die Natur wird weiterexistieren, möglicherweise in einer anderen Form – mit oder ohne Menschen. Das Interesse der Menschen an der Vielfalt der Natur, am Fortbestand na-

türlicher Kreisläufe, am Erhalt bestimmter Natur- und Landschaftsformen ist nicht aus einer der Natur innewohnenden
Logik abzuleiten. Dieses Interesse speist sich vielmehr aus
kulturell bestimmten Nutzungsansprüchen, aus unseren kulturell vermittelten Wertvorstellungen und ästhetischen Prinzipien.[17] Die historische Umweltforschung hat uns deutlich
gezeigt, dass die kulturellen Zuschreibungen zu Objekten in
der Natur, also die Bestimmung der natürlichen Elemente, die
in der Natur als erhaltenswert und wertvoll gelten sollen,
über die Jahrhunderte stetigen Schwankungen unterlagen. So
wurden viele Kräuter, die wir heute achtlos als »Unkraut«
ausreißen, in mittelalterlichen Klostergärten wegen ihres
Duftes oder anderer bevorzugter Eigenschaften liebevoll ge-
pflegt.[18] Selbstverständlich kann das Interesse an bestimmten
Elementen der Natur aus der (naturwissenschaftlich erworbenen) Erkenntnis über den potentiellen Beitrag zum Erhalt
natürlicher Kreisläufe genährt werden, es gibt aber keine naturwissenschaftlich begründete oder begründbare Lehre vom
Erhalt der Natur. Was erhaltenswert ist, lässt sich nur durch
ein kulturalistisches, d. h. von unseren Deutungsmustern her
bestimmtes Verständnis von menschlichen Werten und Normen in Bezug auf Natur und Umwelt erschließen.[19]

Damit komme ich zur zweiten Variante der apokalyptischen Visionen. Diese lautet: Mit der Gefährdung der Natur
geht eine Gefährdung der Menschheit einher. Nachhaltige
Politik heißt, die Überlebensfähigkeit und damit die Zukunftsfähigkeit der Menschheit zum Angelpunkt des politischen Handelns zu machen. Auch hier ist wieder Vorsicht angebracht. Als ich noch in den USA das Institut für Friedens-
und Konfliktforschung leitete, musste ich mich intensiv mit
Horrorszenarien einer atomaren Katastrophe auseinandersetzen.[20] Diese Szenarien gehen von einem völlig ungehemmten

und entfesselten Atomkrieg aus. Selbst unter diesen apokalyptischen Bedingungen gibt es nur wenige Szenarien, bei denen die Menschheit als Spezies komplett ausgelöscht würde.
Zwar erfolgt eine drastische Reduzierung der Menschheit,
und die natürlichen Lebensgrundlagen würden durch atomare
Verseuchung und Zerstörung weitgehend vernichtet, dies erfolgt aber nicht in dem Ausmaß, dass Menschen und Tiere
keine Nahrung mehr finden könnten.

Diese Einsicht gilt erst recht für schleichende Katastrophen, wie etwa den Klimawandel, Finanzkrisen und Identitätsverluste. Die Menschheit als Ganzes steht hier nicht auf
dem Spiel. Und für Deutschland sind alle diese systemischen
Risiken nicht existenzbedrohend.[21] Sie werden, falls es zu
den mit den Risiken verbundenen Krisen kommt, unsere Lebensqualität zweifellos dramatisch beeinträchtigen und möglicherweise sogar den Trend zur höheren Lebenserwartung
durchbrechen. Aber sie werden nicht das ganze Land in Elend
und Not stürzen. Auch die derzeitige Finanz- und Schuldenkrise hat kein Land wirtschaftlich ruiniert.[22] Den Griechen
geht es jetzt objektiv schlechter als vorher, und viele erleben
mangelnde Leistungen etwa im Gesundheitssystem oder in
der Altenversorgung. Aber Hunger und Chaos sind ausgeblieben und werden sich aller Voraussicht nach auch in Zukunft nicht einstellen. Selbst wenn ein Land finanziell in den
Konkurs abrutscht, wie Argentinien, ist es nicht am Ende.
Nach einer schweren, aber auch heilsamen Durststrecke
kann es sich wieder wie Phoenix aus der Asche erheben. Das
sollte von uns nicht als Beruhigungsmedizin verstanden
werden, sondern im Gegenteil als eine Ermunterung, etwas
zu tun, denn die Aufgaben, die wir zu bewältigen haben, sind
nicht unlösbar und der Preis des Scheiterns überschaubar.
Abwarten und Tee trinken ist also gerade nicht angesagt,

wohl aber ein ausreichendes Maß an Besonnenheit und Ge-
lassenheit.

Dass Menschen auch die schlimmsten systemischen Ri-
siken überstehen können, ist aber nicht mein wesentliches
Argument. Mein Problem mit dieser Vision der Apokalypse
rührt daher, dass die vermeintliche Überlebensfähigkeit des
Menschen in den Mittelpunkt der Betrachtungen um den
Umgang mit systemischen Risiken gestellt wird, anstatt die
Qualität des Überlebens zum Angelpunkt zu machen.[23] Wenn
man sich um das Überleben der Menschheit Sorgen macht,
dann sind letztlich alle Mittel, die wir zur Abwendung dieser
Katastrophe zur Verfügung haben, moralisch gerechtfertigt.
Hat man nur das Überleben der Spezies Mensch im Blickfeld,
dann würden »drastische« Maßnahmen der Bevölkerungskontrolle völlig ausreichen (etwa Entzug von Medizin, Zwang
zur Geburtenkontrolle). Denn es gibt keinen Zweifel daran,
dass die offenkundige Übernutzung der Natur als Ressour-
censpender und Abfallreservoir des Menschen direkt mit der
Bevölkerungsdichte zusammenhängt. Auch der verschwen-
derische Umgang mit der Natur bliebe global gesehen weitgehend folgenlos, sofern es nur wenige Menschen auf der Erde
gäbe. Aus diesen Überlegungen folgt, dass wir uns nicht von
der Sorge um die Überlebensfähigkeit der Menschheit leiten
lassen sollten. Diese ist erstens kaum in Gefahr, und sie ver-
deckt zweitens die im Postulat der Nachhaltigkeit enthaltene
Aufgabe, künftigen Generationen nicht nur das Überleben,
sondern vor allem ein Leben unter humanen menschenwürdigen Bedingungen zu gewähren. Diese humanen Bedingungen im Einzelnen festzulegen, ist wiederum eine besondere
Kulturleistung, in der wissenschaftliche Forschung und praktische Ethik Hand in Hand gehen müssen.[24]

7.2 Mythos Grenzen des Wachstums

Aber ist nicht die Tragfähigkeit der Erde begrenzt? Was nützt es, hehre Ziele für ein humanes Leben zu formulieren, wenn die Menschen die Erde bereits so bevölkert haben, dass die Mehrzahl auch beim besten Willen aller Beteiligten ein auf humanen Prinzipien beruhendes Leben nicht führen kann? Ist ein humanes Fortleben überhaupt ohne drastische Begrenzung von Bevölkerung und individuellem Konsum vorstellbar? Mit diesen Fragen berühren wir schon die dritte Variante der apokalyptischen Visionen. Sie lautete: Die natürlichen Reserven sind begrenzt. Diese Begrenzungen sind dem Menschen vorgegeben und müssen demgemäß akzeptiert werden. Eine auf Nachhaltigkeit bedachte Politik muss diese Grenzen einhalten.

Träfe diese These zu, dann wäre es in der Tat sinnlos, allgemeingültige Kriterien für ein menschenwürdiges Leben aufzustellen, da wir alle in einer Sackgasse gefangen wären.[25] Die Situation wäre trostlos: Jede Ressource, die einige von uns nutzen, fehlt den anderen für die Verwirklichung ihrer Ziele. Wenn einige satt sein wollen, müssen andere zwangsweise hungern. Möchten einige sich gegen Kälte, Regen und andere Unwillen der Natur schützen, müssen andere dafür obdachlos sein. Denn, so die These, die Ressourcen sind absolut begrenzt, und es gibt mehr Anwärter, die auf die Ressourcen angewiesen sind, als uns an Ressourcen insgesamt zur Verfügung stehen. Also kämpft jede, so gut sie kann, um einen möglichst großen Anteil am Ressourcenkuchen zu ergattern, und lässt die anderen dafür leer ausgehen.

Wie wohl nicht anders zu erwarten, halte ich auch diese dritte Vision für zumindest irreführend, in ihrem Absolutheitsanspruch sogar für falsch. Nicht etwa deshalb, weil die »Wahrheit« so schlimm sei, dass man sie besser durch Optimismus verdrängen sollte, sondern weil die dritte These ein völlig statisches Bild des Verhältnisses von Mensch und Natur entwirft, das weder für die Vergangenheit gegolten hat noch für die Gegenwart zutrifft.

Das Verhältnis von Mensch und natürlicher Umwelt wird durch die dynamische Tragekapazität bestimmt.[26] Unter dem Begriff der Tragekapazität versteht man in der Ökologie »die maximale Zahl von Individuen einer Spezies, die eine bestimmte Umwelt auf Dauer erhalten kann (maximal nachhaltige Populationsgröße)«.[27] Während die Tragekapazität für Tiere und Pflanzen eine exogene, von ihnen selbst nicht beeinflussbare Größe darstellt, kann der Mensch die für ihn geltende Tragekapazität durch die Umgestaltung der Natur in produktive Umwelt (Kulturlandschaften) bis zu einem bestimmten Grade mit beeinflussen. Deshalb bezeichnen wir sie als »dynamisch«. Die Tragekapazität der Erde ist zwar in ihrer absoluten Grenze von ökologischen Bedingungen bestimmt, unterhalb dieser Grenze ist sie aber von den Produktionsbedingungen abhängig.[28] Die Tragekapazität der Erde für den Menschen ist eine Funktion der ökologischen Ausgangslage (Klima, Boden, Vegetation) und der Produktionsverhältnisse. Beide Größen müssen parallel betrachtet werden.[29]

Wie in Teil 3 ausführlich geschildert, hat sich die Tragekapazität für den Menschen gegenüber dem Neolithikum vertausendfacht und wächst weiter parallel mit neuen Veränderungen der Produktionsbedingungen.[30] Hinter dieser enormen Leistung der menschlichen Kultur stehen die fünf »prometheischen Innovationen«[31]:

- die Beherrschung des Feuers
- die Einführung der Land- und Viehwirtschaft (Ackerbau und Züchtung)

- die Verwandlung von Wärme aus fossilen Energieträgern in mechanische Energie (Beispiel Dampfmaschine)
- die industrielle Massenproduktion mit Arbeitsteilung und effizienz-steigernden Organisationsformen sowie
- der Ersatz von materiellen Produkten durch Information (Beispiele: Videokonferenz, E-Books, E-Mail statt Briefe, Überweisungen statt die Übergabe von Münzen und Banknoten).

Allerdings mehren sich die Anzeichen dafür, dass trotz beschleunigter Innovationen zur Anpassung der Produktionsbedingungen an die Menschheitsentwicklung die globale Tragekapazität nicht mehr mit dem Wachstum der Menschheit weltweit und dem steigenden Konsumniveau Schritt halten kann.[32] Bevölkerungswachstum und Konsumhunger übersteigen die Fähigkeit der menschlichen Kultur, die Fortschritte bei den Produktionsbedingungen mit den zunehmenden Nutzungsansprüchen der Menschheit an die Natur in Einklang zu bringen. In den Entwicklungsländern wächst die Bevölkerung, in den entwickelten Ländern der Konsumhunger schneller als die durch technischen Fortschritt und Organisationswandel ausgelöste Erhöhung der Produktivität. Zurzeit ist die notwendige Balance, das erforderliche Gleichgewicht zwischen Nutzungsrate und Nutzeneffizienz, gestört. Dies ist das Grunddilemma der heutigen Umweltsituation.[33] Bevölkerung und Konsumhunger wachsen erstens schneller, als wir Verfahren und Vorsorgemaßnahmen entwickeln und einsetzen können, um die damit einhergehende Beanspruchung der natürlichen Umwelt auszugleichen. Die systemischen Risiken sind zweitens globaler Natur und bedrohen aufgrund der vielfältigen Vernetzungen potentiell alle Menschen. Die Auswirkungen menschlicher Eingriffe greifen drittens tiefer in die

natürlichen Kreisläufe ein als in der Vergangenheit, und diese
Eingriffe erfolgen viertens im Zeitraffereffekt.[34]

Die dritte Variante der apokalyptischen Visionen ist also
nicht grundsätzlich falsch, sofern man sie auf die heutige Situation bezieht, in der die Menschheit die aktuelle Tragekapazität der Erde auf Kosten der möglichen Nutzung der Umwelt
durch künftige Generationen überschritten hat. Anders aber
als die ursprüngliche Variante dieser Vision nahelegt, können
wir viel zur Verbesserung der Lage beitragen. Wir sind nicht
darauf angewiesen, uns auf Verteilungskriege einzustellen
und unseren Besitzstand zu wahren. Wir können zum einen
die Ansprüche an die Naturnutzung runterschrauben (durch
Maßnahmen der freiwilligen Bevölkerungskontrolle und durch
Reduktion des individuellen Konsums), zum anderen aber
die Produktivität der Umweltnutzung weiter verbessern, um
durch Maßnahmen der Effizienzsteigerung und durch technische bzw. organisatorische Innovationen den Nutzen pro Einheit »Umwelt« stetig zu erhöhen.[35] Die Reduzierung der Ansprüche bei den reichen Ländern und die Verbesserung der
Ökoeffizienz sind zwei gleichzeitig zu verfolgende Strategien.
Mit ihrer Hilfe kann man dem heutigen Dilemma der begrenzten Ressourcen bei gleichzeitigem Wachstum der Bevölkerung und des individuellen Anspruchsniveaus entkommen
und auch unter der Bedingung der heutigen Bevölkerungsdichte das Ziel einer Entwicklung zu einer dauerhaft produktiven Wirtschaftsstruktur und zu konstanten humanen Lebensverhältnissen für alle beibehalten.[36] Dabei muss man sich
aber im Klaren sein, dass diese Doppelstrategie einen ord-
nungspolitischen Spagat darstellt: Ökoeffizienz heißt mehr
Marktwirtschaft unter Einbeziehung der Umweltkosten, Reduktion des Konsums bedeutet mehr öffentliche Steuerung.
Mehr Effizienz umfasst eine bessere Nutzung der Naturreser-

ven, sie kann aber auch zu einer geringeren Resilienz gegenüber anderen systemischen Risiken führen. Wie man diesen Spagat durchhalten kann, darauf werde ich noch später im vierten Teil zu sprechen kommen.

Kurzum: Die These, wir liefen ungebremst einer Katastrophe apokalyptischen Ausmaßes entgegen, entbehrt der sachlichen Fundierung. Wenn überhaupt Apokalypse angesagt ist, dann wäre es die Kollision eines großen Meteoriten mit der Erde. Diese Bedrohung ist leider wahrscheinlicher, als wir es gern wahrhaben wollen.[37] Aber alles was Menschen heute an Zerstörung und systemischen Risiken auslösen können, wird weder die Natur als Ganzes gefährden noch die Menschheit ausrotten und auch nicht die Handlungsfähigkeit der Weltgemeinschaft außer Kraft setzen. Die Bedrohungen durch systemische Risiken sind real, aber nicht hoffnungslos.

7.3 Mythos Handlungsunfähigkeit

Diese Einsicht ist auch eine wichtige Antwort auf die genau gegenteilige Reaktion in der Öffentlichkeit auf systemische Risiken: Achselzucken und Verharmlosung.[38] Die trügerische Hoffnung, dass sich schon im Lauf der Zeit von alleine eine Lösung finden werde und dass alles weniger schlimm ausfällt als heute vermutet, ist nicht nur blauäugig, sondern verfehlt auch die grundsätzliche Erkenntnis, dass systemische Risiken keine unabwendbaren Schicksalsschläge sind, sondern Folgen von menschlichen Handlungen.[39] Leider neigen wir dazu, diese Bedrohungen, wenn sie uns nicht passen, aus unserem Sichtfeld zu verbannen. Dass uns das so gut gelingt, hängt zum einen von den im Teil 2 beschriebenen Faustregeln der individuellen Urteilsbildung, zum anderen von vier kol-

lektiven Verhaltensmustern ab, mit denen wir systemische
Risiken wahrnehmen, bewerten und steuern. Es sind die Allmendefalle, die Effizienzfalle, die Hybrisfalle und die Autonomiefalle.[40]

Da viele der systemischen Risiken auf Güter bezogen sind,
die das öffentliche Wohl insgesamt betreffen, wie gute Umweltqualität, Funktionsfähigkeit der wirtschaftlichen und
politischen Abläufe, öffentliche Sicherheit, Steuerungsfähigkeit kollektiver Prozesse und Vertrauen in die Leistungsfähigkeit gesellschaftlicher Institutionen, treten alle Probleme, die
mit öffentlichen Gütern verbunden sind, auch bei den systemischen Risiken zutage. Öffentliche Güter, die von allen genutzt werden können, ohne dass diese selbst dazu einen Beitrag leisten müssen, werden entweder übernutzt oder erst
gar nicht angeboten, weil jeder darauf hofft, dass der jeweils
andere dafür zahlen wird.[41] Im Endeffekt tut es dann keiner.
Möglichkeiten, um das Allmendedilemma zu überwinden, bestehen darin, mithilfe von Eigentumsrechten Verantwortlichkeiten zu schaffen, globale Regeln der Zuständigkeiten und
Verantwortlichkeiten festzulegen und/oder im Rahmen kooperativer Entscheidungsfindung zu freiwilligen Selbstverpflichtungen zu kommen. Im Rahmen der systemischen Risiken sind alle diese drei Steuerungsprozesse schwer in Gang zu
setzen. Da sich die Schäden erst in Zukunft entfalten werden
und sich der Verlauf von Systemzusammenbrüchen wegen
der nichtlinearen Zusammenhänge schwer vorhersagen lässt,
gibt es kaum Anreize, im Vorfeld von Krisen Ressourcen zu
deren Vermeidung einzusetzen. Jeder Einzelne hat auch das
Gefühl, nur marginal zu den Risiken beizutragen, was wiederum die Motivation zum Handeln erlahmen lässt. Auf kollektiver Ebene der Staaten kommt keine Vereinbarung zustande, weil jeder hofft, als Freifahrer in die Vorzüge der

ausgehandelten Bestimmungen zu kommen, ohne sich selbst
an den Kosten zu beteiligen. So entsteht ein Teufelskreis von
strategischem Manövrieren und gegenseitiger Lähmung.[42]

Die Wirksamkeit dieses Teufelskreises wird durch die
anderen Fallen unterstützt. Mit zunehmender Effizienzausrichtung steigt die Verwundbarkeit unserer Institutionen und
Infrastrukturen, weil große zentrale Einrichtungen mit entsprechend hoher Vernetzungsdichte in der Regel kostengünstiger Leistungen anbieten können als viele dezentrale, autonome Einheiten. Diese Entwicklung zu immer mehr Effizienz
(Effizienzfalle) geht aber auf Kosten höherer Verwundbarkeit,
so dass im Krisenfall eine Kaskade von Schäden zu erwarten
ist.[43] Die Finanzkrise ist dafür ein passendes Beispiel.[44] Verstärkt wird diese Verwundbarkeit durch die Hybrisfalle, die
uns mehr Zuversicht in die Leistungsfähigkeit unseres Wissens, unserer Technik und unserer Organisationsformen verspricht, als wir dies realistisch erwarten dürfen. Schließlich
sorgt die Autonomiefalle dafür, dass wir in jedem der Funktionsbereiche Industrie, Finanzen, Umwelt oder soziale Absicherung die jeweils partielle Leistung zu optimieren versuchen. Dabei verlieren wir aus den Augen, dass mit jeder
einseitigen Optimierung Folgekosten in anderen Funktionsbereichen anfallen, die in der Regel nicht bedacht oder auch
unterschätzt werden. So kann es, wie der Soziologe Ulrich
Beck an vielen Beispielen nachgewiesen hat, dazu kommen,
dass im Rahmen eines Funktionsbereiches sinnvolle und
wirksame Maßnahmen zu vielen und schwerwiegenden negativen Nebenfolgen in anderen Bereichen führen, die den erwünschten Haupteffekt bei weitem überdecken.[45]

7.4 Risiken gesellschaftlicher Modernisierung

Ein beherztes Eingreifen gegen die Bedrohungen durch systemische Risiken scheitert nicht nur an den mangelnden Anreizen, wenn es um öffentliche und vor allem global-öffentliche Güter geht, auch die sozialen und kulturellen Entwicklungen, die wir mit dem Begriff der Modernisierung verbinden, tragen zu einer Verstärkung systemischer Risiken bei und behindern eine effektive Steuerung.[46] So sehr wir die Prozesse der Individualisierung, Pluralisierung und Differenzierung schätzen und deren Früchte genießen, so sehr haben sie aber auch neue Zeitbomben hervorgerufen: die Ausbildung einer neuen explosiven Form von sozialer Ungleichheit, die Potenzierung der Auswirkungen von absichtlich destruktiven Handlungen aufgrund von Technisierung, Virtualisierung und Vernetzung und nicht zuletzt die Bedrohung der eigenen Identität und die damit verbundenen gegensätzlichen Reaktionsmuster des Fatalismus und des Fanatismus.[47]

Wir leben in einer Welt, die zunehmend Wert auf individuelle Lebensplanung und eigene Entfaltung legt. Jeder möchte nach eigener Fasson nicht nur selig, sondern auch glücklich werden. Die moderne Industrie- und Dienstleistungsgesellschaft hat die Möglichkeiten der Individualisierung geschaffen mit ihren unbestreitbaren Vorteilen, aber auch ihren Problemen.[48] Pluralisierung von Werten und Normen sowie Säkularisierung der Weltbilder sind dabei wichtige Kennzeichen dieser Entwicklung. Durch die Pluralisierung gibt es mehr Auswahlmöglichkeiten für individuelle Lebensentwürfe; denn die heutige Gesellschaft bietet eine bis dahin unerreichte Vielfalt an Lebensstilen und Orientierungsmustern. Die Kehrseite besteht allerdings aus Orientierungslosigkeit und situationsgebundener Zersplitterung in Lebensabschnitte und Lebensbereiche. Die Säkularisierung und das Aufgeben von kulturell oder sozial vorgegebenen Sinndeutungen befreien den Einzelnen aus seiner kulturellen Unmündigkeit und schaffen gleichzeitig seelische Leere und Mangel an Geborgenheit. Individualisierung, Pluralisierung und Säkularisierung zusammen potenzieren die Fülle menschlicher Entfaltungsmöglichkeiten, eröffnen zusätzliche Handlungsoptionen und vermehren die materiellen und ideellen Lebensgrundlagen.[49]

Doch all dies hat seinen Preis: Die natürlichen Grundlagen unserer Überlebensfähigkeit sind gefährdet, die Effizienz der Produktion wird durch häufig sinnentleerte und entfremdete Arbeits- und Lebensbedingungen erkauft und die einheitliche Persönlichkeit durch Rollenverhalten je nach segmentiertem Funktionsbereich (Arbeit, Heim, Freizeit) fragmentiert. Individualismus und authentisches Leben werden zwar großgeschrieben, aber gleichzeitig besteht ein großes Bedürfnis nach kollektiver oder sozialer Geborgenheit.[50] Wenn dies nicht gestillt wird, baut sich eine Mischung aus Unbehagen, Wut und Aggression auf, die sich ihre Ventile in Form fanatischer Bewegungen und terroristischer Übergriffe suchen wird.[51]

Die Zuversicht, dass es unseren Kindern und Kindeskindern im Schnitt besser gehen werde als uns, ist brüchig geworden. Noch steht es in den Sternen, ob das kommende Zeitalter eine weitere Verbesserung der Lebensqualität für den überwiegenden Teil der Menschheit bringen wird oder ob die systemischen Bedrohungen uns zwingen werden, von einem Krisenmanagement zum nächsten zu hetzen. Es liegt an uns, und zwar an jedem Einzelnen von uns, ebenso wie an den kollektiv wirksamen Organen der wirtschaftlichen und politischen Steuerung, ob und inwieweit wir mit den systemischen Risiken fertigwerden können. Wie das gelingen kann, zeigt der letzte Teil dieses Buches.

Teil IV   Was können wir tun?

1   Das Drei-Punkte-Programm

Umgeben von Weinbergen liegt in dem beschaulichen Winzerort Ahrweiler in der Nähe des Kurortes Bad Neuenahr die
Europäische Akademie zur Erforschung und Beurteilung von
Folgen wissenschaftlich-technischer Entwicklungen. Dort traf
ich bei einer wissenschaftlichen Arbeitsgruppe zu Umweltstandards und ihrer politischen Bedeutung den Juristen Eckart
Rehbinder. Er leitete zur damaligen Zeit den einflussreichen
Sachverständigenrat für Umweltfragen. Da ich gerade den
Vorsitz des Nachhaltigkeitsbeirates des Landes Baden-Württemberg übernommen hatte, fragte ich den in der Politikberatung erfahrenen Kollegen, wie ein Gutachten für die Entscheidungsträger in Politik und Wirtschaft aussehen müsse, damit
es auch wirklich beherzigt würde. Nach kurzem Nachdenken
gab mir Professor Rehbinder drei Ratschläge mit auf den Weg:

- *Wissenschaft auf den Punkt bringen:* Die Entscheidungsträger mögen es, wenn die Diagnose des Problems wissenschaftlich fundiert und offenkundig gut recherchiert ist. Bei
  den Empfehlungen aber legen sie Wert auf Eindeutigkeit,
  Präzision, Kürze und Umsetzbarkeit. Mehr als fünf Kernempfehlungen sind schon zu viel.
- *Auf Umsetzbarkeit der Empfehlungen achten:* Empfehlungen müssen für den Adressaten im Rahmen seiner Verant

wortlichkeiten rechtlich und politisch umzusetzen sein.
In einer Demokratie müssen selbst unpopuläre Maßnah-
men zumindest auf einen Minimalkonsens der betroffenen
Gruppierungen stoßen.

- *Die richtige Balance zwischen Bekanntem und Neuem einhalten:* Schließlich sollten die Empfehlungen mit dem
  Trend der politischen Großwetterlage zusammenfallen und
  gleichzeitig einen überraschenden Neuigkeitswert haben.

Kalten Kaffee erneut zu servieren, regt den Appetit nicht an.
»Aber«, unterstrich Rehbinder nochmals, »oft liegt der Erfolg
eines Gutachtens schlichtweg am richtigen Timing. Wenn
man mit den Empfehlungen zu spät kommt, sieht man der
Entwicklung hinterher. Kommen sie zu früh, sind die Adressaten noch nicht bereit, die erforderlichen Konsequenzen zu
ziehen.«
Diese Ratschläge meines erfahrenen Kollegen habe ich
in den acht Jahren als Vorsitzender des Nachhaltigkeitsrates
und vielen anderen Gremien zu beherzigen versucht. Immer
wieder hat sich dabei bewahrheitet, dass allzu komplexe und
detaillierte Handlungsempfehlungen wirkungslos in den
Schubladen ministerialer Sachbearbeiter verstaubten, während einfache, aber offenkundig problemlösende Ratschläge
auf positive Resonanz stießen. Eingedenk dieser Erfahrungen möchte ich den letzten Teil des Buches auf drei Kernbotschaften beschränken:

- Resilienz kommt vor Effizienz
- soziale Gerechtigkeit hat Vorrang vor optimaler Ressourcenverteilung
- Lebensqualität ist wichtiger als Lebensstandard

Wenn wir als Individuen und als politikbeeinflussende Staatsbürger diese drei Kernbotschaften ernst nehmen und konsequent umsetzen, werden wir nicht nur mit den gegenwärtigen
und künftigen Risiken besser umzugehen lernen, sondern
auch insgesamt einen konstruktiven Beitrag zu einer nachhaltigen Entwicklung in unserem Lande leisten. Was die drei
Kernbotschaften im Einzelnen bedeuten, werden die folgenden Kapitel aufzeigen.

2 Auf dem Weg in eine nachhaltige Entwicklung

Als der sächsische Oberberghauptmann Hans Carl von Carlowitz im Jahre 1713 in seinem Werk *Sylvicultura Oeconomica*
zum ersten Male den Begriff der Nachhaltigkeit verwendete,
hatte er wohl nicht geahnt, dass dieser Begriff 300 Jahre nach
dem Erscheinen seines Werkes international in aller Munde
sein würde.[1] Der Verfasser fragte damals, »wie eine sothane
(= eine solche) Conservation und Anbau des Holzes anzustel-
len / dass es eine kontinuierliche beständige und nachhaltige
Nutzung gebe / weil es eine unentbehrliche Sache ist / ohne
welche das Land in seinem Esse nicht bleiben mag«.[2] Eine
nachhaltige Forstwirtschaft, so der Oberberghauptmann, be-
ruhe also auf dem Grundsatz, dass man nur so viel an Holz
einschlagen dürfe, wie durch Neupflanzung an Bäumen nachwachsen würde.[3] Das Konzept einer nachhaltigen Bewirtschaftung von Naturressourcen leuchtete damals nicht nur
den Forstwirtschaftlern ein. Was auch immer der Mensch
durch Erfindungsgeist, Arbeitseinsatz und Organisations-
kraft an Produkten geschaffen hat und auch weiter schaffen
wird, ist auf irgendeine Vorleistung der Natur angewiesen.
Alle dem Menschen zur Verfügung stehenden Grundstoffe

wie auch alle Primärenergieträger, die zur Herstellung von Produkten und Dienstleistungen benötigt werden, sind der Natur entnommen. Ohne Atemluft, Wasser und Sonneneinstrahlung wäre jedwedes Leben auf der Erde unmöglich.

In den 300 Jahren, die seit der Mahnung des Hauptmanns von Carlowitz inzwischen vergangen sind, hat die Welt den Grundsatz der Nachhaltigkeit nur wenig beherzigt. Weltweit gesehen kann man nicht einmal mehr von einer nachhaltigen Forstwirtschaft sprechen. Seit rund 15 Jahren sinkt der Anteil der Wälder auf der Erde jedes Jahr um rund 0,8 %, das entspricht einer Fläche von Österreich und der Schweiz zusammengenommen.[4] Die schwindenden Waldflächen sind nur *ein* Indikator für die besorgniserregende Lage, wie ich dies bereits im dritten Teil dieses Buches dokumentiert habe. Der Biologe Prof. Hans Mohr resümiert: »Wir leben total von der Substanz. Die hohe Tragekapazität, auf die wir angewiesen sind, verlangt den vollen Einsatz der einmaligen, eng begrenzten fossilen Energie- und Rohstoffreserven und die totale Verwandlung der Welt in eine Produktions- und Abfallbeseitigungsmaschine mit gigantischem Energiebedarf.«[5] Die menschlichen Gesellschaften sind also auf dem besten Wege, die Grundsätze einer nachhaltigen Bewirtschaftung in den Wind zu schlagen. Was vor 300 Jahren mit der nachhaltigen Forstwirtschaft angedacht wurde, muss heute als Prinzip des Wirtschaftens neu entdeckt und umgesetzt werden.

Das ist einfacher gesagt als getan. Eine zukunftsgerechte, den berechtigten Ansprüchen kommender Generationen angemessene Entwicklung lässt sich weder mit einem »Weiter so wie bisher« noch mit einem »Zurück zur Natur« noch mit einem »einmaligen Kraftakt« umsetzen. Die Hoffnung vieler Ökonomen, der Markt werde schon die richtigen Signale einer vorausschauenden Naturnutzung setzen, lässt sich angesichts der heutigen Bedrohungen nicht oder nur bedingt einlösen.[6] Die Kräfte des Marktes benötigen einen Rahmen an Vorschriften und Spielregeln, in dem sie wirken können. Umwelt- und Finanzkrise zeigen deutlich, dass eine sich selbst überlassene Entwicklung ohne regulative Einschränkungen aus dem Ruder läuft.

Ein neues Leitbild für diesen Ordnungsrahmen zu entwickeln, war das Ziel einer Arbeitsgruppe der Vereinten Nationen unter der späteren Ministerpräsidentin von Norwegen Gro Harlem Brundtland. Im Jahre 1987 veröffentlichte diese Arbeitsgruppe einen Bericht, in dem »nachhaltige Entwicklung« als Eckpfeiler einer für die Mitwelt wie für die Nachwelt beispielhaften Politik genannt und erläutert wurde. Die an der Arbeitsgruppe beteiligten Politiker und Wissenschaftler aus aller Welt definierten nachhaltige Entwicklung als eine »Entwicklung, die die Bedürfnisse der Gegenwart befriedigt, ohne zu riskieren, dass künftige Generationen ihre eigenen Bedürfnisse nicht befriedigen können«.[7] Das Konzept der Nachhaltigkeit beflügelte den »Erdgipfel« von 1992 in Rio de Janeiro, bei dem sich mehr als 170 Staaten verpflichteten, gemeinsam darauf hinzuwirken, »dass die Bedürfnisse gegenwärtiger und zukünftiger Generationen auf Entwicklung und Umwelt gerecht erfüllt werden«.[8] Rio war der erste von drei Nachhaltigkeitsgipfeln, die eine Wende hin zu einer nachhaltigen Gestaltung von Wirtschaft und Gesellschaft einleiten sollten. Im Vorfeld des jüngsten UN-Gipfels Rio + 20 bekräftigten die UN das Bekenntnis zum Leitbild Nachhaltigkeit: »Nachhaltige Entwicklung ist nicht optional. Sie ist der einzige Weg, der es der gesamten Menschheit erlaubt, ein gutes Leben auf diesem einzigartigen Planeten zu führen.«[9] Und: Sind wir diesen einzig zukunftsweisenden Weg auch gegangen?

Ja und nein! Sieht man sich die Vielzahl der traditionellen

Gesundheits- und Umweltrisiken an, so haben wir im Teil 1 des Buches verdeutlichen können, dass große Fortschritte in der Reduzierung von lebensbedrohlichen Risiken in den letzten 30 Jahren seit dem Gipfel von Rio erzielt wurden. Insgesamt wurden trotz exponentiellen Bevölkerungswachstums die Nahrungsgrundlagen pro Kopf der Bevölkerung verbessert, die Lebenserwartung für nahezu alle Völker dieser Welt erhöht und viele der offensichtlichen Umweltbelastungen eingeschränkt.[10] Auf der Habenseite unserer Bilanz stehen also durchaus wichtige und für uns alle erfreuliche Posten. Allerdings, so das Fazit unserer Analyse im Teil 2, haben wir diese Fortschritte gar nicht recht zur Kenntnis genommen. Wir laufen voller Angst einer Reihe von Risiken hinterher, die längst ihren Schrecken verloren haben.[11]

Dagegen sind wir häufig blind gegenüber den Risiken, die sich auf der Sollseite unserer Bilanz angehäuft haben. Hier schlagen die systemischen Risiken für globale und vernetzte Umweltbelastungen voll zu Buche.[12] Wirtschafts- und Finanzkrisen sowie gesellschaftliche Fehlentwicklungen, vor allem im Bereich der sozialen Ungleichheit, wirken als Verstärker sozialer Identitätsverluste und zerstören die Fundamente gesellschaftlichen Zusammenhalts. Ein Programm, das sich einer nachhaltigen, dauerhaften sinn- und identitätsstiftenden Entwicklung verschreibt, muss überzeugende Antworten auf die systemischen Risiken bereitstellen.

2.1 Konfusion über den Bedeutungsinhalt von nachhaltiger Entwicklung

Die Resonanz, die das Konzept der Nachhaltigkeit weltweit erfahren hat, drückt sich in unzähligen Analysen, Kommen-

taren, Appellen, Regierungserklärungen, Nachhaltigkeitspro-
grammen, internationalen Abkommen, Absichtserklärungen
und Strategiepapieren aus. Europäische Länder wie Däne-
mark, Frankreich, Großbritannien, die Niederlande, Schweden und Deutschland haben nationale Umwelt- oder Nachhal-
tigkeitspläne veröffentlicht.[13] Ulrich Jüdes hat diese hektische
Betriebsamkeit an Nachhaltigkeitsaktivitäten mit den bitte-
ren Worten kommentiert: »Man könnte bilanzieren: Seit Rio
(1992) ist nichts so nachhaltig wie das Reden und Schreiben
über ›nachhaltige Entwicklung‹ oder ›Sustainable Develop-
ment‹ (SD) und gleichzeitig nichts so aussichtslos wie der
Versuch, den Begriff konsensfähig und allgemeinverbindlich
zu definieren.«[14] In der Tat ist die Palette der Konzepte, was
genau mit einer nachhaltigen Entwicklung gemeint ist und
wie man sie politisch umsetzen kann, außerordentlich breit
und verwirrend. Standen zu Anfang der Nachhaltigkeitsdiskussion vor allem die ökologischen Bedrohungen im Vordergrund des Interesses, weitete sich der Begriff zunehmend auf
ökonomische und soziale Risiken aus.[15] Diese wurden wiederum ergänzt durch institutionelle oder kulturelle Risiken,
die je nach Konzept eine eigene Kategorie bilden. Nicht zuletzt
kursiert im Diskurs über Nachhaltigkeit inzwischen auch eine
postmoderne Version, bei der Nachhaltigkeit als ein Produkt
der Kommunikation über Nachhaltigkeit verstanden wird.
Nachhaltigkeit ist also das, was als Nachhaltigkeit kommuniziert und gelernt wird.[16] Das klingt schon sehr nach Beliebigkeit.

Aufgrund dieser verwirrenden Vielfalt liegt die Gefahr
nahe, dass der Begriff der Nachhaltigkeit zu einer Leerfor-
mel verkommt. Wenn schon von nachhaltigem Gewinn oder
nachhaltigen Steuereinnahmen die Rede ist, dann verbleibt
von dem ursprünglichen Konzept der Brundtland-Kommis-

sion nur das Attribut »dauerhaft« übrig. Sollte man deshalb
besser auf die Verwendung dieses Begriffes verzichten? Wohl
kaum! Eingedenk der Ratschläge von Prof. Rehbinder sollten
Empfehlungen anschlussfähig an den politischen Alltag und
den herrschenden Diskurs sein. Mit der Kopplung der Risikoproblematik an die Nachhaltigkeit ist eine Einbettung dieses
Problembereiches in eine politische Landschaft verbunden,
die sowohl an die bestehenden politischen Institutionen auf
nationaler wie internationaler Ebene wie an den laufenden
Diskurs über Zukunftsgestaltung anknüpft. Nachhaltigkeits-
debatten haben eine politische Heimat, Risikodebatten dagegen nicht![17] Insofern ist es zweckmäßig, die Empfehlungen in
den Kontext der Nachhaltigkeitsdiskussion einzubringen. Darüber hinaus ist die Einordnung der Risikoproblematik in die
Nachhaltigkeitsdiskussion auch inhaltlich naheliegend, denn
die systemischen Risiken gefährden die Integrität dauerhaf-
ter gesellschaftlicher Entwicklungen. Allerdings ist diese An-
schlussfähigkeit an den Nachhaltigkeitsdiskurs nur dann hilfreich, wenn wir auch den ersten Ratschlag von Prof. Rehbinder
beherzigen und ein klares, eindeutiges und handlungsorien-
tiertes Konzept von Nachhaltigkeit entwickeln.

2.2 Zentrales Ziel: dauerhaft humane und menschenwürdige Lebensverhältnisse

Die Grundlagen und Implikationen eines solchen eindeutigen
Konzepts haben wir bereits in zwei Büchern ausführlich dargelegt.[18] Kerngedanke dieses Konzeptes ist die kollektive Verpflichtung, dass unser individuelles und kollektives Verhalten
so gesteuert werden muss, dass eine fortlaufende Entwicklung
der Menschheit in humanen und menschenwürdigen Lebens-

verhältnissen ermöglicht wird. Oder noch kürzer: Nachhaltigkeit ist die Sicherstellung humaner Lebensverhältnisse für die Zukunft. Es geht um den Erhalt und um den notwendigen Wandel der institutionellen Regelungen, die für die Kontinuität humaner Lebensbedingungen für alle Menschen verantwortlich sind.[19]

Was benötigen wir, damit eine fortlaufende Entwicklung der Menschheit in humanen und menschenwürdigen Lebensverhältnissen Wirklichkeit werden kann? Wovon hängt es ab, dass wir nachhaltig leben und wirtschaften können? Aus meiner Sicht sind hier drei Grundbedingungen zu erfüllen:[20] Wir benötigen erstens eine kontinuierliche Versorgung der für ein humanes Leben notwendigen natürlichen, wirtschaftlichen und sozialen Ressourcen. Wir müssen zweitens eine gerechte Verteilung des Zugangs zu diesen Ressourcen auf die im Zeitablauf zu erwartenden Generationen sicherstellen. Und wir müssen drittens die Entfaltung individuellen humanen Lebens auf der Basis einer ausreichenden Ressourcenausstattung sicherstellen. Diese drei Bedingungen können zwar funktionell unabhängig voneinander beschrieben werden, erst zusammen bilden sie jedoch die Voraussetzung für die Zielerreichung einer nachhaltigen Entwicklung. Die ökologischen Bedingungen werden eingehalten, damit der Mensch langfristig überleben kann; die sozialen und ethischen Normen zur Einhaltung der Fairnessgebote gegenüber den heutigen wie den kommenden Generationen werden fortgeschrieben, so dass keine Generation auf Kosten der Zukünftigen wirtschaftet. Schließlich garantiert die dritte Norm jedem Individuum das Recht, innerhalb der Grenzen der beiden anderen Bedingungen seine persönliche Lebensqualität zu steigern und dafür die entsprechenden Rahmenbedingungen vorzufinden.

Aus diesen drei Bedingungen für eine gelingende Entwicklung zur Nachhaltigkeit lassen sich die drei Kernziele ableiten, die ich bereits in der Einleitung zu diesem Teil aufgeführt habe (siehe Tabelle 18). Zum Ersten geht es um das Ziel, systemische Risiken durch Maßnahmen der *Resilienz* zu begrenzen.[21] Wie wir in den vorigen Teilen erfahren haben, sind systemische Risiken vor allem durch ihre globalen Auswirkungen, durch ihre Vernetzungen mit vielen Funktionsbereichen und durch ihre stochastischen und nichtlinearen Wechselwirkungen bestimmt. Wenn wir über diese systemischen Risiken sprechen, haben wir immer komplexe Auswirkungsmuster im Sinn, die nicht allein einen Funktionsbereich, sondern stets mehrere Funktionsbereiche parallel betreffen. Aus diesem Grunde ist es auch problematisch, Nachhaltigkeit in die Schubladen Ökologie, Ökonomie und Soziales aufzuteilen. Vielmehr ist es angemessener, den systemischen Charakter dieser Gefährdungen zum Ausgangspunkt der Risikobegrenzung zu machen.

Die zweite entscheidende Grundlage ist das *Primat einer gerechten Verteilung von Lebenschancen* für die heute lebenden Menschen wie für die künftigen Generationen.[22] Dabei geht es mir nicht um eine strikte Gleichverteilung der Ressourcen, sondern um einen argumentativ überzeugenden Verteilungsschlüssel, der im Sinne des Philosophen Rawls auch von denen anerkannt werden kann, die am unteren Ende der Verteilungsskala stehen.

Die dritte Grundlage besteht in der Ausrichtung unseres wirtschaftlichen und sozialen Geschehens auf die *Verbesserung individueller Lebensqualität*.[23] Je höher der Lebensstandard in einer Gesellschaft ausfällt, desto geringer ist der Mehrwert an Lebensqualität für jede weitere Erhöhung. Marginale Verbesserungen des materiellen Wohlstandes für jedes Individuum müssen dort ihre Grenzen finden, wo der damit

Risikoklassen	Erklärung	Was ist zu tun?
Resilienz vor Effizienz	Höhere Effizienz führt oft zur höheren Verwundbarkeit, vor allem Zentralisierung, Just-in-time-Management und enge Kopplung von Produktionsprozessen. Resilienz erhöht die Widerstandskraft und die Anpassungsfähigkeit eines Systems auch gegen Überraschungen.	• Dezentralisierung • Diversifizierung • Einbau von Redundanz • Einbau robuster Systemkomponenten • weite Kopplung • Fehlerfreundlichkeit
Gerechtigkeit vor optimaler Allokation	Gerechtigkeit hat Vorrang. Eine optimale Allokation (möglichst effizienter Einsatz der Produktionsfaktoren) führt häufig zu hoher Ungleichheit. Auch hier sind Effizienzverluste eher zu tolerieren als grobe Ungerechtigkeiten.	*Allgemein:* • Chancengleichheit hat 1. Priorität • Leistungsgerechtigkeit bei leistungsfähigen, Bedürfnisgerechtigkeit bei nicht leistungsfähigen Individuen *In Deutschland:* • Grundsicherung von Leistungen • Fokus auf absolute Lohnerhöhungen • Regulierung von Top-Gehältern *International:* • Abbau von Handelsschranken • Pro-Kopf-Verteilung von Eigentumsrechten an Umweltgütern • Spezielle Entwicklungsprogramme zur Behebung der Ungleichheit
Lebensqualität vor Lebensstandard	Lebensqualität steigt nur marginal bei hohem Einkommens-Niveau, externe Kosten steigen dagegen überproportional an. Zur Lebensqualität gehören Freiräume, gesunde Lebens- und Umwelt sowie ein ausgeglichenes Sozialleben.	*Individuell:* • Überprüfung der Konsummuster • verbrauchsbewusster Lebensstil *Kollektiv:* • Transformation zur öko-sozialen Marktwirtschaft • Transformation zur deliberativen Demokratie

Tab. 18 Drei Grundforderungen für eine nachhaltige Entwicklung. Quelle: Eigene Darstellung.

einhergehende Nutzengewinn geringer ist als der damit verbundene Verlust an Sicherheit und persönlicher Identität.

In den folgenden drei Unterkapiteln werde ich diese drei
normativen Grundlagen eingehender erläutern und die sich
daraus ergebenden Schlussfolgerungen für die Politik und für
das eigene Verhalten ableiten.

3 Resilienz kommt vor Effizienz

Mit dem Begriff der Resilienz charakterisieren wir Systeme,
die gegenüber auch unwahrscheinlichen Veränderungen der
Umwelt widerstandsfähig sind und ihre grundlegenden Funktionen weiter aufrechterhalten, selbst wenn höchst unerwartete Ereignisse auftreten, die diese Funktionsfähigkeit gefährden.[1] Ob es sich bei diesen Systemen um sozial-ökologische
Austauschprozesse zwischen menschlichen Interventionen
und natürlichen Reaktionen handelt oder um Wechselwirkungen zwischen der Real- und der Finanzwirtschaft, spielt
dabei im Prinzip keine Rolle. Entscheidend ist der Erhalt
der mit dem jeweiligen System verbundenen Dienstleistung:
etwa Ernährung, Energie, Mobilität oder soziale Anerkennung. Wesentliches Kennzeichen einer resilienten Strategie
ist es, bei jeder kollektiv wirksamen Entscheidung darauf zu
achten, dass sich abzeichnende Nebenfolgen ebenso wie unerwartete, aber mögliche Rückwirkungen noch funktional
verkraftbar sind. Strategien zur Verbesserung der Resilienz
zeichnen sich durch folgende Merkmale aus:[2]

- *Dezentralisierung der Funktionserfüllung:* Nicht alle Eier
  in einen Korb, sondern jeweils einige Eier in viele Körbe
  verteilen.

- *Diversifizierung der Techniken und Organisationsformen:* Neben Hühnereiern auch Gänse- und Wachteleier lagern, um bei einem Befall der Hühnereier mit einem Erreger noch andere eiweißreiche Nahrungsmittel im Korb zu haben.
- *Redundanz von kritischen Infrastrukturleistungen:* Einen großzügigen Vorrat an Eierkörben anlegen, um den Ausfall eines Korbes umgehend ausgleichen zu können.
- *Hohe Robustheit gegenüber externen Einflüssen:* Solide Verpackung der Eier gewährleisten, um sie vor unwahrscheinlichen, aber möglichen Erschütterungen ausreichend zu schützen.
- *Fehlerfreundlichkeit von Systemen:* Beschriftung der Körbe mit »Vorsicht Eier« plus einer Anleitung zum Auspacken der Eier, um menschliches Fehlverhalten zu vermeiden bzw. Fehler besser abpuffern zu können.

Dieses einfache Beispiel von den Eiern im Korb lässt sich auf das wesentlich komplexere Problem der Welternährung übertragen: Aufgrund des Bevölkerungswachstums und des zunehmenden Flächenverbrauchs pro Kopf sinkt der Flächenanteil, der für Ernährung weltweit genutzt werden kann. Der Biochemiker Klaus Halbrock gibt folgende nüchterne Bilanz:

»In Afrika und Asien erleidet die Landwirtschaft die größten Schäden. So verliert beispielsweise Nigeria, das bevölkerungsreichste Land Afrikas, jährlich einige 100 000 ha Land- und viehwirtschaftlicher Nutzfläche durch Wüstenbildung. Insgesamt werden in jedem Jahr mehrere Milliarden Tonnen ehemaligen Mutterbodens in Form von Staubstürmen von Afrika in den Atlantik und sogar bis in die

Karibik getragen. Ähnlich ist die Situation in China, Kasachstan, Indien, Äthiopien und zahlreichen anderen asiatischen und afrikanischen Ländern.«[3]

Dieser Trend wird noch dadurch verstärkt, dass durch Klimawandel und andere Eingriffe in die Natur Böden zunehmend erodieren oder versalzen.[4] Die Menschheit ist daher auf weitere Produktivitätsfortschritte im Sinne erhöhter Hektarerträge pro Einheit Agrarfläche angewiesen. Folgt man allein dem Effizienzprinzip, so verringert man die für die Ernährung genutzten Getreidesorten auf einige wenige, investiert in künstliche Bewässerung, Düngung und Pestizideinsatz und zentralisiert die Erzeugung von Nahrungsmitteln zu Händen einiger großer Konzerne. Das Problem mit dieser Strategie besteht darin, dass mit jeder Maßnahme, die zur Effizienzsteigerung vorgenommen wird, die Verwundbarkeit und Anfälligkeit des Systems zunehmen.[5] Mit einer Konzentration auf nur wenige ertragreiche Sorten wächst das Risiko, dass im Falle eines erfolgreichen Parasiten, für den wir nicht gleich die passende Chemiekeule zu Hand haben, eine weltweite Hungersnot ausbrechen würde. So fasst der Agrarökonom Hartwig de Haen zusammen:

»Die Mehrheit der Menschheit lebt heute von nur 15 Arten und ein paar hundert Sorten, die über 90 Prozent der Nahrungsenergie liefern. Historisch waren es einmal mehrere tausend Arten und pro Art deutlich mehr Sorten. Vor allem war der Anteil der genetisch meist besonders heterogenen Landsorten deutlich höher. Mit diesem Prozess der zunehmenden Konzentration und genetischen Homogenisierung steigt die Risikoanfälligkeit größerer Flächen gegenüber Seuchen und Krankheiten. Die großen Schäden durch Blattdürre bei Mais 1970 in den USA ist nur eines von vielen Beispielen!«[6]

Der zunehmende Einsatz von Düngemitteln, Pestiziden und Herbiziden kann zur Auslaugung der Böden und zur Kontaminierung von Boden und Grundwasser beitragen. Die Konzentration auf nur wenige Anbieter führt zu relativ ähnlichen und wenig diversifizierten Strategien der Nahrungsmittelherstellung, die im Versagensfall Menschen und Nutztiere auf der ganzen Welt in Mitleidenschaft ziehen würden.

Um dagegen über die Mechanismen der Resilienz eine möglichst breite Risikostreuung zu erreichen, sind eine Reihe von Maßnahmen erforderlich.[7]

- Die Nahrungsgrundlage ist auf eine Vielzahl von Pflanzensorten und Tierarten auszuweiten.
- Erosionsprozesse müssen über eine Mischung aus extensiver und intensiver Bodennutzung und Bodenpflege verhindert werden.
- Flächen, die dem Erhalt der Biodiversität und der Vielfalt an agrokulturellen Wirtschaftsformen dienen, müssen als Puffer gegen Bodendegradation und Naturgefahren besonders geschützt werden.

Wahrscheinlich reichen diese drei Strategien nicht aus, um die derzeitige und zukünftige Nachfrage nach Nahrungsmitteln zu befriedigen. Eine angemessene Antwort auf diese Knappheit bestünde aber nicht darin, bei der Resilienz faule Kompromisse einzugehen, sondern bei der Nachfrage anzusetzen. Würden wir beispielsweise den Fleischkonsum in den reichen Ländern reduzieren, ihn weltweit bis 2050 auf einem Pro-Kopf-Verbrauch auf dem Niveau von 2000 festschreiben –

also auf jährliche 37,4 kg / Kopf –, dann könnten ungefähr
400 Millionen Kilo Getreide für die menschliche Ernährung
freigesetzt werden. »Das ist genug, um 1,2 Milliarden Menschen mit ausreichend Kalorien zu versorgen«, folgert Olivier
de Schutter, Sonderberichterstatter der Vereinten Nationen,
zum Recht auf Nahrung im Jahr 2009. Auch der Wasserver-
brauch würde sich bei einem geringen Fleischkonsum drastisch verringern. Inzwischen hat sich die Lage noch weiter
verschärft.[8]

Das Beispiel der Welternährung zeigt eindrücklich, wie
eine Resilienzstrategie an drei Enden ansetzt:[9] am Angebot,
an der Nachfrage und an den Kontextbedingungen. Im Falle
der Nahrungsmittel würde bei Beachtung des Resilienzprin-
zips das Angebot vielfältiger ausfallen und weniger Ressourcen in Anspruch nehmen, vor allem Boden und Süßwasser.
Die Nachfrage würde stärker auf die Nahrungsmittel gelenkt,
die in den Grenzen resilienter Systeme noch zu verkraften
sind. Bei den Kontextbedingungen wäre beispielsweise an die
Prozesse und Strukturen der Nahrungsmittelverteilung zu
denken, die zum Überfluss in einem Teil der Welt und zu
Mangelerscheinungen in anderen Teilen führen. Faire Preise
für Produkte, bei deren Herstellung die Kriterien der Resilienz eingehalten wurden, international anerkannte Kenn-
zeichnungen, die auf erfolgreiche Maßnahmen zur Resilienz
hinweisen (Zertifizierung durch Produktlabel) sowie Vorrang
von Nahrungsmitteln gegenüber dem Anbau von Pflanzen
zur Energiegewinnung und Rohstofferzeugung (»Teller statt
Tank«) sind nur einige der Maßnahmen, die hier zu empfeh-
len sind.[10]

An dieser Stelle ist es mir noch einmal wichtig darauf hinzuweisen, dass mangelnde Lebensmittelsicherheit, Nahrungsmittelqualität und Nahrungsmittelverarbeitung gar

nicht oder nur am Rande mit dem systemischen Risiko der Nahrungsmittelversorgung verbunden sind.[11] Zum einen haben wir die gesundheitlichen und umweltbezogenen Risiken bis auf wenige Ausnahmen gut im Griff. Zum andern bestehen zwischen Nahrungsmittelsicherheit und anderen lebenswichtigen Funktionen wenig systemische Querverbindungen. Erst durch unsere besonderen Wahrnehmungsfilter sind Probleme der Lebensmittelsicherheit und der Nahrungsmittelqualität zum Dauerbrenner in der öffentlichen Diskussion geworden.[12] Diesen Luxus können wir uns in einer von Wohlstand geprägten Gesellschaft leisten. Da aber auch Aufmerksamkeit ein knappes Gut ist, bleiben die wirklichen systemischen Risiken, die mit der Welternährungssituation verbunden sind, meist ausgeblendet. Umso wichtiger ist es deshalb, bei der Betrachtung der systemischen Risiken einen Schritt zurückzutreten und von den allzu plakativen Debatten über angebliche Lebensmittelskandale Abstand zu gewinnen. Wir müssen lernen, die echten Bedrohungen in unser Sichtfeld zu bekommen.

Zentrales Anliegen der Resilienzstrategie ist es, im Zielkonflikt zwischen Effizienz und Resilienz eher auf Effizienzgewinne zu verzichten, als zu einer erhöhten Vulnerabilität beizutragen.[13] Das gilt zumindest für die wohlhabenden Länder aus dem Kreis der OECD. Aber selbst in den Entwicklungsländern hat sich vielfach gezeigt, dass langfristig eine Effizienzsteigerung auf Kosten der Resilienz zu Nettoverlusten im Wohlstandsniveau geführt hat.[14] Natürlich sind beide Ziele nicht exklusiv zu sehen. Beispielsweise trägt eine Erhöhung der Ökoeffizienz, also der Erhöhung einer Einheit Dienstleistung aus einer Einheit Ressourcenverbrauch, oft auch zur Resilienz bei, weil natürliche Ressourcen dadurch geschont werden. Auch kann die erhöhte Effizienz von Pro-

duktionsanlagen und technischen Geräten zur Resilienz beitragen. Wenn es aber bei Entscheidungen zwischen Effizienz
und Resilienz unüberbrückbare Zielkonflikte gibt, dann ist es
anzuraten, die Priorität auf die Resilienz zu legen.

4   Soziale Gerechtigkeit hat Vorrang vor optimaler Ressourcenverteilung

Kein Thema besitzt so viel soziale Sprengkraft wie die Frage
nach der gerechten Verteilung von Lebenschancen und Ressourcen. Wie wir bereits im Teil 3 gesehen haben, wird die
Spanne zwischen Arm und Reich immer größer; inzwischen
ist sie so groß, dass jeder Rechtfertigungsversuch nur noch lä-
cherlich wirken kann.[1] Mit dem Erlebnis ungleicher Chancen
ist dabei zugleich die Einsicht verbunden, dass eine Angleichung an das Lebensniveau der Reichen schon rein rechnerisch unter den heutigen Produktionsbedingungen ausgeschlossen ist.[2] Dies kontrastiert mit den zunehmend höheren
Erwartungen an die eigenen Entfaltungschancen. Über die
Kommunikationsmedien haben sich zunehmend Rollenvor-
bilder aus der gehobenen Mittelschicht der reichen Länder inzwischen auch in die ärmsten und entlegensten Gebiete wie
ein Lauffeuer verbreitet.

Das alles ist kein Geheimnis und ist den meisten Menschen
zumindest in Ansätzen bekannt. Dennoch gibt es wenig überzeugende Maßnahmen, um diese Situation der Ungleichheit
grundlegend zu ändern. Das liegt sicherlich zum Ersten darin
begründet, dass soziale Ungleichheit seit Bestehen der Menschheit unseren Alltag geprägt hat. Seit der neolithischen Revolution hat es nachweisbar nie eine Gesellschaftsstruktur gegeben,
die für alle Gruppen in der Realität gleiche Lebenschancen und
gleiche Rechte an der Nutzung der Ressourcen geboten hätte.[3]

Kurzum, wir haben uns an diesen Zustand gewöhnt. Zum Zweiten finden sich in der Geschichte und in der Gegenwart mehr oder weniger plausible und überzeugende Argumente dafür, dass eine Gleichverteilung an Chancen und Ressourcen unvernünftig und soziale Ungleichheit für die effektive Erfüllung gesellschaftlicher Grundfunktionen erforderlich sei.[4] Dass einer, der mehr für die Gesellschaft leistet, auch stärker an dem dadurch erreichten Mehrwert an Volkseinkommen beteiligt sein soll, leuchtet den meisten Menschen unmittelbar ein.[5] Wie hoch aber diese Diskrepanz sein darf, um noch motivierend und gleichzeitig gerecht zu wirken, darüber gibt es bis heute keine Einigung.[6] Zum Dritten haben viele Menschen den Eindruck, dass alle Versuche, soziale Ungleichheit durch Spenden oder Hilfen an die Armen zu überwinden, wenig Erfolg aufweisen. So haben etwa die herkömmlichen Formen der Entwicklungshilfe durch staatliche oder private Organisationen offenkundig wenig an dem Wachsen der Kluft zwischen Arm und Reich in den sich entwickelnden Ländern ändern können.[7] Schließlich ist es Menschen, die dank harter Arbeit ein Stück vom volkswirtschaftlichen Kuchen ergattern konnten, schwer zu vermitteln, dass sie neben den ohnehin schon üppigen Abgaben für den Staat noch weitere Transferleistungen in arme Länder leisten sollen. Wie man unschwer erkennen kann, ist auch soziale Gerechtigkeit ein öffentliches Gut, das alle Probleme des öffentlichen Gutes aufweist: Niemand will in mehr Gerechtigkeit investieren, weil der eigene Beitrag nur marginal hilft, und niemand kann von dem Gut Gerechtigkeit ausgeschlossen werden, selbst wenn darauf kein Anspruch besteht.[8]

Das Problem der sozialen Ungleichheit können wir im Übrigen auch nicht dadurch lösen, dass wir die Transferzahlungen von privaten oder öffentlichen Trägern an die ärmeren Länder noch einmal erhöhen. Dies wäre sicher wünschenswert, aber es

trifft nicht den Nagel auf den Kopf. Wenn wir wirklich eine
Angleichung der Lebensverhältnisse erreichen wollen, müssen
strukturelle Veränderungen in Gang gesetzt werden.*

4.1 Mehr Gerechtigkeit in Deutschland

Wie könnte ein Programm in Deutschland aussehen, das effektiv zur Verbesserung der nicht mehr zu rechtfertigenden
Situation sozialer Ungleichheit beitragen könnte?

Bleiben wir zunächst beim Grundsätzlichen: Einer der
grundlegenden Reformvorschläge, die zu einer Verbesserung
der unbefriedigenden Situation in Deutschland und weltweit
beitragen kann, ist die Umkehrung der Prioritätenliste im
Rahmen der klassischen Wirtschaftspolitik. Deren vorherr-
schende Lehrmeinung setzt die erste Priorität auf die optimale Allokation der Produktionsfaktoren im wirtschaftlichen
Handeln.[9] Damit ist gemeint, dass alle Produktionsfaktoren
(Arbeit, Kapital, Natur) so geschickt miteinander kombiniert
werden müssen, dass mit einem gegebenen Einsatz ein möglichst hoher Ertrag erzielt werden kann. Erst wenn dies sichergestellt ist, sollte man darüber nachdenken, wie der erzielte
Ertrag gerecht verteilt werden soll. Abstrakt gesehen ist diese
Regel sofort einzusehen. Wenn wir dem ersten Schritt der Regel der optimalen Allokation nicht folgen und dadurch weniger Ertrag erzielen als theoretisch möglich, dann haben wir
zum Schluss weniger Geld, das wir verteilen können. Und
darunter leiden dann alle. Deshalb ist es nur sinnvoll, zunächst darauf zu achten, dass ich möglichst viel Einkommen

---

*   Zu den verschiedenen Dimensionen der sozialen Gerechtigkeit und deren Zusam-
    menwirken auf nachhaltige Entwicklung siehe den Exkurs auf http://www.fischer
    verlage.de/buch/9783596198115.

erziele und mir erst danach den Kopf zerbreche, wie ich dieses Einkommen gerecht auf alle verteile. Je größer der Kuchen, desto größer die Freude bei den Kuchenessern.

Der Pferdefuß dieser Regel besteht aber darin, dass häufig Entscheidungen zur optimalen Allokation bereits Vorentscheidungen zur Verteilung des erwirtschafteten Reichtums beinhalten.[10] Dazu ein Beispiel: Die meisten Menschen sind eher bereit, einen Beitrag zum Volkseinkommen zu erbringen, wenn sie wenig Abgaben oder Steuern an die Gemeinschaft zahlen müssen. Somit steigt mit der erhöhten Leistungsbereitschaft die insgesamt zur Verteilung anstehende Masse. Würde man jedoch aus dieser Masse nach dem Prinzip der Bedarfsgerechtigkeit umverteilen, müsste man Steuern und Abgaben wieder einführen. Dementsprechend würde die Motivation erneut sinken und damit auch das Volkseinkommen. Um ein maximales Produktionsniveau, also die optimale Allokation, zu erreichen, ist es daher ratsam, die Abgaben und Steuern auf ein Minimum zu reduzieren. Damit steht aber keine Verteilungsmasse mehr für die schwächeren Gruppen in der Gesellschaft zur Verfügung. Dieses Beispiel zeigt, dass eine Maximierung der Verteilungsmasse zu einer Verletzung von Gerechtigkeitspostulaten führen kann oder zumindest bestimmte Verteilungsformen der Bedarfsgerechtigkeit von vornherein ausschließt.[11]

Ein anderes Beispiel: Im internationalen Handel ist es als einheimischer Importeur sehr effizient, sich auf nur wenige gut organisierte und den Markt kontrollierende Zwischenhändler zu verlassen. Diese bieten oft die Waren wesentlich preisgünstiger an als selbst die Primärproduzenten in den Herkunftsländern. Sie stehen meist für Verlässlichkeit und verursachen einen geringen Aufwand für Verwaltung und Organisation (den sogenannten Transaktionskosten). Diese

Zwischenhändler machen ihren Gewinn aber häufig dadurch, dass sie die Länder gegeneinander ausspielen und vor allem bei Überproduktion den Preis unter die Herstellungskosten drücken. Aus Sicht des Importeurs und des Verbrauchers in Deutschland ist dieses System höchst effizient, für den Bauer vor Ort aber höchst ungerecht. Dabei sind diese Zwischenhändler keine »Bösewichte«, die es auf die Ausbeutung der Kleinbauern abgesehen hätten, sondern sie verhalten sich völlig rational im Sinne der Effizienz. Das Gegenmittel hier ist eine Ausweitung von Fair-Trade-Praktiken, die auch bei Überangeboten einen zumindest existenzsichernden Betrag für die Ware anbieten.[12] Von daher besteht die grundlegende Forderung darin, bei der ökonomischen Betrachtungsweise von Projekten und Transaktionen die impliziten Verteilungswirkungen von vornherein mitzubedenken und bei erheblicher Beeinträchtigung der sozialen Gerechtigkeit lieber auf die zweitbeste Lösung auszuweichen. Wenn diese Vorgehensweise zum geltenden Prinzip sowohl bei Wirtschaftsverträgen wie bei politischen Regulierungen werden würde, wäre schon viel gewonnen.

Aber neben diesen eher allgemeinen Vorschlägen kann man auch einige konkrete Empfehlungen geben. Ich beginne mit den Vorschlägen, die wir im Rahmen der Verbesserung der Chancengleichheit für unser Land verwirklichen könnten:

- *Grundsicherung von sozialen Leistungen, die der Chancengleichheit dienen:*[13] Damit alle Mitglieder einer Gesellschaft gleiche Chancen haben, müssen einige Voraussetzungen erfüllt sein. Dazu gehören eine ausreichende Ernährungsgrundlage, grundlegende Bildung, Versorgung mit basalen Dienstleistungen wie Wasser, Energie und Information sowie Hilfestellung bei Krankheit und Unfällen. Es ist hierbei nicht entscheidend, ob diese sozialen Grundleistungen privat oder öffentlich bereitgestellt werden. Wird etwa aus Effizienzgründen eine private Versorgung bevorzugt und bleiben die Resilienz und der Zugang für alle dabei erhalten, so kann man durchaus zwei Fliegen mit einer Klappe schlagen.[14] Entscheidend ist nicht, wer die Leistung anbietet, sondern, dass jedes Mitglied einer Gesellschaft diese Grundsicherung erhält – und zwar dauerhaft. Jeder und jede muss die Gewissheit haben, diese Leistungen auch dann weiter zu erhalten, wenn er sie aus welchen Gründen auch immer nicht mehr bezahlen kann. Ob man dies über Transferzahlungen, über Gutscheine oder über öffentliche Vorsorgeleistungen realisiert, ist eine Frage der Abwägung der damit verbundenen Vor- und Nachteile. Wesentlich ist, dass diese Grundleistungen für jeden verfügbar sind.

- *Fokussierung auf absolute statt auf prozentuale Einkommenserhöhungen in tariflichen Auseinandersetzungen:*[15] In der Regel werden bei tariflichen Auseinandersetzungen prozentuale Erhöhungen des Einkommens ausgehandelt. Damit wird aber die Kluft zwischen niedrigeren und höheren Einkommen weiter zementiert. Würde man dagegen für jeden einen bestimmten absoluten Betrag, etwa 100 € im Monat, verlangen, dann würden die Einkommensunterschiede im Verlauf der Zeit immer geringer ausfallen. Natürlich müssen Einkommen in etwa die Produktivität der jeweiligen Arbeitsleistung widerspiegeln. Da aber moderne Produktionsmethoden eher Teamarbeit und gegenseitige Vernetzung fördern, ist es durchaus angebracht, die durchschnittliche Produktivitätssteigerung auf alle, die daran mitgewirkt haben, in gleichem Maße zu verteilen. Oft ist es auch angebracht, einen festen Sockelbetrag für alle mit einer geringfügigen prozentualen Erhöhung zu koppeln.[16]

• *Öffentliche Regulierung von Selbstbedienungs-Mechanismen:*[17] Exorbitante Gehälter sind vor allem dort zu erwarten, wo Funktionssysteme ohne Kontrolle durch andere Systeme ihre eigenen Entlohnungssysteme entwerfen und durchsetzen. Dagegen wäre solange nichts einzuwenden, wie die Kosten dieses Entlohnungssystems nicht auf andere abgewälzt werden. Wenn man wie beim Finanzsystem darauf spekulieren kann, dass Gewinne privatisiert und Verluste sozialisiert, also von der Gemeinschaft getragen werden, werden der Gier und Habsucht Tür und Tor geöffnet. In diesem Falle ist es auch ordnungspolitisch mit allen Regeln der Marktwirtschaft vereinbar, wenn die Zahlungen der öffentlichen Hand in Notfällen mit Rückzahlungen aus den Gehältern der Manager verbunden werden. Es geht nicht an, dass die Manager sich kräftig selbst bedienen, wenn die Geldquelle sprudelt, und sich vom Staat aushelfen lassen, sobald diese Quelle versiegt. Beispielsweise könnte man Boni an Anteilsscheine koppeln, die erst dann in Geldwerten ausbezahlt werden dürfen, wenn die Firma mehr als fünf Jahre keine Transferzahlungen vom Staat in Anspruch genommen hat. Natürlich kann man auch Höchstgrenzen einführen oder alle Aktionäre, wie jetzt in Deutschland vorgesehen, an der Festlegung der Managergehälter beteiligen.[18] Am besten sind solche Regelungen global einzuführen, um eine Abwanderung der betroffenen Unternehmen zu verhindern.

4.2 Gerechtigkeit im globalen Maßstab

Im Bereich der internationalen Ungleichheit geht es zusätzlich um die Herstellung von Ressourcengerechtigkeit und Leistungsgleichheit. Hier sind die Einflussmöglichkeiten noch komplexer, aber einige Vorschläge will ich auch hierzu äußern:

- *Abbau von Handelsschranken:* Entgegen oft geäußerter Meinung, der Welthandel sei Ursache für die zunehmende Ungleichheit, ist gerade der Austausch von Gütern und Dienstleistungen zwischen den Ländern eine wichtige Quelle der Wohlstandsvermehrung für beide Seiten, sofern er fair abläuft.[19] Voraussetzung dafür ist zunächst, dass es keine Handelsschranken zwischen den Export- und Importländern gibt und der Wettbewerb für beide Seiten nach den gleichen Prinzipien organisiert ist. Solange vor allem das Gebot des fairen Wettbewerbs nicht flächendeckend umgesetzt ist, kann ich den Lesern nur raten, möglichst viele Produkte aus der Palette der Fair-Trade-Artikel zu erwerben. Allerdings setzt das auch voraus, dass die großen Handelshäuser mehr Fair-Trade-Produkte in ihr Sortiment aufnehmen und die Produkte so günstig, wie es dem Fairnessgebot noch gerade entspricht, anbieten. Der Staat könnte dies dadurch fördern, dass er alle Fair-Trade-Produkte von Zöllen ausnimmt.[20]

- *Verteilung von Eigentumsrechten an Umweltgütern nach dem Pro-Kopf-Prinzip:* Im Rahmen der internationalen Umweltpolitik werden, wie wir im Teil 3 schon ausführlich beschrieben haben, Eigentumsrechte in Form von Zertifikaten an alle potentiellen Nutzer globaler Umweltgüter verteilt. Bis heute dominiert das sogenannte Grandfathering-Verfahren, bei dem der heutige Ausstoß an umweltbelastenden Emissionen Ausgangspunkt für die Verteilung der Zertifikate ist.[21] Dieses Verfahren stößt bei den betroffenen Emittenten auf große Vorliebe und ist auch mit den jeweiligen Rechtssystemen der betroffenen Länder kompatibel, weil zumindest zum Ausgabedatum die bestehende Praxis der Emissionen fortgesetzt werden kann und bereits ausgegebene Genehmigungen nicht verletzt werden. So praktikabel dieses Verfahren sein mag, so ungerecht ist es aber auch.[22] Warum sollen ausgerechnet diejenigen, die in der Vergangenheit die gemeinsame Ressource Umwelt kostenlos genutzt haben, jetzt besondere Vorrechte haben, dies auch in Zukunft weiter tun zu dürfen? Und das noch ohne dafür zu bezahlen, während diejenigen, die sich bis dato nicht an der Ressource Umwelt kostenlos bedient haben, jetzt auch noch dafür bestraft werden, indem sie teure Zertifikate erwerben müssen. Mit der Ausgabe von Zertifikaten nach dem Pro-Kopf-Prinzip, vor allem im Klimabereich, könnte man einen deutlichen Gegenakzent zur gegenwärtigen Praxis setzen (wobei die ärmsten Länder schon heute von den Zertifizierungskosten befreit sind). Die bevölkerungsreichen Staaten dieser Erde erhielten so bei der Erstausgabe sehr viele Anteilsscheine, die sie dann später im internationalen Handel weiterverkaufen könnten. Damit wäre eine Umverteilung von den bevölkerungsarmen und materiell reichen zu den bevölkerungsreichen und materiell armen Ländern verbunden.

- *Bindung von Entwicklungsprogrammen an erfolgreiche Maßnahmen zur Dämpfung der Ungleichheit:* Nach welchem Maßstab Entwicklungshilfe geleistet und bewertet werden soll, ist zurzeit heftig umstritten.[23] Wie so oft ist auch hier »gut gemeint« nicht deckungsgleich mit »gut«. Wie man durch gezielte Transferleistungen Resilienz erhöhen, Wohlstand verbessern und gleichzeitig Ungleichheit abmildern kann, ist in der Literatur wie auch in der politischen Diskussion ungeklärt.[24] Schlagworte wie »Hilfe zur Selbsthilfe« sind zwar im Ansatz zielführend, aber die

Umsetzung ist meist mit vielen Fußangeln versehen. Oft begünstigen Transferzahlungen zur Selbsthilfe Scheinprojekte, die sofort wieder in sich zusammenfallen, sobald die Geldspritze aussetzt. Diese Verunsicherung über die Wirkungsweise von direkten Finanz- oder auch Sachhilfen in die sich entwickelnden Länder hat mit dazu beigetragen, dass die politische Forderung nach mindestens 0,7 % Transferleistung aus dem Bruttoinlandsprodukt der hochentwickelten Länder in die Entwicklungshilfe immer seltener geäußert wird. Zurzeit investiert die Bundesrepublik Deutschland rund 0,4 % des Bruttoinlandsprodukts in die Entwicklungshilfe.[25] Würde man allerdings, wie einige fordern, die Entwicklungshilfe ganz einstellen, so würde eine Großzahl von Leistungen zur Chancengerechtigkeit in vielen Ländern erst recht zusammenbrechen. Es geht also kaum ohne, aber man weiß auch nicht so recht, wie man es besser machen kann. Allerdings schält sich zunehmend die Erkenntnis heraus, dass Entwicklungshilfe entweder zur Daseinsvorsorge oder aber zur Struktur der eigenen Wirtschaftskraft beitragen sollte.

Ein interessanter Vorschlag zur Verbesserung der Innovationskraft und wirtschaftlichen Leistungsfähigkeit eines Landes stammt von dem Wirtschaftswissenschaftler Franz-Josef Radermacher aus Ulm. Er hat herausgefunden, dass Länder, in denen die Differenz zwischen dem mittleren Einkommen (Median) und dem Einkommen der Bestverdienenden sehr hoch ist, wesentlich weniger innovationsfreudig und wirtschaftlich leistungsfähig sind als die Länder mit einer geringen Spanne zwischen mittlerem und höchstem Einkommen.[26] Die Erklärung dafür ist relativ einfach: Die Oberschicht hat stets genügend Geld, um sich ein gutes Leben zu leisten oder im Ausland lukrativ zu investieren. Da bleibt für inländische Investitionen nichts mehr übrig. Die aufstrebende Mittelschicht hat zwar eine hohe Motivation, Geld in neue Projekte zu investieren, aber es fehlen ihr die Geldmittel, dies umzusetzen. Der arme Teil am unteren Ende der Skala ist täglich damit beschäftigt, die eigene Existenz zu sichern. Menschen aus dieser Einkommensschicht haben weder die Motivation noch die Mittel, in erfolgreiche Projekte zu investieren. Nach Radermacher ist es deshalb anzuraten, in Projekte zu investieren, bei denen die Mittelschicht eines Entwicklungslandes bessere Chancen für wirtschaftliche Investitionen zu günstigen Konditionen erhält. Mit dem Konzept der Mikrokredite, die von dem Nobelpreisträger Mohamed Yunus, dem Gründer der Grameen Bank, mit initiiert wurden, ist diese Idee bereits in Grundzügen verwirklicht worden.[27] Allerdings ist der Erfolg dieses Modells daran gebunden, dass solche Kredite zinsgünstig und anlegerfreundlich ausgestaltet werden.[28]

Fazit: Vor dem Hintergrund der Pluralisierung, Individualisierung und Virtualisierung kommt dem Prinzip der sozialen Gerechtigkeit besondere Geltungs- und Sprengkraft zu. Moderne Gesellschaften können nur dann mit einer dauerhaft nachhaltigen Entwicklung rechnen, wenn sie überall Chancengleichheit ermöglichen und in einem ausgewogenen Verhältnis Leistungs- und Bedarfsgerechtigkeit herstellen. Zurzeit hinken wir auch in den hochentwickelten Industrieländern hinter dieser Forderung her. Wenn wir dieses Manko nicht ausgleichen, verlieren wir nicht nur den möglichen Rückhalt der Menschen in die sie umgebenden politischen und wirtschaftlichen Steuerungssysteme, sondern legen auch den Nährboden für das Aufkeimen fatalistischer bis hin zu fanatischen und terroristischen Strömungen. Im Endeffekt werden die Kosten, die mit diesen Symptomen des systemischen

Risikos »Ungleichheit« verbunden sind, ungleich höher ausfallen als die Investitionsmittel, die wir zur Angleichung der
Lebenschancen aufwenden müssten.

5 Lebensqualität ist wichtiger als Lebensstandard

Der Begriff der Lebensqualität ist mindestens so schillernd
wie der Begriff der sozialen Gerechtigkeit. Er erlebte eine Blü-
tezeit in der Mitte der siebziger Jahre des letzten Jahrhunderts, geriet dann immer mehr in Vergessenheit, bis er mit der
Diskussion um nachhaltige Entwicklung eine neue Renais-
sance erlebte.[1] Wenn man heute diesen Begriff in der Suchmaschine Google eingibt, kommen insgesamt 3 Millionen
Einträge; für den englischen Begriff »Quality of Life« erscheinen sogar 100 Millionen.[2] Mit dem Begriff der »Qualität« anstelle von »Standard« soll zum Ausdruck gebracht werden,
dass die rein materielle Besserstellung einer Person im Sinne
von Geldeinkommen oder Verfügbarkeit über Ressourcen
noch nicht automatisch eine Erhöhung der Lebensqualität
darstellt. Je nach Ausstattung der Person mit schon vorhandenen Ressourcen und den Lebensumständen können materielle
Verbesserungen höchst unterschiedliche Ausschläge auf dem
Konto der Lebensqualität auslösen.[3] Sobald man aber qualitative Bewertungsmerkmale für die Einstufung individuellen
Wohlergehens in die Diskussion einfügt, stellt sich gleich die
Frage, wer letztlich entscheiden darf, ob etwas qualitativ besser oder schlechter ausgefallen ist. Bei dem Konzept des Lebensstandards taucht dieses Problem nicht auf. Jede Erhöhung
des eigenen Einkommens wird automatisch als positiv, jede
Verringerung als negativ eingestuft.
   Der Begriff der Lebensqualität ist also komplexer als der

Begriff des Lebensstandards. Er beinhaltet sowohl eine objektive Komponente, die man mit dem Begriff der Lebensverhältnisse umschreiben kann, wie auch eine subjektive Komponente, die auf das persönliche Wohlergehen aus Sicht des jeweils betroffenen Individuums ausgerichtet ist.[4] Mit den beiden Kriterien der Resilienz und der sozialen Gerechtigkeit sind schon wichtige Lebensverhältnisse angesprochen worden. Eine Politik, die angesichts der systemischen Risiken eine Strategie der Resilienz bevorzugt, nimmt in der Regel einen Teil des potentiellen Volkseinkommens von den Mitgliedern der Gesellschaft weg und investiert sie in die Begrenzung systemischer Risiken. Dahinter steht die Überzeugung, dass die Investitionen in Resilienz sich langfristig lohnen, weil die ansonsten eintretenden Krisenfolgen wesentlich verlustreicher ausfallen würden als die Kosten ihrer Vermeidung oder Minderung.[5] Wie wir dies schon mehrfach angesprochen haben, ist diese Erwartung einer langfristig positiven Kosten-Nutzen-Bilanz durchaus realistisch. Die Investitionen in die Reduktion von systemischen Risiken lohnen sich in jedem Falle.

Des Weiteren ist eine konsequente Politik der Chancengleichheit eine wichtige Voraussetzung dafür, dass jeder Einzelne auch die Möglichkeiten der persönlichen Entfaltung erhält. Es widerspricht jeder Moral, das eigene Wohlbefinden auf Kosten des Wohlbefindens anderer zu erhöhen. Demzufolge sind für die Wahrung der Lebensqualität die objektiven gesellschaftlichen Bedingungen einer konsequenten Chancengleichheit und einer Absicherung gegen systemische Risiken essentiell. Von daher stehen diese beiden Bedingungen auch vorrangig vor allen andern Zielen, die mit einer hohen Lebensqualität verbunden sein können. Sie sind die Voraussetzungen für die Entfaltung des Individuums und die Entwicklung eines Gemeinschaftssinnes.

Die zweite Komponente, das subjektive Wohlergehen der Individuen, hängt sicherlich von der Verfügbarkeit von Ressourcen, Handlungsoptionen und Dienstleistungen ab. Zwar stimmt es, dass Reichtum nicht unbedingt glücklich macht, aber Armut erst recht nicht.[6] Insofern ist Lebensstandard mit Sicherheit ein Element von subjektiv empfundener Lebensqualität. Aber es ist nicht das Einzige. Wir hatten Glück bereits begrifflich als den Abstand zwischen Erwartung und wahrgenommener Realität gefasst.[7] Von daher ist Lebensqualität als subjektiver Ausdruck des Glücks stark davon abhängig, dass wir ein ausgewogenes Verhältnis zwischen Erwartung und Realität entwickeln. Die beiden Fragen dazu lauten also: Erstens: Inwieweit stimmt die wahrgenommene Realität mit der Wirklichkeit überein? Und zweitens: Was können und was dürfen wir für uns erwarten?

5.1 Subjektive Erwartungen an das eigene Leben

Die Antwort auf die erste Frage setzt voraus, dass wir unsere Chancen zur Verbesserung unserer Lage und die Risiken, die unser Wohlbefinden bedrohen könnten, realitätsgerecht einschätzen können. Zudem ist es wichtig, dass wir erfahren, was wir selber zur Verbesserung der Chancen und zur Risikominderung beitragen können. Mit diesem Buch verbinde ich ja gerade das Anliegen, die Leserinnen und Leser zur Risikomündigkeit anzuleiten. Mir ist es wichtig, so anschaulich und einprägsam wie möglich zu vermitteln, wie die realen Bedrohungen in unserer Welt aussehen und was wir realistischerweise dagegen unternehmen können. Diese Vermittlung wird nur dann Erfolg haben, wenn wir gleichzeitig verstehen lernen, wie wir »ticken«, also wie wir Menschen normalerweise

Risiken einstufen, Informationen zu Risiken aufnehmen und
verarbeiten und wie wir zu ausgewogenen Urteilen über die
Bedrohlichkeit und Häufigkeit der Risiken gelangen. Auf der
Basis dieses Wissens können wir unser eigenes Tun sinnvoll
an der Realität ausrichten und eine sachlich angemessene und
den eigenen Werten entsprechende Abwägung bei wichtigen
Entscheidungen treffen.

Damit kommen wir zur zweiten Frage. Was dürfen wir erwarten? Wir müssen uns zunächst über die Konsequenzen der
eigenen Erwartungen Klarheit verschaffen. Wenn wir die systemischen Risiken ernst nehmen und die Priorität auf eine gerechte Verteilung legen, wird sich dies in der für uns verfügbaren Verteilungsmasse niederschlagen. Resilienz und mehr
Gerechtigkeit sind nicht zum Nulltarif zu haben. Dennoch
hoffe ich, mit meinen Ausführungen ausreichend stichhaltige
Argumente dafür geliefert zu haben, dass es sich lohnt, für
diese beiden Ziele auf weitere Konsumzuwächse weitgehend
zu verzichten. Das scheint auch ein durchaus akzeptabler
Preis zu sein, wenn man die möglichen Folgekosten von Krisen aufgrund der systemischen Risiken in Rechnung stellt.

Dazu kommt noch, dass ab einer bestimmten Schwelle
des Einkommens zusätzliche Gewinne das Gefühl subjektiver
Zufriedenheit kaum mehr zu steigern vermögen.[8] Natürlich
wird niemand eine Gehaltserhöhung ausschlagen mit dem
Argument, mehr Geld mache nicht glücklicher. Aber eine
Ausrichtung an das Kriterium Lebensqualität ist durchaus
vereinbar mit der Forderung, anstelle immer höherer Ent-
lohnung andere Ausdrucksformen der Lebensqualität zu bevorzugen. Dies könnte beispielsweise in der Verbesserung
der lokalen Umweltqualität, in mehr Gemeinschaft und Freizeit oder in der Entschleunigung organisierter Prozessabläufe
liegen.[9]

Trotz allem liegt mir sehr viel daran zu betonen, dass die subjektive Komponente der Lebensqualität subjektiv bleibt und bleiben soll. Es ist eine große Errungenschaft der modernen Entwicklung, dass Menschen mehr Optionen zu ihrer Lebensführung zur Verfügung haben als früher. Es ist ihr Recht, diese auch souverän und selbstbestimmt zu nutzen. Um diese Freiheiten allerdings in vollem Umfang und ohne späteren Katzenjammer nutzen zu können, sind drei Bedingungen Voraussetzung:

– Zum Ersten müssen wir sicherstellen, dass wir nicht blind in Situationen geraten, die unser aller Freiheit einschränken oder sogar außer Kraft setzen.
– Zum Zweiten müssen wir darauf achten, dass wir die Folgen unserer Entscheidungen, soweit wir darüber Gewissheit haben können, einigermaßen realistisch übersehen und abschätzen können.
– Zum Dritten müssen wir anerkennen, dass wir die Freiheiten, die wir selber in Anspruch nehmen, anderen nicht vorenthalten dürfen.

Diese drei Grundvoraussetzungen individueller Freiheit sind feste Bestandteile unserer demokratischen und freiheitlichen Grundordnung. Sie gestehen jeder Person zu, für sich selber die Entscheidung zu treffen, was für sie Lebensqualität bedeutet.

5.2 Kein Nachtwächterstaat

Für die Steuerungsorgane umfasst dieses Recht auf Freiheit zu eigener Lebensgestaltung die zentrale Aufgabe, dafür die entsprechenden Rahmen- und Lebensbedingungen zu schaffen. Im Gegensatz zum Leitbild des Nachtwächterstaates, der nur auf die Einhaltung der Spielregeln achtet, ist der Erfolg kollektiver Steuerung auf einen starken Staat mit entsprechender Macht zur Regulierung von Wirtschaft und Gesellschaft angewiesen.[10] Anders werden die kollektiven Ziele von Risikominderung, sozialer Gerechtigkeit und Selbstbestimmung nicht zu bewältigen sein. Diese Auffassung vertreten auch überzeugte Anhänger marktwirtschaftlicher Ordnungssysteme, wie der Ökonomieprofessor Jörg Althammer von der katholischen Universität Eichstätt:

> »Gefordert ist dabei ein ›starker Staat‹, der über den Partikularinteressen der einzelnen – auch marktmächtigen – Akteure steht und universelle, allgemein gültige Regeln implementiert. Tiefgreifende Verwerfungen wie die jüngste Finanzmarktkrise sind demnach keine notwendige Begleiterscheinung marktwirtschaftlicher Systeme, sondern das Ergebnis falsch gesetzter ordnungspolitischer Rahmenbedingungen.«[11]

Zur Legitimation eines solchen Gesellschaftsverständnisses reicht heute das Modell der Marktwirtschaft und der repräsentativen Demokratie nicht mehr aus. Es gerät zunehmend in Akzeptanzkrisen. Deshalb ist eine Bereicherung der Marktwirtschaft durch soziale und ökologische Leitplanken sowie der parlamentarischen Demokratie mit deliberativen Formen partizipativer Willensbildung notwendig.

5.3 Marktwirtschaft mit ökologischen und sozialen Leitplanken

Die Marktwirtschaft gewährleistet ein Höchstmaß an Effizienz und Wahlfreiheit für den Konsumenten. Sie benötigt aber Schranken, um nicht in die Falle systemischer Risiken zu geraten und um zu einer fairen und gerechten Verteilung von Chancen und Ressourcen zu führen. Von daher bedarf sie einer Erweiterung um die Vorsilben öko- und sozial. Das Leitbild ist demnach die ökosoziale Marktwirtschaft.[12] Die Vorsilbe »öko-« vor der Marktwirtschaft soll die klare Zielsetzung verdeutlichen, dass ökologische Engpässe und systemische Risiken die Leitplanken markieren, zwischen denen das Spiel des freien Marktes seinen Lauf nehmen darf. Die Vorsilbe »sozial«, die in Deutschland bereits seit dem Zweiten Weltkrieg die Debatte um unser Wirtschaftssystem bestimmt hat, soll deutlich den Vorrang der Chancengleichheit vor der Effizienz wirtschaftlicher Leistungen untermauern.

Beide Vorschläge, die Bereicherung der repräsentativen Demokratie durch deliberative Formen der Entscheidungsfindung und der marktwirtschaftlichen Systeme durch sozialökologische und sozial-ethische Grenzen, sind keine revolutionären Empfehlungen. Ein völliger Umsturz oder eine völlige Neuausrichtung von Politik und Wirtschaft erscheinen mir auch nicht erstrebenswert, von der Realisierbarkeit einmal ganz zu schweigen. Viele Errungenschaften der Entwicklung zur modernen Welt haben wir der demokratischen Grundordnung und der marktwirtschaftlichen Ausrichtung unserer Wirtschaft zu verdanken. Diese beiden Ordnungsprinzipien müssen allerdings angesichts der systemischen Risiken, die für uns neue Bedrohungen darstellen, neu justiert werden. Ein reiner Facelift reicht nicht aus, aber eine Organ-

transplantation ist auch nicht notwendig. Stattdessen emp-
fehle ich eine Verjüngungs-, Entschlackungs- und Immun-
stärkungskur, die beiden Steuerungssystemen gut anstehen
würde. Was diese Kurvorschläge für die Steuerungsprozesse
von Staat und Wirtschaft und für das Handeln jedes einzelnen Individuums bedeuten, will ich in den folgenden Kapiteln
näher erläutern.

6   Die Rolle der ökosozialen Marktwirtschaft im Chor der gesellschaftlichen Steuerung

»Was macht Länder reich? Nicht die marktradikale Ordnung, sondern die ökosoziale. Nur sie ist der Garant für
eine exzellent und breit ausgebildete Bevölkerung, sie
stellt die Nervennetze und Transportwege für alle bereit,
mit deren Hilfe moderne Gesellschaften überhaupt Wertschöpfung sein und wettbewerbsfähig bleiben können. ...
Es heißt, der freie Markt schaffe das höchste Wachstum.
Das ist ein Mythos. Der Marktfundamentalismus produziert eben nicht das höchstmögliche Wachstum. Selbst dieses letzte Versprechen hält er nicht, das ist alles nur hüb-
scher Schein und Manipulation von Gehirnen. Er führt zu
mehr Wachstum als der Kommunismus, aber das Maß aller Dinge ist er nicht. Das ist die ökosoziale Marktwirtschaft.«[1]

Mit diesen emphatischen Worten beginnt der Wirtschaftswissenschaftler Franz Josef Radermacher das Kapitel zum Thema
ökosoziale Marktwirtschaft. In seinem mit Bert Beyers ge-
schriebenen Buch *Welt mit Zukunft* beschreibt er in eindrucksvollen Beispielen die Probleme und Folgekosten einer
deregulierten und sich selbst überlassenen globalen Markt-

wirtschaft. Ähnlich argumentiert der Politikwissenschaftler Harald Müller und baut seine Kritik gegenüber der freien Marktwirtschaft auf vier Argumenten auf:

- Erstens: Der Markt bedarf eines Rechtsrahmens. Ohne den kann er nicht existieren.[2]
- Zweitens: Die Notwendigkeit, öffentliche Güter herzustellen, sowie die Externalitäten zulasten öffentlicher Güter, die der Markt produziert, machen ein ausschließlich marktgestütztes System für die Bewältigung der Globalisierungsproblematik untauglich. Ein weiteres öffentliches Gut, das der Markt nicht aus sich selbst heraus schaffen kann, ist soziale Gerechtigkeit.[3]
- Drittens: Der Markt produziert unbeabsichtigte Nebenfolgen, die seine eigene Stabilität langfristig gefährden. Der Markt muss also, um nachhaltig zu funktionieren, durch »marktfremde« Mittel vor den eigenen Folgen geschützt werden.[4]
- Viertens: Der regulierungsfreie Markt erweist sich als unmoralische Instanz. Hedge Fonds (das sind besonders spekulative Finanzprodukte) können als nützliche Investoren wirken, wo die Banken das Risiko scheuen, aber sie nehmen auch gesunde Unternehmen auseinander und setzen deren Beschäftigte auf die Straße, wenn das den größeren Gewinn verspricht.[5]

Die Erkenntnis über die Grenzen des freien Marktes ist keineswegs neu. Schon die Klassiker der Marktwirtschaft, wie Adam Smith und John Stuart Mill, haben eindringlich darauf hingewiesen, dass die effizienzauslösenden Kräfte der Marktwirtschaft nur dann zum Wohle der Gesellschaft wirken, wenn die Spielregeln und die Rahmenbedingungen durch die

Politik vorgegeben und kontrolliert werden.[6] Der bekannte
Wirtschaftssoziologe Karl Polanyi hat schon im Jahre 1944 in
seinem Werk *The Great Transformation* mit großer analytischer Schärfe die Schwächen von Marktsystemen herausgear-
beitet. Dabei kommt er zu ähnlichen Urteilen wie die modernen Kritiker der Marktwirtschaft: »Dem Markt zu erlauben,
die alleinige Steuerung über das Schicksal der Menschheit
und der natürlichen Umwelt zu übernehmen, ja selbst über
die Menge und Nutzung der Wertschöpfung, würde in einer
Selbstzerstörung der Gesellschaft enden.«[7]

Meine Argumentation geht aber noch weiter. Die Steue-
rungskräfte des Marktes sind im Wesentlichen darauf ausgerichtet, das eigene wirtschaftliche Handeln an den Signalen der
beteiligten Wirtschaftsakteure auszurichten, eigene Strategien
im Vorgriff auf die zu erwartenden Veränderungen in der natürlichen und sozialen Umwelt zu entwickeln und diese im
Rahmen der Wettbewerbsordnung nach dem Prinzip von Versuch und Irrtum auszuprobieren. Dabei kann man auf die Nase
fallen und zum Beispiel in den Konkurs gehen oder aber die
berühmte Spürnase entwickeln, um einen neuen Markttrend
vorherzusehen und davon zu profitieren. Sind die Funktions-
bedingungen für Märkte erfüllt, dann kommt es nach gängiger
Markttheorie zu einem optimalen Ausgleich zwischen Angebot
und Nachfrage.[8]

Drohen allerdings systemische Risiken, so ist dieser Allo-
kationsmechanismus überfordert.[9] Zum Ersten können die
jeweiligen Marktteilnehmer die Nebenfolgen auf andere
Funktionsbereiche gar nicht oder nur in sehr beschränktem
Ausmaß wahrnehmen und in ihre Entscheidungen einbeziehen (externe Effekte). Zum Zweiten scheitern Strategien von
Versuch und Irrtum, wenn man sich den Irrtum wegen des
damit ermöglichten Katastrophenausmaßes moralisch oder

rechtlich nicht mehr leisten kann. Zum Dritten sind Funktionssysteme mit einer Vielzahl von unabhängig und dezentral agierenden Akteuren im Prinzip besser in der Lage, auf Überraschungen und nicht-lineare Entwicklungen zu reagieren. Wenn aber diese Akteure aus Effizienzüberlegungen heraus alle zu den gleichen oder ähnlichen Strategien greifen, spielt es keine Rolle mehr, ob es sich um zentrale oder dezentrale Formen der Funktionserfüllung handelt. Das System als Ganzes wird verwundbarer und anfälliger gegenüber Krisen.[10]

Nun könnte man auf die Lösung verfallen, die Steuerung wirtschaftlicher Aktivitäten ganz dem Staat zu überlassen. Soweit ich sehe, gibt es nach dem Zusammenbruch des realen Sozialismus in den Staaten Osteuropas so gut wie niemanden mehr, der ernsthaft davon überzeugt ist, der Staat sei als Steuerungsorgan für wirtschaftliche Aktivitäten besser geeignet als der Markt.[11] Eine Stimme unter vielen: »Es hat sich in der Praxis gezeigt, dass der Versuch, das Allokationsproblem einer Volkswirtschaft auf dem Wege zentraler Planung zu lösen, nicht besonders gut funktioniert hat. Ineffizienz zentraler Planwirtschaft war ein gewaltiger Grund dafür, warum der frühere Ostblock zusammengebrochen ist. Frei nach Churchill könnte man also sagen: Die Marktwirtschaft ist unter allen schlechten Wirtschaftssystemen die beste.«[12] Neben den Verlusten an Effizienz ist auch fraglich, ob ein einzelnes Steuerungsorgan überhaupt in der Lage ist, die notwendigen Strategien der Resilienz zu entwickeln, die ja auf Diversifizierung, Redundanz und Fehlerfreundlichkeit beruhen. Diese Strategien verlangen dezentrale Steuerungsformen. Schließlich ist eine Zusammenballung von Macht auf einen Akteur immer mit der Gefahr verbunden, dass diese Macht missbraucht oder einseitig genutzt wird.

6.1 Kooperation als Stärke:
ein neues Modell der Governance

Eine sinnvolle Lösung zur Begrenzung systemischer Risiken ist eine Kombination aus Markt und Staat. Aus meiner Sicht kommen noch ein drittes Steuerungssystem, die Zivilgesellschaft, und ein viertes, die Wissensträger aus Wissenschaft und Expertenkreisen, hinzu.[13] Wir brauchen also ein kooperatives Steuerungsmodell aus Politik, Wirtschaft, Zivilgesellschaft und Wissenschaft. Wie wir bereits mit dem Begriff der »Governance« auf die Einbindung gesellschaftlicher Kräfte in die Prozesse der kollektiv verbindlichen Steuerung hingewiesen haben, sind die politischen Steuerungsorgane oft überfordert, Effektivität, Resilienz, Effizienz und Fairness parallel zu gewährleisten.[14] Aus diesem Grunde liegt es nahe, die gesellschaftlichen Systeme miteinzubinden, die eines dieser vier Kriterien für »Good Governance« in besonderem Maße erfüllen können.[15] Man kann davon ausgehen, dass die Funktionsbereiche, die auf Wissenserzeugung und Wissensüberprüfung ausgerichtet und spezialisiert sind, besser als andere die Effektivität von möglichen Handlungsoptionen beurteilen können. Natürlich können sich auch Expertinnen und Experten irren. Dennoch haben sie Institutionen und Verfahren geschaffen, die nichts anderes leisten, als Ansprüche an Wissen kritisch zu überprüfen und evidenzbasierte Empfehlungen auszusprechen. Wer sonst sollte diese Aufgabe glaubwürdig wahrnehmen?

Für den Einbezug der Effizienz ist dagegen der Markt verbunden mit den dort herrschenden Anreizsystemen prädestiniert. Effiziente Leistungen sind nach wie vor wegen der Begrenzung der uns zur Verfügung stehenden Mittel erforderlich. Das gilt im besonderen Maße für Effizienzerhöhungen zur Nutzung natürlicher Ressourcen. Die Kritik, die ich im Rahmen der Effizienzfalle zum Ausdruck gebracht habe, bezieht sich nicht auf Effizienz als ein tragendes Prinzip kollektiver Steuerung, sondern auf das Primat der Effizienz gegenüber allen anderen Kriterien. Solange Effizienz im Rahmen der Grenzen der anderen Kriterien verbleibt, ist sie für das Gelingen kollektiver Steuerungsprozesse unerlässlich. Aber sie darf nicht zum Leitkriterium mit Absolutheitsanspruch auserkoren werden.

Viele der wirtschaftlichen und sozialen Risiken haben direkte Auswirkungen auf die Verteilung des gesellschaftlichen Reichtums, auf die Chancen- und Ressourcengerechtigkeit (Fairness) und die Ausprägung von Identität und soziale Anerkennung. Von daher ist es zur Verwirklichung von »Good Governance« essentiell, dass die negativen Auswirkungen auf gesellschaftliches Zusammenleben und individuelles Wohlbefinden in den Steuerungsprozess einbezogen und minimiert werden. Diese Aufgabe kann meines Erachtens die Zivilgesellschaft am besten übernehmen.[16] Die Einbindung der Zivilgesellschaft umfasst alle Prozesse, mit denen Organisationen, Verbände, Bürgerinitiativen und auch nicht organisierte Betroffene ihre Vorstellungen, Bewertungen und Präferenzen in den Prozess kollektiver Steuerung einbringen können. Auf diese Weise wird die Pluralität unserer modernen Gesellschaft im Steuerungsprozess reflektiert und gleichzeitig Fairness und die Integrationskraft demokratischer politischer Systeme gestärkt.

Für die klassischen politischen Steuerungsorgane verbleibt dann die Sicherstellung von Resilienz als einem übergeordneten Kriterium für die Wahrung des Allgemeinwohls in einer ansonsten pluralen und differenzierten Interessen- und Wertegesellschaft. Natürlich ist und bleibt es Vorrang politischer Steuerungssysteme, die für eine Gesellschaft konstitutiven

Rechte und Pflichten zu schützen, zu ergänzen und zu kontrollieren. Physische Sicherheit und Rechtssicherheit gehören zu den höchsten Gütern politischer Steuerungssysteme.[17] Mehr noch: Erst durch die Bindung der Macht an den Rechtsstaat werden die Voraussetzungen dafür geschaffen, dass die vier Kriterien der Good Governance überhaupt wirksam werden können. Substantiell sehe ich aber die Politik als Hüterin und Advokatin für Resilienz.

Abbildung 27 vermittelt einen graphischen Eindruck der vier Funktionssysteme für eine den heutigen Problemen und Herausforderungen angemessene Steuerung.[18] Keines der vier Funktionssysteme kann für sich alleine den Anspruch erheben, die Auswirkungen und Bedingungen systemischer Risiken erfolgreich zu steuern. Für sich allein genommen versagen Markt, Expertokratie, Staatsgewalt und zivilgesellschaftlicher Pluralismus angesichts der globalisierten, vernetzten und nichtlinearen Auswirkungen unserer komplexen Eingriffe in Natur und Gesellschaft. Wenn diese Systeme aber in gegenseitiger Kooperation und in gegenseitigem Austausch ihre jeweils spezifische Leistung in den Steuerungsprozess einbringen, dann dürfen wir optimistisch sein, dass wir mit den systemischen Risiken heute und in Zukunft besser fertigwerden. Zudem verspricht das synergistische Zusammenwirken dieser vier Funktionssysteme auch eine adäquate Antwort auf die schon erwähnten Probleme der Effizienz-, der Hybris- und der Autonomiefalle.[19] Mit der Relativierung von Effizienz im Rahmen eines viergliedrigen Bewertungssystems verliert die Effizienzfalle an Gewicht. Der Einbezug mehrerer sich gegenseitig ergänzender, aber auch kontrollierender Bewertungssysteme lässt eher Demut als Hybris aufkommen und ist selbstredend ein wirksames Gegenmittel gegen die Autonomie von Teilsystemen auf Kosten des Ganzen. So können wir also meh-

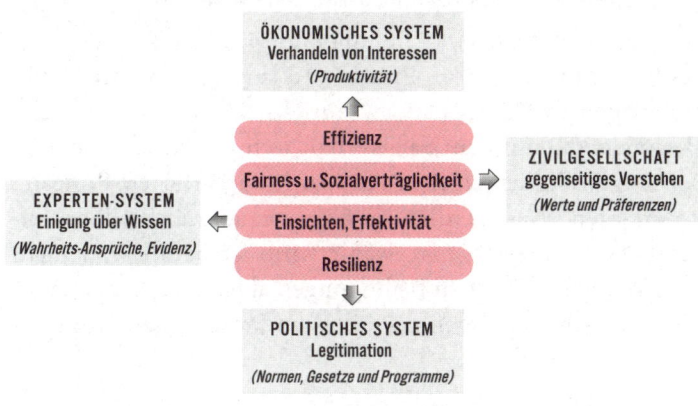

Abb. 27 Die Beiträge der vier Systeme. Quelle: Renn 2013.[20]

rere Fliegen mit einer Klappe schlagen. Damit diese vier Funktionssysteme auch diese synergistische Leistung erbringen können, muss unsere jetzige repräsentative Demokratie mit deliberativen Formen der politischen Willensbildung ergänzt werden. Dazu mehr im nächsten Kapitel.

7 Bereicherung der repräsentativen Demokratie: das Modell des analytisch-deliberativen Diskurses

»Je abgehobener die Politiker, desto höher die Zäune«[1], dieser Spruch prangt am Bauzaun des Projektes »Stuttgart 21«. Kaum ein Thema hat in Deutschland in den letzten Jahren so viel Aufsehen erzeugt wie der Protest der Stuttgarter Bürgerinnen und Bürger gegen den Ausbau des Hauptbahnhofes. Wenn ich im Ausland Vorlesungen oder Vorträge zum Thema politische Kultur oder Bürgerbeteiligung halte, dann ernte ich

in der Regel nur ungläubiges Kopfschütteln, warum ausgerechnet der Ausbau eines Bahnhofs zum Angelpunkt der Protestbewegung gegen großräumige Planung von Infrastruk-
turanlagen in Deutschland wurde. Es fällt mir nicht leicht,
Personen, die mit dem Sachverhalt wenig vertraut sind, diesen ungewöhnlich starken Ausbruch bürgerlichen Protestes
zu erklären. Was letztlich als Gegenstand und Prellbock öffentlichen Protestes ausgewählt wird, ist häufig von mehr
oder weniger zufälligen Bedingungen abhängig. Aber nahezu
alle Protestbewegungen der jüngsten Jahre zeigen drei typische Merkmale:[2]

- Von den Bürgerinnen und Bürgern wird erwartet, dass sie
  zugunsten eines angeblichen gemeinschaftlichen Nutzens
  auf persönliche Annehmlichkeiten verzichten und zumindest vorübergehend eine Verschlechterung ihrer Lebenssituation akzeptieren. Bezogen auf Stuttgart 21 sind dies
  die Begleiterscheinungen einer Großbaustelle mit Lärm,
  Schmutz und Verkehr.
- Der angebliche Gemeinnutzen ist umstritten. In einer globalisierten und individualisierten Gesellschaft fällt es den
  staatlichen und privaten Planern von größeren Vorhaben
  immer schwerer, den Gemeinnutzen für alle überzeugend
  darzustellen. Im Gegensatz zur häufig geäußerten Meinung,
  dies sei ein typisches Problem der Kommunikation, ist die
  mangelnde Überzeugungskraft von gemeinwohlorientierten Projekten symptomatisch für Gesellschaften mit hoher
  Wertpluralität. Ob Stuttgart wirklich einen Tiefbau mit
  durchgehenden Zügen für sein Gemeinwohl braucht, ist
  zwischen den Befürwortern und Gegnern höchst umstritten.
  Da hilft auch keine noch so ausgefeilte Kommunikation, um
  die eine oder andere Partei auf die eigene Seite zu ziehen.

- Das Verfahren der Entscheidungsfindung wird von den unmittelbar betroffenen Bürgerinnen und Bürgern als intransparent, undurchschaubar oder sogar korrupt empfunden. Es wimmelt geradezu von Plakaten am Bauzaun, auf denen der Vorwurf der arglistigen Täuschung der Bevölkerung erhoben wird. Der Eindruck von Intransparenz und Täuschung ist mit der Komplexität und Pluralität politischer Planungsprozesse verbunden. Gerade am Beispiel von Stuttgart 21 lässt sich gut illustrieren, dass die Entscheidungsfindung von einem Großteil der Bürger als illegitim angesehen wird, obwohl bis auf die Grünen alle im Landtag vertretenen Parteien das Projekt befürwortet haben. Ein wesentliches Kennzeichen des Verhältnisses von Bürgerschaft und Staat besteht also in der wachsenden Kluft zwischen Legalität und empfundener Legitimität.

Angesichts des wachsenden Protestes gegen staatliche und auch private Großprojekte werden händeringend Experten gesucht, die den Planern und Politikern versprechen, durch bessere Kommunikation und sachlichen Dialog eine breite Akzeptanz zu schaffen. In der Regel gelingt ihnen das nicht, weil die Akzeptanzverweigerung nicht einen Mangel an kommunikativer Kompetenz widerspiegelt, sondern sich als ein nachvollziehbares Reaktionsmuster auf schwerverständliche, in der Begründung angreifbare und in den Auswirkungen ambivalente Planungsvorhaben entpuppt.[3] Das Problem liegt also in der Sache selbst und den veränderten sozialen und politischen Begleitumständen. Wovon ist dann aber Akzeptanz abhängig, und wie kann man sie erreichen? Im Teil 1 dieses Buches hatte ich bereits auf die vier Grundkomponenten der Akzeptanz hingewiesen.[4] Hier sollen sie im Hinblick auf kollektiv verbindliche Entscheidungen erneut aufgegriffen werden:

Orientierung und Einsicht: Liegt eine Einsicht in die Notwendigkeit der politischen Entscheidung vor und steht man
hinter den mit diesem Beschluss angestrebten Zielen und
Mitteln, dann ist eher mit Akzeptanz zu rechnen. Nehmen
wir nochmals das Beispiel Stuttgart 21: Wenn die Anwohner
den Eindruck haben, dass der neue Tiefbahnhof wirtschaftlich
tragfähig und verkehrspolitisch vorteilhaft ist, kann man eher
mit einer Zustimmung rechnen, als wenn diese Aussichten
in Zweifel gezogen werden. Damit sich Menschen aber eine
Vorstellung davon machen können, was sie bei komplizierten Entscheidungen zu erwarten haben, brauchen sie Informationen über die Entscheidungsoptionen und den Entscheidungsprozess. Jeder will wissen, was er von den öffentlichen
Planungen in Zukunft zu erwarten hat und was auf ihn zukommt. Dazu gehört auch die Frage, ob Alternativen verfügbar sind und, wenn ja, warum diese nicht gewählt wurden.
Gleichzeitig verlangen die Bürger und Bürgerinnen eine transparente, das heißt nachvollziehbare Argumentation, wenn es
um die Begründung von Entscheidungen geht.[5]

Selbstwirksamkeit: Je mehr Menschen den Eindruck haben, dass eine geplante politische Maßnahme ihren Handlungsspielraum begrenzen könnte, desto eher werden sie
sich dagegen wehren. Beispielsweise könnte ein im Rahmen
der Energiewende in Deutschland eingeführtes intelligentes
Stromnetz, bei dem die Stromanbieter bei zu starker Nachfrage die Haushaltsgeräte in einem privaten Haushalt ausschalten oder auf einen niedrigen Verbrauch einstellen können, auf erbitterten Widerstand der Stromkunden stoßen,
weil damit deren Souveränität über den eigenen Stromver-
brauch eingeschränkt würde. Selbstwirksamkeit hat aber auch
Auswirkungen auf die Bereitschaft, selbst politisch aktiv zu
werden. Denn wenn man den Eindruck hat, das eigene politi-

sche Handeln in Form von Protesten oder Mitwirkung in Bürgerinitiativen habe ohnehin keine Auswirkungen auf die Politik, dann lässt man es auch lieber gleich bleiben. Im Fall Stuttgart 21 würde das bedeuten, dass Anwohner, die nicht daran glauben, dass ihr Engagement irgendetwas zustande bringen könnte, mit den Achseln zucken und zur Tagesordnung zurückkehren. Erst wenn man sich sicher ist, das eigene Handeln könne an dem Entscheidungsvollzug etwas ändern, greift man zu einer öffentlich wirksamen Form der Akzeptanzverweigerung.[6] Daraus kann sich ein paradoxer Zustand ergeben: Je mehr Menschen durch Zugeständnisse und Partizipationsangebote die Möglichkeit erhalten, an den Planungen mitzuwirken, desto größer wächst das Zutrauen in die eigene Selbstwirksamkeit und desto mehr müssen die Politiker und Verwaltungen mit öffentlich wirksamer Akzeptanzverweigerung rechnen. Mit Angeboten zur Partizipation weckt man also »schlafende Hunde«. Allerdings sollte das Wissen um diesen Mobilisierungseffekt nicht dazu verleiten, ganz auf das Verfahren der Partizipation zu verzichten oder nur zum Schein auszurichten, um die Bevölkerung weiterhin ruhigzuhalten. Denn Fatalismus zerstört Vertrauen und vergrößert die Politikverdrossenheit.[7] Von daher ist es im Interesse der Politik und der Behörden, die Selbstwirksamkeit der betroffenen Menschen zu stärken. Allerdings ist es wichtig, sich darauf einzustellen, dass mit der Verbesserung der Partizipationschancen auch diejenigen sich ermutigt fühlen, deren anfängliche Toleranz auf mangelnder Selbstwirksamkeit beruhte. Proteste werden zumindest zu Beginn solcher Maßnahmen erst einmal ansteigen.

Nutzen: Akzeptanz ist umso eher zu erwarten, je mehr die geplanten Konsequenzen der Entscheidung einem selbst oder den Gruppen und Individuen zugutekommen, die man

besonders schätzt. Glaubt beispielweise der Stuttgarter Anwohner, dass der Bahnhof für ihn selbst oder seine Familie und
Freunde Vorteile bietet, dann kann er sich eher damit anfreun-
den. Der Nutzen ist dabei nicht auf die eigene Familie und den
Bekanntenkreis beschränkt. Auch wenn in den Augen der betroffenen Bürgerinnen und Bürger das Allgemeinwohl gestärkt wird, ist mit einer höheren Akzeptanz zu rechnen. Bei
allen Informationen ist es den betroffenen Personen wichtig zu
erfahren, ob sie selber oder andere, die ihnen nahestehen, einen
Nutzen von dem Vorhaben erfahren werden. Ohne Informationen über den Nutzen kann man auch schwer die Wünschbarkeit der zur Entscheidung stehenden Optionen beurteilen.[8]

Identität: Je mehr man sich mit einer Maßnahme auch
emotional identifizieren kann, desto größer ist die Akzeptanz-
bereitschaft. Glaubt man beispielsweise, dass sich der neue
Bahnhof harmonisch in das Stadtbild einfügt und dadurch ein
für alle attraktiver öffentlicher Raum entsteht, ist mit einer
positiven Haltung zu dem Neubau zu rechnen. Im Rahmen
von politischen Entscheidungen, vor allem im Bereich Infrastruktur und Siedlungsplanung, sind also die Informationen
von Bedeutung, die den Anwohnern helfen, den Stellenwert
der Entscheidung für die weitere Entwicklung des eigenen
Umfeldes zu erfassen und die Passgenauigkeit des geplanten
Vorhabens in den vertrauten Lebenskontext zu beurteilen.[9]

Insofern ist es schon aufgrund der mangelnden Effektivität
von Kommunikation angebracht, den betroffenen Menschen
größere Beteiligungschancen einzuräumen, so dass sie selbst
anhand von unterschiedlichen Varianten entscheiden können, in welchem Maße die vier Akzeptanzkriterien erfüllt sind.
Die Perspektive der Beteiligung verändert den politischen
Entscheidungsprozess. Kommunikation ist darauf ausgerichtet, den betroffenen Menschen eine einmal legal gefällte Ent-

scheidung zugunsten einer bestimmten Option nahezubringen in der Hoffnung, dass sie diese Sicht auch anerkennen oder zumindest tolerieren. Dagegen geht die Perspektive der Beteiligung von offenen Willensbildungsprozessen aus und überlässt es innerhalb der gesetzlichen Grenzen den in den Prozess einbezogenen Bürgerinnen und Bürgern, auf der Basis der eigenen Vorstellungen und Bewertungen neue Optionen zu schaffen und bestehende zu bewerten. In dem Moment, in dem Entscheidungsbetroffene zu Entscheidungsträgern werden, wird Identität schon allein durch das Verfahren geschaffen.[10]

Davon sind wir aber noch weit entfernt. Die Politikverdrossenheit in Deutschland nimmt zu. Sie ist ein wichtiges Indiz für die zunehmende Kluft zwischen kollektiven Steuerungsorganen und den Gruppen und Individuen, die von den Entscheidungen dieser Organe betroffen sind.[11] Wenn wir an dem Ideal einer konstruktiven Kooperation zwischen Wissenschaft, Wirtschaft, Politik und Zivilgesellschaft festhalten wollen, dann ist diese Kooperation durch die zu beobachtende wachsende Distanzierung von der offiziellen Politik bis hin zu offenkundigen Protesten zumindest gestört, wenn nicht sogar außer Kraft gesetzt.

7.1 Integration von Wissen und Werten

Was also ist zu tun? Beschwichtigungsversuche und Kosmetik durch Inszenierung von Politikdialogen reichen nicht aus und werden dem Ideal einer kooperativen Verständigung auch nicht gerecht. Der Philosoph und Soziologe Jürgen Habermas hat in seinem epochalen Werk *Theorie des kommunikativen Handelns* die Grundlagen für eine »deliberative« Bereicherung der repräsentativen Demokratie gelegt.[12] Der Begriff der

Deliberation kennzeichnet einen besonderen Typ von Diskurs, bei dem die Teilnehmer die Kraft der Argumente als al-
leinigen Maßstab für die Auswahl und Bewertung von Handlungsoptionen anerkennen.[13] Es ist hier nicht der Platz, die
ausgefeilte Struktur der Theorie des kommunikativen Handelns darzulegen.* Wichtig für unsere Diskussion ist die Einhaltung verbindlicher Regeln, mit denen Jürgen Habermas
Struktur und Austausch von Argumenten im Diskurs festlegt. Diese Regeln gewährleisten ein Höchstmaß an sachlicher
Richtigkeit, normativer Fairness und Wahrung von Interessen des Gemeinwohls.[14]

Was bei Jürgen Habermas als Theorie der Prozesse kollektiver Steuerung und Bewertung ausgearbeitet ist, muss noch
in konkrete Verfahren übersetzt werden. So versuchen viele
Autoren, die abstrakten Regeln in konkrete Vorschläge für
eine praktische Umsetzung deliberativer Beteiligung von organisierten Interessenvertretern sowie von betroffenen Bürgerinnen und Bürgern zu überführen.[15] Ein Vorschlag, der
sich in diese Reihe gut einfügt und auch hervorragend in
meine bisherige Argumentation passt, ist das Modell des analytisch-deliberativen Diskurses.

Was ist damit gemeint? Der Begriff wurde von der US-
amerikanischen Akademie der Wissenschaften 1996 in einem
Gutachten über den Umgang mit Risiken geprägt.[16] Er umfasst zwei wichtige Elemente: zum einen die analytische
Aufgabe, nach bestem Wissen die möglichen Konsequenzen
unterschiedlicher Entscheidungsoptionen in all ihrer Komplexität und Vernetzung zu bestimmen; zum anderen die deliberative Aufgabe, auf der Basis der Regeln des rationalen

---

*   Eine kurze Erläuterung der Theorie des kommunikativen Handelns findet sich auf
    http://www.fischerverlage.de/buch/9783596198115.

Diskurses eine effektive, effiziente und faire Lösung des Ausgangsproblems zu finden. Wenn wir in diesen Kanon noch das Kriterium der Resilienz einfügen, können wir dieses Modell als ein Grundmuster zur Bewältigung systemischer Risiken im Rahmen der vorhandenen politischen und wirtschaftlichen Steuerungssysteme verstehen.

Konkret lässt sich der analytisch-deliberative Diskurs in zwei Prozessschritte aufteilen: In einem ersten Schritt ist es wichtig, mit Wissensträgern interdisziplinär die möglichen Konsequenzen in Form von Chancen und Risiken der möglichen Optionen zur Problemlösung so genau wie möglich abzuschätzen. Wichtiges Kennzeichen dieses Prozesses ist es, dabei die verbleibenden Unsicherheiten und das vorhandene Nichtwissen deutlich zu charakterisieren, um eine ungerechtfertigte Sicherheit bei der späteren Auswahl der Handlungsoptionen zu vermeiden.[17]

In einem zweiten Schritt ist es dann notwendig, auf der Basis der wissensbasierten Abschätzungen der möglichen Konsequenzen und ihrer Unsicherheiten eine umfassende Bewertung der Handlungsoptionen vorzunehmen.[18] Daraus lässt sich dann eine Strategie entwickeln, um mit dem Problem fertigzuwerden. Wenn wir als Beurteilungskriterium wiederum die Prüfkriterien der Effektivität, Effizienz, Resilienz und Fairness heranziehen, ist es nur logisch, in diesem Prozess der Bewertung von Handlungsoptionen die Vertreter einzubeziehen, die im besonderen Maße diese Kriterien verkörpern. Dies bedeutet eine kooperative Steuerungskultur unter Einbeziehung von Wissenschaft, Wirtschaft, Politik und Zivilgesellschaft.[19] Damit diese Vertreter von sehr unterschiedlichen Funktionssystemen mit ihren jeweils eigenen Sprachkodes und Deutungsmustern überhaupt zu einer Verständigung kommen, sollte der Diskurs weitgehend nach den

Verfahrensregeln des Diskurses nach dem Modell von Jürgen Habermas ausgerichtet werden.[20] Das Gelingen eines Diskurses ist also davon abhängig, ob in ausreichendem Maße die unterschiedlichen Perspektiven und Prüfkriterien einbezogen sind und ob die Regeln der Diskursführung eine kooperative Form der Lösung begünstigen.

In Abbildung 28 sind die beiden Schritte des analytisch-deliberativen Diskurses mit den dazugehörigen Formaten der Umsetzung wiedergegeben.[21] Für beide Schritte stehen viele Formate zur Verfügung, die man je nach Thema und Situation maßgeschneidert einsetzen kann.

7.2 Konsens erwünscht, aber nicht notwendig

Die von Jürgen Habermas geforderten Regeln führen nicht automatisch zu einem Konsens.[22] Zum einen können aufgrund der unterschiedlichen Wertigkeit der vier Prüfkriterien jeweils andere Optionen besser oder schlechter abschneiden. So kann erstens eine Option besonders effizient, eine andere besonders resilient und schließlich eine dritte besonders fair sein. In diesem Fall muss also zwischen den Kriterien abgewogen werden. Zum Zweiten können unsichere und komplexe Sachverhalte unterschiedlich interpretiert werden. Dies haben wir im ersten Teil als Ambiguität gekennzeichnet. Es gibt dann mehrere völlig legitime Sichtweisen des gleichen Problems, die miteinander im Wettstreit liegen. Zum Dritten können mit den verschiedenen Optionen unterschiedliche Verteilungsmuster von Chancen und Risiken verbunden sein, die je nach Interessenlage unterschiedlich bewertet werden, weil man sich auf ein gemeinsames Verständnis von Fairness nicht einigen kann. Kurzum: Der Konsens ist sicherlich der

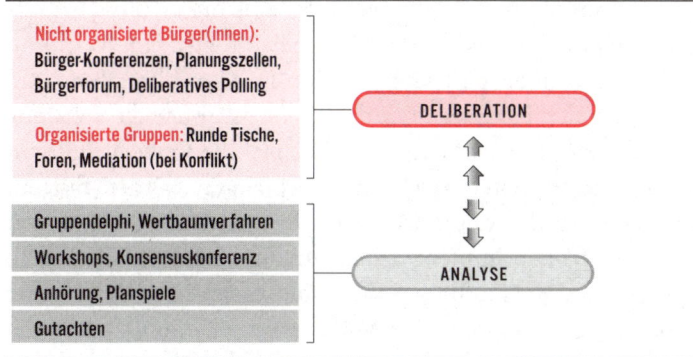

Abb. 28 Formate des analytisch-deliberativen Diskurses.
Quelle: Renn 2013.[23]

erstrebenswerte Abschluss eines deliberativen Verfahrens, aber er ist eher die Ausnahme als die Regel.[24]

Doch solche Ausnahmen gibt es. Vor einigen Jahren bin ich selbst einmal als Mediator in einem Diskursverfahren über Fischereirechte in der Irischen See tätig gewesen.[25] Die Umweltschutzgruppe World Wildlife Fund (WWF) hatte mich gebeten, in dem Dauerstreit zwischen Fischern, nationalen und europäischen Regulationsbehörden, Umweltschutzverbänden und Nutzern von Fischprodukten (Restaurants und Einzelhändler) zu vermitteln. Die ersten Sitzungen verliefen sehr turbulent. Zum Teil weigerten sich die Vertreter der Fischer, gemeinsam mit den Umweltschützern an einem Tisch zu sitzen. Im Verlaufe der Zeit konnten wir uns aber auf ein analytisch-diskursives Verfahren einigen. Wir beauftragten mehrere wissenschaftliche Institute für Meeres- und Fischereiforschung, die Effektivität von Maßnahmen zur Verbesserung der Umweltqualität und zur Erholung der Fischbestände in der Irischen See abzuschätzen. In diesem analytischen Teil des Verfahrens zeigte sich sehr bald, dass die Lieblingsstrategien vieler Umweltschutzverbände so gut wie keine Wirkung auf die von allen geschätzte Zielgröße Umweltqualität und Erholung der Fischbestände hatte. So konnten die Wissenschaftler nachweisen, dass zum Beispiel die Einrichtung von Freizonen, in denen Fische nicht gefangen werden dürfen, kaum eine Entlastung bringt, weil die Schwärme die Grenzen dieser Freizonen immer wieder durchkreuzen und die Fische dann wieder den Fischfangflotten ausgesetzt sind. Umgekehrt zeigte sich, dass einige der Verfahren und Maßnahmen, die von den Fischern als eher wirkungslos angesehen wurden, wesentlich effektiver waren als gedacht: Darunter fiel zum Beispiel die Vergrößerung der Maschenbreite der Netze, so dass kleinere Fische entkommen können. Mit diesen neugemischten Karten war es für mich einfacher, die Gesprächspartner in einen konstruktiven Dialog einzuspannen. Dazu kam noch, dass wir mit bewährten deliberativen Techniken[26] die Bereitschaft zu einem konstruktiven Austausch von Meinungen und Bewertungen erhöhen konnten. Niemand hatte zu Anfang zu hoffen gewagt, dass sich die verfeindeten Gruppen je zu einem Konsens zusammenfinden würden. Dennoch gelang es uns am Ende in zwei Tagen und einer Nachtsitzung, ein Paket an Maßnahmen zu verabschieden, das von allen Parteien gebilligt und in seiner Wirkungsweise eine zumindest zufriedenstellende Mischung aus Effektivität, Effizienz, Resilienz und Fairness widerspiegelte.

Aber auch wenn es nicht zu einem Konsens kommt, sind analytisch-deliberative Verfahren für die Steuerung kollektiver Maßnahmen zielführend. Denn das Verfahren trägt dazu bei, die Gründe für den Dissens für alle nachvollziehbar zu machen und damit zu einer gegenseitigen Verständigung beizutragen. Wenn jemand über längere Zeit in einem Diskurs konstruktiv mitwirkt und dabei auch die konstruktive Mitarbeit der Andersdenkenden erfahren hat, sind auch bei einem Dissens Respekt vor der Meinung der anderen und Wertschätzung für gegnerische Positionen zu erwarten.[27] Gegenseitige Beleidigungen oder öffentliche Herabsetzungen sind dann selten zu beobachten – zum Leidwesen einiger auf Sensation gepolter Talkshow-Moderatoren.

Dazu kommt, dass mit einem vorgeschalteten Diskursverfahren die Legitimität von Entscheidungen repräsentativer Gremien ansteigt.[28] Kann man sich im Rahmen eines Diskurses nicht auf einen Vorschlag einigen, so ist es für alle nachvollziehbar, dass unter diesen Umständen eine Wahl nach dem Mehrheitsprinzip stattfinden muss. Wenn es ungefähr gleich gut begründbare Alternativen gibt, ist es besser, wenn 51 % glücklich sind, als wenn es nur 49 % wären. Abstimmungen über kollektiv verbindliche Maßnahmen können nach unseren demokratischen Grundsätzen nicht in irgendwelchen Beteiligungszirkeln oder informellen Diskursen stattfinden, sondern der Ort für Abstimmungen ist und bleibt das Parlament.[29] Geht einer Parlamentsabstimmung ein gelungener öffentlicher Diskurs über die Vor- und Nachteile einer jeden Option voraus, dann ist damit zu rechnen, dass auch die in einer parlamentarischen Abstimmung unterlegene Minderheit diese Entscheidung eher akzeptiert, als wenn ein solcher Diskurs vorab nicht stattgefunden hätte. Garantieren kann man das natürlich nicht, aber es gibt viele Beispiele, in denen vorgeschaltete Beteiligungsverfahren die Akzeptanz der darauf aufbauenden politischen Entscheidungen erhöht hat.[30] Insofern spricht vieles dafür, dass über analytisch-deliberative Verfahren die Legitimität politischer Mehrheitsentscheidungen insgesamt anwächst.

7.3 Der Einbezug der Zivilgesellschaft

Was hat das alles mit Bürgerbeteiligung zu tun? Der Einbezug
der Zivilgesellschaft bedeutet Einbezug von Fairness und anderer kollektiver Werte im sozialen Entscheidungsprozess. Damit bietet die Zivilgesellschaft eine wichtige Ergänzung zu den
drei übrigen Kriterien der Effektivität, Effizienz und Resilienz.
Die Zivilgesellschaft kann in zwei unterschiedlichen Formen
an der Entscheidungsfindung mitwirken: durch die Einbeziehung von Organisationen, wie beispielsweise Umweltverbände, Interessenverbände oder Nachbarschaftsgruppen; zum
Zweiten durch Vertreter der betroffenen Öffentlichkeit.[31] Im
ersten Fall ist es meistens offensichtlich, wer zu einem bestimmten Thema als Vertreter organisierter Interessen und
Werte in Frage kommt. Für den zweiten Fall der Einbindung
nicht organisierter Gruppen gibt es drei Rekrutierungsmög-
lichkeiten: die Suche nach Freiwilligen (jeder der will, darf),
das Schneeballsystem (jeder der gefragt ist, bringt noch welche
mit) und die Auswahl nach dem Zufallsprinzip (repräsentative
Auswahl aus einer Grundgesamtheit).[32] Alle drei Rekrutie-
rungsformen haben ihre Vor- und Nachteile und lassen sich
auch zum Teil miteinander kombinieren. Ich persönlich bevorzuge die Auswahl nach dem Zufallsprinzip, weil dadurch in der
Theorie jeder betroffene Bürger und jede betroffene Bürgerin
die gleiche Chance hat, an dem Diskurs aktiv mitzuwirken.
Nicht alle nehmen diese Chance wahr. Und es werden auch immer weniger, die sich bereit erklären, diese Aufgabe zu übernehmen, wenn sie denn per Losverfahren gezogen wurden.

Aber die Entscheidung nicht teilzunehmen muss ebenso
respektiert werden wie die Entscheidung mitzuwirken. Bürgerbeteiligung ist ein Angebot, kein Zwang. Mithilfe der
neuen Informations- und Kommunikationsmedien ist es zu-

dem heute leichter möglich, die Barrieren der Teilnahme herunterzusetzen und damit die Zahl der teilnehmenden Personen zu erhöhen.[33] Allerdings können Internetforen und andere virtuelle Formen der Beteiligung die Intensität und Ernsthaftigkeit von direkten Gesprächsforen nicht ersetzen.[34]

Die Hoffnung ist also, dass wir bei der nächsten Entscheidung über die Modernisierung eines Bahnhofs oder bei einer anderen Infrastrukturleistung aus den Fehlern beim Projekt Stuttgart 21 lernen. Vor allem sollten wir die Partizipationsformen an die einzelnen Phasen des Planungs- und Entscheidungsprozesses anpassen.[35]

Phase 1: Bereits bei der Frage, ob überhaupt ein Problem vorliegt und wie dieses Problem zu fassen ist, muss die Einbindung von Sachwissen, Wertepluralität und Resilienz gewährleistet sein. Hier gilt es vor allem, im Sinne des in Teil I angesprochenen »Framings« die verschiedenen Perspektiven der Zivilgesellschaft über das Problem und die Ausgangssituation zu thematisieren. Im Falle von Stuttgart 21 wäre das die Frage gewesen, wie man die Funktionalität eines Kopfbahnhofs bewertet und ob eine schnellere Anbindung im Zugverkehr das wesentliche Ziel darstellt.

Phase 2: In dieser Phase geht es um die Frage der möglichen Lösungsoptionen für das gemeinsam erkannte Problem. Häufig habe ich erlebt, dass eine intensive Beteiligung in dieser Phase nicht nur dazu führt, dass sich die Teilnehmer mit der Optionenauswahl identifizieren können, sondern dass sie im gemeinsamen Diskurs völlig neue Optionen entwerfen, die ursprünglich gar nicht vorgesehen waren.[36] Auf diese Weise können sogenannte Win-win-Lösungen geschaffen werden, bei denen größere Zielkonflikte gar nicht erst auftreten.[37] Im Falle von Stuttgart 21 hätte man über einen modernisierten Kopfbahnhof, also über einen Hoch- statt einen Tiefbahnhof, oder über andere Alternativen nachdenken können. Es gab zwar mehrere Alternativen in der Frühphase der Planung, diese wurden aber wenig öffentlichkeitswirksam diskutiert.[38]

Phase 3: Sind die Optionen bestimmt, folgt die vertiefte Analyse der mit jeder möglichen Option verbundenen Vor- und Nachteile. Hier ist natürlich in erster Linie der analytische Teil des Diskurses angesprochen.[39] Mit welchen Konsequenzen muss man rechnen, wenn Option a oder b verwirklicht wird? Welche Unsicherheiten bestehen, und wie kann man diese charakterisieren? Übertragen auf Stuttgart 21 hätte man im Voraus die Kosten und Umweltbelastungen der verschiedenen Optionen erfassen und das Ausmaß der Unsicherheiten bei der Abschätzung dieser Größen bestimmen müssen.

Phase 4: Hat man in der dritten Phase die Konsequenzen so gut wie möglich abgeschätzt und die damit verbundenen Unsicherheiten charakterisiert, ist die Frage der Bewertung und Auswahl von Optionen wieder am besten in einem Diskurs über die Einhaltung aller vier Prüfkriterien aufgehoben. Jetzt müssen die Konsequenzen gegenseitig abgewogen werden. Wie können Zielkonflikte aufgelöst und Prioritäten festgelegt werden? Wenn man hier zu keinem Konsens kommt, müssen die Argumente für jede Option dokumentiert und transparent dargestellt werden. So hätte man bei Stuttgart 21 die Vor- und Nachteile jeder Option aufführen und die Bewertungen verschiedener Gruppierungen parallel erfassen können.

Phase 5: In der letzten Phase dieses Beteiligungsprozesses müssen die Empfehlungen für den legalen Entscheidungsträger, im Idealfall das Parlament, formuliert werden. Im Falle eines Konsenses kann die von allen bevorzugte Option in den weiteren parlamentarischen Entscheidungsprozess einfließen. Im Falle eines Dissenses müssen die konkurrierenden Optionen mit ihren jeweiligen Argumentationssträngen an die Entscheidungsträger vermittelt werden. Diese können sich dann aufgrund ihrer politischen Ausrichtung und der Mehrheitsverhältnisse im Parlament für die eine oder andere Option mehrheitlich entscheiden. Im Falle von Stuttgart 21 hätte man die verschiedenen Optionen in ihren Vor- und Nachteilen darstellen und die sicherlich dissenten Bewertungen unterschiedlicher Gruppen in den parlamentarischen Beratungsprozess einbringen müssen.

In Fällen von tiefgreifenden Konflikten ist es sinnvoll, direkte Formen der Demokratie einzuplanen, also die Bürgerinnen und Bürger selbst abstimmen zu lassen.[40] Dann können Bürgerbefragungen und Bürgerentscheide eingeführt werden, die eine direkte Rückbindung der betroffenen Menschen an die Politik ermöglichen. Gibt man den Bürgerinnen und Bürgern die Gelegenheit, zwischen konfliktreichen Optionen eine Wahl zu treffen, anstatt diese Wahl vom Parlament vornehmen zu lassen, wächst auch die Wahrscheinlichkeit, dass die Ergebnisse der direkten demokratischen Abstimmung größere Akzeptanz hervorrufen werden als Abstimmungen im Parlament.[41] In diesem Sinne hat auch der Bürgerentscheid zu Stuttgart 21 konfliktvermittelnd und konfliktdämpfend gewirkt. So schreiben die beiden Autoren Ulrich Eith und Gerd Mielke:

»Auch für die allermeisten Gegner des Bahnhofneubaus gehört die Akzeptanz von direkt-demokratischen Beschlüssen zum unverzichtbaren Bestandteil der Bürgergesellschaft. Dabei spielt es keine Rolle, dass die Unterlegenen ihre Argumente weiterhin als stichhaltiger ansehen mögen. Volksabstimmungen entscheiden nicht über die sachliche Richtigkeit der vorgebrachten Argumente, in ihnen kommt vielmehr der Mehrheitswille der Bürgerschaft über den einzuschlagenden Weg zum Ausdruck.«[42]

Mehr kann man in dieser aufgeheizten Situation nicht erwarten.

Die Bereicherung der repräsentativen Demokratie durch deliberative Verfahren erfordert keine Änderung unseres Grundgesetzes oder anderer grundlegender rechtlicher Vorschriften.[43] Allerdings müssten Anpassungen im Planungs- und im Verwaltungsrecht vorgenommen werden.[44] Die bisherigen Beteiligungsverfahren kommen in der Regel nicht zeitgerecht (meist zu spät) und sind überwiegend auf das Instrument der Anhörung beschränkt. Anhörungen sind aber gerade die Instrumente, die am wenigsten den Regeln des Diskurses nach Habermas genügen. Was also benötigt wird, ist eine Anpassung und Modernisierung der gängigen Verfahrensregeln und die beherzte und mutige Bereitschaft der Politiker und Verwaltungen, den Vertretern der Zivilgesellschaft und der Bürgerschaft diese Aufgaben zuzutrauen. Denn es gibt heute nicht nur eine Politikverdrossenheit von den Bürgern gegenüber der Politik, es gibt in gleichem Maße eine Volksverdrossenheit von der Politik gegenüber den Bürgern. Beides wird den vor uns liegenden Aufgaben nicht gerecht: Systemische Risiken erfordern ein Steuerungssystem, das auf Kooperation und Integration beruht. Der Kulturwissenschaftler Claus Leggewie bringt es auf den Punkt: Wir brauchen eine Transformation vom Wutbürger zum Mutbürger.[45]

8 Auswege aus der globalen Allmendefalle

Mit den drei Grundstrategien: Resilienz kommt vor Effizienz; soziale Gerechtigkeit hat Vorrang vor optimaler Ressourcenverteilung und Lebensqualität ist wichtiger als Lebensstandard sowie den Reformen der Steuerungskapazitäten in Rich-

tung ökosoziale Marktwirtschaft und deliberative Demokratie
sind schon wesentliche Schritte in Richtung auf eine nachhaltige Entwicklung getan. Vor allem die Förderung kooperativer
Abstimmungsprozesse zwischen Wissenschaft, Politik, Wirtschaft und Zivilgesellschaft kann maßgeblich dazu beitragen,
dass die vier zentralen Kriterien der Effektivität, Resilienz,
Effizienz und Fairness gemeinsam eingehalten werden. Dieses Programm ist für ein Land wie Deutschland mit einer
Tradition für soziale Marktwirtschaft und demokratische
Steuerungsstrukturen gut vorstellbar. Es verlangt zwar einige
schmerzhafte und mutige Reformen, ist aber mit den grundlegenden Strukturen und Entwicklungen in diesem Lande
kompatibel.

Wenn wir dagegen an andere Länder denken, in denen diese
Traditionen nicht oder nur wenig Fuß gefasst haben, oder
wenn wir uns die Aufgaben einer nachhaltigen Entwicklung
für die Weltgemeinschaft als Ganzes vor Augen führen, dann
ist das von mir skizzierte Programm wesentlich schwerer umzusetzen. Sicher erinnern Sie sich noch an die Ausführungen
zur Allmendefalle.[1] Jedes Land profitiert davon, wenn es sich
globalen Regelungen entzieht, die allen Ländern in gleichem
Maße zugutekommen. Denn es kann ja nicht von den positiven Wirkungen, die von diesen Regelungen ausgehen, ausgeschlossen werden. Gleichzeitig zieht es aber auch noch einen
Gewinn aus der Schwarzfahrerposition, weil es die Kosten zur
Einhaltung der Regelung nicht aufbringen muss.[2] Ein gutes
Beispiel dafür ist der Klimaschutz.[3] Wenn alle übrigen Länder
durch Abgaben, Steuern oder die Ausgabe von Eigentumsrechten die Emission von Kohlendioxid für ihre Industrie und
ihren Energiesektor verteuern, dann kann das Land, das auf
Freifahren gesetzt hat, die Vorzüge eines gebändigten Klimawandels in gleichem Maße wie die anderen für sich in An-

spruch nehmen und gleichzeitig Wettbewerbsvorteile im internationalen Handel für seine eigene Industrie nutzen. Denn das Freifahrerland muss die teuren Kohlendioxidabgaben nicht bezahlen. Aus diesem Grund und anderen schon besprochenen Barrieren, die bei der Verwirklichung von globalen öffentlichen Gütern auftreten, ist es äußerst schwierig, weltweit Einigung über resiliente Maßnahmen zur Eindämmung systemischer Risiken zu erzielen.

Führt man sich noch mal die drei potentiellen Lösungen für das Allmendedilemma vor Augen, dann sind bei globalen öffentlichen Gütern alle drei nur bedingt wirksam.[4] Die erste Lösung überstaatlicher Regelungen setzt voraus, dass sich alle Staaten entweder einem Regime unterwerfen oder aber gemeinsam ein freiwilliges Regime für sich akzeptieren. Dies ist aber angesichts der Möglichkeiten des Freifahrens nur in begrenztem Maße, wenn überhaupt, zu erwarten. Die zweite Lösung, die Vergabe von Eigentumsrechten, hängt davon ab, dass alle Länder diese Rechte auch anerkennen und entsprechend durchsetzen.

Dies würde voraussetzen, dass es entweder eine zentrale Steuerungszentrale für die Weltgemeinschaft gibt, die diese Rechte auch kontrollieren und durchsetzen könnte, oder aber dass es zu einer freiwilligen Übereinkunft aller Staaten kommt, welche die Durchsetzung der Eigentumsrechte und -pflichten im Rahmen ihrer nationalen Souveränität gewährleisten. Die erste Möglichkeit einer zentralen Weltregierung ist uns offenkundig nicht gegeben, die zweite setzt Kooperationsbereitschaft aller Teilnehmer voraus. Und damit sind wir schon bei der dritten Lösung. Diese dritte Lösung der Kooperation ist der Schlüssel auch für die beiden anderen Lösungen.[5]

Ihre Wirksamkeit ist aber davon abhängig, dass es ausreichend Anreize gibt, die Staaten zu motivieren, an solchen Kooperationen mitzuwirken und die Position des Schwarz-fahrers aufzugeben. Solche Anreize können auf der Basis von gegenseitigen Abhängigkeiten, etwa durch politischen Ein-fluss oder Marktverflechtung, auf der Basis von materiellen Transferleistungen, etwa durch Entwicklungshilfe oder inter-nationale Fonds, oder durch intrinsische Motivation auf der Basis gemeinsamer Werte und Überzeugungen und des Stre-bens nach internationaler Anerkennung und Reputation ge-schaffen werden.[6] Aus meiner Sicht müssen diese drei An-reize parallel genutzt und systematisch ausgebaut werden.

8.1 Konkrete Vorschläge

Was bedeutet das konkret? Die Literatur zu diesem Thema ist vielfältig und umfangreich. An Vorschlägen, wie man das glo-bale Allmendeproblem angehen könnte, herrscht kein Mangel.

Im Folgenden möchte ich aus der großen Palette an Vor-schlägen einige konkrete Maßnahmen herausgreifen, die sich nahtlos in das von mir beschriebene Programm von ökoso-zialer Marktwirtschaft und deliberativer Demokratie einord-nen. Beginnen möchte ich mit Maßnahmen, die mit relativ geringem Aufwand und ohne grundlegende institutionelle Änderungen umgesetzt werden können. Dann folgen die eher »harten« Brocken, die viel Überzeugungsarbeit und Be-harrungsvermögen verlangen. Zur besseren Übersichtlich-keit habe ich in Tabelle 19 alle Maßnahmen kurz charakteri-siert und zusammengefasst, bevor ich sie dann im Einzelnen erläutere.

Stärkung bestehender Regime: In der Politikwissenschaft werden die institutionellen Regelungen mit ihren Vorschrif-

Maßnahmen	Erklärung	Was ist zu tun?
Stärkung bestehender Regime	Weiterhin mit Geduld und diplomatischem Geschick die bestehenden Regime ausbauen und neue in Angriff nehmen.	• Internationale Sekretariate ideell und finanziell unterstützen • Öffentlichkeitsarbeit für erfolgreiche Regime betreiben • Sich in die Ausarbeitung neuer und die Überarbeitung bestehender Regime konstruktiv und engagiert einbringen
Erhöhung der Transparenz	Höhere Transparenz führt zu mehr öffentlichem Druck und der Notwendigkeit der Legitimation der betroffenen Länderregierungen.	• So weit wie möglich: Transparenzpflicht bei öffentlichen Verhandlungen • Unterstützung von NGOs, die Transparenz herstellen • Unterstützung von Organisationen, die Verhandlungen dokumentieren und auswerten
Ausbau der Produktzertifizierung	Produktkennzeichnungen können helfen, über den Verbraucher eine Lenkungsfunktion in Richtung auf eine sorgsame Behandlung von Allmenden auszuüben.	*Individuell:* • Einkauf von Produkten mit den entsprechenden Zertifikaten und Siegeln *Kollektiv:* • Unterstützung von Zertifizierungs-Organisationen • Regulierung der Validität und Seriosität der Kennzeichen
Reform der Transferzahlungen	Bindung der Entwicklungs- und Wirtschaftshilfen an den schonenden Umgang mit Allmenden.	• Angleichung der Vergaberichtlinien • Monitoring der Projektergebnisse • verbrauchsbewusster Lebensstil

Maßnahmen	Erklärung	Was ist zu tun?
Koalition der Willigen	Einbindung aller Kräfte, die zu einem schonenden Umgang mit der Allmende bereit sind; kein Warten auf einen internationalen Konsens.	• Vorreiterrolle bewusst nutzen • Bilateral nach Partnern suchen • Anreize schaffen, dass mehr mitmachen
Sicherheitswende	Zur Wahrung der Allmendesicherheit muss Gewalt als Mittel der Konfliktaustragung konsequent bekämpft werden.	*Krieg und Bürgerkrieg:* • Keine Waffenexporte Deutschlands außerhalb der NATO • Ächtung von Waffen, die vor allem die Zivilbevölkerung treffen • Aufbau von Kapazität für friedliche Konfliktlösung *Innere Sicherheit:* • Ausbau von effektiver Gewaltprävention bei Einhaltung der Menschenrechte
Weltstiftung zur Nutzung von Allmenden	Einrichtung einer Weltstiftung im Rahmen der UNO für den Erhalt und die Pflege der globalen Allmenden. Finanzierung durch Abgaben für die Nutzung dieser Allmenden und / oder Tobin-Steuer.	• Initiative durch deutsche Regierung • Kein Programm der UNO, sondern neues Instrument einer langfristigen Stiftung • eigenfinanziert durch Einnahmen • Doppelt qualifizierte Mehrheit (Geber- und Nehmerländer) für Beschlüsse

Tab. 19 Ansätze zur Überwindung des Allmendedilemmas.
Quelle: Eigene Darstellung.

ten, Überprüfungsmechanismen und organisatorischen Anforderungen häufig als Regime bezeichnet.[7] So spricht man etwa von dem Klimaregime, dem Artenschutzregime oder dem internationalen Finanzregime. Seit vielen Jahren gibt es

große Bestrebungen, solche Regime auszuarbeiten und so
auszugestalten, dass sie die angestrebte Wirkung auch erzielen. Obwohl viele dieser Regime einiges zu wünschen übrig
lassen und häufig eher die Symptome als die Ursachen von
Problemen angehen, haben sie sich in der internationalen
Politik bewährt.[8] Erst kürzlich konnten wieder im Rahmen
des Artenschutzregimes eine Reihe von gefährdeten Tierarten trotz Proteste einiger weniger Länder unter Schutz gestellt werden.[9] Die Wirksamkeit von Regimen ist einerseits
von den bestehenden Machtverhältnissen bestimmt, andererseits aber auch vom öffentlichen Druck der beobachtenden
Weltöffentlichkeit, die Staaten und deren Regierungen an
den öffentlichen Pranger stellen kann, wenn sie offenkundig
ihre eigenen Interessen über das Gesamtwohl aller Staaten
stellen.[10] Beim Tierschutz ist dieser öffentliche Druck besonders wirksam, weil dieses Thema im hohen Maße emotionale
und moralische Resonanz in der Weltöffentlichkeit erzeugt.
Es liegt von daher in unser aller Interesse, die Bildung von internationalen Regimen tatkräftig zu unterstützen, um so zumindest die Rahmenbedingungen für eine nachhaltige Entwicklung zu verbessern.

Erhöhung der Transparenz: Die schon beim Tierschutz angesprochene Weltöffentlichkeit spielt bei der Behandlung von
öffentlichen Gütern eine wichtige Rolle.[11] Niemand möchte
gerne in der Weltöffentlichkeit als Spielverderber oder sogar
als egoistischer Nutznießer von Leistungen, die andere bereitstellen, gelten. Wenn darüber hinaus die Themen emotional
und moralisch besetzt sind, ist der Druck zur Kooperation besonders hoch.

Öffentlicher Druck kann jedoch nicht per Knopfdruck erzeugt werden, und er fällt auch schnell wie ein Kartenhaus zusammen, wenn er von interessierten Kräften inszeniert wird.

Voraussetzung dafür, dass öffentlicher Druck spontan entsteht und sich ausbreitet, ist Transparenz.[12] Je mehr Klarheit und Hintergrundwissen über die Strategie und Verhandlungsführung einzelner Länder besteht, desto größer ist die Wahrscheinlichkeit, dass der öffentliche Druck wächst, sobald egoistisches oder protektionistisches Verhalten einzelner Staaten den Fortschritt bei den Verhandlungen verhindert. Insofern ist es wichtig, die Transparenzvorschriften für öffentliche Verhandlungen auszudehnen und gleichzeitig diejenigen Nichtregierungsorganisationen zu stärken, die mit dazu beitragen, den Spielraum für Transparenz zu erweitern.[13] Allerdings ist hier auch Vorsicht angesagt: Das Instrument der Transparenz führt häufig zu einer höchst selektiven Auswahl an Themen.[14] Alle Faustregeln und Mechanismen der Wahrnehmung und Bewertung von Risiken kommen auch bei der Bewertung von Handlungsstrategien der Verhandlungspartner zum Tragen. In der Weltöffentlichkeit erlangen gerade solche Themen Verbreitung und Relevanz, die ein hohes Maß an mentaler Verfügbarkeit, emotionaler Attraktivität und moralischer Schuldzuweisung aufweisen. Dass diese Eigenschaften nicht unbedingt mit Schadens- und Katastrophenpotential des jeweiligen Risikos korrelieren, ist wohl inzwischen allen Lesern und Leserinnen klar geworden.

Ausbau der Produktzertifizierung: Ein großer Vorteil marktwirtschaftlicher Systeme besteht darin, dass Konsumenten aus den Kaufangeboten eine Auswahl treffen können. Natürlich versuchen die Anbieter diese Auswahl durch Marketing, Werbung und Beeinflussung der Moden in für sie günstige Bahnen zu lenken, aber sie können die Konsumenten weder zwingen noch direkt beeinflussen, bestimmte Produkte anderen vorzuziehen. Diese prinzipielle Wahlmöglichkeit des Konsumenten lässt sich für die weltweite Umsetzung der Idee

einer ökosozialen Marktwirtschaft sinnvoll nutzen. Das
Stichwort hier heißt Produktzertifizierung.[15] Mit diesem Instrument kann man die Einhaltung von ökologischen und sozialen Mindestregeln auch dann sicherstellen, wenn in dem
Herstellerland keine oder nur laxe Bedingungen für die Produktion gelten. Viele Nichtregierungsorganisationen haben
gemeinsam mit Herstellern und Händlern ein ganzes System
von Zertifizierungen geschaffen, die nur solche Produkte mit
einem speziellen Etikett (Label) auszeichnen, die den Regeln
der ökosozialen Marktwirtschaft gerecht werden.[16] Sicherlich
kennen viele von Ihnen einige dieser Etiketten auf Produkten
des täglichen Lebensbedarfs, beispielsweise das Siegel des
Maritime Stewardship Council, das darauf hinweist, dass die
damit ausgezeichneten Fischprodukte den Bedingungen einer nachhaltigen Fischereiwirtschaft entsprechen.[17] Ähnliche
Zertifikate gibt es für Holzprodukte, Fleischwaren, Textilien
und viele andere Konsumwaren. Nicht immer entsprechen die
Bedingungen für die Auszeichnung mit Zertifikaten den Anforderungen, die man an eine nachhaltige Bewirtschaftung
der jeweiligen Ressorts stellen müsste. Gelegentlich versuchen auch Hersteller, durch selbstentworfene Zertifikate den
Konsumenten zu täuschen.[18] Insgesamt aber ist dieses Instrument außerordentlich schlagkräftig, sofern die Konsumenten
mitziehen. Da ja die Kaufentscheidungen der Konsumenten
für die Ausgrenzung nicht-nachhaltiger Produkte verantwortlich sind – und nicht etwa Einfuhrzölle oder andere Han-
delsbarrieren –, können weder die Herstellerländer noch die
Welthandelsorganisation WTO hier eine versteckte Diskriminierung oder einen nicht erlaubten Eingriff in den Freihandel
reklamieren.[19] Die Souveränität des Konsumenten, aus der
Vielzahl von Waren eine eigene Auswahl zu treffen, ist international anerkannt und kann nicht von interessierten Par-

teien oder Ländern als Klagegrund für unfaire Handelsprakti-
ken herangezogen werden. Aus diesem Grunde ist es besonders empfehlenswert, weitere Aktivitäten zur Ausweitung von Produktzertifizierungen
zu unterstützen und vor allem Standards für Zertifikate zu
entwickeln, die dazu beitragen, dass die Kriterien der Effektivität, Resilienz, Effizienz und Fairness auch tatsächlich eingehalten werden. Häufig sind Zertifikate entweder auf Ökoeffizienz
und Resilienz oder aber auf soziale Fairness ausgerichtet. Eine
wichtige Aufgabe ist es deshalb, Zertifikate auf eine breitere
Grundlage zu stellen und sie gleichzeitig durch unabhängige
und kompetente Gremien verifizieren und überprüfen zu lassen.[20] Nicht zuletzt ist die Produktzertifizierung ein Instrument, das jede Leserin und jeder Leser dieses Buches direkt im
eigenen Alltag umsetzen kann. Wählen Sie, wenn Sie dem-
nächst im Supermarkt einkaufen, nur die Produkte aus, die mit
einem anerkannten Etikett einer international tätigen Zertifi-
zierungsorganisation ausgestattet sind. Damit tragen Sie maßgeblich zur internationalen Durchsetzung der ökosozialen
Marktwirtschaft bei.

Reform der Transferzahlungen: Rechnet man die Zahlungen aus der Entwicklungshilfe und aller staatlicher Transferzahlungen über zinsgünstige Kredite und Aufbauhilfe
zusammen, so ergibt sich eine stattliche Summe von knapp
130 Milliarden Dollar (2010), die jährlich von den reichen in
die armen Länder fließen.[21] Allein nach Afrika sind in den
letzten Jahrzehnten rund 650 Milliarden Dollar an Entwick-
lungs- und Aufbauhilfe geflossen.[22] Dafür ist aber der Ertrag im Hinblick auf die Einhaltung der Rahmenbedingungen
für eine nachhaltige Entwicklung eher als bescheiden einzustufen.[23] Keineswegs möchte ich mich hier in die typische
Stammtischrunde einreihen, die alle diese Transferleistungen

als »rausgeschmissenes« Geld bezeichnen. Dass mit Entwicklungshilfe goldene Betten für Despoten finanziert werden,
war schon für die Vergangenheit untypisch und gilt erst recht
nicht für die Gegenwart. Die Programme, um Hilfe zur
Selbsthilfe anzubieten und Entwicklungshelfer direkt in die
Steuerungsorgane der Nehmerländer zu integrieren, sind
wichtige Indizien dafür, dass man an der richtigen Stelle
ansetzen will. Allerdings weisen die Kritiker der Transferwirtschaft zu Recht darauf hin, dass sowohl die staatlichen Entwicklungshilfegelder wie auch die privaten Transferleistungen zu wenig koordiniert sind, häufig die falschen Personen
erreichen und sich zum Teil gegenseitig behindern.[24] Die unabhängige Kommission zu Bevölkerung und Lebensqualität
hat beispielsweise herausgefunden, dass der überwiegende
Teil der Entwicklungshilfe nicht den armen Ländern, sondern
den Ländern mit einem mittleren Einkommensniveau zugutekommen.[25] Wenn damit tatsächlich mehr Anreize zur Wirtschaftsförderung und zu vermehrten Investitionen im eigenen Land verbunden sind, wäre dies zu begrüßen. Fließt
dieses Geld dagegen in die Verbesserung des Konsumniveaus
für die aufstrebende Mittelschicht, dann wird die Hilfe keine
nachhaltige Wirkung entfalten. Inzwischen ist es in einigen
Ländern, wie Tansania, sogar üblich, dass Regierungsvertreter
nur an bestimmten Tagen Repräsentanten von Geberorganisationen empfangen, weil sie von diesen Vertretern geradezu
überlaufen werden.

Aus meiner Sicht wäre es ausgesprochen hilfreich, die Kooperation privater und staatlicher Initiativen zu verbessern
und gemeinsam gezielte Programme für die jeweiligen Nehmerländer zu entwickeln. Zwar sind auch hier Dezentralität
und Vielfalt ein Garant für eine bunte Entwicklungspolitik,
die nicht alles auf eine Karte setzt, aber mangelnde Koordina

tion und Doppelbelegungen sind angesichts der Fülle an Problemen nicht zu verantworten.[26] Die Folge sind mangelnde Effektivität und erst recht erhebliche Effizienzverluste. Hier wird wieder deutlich, wie wichtig es ist, eine ausgewogene Politik zwischen den vier Grundkriterien Resilienz, Effektivität, Effizienz und Fairness zu betreiben. Wichtige Zielsetzungen für die Entwicklungspolitik sind meines Erachtens Investitionen in Bildung und basale Kompetenzen, Transferleistungen zur strukturellen Überwindung von Ungleichheit und Hilfen zum Ausbau funktionierender und ethisch fundierter Steuerungssysteme.[27] Auf dieser Basis ist dann das zweite Ziel, die Wirtschaftskraft des jeweiligen Landes, am besten über Partnerschaften von öffentlichen und privaten Investoren, nachhaltig zu stärken, besser zu erreichen.

Wie man dies im Einzelnen umsetzen kann, hängt von dem jeweiligen Nehmerland, der dort herrschenden Wirtschafts- und Sozialordnung sowie der sich dort entwickelten Ausgangskultur ab. In jedem Falle ist eine bessere Abstimmung der internationalen Entwicklungshilfe sowie zwischen der privaten und öffentlichen Hilfe sehr hilfreich, damit die erheblichen Transferzahlungen auch wirklich den beabsichtigten Effekt erzielen.

Koalition der Willigen:[28] Vor allem im Bereich des Klimaregimes wird es zunehmend schwierig, alle Staaten zu einem gemeinsamen Vorgehen zu motivieren. Wenn das Schwarzfahren besonders attraktiv ist und die Einhaltung der Regeln mit hohen Kosten verbunden ist, lässt sich nur unter besonders günstigen Umständen eine internationale Einigung erzielen. Dies ist in der Vergangenheit zum Beispiel bei der Internationalen Regelung zur Zerstörung der Ozonschicht in der Troposphäre gelungen.[29] Bei der Frage der Klimaänderungen ist aber eine globale Lösung nicht in Sicht. Ist darüber hinaus das

Thema noch von Konflikten über eine gerechte Verteilung der
Pflichten und Rechte geprägt, ist auch die Weltöffentlichkeit
meist gespalten, so dass ein hinreichend großer moralischer
Druck erst gar nicht zustande kommt.[30] In dieser Situation
kann man natürlich weiter beharrlich dafür kämpfen, dass es
zu einer internationalen Vereinbarung im Sinne eines stabilen
und durchsetzungsfähigen Regimes kommt. Möglicherweise
wartet man dann aber bis zum Sankt Nimmerleinstag. Aus
diesem Grunde haben eine Reihe von wissenschaftlichen und
politischen Beobachtern vorgeschlagen, nicht mehr auf einen
globalen Konsens zu warten, sondern erst einmal mit denen
zu beginnen, die willens sind, zugunsten der Bereitstellung
eines globalen öffentlichen Gutes Einschränkungen und Regulierungen in Kauf zu nehmen.[31] Dahinter steht die Auffassung, dass eine Koalition, wenn sie über ausreichend Einfluss
und Stärke verfügt, auch einen Hebel in Bewegung setzen
kann, dem sich andere auf Dauer nicht entziehen können.
Gleichzeitig sind dann die Erträge durch die Freifahrer nicht
hoch genug, um sich wirklich spürbar auf die Wettbewerbsfähigkeit der in der Koalition zusammengeschlossenen Staaten
auszuwirken. So könnte man beispielsweise im Klimaschutz
die Europäer, Amerikaner, Chinesen und Inder zu einem Club
der Willigen zusammenbringen. Wenn dadurch die restlichen
Staaten wirtschaftliche Vorteile genießen, so kommt es der
dortigen Entwicklung nur zugute. Einen signifikanten Einfluss auf die Wettbewerbsfähigkeit der in der Koalition zu-
sammengefassten Staaten ist bei einer solchen Konstellation
kaum zu erwarten. Gleichzeitig kann man zum Beispiel durch
das erwähnte Instrument der Produktzertifizierung sanften
Druck auf die anderen ausüben, sich im Laufe der Zeit der Koalition anzuschließen. Solche Koalitionen sind für viele öffentliche Güter bereits umgesetzt worden.[32] Neben dem Kli-

maschutz werden häufig bilaterale Koalitionen zum Thema Finanzregulierung oder zum Schutz der Fischbestände diskutiert.[33] Ein besonders eindrucksvolles Beispiel ist die Vorreiterrolle Deutschlands im Rahmen der Energieversorgung.[34] Durch die Politik der Energiewende werden die deutschen Abnehmer für Energie in jedem Falle preislich belastet, sie treten also in Vorleistung. Gelingt diese Wende, dann wird aber auch weltweit dokumentiert, dass eine auf Resilienz ausgerichtete Energieversorgung wirtschaftlich tragfähig ist. Dann werden viele diesem Beispiel folgen.

Einleitung einer Sicherheitswende: Mit diesem Vorschlag kommen wir zu den Lösungsversuchen, die nicht einfach umzusetzen sind. In Analogie zur Energiewende wäre es dringend notwendig, eine Neuorientierung im Bereich der Sicherheitspolitik einzuläuten. Wie in Teil 1 festgestellt, haben wir wenig Grund, über die physische Sicherheit der Bürgerinnen und Bürger in Deutschland zu klagen.[35] Weder kriegerische Auseinandersetzungen noch kriminelle Übergriffe sind bei uns an der Tagesordnung. Dies ist keine Selbstverständlichkeit: Wahrscheinlich ist unsere Generation die erste in der Geschichte Deutschlands, die selber keinen Krieg am eigenen Leib erfahren hat.[36]

Wenn man sich jedoch die Sicherheitslage außerhalb Deutschlands ansieht, ist das Bild wesentlich düsterer.

»Jedes Jahr verlieren weltweit über 1,6 Millionen Menschen ihr Leben aufgrund von Gewalttaten. Auf jedes Gewaltopfer, das den Folgen der Gewalt erliegt, kommen zahlreiche andere, die verletzt werden und unter den unterschiedlichsten physischen, sexuellen, reproduktiven und psychischen Gesundheitsproblemen leiden. Gewalt gehört in der Altersgruppe der 15- bis 44-Jährigen überall auf der Welt zu den Haupttodesursachen und ist unter Männern für etwa 14 % und bei den Frauen für 7 % aller Sterbefälle verantwortlich.«[37]

Dazu kommt noch, dass rund 12,3 Millionen Menschen (meist Frauen) jährlich Opfer von Menschenhandel werden, von denen rund 80 % sexuell missbraucht werden.[38]

Die relativ sicheren Industrieländer profitieren von dem Geschäft mit der (Un)sicherheit. Es wird geschätzt, dass sich die Ausgaben des Militärs im Jahr 2005 weltweit auf 1118 Mrd. Dollar beliefen. Das entspricht 2,5 % des globalen jährlichen Bruttoinlandsprodukts oder einer durchschnittlichen Pro-Kopf-Ausgabe von 173 Dollar.[39] Man muss sich das vorstellen: Mit 173 Dollar pro Kopf und Jahr könnten wir mit einem Schlag die bitterste Armut auf der Welt beseitigen. Nach Berechnungen des Stockholmer Friedensforschungsinstituts SIPRI (Stockholm International Peace Research Institute) werden jedes Jahr rund 400 Milliarden Dollar (2010 waren es 410 Milliarden) für Waffenkäufe ausgegeben.[40] Und Deutschland ist hier beileibe kein Unschuldslamm: Die beiden mit Abstand größten Exporteure sind die USA und Russland, und schon an dritter Stelle folgt Deutschland. Unser Land lieferte 2006 Rüstungsgüter für 3,9 Milliarden aus – doppelt so viel wie 2005. Dazu bemerkt Die ZEIT: »Wir tun doch nix – wir wollen nur profitieren. Deutschland ist strikt gegen Interventionen, aber für Waffenexporte; es kritisiert nicht gern Diktaturen und lässt seine afghanischen Helfer im Stich. Über die Verlogenheit der neuen deutschen Außenpolitik.«[41]

Was kann Deutschland zur globalen Sicherheit beitragen?

Nach dem Vorbild der Energiewende kann Deutschland die Initiative zu einer Sicherheitswende anstoßen. Kernpunkt dieser Sicherheitswende ist zunächst einmal eine Überprüfung der eigenen Sicherheits-, Entwicklungs-, Außenhan-

dels- und Militärpolitik nach den Maßstäben der Friedens-
sicherung und der Gewaltprävention. Dazu gehören eine
effektive Regulierung des internationalen Waffenhandels sowie die Unterstützung aller internationalen Initiativen zur
Ächtung von Waffen, die sich gegen die Zivilbevölkerung
richten. Gleichzeitig kann Deutschland beim Aufbau von Governance-Strukturen und -Prozessen gerade in den Ländern
helfen, die von Kriminalität besonders betroffen sind. Damit
können wir parallel innere Sicherheit und die Einhaltung der
Menschenrechte fördern. Zur Umsetzung dieser Maßnahmen
können die Grundzüge der deliberativen Demokratie herangezogen werden. Sie können in einem global erweiterten Modell Prozesse der Konfliktschlichtung anleiten und die Einführung einer Sicherheitskultur voranbringen.

Die Sicherheitswende stellt die Weltgemeinschaft vor
globale Aufgaben, die auch nationale Konsequenzen haben
werden:

- Waffenexporte werden wesentlich schärfer kontrolliert und
  reglementiert als bisher. In Deutschland herrscht der Eindruck, dass wir mit an der Spitze der friedliebenden Länder
  stehen. Dies ist angesichts der Verkaufszahlen von Waffen,
  auch an Nicht-NATO-Länder, wenig glaubwürdig.[42] Hier
  muss trotz der immer wieder beschworenen Sicherung der
  Arbeitsplätze ein Umdenken stattfinden. Wirtschaftswachstum kann nicht länger auf Kosten von Gewaltopfern
  zweifelhafter Regierungen gehen.
- Die OECD-Länder, einschließlich Deutschland, unterstützen die Initiative der WHO, ein internationales Regime zur
  Gewaltprävention und Gewaltreduktion zu etablieren.[43] Es
  gibt durchaus wirksame Maßnahmen gegen grassierende
  Gewalt und Bedrohung von Leben und Gesundheit. Viele

davon haben wir in Deutschland mit Erfolg praktiziert.
Nach ihrem Vorbild können landesspezifische Programme
modelliert werden.

• Mit Hilfe von geschulten Prozessbegleitern werden auf Re-
gierungs- und Organisationsebene innerhalb eines Landes
Optionen für eine gewaltfreie Lösung ausgelotet und in die
landestypischen Steuerungssysteme integriert. Da mehr
und mehr gewaltsame Auseinandersetzungen innerhalb
von Ländern stattfinden, sind diese Verfahren der Media-
tion besser geeignet als die herkömmlichen Schlichtungs-
versuche durch Regierungsvertreter von Drittstaaten.[44]

• Der Aufbau der inneren Sicherheit ist an die Wahrung der
Menschenrechte gekoppelt und nicht an der Zementierung
politischer Macht orientiert.[45] Diese Kopplung von Sicherheit und Freiheitsrechten wird sicher in vielen Ländern auf
Widerstand stoßen. Dennoch dürfen diese beiden Aspekte
nicht gegeneinander ausgespielt werden. Sicherheit auf
Kosten der Menschenrechte ist und bleibt ein Widerspruch
in sich. Sie ist weder ethisch gerechtfertigt noch auf Dauer
stabil.

Wenn ich hier von »wir« rede, meine ich zunächst einmal die
Weltgemeinschaft. Allerdings sind wir in Deutschland keineswegs so vorbildlich, wie wir uns gerne in der Weltöffentlichkeit ausgeben. Umso wichtiger ist es deshalb, dass
wir in dieser zentralen Frage in unserer Rolle als Staatsbürger Druck ausüben.

Weltstiftung für die Nutzung von Allmenden: Dieser Vor-
schlag stammt im Grundsatz von dem wissenschaftlichen
Beirat der Bundesregierung Globale Umweltveränderungen
(WBGU).[46] Der Kernpunkt dieses Vorschlages besteht darin,

die Nutzung weltweiter Allmenden, wie etwa das Klima, die Weltmeere, die Atmosphäre als Transportmittel für Flugzeuge und andere mit einer Nutzungssteuer zu versehen und aus den Einnahmen eine auf Resilienz und sozialen Ausgleich ausgerichtete Entwicklungspolitik zu finanzieren.[47] Ähnliche Vorschläge zur Finanzierung gibt es für die Regulierung der Finanzmärkte durch die sogenannte Tobin-Steuer, bei der internationale Finanztransaktionen besteuert werden sollen.[48] Zusätzlich zu den vom WBGU vorgeschlagenen Umwelt- und Klimazielen könnte diese Institution auch die Ziele der globalen Sicherheit und der Konfliktbewältigung übernehmen, so wie sie im Millenniumplan der UN vorgesehen sind.[49] Dort sind folgende Ziele festgehalten:[50]

- extreme Armut und Hunger beseitigen
- Grundschulausbildung für alle Kinder gewährleisten
- Gleichstellung der Frauen fördern
- Kindersterblichkeit senken
- Gesundheitszustand verbessern
- HIV / AIDS, Malaria und andere Krankheiten bekämpfen
- ökologische Nachhaltigkeit gewährleisten
- eine globale Partnerschaft für Entwicklung realisieren.

Werden diese Ziele eingehalten, dann können sich alle anderen wirtschaftlichen und sozialen Aktivitäten in Richtung auf eine nachhaltige Entwicklung bewegen.

Der ursprüngliche WBGU-Vorschlag bezog sich auf eine Stärkung des Umweltprogramms der Vereinten Nationen unterstützt durch einen unabhängigen Aufsichtsrat von herausragenden Persönlichkeiten *(trustship authority)*.[51] Mein Vorschlag wäre die Gründung einer Weltstiftung durch die Vereinten Nationen. Eine Stiftung mit einer eigenen Einkommensquelle ist weitgehend unabhängig von den jeweils herrschenden politischen oder kulturellen Strömungen bzw. Moden. Sie kann Kontinuität und Unabhängigkeit von Interessen und Zeitgeistströmungen wesentlich besser verkörpern als andere Organisationsformen im Rahmen internationaler Beziehungen. Ähnlich wie es der WBGU für die *trustship authority* vorschlägt, sollte der Stiftungsrat aus Vertretern der reichen Länder, der Schwellenländer und der armen Länder zusammengesetzt sein. Für die Zusammensetzung des Stiftungsrates ist eher an herausragende Persönlichkeiten aus diesen Ländern zu denken und nicht an aktuelle Funktionsträger. Projekte müssen nach diesem Modell nicht nur von der Mehrheit des Aufsichtsrates, sondern jeweils auch von einer Mehrheit der drei Länderblöcke gebilligt werden.[52] Auf diese Weise kann verhindert werden, dass sich arme Länder auf Kosten der Reichen teure Prestigeobjekte leisten oder die reichen Länder diese Form nutzen, um Projekte, die ihnen selbst am meisten zugutekommen, zu fördern. In diese Weltstiftung könnte man die Verwaltung des Klimafonds integrieren, in dem die schon mehrfach angesprochenen Erlöse aus der Versteigerung von Verschmutzungsrechten eingebracht werden könnten. Die Existenz eines solchen Klimafonds könnte zusätzlich als Motivation dienen, vom Schwarzfahrer zum Mitfahrer zu werden.

Damit diese Stiftung ausreichend mit Finanzmitteln versorgt wäre, rechnen Experten mit einer Summe zwischen 100 und 160 Milliarden Dollar pro Jahr.[53] Die schon mehrfach erwähnte unabhängige Kommission für Bevölkerung und Lebensqualität hat in ihrem Endbericht 1996 für alle relevanten Programme, die von der UNO oder anderen internationalen Gremien vorgeschlagen wurden, die dazu notwendigen Ausgaben addiert. Tabelle 20 gibt einen Überblick über den jährlichen internationalen Finanzbedarf für eine Auswahl an weltweit

Maßnahmen	Konferenz	Finanzbedarf (Milliarden US-Dollar)
Grundschulbildung für alle	Weltbildungskonferenz 1990	5,0–6,0
Medizinische Primärversorgung	Weltkindergipfel 1990	5,0–7,0
Sauberes Wasser und Kanalisation	Weltkindergipfel 1990	10,0–15,0
Bevölkerungsfrage (freiwillige Geburtenkontrolle)	Internationale Konferenz für Bevölkerung und Entwicklung 1994	5,7
Nachhaltige Entwicklung Umwelt, Klima	Konferenz für Umwelt und Entwicklung 1992	80,0
Armutsbekämpfung	Konferenz für Umwelt und Entwicklung 1992	15,0
Unterkunft	Konferenz für Umwelt und Entwicklung 1992	25,0
Summe		145,7–153,7

Tab. 20 Finanzbedarf für eine Auswahl an weltweit prioritären Programmen. Quelle: Independent Commission on Population and Quality of Life (1998)[54] (Summe wurde in der Tabelle vom Verfasser hinzugefügt).

prioritären Programmen. Die gesamte Summe liegt nach dieser Rechnung bei rund 150 Milliarden Dollar pro Jahr.[55] Diese Summe ist nicht weit davon entfernt, was wir heute schon insgesamt an Transferzahlungen vom Norden in den Süden leisten, wenn auch nicht unbedingt für die gleichen Zwecke. Und noch eins: Wenn man aber bedenkt, dass allein die Ausgaben der USA für den Irakkrieg im Jahre 2008 bei 142 Milliarden Dollar lagen[56], dann ist diese Summe keineswegs aus der Luft gegriffen. Zudem könnte man mit der Besteuerung von globalen Allmenden, dem Verkauf von Klimazertifikaten und einer bescheidenen Tobin-Steuer diese Summe ohne nennenswerte Störungen des globalen Wirtschaftsablaufs aufbringen.[57]

Ich will es bei diesen Vorschlägen belassen. Während die
ersten vier Vorschläge ohne großen Aufwand umzusetzen
sind, sind die letzten beide Vorschläge nur mit einer großen
Kraftanstrengung aller Beteiligten zu stemmen. Dennoch ist
diese Kraftanstrengung im Vergleich mit den zu erwartenden
Vorteilen für eine wirksame nachhaltige Entwicklung sicher
ihren Preis wert.

Es ist also keineswegs so, dass wir angesichts der Allmendefalle in Fatalismus oder Verzweiflung verfallen müssten. Viele
Vorschläge und Initiativen, um zu einer effektiven Behandlung öffentlicher Güter beizutragen, befinden sich auf einem
guten Weg und tragen auch bereits Früchte. Dass diese nicht
ausreichen, ist wohl aus meinen Ausführungen hinreichend
deutlich geworden. Wenn wir aber diesen Weg beharrlich
und engagiert weiterbeschreiten, ist die globale Allmendefalle
kein unüberwindbares Hindernis dafür, dass die Weltgemeinschaft die bestehenden und künftigen systemischen Risiken
meistern kann.

9 Und ich?

Nach dem Ausflug in die große Weltpolitik und die Steue-
rungsmöglichkeiten für globale Allmenden möchte ich zum
Schluss wieder auf das Grundanliegen dieses Buches zurückkommen: der Verbesserung der Risikomündigkeit eines jeden
Lesers und einer jeden Leserin. Die Umsetzung einer sozial-
ökologischen Marktwirtschaft, die Einführung neuer deliberativer Elemente in unsere politischen Steuerungsmechanis-
men und die Einsetzung neuer effektiver Instrumente zur
Nutzung von globalen Allmenden sind wichtige Schritte für
die Gestaltung der Rahmenbedingungen. Sie betreffen aber

unser Alltagsleben nur indirekt. Sie als Leser oder Leserin können aber dazu als Staatsbürger durch Ihre Stimmabgabe, durch politische Äußerungen im öffentlichen Raum und durch direktes Engagement in Ihrem beruflichen oder politischen Umkreis einen wichtigen Beitrag leisten. Zugleich können Sie über Ihr Kaufverhalten die richtigen Signale setzen. Wie bei allen Allmenden gilt auch hier der Grundsatz: Wenn es nur wenige tun, wird die Wirkung verpuffen. Wenn aber jeder auf den anderen wartet, geschieht in der Regel gar nichts. Um diesen Teufelskreis zu durchbrechen, kann ich nur raten, einfach zu beginnen. Viele erfolgreiche Initiativen sind durch die Privatinitiativen von Individuen oder kleinen Gruppen entstanden und haben sich dann wie ein Lauffeuer durchgesetzt. Und wenn nicht, kann man es immer wieder erneut versuchen, oder sich aber einer der vielen schon erfolgreichen Initiativen anschließen.

Zum Grundsatz der *Risikomündigkeit* gehört aber auch und vor allem die Ausrichtung des eigenen Handelns und Entscheidens nach Maßgabe des besten Wissens über die Folgen der eigenen Entscheidungsoptionen und im Einklang mit den eigenen Werten und Präferenzen. Gerd Gigerenzer hat dies in seinem jüngsten Buch zum Thema Risiko als »Risikokompetenz« bezeichnet und meint damit etwas Ähnliches.[1] Allerdings geht es mir bei dem Begriff der »Mündigkeit« um mehr als nur um die Verbesserung des Wissens und die Einübung von Kompetenzen zum besseren Umgang mit den Risiken des täglichen Lebens. Ich verbinde damit auch den Anspruch des Individuums an die Gemeinschaft, souverän und ohne äußere Einmischung eigene selbstverantwortete Urteile zu treffen. Es kommt darauf an, Menschen in die Lage zu versetzen, die Konsequenzen ihres eigenen Handelns abschätzen und darauf aufbauend vernünftige Entscheidungen treffen zu können.[2] Man mag mir hier Naivität vorhalten, aber letztlich ist unser Zutrauen in Demokratie und Marktwirtschaft auf dem grundlegenden Verständnis aufgebaut, dass Individuen für sich und andere Verantwortung übernehmen und in ihren Urteilen die Nebenfolgen ihrer Handlungen mitbeachten.

Was aber können Sie als risikomündiger Bürger oder als Bürgerin in Ihrem eigenen Lebensumfeld tun, um angemessen auf Risiken zu reagieren und einen an die Ziele der nachhaltigen Entwicklung angepassten Lebensstil zu verwirklichen?

9.1 Der lähmende Risikopessimismus

Sieht man sich die Diskussion um Risiken in Deutschland zurzeit an, dann erkennt man häufig zwei extreme Positionen. Die erste baut auf dem Mechanismus der Angstmache auf. Am düsteren Horizont der als bedrohlich wahrgenommenen Risiken lauern angeblich lauter Zusammenbrüche, Rückschläge und Katastrophen. Im Beschwören der eigenen Angst findet man Identität unter gleichgesinnten Untergangspropheten, die sich gegenseitig im Ausmalen der Katastrophen überbieten und kollektive Wehleidigkeit zum neuen Lebensgefühl erheben. Diese Form der Angstmacherei ist von dem Philosophen Peter Sloterdijk schon 1987 folgendermaßen beschrieben worden:

> »Jedes Zeitalter hat seinen eigenen Stil, mit der Welt unzufrieden zu sein, und eine selbstbewusst gewordene Unzufriedenheit mit der Welt trägt den Keim einer Kultur in sich. *Ohne Zweifel zeigt die heutige Unzufriedenheit mit der Welt panische Züge.* Wer nicht panisch ist, ist nicht auf dem Laufenden – er lebt im Abseits der Epoche, in irgendwelchen Höhen der Ungleichzeitigkeit, verschont, sich

schonend. [...] Das Katastrophale ist eine Kategorie geworden, die nicht mehr zur Vision, sondern zur Wahrnehmung gehört. Heute kann jeder Prophet sein, wenn er den Mut aufbringt, bis drei zu zählen. Die Katastrophe bedarf weniger der Ankündigung als der Mitschrift, sie hat ihren sprachlichen Ort nicht in apokalyptischen Texten, sondern in Tagesnachrichten und Ausschussprotokollen.«[3]

Wer allein auf die Katastrophe und den angeblich kurz bevorstehenden Kollaps der Natur setzt, kann mühelos im Tal der Tränen verharren, weil sich die Mühe, einen umweltgerechten und sozialverträglichen Umgang mit Risiken zu erlernen, ohnehin nicht mehr lohnt. Im Angesicht der stets drohenden Katastrophe sind alle gelähmt. Es gibt keine Handlungsspielräume mehr. Warum sollte man sich engagieren, wenn es doch schon zu spät ist? Gleichzeitig ist diese Haltung für einen selbst recht bequem. Von der Konkursmasse der verhassten Industriegesellschaft lässt sich auch weiterhin gut leben.

Dieser Pessimismus ist aber trotz aller Krisenerscheinungen kaum begründbar. Auch wenn die Menschen weiter so leben wie bisher und sich den jeweiligen Verhältnissen so gut wie es geht anpassen, werden sie weder die Natur vernichten noch die Menschheit als Ganzes in den Abgrund stürzen.[4] Die Angst vor dem vermeintlichen Untergang der Natur kann demnach auch nicht als Argument für oder gegen einen nachhaltigen Lebensstil dienen. Vielmehr ist das Interesse der Menschen an der Vielfalt der Natur, am Fortbestand natürlicher Kreisläufe und am Erhalt bestimmter Natur- und Landschaftsformen die innere Triebfeder für die Forderung nach Umweltgerechtigkeit. Wer dies anstrebt, will das Positive dieser Welt für die Nachwelt erhalten und nicht bloß das Überleben von Natur und Mensch in Zukunft sicherstellen.

Eine humane Gestaltung der Lebensbedingungen vollzieht sich aber nicht von selbst. Die in der Angst um die Zukunft befangenen Bürgerinnen und Bürger tun sich und ihrer Umgebung keinen Gefallen, wenn sie die Umwelt-, Wirtschafts- und Sozialprobleme dramatisieren und das angeblich unentrinnbare Schicksal des Untergangs beklagen.[5] In vielen Bereichen hat eine deutliche Besserung der Situation im Verlauf der letzten Jahre stattgefunden.[6] Es gibt wieder Fische im Rhein, das Trinkwasser ist sauberer geworden, die Menge an toxischen und umweltschädlichen Luftschadstoffen hat abgenommen, viele Landschaften mit seltenen Arten wurden und bleiben geschützt, und selbst auf der globalen Ebene, wo das gemeinsame Handeln besonders schwierig und unwahrscheinlich ist, haben sich die Nationen auf Maßnahmen zum Schutze der Ozonschicht verständigen können.[7] Ähnliches kann man für die Verbesserung der Lebenschancen für den größten Teil der Menschheit sagen: Die Lebenserwartung steigt und das Pro-Kopf-Einkommen wächst.[8] Die Zahlen für Unfälle, für Morde und Totschlag und selbst für Suizide gehen in unserem Lande beständig zurück. Wir leben gesünder, länger und sicherer. All dies reicht noch nicht aus, um die Weichen in Richtung auf eine nachhaltige Entwicklung zu stellen, aber es gibt keinen Grund, die Flinte ins Korn zu werfen.

9.2 Wir können unsere individuellen Lebensrisiken weitgehend selbst steuern

Die zentrale Botschaft aus Teil 1 unsere Buches lautet: Wir leben nicht nur insgesamt länger, wir haben es auch weitgehend selbst in der Hand, unser eigenes Risiko zu steuern. Denn einen Großteil der uns weiterhin bedrohenden Krankheiten können wir durch unser eigenes Verhalten beeinflussen. Je nach Berechnungsgrundlage liegen wir bei den selbst verursachten Gesundheitsrisiken zwischen 40 % und 80 %.[9] Darunter sind nur vier wirklich von Belang: Rauchen, Alkohol, falsche Ernährung und Bewegungsarmut. Auf diese vier wesentlichen Risikofaktoren können wir durch unser individuelles Verhalten direkten Einfluss nehmen. Aufgrund der stochastischen Natur von Gesundheitsrisiken werden wir immer Streubreiten um die statistischen Mittelwerte erleben. Infolgedessen wird es immer Menschen geben, die trotz hohen Alkohol- und Tabakkonsums, Übergewicht und Bewegungsarmut 100 Jahre alt werden. In dem Bestseller von Jonas Jonasson *Der Hundertjährige, der aus dem Fenster stieg und verschwand* ist der Held des Romans ein rüstiger 100-Jähriger, der vor allem vom Schnaps lebt. Das gibt es auch – nicht nur im Roman.[10]

Umgekehrt gibt es immer wieder Personen, die mit hohem Verantwortungsbewusstsein diese Risiken vermeiden und dennoch frühzeitig zu Tode kommen. Anzunehmen, dass man selbst zu den Ausnahmen von der Regel gehört, ist höchst riskant. Denn mit jedem der vier Risiken wächst die Wahrscheinlichkeit, selber von Krebs oder anderen Krankheiten frühzeitig betroffen zu sein.[11] Kurzum: Unser eigenes Lebensrisiko liegt zu einem Großteil in unseren Händen. Umso wichtiger ist es deshalb, auf Risikomündigkeit zu achten, denn ohne das nötige Wissen und die notwendige Urteilskompetenz laufen wir oft den falschen Risiken hinterher und schenken den Risiken zu wenig Beachtung, die uns wirklich bedrohen.

9.3 Der verharmlosende Zukunftsoptimismus

Was bedroht uns denn? Es sind weniger die individuellen als die schleichenden kollektiven Risiken, die wir nicht genügend beachten. Diese kollektiven Bedrohungen haben das Potential, Funktionen, die für unsere Gesellschaft lebenswichtig sind, wie Energie, Nahrung und soziale Zusammengehörigkeit, zu gefährden. Im dritten Teil dieses Buches haben wir sie als systemische Risiken gekennzeichnet.[12] Systemische Risiken zeichnen sich durch vier Merkmale aus: Sie haben globale Auswirkungen, sie sind mit vielen anderen Funktionsbereichen vernetzt, sie sind durch stochastische und nichtlineare Kausalketten gekennzeichnet und sie werden häufig im gesellschaftlichen Diskurs unterbewertet.

Dass wir diese Risiken zu wenig im Blickfeld haben, liegt zum einen an einer Reihe von intuitiven Wahrnehmungsprozessen und mentalen Bewertungsfallen[13], zum anderen fehlt es uns an kollektiven Eingriffsmöglichkeiten, die es uns erlauben würden, diese Risiken auf globaler Ebene wirksam anzugehen. Ein weiterer Grund dafür, dass die systemischen Risiken zu wenig beachtet werden, liegt in der Erfahrung, dass bislang alles gutgegangen ist und wir deshalb glauben darauf vertrauen zu können, dass dies auch weiterhin so läuft. In dieser Zuversicht werden wir von den sogenannten Zukunftsoptimisten unterstützt. Ist es nicht so, dass die Menschheit bislang mit allen Herausforderungen fertiggeworden ist? Warum vertrauen wir nicht stärker auf die Kreativität der zukünftigen Generationen?

Beim näheren Hinsehen steht dieser Zukunftsoptimismus aber auf schwachen Füßen. Zum einen würden wir gar nicht mehr existieren und uns die Frage nach der Zukunft stellen können, wenn wir in der Vergangenheit nicht gelernt hätten, mit Problemen fertigzuwerden.[14] Es ist selbsterklärend, aus der Tatsache, dass wir heute noch leben, zu schließen, dass wir in der Vergangenheit offenkundig mit existentiellen Krisen fertiggeworden sind. Aus diesem Schluss ergibt sich aber keine Garantie dafür, dass dieser Trend der Vergangenheit in Zukunft anhalten wird. Allenfalls können wir aus der Betrachtung der Vergangenheit die Zuversicht gewinnen, dass auch die heutige Menschheit zu kreativen Lösungen fähig ist.[15] Aber diese Lösungen muss sie auch aktiv anstreben. Katastrophen und Zusammenbrüche von Gesellschaftssystemen hat es in der Geschichte der Menschheit mehrfach gegeben. Sie waren jedoch immer regional begrenzt. Jetzt aber, da die Welt globalisiert und vernetzt ist, können systemische Risiken auch globale Ausmaße annehmen.

Zum Zweiten wurden viele Probleme in der Vergangenheit nicht gelöst, sondern einfach an die nächsten Generationen weitergereicht.[16] Man braucht im Bereich der Umweltauswirkungen dabei nur auf die Prozesse der Bodenverkarstung z. B. im antiken Griechenland hinzuweisen. Die Folgen sind bis heute spürbar und bleiben auch in absehbarer Zukunft nicht rückführbar. Die Menschheit konnte zur damaligen Zeit solche ökologischen Verluste verkraften, denn es gab genug Ausweichmöglichkeiten, um verlorene Potentiale aus der Natur an anderer Stelle neu anzuzapfen.[17] die Erde anbetrifft, nutzen wir aber heute bereits mehr als 40 % der auf der Erde verfügbaren Biomasse.[18] Es gibt also gute Gründe, besorgt zu sein.

Zum Dritten ist auch die Welt, so wie sie sich heute präsentiert, kein Idealbild einer befriedeten und gerechten Ordnung. Keineswegs hat die heutige Generation alle Probleme gelöst, die sie von ihren Vorfahren geerbt hat.[19] Zweifellos ist jeder Generation immer etwas Neues eingefallen, aber auch häufig das Falsche. Wenn ein nachhaltiger Lebensstil mehr als das

Überleben der Menschheit bedeutet (und diese ist, wie schon mehrfach erwähnt, gar nicht in unmittelbarer Gefahr), dann sind noch viele Korrekturen in Richtung einer nachhaltigen Gestaltung von Lebensweisen und Steuerungsprozessen in Wirtschaft, Politik und Gesellschaft angesagt. Die Regenwälder werden weiterhin drastisch reduziert, die Wüsten breiten sich stetig aus, die trockenen Landstriche der Welt versalzen zunehmend, die Kluft zwischen Real- und Finanzwirtschaft klafft wieder neu auf und die soziale Ungleichheit nimmt zu.[20] Der Glaube, die Menschheit habe stets die Probleme der eigenen und der vergangenen Generation lösen können, ist zumindest auf einem Auge blind, auch wenn die enormen Leistungen menschlicher Kreativität nicht geleugnet werden sollen. Aber gerade diese Kräfte der Kreativität müssen wir zum heutigen Zeitpunkt aktivieren und sie nicht auf die kommenden Generationen verschieben. So weitermachen wie bisher, wird weder der heutigen Generation noch den nach uns kommenden Generationen gerecht.

9.4 Was können wir selber tun?

Die Menschen auf der ganzen Welt sind mehr denn je auf Reformen in Richtung eines nachhaltigen, resilienten Lebensstils angewiesen. Wer sich dafür heute engagieren will, muss sowohl Zukunftsoptimismus im Sinne eines Hoffnungsschimmers auf mögliche Besserung der Situation als auch Zukunftspessimismus im Sinne der Dringlichkeit von Veränderungen mitbringen. Aus der Kenntnis der immanenten Grenzen und der Wahrnehmung von möglichen Chancen kann erst produktive Kreativität erwachsen. Dazu dienen zwei Pflöcke der Orientierung: zum einen die produktive Angst vor der Überheblichkeit der Macher, alles im Griff zu haben und die Welt schon »managen« zu können, zum anderen die handlungsleitende Kraft von positiven Zukunftsbildern und Visionen, die wir in diesem Buch mit den beiden Ordnungssystemen der ökosozialen Marktwirtschaft und der deliberativen Demokratie verbunden haben. Erst in der Ausrichtung des eigenen Denkens an diesen beiden Pflöcken kann der delikate Balanceakt zwischen Geschehen-Lassen und Machen gelingen. Dazu kann uns der heute oft in Vergessenheit geratene Begriff der Demut als Orientierung dienen. Demut bedeutet Skepsis gegenüber der Zuversicht, dass wir alles können, was wir wollen, aber gleichzeitig auch Verpflichtung, das zu tun, was wir können.

Kurzum: Jeder, der sich aufgerufen fühlt, an der Verwirklichung einer solchen nachhaltigen Entwicklung mitzuwirken, sollte sich weder von den Zynikern noch von den ewig Verzagten, noch von den Chancenpredigern, noch von den technokratischen Machern von seinem Tun abbringen lassen. Langfristig wird es keine humane Alternative zur nachhaltigen Entwicklung geben, aber diese wird sich nicht von selbst einstellen. Ohne Engagement von Bürgern, Gruppen und Institutionen wird eine Entwicklung zur Nachhaltigkeit in der Tat eine vorübergehende Modeerscheinung bleiben.

Wie aber kann ich für mich selbst einen Lebensstil wählen, der dem Anspruch der Risikomündigkeit genügt und eine individuelle Antwort auf die Herausforderungen der systemischen Risiken gibt? Wie kann ich Nachhaltigkeit leben? Zweifellos sind Änderungen auf der politischen und wirtschaftlichen Ebene der Gesellschaft notwendig. Wir haben diese in drei wichtige Grundforderungen übersetzt:[21]

- Resilienz kommt vor Effizienz
- Soziale Gerechtigkeit hat Vorrang vor optimaler Ressourcenverteilung
- Lebensqualität ist wichtiger als Lebensstandard

Für die ersten beiden Forderungen sind vor allem kollektive Maßnahmen gefragt, die für eine Neugestaltung der Rahmenbedingungen, in denen sich unser Leben und Wirtschaften vollzieht, sorgen müssen. Hier können wir, wie oben schon angemerkt, als Staatsbürger mit dafür sorgen, dass diese Forderungen auch umgesetzt werden. Für die dritte Forderung sind aber sowohl strukturelle wie auch individuelle Änderungen vonnöten. Wenn es um Lebensqualität geht, geht es auch und vor allem um die Wahl unseres Lebensstils. Verbrauche ich mehr Ressourcen als nachwachsen können? Belaste ich die Umwelt mehr als sie verkraften kann? Diese Fragen sind unmittelbar mit dem privaten Konsum verbunden. Untersuchungen des Umweltbundesamtes belegen eindrücklich, dass der private Konsum eine Schlüsselstellung bei der Umsetzung eines umweltbewussten Lebensstils einnimmt.[22] Der Anteil des privaten Verbrauchs am gesamten Bruttoinlandsprodukt in Deutschland schwankt im Zeitraum der letzten 40 Jahre zwischen 56 und 61 %. Das ist also immer mehr als die Hälfte der gesamten Wirtschaftsleistung.[23] Zusätzlich belegen Ökobilanzen, dass die überwiegende Umweltbelastung bei vielen Produkten nicht bei der Herstellung und auch nicht beim Transport, sondern bei der Nutzung entsteht. »Vorliegende Studien benennen trotz der methodischen Unterschiede die gleichen drei prioritären Bedarfsfelder im Hinblick auf die Umweltrelevanz. Demnach sind die Bedarfsfelder Bauen & Wohnen, Mobilität und Ernährung für 70 bis 80 % der Umweltfolgen des Konsums verantwortlich.«[24] Dies sind alles Bereiche, in denen wir durch unser Verhalten zum Ziel der Nachhaltigkeit beitragen können. Aber Vorsicht! Alle Fortschritte, die bislang bei der Erhöhung der Umweltfreundlichkeit pro Produkt nachweislich erzielt wurden, sind im Verlauf der Zeit durch entsprechend höheren Konsum wieder ausgeglichen bzw. sogar überkompensiert worden.[25] Dieser sogenannte Rebound-Effekt verhindert eine wirksame Wende zu einer nachhaltigen Nutzung unserer Umwelt. Um effektiv dem Rebound-Effekt entgegenzuwirken, bedarf es ökonomisch wirksamer Anreize, wie der Angleichung der Preise an die Effizienzsteigerung, oder überzeugender neuer Leitbilder, die unser Verhalten in die Richtung einer nachhaltigen Lebensweise lenken.[26] Davon soll im nächsten Abschnitt die Rede sein.

9.5 Wege zu einem nachhaltigen Lebensstil

Wer nachhaltig leben will, sollte sich an einen einfachen Grundsatz halten: Risikomündig leben bedeutet bewusst zu leben und bewusst zu konsumieren. Diese Einsicht erscheint auf den ersten Blick trivial. Aber der erste Eindruck trübt. Viele unserer Verhaltensweisen im Alltag sind unreflektiert und auf Routinen ausgerichtet. Vor allem geben wir den intuitiven Faustregeln und den Mechanismen der kognitiven Dissonanz viel Raum, unser Verhalten »unbewusst« zu steuern. Natürlich übernehmen wir uns, wenn wir alle Entscheidungen eines Tages immer im vollen Bewusstsein der Konsequenzen treffen würden. Aber ein wenig mehr Reflexion wäre schon hilfreich.

Für die Eigenreflexion schlage ich drei Orientierungshilfen[27] vor:

Zunächst gilt es, Konsum als eine sinnvolle Befriedigung materieller Wünsche anzusehen, aber nicht als eine Ersatzlösung für immaterielle Bedürfnisse. Man braucht sich nur einmal die Werbung anzusehen, um festzustellen, wie stark in einer weitgehend mit Konsumgütern ausgestatteten Gesellschaft die Verkaufserfolge von symbolischen Zuschreibungen abhängen. Nicht mehr gesunder Brotaufstrich wird angeboten, sondern ein harmonisches Familienleben (dank Frühstücksmargarine); nicht mehr schöne, warme und attraktive Kleidung, sondern Statussymbol und Prestige (dank Markenzeichen); nicht mehr ein geräumiges, schnelles und funktionales Fahrzeug, sondern flotter Lebensstil und persönliches Glück; nicht mehr Kaffee, sondern eine neue Bekanntschaft. Alle diese symbolischen Attribute haben zweifelsohne ihre eigene Berechtigung, es zeigt sich aber, dass diese symbolischen Erwartungen durch den Konsum der jeweiligen Produkte nicht eingelöst werden. Surrogate ersetzen nicht das, wofür sie stehen. Sie gaukeln den Ersatz nur vor. Umso größer wird daher die Abhängigkeit von den Ersatzlösungen, weil sich die Frustrationen häufen und nach immer mehr Surrogaten verlangen. Aus diesem Teufelskreis kann man sich nur befreien, wenn man vom materiellen Konsum keine oder nur in Ausnahmefällen eine Befriedigung der bestehenden immateriellen Bedürfnisse erwartet. Der berühmte Kummerspeck verschärft in der Regel das Problem noch und trägt dazu noch zu einem größeren Gesundheitsrisiko bei.

Je mehr Sie sich beim täglichen Konsum bewusst sind, was Sie wirklich brauchen und welchen Nutzen Sie aus dem Produkt selbst ziehen wollen, desto einfacher wird es Ihnen fallen, auf unnötigen Konsum zu verzichten und bei der Wahl der Konsumprodukte auf Langlebigkeit, Verlässlichkeit und Herkunft zu achten. Auf die Notwendigkeit, zertifizierte Produkte zu bevorzugen, hatte ich ja schon hingewiesen. Denken Sie immer daran: Konsum von Produkten ist immer mit Energie- und Materialverbrauch verbunden. Jedes Gut, das nicht gekauft wird, trägt zur Entlastung der Umwelt bei.

Der zweite Aspekt des risikomündigen Handelns betrifft die eigene Lebensführung. Der BUND hat einen Konsumententest herausgegeben, durch den man die eigene Lebensführung auf Aspekte von Umweltfreundlichkeit und Sozialverträglichkeit auf den Prüfstand stellen kann.[28] Viele Menschen, die diesen Test abgelegt haben, kamen zu einer überraschenden Erkenntnis: Über die Hälfte der Abweichungen von einer nachhaltigen Lebensweise beruhte auf reiner Nachlässigkeit und ein weiteres Drittel auf Verhaltensweisen, die man ohne große Mühe abstellen konnte, ohne dass es einem eine besondere Pein bereitet hätte. Wenn es bloß gelänge, die Verhaltensweisen zu ändern, die auf Gewohnheiten und unreflektierten Reaktionen auf Außenreize beruhen, könnten alle einen erheblichen Beitrag zu einem nachhaltigen Lebensstil leisten. Erforderlich dazu sind nur eine kritische Bestandsaufnahme der selbstverständlich gewordenen Gewohnheiten und der Willen, die eigene Lebensweise einmal auf den Prüfstand zu stellen. Die Änderungen selber benötigen zwar persönliche Kraft und möglicherweise zu Anfang zusätzlichen Zeitaufwand, sie verändern aber nicht den Kern des selbstgewählten Lebensstils oder der eigenen Lebensführung. Die Heizung herunterdrehen, wenn man das Haus verlässt, kurz die Zimmer zu lüften, wenn es stickig wird (anstatt diese auf Kippstellung zu bringen), bei kurzfristiger Kälte auch einmal den Pullover herauszukramen anstatt gleich die Heizung hochzufahren, bei unvermeidlichen längeren Autofahrten die Mitfahrzentrale zu benachrichtigen, vor allem auf unnötige Flugreisen verzichten – das alles sind einfache Verhaltensänderungen, die den eigenen Lebensstil nur marginal korrigieren, aber in der Gesamtbilanz einen wesentlichen Beitrag zu einer nachhaltigen Lebensweise leisten können.

Damit kommen wir zum dritten Aspekt: Wer kennt sie nicht, die »sauertöpfischen« und »katastrophen-schwangeren« Öko-Mahner, die keine Gelegenheit auslassen, uns auch noch die letzten Lebensfreuden mit einem schlechten Gewissen zu belasten, weil ja alles irgendwie der Natur schade. Die Menschen haben aber das Recht, ihr »Menschsein« auch ausleben zu dürfen, gleichzeitig bedingt dieses Recht aber auch eine Verantwortung. Hier die richtige Balance einzuhalten, ist sicher nicht immer einfach. Aber wenn es gelingt, unsere eigenen Wünsche nur so weit zum Maßstab unseres Verhaltens zu machen, dass es die Wünsche anderer nicht beschneidet, dann kann jeder einen nennenswerten Beitrag zu einer risikomündigen und nachhaltigen Lebensweise leisten.

Die Forderung, den Lebensstil dem eigenen Bewusstsein anzupassen, umfasst also zwei Seiten. Auf der einen Seite macht es keinen Sinn, sich selbst unter den permanenten Stress eines risikoarmen, ökologisch angepassten und sozial verantwortlichen Lebens zu stellen. Das führt zu innerer Unzufriedenheit und endet häufig in einer intoleranten Grundströmung gegenüber einem selbst und anderen. Auf der anderen Seite sollte das eigene Verhalten aber auch das widerspiegeln, an was man persönlich glaubt und was man für richtig hält. Nicht mehr, aber auch nicht weniger! Weder der Verweis auf die widrigen Umstände noch der erhobene Zeigefinger gegen diejenigen, die in noch größerem Maße schuldig geworden sind, sollten als Entschuldigungen herangezogen werden, wenn man nicht das tut, was man von sich selbst erwartet. Risikomündigkeit bedeutet, sich über die Konsequenzen des eigenen Handelns bewusst zu werden. Dazu brauchen wir besseres Wissen, eine gesunde Skepsis gegenüber unseren eigenen Faustregeln der Entscheidungsfindung und die nötige Portion Demut.

10 Fazit: Fragen und Antworten zu einem nachhaltigen Umgang mit Risiken

Was sind die vier Hauptthesen des Buches?

1. Ziel dieses Buches ist es, die Menschen über die heute bestehenden und künftig drohenden Risiken aufzuklären und ihre Urteilskraft zu diesem komplexen Thema zu stärken.
2. Viele Risiken, die wir als bedrohlich wahrnehmen, sind weniger gravierend als angenommen, und viele der sogenannten systemischen Risiken werden von uns unterschätzt.
3. Mit dem Programm einer ausgewogenen Steuerung zwischen Effektivität, Effizienz, Resilienz und Fairness können wir die unterschätzten Risiken auch so in den Griff bekommen, dass wir eine nachhaltige Lebensweise erreichen können.
4. Dazu benötigen wir auf kollektiver Ebene eine Reform hin zu einer neuen Steuerungskultur flankiert von einer ökosozialen Marktwirtschaft und einer deliberativen Demokratie; auf der individuellen Ebene eine Hinwendung zu mehr Risikomündigkeit, um reflektierte, risikobegrenzende und langfristig nachhaltige Verhaltensweisen auswählen und praktizieren zu können.

Was bedeutet der Begriff der Risikomündigkeit?

Mit dem Begriff der Risikomündigkeit ist gemeint, dass jeder Bürger und jede Bürgerin auf der Basis der eigenen Werte und Präferenzen Risiken beurteilen soll und kann. Um dieses aber auf eine faktisch solide Basis zu stellen und Enttäuschungen aufgrund falscher Erwartungen zu vermeiden, ist es erforderlich, dass jede Person die faktischen Voraussetzungen und Folgen des eigenen Urteils weiß, bevor sie sich festlegt.

Welche Rolle spielen die Experten beim Konzept
der Risikomündigkeit?

Risikomündigkeit setzt voraus, dass jeder Bürger und jede Bürgerin Risiken selber beurteilen kann und soll. Das darf kein paternalistischer, d.h. die Menschen gängelnder Staat oder eine andere wohlmeinende Instanz vorschreiben. Mit diesem Bekenntnis zur Risikomündigkeit ist aber auch die Verpflichtung für die Expertinnen und Experten verbunden, über die Höhe und Folgen der Risiken entsprechend aufzuklären und für alle nachvollziehbar darzulegen, welche Mechanismen und Faktoren dafür verantwortlich sind, dass wir bestimmte Risiken überbewerten und andere verharmlosen oder vernachlässigen.

Welche Risiken werden in Deutschland von
der Öffentlichkeit überbewertet?

Die meisten Menschen nehmen an, dass Chemie und Umweltbelastungen uns zunehmend krank machen und technische Risiken und schwere Unfälle unser Leben immer stärker bedrohen. Doch die statistischen Ergebnisse können diese subjektiven Eindrücke nicht bestätigen. Gerade die Risikobereiche, in denen die meisten Menschen eine besonders hohe Sensibilität ausgebildet haben und ein entsprechendes Gefahrenpotential assoziieren, sind in der Statistik der schweren Erkrankungen und Todesfälle nur minimal vertreten. Dagegen hat sich die Zahl der durch das eigene Verhalten direkt beeinflussbaren Krankheiten im Verlaufe des letzten Jahrhunderts stark erhöht.

Warum bewerten wir diese Risiken über, und warum ist es wichtig, die Gründe für diese Fehleinschätzung zu kennen?

Die menschliche Verhaltensforschung hat eine Reihe von Faustregeln, Mechanismen und Urteilsfallen identifiziert, die unser Urteilsvermögen trüben und uns oft zu Fehlurteilen anleiten. Viele dieser intuitiven Formen der Wahrnehmung und Bewertung sind für eine Reihe von Alltagsbereichen adäquat und können sogar den Urteilen von Fachleuten in Einzelfällen überlegen sein. Allerdings dort, wo komplexe Ursache-und-Wirkungszusammenhänge auftreten, versagen unsere intuitiven Mechanismen. Wir sind es gewöhnt, Kausalität mit zeitlich oder örtlich zusammenhängenden Phänomenen zu verbinden. Genau diese gedankliche Verbindung führt bei komplexen und systemischen Zusammenhängen in die Irre. Viele intuitive Verfahren der Urteilsbildung führen dazu, dass wir wenig bedrohliche Risiken überbewerten und die schleichenden systemischen Risiken unterbewerten. Dazu kommt noch, dass die Medien seltene, aber katastrophale Ereignisse mit einem hohen Sensationswert weltweit aufgreifen und ausführlich wiedergeben, so dass der Eindruck entsteht, solche Risiken wären besonders relevant und häufig, während die komplexen, neuartigen (systemischen) Risiken weitgehend unbeachtet bleiben.

Welche Risiken können wir denn durch unsere eigene Lebensführung selbst beeinflussen?

Vor allem die vier Grundprobleme: Rauchen, übermäßiges Trinken, falsche Ernährung und mangelnde Bewegung sind für einen Großteil der vorzeitigen Todesfälle verantwortlich. Der genaue Anteil, wie viele Todesfälle auf diese vier verhaltensbedingten Einflussfaktoren zurückzuführen sind, lässt sich nicht exakt bestimmen. Die Mehrzahl der statistischen und epidemiologischen Daten legt aber den Verdacht nahe, dass bis zu zwei Drittel aller frühzeitigen Todesfälle auf diese vier Faktoren zurückgeführt werden können. Das restliche Drittel teilen sich dann Umwelteinflüsse und Lebensverhältnisse. Alle diese Einflüsse wirken im Rahmen der durch genetische Dispositionen vorgegebenen Anfälligkeiten.

Wie verlässlich sind die statistischen Daten,
auf denen die Risikoabschätzungen beruhen?

Wenn wir es mit Lebensrisiken zu tun haben, ist die statistische Zusammenstellung der Daten und deren wissenschaftliche Aufbereitung eine zuverlässige Basis für die Beurteilung und Bewertung dieser Risiken. Die Bewertung statistischer Daten und die Unsicherheit der Abschätzungsergebnisse lassen jedoch eine eindeutige Zuordnung von Ursache und Wirkung nur begrenzt zu. Insofern sind die Ergebnisse der statistischen Studien nicht immer 100 % genau, dennoch sind die Trends eines immer geringeren Lebensrisikos für die Menschen in Deutschland unbestreitbar. Das bedeutet nicht, dass alle Menschen unserer Gesellschaft ihr genetisch prädisponiertes biologisches Alter erreichen werden, aber es sind so viele wie noch nie zuvor in der Geschichte der Menschheit. Zudem weisen alle Anzeichen darauf hin, dass wir im Verlaufe unseres Lebens weniger bedrohliche und chronische Erkrankungen erleiden werden als unsere Vorfahren, wenn wir die Alterskrankheiten einmal außen vor lassen. Schließlich werden wir immer seltener Opfer eines Unfalls, einer Vergiftung oder eines anderen plötzlichen Ereignisses, das uns schweren Schaden zufügen könnte.

Welcher Typ von Risiken wird unterbewertet bzw. zu wenig beachtet?

Das sind vor allem die sogenannten systemischen Risiken: Die können einen völligen Funktionsverlust eines Systems oder mehre-
rer gekoppelter Systeme bewirken. Systemische Risiken sind durch Globalität, Vernetzung, Nichtlinearität und systematische Unterschätzung gekennzeichnet. Das heißt:

- systemische Risiken wirken tendenziell über nationale Grenzen hinweg,
- sind mit anderen Funktionsbereichen eng gekoppelt,
- die mit ihnen verbundenen Ursache-Wirkungsketten sind stochastisch und nichtlinear (d.h. sie unterliegen Zufallsschwankungen und können plötzliche Ausschläge in Richtung auf große Schadensausmaße annehmen) und

- ihre Auslöser, gelegentlich auch die Risiken selbst, werden in der öffentlichen Diskussion meist unterschätzt.

Um welche Risiken handelt es sich bei den systemischen Risiken?

Die bedrohlichen systemischen Risiken lassen sich in drei Kategorien einteilen:

- Bedrohungen durch menschliche Interventionen in das Ökosystem Erde (z. B. Klimawandel, Ressourcenknappheit, Süßwasserkrise, Gefährdung der Artenvielfalt)
- Bedrohungen durch Steuerungsdefizite in Wirtschaft und Gesellschaft (Umgang mit öffentlichen Gütern, Finanzkrise, Kontrolle von Pandemien).
- Bedrohungen durch soziale Fehlentwicklungen (ungleiche Lebensbedingungen, Gefährdung kritischer Infrastrukturen, vor allem im Bereich der Informationstechnologien, sowie Identitätsverluste).

Warum nimmt das Bedrohungspotential der systemischen Risiken zu?

Die Entwicklung zur Moderne ist dadurch gekennzeichnet, dass wir die Verwundbarkeit von Systemen erhöht haben, vor allem durch Globalisierung, Vernetzung und durch die Möglichkeiten effizienterer Aufgabenerfüllung mit Hilfe der modernen Informations- und Kommunikationsmedien, was diese Systeme verwundbarer macht. Diese verwundbaren Systeme sind gleichzeitig mit anderen Systemen eng gekoppelt, so dass ein Funktionsausfall in einem System zu einem Ausfall in einem anderen System führen kann. Schließlich sind unsere Produktionssysteme so auf Effizienz getrimmt, dass schon kleine Störungen im Produktions- oder Logistikablauf große Auswirkungen haben können.

Systemische Risiken für Umwelt und Wirtschaft sind leicht nachzuvollziehen. Wo liegen denn die systemischen Risiken im gesellschaftlichen Bereich?

Unter die Rubrik systemische Risiken im Bereich der sozialen Entwicklungen fällt als Erstes die wachsende Ungleichheit zwischen Arm und Reich sowohl im eigenen Lande wie weltweit ein. Dazu kommt der Potenzierungseffekt durch Globalisierung und Vernetzung, durch den auch Machtmissbrauch, kriminelle Handlungen und Terrorismus eine wesentlich höhere Wirkmächtigkeit besitzen als früher. Schließlich geht es um Identitätsverluste in einer anonymisierten, globalisierten und werte-pluralen Welt.

Was sind die Folgen, wenn wir den systemischen Risiken zu wenig Beachtung schenken?

Die jüngst abgelaufene Bankenkrise und die darauffolgende Schuldenkrise in der Europäischen Union zeigen deutlich, wie aus einer eher unspektakulären Ursache, nämlich die Überbewertung von Hypotheken in den USA, eine weltweite Finanz- und Wirtschaftskrise entstehen konnte. Alle diese finanziellen Risiken waren eng miteinander vernetzt, so dass auch ein kleinerer Ausfall von Hypothekenzahlungen zu einer Lawine an Folgeausfällen geführt hat. Ähnliche Überlegungen lassen sich auch für andere systemische Risiken anstellen: Wenn wir

es beispielsweise nicht schaffen, die menschlich ausgelösten
Emissionen von Treibhausgasen effektiv zu begrenzen, kommt
es mit großer Wahrscheinlichkeit zu erheblichen Verschiebungen der Klimazonen auf der Welt. Dies wird wiederum
Ernährungsengpässe, Ausbreitung neuer Krankheiten und
Migrationsbewegungen in großem Ausmaß nach sich ziehen.
Ganze Inselketten könnten im Meer versinken und Völkerwanderungen im großen Stil verursachen. Letztes Beispiel:
Im Rahmen der sozialen und kulturellen Risiken führt die
zunehmende Unzufriedenheit mit ungerechten Vermögens-
und Machtverhältnissen zu sozialer Unzufriedenheit bis hin
zu aggressiven Handlungen, wie sozialem Aufruhr, Fanatismus und Terrorismus.

Warum ist es so schwer, gegen die systemischen Risiken anzugehen?

Neben den uns oft in die Irre führenden individuellen Wahrnehmungsmustern sind vier kollektive Verhaltensmuster zu
nennen, mit denen wir systemische Risiken wahrnehmen, bewerten und steuern:

- *Allmendefalle:* Öffentliche Güter, die von uns allen genutzt
  werden können, ohne dass wir selbst dazu einen Beitrag leisten müssen, werden entweder übernutzt oder erst gar
  nicht erstellt, weil jeder darauf hofft, dass der jeweils andere dafür zahlen wird. Im Endeffekt tut es dann keiner.
  Viele systemische Risiken betreffen solche öffentliche Güter, wie etwa Umweltschutz oder soziale Gerechtigkeit.
- *Effizienzfalle:* Mit zunehmender Effizienzausrichtung steigt
  die Verwundbarkeit unserer Institutionen und Infrastrukturen, weil große zentrale Einrichtungen mit entsprechend

hoher Vernetzungsdichte in der Regel kostengünstigere
Leistungen anbieten können als viele dezentrale, autonome
Einheiten. Diese Entwicklung erhöht unsere Verwundbarkeit, so dass im Krisenfall eine Kette von nicht vorherseh-
baren Schäden zu erwarten ist. Die Finanzkrise ist dafür ein
passendes Beispiel.

- *Hybrisfalle:* Unsere modernen Gesellschaften neigen
dazu, mehr Zuversicht in die Leistungsfähigkeit unseres
Wissens, unserer Technik und unserer Organisationsformen zu besitzen, als wir dies realistisch erwarten dürfen.
Dadurch werden wir blind gegenüber den Schattenseiten
der Modernisierung und blenden die latenten systemischen
Risiken aus.

- *Autonomiefalle.* In jedem Funktionsbereich in Wirtschaft,
Politik und Gesellschaft gilt das Gebot der bereichsspezifi-
schen Optimierung. Ob Industrie, Finanzen, Umweltschutz
oder soziale Absicherung, das Ziel ist jeweils, für den eigenen Bereich und die eigene Klientel das meiste herauszuho-
len. Dabei verlieren die Beteiligten leicht aus den Augen,
dass mit jeder einseitigen Optimierung Folgekosten in anderen Funktionsbereichen anfallen, die in der Regel nicht
bedacht oder auch unterschätzt werden. So kann es, wie der
Soziologe Ulrich Beck an vielen Beispielen nachgewiesen
hat, dazu kommen, dass im Rahmen eines Funktionsbereiches sinnvolle und wirksame Maßnahmen zu vielen und
schwerwiegenden negativen Nebenfolgen in anderen Bereichen führen, die den erwünschten Haupteffekt bei weitem überdecken. Zum Beispiel hat die verstärkte Nutzung
von Biomasse zu Energiezwecken die Preise für Lebensmittel wie Reis und Getreide in die Höhe schießen lassen und
damit zu einer verstärkten Hungerkrise in den schwach
entwickelten Ländern beigetragen.

Wie können wir besser mit systemischen Risiken umgehen?
Wie können wir einen nachhaltigen Umgang mit diesen
Risiken sicherstellen?

Dazu sind drei Grundbedingungen zu erfüllen:

- *Erhalt lebensnotwendiger Funktionen:* Wir benötigen erstens eine kontinuierliche und auch für die Zukunft sicher-
  gestellte Versorgung der für ein humanes Leben notwendigen natürlichen, wirtschaftlichen und sozialen Ressourcen.
  Der Erhalt zentraler ökologischer und gesellschaftlicher
  Funktionen für Natur und Mensch sind essentiell, damit
  die Menschheit auch in Zukunft unter humanen Bedingungen leben kann.
- *Soziale Gerechtigkeit:* Wir müssen zweitens eine gerechte
  Verteilung des Zugangs zu diesen Ressourcen innerhalb der
  heutigen Gesellschaften und im Hinblick auf die zukünftig
  zu erwartenden Generationen erreichen. Keine Generation
  darf auf Kosten der zukünftigen Generationen wirtschaften.
- *Recht auf individuelle Selbstentfaltung innerhalb sozial-
  ökologischer Leitplanken:* Wir müssen drittens die Entfaltung individuellen humanen Lebens auf der Basis einer
  ausreichenden Ressourcenausstattung sicherstellen. Innerhalb der Grenzen der beiden anderen Bedingungen hat jedes Individuum das Recht, seine persönliche Lebensqualität
  zu steigern und dafür die entsprechenden Freiräume vorzufinden.

Wie können wir diese drei Ziele erreichen? Was müssen wir ändern?

Wir brauchen nicht nur eine Energie-, sondern auch eine Risikowende. Dazu sind vier Grundsätze notwendig:

- Anerkennung der Risikomündigkeit als Leitbild der individuellen Risikosteuerung. Das umfasst: bessere Kommunikationsprogramme zu den Ursachen, Folgen und der Schwere der uns bedrohenden Risiken und ein höheres Bewusstsein über unsere psychologischen und sozialen Mechanismen, Risiken wahrzunehmen, zu beurteilen, zu bewerten und dann folgerichtig zu handeln.
- Transformation hin zu einem kollektiven Steuerungsmodell (Governance), bei dem Politik, Wirtschaft, Wissenschaft und Zivilgesellschaft gemeinsam die notwendigen Rahmenbedingungen für öffentliches und privates Handeln vereinbaren. Dabei kann die Politik das Ziel der Resilienz, die Wirtschaft das der Effizienz, die Wissenschaft das der Effektivität und die Zivilgesellschaft das der Fairness und Gerechtigkeit einbringen.
- Übergang zu einer sozial-ökologischen Marktwirtschaft, bei der über die Organe der kollektiven Steuerung klare Vorgaben im Hinblick auf soziale und ökologische Standards gesetzt werden. Innerhalb dieser Bedingungen können sich die Unternehmen frei entfalten und die Konsumenten ihr persönliches Wohlstandsniveau optimieren.
- Reform der politischen Beschlussfassung und Planung in Richtung auf eine deliberative Demokratie. Damit ist eine auf Argumente und Interessens- bzw. Wertausgleich orientierte Entscheidungsfindung gemeint, bei der die Vertreter der Zivilgesellschaft wie die betroffenen Bürger aktiv mitentscheiden und an der Realisierung mitwirken.

Was bedeuten die Begriffe der Effektivität, Effizienz, Resilienz,
und Fairness?

- *Effektiv* ist eine Maßnahme, bei der wir den gewünschten
  Erfolg der Risikoreduktion auch im gewünschten Ausmaß
  erzielen. Im Klimaschutz wäre das z.B. die Einhaltung des
  Zwei-Grad-Zieles der globalen Erwärmung oder eine an-
  dere Form der Begrenzung der Treibhausgase in unserer
  Atmosphäre.

- *Effizienz* umfasst den möglichst haushälterischen Umgang
  mit den Ressourcen, die wir für eine effektive Zielerfüllung
  der Risikoreduktion benötigen. Bezogen auf den Klimaschutz bedeutet das die Einhaltung der Klimaziele mit dem
  geringstmöglichen Aufwand.

- Mit dem sperrigen Begriff der *Resilienz* verbindet man die
  Widerstandsfähigkeit eines Systems gegen innere und äußere Risiken verbunden mit dem Potential, die Funktionsfähigkeit auch unter Stress zu erhalten. Resiliente Systeme
  zeichnen sich durch eine Reihe von Eigenschaften aus:
  Diversifizierung, Redundanz, lose Kopplung und Fehlerfreundlichkeit. Zur Resilienz gehört auch ein Steuerungssystem, das sich auf dem Grundsatz von »Checks and Balances« bewegt, das heißt jedes Funktionssystem muss durch
  andere Systeme mitkontrolliert und reguliert werden. Diese
  regulative Kontrolle fehlte weitgehend in der Finanzkrise.

- *Fairness* bedeutet eine sozial gerechte Aufteilung von Lebenschancen, Ressourcen und erwirtschaftetem Reichtum.
  Das Gebot der Fairness gilt sowohl für die Verteilung von
  Gütern der heutigen Generation wie der künftigen Generationen.

Warum benötigen wir eine Kooperation von Politik, Wirtschaft,
Wissensträgern und Zivilgesellschaft?

Während die Vertreter des politischen Systems das Steuerungsprinzip der Hierarchie verkörpern und die Vertreter der
Wirtschaft das Prinzip des Wettbewerbs, so können die Repräsentanten der Zivilgesellschaft das Prinzip der Kooperation
in den Entscheidungsprozess einbringen. Dadurch können
auch die pluralen sozialen und kulturellen Werte einer Gesellschaft sowie das lokale und erfahrungsbedingte Wissen
einen authentischen Zugang zur Politik finden. Darüber hinaus ist auch das Prinzip der Urteilsfähigkeit auf Basis systematischen Wissens als vierte Größe neben Hierarchie,
Wettbewerb und Kooperation ein wichtiges Orientierungsmerkmal für einen ausgewogenen und fairen Entscheidungsprozess. Aus diesem Grunde ist eine Ausweitung der demokratischen Willensbildung erforderlich, bei dem wichtige
Entscheidungen gemeinsam durch die Teilsysteme der Wissenschaft, Wirtschaft, Politik und Zivilgesellschaft vorbereitet
werden. Dies ist wichtig, um systemische Risiken effektiv und
effizient zu begrenzen und dabei gleichzeitig den ökologischen, wirtschaftlichen und sozialen Nebenwirkungen der
möglichen risikobegrenzenden Maßnahmen genügend Aufmerksamkeit zu schenken.

Was bedeutet das für den Staat?

Im Gegensatz zum Leitbild des Nachtwächterstaates, der nur
auf die Einhaltung der Spielregeln achtet, ist der Erfolg einer
auf nachhaltige Entwicklung orientierten Steuerung auf einen
starken Staat mit entsprechender Macht zur Regulierung von

Wirtschaft und Gesellschaft angewiesen. Anders werden die kollektiven Ziele von Risikominderung, sozialer Gerechtigkeit und Selbstbestimmung nicht zu bewältigen sein. Zur Legitimation eines solchen Staatsverständnisses reicht heute das Modell repräsentativer Demokratie nicht mehr aus. Es gerät zunehmend in Akzeptanzkrisen. Deshalb ist eine Bereicherung der parlamentarischen Demokratie mit deliberativen Formen partizipativer Willensbildung notwendig.

Was bedeutet eine deliberative Ausrichtung der Politik?

Zum Wesen der Deliberation gehört es, dass Argumente ausgetauscht und Zielkonflikte in fairer Abwägung aller Interessen und Werte ausgetragen werden, d. h. unter Berücksichtigung des bestverfügbaren Systemwissens und im reflektierenden Bewusstsein der zur Bewertung eingesetzten Kriterien. Dazu müssen die Personen und Gruppen mit einbezogen werden, die entweder relevantes Wissen zur Lösung von Problemen mitbringen oder die von den Folgen einer Entscheidung betroffen sind und ihre Interessen und Werte für die Abwägung der Vor- und Nachteile einbringen können. Ein kombiniertes Modell für die Einbindung von Wissen und deliberativer Abwägung ist der von der US-amerikanischen Akademie der Wissenschaften entwickelte analytisch-deliberative Diskurs. Dieses Modell hat die Akademie vor allem für den Umgang mit systemischen Risiken empfohlen.

Was beinhaltet das Modell des analytisch-deliberativen Diskurses?

Das Modell geht von einer Integration von Wissen, Interessen, Werten und Präferenzen bei der Vorbereitung von politischen Entscheidungen aus. In einem ersten Schritt kommen alle Personen und Gruppen zusammen, die über Wissen zur Analyse der Ausgangssituation und Folgewissen über die Konsequenzen von Handlungsoptionen verfügen. Auf der Basis dieses kollektiv zusammengetragenen Wissens führen alle Vertreter von Gruppen, die von diesen Folgen betroffen sind, eine Abwägung unter Einbeziehung ihrer Interessen, Werte und Präferenzen durch. Dabei müssen sich nicht alle auf *eine* Lösung einigen, aber die legitimen Entscheidungsträger in einer repräsentativen Demokratie haben dann eine bessere Grundlage zu entscheiden, welche Option letztendlich ausgewählt werden soll.

Wie realistisch sind diese Reformvorschläge hin zu einer öko-sozialen Marktwirtschaft und einer deliberativen Demokratie?

Diese Reformen erfordern keine Revolution des gegenwärtigen wirtschaftlichen und politischen Systems. Wer für öko-soziale Marktwirtschaft und eine deliberative Demokratie eintritt, befindet sich nicht in einer Extremposition. Im Gegenteil: Diese Reformvorschläge sind meines Erachtens mehrheitsfähig: Vertreter eines solchen Programms können damit Wahlen gewinnen. Zudem werden die heutigen Probleme die hier skizzierten Reformen über kurz oder lang erzwingen. Denken Sie etwa an die Energiewende: Wenn die Bürger die dazu notwendigen Veränderungen der Infrastruktur nicht mitmachen und ihre Akzeptanz aufkündigen, kann die Energiewende nicht gelingen. Ohne eine stärkere Einbeziehung der Zivilgesellschaft werden große politische Vorhaben keine Zukunft in diesem Lande haben.

Wie können wir besser mit dem Problem der globalen Allmenden umgehen?

Wir alle wissen: Bis heute haben wir das Problem der globalen Allmenden nicht gelöst. Global wirksamer Klimaschutz, der Erhalt der Biodiversität, die Kontrolle über globale Finanztransaktionen und die Einhaltung von sozialen Mindeststandards weltweit sind wichtige Beispiele für Defizite im Umgang mit solch globalen Allmenden. Wenn die Weltgemeinschaft zu dem Schluss kommt, sie müsse Regeln für die Steuerung von Allmenden aufstellen, dann wird sich immer jemand finden, der sich nicht an die Regeln hält, weil er damit zweimal gewinnt: Er profitiert davon, dass andere die Regeln einhalten. Und als sogenannter Freifahrer kann er selbst die Kosten sparen, die mit der Einhaltung der Regeln verbunden sind. Bekommen das die anderen spitz, halten die sich auch nicht mehr an die Regeln. Und schon fällt das ganze Regelwerk wie ein Kartenhaus in sich zusammen.

Es gibt eine Reihe von Vorschlägen, wie wir zu einer Lösung des Allmendeproblems trotz fehlender oder wenig wirksamer globaler Institutionen beitragen können. Darunter fallen zum Beispiel die Stärkung der bestehenden internationalen Regelwerke, die Ausweitung der Produktionszertifizierung für nachhaltig erzeugte Güter und Dienstleistungen, die stärkere Ausrichtung privater und öffentlicher Transferzahlungen an die Kriterien der Effizienz, Resilienz, Effektivität und Fairness und der Vorschlag einer globalen Weltstiftung.

Wie können wir eine solche Weltstiftung finanzieren?

Dieser Vorschlag ist bereits vom wissenschaftlichen Beirat Globale Umweltfragen WBGU in die Diskussion eingebracht worden. Wenn man die globalen Allmenden wie das Klima, die Weltmeere, die Atmosphäre sinnvoll besteuern würde, hätte man genügend Finanzmittel, um eine wirklich einflussreiche Stiftung zu gründen. Diese Stiftung braucht rund 150 Milliarden Euro im Jahr, um die systemischen Risiken effektiv zu begrenzen. Auf den ersten Blick sieht diese Summe erschreckend hoch aus. Aber wir haben bereits bei der Bankenkrise zu unserer aller Verwunderung festgestellt, dass solche Summen durchaus verfügbar sind. Würden wir auf die Nutzung der globalen Allmenden nur eine Gebühr von 0,05 % des gesamten Umsatzes erheben, so wäre diese Summe ausreichend, um die Stiftung mit den geforderten Geldsummen auszustatten.

Wie können wir als Bürger noch heute anfangen, risikomündig zu leben?

Der erste Schritt zu mehr Risikomündigkeit ist, sich bewusst mit den Risiken und Chancen unserer Handlungen vertraut zu machen. Die Bewusstwerdung über unsere eigenen Mechanismen der Urteilsbildung lässt uns in der täglichen Lebenspraxis mit den Herausforderungen der Komplexität, Unsicherheit und Ambiguität besser fertigwerden.

Der zweite Schritt auf dem Weg zum risikobewussten und -mündigen Bürger heißt gezielte und ausgewogene Informationsaufnahme. Dazu helfen drei Strategien:

- Informationen, die ihre eigenen Quellen benennen und transparent über die eigene Urteilsbildung berichten, sind eher zu trauen als Informationen, die das »Blaue« vom Himmel verkünden, ohne auch nur eine der Behauptungen zu belegen.

- Informationen, die bei Risiken Grundkenntnisse der Risikoerfassung vermissen lassen, z.B. vollständige Sicherheit versprechen oder eine bloße Auflistung von (tragischen) Beispielen vornehmen, sind prinzipiell wenig vertrauenswürdig.

- Informationen, die bewusst psychologisch wirksame Mittel zur gezielten Beeinflussung der Kommunikationskonsumenten einsetzen, sind auf Manipulation ausgerichtet. Sie müssen deshalb nicht falsch sein, aber man sollte sich dann auf die Inhalte jenseits der attraktiven Verpackung konzentrieren.

Zum Dritten ist besondere Vorsicht angeraten, wenn andere, die es noch weniger wissen als Sie, mit dem Brustton der Überzeugung angeblich wissenschaftlich bewiesene Tatsachen auftischen. In der Regel haben diese Personen auch ihr Wissen aus Informationsquellen, die eher auf Schlagzeilen Wert legen als auf gut recherchierte Tatsachen.

Zum Vierten gehen Sie, wenn Sie das Thema wirklich berührt, zu den basalen Grunddaten. Die meisten Daten, die Sie dafür benötigen, sind auf der Homepage des Statistischen Bundesamtes, der EU oder der WHO gespeichert.

Was kann ich als Bürger konkret tun, um zu einem besseren
Umgang mit Risiken und zu einer der Nachhaltigkeit verpflichteten
Lebensweise beizutragen?

Die gute Nachricht ist, dass der Schlüssel der Risikominimierung beim Bürger selbst liegt. Wer nicht raucht, Alkohol nur in Maßen trinkt, auf eine gesunde, fettarme Ernährung achtet und sich ausreichend bewegt, hat das Risiko, frühzeitig schwer zu erkranken oder sogar zu sterben, erheblich reduziert.

Aber wie sieht es mit der Einflussnahme auf die systemischen Risiken aus? Die Reformen hin zu einer neuen Steuerungsstruktur, mit den Pfeilern öko-soziale Marktwirtschaft und deliberative Demokratie, sind kollektive Maßnahmen, die wir alle als Staatsbürgerinnen und Staatsbürger unterstützen können (durch Wahlen, Bürgerinitiativen und Teilnahme an Partizipationsverfahren).

Auch den Privatsektor können wir beeinflussen, indem wir bewusst konsumieren. Gerade durch unser Konsumverhalten können wir als Bürger direkt auf den Umgang mit systemischen Risiken Einfluss nehmen, zum Beispiel:

- Fair-Trade-Produkte kaufen (hilft gegen soziale Ungerechtigkeiten).
- Besonders auf anerkannte soziale und ökologische Produktzertifikate achten (etwa das Siegel des Marine Stewardship Councils bei Fischgerichten).
- Weniger Fleisch essen (entlastet die Umwelt und vermehrt die Nahrungsgrundlage für andere).
- Nicht mehr konsumieren, als wir wirklich benötigen (führt zu weniger Ressourcenverbrauch und Energie).
- Bei der Wahl der Konsumprodukte auf Langlebigkeit, geringen Energieverbrauch, naturverträgliche Materialien

und Herkunft achten (verringert Ressourcenverbrauch und begünstigt die Anbieter, die nachhaltige Produkte herstellen und handeln).

- Einfache Verhaltensänderungen vornehmen, die unnötigen Energie- und Materialverbrauch abstellen, und ressourcenverbrauchende Gewohnheiten überdenken (z.B. die Heizung herunterdrehen, wenn man das Haus verlässt, kurz die Zimmer zu lüften, wenn es stickig wird, bei unvermeidlichen längeren Autofahrten die Mitfahrerzentrale benachrichtigen, vor allem auf unnötige Flugreisen verzichten).
- Bei Geldanlagen solche Finanzinstitute auswählen, die soziale und ökologische Anlagemöglichkeiten anbieten.

Was bezwecke ich mit diesem Buch?

Mit diesem Buch möchte ich einen Beitrag zur individuellen und kollektiven Risikomündigkeit leisten. Das Ziel ist eine aufgeklärte und wache Gesellschaft, bestehend aus freien und verantwortungsbewussten Menschen, die gelernt haben, ihre intuitive Wahrnehmung und Bewertungsmuster selbstkritisch zu beobachten und auf dieser Basis zu einer aufgeklärten und abgewogenen Urteilsfähigkeit zu gelangen. Somit können der Einzelne, der Staat, die Experten und die Wirtschaft einen konstruktiven Beitrag für eine nachhaltige und menschenwürdige Zukunft leisten.

Hinweis zu den Anmerkungen

Die Anmerkungen und Exkurse zum Text finden Sie im Internet unter: http://www.fischerverlage.de/buch/9783596198115

Auch das E-Book zum Buch enthält sämtliche Anmerkungen und
Exkurse (978-3-10-402856-9).

Weiterführende Literatur des Autors

Knaus, Anja und Renn, Ortwin: *Den Gipfel vor Augen. Unterwegs in eine nachhaltige Zukunft.* Marburg (Metropolis 1998), einschließlich Computer-CD

Renn, Ortwin; Schweizer, Pia-Johanna; Dreyer, Marion und Klinke, Andreas: *Risiko. Über den gesellschaftlichen Umgang mit Unsicherheit.* München (ÖKOM Verlag 2007)

Renn, Ortwin; Deuschle, Jürgen; Jäger, Alexander und Weimer-Jehle, Wolfgang: *Leitbild Nachhaltigkeit: Eine normativ-funktionale Konzeption und ihre Umsetzung.* Wiesbaden (VS Verlag für Sozialwissenschaften 2007)

Renn, Ortwin: *Risk Governance. Coping with Uncertainty in a Complex World.* London (Earthscan 2008)

Rosa, Eugene A.; Renn, Ortwin und McCright, Aaron M. *The Risk Society Revisited: Social Theory and Governance.* Philadelphia, PA: (Temple University Press: 2014)

Danksagung

An diesem Buchmanuskript haben viele »gute Geister« mitgewirkt. Arnika Arnold, Sylvia Hiller, Dr. Dieter und Astrid Fremdling haben das Manuskript Korrektur gelesen und wertvolle Anregungen für Verbesserungen an mich weitergeleitet. Magdalena Wallkamm hat alle Korrekturen ins Manuskript eingebaut, die Bilder montiert, Kürzungsvorschläge erarbeitet und sich in die Rolle des kritischen Lesers begeben, um mich auf unverständliche Formulierungen oder ausschweifende Schilderungen aufmerksam zu machen. Besonders dankbar bin ich der Lektorin Frau Ulrike Holler vom S. Fischer Verlag, die vom Verlagslektorat bis zum Endprodukt den ganzen Prozess kompetent und engagiert betreut hat. Ohne die Initiative des Herausgebers Klaus Wiegandt, seine tatkräftige Unterstützung bei der Produktion und dem Marketing, seinem guten Rat im Blick auf Kürzung und inhaltliche Straffung sowie sein uneigennütziges finanzielles Engagement wäre dieses Buch nie entstanden. Um so mehr hat es mich gefreut, dass er zu diesem Buch das Vorwort verfasst hat. Zum Schluss möchte ich noch herzlich meiner Tochter Silvia und meiner Frau Regina danken: Sie haben mich nicht nur während des oft bis in die tiefen Nachtstunden andauernden Schreibprozesses mit allem unterstützt, was ich an physischer und geistiger Nahrung benötigte, sie haben auch stundenlang gemeinsam mit mir um Formulierungen gerungen und jeden Satz, der ihnen als wenig einleuchtend oder auch klischiert erschien, sorgfältig verbessert. Im Endeffekt ist ein solches Buch ein Gemeinschaftswerk, an dem viele konstruktiv mit tätig waren.